Deutsche Literatur

Eine Sozialgeschichte

Herausgegeben von
Horst Albert Glaser

Weimarer Republik –
Drittes Reich:
Avantgardismus,
Parteilichkeit, Exil

1918–1945   Band **9**

Herausgegeben von
Alexander von Bormann
und Horst Albert Glaser

Rowohlt

Die Herausgeber danken der Universität Essen für die finanzielle Förderung des Projekts.

Einige Artikel mußten leider gekürzt werden, um Überschneidungen zu vermeiden und um den vorgegebenen Umfang des Bandes einhalten zu können.

Zitate werden durch die in Klammern gesetzten Ziffern nachgewiesen. Hierbei bezieht sich die erste Ziffer auf die Titelnummer der Bibliographie, die der Anhang enthält, während die zweite, *kursiv* gesetzte Ziffer die Seite im zitierten Titel angibt.

Originalausgabe
Redaktion Burghard König
Typographie Edith Lackmann
Umschlagentwurf Werner Rebhuhn
Veröffentlicht im Rowohlt Taschenbuch Verlag GmbH,
Reinbek bei Hamburg, Juni 1983
Copyright © by Rowohlt Taschenbuch Verlag GmbH,
Reinbek bei Hamburg
Satz Times (Linotron 404)
Gesamtherstellung Clausen & Bosse, Leck
Printed in Germany
1680-ISBN 3 499 16258 X

Inhalt

Alexander von Bormann
Einleitung

Das Unternehmen, eine Geschichte der deutschen Literatur unter sozial-historischer Perspektive vorzulegen, nähert sich mit diesem Bande einmal mehr seinem Abschluß. Erschien es für die Zeit der Klassik und Romantik (Band 5) noch geraten zu betonen, daß Literaturgeschichte hier nicht als Spezialfall der allgemeinen Geschichte vorgetragen werden sollte, daß es gelte, Geschichte im Werk sichtbar zu machen, so ist für den Zeitraum von 1918 bis 1945 eine erheblich fortgeschrittene Verschränkung von Ich-Geschichte und Realgeschichte/Gesellschaftsgeschichte zu konstatieren. (Was nicht unbedingt ein Fortschritt sein muß.) Man hat das Ausbleiben der vollen Entfaltung des Gegensatzes von Individuum und Gesellschaft in Deutschland dafür verantwortlich gemacht, daß die Neigung der liberalen Gesellschaft zum totalitären Staat sowenig auf Widerstand traf: Das antiautoritäre Potential der Innerlichkeit blieb weitgehend innerlich, begrifflich. Das 20. Jahrhundert konfrontiert uns mit der radikalen gesellschaftlichen Destruktion jenes Subjekts, das Ausgangs- und Mittelpunkt der klassischen bürgerlichen Theorie und Literatur war – ein Prozeß, der ebenso auf die literarische Produktion/ästhetische Kommunikation wie auf die Theoriebildung einwirkt.

Der Zeitraum von 1918 bis 1945 stellt für eine Sozialgeschichte der deutschen Literatur eine besondere Herausforderung dar. Bis heute schwankt das Charakterbild der Weimarer Republik in der Geschichte – historische Aneignung und der Versuch, die eigenen Staats- und Gesellschaftsvorstellungen zu legitimieren, hängen jeweils eng zusammen. So kommt man in der DDR im wesentlichen mit der Funktionalisierung des überkommenen Literaturbegriffs aus und liest das ‹Erbe› nun vom vermeinten Standpunkt der Arbeiterklasse aus: als Weg der Schriftsteller an deren Seite oder als Irrweg. In der Bundesrepublik betont man die Ausdifferenzierung und das Reflexivwerden des Systems ‹Kunst› als Voraussetzung der vielfältigen Versuche, wieder Anschluß an die Praxis, die Erfahrungswelt, die Lebenswirklichkeit zu gewinnen – welche ja zugleich kritisiert wird, eine der konzeptuellen Aporien: der (vulgäre) Idealismus (das Autonome-Konzept) wird mit (vulgärem) Idealismus (das Avantgardismus-Konzept) bekämpft. Die entsprechenden Darstellungen, Diskussionen und Analysen zeigen, daß man zu hilflosen Metaphern greifen muß, will man diesen Zeitraum der Literaturgeschichte synthetisierend beschreiben, ohne sozialgeschichtliche Forschungen und Fragestellungen zu berücksichtigen. Weder mit der Rede vom Kaleidoskop noch mit dem Slogan von den Goldenen Zwanzigern, den ‹roaring twenties›, ist der Erkenntnis gedient. Jean Paul Bier kommt gar zu der Feststellung, daß es erst jetzt möglich geworden sei, die Weimarer Republik als kohärente Kultureinheit zu beschreiben; dabei hebt er die Bemühungen um eine demokratische Kultur, um kulturelle Demokratisierung innerhalb eines relativ unveränderten politischen Zusammenhangs, also bei nicht-demokratischen Rahmenbedingungen als Ansatz hervor.

Die Frage nach der Eigenart, den Tendenzen, Aporien, den Leistungen und Begrenztheiten der Weimarer Republik speist ihre Energie gewöhnlich aus der Neugier nach den Entstehungsbedingungen und -möglichkeiten des Nationalsozialismus. Wie konnte es zum Dritten Reich kommen? So legitim diese Fragestellung ist, so muß doch auch hier daran erinnert werden, daß die Literatur um ihre eigenste, die ästhetische Dimension verkürzt wird, wenn sie wesentlich als Belegmaterial für Diskussionen und Forschungen politisch-historischer Art herangezogen wird. In diesem Sammelband überwiegen immerhin die Beiträge, die sich das Diktum von Georg Lukács zu Herzen genommen haben (das er selbst so wenig beachtet hat), das wirklich Soziale in der Literatur sei die Form. Auch dieser Aspekt gehört dem behandelten Zeitraum eigentümlich zu. Die Frage nach den Schicksalen der Form führt auf zentrale gesellschaftliche Probleme, die bis heute diskutiert werden.

So führte die Emanzipation der Kunst aus direkter gesellschaftlicher Verbindlichkeit, ihre Autonomie, auch zur Herausbildung eines besonderen, eines eigenen Erkenntnisanspruchs. Der universelle Ansatz der bürgerlichen Kultur war nicht zuletzt darauf gegründet. Es macht die Bedeutung der wieder viel diskutierten historischen Avantgarden aus, hiermit aufgeräumt zu haben. Sie fordern die Demontage der Kunst, den Abbruch, die Negation, die Revolution; doch tragen sie dies zugleich als neues Kunstprogramm vor; sie plädieren für die ‹totale› Veränderung des Bestehenden und suchen zugleich nach dem unveränderlichen Prinzip, welches das Fundament der Veränderung ist; sie gehen davon aus, daß die Kunst die Vorhut der gesellschaftlichen Entwicklung sein müsse, der sie den Weg weisen solle, doch zugleich kollaborieren sie mit der Bewußtseinsindustrie, welche die Institution Kunst radikal dem Marktmechanismus unterwirft. Deutlich führt eine sozialhistorische Betrachtung der historischen

Avantgarden auf Einschätzungen, die quer zu deren Selbstverständnis stehen. So kommt die Literaturgeschichte durch stets weiter ausgreifende Kontextuierungen ihrer Befunde auch über die mißliche Situation hinaus, die schon Karl Marx als ‹deutsche Ideologie› beschrieb, die bisherige Geschichte nur als die Geschichte des geistigen Menschen aufzufassen und alle Illusionen dieser Epochen und die philosophischen Illusionen über diese Illusionen treulich zu glauben. Entsprechend werden auch hier die Theorien und Ideologien der Epoche unter der bestimmten Perspektive dargestellt, inwieweit sie eine bestimmte politische und soziale Funktion erfüllten und als Faktoren und Indikatoren der historischen Realität anzusehen sind.

Hans Magnus Enzensberger hat die historischen Avantgarden, also den Futurismus, Dadaismus, Konstruktivismus und vor allem den Surrealismus recht roh als Bluff, als Flucht nach vorn beschrieben: «Wer derart auf dem laufenden bleibt, ist allemal Objekt eines Prozesses, den er als Subjekt zu führen glaubt» (Enzensberger, Hans Magnus: Die Aporien der Avantgarde. In: Enzensberger, H. M.: Einzelheiten (IV). Frankfurt (Main) 1962. S. 290–315. Hier S. 299). Es ist wohl die (geheime) Einsicht in diesen Zusammenhang, die der literarischen Produktion dieser Epoche ihren eigentümlichen Glanz, ein Schillern zwischen zynischer Kälte und bewegendem Pathos, verleiht. Auf den «Zynismus eines sich selbst gleichsam dementierenden bürgerlichen Bewußtseins» (Habermas, Jürgen: Legitimationsprobleme im Spätkapitalismus. 4. Aufl. Frankfurt (Main) 1977) läßt sich ja verschieden reagieren und wird verschieden reagiert. Die Erfahrung, daß die tradierten Weltbilder ihr Versprechen, einen Sinn und die Einheit der Person zu generieren, nicht halten können, ruft – in konsequenter Paradoxie – einen verstärkten Traditionalismus hervor; ja selbst das Theorem einer ‹konservativen Revolution› gehört in diesen Zusammenhang. Die Beiträge zum Traditionalismus, zum Okkultismus/Exotismus, zur völkisch-nationalsozialistischen Literatur wie zur Bestsellerproduktion gehen darauf ein. Der Widerstand gegen die Moderne, der ‹Kreuzzug der Antimoderne›, thematisiert ausdrücklich die Formproblematik und trägt sich als Protest gegen den Wirklichkeitszerfall, gegen die Zertrümmerung von als natural erlebten (‹gewachsenen›) Formtraditionen vor. Das reicht quer durch die ideologischen Lager hin und verbindet noch so unterschiedliche Richtungen wie den Konservatismus, die Traditionalisten (‹Moderne Klassik›), die proletarisch-revolutionäre Literatur (gutteils jedenfalls) und das literarische Exil. Am Volksstück, an den Zeit- und Kriegsromanen, am Sonett und an der Ode, an der Massenliteratur oder an der neuklassischen Novelle ließ sich diese ‹positive, unangefochtene Form der Weltergreifung› als konservatives Formkonzept zeigen.

Eine andere Reaktion auf den als Werteverfall erlebten Wirklichkeitszer-

fall, auf die Revokation der bürgerlichen Ideale, ist die Flucht nach vorn:
in die radikale Ästhetisierung, die mit dem Anspruch, die Moderne zu
vertreten, auf den Plan tritt. Der Habitus des Einverständnisses, der ‹be-
havioristische› Blick (Lethen), führt wiederum durchaus entgegengesetzte Geister, etwa Ernst Jünger und Brecht, Benn und Rilke, zu einem
verwandten Gestus, der in der Essayistik begründet wird, aber noch in die
Konstruktion der faschistischen Utopien oder ins proletarisch-revolutionäre Regietheater hineinreicht. Die einzelnen Beiträge greifen auf durchaus verschiedenartige Ansätze zurück, um die Radikalität, mit der die
Gesellschaftsproblematik sich als Formproblematik darstellt, nicht zu
verwischen: Der Kampf um die Öffentlichkeit, um die Medien, erscheint
auch als ein Kampf um die Bildung der Wahrnehmung (Paech); sozialisa-
tionstheoretische Aspekte ergänzen die Darstellung von institutionspoli-
tischen Auseinandersetzungen. Gruppensoziologische, subjekttheoreti-
sche/sozialpsychologische sowie rezeptionsgeschichtliche Erwägungen
treten neben den Versuch einer historischen Formsemantik, die Bedingungen und Auswirkungen bestimmter literarischer Kommunikations-
modelle zu beschreiben.

Die in unseren sechziger Jahren wieder vorgetragene, an Nietzsche ange-
lehnte These vom Ende des Individuums kann durchaus – weitreichend
genug genommen – als ideologischer Nenner für die Kunsttendenzen der
zwanziger und dreißiger Jahre gelten. Die ‹avantgardistische› Selbstkritik
der Kunst zielt auf den Zusammenhang von Autonomie und gesellschaftlicher Folgenlosigkeit und findet den Gedanken einer Produktionsästhe-
tik an sein Ende gekommen: «die Künstler sind Kreaturen ihrer Epoche»,
heißt es im *Berliner dadaistischen Manifest* (1918). Die Suche nach ‹neuen
Wirklichkeiten› (wozu dann auch die Volksgemeinschaft zählen wird), die
Angespanntheit, womit die Gnade, «in den unsichtbaren Strahlen großer
Gefühle zu leben» (Ernst Jünger), als unverfügbar dargestellt wird, die
Auffassung der Literatur als einer «Waffe der Agitation und Propaganda
im Klassenkampf» (Aktionsprogramm des BPRS) – diese und weitere
Tendenzen koinzidieren in der Entthronung des Subjekts. Die Erfahrung, wie vielfältig es vermittelt/konditioniert ist, wie brüchig jene Autonomie ist, auf der es eher anstandshalber noch besteht, teilen alle literarischen und künstlerischen Richtungen. So erläutert sich auch der eigentümliche Widerspruch zwischen konstatierter Leerstelle einerseits («Was
ist eigentlich ein Mensch?») und grenzenlosem Vertrauen in die Machbar-
keit neuer Lebensformen. Das traditionelle Muster der praktischen Vernunft, die Vergesellschaftung durch Individuierung, verliert zunehmend
seine Geltung: «das Gesellschaftssystem (kann) seine Einheit nicht mehr
durch die Identitätsbildung der vergesellschafteten Individuen hindurch
herstellen» (Habermas, Jürgen: Legitimationsprobleme im Spätkapitalismus. 4. Aufl. Frankfurt (Main) 1977); so kommt es zu radikalen, vom

Humanum stets mehr abstrahierenden Ordnungsvorschlägen, bei Rilke und Jünger, bei Brecht und Benn, bei Becher und Weinheber.

Die vorliegende Sozialgeschichte der deutschen Literatur von 1918 bis 1945 hebt auf die Konvergenz der neuen ästhetischen Programme und Techniken ab: Die für die klassische Ästhetik verpflichtende Dialektik von Allgemeinem und Besonderem ist nicht nur ausgesetzt (real nicht erfahrbar), sondern wird prinzipiell verworfen. Die Konsequenz scheint ein umsichtsloser Agitprop oder ein Anschluß an traditionale Ordnungen oder «ein Verstummen des Lebens und der Kunst im Protest» (Mattenklott). Die Erfahrung der Gleichzeitigkeit des Ungleichzeitigen, Symptom der zeitgenössischen Wirklichkeit in einem durch die neuen Medien hochgesteigerten Grade, ist anstößig und provoziert entsprechende Gegenprogramme. Nun zeigt sich freilich, daß eine Geschichte der Literatur – auch wenn sie sich als Sozialgeschichte präsentiert – ihren Gegenstand unmöglich in einige Strukturen und Tendenzen einsperren kann. Ihm bleibt, zum Glück, ein Moment des Unverfüglichen. So tritt auch die literarische Interpretation in ihr Recht, und gewiß nicht nur als Ergänzungsabgabe. Jahnns *Perrudja*-Roman zum Beispiel ergibt sich einer sozialhistorischen Deutung erst (und anders), nachdem die Bedeutung seiner Leitmotive entschlüsselt ist. Die Formzüge des demokratischen Kriegsromans erläutern sich als Kritik ideologisierender Erzählpraxis; der neusachliche, der funktionalistische Blick wendet sich gegen die ‹idealistische› Wahrnehmungsform und ihre Voraussetzung eines autonomen Subjekts. Wenn das Sonett schließlich (bei Weinheber) als «Sinnbild der Unumstößlichkeit der Gesetze» interpretiert wird, ist das gewiß als ‹imperialistische Formästhetik› kritisierbar, doch der Skandal nicht zu vertuschen, daß man im Exil sich genauso ausließ (nur hieß es statt Gesetze dann ‹Kunstgesetze›).

Die Form dieses Bandes, die auf die bisher erschienenen Bände abgestimmt ist, ist nicht bloße Verlegenheit. Sie spiegelt einmal den Forschungsstand, der einen Konsensus über alle Richtungen, Gattungen, Autoren, Forschungsansätze weder gestattet noch aussichtsreich macht. In Colloquien wurde eine gewisse Abstimmung versucht und erreicht. Das Prinzip der Verschränkung verschiedenartiger Einsichten, Denkmuster und Interpretationen soll vielleicht auch der Grundthese (die aus dem Gegenstand sich ablöste) opponieren: der vielbeschworene Untergang des Individuums wird in einem Fächer von persönlichen Beiträgen zum Thema, was zum Gespräch, zu sich verständigender Kommunikation auffordert und dem Gestus der ‹Sachlichkeit› möglichst widersteht.

Horst Möller
Epoche – sozialgeschichtlicher Abriß

Einheit der Epoche 1918 bis 1945?

Die Angestellten. Aus dem neuesten Deutschland: 1929 veröffentlichte Siegfried Kracauer (1889 bis 1966) in der *Frankfurter Zeitung* eine Artikelserie, in der er soziale Lage und Mentalität von 3,5 Millionen Menschen analysierte. Kracauer erkannte früh, welch immense politische Bedeutung dieser sozialgeschichtlich neuen Gruppierung zukam.

Der Arbeiter: 1932 erschien Ernst Jüngers (geb. 1895) dichterisch-essayistischer Versuch, *Herrschaft und Gestalt* eines Typus zu beschreiben, der 1925 im Deutschen Reich 14433754mal existierte. [42a; *S. 21*] Jünger wollte die Gestalt des Arbeiters sichtbar machen jenseits von «Parteiungen (...) als wirkende Größe, die bereits mächtig in die Geschichte eingegriffen hat und die Formen einer veränderten Welt gebieterisch bestimmt» (Vorwort zur 1. Aufl. 1932).

Bauern, Bonzen und Bomben: 1931 fesselte Hans Fallada (d. i. Rudolf Ditzen, 1893 bis 1947) seine Leser durch realitätsnahe Erzählung der Ereignisse in einer Kleinstadt und ihrer ländlichen Umgebung. Falladas aus der Beobachtung des Landvolkprozesses in Neumünster (1929) gewonnener Mikrokosmos ist trotz aller Anschaulichkeit prototypisch: «Meine kleine Stadt steht für tausend andere und für jede große auch.» Ökonomische und gesellschaftliche Probleme in der Landbevölkerung, politische Ablehnung der Weimarer Demokratie und ihrer Repräsentanten, die sich in politische Gärung umsetzende Vorurteilsstruktur einer Kleinstadt: dies sind nur einige der behandelten Themen, die die Fundamentalkrise von Staat und Gesellschaft plastisch hervortreten lassen. Zur Landbevölkerung zählten 1925 insgesamt 14373256 Personen (einschließlich der Angehörigen), darunter 2,2 Millionen Selbständige, 4,79 Millionen mithelfende Familienangehörige, 2,6 Millionen Arbeiter und 0,16 Millionen Angestellte und Beamte.

Das Gesicht der herrschenden Klasse: 1923 und in immer neuen Folgen zeichnete George Grosz (1893 bis 1959) eine beißende Satire auf Bourgeoisie und Oberschicht aus der Sicht des «revolutionären Künstlers». Prozesse wegen «Aufreizung zum Klassenhaß», «Beleidigung der Reichswehr», «Erregung öffentlichen Ärgernisses» und schließlich «Gotteslästerung» begleiteten den Weg des 1933 nach New York emigrierten und von den Nationalsozialisten als «entartet» eingestuften Malers und Graphikers. Wer zählte in den Augen von Grosz zur «herrschenden Klasse», einer Klasse, die sich statistisch kaum fassen läßt? Er karikierte Reichspräsident Ebert und Reichswehrminister Noske (SPD), den Reichskanzler Fehrenbach (Zentrum) und den DVP-Vorsitzenden und späteren Außenminister Stresemann, Unternehmer und Offziere und immer wieder wohlhabende Spießbürger, denen er verarmte Arbeiter und verstümmelte Soldaten des Weltkriegs gegenüberstellte. «Wacht auf, Verdammte dieser Erde» – dies war sein Appell. Aber trotz der Individualisierung einzelner seiner Zerrbilder ging es Grosz wie Kracauer, Jünger und Fallada um einen Typus: den Angestellten, den Arbeiter, den Bauern, den Bonzen, die herrschende Klasse ... Das Bewußtsein der Massenhaftigkeit war allgemein: «Die Herrschaft der Masse» lautete denn auch ein Kapitel in Karl Jaspers (1883 bis 1969) berühmter Diagnose der Gegenwart von 1931 *Die geistige Situation der Zeit.*

So verwundert es nicht, daß die Sozialwissenschaft während der zwanziger und frühen dreißiger Jahre eine ungeahnte Blütezeit erlebte; Theodor Geigers (1891 bis 1952) 1932 publiziertes Werk *Die soziale Schichtung des deutschen Volkes* ist nur eines von zahlreichen grundlegenden soziologischen Werken dieser Jahre. Die Sensibilisierung von Kunst, Literatur und Wissenschaft für die sozialgeschichtliche Realität nach 1918 war Signal: Signal für eine als singulär empfundene Dynamisierung der gesellschaftlichen Entwicklung seit dem Weltkrieg, Signal für die fundamentale soziale Verunsicherung aller Schichten der Gesellschaft, Signal schließlich für beängstigende Ungewißheit gegenüber der Zukunft. Die gesellschaftlichen Probleme sind wohl zu keiner Zeit in allen Zweigen der Kultur so dominant gewesen wie in den eineinhalb Jahrzehnten seit der Revolution des Winters 1918/19, das Bewußtsein der Krise kaum je stärker als zu Beginn der dreißiger Jahre. Ernst Jüngers Rückblick aus dem Jahr 1963 anläßlich der Neuauflage seines *Arbeiters* trifft die Zeitatmosphäre: Das Werk sei im Herbst 1932 erschienen «zu einer Zeit, in der bereits an der Unhaltbarkeit des Alten und der Heraufkunft neuer Kräfte kein Zweifel mehr bestand».

Und nur so ist die sozialgeschichtliche Einheit der Epoche konstituierbar – einer Epoche schließlich, deren politische Systeme denkbar gegensätzlich, ja einander ausschließend gewesen sind und die die politische Antithese des 20. Jahrhunderts schlechthin beinhaltet: Demokratie gegen Diktatur. In bezug auf das politisch-gesellschaftliche Gesamtsystem kann keine wie auch immer definierte Einheit der Epoche vom Ende des Ersten Weltkriegs 1918 bis zum Ende des Zweiten Weltkriegs 1945 unterstellt werden. Ihre formale Klammer sind Krieg, Krise, Revolution, Scheitern, ist eine im Ergebnis radikale Umwälzung und Modernisierung der Sozialstruktur der deutschen Bevölkerung: Unter dem Gesichtspunkt gesellschaftlicher Wirkung lassen sich die Jahre 1918, 1933 und 1945 in der Tat als Marksteine eines Prozesses interpretieren.

Bevölkerungsbewegungen

Wohl nie zuvor in der Geschichte gab es derart massenhafte, durch Krieg und Diktatur ausgelöste Bevölkerungsbewegungen wie im 20. Jahrhundert. Das gilt nicht nur für die kriegsbedingte Verschiebung großer militärischer Verbände oder die sich schon nach dem Ersten Weltkrieg schwierig gestaltende Rückführung eines Heers deutscher Soldaten, sondern mehr noch für Millionen von Menschen, die nach 1918 und – in ungleich stärkerem Maße – 1945 regional entwurzelt waren oder wurden, weil sie ihre Heimat verlassen mußten bzw. nicht in sie zurückkehren konnten. Die zwanziger Jahre waren, rückblickend betrachtet, nur ein Auftakt zu den massenhaften Wanderungen in den folgenden zweieinhalb Jahrzehnten, wenngleich die freiwillige, meist arbeitsmarktbedingte Auswanderung von Deutschland nach Übersee schon beträchtlich war: Für die Jahre 1919 bis 1932 lautet die Gesamtzahl 603 000. [vgl. 3 c]
Berücksichtigt man außerdem, wie viele Menschen seit den dreißiger Jahren aufgrund der Kriege oder politischer, religiöser oder ‹rassischer› Verfolgung ihr Leben verloren, dann wird schnell klar, wie singulär die Veränderung in der Zusammensetzung der Bevölkerung – nicht nur der deutschen – seit dem Ersten Weltkrieg gewesen ist: Während dieses Krieges verloren nahezu 1,937 Millionen deutsche Soldaten ihr Leben, die Gesamtzahl der getöteten Soldaten betrug 10 Millionen. Der Zweite Weltkrieg forderte das Leben von insgesamt 3,76 Millionen deutscher sowie 0,66 Millionen österreichischer bzw. volksdeutscher Soldaten. Die Gesamtzahl der getöteten Militärpersonen beträgt nach neueren Schätzungen 16 Millionen. Unter der deutschen bzw. österreichischen Zivilbevölkerung führte der Bombenkrieg und andere Feindeinwirkungen zu 2,77 Millionen Todesopfern, die Schätzungen über die Gesamtzahl der zivilen Todesopfer von Krieg und Diktatur belaufen sich auf 20 bis 30 Millionen Menschen. In diesen Zahlen enthalten sind die durch das NS-Regime ermordeten Juden verschiedener Nationalität: Aufgrund unvollständiger Statistiken, Wanderungen, Flucht usw. schwanken die Schätzungen erheblich; die Zahl der jüdischen Opfer betrug demnach zwischen 4 und 6 Millionen Menschen. Wenngleich neuere Untersuchungen häufig von der unteren Grenze ausgehen, sollte doch bedacht werden, daß selbst Adolf Eichmann (1906 bis 1962) im Jerusalemer Prozeß von 1961 bzw. in seinen

jüngst veröffentlichten Memoiren von mehr als 2 Millionen jüdischen Opfern ausging, einer Zahl, die mit Sicherheit zu niedrig angesetzt, aber ungeheuerlich genug ist. Über eine halbe Million Menschen emigrierten als ‹rassisch› Verfolgte aus Deutschland und Österreich zwischen 1933 und 1945, die Zahl der darin zum Teil enthaltenen politischen Emigranten betrug annähernd 30 000 [vgl. 133a], unter ihnen vor allem Sozialdemokraten und Kommunisten, in geringerem Umfang aber auch Zentrumsanhänger, Konservative und Liberale verschiedener Schattierungen. Nach der russischen Oktoberrevolution 1917 kamen bis zum Jahr 1923 circa 600 000 russische Emigranten nach Deutschland. Während des Zweiten Weltkriegs wurden im Zuge der ‹totalen Mobilmachung› Millionen kriegsfähiger Männer eingezogen und an verschiedenen europäischen Fronten eingesetzt, während die deutsche Rüstungswirtschaft in erhöhtem Maße auf Arbeitskräfte angewiesen war. Sie deckte diesen Bedarf mit Hilfe sogenannter Fremdarbeiter, die 1939 zunächst auf freiwilliger Basis, seit 1940 zunehmend zwangsweise aus den besetzten Gebieten nach Deutschland deportiert wurden: Im Herbst 1944 betrug die Zahl ausländischer Arbeitskräfte in Deutschland circa acht Millionen. [vgl. 33 a]

Während der ersten Hälfte des 20. Jahrhunderts setzten sich indes auch endogene Trends der Binnenwanderung fort, die Verstädterung und damit die Land-Stadt-Wanderung nahm weiter zu. In den Jahrzehnten zwischen 1860 und 1925 verließen nach Schätzungen ungefähr 22 bis 24 Millionen Menschen ihre engere Heimat und verzogen in andere Orte des Deutschen Reiches. [vgl. 27 b] Einen hohen Anteil hatte daran die ‹Nahwanderung›: Die städtisch industriellen Ballungszentren vergrößerten sich weiterhin durch starke Zuwanderung aus umliegenden Provinzen, Dörfern und kleineren Städten. Die deutsche Hauptstadt und ihre Umgebung wurde 1920 durch Gesetz zum Zweckverband erklärt, im Jahre 1925 war Berlin mit circa vier Millionen Einwohnern nach New York und London die drittgrößte Stadt der Erde, von 1900 bis 1939 hatte sich die Einwohnerzahl von 2,7 auf 4,3 Millionen vermehrt, ohne daß in diesem Zeitraum die deutsche Bevölkerung insgesamt vergleichsweise gewachsen wäre: In der Periode zwischen den beiden Weltkriegen sank die jährliche Zuwachsrate sogar auf 0,6 Prozent [vgl. 4]. Im Jahr 1925 betrug die Gesamtzahl der innerhalb des Reichsgebiets lebenden Deutschen 62,41 Millionen, davon lebten 26,7 Prozent in Großstädten und jeweils 13,4 Prozent in kleineren (5 000 bis 20 000 Einwohner) und mittleren (20 000 bis 100 000 Einwohner) Städten. Der Vorkriegsstand von knapp 65 Millionen Einwohnern, in dem allerdings die aufgrund des Vertrags von Versailles 1919 verlorengegangenen Territorien – vor allem Elsaß-Lothringen, Westpreußen, Posen sowie eine Reihe kleinerer Gebiete im Norden und Osten des Reiches – enthalten sind, wurde erst im Jahr 1933 geringfügig übertroffen. Die für moderne Industriegesellschaften charakteristische Verbindung von sinkenden Sterbeziffern bei gleichfalls sinkender Geburtenrate ist auch während der zwanziger und dreißiger Jahre feststellbar.

Schon die wenigen hier gegebenen Zahlen demonstrieren: Die Jahrzehnte nach dem Ersten Weltkrieg waren aus zahlreichen, für sich genommen höchst unterschiedlichen endogenen und exogenen Faktoren für Mitteleuropa eine Zeit so massenhafter und häufiger Bevölkerungsverschiebungen, daß dieser Tatbestand zweifellos zu den sozialgeschichtlich bedeutsamsten und folgenreichsten Vorgängen in der Geschichte des 20. Jahrhunderts gehört. Auf eine unmittelbare Weise waren davon auch die Kultur im allgemeinen und die Literatur im besonderen betroffen, zählten doch Tausende der literarisch fruchtbarsten und bedeutendsten Autoren zu den Emigranten der Jahre nach 1933.

Soziale Schichtung des deutschen Volkes

Im Jahr 1930 verteilte sich die Wirtschaftstätigkeit der deutschen Bevölkerung auf folgende Sektoren: 41 Prozent waren in Handwerk und Industrie tätig, 23 Prozent in der Land- und Forstwirtschaft, 17 Prozent arbeiteten in Handel und Verkehr (einschließlich Gast- und Hotelgewerbe), 7 Prozent zählten zur Verwaltung bzw. zu freien Berufen (einschließlich des Gesundheitswesens), 3 Prozent standen in häuslichen Diensten bzw. in wechselnder Lohnarbeit. Nicht in den Arbeitsprozeß im engeren Sinne integriert waren 9 Prozent der Bevölkerung, unter ihnen Rentner, Studierende, Schüler sowie Anstaltsinsassen. [vgl. 12a] Eine andere Aufgliederung der Erwerbstätigkeit – in der 1925 51,3 Prozent der deutschen Bevölkerung stand – kann nach dem Kriterium der arbeitsrechtlichen Stellung erfolgen: sie lautet für die Stichjahre 1925, 1933 und 1939 folgendermaßen (Zahlen jeweils in Millionen):

Jahre	Erwerbs-personen	davon weiblich	Selb-stän-dige	Ange-stellte, Beamte	Arbei-ter	Haus-ange-stellte	Mithelfende Familien-angehörige
1925	32	11,48	5,54 (17,3 %)	5,27 (16,5 %)	14,43 (45,1 %)	1,33 (4,1 %)	5,44 (17 %)
1933	32,3	11,48	5,3 (16,4 %)	5,52 (17,1 %)	14,95 (46,3 %)	1,22 (3,8 %)	5,31 (16,4 %)
1939*	34,27	12,7	4,78 (14 %)	6,48 (18,9 %)	17,38 (50,7 %)	–	5,63 (16,4 %)

* Einschließlich Österreich und Sudetenland [vgl. 42a]

Die Aufgliederung der Wirtschaftstätigkeit zeigt, in welchem Ausmaß Industrie und Handwerk dominierten, umfaßte dieser Bereich doch ebenso viele Erwerbstätige wie Land- und Forstwirtschaft sowie Handel und Verkehr zusammen. Dieser Trend setzte sich seit dem 19. Jahrhundert fort, allerdings mit sektoraler Differenzierung, die durch weit auseinanderliegende Stichjahre demonstriert wird: So sank die Zahl der in der Landwirtschaft tätigen Erwerbspersonen im Deutschen Reich von 27,4 Prozent im Jahr 1907 auf 18,2 Prozent im Jahr 1939 ab, während der Anteil von Handel und Verkehr ganz geringfügig anstieg, von 15 Prozent im Jahr 1907 auf 15,8 Prozent im Jahr 1939. Ähnlich verhielt es sich mit der gewerblichen Wirtschaft, sie beschäftigte 1907 41,7 Prozent der Menschen und lag bis 1939 ziemlich konstant mit nur geringfügiger Verminderung bei 40,9 Prozent.

Eine stärkere Veränderung, als in den einzelnen Stichjahren der Zwischenkriegszeit zum Ausdruck kommt, manifestiert sich bei den selbständig Tätigen, wenn man auch hier einen größeren Zeitraum überblickt und die Familienangehörigen einbezieht, die in Sozialstatus, Mentalität und Lebensweise jeweils dazugehören: Von 1907 bis 1939 sank die Zahl der Selbständigen und ihrer Angehörigen von 13,7 auf 9,5 Millionen, ihr Anteil an der Gesamtbevölkerung verminderte sich prozentual sogar um mehr als 50 auf 14,1 Prozent (1939), während im gleichen Zeitraum die Anteile der Arbeiter, insbesondere aber der Angestellten, ständig zunahmen. Der ‹neue Mittelstand› aus Angestellten und Beamten unter Einschluß der Familienangehörigen vergrößerte sich zwischen 1907 und 1939 von 6,7 auf 11,97 Millionen (=17,8 Prozent Bevölkerungsanteil).

In bezug auf den ‹alten Mittelstand› selbständiger Handwerker und Handeltreibender ist seit Beginn des Jahrhunderts bis in die Mitte der Weimarer Republik (1925) ebenfalls ein Anstieg zu beobachten: Die zunehmende Konzentration in der Wirtschaft, die Ausdehnung der Großbetriebe hatten offensichtlich genügend Spielraum für kleinere Gewerbebetriebe mit nur wenigen Beschäftigten gelassen. 1925 gab es im Deutschen Reich etwas über eine Million Handelsbetriebe mit weniger als fünf Mitarbeitern. Die Verringerung der Zahl der selbständigen Gewerbetreibenden ging also eindeutig auf Kosten mittelgroßer Betriebe, während im Bereich der Landwirtschaft die Zahl der kleineren und mittleren Betriebe – zum Teil infolge von Siedlungstätigkeit – wuchs und die Zahl der Großbetriebe (über 20 Hektar) sich stetig verminderte.

Im Jahr 1925 arbeitete die Hälfte der in der gewerblichen Wirtschaft Tätigen in Betrieben mit mehr als fünfzig Arbeitskräften. [vgl. 12 a] Die ständige Zunahme großbetrieblicher Wirtschaftsform hat die Aufnahme weiblicher Arbeitskräfte begünstigt; ihre Zahl wuchs ständig und erreichte 1925 nahezu fünf Millionen. Die ökonomischen Probleme vieler Familien, der Arbeitskräftemangel während der Weltkriege, die zunehmende Öffnung von Ausbildungsgängen, auch akademischen, für Frauen, ihre wachsende Unabhängigkeit sind wesentliche Gründe dieser Entwicklung.

Was im Hinblick auf die Bevölkerungsbewegungen festgestellt wurde, gilt in geringerem Maße auch für die mehr oder weniger endogen bedingten Verschiebungen innerhalb der Sozialstruktur: Die Veränderungen in den ersten Jahrzehnten des 20. Jahrhunderts waren stark, vielfach setzten sich bereits seit dem 19. Jahrhundert zu beobachtende Trends fort, zum Teil verstärkt durch die spezifischen sozialökonomischen Probleme der Kriegs- und Zwischenkriegszeit.

Sozialökonomische Grundlagen der Politik seit 1918

Im letzten Kriegsjahr waren etwa zehn Millionen Soldaten eingezogen; ein organisatorisches, soziales und ökonomisches Problem ersten Ranges stellte die Rückführung und Reintegration dieser Soldaten in Gesellschaft und Wirtschaft der Heimat dar. Die Mentalität derjenigen, denen diese Eingliederung besonders schwerfiel, hat aus ihrer Sicht Ernst von Salomon (1902 bis 1972) in seinen Büchern instruktiv beschrieben. Fehlende Berufsausbildung, Entfremdung von Familie und Beruf, geringe berufliche Chancen, Gewöhnung an den Soldatenberuf, mangelnde politische Bildung und Ablehnung der neuen Staatsform: das sind nur einige Stichworte dieser Nachkriegsproblematik. Die Mobilisierung finanzieller Reserven, die Zerstörung von Sachwerten, die Auferlegung von Reparationszahlungen durch die Sieger waren die gravierendsten sozialökonomischen Kriegsfolgen, zu denen eine schwere Versorgungskrise mit Konsumgütern, vor allem mit Nahrungsmitteln, hinzutrat.

Gegen Kriegsende hatte sich die Industrieproduktion gegenüber dem Vorkriegsstand von 1913 (=100) fast halbiert (1918 = 57), das Produktions- und Verteilungssystem brach zusammen, die industrielle Leistung war nach Ende des Kriegs schließlich auf ungefähr 40 Prozent des Vorkriegsstandes abgesunken [vgl. 49 a], für die landwirtschaftliche Produktion gilt – bei unterschiedlicher Akzentuierung tierischer und pflanzlicher Produkte – ähnliches. Infolge des Versailler Vertrags gingen wirtschaftlich wichtige Gebiete für das Deutsche Reich verloren oder wurden, wie das Saargebiet bis 1935, der deutschen Nutzung entzogen.

Mit diesen wirtschaftlichen Folgen fertig zu werden, die die Republik nicht verursacht, die sie aber als eine ihrer gravierendsten Hypotheken geerbt hatte, konnte bei keiner Art Wirtschafts- und Sozialpolitik kurz- oder auch nur mittelfristig erreicht werden. Vieles aber spricht dafür, daß in weiten Kreisen der deutschen Bevölkerung eine solch illusionäre Erwartung bestand, eine Erwartung, die angesichts der wirklichen Probleme nur enttäuscht werden konnte. Die Republik stand so von Beginn an unter dem Verdikt des Mißerfolgs, um so mehr, als über die Kriegslage bis gegen Kriegsende ebenfalls Illusionen bestanden; am 18. 11. 1919 vertrat der ehemalige Chef der Obersten Heeresleitung, Generalfeldmarschall von Hindenburg (1847 bis 1934), unter Berufung auf einen ungenannten englischen General, vor dem Untersuchungsausschuß der Nationalversammlung die Meinung: «Die deutsche Armee ist von hinten erdolcht worden.» Diese Behauptung war unaufrichtig und zweifelsfrei falsch, hatte doch die OHL seit dem 29. September 1918 die völlig überraschte Reichsleitung und die Führer der im Reichstag vertretenen Parteien zu einem umgehenden Waffenstillstand gedrängt, hatte doch derselbe Hindenburg bei anderer Gelegenheit mit einer durch die Kriegslage erzwungenen Aufrichtigkeit dem Reichskanzler Prinz Max von Baden (1867 bis 1929) geschrieben: Nach menschlichem Ermessen bestehe keine Aussicht mehr, dem Feind den Frieden aufzuzwingen, die Lage verschärfe sich täglich, die OHL könne zu schwerwiegenden Entschlüssen gezwungen sein und bestehe deshalb auf ihrer am 29. September gestellten Forderung «der sofortigen Herausgabe des Friedensangebotes an unsere Feinde». Politisch wirkungsvoll war nicht diese zutreffende Version, sondern die Legende vom Dolchstoß; sie vergiftete die politische Atmosphäre der Republik, behaftete ihre Vorkämpfer, zum Beispiel den sozialdemokratischen Reichspräsidenten Friedrich Ebert (1871 bis 1925), mit dem Odium, den deutschen Sieg verhindert zu haben: Die Revolution wurde in weiten Kreisen der Bevölkerung für die schwere Niederlage verantwortlich gemacht, das böse Wort von den «Novemberverbrechern» machte die Runde. Schon bald danach diffamierte das Wort «Erfüllungspolitiker» – gegenüber den Siegern und den durch sie aufgezwungenen Vertrag von Versailles – Politiker aus SPD, Zentrum und DDP; politischer Terror und Mord zählten zu den unmittelbaren Wirkungen: Matthias Erzberger (1875 bis 1921) und Walther Rathenau (1867 bis 1922) stehen stellvertretend für diejenigen Politiker und Parteien, die die Last auf sich genommen hatten, für das Deutsche Reich den Krieg zu beenden, ohne doch die Niederlage verschuldet zu haben; sie wurden zu Opfern ihrer verantwortungsvollen Politik.

Die wirtschaftlichen und sozialen Folgen des verlorenen Krieges ließen sich durch Illusionen über ihre tatsächlichen Ursachen nicht beseitigen. Vielmehr hatten Regierende und Bevölkerung mit ihnen zu leben: Streiks der Ruhrarbeiter und Kapp-Putsch im Frühjahr 1920, Besetzung des Ruhrgebiets durch Frankreich und galoppierende Inflation 1923/24, innenpolitische Krise mit Ausnahmezustand in Bayern, Sachsen und Thüringen 1923; ständige politische Kämpfe um die verschiedenen Reparationsabkommen (Dawes-Plan 1924, Young-Plan 1929/30), seit 1929/30 Weltwirtschaftskrise, die in stärkstem und wachsendem Maße auch das Deutsche Reich heimsuchte, ständige Regierungskrisen und schließlich eine fundamentale, sich ständig verschärfende Staats- und Gesellschaftskrise seit Frühjahr 1930. Die Weimarer Republik kam nicht zur Ruhe; in den nur vierzehn Jahren ihres Bestehens gab es kaum ein Jahr ohne krisenhafte Zuspitzungen, und auch die vergleichsweise stabile Zwischen-

phase von 1924 bis 1929 war keine Zeit wirklicher politischer, gesellschaftlicher oder wirtschaftlicher Konsolidierung, der Schein trog. Die wirtschaftliche Blüte war nicht zuletzt mit amerikanischen Krediten erkauft;
sie waren kurzfristig gegeben, aber für langfristige Investitionen angelegt
worden. Als diese Kredite aufgrund der amerikanischen Wirtschaftskrise
und des schwindenden ausländischen Vertrauens in die politische und
wirtschaftliche Entwicklung des Reichs abgezogen wurden, kam es zu
massenhaften Firmenzusammenbrüchen und zur Bankenkrise von 1931
[vgl. 4 a], bei der mehrere Großbanken zahlungsunfähig wurden.

Die politische Stabilität war kaum größer. Schon 1925 war es nicht mehr
möglich, einen entschiedenen Republikaner zum Reichspräsidenten zu
wählen, von Ende 1923 bis Frühjahr 1930 amtierten immerhin sieben Ka-
binette, das langlebigste unter ihnen, die 1928 bis 1930 regierende große
Koalition aus SPD, Zentrum, DDP und DVP, war tatsächlich eine der
schwächsten Weimarer Regierungen. Die Regierung Hermann Müller
(SPD; 1876 bis 1931) war ständig bedroht von der Desavouierung der
eigenen Minister durch die Reichstagsfraktionen der Koalitionsparteien,
insbesondere der SPD, ständig bedroht auch durch das Auseinanderdrif-
ten der beiden Flügelparteien SPD und DVP, die in erster Linie durch die
stärkste politische Persönlichkeit der Regierung, den Außenminister Gustav Stresemann (1878 bis 1929), zum Kompromiß gebracht wurde. Und
schließlich kann die Tatsache, daß 1925/26 und 1927/28 Regierungen unter Einfluß der Deutschnationalen Volkspartei gebildet wurden, nicht als
Indiz für Stabilität gedeutet werden, stand doch die übergroße Mehrheit
dieser Partei nicht auf dem Boden der Weimarer Verfassung. Die Weimarer Republik stand von Anfang bis Ende unter der Drohung des Ernst-
falls. [vgl. 45 a]

Die tatsächlichen ökonomischen Probleme der Weimarer Republik waren zeit ihres Bestehens groß; doch wurden sie noch gesteigert durch die
psychologischen Auswirkungen. Eine schwere Belastung bedeutete die
Forderung nach Reparationen, die die Siegermächte gemäß Artikel 231,
232 und 235 des Vertrags von Versailles erhoben und die sich allein für die
Jahre 1919 bis April 1921 in Sach- und Geldwert auf 20 Milliarden Gold-
mark beliefen. Da die wirtschaftlichen Möglichkeiten des Reichs während der Versailler Verhandlungen nicht feststellbar waren, blieb die endgültige Höhe einstweilen offen. Aus diesem Grunde und wegen der fakti-
schen Unmöglichkeit, die jeweils festgesetzten Summen tatsächlich zu
zahlen, wurden in einer Reihe internationaler Verhandlungen, durch Einsetzung einer Reparationskommission und eines Reparationsagenten bis
zum sogenannten Hoover-Moratorium, mit dem 1931 die Zahlungen si-
stiert wurden, immer wieder Anläufe zu einer definitiven Regelung unternommen. Der zum 1. September 1929 rückwirkend in Kraft tretende
Young-Plan intendierte eine endgültige Lösung: Das Deutsche Reich

sollte 37 Jahresraten in Höhe von 2,05 Milliarden Reichsmark (in den ersten zehn Jahren zum Teil als Sachlieferungen) und danach bis zum Jahre 1988 nochmals jährlich 22 Raten von jeweils 1,65 Milliarden Reichsmark (zum Schluß etwas niedriger) zahlen – in der Tat eine ungeheure wirtschaftliche Belastung, um deren Akzeptierung jeweils schärfster, mit Diffamierungen und Drohungen geführter innenpolitischer Streit entstand. Aber was ist tatsächlich gezahlt worden? Bis zum 30. 6. 1931 zahlte das Deutsche Reich nach eigener Berechnung insgesamt 53,15 Milliarden Reichsmark an Reparationen, außerdem 14,5 Milliarden RM sonstige besatzungs- und abrüstungsbedingte Kosten. Die Konferenz von Lausanne im Juni/Juli 1932 brachte das praktische Ende der Reparationszahlungen. Dieser Erfolg war aufgrund der entscheidenden Vorarbeit Reichskanzlers Heinrich Brüning (1885 bis 1970) möglich geworden; sein Nachfolger Franz von Papen (1879 bis 1969) konnte dieses Verhandlungsergebnis unberechtigterweise für sich in Anspruch nehmen. Hat so einerseits der Staat von Weimar schließlich eine der gravierendsten wirtschaftlichen Hypotheken selbst abtragen können – obwohl die Wirkung sich erst nach der NS-Machtergreifung zeigen konnte –, so ist andererseits zu bedenken, daß zwar die geforderten Reparationen eine ungeheure wirtschaftliche Last gewesen wären, die tatsächlich gezahlten Leistungen aber letztlich kein ausschlaggebender Grund für die wirtschaftlichen Schwierigkeiten der Weimarer Republik gewesen sind. Vielmehr traten die Reparationen zu einer Reihe anderer ökonomischer Belastungsfaktoren hinzu und verschärften diese. In manchen Jahren jedenfalls wirkte die Reparationenfrage sozialpsychologisch und politisch belastender als materiell.

Ähnlich differenziert muß die soziale Auswirkung der Inflation beurteilt werden: In der Tat hat sie weite Teile des alten Mittelstandes heimgesucht und Hunderttausende wirtschaftlich ruiniert. Auf der anderen Seite profitierte eine große Zahl von Menschen von der Inflation, keineswegs nur Spekulanten, sondern auch ein Heer von Schuldnern. Auch in diesem Fall waren die psychologischen Auswirkungen der Inflation, die zahlreiche kleine Sparer traf, deren Guthaben entwertet wurden, erheblich; die Inflation hinterließ, auch nachdem die Sanierung der Mark erreicht war, ein «Millionenheer der Enttäuschten und Verbitterten». [vgl. 40 a] Auch diese Wirkungen haben zeitgenössische Autoren eindringlich beschrieben; man denke nur an Falladas Inflationsroman *Wolf unter Wölfen* (1937) oder den in bayerischem Milieu spielenden Roman *Anton Sittinger* (1937) von Oskar Maria Graf (1894 bis 1967).

Bewirkte die Inflation eine Umschichtung von Vermögen, die zu gravierenden sozialen und mentalen Folgen bei einer Schicht vor allem kleinerer und mittlerer, in geringerem Maße auch bei größeren Vermögensinhabern führte, so traf die Arbeitslosigkeit während der Weimarer Republik gleichermaßen Angestellte wie Arbeiter. Sieht man von der unmittelba-

ren Nachkriegsarbeitslosigkeit und der im Inflationsjahr 1923 schnell stei-
genden Arbeitslosigkeit ab, so war eine in die Millionen gehende Massen-
arbeitslosigkeit vor allem in den Jahren 1928 bis 1937 anzutreffen. Die
Höhepunkte lagen in den Jahren 1931 bis 1933. Die folgenden Zahlen
geben den Jahresdurchschnitt an; die jeweils saisonal in den Wintermona-
ten ereichten Höchstzahlen werden dadurch nach unten abgeschliffen.
Die Zahl der Arbeitslosen betrug: 1928 1,35 Millionen (= 7 Prozent der
Arbeitnehmer); 1929 1,89 (9,6 Prozent); 1930 3,07 (15,7 Prozent); 1931
4,52 (23,9 Prozent); 1932 5,57 (30,8 Prozent); 1933 4,8 (26,3 Prozent);
1934 2,71 (14,9 Prozent). Im Jahr 1939 sank die Arbeitslosigkeit auf den
Tiefstand der Zwischenkriegszeit und betrug nur noch 0,47 Millionen
(2,2 Prozent). Die Höchstzahlen wurden erreicht, als sich die Weltwirtschaftskrise voll auf Deutschland auswirkte; die Spitze lag im Monat Februar 1932, als 6,128 Millionen Arbeitslose gezählt wurden. In diesen
Jahren und Monaten, in denen die politische und sozialökonomische
Krise ihrem Höhepunkt zutrieb, war also ungefähr ein Drittel der deutschen Arbeitnehmer arbeitslos; zahlreiche Menschen waren von Kurzar-
beit betroffen, die in einem festen Beschäftigungsverhältnis Stehenden –
auch die Beamten – mußten sich mit Gehaltskürzungen abfinden. *Kleiner
Mann, was nun?* Wiederum war es Hans Fallada, der mit seinem 1932
publizierten Roman das Elend der Massen am Einzelschicksal beschrieb
und sie dadurch ansprach. Aber auch der Intellektuellenroman *Fabian.
Die Geschichte eines Moralisten*, den Erich Kästner (1899 bis 1974) 1931
veröffentlichte, oder Alfred Döblins (1878 bis 1957) literarisch ungleich
anspruchsvollerer Roman *Berlin Alexanderplatz. Die Geschichte vom
Franz Biberkopf* (1929) reflektieren sozialökonomische Probleme dieser
Jahre.

Von der Revolution zur NS-Machtergreifung

Der Kaiser ging, die Generäle blieben, 1932 beschrieb Theodor Plivier
(1892 bis 1955) in einem dokumentarischen Roman die Revolution. Dieser zweite Teil seiner zeitgeschichtlichen Trilogie endet mit dem Bündnis
zwischen Reichskanzler Ebert und General Groener. Ein anderer im Exil
1939 publizierter zeitgeschichtlicher Romanzyklus beginnt, wo Plivier endet, mit dem 10. November 1918: der erste Band von Alfred Döblins
November 1918. Eine deutsche Revolution (1948 bis 1950). Beide Autoren
betrachten, wie andere auch, die Revolution aus einer kritischen Perspektive, beide schreiben aus der Erfahrung des Scheiterns der Weimarer
Demokratie. Wie das später in der Geschichtswissenschaft epochemachende Werk des marxistischen Historikers Arthur Rosenberg (1889 bis
1943) über *Entstehung und Geschichte der Weimarer Republik*, dessen
zweiter Teil ebenfalls im Exil veröffentlicht wurde (1935), gingen die beiden Romanciers von der Einschätzung aus, die Revolution sei nicht weit

genug gegangen, sei eigentlich keine Revolution im sozialen Sinne gewesen, da sie die alte Herrschaftsschicht an der Macht gelassen habe. Gleich, ob diese Interpretation zutrifft oder nicht, sie prägte entscheidend das Bild, das sich die Linksintellektuellen von der neuen Republik machten, und sie prägte es nachhaltig negativ: Als Beispiel dafür steht etwa Carl von Ossietzkys (1889 bis 1938) *Weltbühne* (1918 bis 1933). Auch die Rechtsintellektuellen lehnten Revolution und Republik ab: Oswald Spenglers (1880 bis 1936) geschichtsphilosophisches Werk *Der Untergang des Abendlandes. Umrisse einer Morphologie der Weltgeschichte* (1918 bis 1922) hatte zwar ein anderes Thema und war schon während des Weltkriegs entstanden; als aber der erste Teil erschien, erlangte sein Titel Signalwirkung. Spätere Autoren der sogenannten Konservativen Revolution, auch Spengler selbst, nahmen jede Gelegenheit wahr, in zeitkritischen Werken unterschiedlichen Niveaus gegen den Staat von Weimar zu polemisieren oder seine Träger zu diffamieren. Autoren, die sich wie Thomas Mann (1875 bis 1955) von den *Betrachtungen eines Unpolitischen* (1918) zum Vernunftrepublikaner wandelten, blieben in der Minderheit, die intellektuelle Mitte war in Weimar prozentual gesehen noch schwächer als die politische Mitte.

Wie aber verhielt es sich unter politischem und sozialem Aspekt mit der Revolution von 1918/19 tatsächlich? Ließ sie die vorrevolutionäre Herrenschicht an der Macht, unterließ sie politische und soziale Demokratisierung? Auch die Revolution von 1918/19 erwies sich in der späteren Forschung als ein vielschichtigeres historisches Phänomen, als die zeitgenössischen Literaten, aber auch zahlreiche Verfasser historisch-politischer Interpretationen in den zwanziger Jahren annahmen.

Beginnen wir mit der ‹Herrenschicht›. Der Kaiser ging, in der Tat. Es gingen auch Generäle, Ludendorff und Hindenburg beispielsweise. Hindenburg aber kam wieder, nicht als General, sondern als Reichspräsident: Und das war die gefährlichere Hypothek für die Republik; denn er war als Monarchist gegangen und kam als Monarchist wieder, plebiszitär legitimiert nach dem Tode Friedrich Eberts, eines entschiedenen Vorkämpfers der Weimarer Demokratie, durch 14,655 Millionen Wähler. Hindenburgs stärkster Gegenkandidat, der Zentrumspolitiker Wilhelm Marx (1863 bis 1946), erhielt 13,751 Millionen Stimmen. Die 1,9 Millionen Stimmen, welche die Kommunisten für ihren aussichtslosen Zählkandidaten Ernst Thälmann (1886 bis 1944) abgaben, hätten gereicht, einen Demokraten in dieses, wie sich seit 1930 zeigte, wichtigste politische Amt der Republik zu wählen. «Jede Stimme für Thälmann ist eine Stimme für Hindenburg», hieß es zutreffend in dem Wahlaufruf, mit dem die SPD im zweiten Wahlgang für Wilhelm Marx warb, den auch die linksliberale DDP unterstützte. Marx war Kandidat der drei Parteien der Weimarer Koalition, die 1919 die Demokratie begründet hatten. Die Bayerische Volkspartei, die sich anfangs für Marx ausgesprochen hatte, unterstützte schließlich Hindenburg und damit den protestantischen Monarchisten. Auch sie erwies der Demokratie einen Bärendienst. Diese Wahl Hindenburgs war symbolisch für den Zustand der Republik im Jahr 1925, wie die erste Reichstagswahl vom 6. Juni 1920 symbolisch war für die Chancen der Demokratie knapp eineinhalb Jahre nach der Wahl zur konstituierenden Nationalversammlung der Republik. Bei dieser ersten Wahl im Januar 1919 hatten es die drei demokratisch-republikanischen Parteien gemeinsam auf 76,2 Prozent der Stimmen gebracht. 1920 hingegen errangen SPD, Zentrum und DDP nur noch 43,6 Prozent der Stimmen, während der gesamten Weimarer Zeit erzielten sie bei keiner Reichstagswahl mehr die absolute Mehrheit. Noch symptomatischer ist, daß diese drei Parteien bei der nächsten Reichspräsidentenwahl 1932 in dem ehemaligen kaiserlichen Feldmarschall, der sich indes zumindest bis zum Frühjahr 1929 bemüht hatte, sein Amt verfassungsgemäß zu führen, das letzte Bollwerk der Demokratie sahen und wohl auch sehen mußten – so gering tatsächlich die Chancen waren, mit Hindenburg den Staat von Weimar zu retten.

Denn 1932 hieß der Gegenkandidat Adolf Hitler (1889 bis 1945), und er erreichte am 10. April 1932 im zweiten Wahlgang immerhin 13,41 Millionen Stimmen, während Hindenburg 19,359 und Thälmann 3,7 Millionen Wähler hatten. 1932 gab es in der Tat für republiktreue Demokraten zu Hindenburg keine Alternative, 1925 hingegen hätte er für Demokraten und Republikaner keine Alternative zu Wilhelm Marx sein dürfen. Wie schrieb Theodor Wolff am 27. April 1925 in seinem Leitartikel für das *Berliner Tageblatt*? «Die gestrige Wahl war eine Intelligenzprüfung (...) ungefähr die Hälfte des deutschen Volkes (ist) in dieser Prüfung durchgefallen.» Und noch eine Einsicht Wolffs verdient festgehalten zu werden: Nicht in der Person Hindenburgs liege die Gefahr, sondern in der «Hinterhältigkeit seiner Begleiter». Was besagen die Zahlen im Rückblick auf 1918/19? Unter anderem doch wohl, daß eine Beseitigung der ‹Herrenschicht› nicht das einzige Problem erfolgreicher Demokratisierung war; ein demokratisches Bewußtsein mit Sinn für Spielregeln und Verhaltensweisen einer parlamentarischen Demokratie ist nicht durch Auswechslung der Führungsschicht allein zu erzielen. Das Problem dieser Republik war bis zu ihrem Ende, daß die Verfassungsväter kein Verfassungsvolk hatten [vgl. 33 b] und der Staat von Weimar «Jedermanns Vorbehaltsrepublik» [vgl. 5] gewesen ist. Denn in der Tat, selbst die beiden zahlenmäßig stärksten Hauptstützen der Weimarer Demokratie, SPD und Zentrum, beherbergten in ihren Reihen Gruppen, die starke Vorbehalte gegen den Kompromiß der Weimarer Verfassung hatten und die Hoffnung auf Änderung in ihrem Sinn bis 1932/33 nicht aufgaben. Allerdings beabsichtigten diese Politiker keine wie auch immer geartete Diktatur, sondern entweder eine sozialistische Gesellschaftsverfassung oder aber weitere Stärkung der Stellung des Reichspräsidenten aufgrund der negativen Erfahrung mit dem Weimarer Parlamentarismus. Ob nun sozialistische Zukunftshoffnungen oder konservativ-autoritäre Staatsvorstellungen, in den ausgehenden zwanziger und frühen dreißiger Jahren erlangten diese Überlegungen nicht im konstruktiven Sinn politische Wirkung. Wirksam war viel eher das auch in demokratische Parteien von links bis rechts eingehende Bewußtsein: So kann es nicht bleiben, die Weimarer Demokratie hat versagt. Schuldige sind in solcher Lage schnell gefunden, waren es nun die Parteien oder der Parlamentarismus überhaupt. Sicher ist, daß der Parlamentarismus zunehmend versagte, sicher ist auch, daß die vielbeklagte Unfähigkeit einiger Parteien, insbesondere der SPD und DVP, zum politischen Kompromiß zu gelangen und ihn dann auch zu tragen, ein schweres Manko für die Republik gewesen ist. Die allgemeine «Parteienprüderie» [vgl. 33 c] der Gesellschaft und der Verfassungsväter, die den Parteien nicht, wie es für ein parlamentarisches System unerläßlich ist, die zentrale Rolle im Prozeß der politischen Willensbildung zubilligten, das häufig durch die Parteien selbst gebotene unerfreuliche Bild: dies alles trug zur negativen Einschätzung des Parteienstaats bei. Den demokratischen Parteien fehlte nicht selten das nötige Bewußtsein, daß der von ihnen geschaffene Staat ein funktionsfähiger Staat sei.

Dabei kann sich die Bilanz durchaus sehen lassen, wenn man die Weimarer Republik nicht immer nur unter dem Aspekt ihres Scheiterns beurteilt. Schließlich hatten die Weimarer Koalitionspartner eine demokratische Staatsordnung durchgesetzt, hatten ein demokratisches Wahlrecht unter Einschluß des Frauenwahlrechts eingeführt, sie konnten auf eine Reihe sozialpolitischer Maßnahmen verweisen, so auf den Achtstundentag und das Betriebsrätegesetz vom 18. 1. 1920, sie hatten insgesamt gesehen in verfassungsrechtlicher Hinsicht eine Demokratie gegründet, in der die Grundrechte des einzelnen und sein Anteil an der politischen Willensbildung geregelt waren. Wieviel schon die ‹formale› Seite dieser umkämpften Weimarer Demokratie wert war, demonstrierten die Nationalsozialisten, als sie die Macht in Händen hielten und auf die rechtsstaatliche ‹Form› nichts mehr gaben. Viele derjenigen, die die ‹bloß› formale Demokratie von Weimar verspottet hatten und mit dem Schlachtruf durch die Lande zogen «Demokratie das ist nicht viel, Sozialismus ist das Ziel», wurden die Opfer ihrer Illusionen.

Schließlich hatten die Weimarer Regierungen keineswegs generell darauf verzichtet, die alte Führungsschicht abzulösen, wenngleich in Reich und Einzelstaaten diese Maßnahmen unterschiedlich weit gingen. Zu einer durchgreifenden planmäßigen Personalpolitik gelangte mit guten Erfolgen beispielsweise der Freistaat Preußen, der immerhin zwei Drittel des Reichsgebietes umfaßte und die größte deutsche Verwaltung aufwies. Auf Reichsebene konnten solche Erfolge schon deshalb nicht erzielt werden, weil die Regierungen zu häufig wechselten, abgesehen davon, daß diese keineswegs immer den Willen zu einer republikanischen Personalpolitik hatten. Doch lag hier wohl kaum die entscheidende Ursache für die Schwäche der Republik, die in anderen Sektoren der Staatstätigkeit eine viel weniger glückliche Hand hatte, zum Beispiel bei der Justiz – in der tatsächlich verhängnisvolle antirepublikanische Residuen erhalten blieben – oder auch in der Reichswehr, die weitgehend Staat im Staate war, aber sofern sie politisch agierte, mehr im Hintergrund blieb.

Diese Probleme hätten ebenso wie die Mängel in der Verfassungskonstruktion bewältigt werden können. Zu diesen Mängeln zählten: die Stärkung des Reichspräsidenten auf Kosten des Reichstags, das Fehlen eines Kompromißzwangs für die Parteien bei der Regierungsbildung, die Durchsetzung des Repräsentativsystems mit überflüssigen, aber demagogisch ausnutzbaren plebiszitären Elementen, schließlich das reine Verhältniswahlsystem, das die Zersplitterung des Parteiensystems zur Folge hatte und die Parteiapparate auf Kosten der politischen Individualität begünstigte. Die vielen Halbherzigkeiten bei der Demokratiegründung von 1918/19 haben zweifelsfrei die Chancen der Weimarer Republik vermindert, der Mangel an überragenden politischen Persönlichkeiten bzw. ihr früher Tod war sicher eine nicht zu unterschätzende Belastung, die Kumulation der sozialen und ökonomischen Probleme, insbesondere seit der Weltwirtschaftskrise 1929, war ungeheuer. Doch letzten Endes bleibt jede Demokratie auf eine Mehrheit von Demokraten angewiesen, bei denen politischer Grundkonsens über die Verfassung besteht. Daran fehlte es – je länger je mehr. Die Wahlergebnisse, in denen sich immer wieder die Krisen spiegeln, demonstrieren, wie rasant die Partei der Unzufriedenen wuchs, die schließlich die Mehrheit stellten. Die Obstruktionsmehrheit der antidemokratischen und antiparlamentarischen Parteien KPD und NSDAP erschwerte in der letzten Phase der Republik verfassungsmäßige Lösungen immer mehr, machte sie schließlich unmöglich.

Schließlich stand mutlosen Demokraten eine mitreißend dynamische, zu jeder Barbarei fähige, im eigenen und im Bewußtsein weiter Kreise der Bevölkerung die Zukunft verkörpernde ‹Bewegung› gegenüber, die sich schon durch diese Bezeichnung vom Parteienstaat absetzte, freilich nicht, wie viele politisch rechts Stehende, auf Restauration der Monarchie ausgerichtete Kräfte verhängnisvollerweise meinten, um die Fehler eines Parteienstaats durch eine ständisch-autoritäre Staats- und Gesellschaftsverfassung zu ersetzen. Der Nationalsozialismus war radikaler, revolutionärer, zukunftsgerichteter. Er war das schon deshalb, weil zu seiner Verbindung von Bewegung, völkischer Gemeinschaft und Führerideologie notwendig das Plebiszit gehörte. Die Kritik, die innerhalb der ‹konservativen Revolution› an Hitler und dem Nationalsozialismus laut wurde, war denn auch die Kritik einer Elite, die die plebejisch-kleinbürgerliche Massenhaftigkeit der NSDAP abstieß. Denn abgesehen von der nach 1933 lange Jahre vergleichsweise unberührten Reichswehr, brachte die NSDAP nicht die alten Eliten von vor 1918 an die Macht, sondern eine neue, ideologisch extreme Parteielite, deren soziale Stellung überwiegend durch Deklassiertheit, Scheitern im bürgerlichen Beruf, abgebrochene Berufsausbildung und Jugendlichkeit gekennzeichnet war. Unter dem Gesichtspunkt der sozialen ‹Demokratisierung› hat in der Tat die NS-Machtergreifung revolutionärer gewirkt als die Revolution von 1918/19, die in vielem einen Kompromiß zum Ergebnis hatte und insofern ein Spielball der extremen Antagonismen der Zeit wurde. Der Weimarer Pluralismus wurde nach 1933 Zug um Zug beseitigt, eine totalitäre Herrschaft errichtet, ein Vorgang, der mit der Beseitigung der potentiellen Parteiopposition der SA um Ernst Röhm (1887 bis 1934) Anfang Juli 1934 und gleichsam posthum des Parteilinken Gregor Strasser (1892 bis 1934) sowie der Übernahme auch des Reichspräsidentenamtes nach dem Tode Hindenburgs durch Hitler am 2. August 1934 in der ersten Phase abgeschlossen wurde.

Die Integrationsideologie der NS-Bewegung, die gleichermaßen von antikapitalistischen, antibürgerlichen, antimarxistischen und antisemitischen Ressentiments zehrte, wollte von gesellschaftlichen Antagonismen nichts wissen. [vgl. 33] Das organisatorische Pendant zur Integration war die innere Hierarchisierung dieser Gesellschaft nach dem Führerprinzip. Der charismatische Führer verkörperte, scheinbar plebiszitär legitimiert, den Volkswillen, in ihm verbanden sich Integration und diktatorische Hierarchie. Dem Anspruch nach war diese Herrschaft total: keine gesellschaftliche Gruppe, keine soziale Einheit, die nicht durch NS-Organisationen erfaßt worden wäre. Aber gerade dieser Versuch totaler Erfassung führte in weiten Bereichen des gesellschaftlichen und staatlichen Lebens zur Aufsplitterung der Herrschaft unter konkurrierenden Gruppen und Personen, zu Kompetenzwirrwarr und -gerangel neuer Organisationen untereinander sowie mit alten Institutionen staatlicher Verwaltung. Natürlich gelang eine solche ‹totale› Erfassung der ‹Volksgemeinschaft› nicht in dem intendierten Ausmaß; es blieben Nischen, es gab Formen individuellen und gruppenbezogenen Widerstands sowie Resistenz [vgl. 9; vgl. 10], es existierte – wie problematisch der Begriff auch sein mag – eine ‹innere Emigration› als individuelle Rückzugsposition zahlreicher Intellektueller. Und schließlich gab es Bereiche alltäglichen Lebens, die vergleichsweise normal blieben und von der Partei nicht erfaßt wurden.

Und doch, wie immer man den Streit der Historiker um den Charakter der NS-Herrschaft beurteilt, ob man das Führungschaos als planmäßig und gewollt zur Stabilisierung der Diktatur Hitlers – gemäß der Maxime ‹divide et impera› – interpretiert [vgl. 6] oder als ungeplante, improvisierte Polykratie [vgl. 10], an der Radikalität dieses Terrorregimes, an seinem zumindest intentional, tendenziell und in zahlreichen Wirkungen totalitärem Charakter besteht letztlich kaum Zweifel. Die Kampfansage an die Humanität begann schon mit der sogenannten Reichstagsbrandverordnung, die bereits am 28. Februar 1933 Grundrechte und rechtsstaatliche Prinzipien außer Kraft setzte, Gleichschaltungsmaßnahmen aller Art folgten, von denen in höchstem Maß auch die Kultur betroffen war. Nur weniges sei erwähnt: die Bücherverbrennung vom 10. Mai 1933, Zensur, Verfolgung mißliebiger Literaten aller Schattierung, Einsetzung einer Reichskulturkammer, ‹rassisch› begründete Verfolgung schon seit Frühjahr 1933 mit sich ständig verstärkenden Schüben – Nürnberger Gesetzen 1935, «Reichskristallnacht» vom 9. November 1938, «Endlösung der Judenfrage»: mit diesen Worten wurde auf sprachlich bezeichnende Weise brutaler Terror und millionenfacher Mord umschrieben.

Während der NS-Herrschaft konnten die in Deutschland gebliebenen Literaten dieses Leiden nicht explizit beschreiben; aber sie konnten zeitgeschichtliche Themen in Form indirekter Kritik darstellen. Auch während der NS-Herrschaft entstand bedeutende Literatur, wenngleich in ungleich größerem Maß unter den im Exil lebenden Autoren, die ihr Schicksal immer wieder dichterisch verarbeiteten. Die literarische Sprache, sofern sie nicht durch NS-Autoren mit gängigen Vokabeln durchsetzt wurde, brauchte nicht notwendig pervertiert zu werden, wie Victor Klemperer sie in seinem *LTI. Notizbuch eines Philologen* kritisch dargestellt hat. Sie brauchten auch keineswegs aus dem *Wörterbuch des Unmenschen* [vgl. 150 a] zu schöpfen: Die Verantwortlichkeit der Schriftsteller, der Wissenschaftler oder Künstler wollte die NS-Herrschaft ebenso beseitigen wie diejenige anderer Gruppen auch; aber Verantwortung blieb trotz der NS-Herrschaft individuell, wie die unterschiedlichen Verhaltensweisen auch der Literatenschicht, wie vor allem ihre Werke belegen.

Wolfgang Wippermann
Theorien und Ideologien

Versteht man unter dem Begriff Theorie ein relativ geschlossenes System von Anschauungen und Aussagen über einen Bereich der objektiven Realität, dem nicht nur ein erklärender, sondern auch ein prognostischer Charakter zukommt, dann wird man eine ganze Reihe von Theorien nennen können, die in dem Zeitraum von 1918 bis 1945 eine große und über das jeweilige Fachgebiet hinausreichende Bedeutung hatten. Dies gilt etwa für die Relativitätstheorie Einsteins, die Existenzialphilosophie Heideggers, die Ideologietheorie Mannheims und, wenn man die Theologie in diesem Zusammenhang mit erwähnen möchte, auch für die dialektische Theologie von Karl Barth. Von derartigen Theorien gingen jedoch keine großen politischen Wirkungen aus, die einen prägenden Einfluß auf die Epoche ausübten. Anders ist es dagegen mit solchen Theorien, die nicht nur die Wirklichkeit erklären, sondern deren Realisierung auch zu einer Beeinflussung und Veränderung der Wirklichkeit durch die Praxis führen konnte und sollte. Solche Theorien haben meist einen ideologischen Charakter, weil sie nicht hinreichend begründbar waren und sind und weil sie bestimmte politische und soziale Funktionen erfüllten. Im vorliegenden Überblick über die Theorien und Ideologien der Epoche werden daher vor allem solche Ideologien und Theorien berücksichtigt, die eine bestimmte politische und soziale Funktion erfüllten und die als Faktoren und Indikatoren der historischen Realität anzusehen sind.

Varianten des Rätegedankens

Am Anfang der Epoche sah es in Deutschland zunächst so aus, als ob die künftigen Auseinandersetzungen von Anhängern der parlamentarischen und der Räterepublik geprägt werden würden. In Berlin, München, Bremen und in anderen Städten Deutschlands ging es 1919 um die Frage, ob die revolutionäre Umwandlung des autoritären Deutschlands in einer parlamentarischen Republik, wie sie von den Mehrheitssozialisten um

Philipp Scheidemann und Friedrich Ebert verkündet und vertreten
wurde, oder in einer Räterepublik enden würde, wie sie etwa von Karl
Liebknecht, Rosa Luxemburg und Carl Landauer gefordert wurde. Nach
der von ihnen angestrebten und propagierten Zerschlagung der Institutionen des bürgerlichen Staates sollte eine Selbstverwaltung des Proletariats durch gewählte und jederzeit absetzbare Räte treten. Diese Zielvorstellungen wurden bekanntlich wegen des sofort einsetzenden konterre-
volutionären Terrors, dem unter anderen auch Karl Liebknecht (1871 bis
1919) und Rosa Luxemburg (1871 bis 1919) zum Opfer fielen, und wegen
der Bereitschaft der Mehrheitssozialdemokratie, mit den konservativen
Mächten gegen die revolutionäre Linke zu paktieren, nicht verwirklicht.
Hinzu kam jedoch, daß sich innerhalb der Linken die Kräfte durchsetz-
ten, die sich strikt am sowjetischen Vorbild orientierten. Dies galt vor
allem für die Kommunisten, die zwar auch von Räten («Sowjets») sprachen, in Wirklichkeit aber die Errichtung einer Diktatur des Proletariats
anstrebten, die wiederum von der sogenannten Avantgarde des Proletariats, der KPD und ihres jeweiligen Zentralkomitees, repräsentiert werden sollte. An diesem revolutionären Konzept hat die KPD auch weiterhin festgehalten und die parlamentarische Demokratie heftig und kom-
promißlos abgelehnt, weil diese Staatsform als nur notdürftig verschlei-
erte Diktatur der Bourgeoisie angesehen wurde. Da die kommunistischen Ideologen jedoch im Grunde wußten, daß ihre Partei allein zu
schwach war, um die bürgerliche Demokratie zu zerschlagen, versuchte
man, die eindeutig und unbestritten reformistisch eingestellte SPD zu einer revolutionären Politik zu bewegen. Diesem Ziel dienten die unterschiedlichen Einheitsfronttheorien, wobei zwischen einer Einheitsfront
‹von unten›, die nur mit den einfachen Parteimitgliedern eingegangen
werden sollte, und einer Einheitsfront ‹von oben› unterschieden wurde,
die jedoch kaum praktiziert wurde und im Grunde ebenfalls dem Ziel
diente, die SPD zu schwächen.
Wie nicht anders zu erwarten war, hat sich die SPD von ihrem Bekenntnis
zur parlamentarischen Demokratie nicht abbringen lassen. Daher und
weil sie durch ihren strikt parlamentarischen Kurs das bürgerliche System
genauso verteidigte wie der Faschismus, wurde die SPD von den kommunistischen Theoretikern als «sozialfaschistisch» beschimpft. Die politisch
fatale Sozialfaschismustheorie ist von der KPD mit geringen Unterbre-
chungen von 1923 bis 1935 vertreten worden. Eine eigenständige Ideologietheorie, mit deren Hilfe man das Problem hätte erklären und lösen
können, daß sich große Teile des Mittelstandes und auch des Proletariats
nicht ihrer Klassenlage gemäß verhielten, weil sie SPD oder gar NSDAP
wählten, ist nur in Ansätzen (sogenannten Schlageter- bzw. Scheringer-
Kurs) formuliert und noch weniger in die Praxis des politischen Kampfes
umgesetzt worden.

Demokratischer Sozialismus

Anders und scheinbar besser war es in den Reihen der SPD. Hier sind verschiedene sehr bedeutungsvolle politische Theorien und Ideologien entwickelt worden, die jedoch kaum in der politischen Praxis Verwendung fanden und die bald in einem nur allzu deutlichen Widerspruch zur historischen Realität standen. Wie angesichts der politischen Entwicklung und der Ideologiegeschichte der SPD nicht anders zu erwarten war, haben die Sozialdemokraten 1918/19 bewußt auf eine revolutionäre Umgestaltung von Wirtschaft und Gesellschaft verzichtet. Die Institutionen des bürgerlichen Staates wurden nicht zerschlagen, weil die Sozialdemokratie sie als Mittel oder, wie es häufig hieß, ‹Hebel› benutzen wollte, um den «demokratischen Sozialismus» auf friedlichem und evolutionärem Wege aufzubauen. Wenn die führenden Sozialdemokraten jedoch weitgehend darauf verzichteten, antidemokratisch eingestellte Personen innerhalb der Verwaltung, der Justiz und des Heeres durch neue demokratisch gesonnene Repräsentanten zu ersetzen, so war dies selbst mit den Prinzipien des Reformismus nur schwer zu vereinbaren. Gleichwohl haben die Theoretiker des demokratischen Sozialismus gehofft, die politischen Machtpositionen, die die SPD in den Kommunen, den Ländern und im Reich besaß, ausnützen zu können, um zu einer Demokratisierung von Gesellschaft und Wirtschaft zu gelangen. Letzteres schien nach den Worten des führenden Theoretikers der SPD, Rudolf Hilferding (1877 bis 1941) auch deshalb notwendig und möglich zu sein, weil der Kapitalismus in eine neue Phase eingetreten sei. In diesem «organisierten Kapitalismus» sei bereits das Prinzip einer planmäßigen, vom Staat geleiteten und kontrollierten Produktion verwirklicht worden. Daher sei es durchaus realistisch, mit Hilfe eines demokratischen und von der Sozialdemokratie geführten Staates den «organisierten Kapitalismus» in den demokratischen Sozialismus umzuwandeln. Dies sei auch deshalb möglich, weil, wie Hilferding und der führende Funktionär des ADGB, Fritz Tarnow (1880 bis 1951), meinten, im Wirtschaftsleben bereits Elemente einer sogenannten Wirtschaftsdemokratie vorhanden seien. Damit waren die 1918/19 erreichten, allerdings rudimentären Mitbestimmungsmöglichkeiten der Gewerkschaften gemeint.

Die spezifisch sozialdemokratischen Theorien von der Verwendungsmöglichkeit des bürgerlichen Staates als ‹Hebel› zur Errichtung eines sozialistischen Systems auf friedlichem und evolutionärem Wege, die Hilferdingsche Theorie vom bereits «organisierten Kapitalismus» als Vorstufe des demokratischen Sozialismus und Tarnows Programm der «Wirtschaftsdemokratie» wurden schließlich durch die Theorie von der «proletarischen Wehrhaftigkeit» ergänzt, die vor allem von dem österreichischen Sozialisten Julius Deutsch (1884 bis 1968) entwickelt, aber auch in Deutschland selber vertreten und praktiziert wurde. Damit waren die

Selbstschutzverbände wie der «Republikanische Schutzbund» in Österreich und das «Reichsbanner Schwarz-Rot-Gold» in Deutschland gemeint, die nach dem Willen ihrer Ideologen und Strategen dann eingesetzt werden sollten, wenn sich die Gegner der parlamentarischen Demokratie auf der linken und rechten Seite des politischen Spektrums nicht an die Spielregeln der parlamentarischen Demokratie halten und zum Mittel der außergesetzlichen Gewalt greifen sollten. Die Theorie von der «proletarischen Wehrhaftigkeit», die übrigens gerade in Deutschland heftig umstritten war, zeigt, wie brüchig das so geschlossen wirkende Konzept des demokratischen Sozialismus im Grunde war. Selbstschutzverbände sind nämlich in einer wirklich funktionierenden Demokratie, in der allein die Exekutive über das Gewaltmonopol verfügt, zugleich aber vom Parlament und von der Justiz kontrolliert wird, ebenso unnötig wie schädlich.

Das Konzept vom demokratischen Sozialismus scheiterte schließlich gänzlich, als die SPD nach dem Ausbruch der Weltwirtschaftskrise in die Defensive geriet, weil ihr die Wähler und Anhänger in Scharen davonliefen. Angesichts der wachsenden politischen Schwäche der Sozialdemokratie im Reich und in den Ländern konnte von einer schrittweisen Umwandlung des Kapitalismus in den Sozialismus nicht mehr die Rede sein. Jetzt kam es einzig und allein auf die Verteidigung der parlamentarischen Demokratie an. Doch die Lösung dieser Aufgabe erwies sich angesichts der ökonomischen und sozialen Krise als unerwartet schwierig. Hinzu kam, daß ja auch die Sozialdemokraten die, wie es häufig abschätzig hieß, bürgerliche oder ‹formale› Demokratie nur als Mittel zum sozialistischen Zweck betrachtet hatten. «Republik, das ist nicht viel, Sozialismus ist das Ziel», hieß eine weitverbreitete Losung. Viele Sozialdemokraten haben zu spät erkannt, daß die Demokratie doch ‹sehr viel› war, daß von der Verteidigung der demokratischen Grundwerte alles, selbst ihr Leben abhing.

Liberalismus

Als noch verhängnisvoller sollte sich die Tatsache auswirken, daß die SPD bei ihrer Verteidigung der parlamentarischen Demokratie auch vom liberalen Bürgertum kaum Unterstützung erhielt, obwohl diese Staatsform die ureigene Schöpfung und das Ziel gewesen war, das die Liberalen seit dem 19. Jahrhundert immer angestrebt hatten. In diesen Kreisen war man, wie es der liberale Historiker Friedrich Meinecke (1862 bis 1954) treffend ausgedrückt hat, allenfalls bereit, «Vernunftrepublikaner» zu werden, um im Grunde «Herzensmonarchist» zu bleiben. Von einem wehrhaften und wertgebundenen Demokratieverständnis war hier nicht viel zu spüren. Die Appelle eines Thomas Mann (1875 bis 1955), innerhalb und durch die Demokratie die Prinzipien der Humanität und der

Toleranz zu wahren und zu verteidigen, konnten nicht zu einer Veränderung der im Grunde formalen, ja relativistischen Einschätzung der parlamentarischen Demokratie führen.

Zu der ebenso verbreiteten wie verhängnisvollen Verwechslung von Liberalismus und Relativismus haben, wenn auch unfreiwillig, selbst die demokratisch eingestellten Rechtstheoretiker beigetragen, die wie Hans Kelsen (1881 bis 1973) eine strikt positivistisch orientierte ‹reine Rechtslehre› vertraten. Kelsen war der Meinung, daß die Rechtsprechung allein von den fixierten Normen auszugehen habe. Nach dem Inhalt von Gesetzen und nach dem Zweck, den der Staat damit verfolgte, fragte Kelsen nicht. Er hielt es weder für möglich noch für notwendig, sich an allgemeinen Prinzipien zu orientieren, die wie die Begriffe der Menschenwürde und der Menschenrechte vor, ja über den geltenden Gesetzen stehen.

Angesichts dieser schwachen, wehr- und ‹wertlosen› Erscheinungsform der Demokratie zur Zeit der Weimarer Republik ist es nicht verwunderlich, wenn die Feinde dieser Staatsform im rechten und linken Lager nur mit Verachtung und Geringschätzung von dem herrschenden ‹System› sprachen. Doch trotz der vergleichbaren antidemokratischen Funktion der rechten und linken Demokratiekritik gingen Begründungen und Zielsetzungen weit auseinander. Daher ist die damals der Sache, nicht aber dem Namen nach bekannte Totalitarismustheorie, die eine weitgehende Identität zwischen Kommunismus und Faschismus postuliert, nicht zutreffend. Dies geht auch aus dem folgenden Überblick über die rechten antidemokratischen Theorien und Ideologien hervor.

Konservativismus

Vertreter dieses antidemokratischen Denkens waren Personen, die überwiegend aus der Oberschicht und dem Mittelstand stammten, deren Adressaten jedoch vor allem Angehörige des Kleinbürgertums und der Arbeiterschaft waren. Abgesehen von den Konservativen, deren politische Heimat die DNVP war und die sich an dem im nachhinein glorifizierten Bismarck-Reich orientierten, sind in diesem Zusammenhang vor allem jene Intellektuellen zu erwähnen, die sich um den Juni- und späteren Herrenklub sowie um Zeitschriften wie die von Hans Zehrer (1899 bis 1966) herausgegebene *Die Tat* (1909 bis 1938) oder um Institutionen wie dem von Max Hildebert Boehm (1891 bis 1968) gegründeten «Institut für Grenz- und Auslandsdeutschtum» gruppierten. Obwohl diese Theoretiker und Ideologen zum Teil ansehnliche Spendengelder aus industriellen Kreisen empfingen, glichen sie doch eher Offizieren ohne Soldaten, weil sich ihr politischer Einfluß mehr auf die Publizistik, die Studentenschaft und Teile der Jugendbewegung konzentrierte.

Die Theorien und Ideologien dieser Gruppe, die meist mit der widersinnigen Selbstbezeichnung der «konservativen Revolution» charakterisiert

wird, waren zwar in funktionaler, nämlich antidemokratischer Hinsicht
nahezu identisch, wiesen jedoch im inhaltlichen Bereich große Unterschiede auf. Dies gilt vor allem für die zentralen Begriffe und Zielvorstellungen von einem «starken Staat», der von einem «neuen Caesar», «Führer» oder «Diktator» bzw. von einer in «Bünden» und «Orden» organisierten Elite zu regieren sei, der darüber hinaus eine «nationale und soziale» Politik betreiben und sich im innen- wie vor allem außenpolitischen
Bereich an spezifischen «Volks-» und «Reichsgedanken» orientieren
sollte.

Die interessanteste und bis heute nachwirkende Begründung für die Errichtung eines «starken Staates» an Stelle der schwachen Republik
stammt von Carl Schmitt (geb. 1888). Schmitt ging von der Erkenntnis
aus, daß der Parlamentarismus im Zeitalter der Massendemokratie nicht
mehr funktioniere, ja nicht mehr funktionieren könne, weil er auf Ideen
und Theorien basiere, die in der ersten Hälfte des 19. Jahrhunderts in
einem ganz anderen gesellschaftlichen Zusammenhang entstanden seien.
Da es im politischen Bereich ein scharfes und ausgeprägtes Freund-
Feind-Verhältnis gebe, sei die Errichtung eines über den Parteien und
über den Staatsbürgern stehenden Staates unbedingt erforderlich, dessen
Hauptaufgabe es sei, Entscheidungen zu treffen, wobei es als unerheblich
angesehen wurde, ob diese gut oder böse, moralisch oder unmoralisch
seien. Schmitts Staatsideal war die Diktatur. Anders als Oswald Spengler
(1880 bis 1936), der in diesem Zusammenhang in unbestimmten Worten
von der Ankunft eines «neuen Caesars» sprach, begnügte sich Schmitt
jedoch nicht mit der bloßen Propagierung einer diktatorischen Staatsform, sondern wies auch den Weg, wie diese zu verwirklichen sei. Dabei
interpretierte Schmitt den Artikel 48 der Weimarer Reichsverfassung, der
den Ausnahmezustand regelte und dem Reichspräsidenten bestimmte
diktatorische Vollmachten einräumte, so, daß der Reichspräsident im
Grunde der einzige und oberste Hüter der Verfassung sei. Dabei war offensichtlich zunächst an die Legitimierung der Präsidialkabinette Papens
und Schleichers gedacht. Nach 1933 ließ Schmitt diese Theorie jedoch
weitgehend fallen und propagierte die ebenso globale wie brutale These,
wonach der «Führer» das Recht schaffe.

Andere konservative Theoretiker waren dagegen der Meinung, daß kein
«Führer» oder «Diktator», sondern eine in «Bünden» und «Orden» organisierte Elite an die Stelle des liberalparlamentarischen Parteien-Staates
treten sollte.

Ähnlich wie Spengler, der seine soziale Demagogie mit dem Hinweis auf
einen angeblich existierenden «preußischen Sozialismus» begründete,
haben Ideologen, die wie Ernst Jünger (geb. 1895) zur Gruppe der «revolutionären Nationalisten» oder wie Ernst Niekisch (1889 bis 1967) zu den
«Nationalbolschewisten» innerhalb der konservativen Revolution ge-

zählt wurden, die These vertreten, daß der neue starke Staat vor allem eine «nationale und soziale» Politik betreiben müsse. Ernst Jünger forderte in diesem Zusammenhang eine «totale Mobilmachung», die den militärischen wie den zivilen Bereich gleichermaßen umfassen solle und der sich alle, vom Arbeiter bis zum Soldaten, zu unterwerfen hätten. Ernst Niekisch plädierte zwar für eine außenpolitische Orientierung an Rußland, ja für eine «Achse» zwischen «Potsdam und Moskau», doch die grundsätzliche antisozialistische Zielsetzung wird bei ihm genauso deutlich wie bei Eduard Stadtler (1886 bis 1945) und dessen «Antibolschewistischen Liga».

Bei Arthur Moeller van den Bruck (1876 bis 1925) und bei den meisten anderen Theoretikern der konservativen Revolution stand dagegen der «Volks-» und «Reichsgedanke» im Mittelpunkt, der gerade wegen seiner Verschwommenheit zur Legitimierung sehr unterschiedlicher Interessen benutzt werden konnte. Der Begriff «Volk» diente im innenpolitischen Bereich dazu, die Liberalen, Sozialisten, Kommunisten und vor allem die Juden als «undeutsch» zu diffamieren und aus der «Volksgemeinschaft» auszugrenzen, obwohl die Angehörigen dieser Gruppen formell – noch – Staatsbürger waren. Unter außenpolitischen Aspekten wurde der Appell an das deutsche Volk dazu benutzt, um den Anschluß Österreichs in ein «großdeutsches» Reich oder die Schaffung einer «großräumlichen Volks-» ordnung» zu rechtfertigen, wobei dem deutschen Volk in direkter und indirekter Weise die Führungsrolle in dem von Giselher Wirsing (1907 bis 1975) propagierten «Zwischeneuropa» oder unter den von Max Hildebert Boehm so gefeierten «jungen Völkern» zugesprochen wurde. Worum es dabei in Wirklichkeit gehen sollte, drückte Ferdinand Fried (1898 bis 1967) mit der folgenden weitaus klareren Maxime aus: «Richtung Ost-Südost».

Derartige ostimperialistische Zielsetzungen ließen sich besonders gut mit dem noch unbestimmteren Begriff des ‹Reiches› rechtfertigen, womit sowohl das Bismarck-Reich, das mittelalterliche deutsche Kaiserreich wie ein zwar in der historischen Realität nicht vorhandenes, aber gerade deshalb anzustrebendes mythisches ‹Drittes Reich› gemeint sein konnte. Doch wenn von katholischen Publizisten wie Albert Mirgeler (geb. 1901) und Waldemar Gurian (1902 bis 1954) und evangelischen Autoren wie Wilhelm Stapel (1882 bis 1954) und Franz Schauwecker (1890 bis 1964) in diesem Zusammenhang behauptet wurde, daß das «Reich der Deutschen» im Grunde «Gottes Reich sei», so lag diesen Vorstellungen die gleiche Zielsetzung wie den Thesen zugrunde, wonach schon die mittelalterlichen deutschen Kaiser und Könige die Mission eines «Weltdienstes» erfüllt hätten.

Es ging um nichts anderes als um die Propagierung eines erneuten ‹Griffs nach der Weltmacht›. Die Berufung auf den Reichsgedanken diente im

innenpolitischen Bereich jedoch auch dazu, um den verschiedenen autoritären Gegenbildern zur verhaßten Republik von Weimar eine zusätzliche Rechtfertigung zu geben. Als beispielhaft können die Thesen Othmar
Spanns (1878 bis 1950) gelten, der den Aufbau einer hierarchisch und
ständisch gegliederten Gesellschaft forderte, wobei er sich sowohl an den
Zünften und Gilden des mittelalterlichen Reiches wie an den Korporatio-
nen des faschistischen Italiens orientierte.

Konservative Revolution – Nationalsozialismus

Die bisherigen Ausführungen über die Vorstellungswelt der konservativen Revolution haben bereits gezeigt, daß eine weitere Gliederung und
Darstellung nach rationalen Kriterien kaum möglich ist, weil dies dem
Selbstverständnis der meisten der erwähnten Autoren nicht entsprach,
die sich mehr oder minder offen zum Irrationalismus bekannten. Dies
und die grundsätzliche, radikale Trennung zwischen den als schlecht an-
gesehenen Begriffen der Demokratie, des Liberalismus, Sozialismus, der
Zivilisation und der Moderne schlechthin auf der einen, den positiv be-
werteten Gegenbildern des Volkes, des Reiches, des nationalen Sozialismus, des Organismus und der Gemeinschaft auf der anderen Seite können als die wesentlichsten Kennzeichen des Denkens der konservativen
Revolution überhaupt angesehen werden. Dieses Denken war eindeutig
antidemokratisch geprägt, obwohl diese Charakterisierung nicht für alle
geistesgeschichtlichen Strömungen gilt, die hier zusammenliefen oder zusammengefügt wurden. Daher ist es weder möglich noch notwendig,
Theoretiker wie Herder, Fichte, Lassalle, Nietzsche etc. im nachhinein
dafür verantwortlich zu machen, daß ihre Gedanken in vergröberter und
meist verfälschter Form von den Ideologen der konservativen Revolution
verwendet wurden. Die philosophischen und geistesgeschichtlichen Strömungen der Zivilisationskritik, Agrarromantik, Lebensphilosophie, des
Irrationalismus, Okkultismus etc. hatten und haben keine notgedrungen
antidemokratisch wirkende Funktion. In der konkreten gesellschaftlichen Situation der Weimarer Republik mußten sich diese philosophischen
Richtungen und die Ideologien des deutschen Nationalismus, nachdem
sie einmal gebündelt und vergröbert worden waren, jedoch im antidemokratischen Sinne auswirken. Sie haben dazu beigetragen, daß die Weimarer Republik von den Demokraten weitgehend preisgegeben und von den
Nationalsozialisten schließlich zerstört werden konnte.

Dabei haben die Nationalsozialisten nicht nur in indirekter, sondern auch
in direkter Hinsicht das geistige und politische Erbe der konservativen
Revolution und ihres antidemokratischen Denkens angetreten. Die
strikte und kompromißlose Ablehnung der Demokratie, die national-so-
ziale Phraseologie, die verschwommenen Reichs- und Volksgedanken zur
Rechtfertigung einer imperialistischen Gewaltpolitik, die Verherrlichung

des «Führers» und der Ruf nach dem starken und zugleich «totalen Staat» – diese Bestandteile der konglomerathaften nationalsozialistischen «Weltanschauung» findet man auch im Denken der konservativen Revolution. Dennoch war die nationalsozialistische Ideologie nicht nur politisch wirkungsvoller, sondern stellte auch wegen ihres rassenideologischen Kerns qualitativ etwas Neues dar, obwohl vergleichbare antisemitische, sozialdarwinistische und rassistische Vorstellungen bereits im 19. Jahrhundert vertreten worden sind. Die rassenzüchterische und die rassenvernichtende Komponente des nationalsozialistischen Programms wurde auch dann noch verwirklicht, als dies im Grunde selbst mit den wirtschaftlichen und politischen Zielsetzungen der Nationalsozialisten und ihrer Verbündeten nicht mehr zu vereinbaren war. Dies war und ist mit Hilfe eines funktionalistischen Ideologiebegriffs nicht zu erklären.

Antifaschismus

Die Auseinandersetzung mit dem Problem des Faschismus, dem selber eine epochale Bedeutung zukommt, hat die Epoche in einem noch stärkeren Maße beeinflußt als die Diskussion, die über die Fragen von Demokratie und Antidemokratie geführt wurde. Die dabei entworfenen Theorien über den Faschismus waren mehr oder minder stark praxisorientiert. Sie hatten eine antifaschistische Zielsetzung und können daher zugleich als Ideologien, als Faktoren und Indikatoren des antifaschistischen Kampfes angesehen werden. Aus diesem Grunde empfiehlt es sich auch, sie nicht nach inhaltlichen, sondern nach parteipolitischen Gesichtspunkten zu gliedern.

Die Faschismustheorien der deutschen Konservativen und Liberalen hatten dagegen eine geringe politische Bedeutung, weil sie im Faschismus eher einen Bundesgenossen als einen Feind sehen wollten. Dennoch hat es auch Konservative wie den aus der NSDAP ausgetretenen Hermann Rauschning (geb. 1887) gegeben, die dem Faschismus gegenüber feindlich eingestellt waren und für seinen Aufstieg die Demokratie, den Liberalismus und die moderne Massengesellschaft verantwortlich machen wollten. Während christliche Autoren im Faschismus meist das Ergebnis eines allgemeinen Säkularisierungsprozesses und des Abfalls von Gott erblickten, haben Liberale wie Erwin von Beckerath (1889 bis 1964) vor allem die antidemokratischen Züge innerhalb der Politik und Ideologie des Faschismus hervorgehoben, die er mit dem Bolschewismus gemeinsam habe.

Eine politisch große, wissenschaftlich dagegen geringe Bedeutung hatten die Theorien der deutschen Kommunisten, die sich nahezu ausschließlich darauf konzentriert haben, das Wesen des Faschismus mit dem Hinweis auf seine prokapitalistische soziale Funktion zu erklären. Obwohl noch zu Beginn der zwanziger Jahre gerade Clara Zetkin (1857 bis 1933) dazu aufgerufen hatte, auch die mittelständisch geprägte soziale Basis des Faschismus zu beachten, sind dann die Probleme der sozialen Zusammensetzung der Anhänger- und Wählerschaft der NSDAP ebenso vernachlässigt worden wie eine intensivere Auseinandersetzung mit den Bestandteilen und der Wirkungsweise der faschistischen Ideologie. Als ‹faschistisch› galten bald alle Parteien (einschließlich der Sozialdemokratie) und Regime, die dem Kapitalismus nutzten und dem Kommunismus schadeten. Erst auf dem VII. Weltkongreß der Kommunistischen Internationale von 1935 und der nachfolgenden sogenannten Brüsseler Konferenz der KPD ist diese inflationäre Verwendung des Begriffs Faschismus weitgehend revidiert worden. An der instrumentalistischen Definition des Faschismus insgesamt, die diesen Thesen zugrunde gelegen hatte, hielt man jedoch ausdrücklich fest.

Im Mittelpunkt des Interesses der sozialdemokratischen Faschismustheoretiker stand die Frage nach seiner sozialen Basis. Theodor Geiger, Svend Riemer, Carlo Mierendorff und andere haben in diesem Zusammenhang auf den alten und neuen Mittelstand als Trägerschicht des Faschismus hingewiesen, der durch eine nationale und soziale Demagogie gewonnen worden sei. Während von einigen Autoren in diesem Zusammenhang jedoch fälschlich behauptet wurde, der Faschismus stelle die Partei des Mittelstandes dar, haben andere zu Recht auf die gleichzeitige prokapitalistische soziale Funktion des Faschismus hingewiesen. Die österreichischen Sozialisten Julius Braunthal (1891 bis 1972) und Otto Bauer (1881 bis 1938) haben dann ähnlich wie ihre deutschen Genossen Georg Decker (1885 bis 1935), Rudolf Hilferding und Arkadij Gurland (1904 bis 1979) versucht, das ambivalente Verhältnis zwischen der kleinbürgerlichen sozialen Basis und der großbürgerlichen sozialen Funktion des Faschismus mit Hilfe der Bonapartismustheorie von Karl Marx (1818 bis 1883) und Friedrich Engels (1820 bis 1895) zu erklären. Da es der Faschismus mit Hilfe seiner demagogischen Ideologie verstanden habe, Anhänger aus den Mittelschichten und selbst aus der Arbeiterschaft zu gewinnen, müsse er als eigenständige politische Kraft und nicht als bloßer Handlanger der herrschenden kapitalistischen Kreise angesehen werden. Zur Macht werde er jedoch nur in der Situation eines Gleichgewichts der Klassenkräfte gelangen, und zwar dann, wenn die in sich gespaltenen und zerstrittenen Parteien und Schichten der Bourgeoisie nicht mehr, das Proletariat dagegen noch nicht in der Lage sein, die politische Macht zu behaupten. Dann könne es zu einer Verselbständigung der Exekutive kommen, wobei die Bourgeoisie zugunsten des Faschismus auf die weitere Ausübung der politischen Macht verzichte, um ihre soziale Gewalt, die Verfügung über die Produktionsmittel, zu retten.

Der Theoretiker der KPD-Opposition, August Thalheimer (1884 bis 1948), hat sich bei seiner Erklärung des Faschismus ebenfalls am Bonapartismusmodell von Marx und Engels orientiert. Seine Auffassungen sind jedoch außerhalb des Kreises dieser Splitterpartei kaum zur Kenntnis genommen und noch weniger rezipiert worden.

Ähnliches trifft auf die differenzierten Theorien von Max Horkheimer, Ernst Bloch und Wilhelm Reich zu, die sich vor allem mit der überaus wichtigen, aber innerhalb der marxistischen Faschismusdiskussion weitgehend vernachlässigten Frage beschäftigten, warum die faschistische Ideologie so wirksam werden konnte. Während Horkheimer (1895 bis 1973) in diesem Zusammenhang vor allem auf den Antisemitismus einging und darüber hinaus betonte, daß der Faschismus das Ergebnis einer tiefgehenden Wandlung des kapitalistischen Systems sei, hat Ernst Bloch (1885 bis 1977) auf die Existenz einer «Ungleichzeitigkeit» hingewiesen, da gerade innerhalb des Mittelstandes und der Jugend Bewußtseinsstrukturen vorhanden seien, die durch vorindustrielle, ja archaische Verhältnisse geprägt seien. Wilhelm Reich (1897 bis 1957) ging ebenfalls von der Erkenntnis aus, daß sich die ökonomische Lage nicht unmittelbar in politisches Bewußtsein umsetze; denn sonst sei der Erfolg des Nationalsozialismus in den Kreisen des Mittelstandes und der Arbeiterschaft nicht zu erklären. Der Faschismus nutze die Tatsache aus, daß die natürliche Sexualität der Menschen durch verschiedene Ideologien und Institutionen (Familie, Schule, Kirche etc.) unterdrückt werde. Der antifaschistische Kampf müsse sich daher auch gegen diese Ideologiefabriken richten und zu einer sozialen wie sexuellen Freiheit führen.

Einen bis heute kaum übertroffenen Stand erreichte die Diskussion über die Probleme des Faschismus und des Antifaschismus innerhalb des sozialistischen Exils. Während Walter Loewenheim (1896 bis 1977) vor allem die soziale Funktion des Faschismus hervorhob, der das mehr oder minder notwendige Produkt der allgemeinen kapitalistischen Entwicklung darstellte, Curt Theodor Geyer (1891 bis 1967), Rudolf Hilferding und andere demokratische Sozialisten dagegen betonten, daß es im faschistischen Staat zu einer totalen Verselbständigung der Exekutive gekommen sei, die nun auch den ökonomischen Bereich kontrolliere, haben Richard Löwenthal (geb. 1908), Ernst Fraenkel (1898 bis 1975) und Franz Neumann (1900 bis 1954), die ebenfalls der Sozialdemokratie nahestanden, Vorschläge erarbeitet, wie das bis heute umstrittene Problem des Primats der Politik oder der Ökonomie zu lösen sei. Löwenthal meinte, daß die faschistische Bürokratie eine weitgehend selbständige Stellung einnehme, zugleich aber die ökonomischen Interessen der subventionsbedürftigen Teile des Kapitals beachten müsse. Fraenkel vertrat die These, daß es zu einer Symbiose zwischen Kapitalismus und Nationalsozialismus gekommen sei. Staat und Wirtschaft seien im nationalsozialistischen «Doppel-Staat» aufeinander angewiesen. Franz Neumann schließlich wies darauf hin, daß im angeblich monolithischen Führerstaat in Wirk-

lichkeit die vier Machtblöcke – Partei, Wirtschaft, Wehrmacht und Bürokratie – um Macht und Einfluß rängen. Dabei habe sich jedoch die
NSDAP gerade bei ihrer rein ideologisch geprägten Rassenpolitik weitgehend gegenüber den ökonomischen und militärischen Interessen ihrer
Bündnispartner durchsetzen können.

Es ist eine interessante, hier aber nicht zu beantwortende Frage, ob, in
welcher Form und in welcher Rangordnung diese Theorien und Ideologien der Epoche auch im Bereich der Literatur behandelt und widergespiegelt worden sind, ob die demokratischen und antidemokratischen,
faschistischen und antifaschistischen ideologiegeschichtlichen Strömungen auch die Literaturgeschichte dieser Epoche geprägt haben.

Ulrich Meier
Bewegungen der Avantgarde

Anliegen der historischen Avantgarde war es, Kunst und Leben einander zu verbinden. Die Avantgardisten sind mit mindestens drei Sachverhalten unzufrieden: 1. mit der bürgerlichen Lebensordnung allgemein, 2. mit der Tatsache der Verbannung alles Ästhetischen aus dem gesellschaftlichen Alltag, 3. mit der bürgerlichen Kunst, die sich mit letzterem abgefunden hat. Avantgardistische Absicht ist es demgegenüber, die vorfindliche Lebenspraxis mit einem neuen (anti-)ästhetischen Konzept grundlegend umzuorganisieren. Um Kunst und Leben zum Zweck der Neuordnung der Lebenspraxis zu integrieren, bedient sich die Avantgarde des Montageverfahrens. Dieses künstlerische Verfahren setzt das Auseinanderfallen der Wirklichkeit in nicht miteinander verzahnte Wirklichkeitsfragmente voraus. Die Montage bemächtigt sich, zuerst in der bildenden Kunst, eines Dings aus einem beliebigen Realitätsausschnitt, das sie bearbeitet oder einfach unbearbeitet läßt. Sodann fügt sie diesen Gegenstand, ohne einen Sinn damit zu verbinden, in einen schon vorbereiteten und/oder noch auszugestaltenden Bildtext ein. Beispiel: Ein Zeitungsschnipsel und ein Stück Tapete werden auf den Bauch einer umrißhaft gezeichneten Flasche geklebt (Pablo Picasso: *Die Flasche ‹vieux marc›*, [La bouteille de vieux marc]. 1913, papier collé und Kohle. Museé National d'Art moderne, Paris). Im montierten Bildraum bleibt ein Bruch zu erkennen. Der einem anderen Zusammenhang entrissene Gegenstand gehört zwar nun zum Bild; als ein kunstfremder trägt er aber seine eigene Geschichte mit sich fort, ohne sie an einen übergeordneten Sinn des Artefakts entäußern zu können. Diese ursprüngliche Montagetechnik der Collage wird schnell – auch von anderen Genres – adaptiert. Es entsteht die Fotomontage. Die Literatur montiert Textteile, die vollkommen widersprüchlicher Art sind. – Funktion der avantgardistischen Montage ist es,

1. durch die Integration von Dingen, Zeichen, Lauten und Texten unterschiedlicher Herkunft und Qualität zu einem in sich gebrochenen (anti-)

ästhetischen Kontext das Fragmenthafte der zeitgenössischen empirischen Wirklichkeit und Gesellschaft, die fortschreitende Relativierung
von Zeit und Raum, die Gültigkeitsverluste geschlossener Weltbilder
zum Ausdruck zu bringen und zu verschärfen;

2. das bürgerliche Kunstwerk, das mit seiner bruchlosen Integration all
   seiner Teile zum erhabenen ästhetisch Ganzen der Alltagswirklichkeit
   entrückt ist, zu attackieren;

3. durch das Zusammenbringen von Repräsentationsgegenständen des
   Lebensalltags mit ästhetischen Zeichen Leben und Kunst einander an-
   zunähern und

4. durch die Verhinderung einer Sinnkonstitution bei der «Werk»-Rezep-
   tion das Publikum zu schockieren.

Dieser letzte Aspekt, der nicht nur Ausfluß der Montageproduktion ist,
sondern auch von anderen avantgardistischen Objekten herrührt (z. B.
der Signierung und späteren Ausstellung eines fabrikneuen *Urinoir* durch
Marcel Duchamp 1915), ist zentraler Realisationspunkt der avantgardistischen Integrationsbemühungen von Leben und Kunst. Mit ihren sinnlosen Produkten und Manifestationen verknüpfen die Avantgardisten die
Hoffnung, «der Rezipient werde durch diesen Entzug von Sinn auf die
Fragwürdigkeit seiner eigenen Lebenspraxis und die Notwendigkeit,
diese zu verändern, hingewiesen». [394; *S. 108*]

Die an dem Beispiel des *Urinoir* von Duchamp erkennbare Verneinung
der schöpferischen Subjektivität, die beabsichtigte Auslöschung ästhetischer Genialität kann zuletzt als ein Prinzip des Produzierens benannt
werden, das allen Avantgarde-Bewegungen gemeinsam ist.

Dadaismus

Über die Bedeutung des Namens Dada wurde und wird viel spekuliert.
Im Französischen heißt ‹dada› ‹Steckenpferd›. Wesentlicher als alle Spe-
kulation ist, daß die Dadaisten ihren Namen einem Zufall verdanken und
daß nichts Programmatisches in ihm enthalten ist.

In Zürich finden 1916 junge Leute zur Gruppe Dada zusammen. Fast alle
sind ins Exil der neutralen Schweiz geflohen angesichts der Kriegswirren
und eines fanatischen Nationalismus. Zum engsten Kreis der Zürcher
Dada-Gruppe gehören neben Hugo Ball und Richard Huelsenbeck Tri-
stan Tzara (d. i. Sami Rosenstock), Emmy Hennings, Hans Arp und Hans
Werner Richter.

Hugo Ball (1886 bis 1927) gründet das «Cabaret Voltaire», in dem anfangs
jeder ausstellen und vortragen kann, der mag. Auch alle Arten von Musik
sind präsent. Nachdem Richard Huelsenbeck (1892 bis 1974) von Berlin
nach Zürich vorgestoßen ist, ändert sich das Programm. Die klassische
und die Tanzmusik werden verbannt; schwarze Rhythmen ersetzen sie.
Man trägt Simultangedichte vor, also beliebige Versaneinanderreihun-

gen, die häufig von mehreren Personen gleichzeitig oder im Wechsel gesprochen werden. Lautgedichte kommen zum Vortrag. Das sind Poeme, die auf Lautsequenzen beruhen, welche mit Phantasiewörtern arbeiten und keinerlei syntaktische Regeln kennen. Äußeren Konventionen des Lyrischen entsprechen Lautgedichte durchaus, da sie oftmals Metrum, Rhythmus, Endreim, Strophen aufweisen, sogar Enjambements, Alliterationen etc. Reizvoll ist das Lautgedicht wegen seiner semantischen Assoziationsmöglichkeiten in bezug auf die wirklich gesprochene Sprache. Einen Sinn, der zu erschließen wäre, hat es nicht.

Das dadaistische Treiben in Zürich ist «der erste Anlauf in Richtung auf einen ästhetischen Anarchismus». [154; S. 3/6] Der Anarchismus als politische Haltung beeinflußt die Gruppe durchaus. Die Nähe zur Lebensphilosophie ist stark ausgeprägt, Ball und Huelsenbeck stehen Friedrich Nietzsche (1844 bis 1900) nahe. Die Dadaisten sind der Zivilisation und Rationalität überdrüssig. Sie orientieren sich negativ an einem geschlossenen Weltbild und vertreten demzufolge Positionen der Ironie und Gleichgültigkeit, des Sarkasmus und Fatalismus.

Dies gilt auch für Dada Berlin, das sich unter den veränderten Bedingungen der Nachkriegszeit konstituiert. 1918 findet der erste Berliner Dada-Abend statt. Die wichtigsten Vertreter der Berliner Szene sind Raoul Hausmann, Johannes Baader, George Grosz, die Brüder Wieland Herzfelde und John Heartfield, Hannah Höch, Walter Mehring, Franz Jung sowie Carl Einstein, Erwin Piscator und Hans Werner Richter. Das Berliner Klima ist wesentlich rauher als das in Zürich. Dada Zürich hatte in gewisser Weise noch etwas Literarisches an sich. Schon der erste Abend in Berlin «soll im Gegensatz zu den Züricher Soireen darauf verweisen, daß Dada dem Leben nicht mehr ‹ästhetisch› gegenübersteht». [154; S. 3/68] Die Oktoberrevolution in Rußland und die Erfahrungen des Berliner Aufstands tragen zu einer raschen Radikalisierung der Berliner Dadaisten bei. Die Gruppe bekämpft die Weimarer Republik mit allen Mitteln. Eine vorübergehende Nähe zum Kommunismus ist festzustellen, doch schnell folgen Distanzierungen. In Raoul Hausmanns (1886 bis 1971) *Pamphlet gegen die Weimarische Lebensauffassung* heißt es 1919:

«Der Kommunismus ist die Bergpredigt, praktisch organisiert, er ist eine Religion der ökonomischen Gerechtigkeit, ein schöner Wahnsinn. Der Demokrat aber ist gar nicht wahnsinnig, er möchte leben auf Heller und Pfennig. Immerhin ist Wahnsinn schöner als blasse Vernunft, doch seien wir alle wir selbst! Leben wir auf eigene Kosten!»

An diesem kurzen Manifestausschnitt wird deutlich, daß Hausmann die Kommunisten höher schätzt als die Demokraten, womit eigentlich die Sozialdemokraten und Verfechter des bürgerlichen Parlamentarismus gemeint sind. Ein Wesentliches, und darauf weist Hausmann zuletzt im Zitat hin, trennt ihn und seine Gruppe vom Kommunismus: ihr radikaler Individualanarchismus.

«Der entscheidende Unterschied zwischen kommunistischer Weltanschauung und Dada besteht darin, daß Dada extrem individualistisch veranlagt ist, ja, daß der Dadaismus (...) das Problem des Widerspruchs nicht aus dem Widerspruch gesellschaftlicher Interessengruppen untereinander, sondern aus dem Widerspruch des Individuums zu sich selbst ableitet.» [154; *S. 3/10*]

Auch die Bewegung Dada wird in diesem Sinn als in sich gegensätzlich verstanden und fortgeführt:

«Da das Wort als lallendes Sprachstadium bereits erste Ansätze eines ‹principium individuationis› (C. Einstein), einer sich bildenden Subjektivität in sich birgt, wird diesem Dada gleich ein Antidada entgegengesetzt, das jeden Verdacht auf Herrschaft stabilisierende, sich bildende Kontinuität eines bürgerlichen Subjektbegriffs zersplittert und aufhebt. In Dadas Absicht liegt es, sich eine permanente Aufbruchs- und Unterwegsgestalt zu erhalten.» [154; *S. 3/13*]

Neben den Lautgedichten, die als Plakatgedichte auch optisch einiges Aufsehen erregen, ist besonders hinzuweisen auf die Erfindung der Fotomontage durch Hausmann, Grosz und Heartfield. Die Fotomontage entwickelt sich aus der Collage. Grundlage ist eine Federzeichnung, in die dann aus der Zeitung ausgeschnittene Buchstaben, Interjektionen und/oder Reportagefotos eingeklebt werden. In der Folge verzichtet man auf die Handzeichnung und montiert nur noch Zeitungsausschnitte. Besondere Leistungen auf diesem Gebiet der Fotomontage zeigen Hannah Höch (1889 bis 1978) und John Heartfield (d. i. Helmut Herzfeld, 1891 bis 1968), der die Montage zum Medium der politischen Agitation macht. Die Fotomontage reagiert besonders empfindlich auf die Schnellebigkeit der Großstadt mit ihrer Ereignis- und Informationsüberhäufung. Die Verwendung der Fotografie im Montageverfahren dokumentiert «das dadaistische Bemühen, sich auf dem Stand der Gleichzeitigkeit die Verfügbarkeit der Dinge durch die Apparatur zu vergegenwärtigen». [154; *S. 3/68*]

Das Publikum fühlt sich nicht selten von den Dada-Veranstaltungen provoziert, was ja genau das Ziel der dadaistischen Bewegung ist. Man plant den Skandal ein.

In Berlin bildet sich eine Art von Radaupublikum heraus. Das provokative Interesse der Dadaisten kann sich hier erfüllen. Manifeste, Pamphlete und (anti-)ästhetische Machwerke aller Art präsentieren sich in ihrer Gesamtheit als eine sinnlich-anarchische Kraft, die das Publikum anregen will, die angestrebte avantgardistische Umorganisation von Kunst und Leben sinnlich, nach Leibeskräften und aus voller Kehle mitzutragen.

Futurismus

Noch drastischer als bei den verschiedenen Dada-Veranstaltungen geht es bei den Futuristen zu. Viele ihrer Manifestationen enden in Tumulten. Auch die Futuristen bemühen sich, Kunst und Leben miteinander zu verschmelzen. Sie geraten in Euphorie, wenn es bei ihren Vorstellungen zu Handgreiflichkeiten im Publikum kommt, die sich zu Massenschlägereien ausweiten. Zu solchen lebenspraktischen Handlungen singen Filippo Tommaso Marinetti, Carlo Carrà, Gino Severini, Umberto Boccioni, Luigi Russolo und Giacomo Balla Anfeuerungslieder vom Podium aus, bevor sie sich selbst ins Geschehen mischen.

1909 publiziert Marinetti (1876 bis 1944) das erste *Futuristische Manifest*. Es formuliert eine stürmische Absage an alle Kunst, überhaupt alle Kultur bis dato. Der Name leitet sich programmatisch hiervon ab: «Wir wollen von der Vergangenheit nichts wissen, wir jungen und starken FUTURISTEN» (Marinetti). Trotz des kompromißlosen Bruchs mit der Tradition beerbt die futuristische Rebellion vergangene Epochen reichlich: «Ihre bahnbrechenden Energien erwachsen ihr de facto aus dem Humus des wagnerischen Titanismus und aus dem nietzscheanischen Mythos vom Übermenschen.» [394a; *S. 18*]

Wie der Dadaismus ist auch der Futurismus extrem antibürgerlich ausgerichtet. Die Rationalität gilt beiden Bewegungen als zu bekämpfende bürgerliche Denkweise. Wo jedoch die Dadaisten die Rationalität des Gedankens, die Vernunft der bürgerlichen Welt durch Ironie und Unsinn negativ zersetzen wollen, propagieren die Futuristen eine positive Alternative: den Wahnsinn. Sie erkennen im Wahnsinn ein antibürgerliches Potential, das die nach Maßstäben der Rationalität organisierte, als repressiv erfahrene Zivilisation aufzusprengen vermöge.

Neben den Glauben an die Macht des Wahnsinns tritt ein weiteres antibürgerliches Element: Die Futuristen heroisieren die Individualität tilgende Maschine. Für Marinetti gibt es kein größeres Kunstwerk als ein Rennauto. Die Sujets des Futurismus orientieren sich demzufolge stark an technischen Errungenschaften: Werften, Dampfer, raucherfüllte Bahnhöfe, Lokomotiven, Flugzeuge, große Brücken gelangen zur Darstellung. Indem die Futuristen der für grundbürgerlich gehaltenen Subjektivität die nach objektiven Gesetzen funktionierende Maschinerie entgegenhalten, «vertrauen sie absolut zukunftsgläubig auf die Erfolge der technisierten Welt». [315a; *S. 26*] Die Maschine wird ihnen geradezu der Dreh- und Angelpunkt für die beabsichtigte Verbindung von Kunst und Leben.

«Zwischen Leben und Kunst, Verhalten und Sprache verschoben sich die Grenzen; Verhalten und Sprache richten sich jetzt nach dem gleichen Modell: die metallische Wesentlichkeit und die turbulente Gewalttätigkeit der Maschine.» [394a; *S. 19*]

Die Anlehnung an die Maschinenwelt eröffnet den Futuristen neue Möglichkeiten der Kommunikation. Die Sprache futuristischer Dichtung ist darauf programmiert, die vorindustrielle Gefühlswelt des Bürgertums zu vernichten:

«Auflösung der Syntax, die Umstellung von Substantiven, um den Bedeutungsinhalt der einzelnen Sätze gewaltsam auseinanderzureißen, der Gebrauch des Verbs in seiner Infinitivform, um die menschliche und damit subjektive Stimme des Schreibenden zu eliminieren, die Abschaffung der Adjektive, um jede anthropomorphe Färbung oder Wertung des jeweiligen Objekts auszuschalten, und schließlich die Abschaffung des Adverbs als eines Bindeglieds zwischen Worten.» [384 b; S. 88]

Die solchem Umgang mit Sprache zugrunde liegende Idee ist die Entthronung des Menschen und die Herrschaft der Maschinenkommunikation.

Der Maschinenwahn der Futuristen führt zu einer Verherrlichung des Ersten Weltkriegs. Besonders begeistert sie der Einsatz von Flugzeugen bei militärischen Kampfhandlungen. Die Kriegseuphorie gründet in einem ideologisch-abstrakten Verlangen nach Kampf und Revolution. Erst später wird der Krieg als militärische Aggression und skrupellose Opferung ungezählter Menschenleben gesehen.

Konstruktivismus

Wenngleich nicht wahnhaft wie der Futurismus, so schätzen doch ebenfalls der russische, in abgeschwächter Form auch der holländische Konstruktivismus die Maschinerie hoch. Die Konstruktivisten ersetzen den bürgerlichen Begriff der Komposition eines Kunstwerks durch den der Konstruktion, womit sie Praktikabilität, Kollektivität, System, Mechanisierung, Ökonomie verbinden. Der Künstler des Konstruktivismus versteht sich als Ingenieur, der aus Gründen der Exaktheit und Ökonomie auf die Maschine nicht verzichten will. Die Hinwendung zur Technik hat eine ideologische und eine praktische Komponente: Man hält die Technik bzw. Mechanik für eine große Befreierin der Menschheit und ist bemüht, durch die Technisierung der Kunst die Verbindung von Kunst und Leben herzustellen. Die Kategorie der Funktionalität verdrängt dabei die der Ästhetik, oder im Verständnis der Konstruktivisten ausgedrückt: Was ökonomisch hergestellt und der späteren Verwendung zweckdienlich ist, ist funktional und damit schön. Die holländischen Architekten von ‹de Stijl› verzichten demzufolge auf jede Ornamentik. Sie schließen sich im ‹Bauhaus› mit anderen Künstlern zusammen und entwerfen eine industrielle Bauweise, die sich am reinen Nutzeffekt orientiert. So stellen sie Hausgegenstände mit funktionalem Design her.

Auf dem russischen Theater des Konstruktivismus halten die Mechanik und Technik ebenfalls Einzug. Das Bühnenbild weicht einer konstruktivistischen Bühnenarchitektur; man erfindet die ‹Biomechanik›, die die Bewegung der Schauspieler in individualitätslose und mechanisierte Gestik umwandelt. Szenen aus dem Varieté und Zirkus erobern das Theater, um auch von dieser Seite die Kunst dem Leben zu öffnen. Der Einfluß der sowjetischen Konstruktivisten auf Erwin Piscator, der Dada Berlin und nachher der KPD nahesteht, ist bedeutend. Technische Mittel seines Theaters wie Filmeinblendungen, Laufbänder, mobile Bauteile sind direkt dem sowjetischen Avantgarde-Theater entlehnt.

Obwohl die russischen Konstruktivisten die Oktoberrevolution begrüßen, versucht Vladimir I. Lenin (d. i. Vladimir Uljanov, 1870 bis 1924) im Zuge der ‹Neuen ökonomischen Politik› die linksradikalen Strömungen des Konstruktivismus, insbesondere den Proletkult, zu stoppen. Die kommunistische Partei schlägt sich auf die Seite der Traditionalisten. Als Stalin später die Tendenz des ‹Sozialistischen Realismus› zur Staatsdoktrin erhebt, hat eine Avantgardekunst in der Sowjetunion keine Überlebenschance mehr. Der nachrevolutionäre, schnell bürokratisierte Staatsapparat mit einem Diktator an der Spitze kann auch in der Kunst keine Experimente dulden.

Die Holländer finden in den zwanziger Jahren wegen der negativen Entwicklung in der Sowjetunion zu einer Position jenseits von Kapitalismus und Sozialismus. Sie propagieren eine geistige Erneuerung der Weltgesellschaft.

Der Konstruktivismus lehnt sein Montageverfahren eng an das der Industriearbeit an. Die aufeinander zugeschnittenen Paßformen seiner Produkte und deren Funktionalität für den Gebrauch widerstreiten der Struktur der Dada-Montage, die zum Zweck der Sinnverweigerung gerade die Dysfunktionalität der Elemente zueinander wählt. Auch hinsichtlich der Rationalität gibt es Widersprüche. Dada und der italienische Futurismus sind mit gewissen Abstufungen anti-rational, während dem konstruktivistischen Funktionalitätsstreben Rationalität notwendig innewohnt.

Surrealismus

Der französische Surrealismus betont auf seine Weise das Moment des Irrationalen. Diese Bewegung ist innerhalb der historischen Avantgarde dem Freudschen Konzept des Traums und Unterbewußten besonders verpflichtet. Gegen sozialistischen Optimismus setzen die Surrealisten revolutionären Nihilismus. Sie weisen alle Reorganisationsversuche der sozialen Wirklichkeit, wie von den Sozialisten intendiert, als bloß äußerliche Korrekturen ab. Ihr lebenspraktisches ästhetisches Programm zielt darauf, «die Kräfte des Rausches für die Revolution zu gewinnen». [387a; S. 212] Der Surrealismus rebelliert gegen die verdinglichte Welt, ohne aber die Phänomene der Verdinglichung, die Fetische hinter sich lassen zu können.

«Die dialektischen Bilder des Surrealismus sind solche einer Dialektik der subjektiven Freiheit im Stande objektiver Unfreiheit. (...) Der Surrealismus sammelt ein, was die Sachlichkeit den Menschen versagt; die Entstellungen bezeugen, was das Verbot dem Begehrten antat.» [384a; *S. 160 u. 162*]

André Breton (1896 bis 1966) und Louis Aragon (1897 bis 1982) montieren Romane, die unzusammenhängende Episoden erzählen, Großstadtausschnitte festhalten. Der Zufall spielt eine bedeutende Rolle.

Auch im Surrealismus machen sich Großstadterfahrungen geltend. Im Unterschied zum Dadaismus, der mit Wirklichkeitsfragmenten des modernen Lebens arbeitet, erhebt sich der Surrealismus über den Alltag, um Begebenheiten mitzuteilen, die sich dessen Geschäftigkeit entziehen. Gerade in den Begebenheiten des ‹objektiven Zufalls› sehen die Surrealisten einen Sinn verborgen, der in seiner Unfaßbarkeit und Unzweckgebundenheit eine geheime Verbindung zwischen all denen herstellt, die um ihn wissen. Der aus dem ‹objektiven Zufall› herrührende Sinn ist eine naturhaft-mythologische Chiffre des allgemeinen Protests gegen die Kommunikationsformen der ‹entzauberten› Welt und gegen die Zweckrationalität der bürgerlich-kapitalistischen Gesellschaft. – Auch die von Breton und Paul Éluard (1895 bis 1952) in die Kunst eingeführte ‹écriture automatique› (automatische Schreibweise) hat eine ähnliche Intention. Sie soll Assoziationen hervorrufen und Logik und Rationalität des bürgerlichen Denkens samt der Hochachtung des schöpferischen bürgerlichen Subjekts (sprich Autor) untergraben.

Politisch stehen die Surrealisten links. Breton ist zwischenzeitlich Mitglied der Kommunistischen Partei Frankreichs; Aragon bleibt es bis zu seinem Tod. Salvador Dalí (geb. 1904) macht aus seiner profaschistischen Einstellung keinen Hehl und wird dafür von seinen künstlerischen Mitstreitern öffentlich verfemt.

Russell A. Berman
Literarische Öffentlichkeit

Demokratisierung der Öffentlichkeit

Die Revolution von 1918 bis 1919 und die Gründung der Weimarer Republik führten zu einer neuen Situation für das kulturelle Leben und besonders für die Literatur, die nun als Ort öffentlicher Diskussion von politischen Fragen fungieren sollte. Trotz aller Unzulänglichkeiten der ersten deutschen Demokratie konnte Heinrich Mann (1871 bis 1950) 1944 aus dem kalifornischen Exil in seiner autobiographischen Schrift *Ein Zeitalter wird besichtigt* (1945) urteilen: «Die geistige Freiheit hat dennoch bestanden, einzig die Republik hat sie den Deutschen jemals gewährt (...). Sie hat die Literatur amtlich anerkannt und hat sie geehrt. Jede vorige Literatur war dem Staate fremd gewesen: die unsere nicht.» Der Mißachtung der Literatur im Kaiserreich folgte ihre zentrale Rolle in der republikanischen Kultur. Dieser Zuwachs an Respekt erschöpfte sich nicht in der von Mann apostrophierten amtlichen Anerkennung, der Gründung einer Abteilung für Literatur in der Preußischen Akademie der Künste (1926). Vielmehr ging es um eine von den politischen und sozialgeschichtlichen Ereignissen in Gang gesetzte Demokratisierung des literarischen Lebens. Hatte die ästhetizistische Literatur des Kaiserreichs sich wenig um ihre Leser und noch weniger um politische Debatten gekümmert, so gehörte nach 1918 zu den hervorstechendsten Eigenschaften der Öffentlichkeit gerade der Versuch, den infolge des Krieges und der Revolution politisierten Rezipienten entgegenzukommen. Diese Politisierung der literarischen Öffentlichkeit in der Weimarer Republik schien also die Isolation des Schriftstellers der Jahrhundertwende ablösen zu können.

Zum sozialgeschichtlichen Hintergrund der Politisierung der Literatur gehören verschiedene Faktoren, darunter zuallererst die offensichtliche Tatsache der erhöhten Signifikanz der öffentlichen Diskussion in der Republik. Das Publikum und der Schriftsteller, der dessen Repräsentant darstellen sollte, wurden nicht länger aus dem politischen Bereich ausgeschlossen, sondern ausdrücklich dazu ermutigt, sich daran zu beteiligen. Die Republik forderte, daß der Intellektuelle sich mit öffentlichen Ange- legenheiten beschäftigte, statt sich in einem neuromantischen Eskapis- mus abzukapseln. So bemühte sich Thomas Mann (1875 bis 1955) 1922 in seiner Rede *Von deutscher Republik,* die demokratiefeindliche akademi- sche Jugend, den privilegierten Nachwuchs des Bildungsbürgertums, für die kaum stabilisierte Republik zu gewinnen. Die kaiserreichliche Tren- nung zwischen dem kulturellen Leben der Nation und dem politischen Leben des Staates sei durch die Revolution aufgehoben; das Gebot der Stunde sei die Teilnahme der Literatur an der Republik; denn «der Staat, ob wir wollen oder nicht, – er ist uns zugefallen. In unsere Hände ist er gelegt, in die jedes einzelnen; er ist unsere Sache geworden, die wir gut zu machen haben, und das eben ist die Republik, – etwas anderes ist sie nicht.» Hier findet eine tiefgreifende Umstrukturierung der Öffentlich- keit statt, die Verquickung der ehemals getrennten Teilbereiche Literatur und Politik, und dieser Wandel zeichnet sich nirgendwo besser ab als in der Biographie desselben Thomas Mann, der sich einst als «Unpoliti- scher» rühmte, um sich später zum beredten Verteidiger der Republik und Gegner des Faschismus zu entwickeln. Es fand eine Verschiebung im Schriftstellertypus statt: vom romantischen Einsamkeitskultus zur Aner- kennung der Literatur als gesellschaftlichen Faktums.

Doch waren es nicht allein die Belange der Republik, die zur Politisierung der literarischen Öffentlichkeit führten. Der bürgerliche Schriftsteller er- fuhr während der ersten Dekaden des Jahrhunderts eine erschütternde gesellschaftliche Verunsicherung, wobei die Verarmung des Bürgertums durch die Nachkriegsinflation eine nicht zu unterschätzende Rolle spielte. Der Wunsch des Schriftstellers zu behaupten, «daß er für viele sprach, als er für sich, nur von sich zu sprechen glaubte» (Thomas Mann in seiner *Rede zur Gründung der Sektion für Dichtkunst* von 1926), ka- schierte den Versuch, einen politischen Führungsanspruch zu erheben, der eine Kompensation für die sinkende gesellschaftliche Lage bieten sollte. Der Literat, der den Stellvertreter des Volkes darstellen wollte, eignete sich eine Funktion an, die angesichts der wirtschaftlichen Krise und der wachsenden Unglaubwürdigkeit des traditionellen literarischen Lebens besonders attraktiv sein mußte.

Die Politisierung der Literatur hieß also auch die Priorität der Intellektu- ellen in der revolutionären Politik, unüberhörbar in den Forderungen nach einer «Diktatur der Vernunft» (Heinrich Mann), der «Logokratie» (d. h. Herrschaft des Wortes bei Kurt Hiller) und im «Aktivismus», dem Programm für eine Literatur, die, aus dem Dornröschenschlaf des schö- nen Scheins erwachend, aktiv in die politischen Fehden des Tages eingrei- fen sollte. Dem ratlosen Intellektuellen, von Pauperisierung bedroht, wurde nun eine herausragende Rolle angeboten, die die tatsächliche Misere des Mittelstandes heroisch übertünchen sollte, wie etwa 1920 in Hillers (1885 bis 1972) *Geist werde Herr*: «Der Bau der Zukunft – wem sollte er obliegen, wenn nicht euch? Ihr seid der Geist, ihr seid die Führung, ihr seid die Macht.» Das Konzept des Schriftstellers als «Führung» implizierte eine radikale Absage an den Ästhetizismus des Fin de siècle, der durch eine wirkungsvolle politische Literatur ersetzt werden sollte: «Der Litterat: kein Ausgeschloßner mehr, kein ironisch Danebenstehender und bloß formulierender Gaffer, sondern ein Eingreifender, nicht länger Statist, sondern Held.» Das aktivistische Programm forderte also nicht nur eine politische Literatur, sondern schrieb gleichzeitig dem Schriftsteller, der viel mehr als bloßer Zeitkritiker zu sein hatte, eine überhöhte Bedeutung zu. Die angesichts der sozialen Krise verzweifelte Suche nach einer festen gesellschaftlichen Position führte zu einer extravaganten Selbstüberschätzung, die revolutionär sein sollte, während sie leicht die eigentliche Politik hinter sich ließ: «Wir werden nicht musisch sein, wir werden moralisch sein; nicht betrachten, sondern bewirken; Redner, Lehrer, Aufklärer, Aufwiegler, Bundesgründer, Gesetzgeber, Priester, Religionsstifter werden wir sein, wir werden Propheten sein, wir werden Litteraten sein.»

Natürlich war es nicht nur die bürgerliche Intelligenz, die durch die sozialgeschichtlichen Änderungen zu einem neuen Verhältnis zur Literatur geführt worden war. Inflation, Lebensmittelknappheit und eine blind militaristische Kriegsführung trugen nach 1916 zu einer Radikalisierung der industriellen Arbeiterschaft bei, die zu neuen Parteigründungen links von der SPD führte. Diese Spaltung der Arbeiterbewegung in Sozialdemokraten, Kommunisten und Linkskommunisten entsprach dem heterogenen Charakter der Literatur in der proletarischen Öffentlichkeit der Weimarer Republik, in der verschiedene Kulturmodelle miteinander konkurrierten.

Nach 1918 blieb die SPD demselben entpolitisierten Kulturbegriff treu, der seit dem Durchsetzen des Revisionismus um die Jahrhundertwende nie wesentlich in Frage gestellt worden war. [vgl. 137] Der Wunsch, die Verhaltensweisen der bürgerlichen Öffentlichkeit zu übernehmen, war typisch für die proletarischen Schichten, die eine Integration in das Bürgertum anvisierten. Die Imitation des bürgerlichen Kulturlebens bedeutete einen ersten nicht nur symbolischen Schritt zur eigenen Verbürgerlichung, die sicherlich für viele ein selbstverständliches Desideratum darstellte. So galten Kunst und Literatur als Teile eines Bereiches wahrer Menschlichkeit, der nur außerhalb der Produktionssphäre angelegt war. Erst jenseits der Fabriktore durfte der Proletarier durch Bildung, das heißt durch bürgerliches Bildungsgut, zur echten Humanität gelangen. Die konsequente Behauptung der Klassenneutralität der Kunst verdrängte jeglichen politischen Inhalt und führte dazu, daß in der sozialde-

mokratischen Literaturkritik nur objektiv ästhetische Kriterien, keine
ideologische Fragestellungen zulässig waren.

Entsprach diese konservative Kulturauffassung dem Ziel gewisser sozialer Schichten, sich in die etablierte Gesellschaftsordnung einzugliedern, forderten andererseits die durch Krieg und Revolution radikalisierten Arbeiter der USPD, der KPD und der KAPD eine ausgesprochen politische Literatur, die die Grenzen der bürgerlichen Öffentlichkeit notwendig sprengte. Die Verbindung zwischen dem dadaistischen Angriff auf die bürgerliche Kunst und der revolutionären Politik führte 1920 zur Gründung des «Proletarischen Theaters» von Erwin Piscator (1893 bis 1966). [vgl. 138] Unter dem Primat der Politik wurden hier Experimente unternommen, um das Verhältnis zwischen Publikum und Bühne neu zu gestalten. Zwar wurde das Proletarische Theater 1921 vom sozialdemokratischen Polizeipräsident Berlins mit der Begründung geschlossen, es handele sich nicht um Kunst, sondern um Propaganda; doch die allmähliche Stabilisierung der Weimarer Republik und die wachsende Bereitschaft der kommunistischen Arbeiter, sich an der der SPD nahestehenden «Volksbühne» zu beteiligen, zwangen die Volksbühne-Leitung, von ihrem konservativen Programm abzurücken und 1924 Piscator als Regisseur zu berufen. Hier entstand das große politische Theater der zwanziger Jahre an der Nahtlinie zwischen kommunistischen und sozialdemokratischen Tendenzen in der Arbeiterbewegung.

Obwohl Piscators Erneuerungen auch von der liberalen bürgerlichen Presse als ästhetische Erfolge begrüßt wurden, ging es im Grunde um eine Demokratisierung der literarischen Öffentlichkeit, in der das Publikum nicht mehr als schweigender Empfänger der literarischen Darbietung konzipiert wurde. Wie auch im epischen Theater Bertolt Brechts (1898 bis 1956) sollte der Rezipient dazu aktiviert werden, sich als revolutionäres Subjekt zu erkennen, was den gesellschaftlichen Charakter des damaligen proletarischen Publikums widerspiegeln sollte. Anders als bei den Expressionisten sollte nicht eine dichterische Aussage verkündet werden, sondern der Zuhörer mußte der in der bürgerlichen Kunst angeblich vorgeschriebenen passiven Unmündigkeit entkommen, um sich autonom an öffentlichen Auseinandersetzungen zu beteiligen. Dem entsprach auch Brechts *Radiotheorie* von 1927 bis 1932, die vom Rundfunk forderte, «nicht nur auszusenden, sondern auch zu empfangen, also den Zuhörer nicht nur hören, sondern auch sprechen zu machen (...).»

Als Alternative zur bürgerlichen Öffentlichkeit entstand auch die literarische Aktivität der KPD und des 1928 gegründeten Bundes Proletarisch-Revolutionärer Schriftsteller (BPRS). [vgl. 396] Hier sollte die Literatur funktional als Propaganda eingesetzt werden, um die Rolle der Partei zu stärken, wie etwa in der Reihe des Roten Eine-Mark-Romans, konzipiert als politische Version der gängigen Trivialliteratur. [vgl. 306] Diese Nachahmung hätte zwar eine Massenleserschaft ansprechen sollen, sie bedeutete aber zunächst die Übernahme stereotyper Bilder von oft reaktionärem Inhalt, vor allem in der Darstellung der Frau. [vgl. 247] Trotzdem legte die proletarisch-revolutionäre Literatur Zeugnis von der Stärke des radikalen Flügels der Arbeiterbewegung ab, der keinen Anspruch auf eine Weiterführung bürgerlicher Kunst stellen wollte. Durch die starken Bindungen der KPD an das Komintern konnten aber literaturpolitische Entwicklungen in der Sowjetunion zur Abdrosselung der revolutionären Literatur in den frühen dreißiger Jahren und zu deren Ersatz durch eine Übernahme bürgerlicher Kunstideale führen. Diese Wende zu dem, was bald «sozialistischer Realismus» genannt wurde, spiegelte die Niederlage des radikalen Proletariats im Zeichen der Stalinisierung der kommunistischen Bewegung, gegen die deutsche Kommunisten wie das KPD-Gründungsmitglied Otto Rühle (1874 bis 1943) eine linkskommunistische Opposition bildeten. Zugleich zwang das Aufkommen des Faschismus die kommunistischen Autoren dazu, ihre Opposition gegen bürgerliche Ästhetik zu mildern, um das Gelingen der Volksfrontpolitik nicht zu gefährden.

Kreuzzug der Antimoderne

Die Politisierung der literarischen Öffentlichkeit schließt auch die Entwicklung eines rechtsradikalen Schrifttums ein, dessen Träger sich aus dem wirtschaftlich bedrohten, autoritär-antidemokratischen Mittelstand rekrutierten, der die Niederlage von 1918 nur als einen Dolchstoß von Verrätern – Arbeiter, Juden, Demokraten – verstehen konnte. Die sozialgeschichtlichen Wurzeln dieser völkischen Richtung reichen bis ins 19. Jahrhundert zurück zu einer kurzsichtigen Kritik der Industrialisierung, die die relative Unterentwicklung des Kapitalismus in Deutschland zu einer absoluten Priorität des Organischen und Nichtkommerziellen erhob. Von der Essayistik Richard Wagners (1813 bis 1883) über den Bayreuther Kreis, von den Exzentrikern Paul de Lagarde (1827 bis 1891) und Julius Langbehn (1851 bis 1907) bis zum Kampfbund für deutsche Kultur des Nationalsozialisten Alfred Rosenberg (1893 bis 1946) wurde ein Kreuzzug der Antimoderne im Namen eines Traditionalismus geführt [vgl. 44], der eine aggressiv nationalistische Färbung annahm in den Händen – wie es Thomas Mann 1930 ausdrückte – von «bösartigen Spießbürgern und Militaristen, die, wenn sie ‹Seele› sagen, den Gaskrieg meinen». Die Nationalsozialisten und ihre Anhänger wetterten zwar gegen eine angebliche Vorherrschaft der Moderne in der Weimarer Republik; doch die Bestseller der zwanziger Jahre bestanden zum großen Teil aus derselben völkischen Literatur, die nach 1933 offiziell sanktioniert wurde. [vgl. 228] Das eklatanteste Beispiel stellt Hans Grimms (1875 bis 1959) *Volk ohne Raum* (1926) dar, eine Fibel reaktionärer Politik, die bis 1933 eine

Auflage von 265000 Exemplaren ereichen konnte. [vgl. 71] Der Erfolg
der rechtsradikalen Literatur beruhte sicherlich auf einer breiten Demo-
kratiefeindlichkeit, die jedoch zusätzlich durch den Charakter der Weimarer Justiz wesentlich geschürt wurde. Linke Literatur wurde unter der
Rubrik eines «literarischen Hochverrats» diffamiert, und die Rechtsprechung schien hinter die relative Liberalität des Kaiserreiches zurückzufal-
len. Im Gegensatz zur traditionellen Judikatur wurde der Begriff einer
nach Paragraph 86 StGB strafbaren Vorbereitung zu einem hochverräte-
rischen Unternehmen so ausgeweitet, daß nicht erst die konkrete Tat,
sondern schon die bloße Gesinnung als gesetzwidrig gelten sollte. [vgl. 23]
Die Kampagne gegen die linke Literatur zielte auf eine Unterdrückung
politisch unangenehmer Tendenzen in der Öffentlichkeit, wie die Hoch-
verratsprozesse gegen Autoren wie Erich Mühsam, Kurt Kläber und Johannes R. Becher zeigten, während zugleich rechtsextremistische Störun-
gen linker Literaturveranstaltungen kaum geahndet wurden. [vgl. 47]
Dieses Engagement gegen die Literaturfreiheit, die im Artikel 118 der
Weimarer Verfassung genügend gewährt zu sein schien («Eine Zensur
findet nicht statt»), entsprach dem Hintergrund der Justizbürokratie, die
wie andere Teile des Beamtentums und des Militärs aus dem vordemokra-
tischen Kaiserreich unverändert als Diener der neuen Republik übernommen worden war. Die Richter, die die antidemokratische Lehre des
Wilhelminismus nie in Frage stellten, waren kaum geeignet, den Ausbau
einer demokratischen Kultur zu überwachen. Diese kuriose Verbindung
zwischen demokratischem Staat und kaiserlichem Beamtentum, die in
den Kämpfen von 1918/19 zustande kam, trug viel zur Schwächung und
zum endgültigen Zusammenbruch der Weimarer Republik bei.

Politisierung der Kritik

Schon während des Kaiserreichs hatte eine unterschwellige Politisierung
der journalistischen Literaturkritik begonnen, die aber nach 1918 zum
wesentlichen Merkmal der kritischen Diskussion wurde. Gefragt wurde
nicht mehr, ob der Kritiker sich aus dem rein ästhetischen Gefilde tradier-
ter Kriterien hinauswagen durfte, um Politisches zu berühren, sondern
welches der verschiedenen Modelle politisierter Kritik sich durchsetzen
würde. Sogar der repräsentative Kritiker der bürgerlichen Presse, Alfred
Kerr (1867 bis 1948), pflegte ein politisches Urteil in seinen Kommenta-
ren zum neuen Drama auszusprechen. Wie der Dramatiker sollte auch
der Kritiker als Aufklärer fungieren, der von einer privilegierten Position
aus eine Botschaft der Wahrheit in die verdunkelte Welt senden sollte.
Deshalb vermochte Kerr wenig mit der Widersprüchlichkeit im Theater
Bertolt Brechts anzufangen. Seine Verrisse erweckten eine nie überwun-
dene Animosität bei dem Dramatiker, der seinerseits eine Kritik des Kritikers formulierte. Kerr, der im Kaiserreich die kritische Besprechung als

Kunstform propagiert hatte, wurde vorgeworfen, er kümmere sich weder um Politik noch um Gesellschaft, sondern lediglich um seinen eigenen Geschmack; seine überholte Besprechungsart sei nur als «kulinarisch» zu bezeichnen. Der Auseinandersetzung lagen entgegengesetzte Auffassungen der Beziehung zwischen Kunst und Politik zugrunde. Für Kerr sollte das Kunstwerk eine relevante These direkt vermitteln, bei Brecht waren politische Inhalte gerade in den formalen Widersprüchen des Werkes beherbergt. Hinzu kam, daß Kerr sich als Einzelsprecher einem Publikum gegenüberstellte, dem er bürgerlich-individualistisch sein subjektives Empfinden preisgab, während Brecht das Zustandekommen eines kollektiven Klassensubjekts ins Zentrum rückte. Auf ähnliche Weise wurde Kurt Tucholsky (1890 bis 1935), Kritiker und Feuilletonist der für die Weimarer Linke wichtigen Zeitschrift *Die Weltbühne* (1905 bis 1933), von Walter Benjamin (1892 bis 1940) angegriffen. Tucholskys politische Buchbesprechungen wurden von der eigenen Subjektivität getragen und zeugten von einem wie immer auch witzigen Pessimismus, den Benjamin als «linke Melancholie» kritisierte. Linksintellektuelle täuschten sich nach Benjamin in ihrem Glauben, das Publikum unmittelbar ansprechen und es gar zur Revolution aufrufen zu können. Wichtiger wäre die Anerkennung der eigenen Rolle in dem Produktionsvorgang; denn nur der Kritiker, der sich selber als Proletarier und nicht als ein sich bloß mit dem Proletariat Solidarisierender verstehe, könne die Fiktion einer bürgerlichen Subjektivität durchschauen. Der Literaturkritiker solle daher nicht den eigenen Geschmack verkünden, sondern als klassenbewußter «Stratege im Kampf der Geister» auftreten.

Gleichschaltung

Das literarische Leben im nationalsozialistischen Deutschland wurde vor allem durch die öffentliche Verfemung linker und jüdischer Schriftsteller gekennzeichnet. Nach der Berufung Adolf Hitlers (1889 bis 1945) zum Reichskanzler am 30. Januar 1933 und besonders nach dem Reichstagsbrand vom 27. Februar begann eine von der SA getragene Terrorkampagne, die Autoren wie Carl von Ossietzky, Erich Mühsam, Kurt Hiller und Willi Bredel in Konzentrationslager brachte, wo sie einer brutalen Mißhandlung ausgeliefert waren. Anderen wie Alfred Döblin, Ludwig Marcuse, Friedrich Wolf und Bertolt Brecht gelang eine illegale Flucht ins Ausland. [vgl. 71] Während die Schriftstellerorganisationen der NS-Kulturpolitik durch «Gleichschaltung» angepaßt wurden, vermittelten demonstrative öffentliche Veranstaltungen dem Publikum die neue Linie. Ein eklatantes Beispiel bildete die studentische «Aktion wider den undeutschen Geist», die in den berüchtigten Bücherverbrennungen vom 10. Mai 1933 in beinahe allen Universitätsstädten gipfelte. In manchen Hinsichten war die ganze Aktion charakteristisch für die Literaturöffentlich-

keit der NS-Zeit: Trotz der scheinbaren Spontaneität der Studenten bekamen sie vermutlich Anregungen vom Propagandaministerium. Zugleich
zeichnete sich die Kampagne durch eine opportunistische Inkonsequenz
aus, weil die Buchbeschlagnahmen sich trotz der egalitären Rhetorik einer «Volksgemeinschaft» auf die dem breiten Publikum zugänglichen
Leihbibliotheken beschränkten. «Bibliotheken, welche Nachschlage-
und Forschungszwecken dienen», wurden aber ausdrücklich geschont
[vgl. 151]; denn das noch nicht stabilisierte Regime bemühte sich, das
konservative Bildungsbürgertum nicht unnötig zu einer aktiven Opposition zu drängen, die einem solchen Angriff gegen die Universitäten hätte
folgen können.

Diese Spannung zwischen einer radikalen völkischen Ideologie und prag-
matischen Rücksichten, die einen Ausdruck der noch instabilen politischen Lage in den ersten Jahren des «Dritten Reiches» darstellte, bestimmte auch den Charakter der wichtigsten neuen Literaturinstitution,
die Reichsschrifttumskammer (RSK). Jeder, der an der Produktion von
Literatur beteiligt war, mußte Mitglied werden: nicht nur die Autoren,
sondern auch Verleger, Drucker, Buchhändler usw. Der Schein korpora-
tiver Selbstverwaltung sollte erweckt werden, um die Kontrolle durch das
Propagandaministerium zu vertuschen und somit ausländische bzw. bürgerliche Kritik an einer staatlichen Lenkung zu entkräften. Daß der extreme Antisemit Joseph Goebbels (1897 bis 1945) nicht 1933, sondern erst
1935 mit dem konsequenten Ausschluß jüdischer Autoren aus der RSK
beginnen konnte, entsprach den Bemühungen des Reichswirtschaftsmi-
nisteriums, die ökonomische Lage mit Vorsicht zu behandeln. Eine Ausschaltung der jüdischen Schriftsteller oder gar eine Schließung der Verlage in jüdischem Besitz hätte den literarischen Teil der Wirtschaft erschüttert und Arbeitsplätze gefährdet. [vgl. 71] Nur deshalb konnte Gottfried Bermann-Fischer (geb. 1897) (*Bedroht, Bewahrt,* 1967) behaupten,
die Produktion des S. Fischer Verlags sei noch 1934 weitergeführt worden, «als hätte sich nichts verändert». Unter seinen neuen Veröffentlichungen befanden sich sogar die ersten Teile von Thomas Manns *Joseph*-
Romanen. Mit der allmählichen Stabilisierung der NS-Herrschaft setzte
sich dann 1935 die radikale Linie durch. In der Säuberung der RSK, die
ihren Höhepunkt im März erreichte, wurden circa 2000 jüdische bzw.
«jüdisch versippte» Autoren ausgeschlossen, und die «Arisierung» jüdischer Verlage, das heißt der erzwungene Verkauf der Firmen an nichtjü-
dische Unternehmer, wurde eingeleitet.

Trotz der Ideologie einer Gleichschaltung wurde die literarische Öffentlichkeit von einem Wirrwarr entgegengesetzter Interessen und rivalisie-
render Instanzen beherrscht. So fand ein besonders starker Kampf mehrerer staatlicher und parteiamtlicher Stellen um die Zuständigkeit für die
verschiedenen Teile der Kulturpolitik statt. Dieses bürokratische Chaos

trug wesentlich zu einer allgemeinen Verunsicherung im Buchhandel bei, was einen wichtigen Anstoß zur Anpassung darstellte, wie besonders in der Handhabung der Zensur zu sehen ist. Zwar gab es schon 1933 großangelegte Beschlagnahmungen wie in Berlin, wo die Polizei bis zum 20. Mai schon 10000 Zentner linker Literatur konfisziert hatte. Doch war die polizeiliche Indizierungspraxis nicht reichseinheitlich; so waren die Werke Heinrich Heines (1797 bis 1856) nicht in Preußen verboten, wohl aber in Bayern, allerdings dort auch nur in Leihbüchereien, also nicht im ‹ordentlichen› Buchhandel. Erst ab 1935 führte die RSK eine «Liste des schädlichen und unerwünschten Schrifttums», dessen Verbreitung im Buchhandel und in öffentlichen Büchereien untersagt wurde. Trotzdem wurde diese Liste nur an Polizeiämter, wissenschaftliche Bibliotheken und RSK-Dienststellen verschickt, nicht aber an den ganzen Buchhandel, der dadurch zu einer Selbstzensur gezwungen wurde, um sich als kulturpolitisch zuverlässig hervorzutun. [vgl. 71]

Besonders nach 1935 verlor die literarische Öffentlichkeit jeglichen Schein einer Unabhängigkeit; Buchhandel und Produktion wurden ständig überwacht, und die staatliche Organisation trat immer mehr in Erscheinung mit dem Ziel der Durchsetzung der völkischen Literatur. Ihre Förderung fand beispielsweise in den jährlichen Veranstaltungen der «Woche des deutschen Buches» statt, die eine ebenso wichtige Kulturdemonstration des NS-Staates bildete wie die Wagner-Festspiele in Bayreuth und die großen Kunstausstellungen in München. Die «Woche des deutschen Buches» sollte die Leser zur völkischen Lektüre anregen, aber auch die Autoren entsprechend beeinflussen, was durch die gleichzeitigen «Weimarer Dichtertreffen» erzielt werden sollte. Hinzu kam, daß der Buchhandel als unabhängiges Gewerbe und erst recht als Ort etwaiger ideologischer Opposition ausgeschaltet wurde, indem die «Woche des deutschen Buches» die traditionelle Deutsche Buchmesse nach 1933 ersetzte. [vgl. 152]

Der parteinahen Literatur wurde auch durch Literaturpreise Vorschub geleistet. Zwar bekamen die Außenseiter Ricarda Huch (1864 bis 1947) und Gerhart Hauptmann (1862 bis 1946) je einmal Literaturpreise, aber im Normalfall war der preisgekrönte Autor ein Vertreter der völkischen Richtung. Zu den bevorzugten Gattungen gehörten die volksdeutsche Anschlußliteratur, der Roman der NSDAP und die Parteilyrik. Auch Dichterlesungen wurden für Propagandazwecke benutzt, wie der damalige Terminus «Dichtereinsatz» nahelegt. Nur völkische Autoren kamen in Frage, die Lesungen fanden vor allem während der Woche des deutschen Buches oder bei Feiern der Hitler-Jugend und in auslandsdeutschen Siedlungen statt. [vgl. 152]

Obwohl die Literaturkritik vor allem der großen bürgerlichen Presse am Anfang eine gewisse Autonomie bewahren konnte, indem regierungskri-

tische Positionen etwa als Rezensionen von historischen Romanen ge-
tarnt wurden, setzte sich auch in diesem wichtigen Teil der traditionellen
Öffentlichkeit eine Gleichschaltung durch. Vor allem nach Goebbels'
Verbot der Kunstkritik am 16. November 1936, die durch eine «Kunstbe-
trachtung» zu ersetzen war, wich das ästhetische Urteil den Hauptpunk-
ten nationalsozialistischer Programmatik: Judenhaß, Revanchismus und
Krieg. Die Kritik hörte auf, einen Ort konkurrierender Positionen darzustellen, und diente nur noch den Parteizielen und der Diffamierung des
Gegners. Deshalb zeichnet sich die faschistische Kritik vor allem durch
ihr Schimpfvokabular aus; die «Novemberkunst» der Weimarer Republik
wurde von Hitler als «Kunstschmierantentum» und «internationale Krit-
zeleien» bezeichnet, von Alfred Rosenberg als «Mestizenkunst» und
«geistige Syphilis».

Die Angst, von einer vorgeschriebenen Linie abzuweichen, und die Verunsicherung durch die Widersprüche in der NS-Bürokratie führten dazu,
daß literarische Innovation abgedrosselt wurde. So stieg der prozentuale
Anteil der Neuauflagen an der jährlichen Gesamtauflage von 19 Prozent
in 1935 bis 1938 auf 39,3 Prozent in 1941 bis 1944 . Quantitativ erreichte
die Buchproduktion im «Dritten Reich» nie die Höchstzahlen der Weimarer Republik. [vgl. 152] Daran hatten nicht nur die Wirtschaftskrise und
der Krieg ihren Anteil, sondern vor allem der restriktive Charakter der
literarischen Öffentlichkeit. Nur in anderen Öffentlichkeiten waren Erneuerung und Opposition möglich: in der Illegalität des Untergrunds, in
der Öffentlichkeitsverweigerung der inneren Emigration oder in der Literatur des Exils.

Carl Paschek
Zeitschriften und Verlage

Zeitschriften

Die politisch-gesellschaftliche Signatur der Jahre 1918 bis 1923 ist gekennzeichnet vom reformatorisch-revolutionären Gärungsprozeß, der mit der Zersetzung der monarchistischen Ordnungen und der Neuerrichtung demokratisch-republikanischer Strukturen auf deutschem Boden in Gang kommt und sich insbesondere im Bereich des geistig-kulturellen Lebens in explosiven Spannungszuständen, Gegensätzen und Widersprüchen manifestiert. Schlawe kennzeichnet die literarisch-kulturelle Erscheinungsform dieser Phase auf dem Sektor der literarischen Zeitschriften zutreffend, wenn er feststellt: «Dutzende von ephemeren z. T. expressionistischen Blättern erschienen, oft von namhaften Autoren unterstützt und künstlerisch ausgestattet, aber meist aus einer Aktionsbegeisterung hervorgegangen, die sich über die Wirkungsmöglichkeiten Illusionen hingab und auf die wirtschaftlichen Bedingungen jedes Zeitschriftenunternehmens zu wenig Rücksicht nahm.» [vgl. 139; *S. 2*]

Die zweite Phase umfaßt die anschließenden Jahre von etwa 1924 bis 1929. In diesen Jahren erlebte die Republik eine Konsolidierungsphase, die von Leopold Schwarzschild (1891 bis 1950), dem Herausgeber der Zeitschrift *Das Tage-Buch* (1920 bis 1933), als das ‹euphorische Zwischenspiel› bezeichnet wurde.

Die literarisch-kulturelle Erscheinungform dieser Entwicklung reflektiert insgesamt den ‹diffusen› Charakter der Zeit, der von Schlawe in seinen Besonderheiten sehr klar und zutreffend charakterisiert wird: «Einzelne Blätter – ‹Der Querschnitt›, ‹Die literarische Welt› u. a. – repräsentieren unübertrefflich den chaotischen Reichtum der zwanziger Jahre. Die Macht der ‹konservativen Revolution› zeigt sich im quantitativen Übergewicht der rechtsgerichteten Blätter wie in der nationalen Haltung der christlich geführten Zeitschriften.» [139; *S.3*]

Die Schluß- und Übergangsstufe dieser Phase zum Dritten Reich setzt mit

dem Jahr 1929 ein, in dem die extremen politischen Kräfte der Links- und
Rechtsbewegungen ihre radikal-zentrifugale Dynamik entfesseln und
den Untergang der Weimarer Republik im Jahre 1933 herbeiführen. Diesen politischen Vorgängen entspricht auf seiten der literarischen Blätter,
daß sie einen immer größeren Raum den politischen Beiträgen einräumen, in denen der Kampf für oder gegen die republikanischen Institutionen und demokratische Gesinnung geführt wird und die rein literarisch-
dichterischen Beiträge, Gattungen und Texte in die Randzonen abgedrängt werden.

Die entscheidende Wende in der Geschichte der literarischen Zeitschriften brachte das Jahr 1933, mit dem die dritte Phase beginnt und die sich
bis 1945 erstreckt. Mit dem Kabinett der ‹nationalen Erhebung›, in welchem die Nationalsozialisten Hitler, Göring und Goebbels zunächst eine
Minderheit darstellten, wurden die Weichen der politischen Entwicklung
Deutschlands in Richtung auf die Einparteienherrschaft und den Führerstaat gestellt.

Die mit den Nationalsozialisten heraufziehende politisch-gesellschaftliche Realität bringt einen vollständigen Durchbruch der totalitären zen-
tralistischen Kräfte, deren Anziehungsgewalt auf die Massen im Jahre
1932 für die meisten der mittelbar oder unmittelbar Betroffenen so überraschend freigesetzt wird, daß insbesondere den oppositionell wirkenden
Verlagen und Zeitschriften als Reaktionsmöglichkeiten die verdeckt und
maskiert geführte Gegenwehr oder die Flucht in die Emigration ins Ausland übrigbleiben. Die Bücherverbrennung, die im Mai 1933 in Berlin
veranstaltet wurde, beleuchtet den Untergang der meisten Zeitschriften
und Verlage der vorangegangenen Epoche von 1918 bis 1933, der bei zahlreichen Organen Jahre zuvor begonnen hatte und der sich in diesem
Schicksalsjahr oder nur wenig später vollendete. Dazu zählen u. a. Blätter, die in der Weimarer Zeit eine überragende Rolle gespielt hatten, wie
Die Aktion (1911 bis 1932), *Der Sturm* (1910 bis 1932), *Die Linkskurve*
(1929 bis 1932), *Die literarische Welt* (1925 bis 1934), *Die Weltbühne* (1918
bis 1933, fortgesetzt im Exil als *Die Neue Weltbühne* 1933 bis 1939), *Das
Tage-Buch* (1933, fortgesetzt im Exil als *Das neue Tage-Buch* 1933 bis
1940), *Der Querschnitt* (1921 bis 1936).

Die spannungsgeladene Mannigfaltigkeit im literarisch-kulturellen Zeit-
schriftenwesen zerbrach und fiel einer weitgehenden Gleichschaltung an-
heim. Die schlaue und doppeldeutige Linie der NS-Zeitschriften- und
-Pressepolitik, welche die weiterexistierenden oder neugeschaffenen Organe auf dem vorberechneten Kurs halten sollte, sprach Goebbels pointiert und unmißverständlich aus: «Wir wollen gar nicht, daß jeder dasselbe Instrument bläst, wir wollen nur, daß (...) dem Konzert der Presse
eine Sinfonie zugrunde liegt.» [115; *S. 36*]

Die weitere Entwicklung in der Zeit des Nationalsozialismus betrachten wir unter dem zentralen Aspekt der Reaktionsmöglichkeiten und -weisen des um die freie Entfaltung bestrebten Geistes. Dabei erlauben die Exilzeitschriften, welche die Oppositionsbewegung von außen, im Ausland sammeln, organisieren, literarisch zum Ausdruck bringen und ihr Gewicht verleihen, eine klare Urteilsfindung über die Verbindlichkeit ihrer antinazistischen Substanz und Einstellung. Erheblich schwieriger ist die gerechte historische Einordnung und Beurteilung der Neugründungen, die im Kraftfeld des Dritten Reiches erfolgten. Sie entfalten ihre geistig-literarische Existenz oftmals nicht in direktem Satellitenverhältnis zum Regime, dem sie ungewollt als liberales Feigenblatt dienen. Besonders deutlich wird diese Problematik an der Zeitschrift *Das Innere Reich* darzustellen sein.

Rundschau-Zeitschriften

Die vier wichtigsten Zeitschriften diese Typus atmen den konservativen, teilweise antirepublikanischen Geist des Bürgertums. Die *Deutsche Rundschau* (herausgegeben von Julius Rodenberg, Bruno Halle, Rudolf Pechel, Berlin: Verlag Deutsche Rundschau, 1874 bis 1964) und die *Süddeutschen Monatshefte* (herausgegeben von P. N. Cossmann, Josef Hofmiller, Friedrich Naumann, Hans Pfitzner, Hans Thoma, Karl Voll, ab Juli 1933 Leo Friedrich Hausleiter, München: Verlag der Süddeutschen Monatshefte, dann Knorr & Hirth, München, 1904 bis 1936) sind in ihrem politischen Standort während der Phase von 1919 bis etwa 1923 durch den Hinweis charakterisiert, daß sie bei nationaler Grundhaltung «höchstes Niveau» erstreben, «maßvolles Urteil, Überparteilichkeit und Zurückhaltung in Tagesfragen bei gemäßigtem nationalen Liberalismus und kulturellem Konservatismus» einhalten. [139; S. 66] Die *Süddeutschen Monatshefte* zeigen ihren Eigencharakter insbesondere darin, daß sie seit 1919 die ‹Dolchstoßlegende› verbreiten und, wie Pross hervorhebt, «die Geschichtsdeutungen von Karl Alexander von Müller, die geopolitischen Konstruktionen von Haushofer und immer wieder Deckerinnerungen vergangener Größen» veröffentlichen. Auf sehr verwandter Bahn verläuft der Kurs der Monatszeitschrift *Der Türmer. Monatsschrift für Gemüt und Geist* (herausgegeben von J. E. von Grotthuß, Friedrich Lienhard, Karl August Walther, Stuttgart: Verlag Greiner & Pfeiffer, später Berlin: Verlag H. Beenken, 1898 bis 1943), allerdings mit betont großdeutscher Komponente.

In größerem Abstand mit gleichem Richtungssinn, jedoch vor einem katholisch bestimmten Hintergrund, gesellt sich zu diesen konservativen Zeitschriften das Periodikum *Hochland. Monatsschrift für alle Gebiete des Wissens der Literatur und Kunst* (herausgegeben von Karl Muth, München: Verlag Kösel, 1903 bis 1941, 1946ff). Die Gemeinsamkeiten von *Hochland* mit den bürgerlich orientierten Rundschauzeitschriften liegen «im Erhaltenwollen einer sozial geschlossenen, geistig metaphysischen Weltbetrachtung. Den Unterschied kennzeichnet der Inhalt der jeweiligen Metaphysik. Bei der ‹Deutschen Rundschau› und den ‹Monatsheften› ist sie allgemein christlich, bei Muth katholisch.» [127; *S. 113*]

In den Umkreis der bürgerlichen Rundschau-Zeitschriften gehört die nationalliberale Monatsschrift *Preussische Jahrbücher* (herausgegeben von Hans Delbrück, seit 1920 bis 1933 Walter Schotte aus dem Kreis um Moeller van den Bruck, ab 1933 Walter Heynen, Berlin: Verlag G. Stilke, 1858 bis 1935), ein sehr angesehenes Blatt von einer Auflage zwischen 1800 und 2000 Stück, das neben Dichtern auch eine Reihe bedeutender Wissenschaftler zu seinen Mitarbeitern zählte.

Die nationalkonservative Linie im rechten politischen Spektrum der Anfangsphase der Weimarer Republik vertritt die Wochenschrift *Die Grenzboten* (herausgegeben von Georg Cleinow, anfangs mit Paul Mahn, ab 1920 Hildebert Boehm, im Jahr 1922 Fritz Kern, Berlin: Verlag der Grenzboten, später Berlin: Verlag K. F. Koehler, 1841 bis 1922), die nach M. Palyi zum «führenden konservativen Organ» von Fritz Kerns (1884 bis 1950) Leitartikeln gemacht wurden.

Die im S. Fischer Verlag, Berlin, erscheinende Monatsschrift *Die Neue Rundschau* (herausgegeben von Oskar Bie, zeitweilig ab 1914 mit Musil, ab 1919 mit Döblin, ab 1921 Rudolf Kayser, ab 1932 Peter Suhrkamp, Berlin: Verlag S. Fischer 1890 ff, 1944 unterdrückt, ab 1945 wieder als Vierteljahrsschrift im G. Bermann-Fischer Verlag, Stockholm, ab 1950 wieder Frankfurt a. M.: S. Fischer) liegt auf der Ebene der anderen Revuen. Sie tritt für die europäische Verständigung ein und wendet ihre Sympathien der sozialdemokratischen Partei zu.

Die Rundschau-Zeitschrift wollte vor allem auch eine geistig-literarisch-politische Gegenwirkung gegen die Zeitschrift *Die Tat* (1909 bis 1938) entfalten, die als Organ des aus der völkischen Bewegung hervorgegangenen «Tat-Kreises» um Hans Zehrer (1899 bis 1966) zur Stärkung der politischen Kräfte auf der rechtsextremen Seite beigetragen hat. Die literaturkritische Linie gegenüber der zeitgenössischen Literatur ist von distanzierter Haltung gegenüber dem Expressionismus gekennzeichnet, während die Autoren der skandinavischen Moderne, der Hauptvertreter des Naturalismus, Gerhart Hauptmann und Autoren wie Thomas Mann und Hugo von Hofmannsthal eine liebevolle, anerkennende Zuwendung erfahren.

Mit weltbürgerlich-linker Orientierung und auf dem Kurs der deutsch-französischen und deutsch-jüdischen Verständigung bewegt sich die Monatsschrift *Der Neue Merkur. Monatsschrift für geistiges Leben* (herausgegeben von Efraim Frisch, 1915/16 mit A. Kauffmann, 1919 mit W. Hausenstein, München: Verlag Georg Müller, später Selbstverlag, ab 1924 Stuttgart: Deutsche Verlagsanstalt, 1914 bis 1916, 1919 bis 1925), die nach einem Wort von Hofmannsthal als die «einzige im geistigen Sinne existente Zeitschrift in deutscher Sprache» gelten konnte. [150; *S. 131*] In einer «Vorbemerkung» bestimmt die Zeitschrift als ihr Ziel, die «heillose Unsicherheit in allen geistigen Fragen» überwinden zu wollen.

Politisch-literarische Zeitschriften
In der Spätphase des Expressionismus geraten die Zeitschriften *Die Aktion. Zeitschrift für freiheitliche Politik und Literatur*, von 1912 bis 1918: *Wochenschrift für Politik, Literatur, Kunst*, ab 1928: *Zeitschrift für revolutionären Kommunismus* (herausgegeben von Franz Pfemfert, Verlag: Die Aktion, 1911 bis 1932) und die Monatsschrift *Der Sturm*, von 1910 bis 1916 *Wochenschrift für Kultur und die Künste* (herausgegeben von Herwarth Walden, d. i. Georg Levin, 1910 bis 1932), in eine Entwicklungsphase, in der ihre expressionistische literarische Substanz aufgezehrt wird. Seit 1919 wendet sich der Kurs noch entschiedener in das Politische, wobei zunächst der Weg der *Aktion* zu verfolgen ist. Orientiert an einem marxistischen Aktivismus im Sinne Ludwig Rubiners (1881 bis 1920), der die Errichtung eines Reiches des Geistes in der klassenlosen Gesellschaft fordert, die Kunst als Mittel des Handelns einsetzt und die Wandlung des Dichters zum Literaten postuliert, wendet sich diese Zeitschrift gegen die bürgerlich-konservative und sozialdemokratisch-reformerische Politik und deren staatliche und gesellschaftliche Institutionen. Sie tritt laut Selbstbekundung für die Idee der «Großen Deutschen Linken» ein, verbindet marxistische, anarchistische und radikal-syndikalistische Neigungen und Tendenzen und fordert die «Organisierung der Intelligenz», wobei der revolutionäre ‹Aktionskreis› um Ferdinand Hardekopf, Carl Einstein, Franz Jung, Wilhelm Klemm, Karl Otten, Ludwig Rubiner und Horst Schaefer als Modell dient.
In entfernterer Nachbarschaft zur *Aktion* befindet sich die Monatsschrift *Die weißen Blätter* (herausgegeben von Ernst E. Schwabach, vorübergehend Franz Blei, ab Jahrgang 2 René Schickele, Leipzig: Verlag der Weißen Bücher, ab 1916 Zürich: Verlag Rascher, im Jahr 1918 im Selbstverlag Bern, ab 1919 Berlin: Verlag P. Cassirer, 1913 bis 1920), die allerdings bald eingestellt wird. Vor allem stärken und festigen die Blätter die visionären gesellschaftspolitischen Beimischungen des Expressionismus und radikalisieren die Tendenz zur Errichtung einer Herrschaft des Geistes aus der gewaltfreien Haltung des christlich orientierten Sozialismus.
Die Wochenschrift *Der Sturm* (ab 1919) wird durch Herwarth Walden (1878 bis 1941?) geprägt, der sich als Komponist und brillanter Kunsttheoretiker damit sein Organ schafft; spezifisch ist für den *Sturm* das Streben nach einer «Symbiose der Künste», und in diesen Leistungen wird *Der Sturm* das zentrale Organ der europäischen Avantgarde. Die Hin-

wendung des *Sturm* zum Kommunismus führt Walden zu einer theoretisch fundierten Beschäftigung mit der Lebens- und Alltagsrealität des Volkes, ein Vorgang, dem in kunsttheoretischer Hinsicht ein antimetaphysisch gefaßter Kunstbegriff entspricht. Die Zeitschrift gab einen revolutionär-politisch angereicherten Nährboden für abstrakte Kunstrichtungen ab wie Dada, Merzkunst, Konstruktivismus, absolute Kunst (Blünner) mit entschiedenen Abgrenzungsbewegungen gegen andere Tendenzen. Während der anschließenden Phase bis 1932 dominiert die politisch-propagandistische Komponente. Walden ging 1932 in die Sowjetunion und wurde 1942 von Stalin interniert.

Die mit der *Neuen Rundschau* konkurrierende Wochenschrift *Die Weltbühne* (herausgegeben von Siegfried Jacobsohn, nach dessen Tode 1926 von Kurt Tucholsky, später von Carl von Ossietzky, Berlin: Verlag E. Reiß, ab 1913 Berlin: Verlag der Schaubühne, 1918 bis 1933) erschien bis zu ihrer Umwandlung als literarisch-politische Rundschau-Zeitschrift am 4. April 1918 als reine Theaterzeitschrift, deren geistiges Profil von ihrem Herausgeber Siegfried Jacobsohn (1881 bis 1926) geprägt wurde. Die Zeitschrift erhielt nach Jacobsohns Tod 1926 in Kurt Tucholsky (1890 bis 1935) einen neuen Redakteur, der jedoch diese Tätigkeit bereits nach einem Jahr an Carl von Ossietzky (1889 bis 1938) übertrug. *Die Weltbühne* erreichte unter Ossietzkys Leitung eine Auflagenhöhe von 10000 Exemplaren im Jahr 1924 und pendelte sich in der Folgezeit darauf ein. Das kann als Beleg dafür dienen, daß Ossietzky in der angesteuerten Zielgruppe der linksbürgerlichen Intelligenz ‹ankam›. Tucholsky gibt eine Darstellung der Intentionen: «Wir Negativen wollen ‹positive› Vorschläge machen. Aber alle positiven Vorschläge nützen nichts, wenn nicht die rechte Redlichkeit das Land durchzieht. Die Reformen, die wir meinen, sind nicht mit Vorschriften zu erfüllen, und auch nicht mit neuen Reichsämtern, von denen sich heute jeder für sein Fach das Heil erhofft (...). Was wir brauchen, ist (...) anständige Gesinnung.» [127; *S. 104*]

Neben der *Weltbühne* ist die Wochenschrift *Das Tage-Buch* (herausgegeben von Stefan Großmann, ab 1922 mit Leopold Schwarzschild, ab 1927 Schwarzschild, Berlin: Verlag Rowohlt, ab 1932 Berlin: Tagebuch-Verlag, 1920 bis 1933, fortgesetzt in Amsterdam unter dem Titel *Das neue Tage-Buch* von Juli 1933 bis Mai 1940) ein linksrepublikanisches Organ, das sich vorwiegend an die Intelligenz wendet. Es bringt u. a. Texte von Ernst Blass, Rudolf Borchardt, Bertolt Brecht (Erstveröffentlichungen seit 1922), Georg Britting, Max Brod, Albert Ehrenstein, Bruno Frank, Walter Hasenclever, Gerhart Hauptmann, Hugo von Hofmannsthal, Erich Kästner, Klabund, Annette Kolb, Wilhelm Lehmann, Rudolf Leonhard, Heinrich Lersch, Thomas Mann, Robert Musil, Luigi Pirandello, Alfred Polgar, Joachim Ringelnatz, Romain Rolland, Peter Christian Scheer, Wilhelm Schmidtbonn, Arthur Schnitzler, Hermann Stehr,

Carl Sternheim, Ernst Toller, Robert Walser, Jakob Wassermann. In der programmatischen Selbstdarstellung vom 10. Januar 1920 heißt es: «Das ‹Tage-Buch› soll eine Zuflucht werden, Zuflucht der Sachverständigen, Zuflucht der Künstler, Zuflucht der Erneuerer, aber auch Zuflucht der Opfer einer veralteten Justizmaschine, Zuflucht vor dem ehrfurchtslosen Betasten durch einen nur neu-gierigen Journalismus.»

Mit diesem Appell an die anständige Gesinnung als humane Grundlage aller gesellschaftlichen und staatlichen Erneuerung stehen *Die Weltbühne* und *Das Tage-Buch* in einer Tradition, die vor allem von der Wochenschrift *Die Zukunft* (herausgegeben von Maximilian Harden, Berlin: Verlag der Zukunft, ab 1921 Berlin: Verlag E. Reiß, 1892 bis 1922) begründet worden war. Maximilian Harden (d. i. Maximilian Felix Ernst Witkowski, 1861 bis 1927) führte die Zeitschrift ähnlich wie sein großer Gegenspieler Karl Kraus (1874 bis 1936) *Die Fackel* (1899 bis 1936) fast als Alleinautor.

Die verschiedenen Gruppierungen der ‹konservativen Revolution› schaffen sich eine riesige Fülle an Zeitschriften. Als Paradigma heben wir die Zeitschrift *Die Tat* heraus (Beginn April 1909 unter dem Titel *Wege zu freiem Menschentum*, ab 1913 fortgesetzt als *Sozial-religiöse Monatsschrift für deutsche Kultur*, ab 1915: *Monatsschrift für die Zukunft deutscher Kultur*, ab 1928: *Monatsschrift zur Gestaltung neuer Wirklichkeit*, Titel ab 1939: *Das XX. Jahrhundert*; herausgegeben von Ernst Horneffer, ab 1912 Eugen Diederichs, Redaktion ab 1927 A. Kuckhoff, ab Oktober 1928 Hans Zehrer, ab 1933 Giselher Wirsing; Leipzig: Verlag Die Tat, ab 1912 Jena: Verlag E. Diederichs, 1909 bis 1938). Sie unterstützte Anfang der zwanziger Jahre als zentrales Organ des Eugen Diederichs-Verlages dessen religiös-völkische Erziehungsarbeit. Nach 1925 geriet die Zeitschrift unter den Einfluß des antidemokratischen «Tat-Kreises» um Hans Zehrer, der ihr große Bedeutung und Wirkung veschaffte. Die Auflagenentwicklung bezeugt diese Tatsache eindrucksvoll: Sie stieg von 3000 Exemplaren im Jahr 1929 auf 28000 im Jahr 1931.

Auf den Beitrag des «Tat-Kreises» zur Kräftigung der extremen Rechten weist der Augenzeuge Gottfried Bermann-Fischer (geb. 1897) in seiner Autobiographie hin: «Der ‹Tatkreis›, eine Gruppe junger Schriftsteller und Journalisten, die sich um die im Eugen Diederichs-Verlag erscheinende Zeitschrift ‹Die Tat› gesammelt hatte, übte in diesen vornazistischen Jahren großen Einfluß auf die deutschen Jugend aus und hat viel zur Vernebelung der Geister beigetragen. Er lieferte quasi den geistigen Unterbau, der dem Nationalsozialismus fehlte. Ferdinand Fried setzte sich für die Autarkie und für die Nationalisierung der Wirtschaft ein. Obwohl er gegen den historischen Materialismus eiferte, hatten seine Aufsätze stark sozialistische Züge und waren antidemokratisch und antiwestlich geprägt. Giselher Wirsing lief dem Wahn von der Reinheit der Rasse nach, griff die Vereinigten Staaten an, deren negative Erscheinungsformen er herauspräparierte, und eiferte gegen die sogenannte Zivilisationsdekadenz. Hans Zehrer zog, trotz seiner Herkunft aus der liberalen ‹Vossischen Zeitung›, gegen die Intellektuellen zu Felde.» [63; *S. 76*] Bermann-Fischer berief Peter Suhrkamp (1891 bis 1959) als Nachfolger von Rudolf Kayser (1889 bis 1964) in die Redaktion der *Neuen Rundschau*, um diese für die Auseinandersetzung mit der antidemokratischen *Tat* zu stärken.

Zu den publizistischen Fürsprechern einer außenpolitischen Annäherung Deutschlands an die Sowjetunion gehört die von Ernst Niekisch (1889 bis 1967) herausgegebene Zeitschrift *Der Widerstand. Zeitschrift für nationalrevolutionäre Politik* (herausgegeben von Ernst Niekisch, Berlin: Verlag Bernard & Graefe, 1926 bis 1928, ab 1928 Berlin: Widerstands-Verlag, 1926 bis 1934). Innenpolitisch vertrat sie die Auffassung, daß die Erneuerung der Lebens- und Willenskräfte des deutschen Volkes durch ein einfaches, ärmliches Leben auf dem Lande zu erreichen sei. Die Großstädte sollten entvölkert, das Privateigentum abgeschafft, Arbeitsdienst und wirtschaftliche Autarkie eingeführt werden. Andererseits erkannte Niekisch als einer der ersten die Symptome, die auf eine Machtübernahme durch die Nationalsozialisten deuteten, und wies in seiner Zeitschrift nachhaltig auf die drohende Gefahr hin. Ab April 1930 wurde *Der Widerstand* auch unter dem Titel *Das Dritte Reich* von Gustav Sondermann für die ehemaligen Angehörigen des Bundes Oberland herausgegeben.

Zu der Gruppe der Zeitschriften, die eine Erneuerung des geistig-literarischen und politisch-gesellschaftlichen Lebens des deutschen Volkes aus einem neubelebten konservativen Geist bewerkstelligen wollten, zählt die Halbmonatsschrift *Die Hilfe* (Beginn 1895, ab 1907 als *Wochenschrift für Politik, Literatur und Kunst*, ab 1933 halbmonatlich unter dem Titel *Zeitschrift für Politik, Wirtschaft und geistige Bewegung*, herausgegeben von Friedrich Naumann, Redaktion: Theodor Heuß u. a., Berlin: Verlag der Hilfe, später mehrfach wechselnd, ab 1932 Berlin: H. Bott, 1895 bis 1943). Sie brachte poetische Texte von Hans Friedrich Blunck, Karl Bröger, Hans Carossa, Ricarda Huch, Heinrich Lersch, Agnes Miegel, Wilhelm Schäfer, Ina Seidel, Paul Zech, Carl Zuckmayer, Stefan Zweig. Auf verwandter Linie agierte die Monatsschrift *Deutsches Volkstum. Monatsschrift für das deutsche Geistesleben* (herausgegeben von W. Kiefer, Wilhelm Stapel, Albrecht Erich Günther, Hamburg: Hanseatische Verlagsanstalt, 1917 bis 1938), wobei zunächst noch die liberale Richtung des Theologen Friedrich Niebergall (1866 bis 1932) die Oberhand behalten konnte; später steuerte das Blatt unter Wilhelm Stapel (1882 bis 1954) in rechtskonservative Gewässer, aus welchen der Nationalsozialismus schöpfte. In literarischer Hinsicht wurde die Monatsschrift von der ‹nationalpolitischen› Literaturkonzeption Arthur Moeller van den Brucks (1876 bis 1925) geprägt und diente im Jahr 1931 als Forum für die Angriffe der Gruppe Erwin Guido Kolbenheyer, Wilhelm Schäfer und Emil Strauß gegen die Preußische Akademie der Künste, Sektion Dichtkunst, aus der sie ostentativ ausgetreten war.

Die Fackel (herausgegeben von Karl Kraus, Wien: Selbstverlag, 1899 bis 1936) ist das Lebenswerk von Karl Kraus; Kraus selbst bestimmt die Kontinuität und den Wandel seines Kurses in den zwei Hauptphasen der Zeitschrift als Bewahrung der «konservativen Idee», deren «Korrumpierung seit dem Weltkrieg den Inhalt der frühen Fackel bildet», und in der Bewahrung der «revolutionären» Idee, «deren Korrumpierung den Inhalt der späteren bildet». *Die Fackel* richtet sich gegen die Sprachlügen der monopolisierten Presse, vor allem gegen den in Wien residierenden Pressepapst Bekessy, gegen die österreichische Sozialdemokratie, gegen Alfred Kerr (1867 bis 1948), gegen reaktionäre Staatsmänner am Wiener Ballhausplatz und gegen reaktionäre Literaten. Nicht alle der zahlreichen Themen, Stoffe und Stellungnahmen der *Fackel* konnten allgemeines, überregionales Interesse gewinnen, vieles blieb von lokaler und regionaler Bedeutung. Der gewaltige Feuerschein, der von der nationalsozialistischen Machtübernahme und von den Bücherverbrennungen sich verbreitet, scheint das Licht der *Fackel* zu überstrahlen, zur Irritierung der Leser, die eine entschiedene Äußerung der Zeitschrift erwarten. Es kommt zum vielzitierten Wort von Karl Kraus: «Mir fällt zu Hitler nichts ein», zu dem er später ausführt: «So sei denn die Forderung, die von kühnen Lesern gestellt wird, zwar nicht mehr mit Schweigen beantwortet, sondern mit der ausdrücklichen Weigerung: Erscheinungen, die durch eine exorbitante Mischung von Blut und Boden, Persönlichkeit und Volkstümlichkeit dem Menschenmaß und menschlichem Urteil entrückt sind, Männer wie Hitler, Göring und Goebbels mit Geist, Mut, beziehungsweise Wahrheitsliebe entgegenzutreten.»

Eine der führenden proletarisch-revolutionär orientierten Literaturzeitschriften in der Spätphase der Weimarer Republik war die Monatsschrift *Die Linkskurve* (herausgegeben von Johannes R. Becher, Andor Gábor, Kurt Kläber, Erich Weinert, Ludwig Renn, Otto Biha, später mit Fritz Erpenbeck, Hans Marchwitza, Karl August Wittfogel, Berlin: Internationaler Arbeiterverlag, 1929 bis 1932). Sie entstand, als sich die Autorengruppierung der *Neuen Bücherschau* in linksbürgerliche und proletarisch-revolutionäre Gruppen aufspaltete und daraufhin eine Sammlungs- und Konzentrationsbewegung der kommunistisch-marxistischen Schriftsteller einsetzte. Im «Bund Proletarisch-Revolutionärer Schriftsteller Deutschlands» schufen sie sich eine wirkungsvolle Organisation. Ab 1929 setzte eine intensive polemische Auseinandersetzung mit den Kräften auf der rechten Seite des politischen Spektrums ein. Vor allem ging es gegen die Nationalsozialisten, was in den Jahren zuvor nur sporadisch geschehen war. Auch die staatlichen Organe der Weimarer Republik (Reichspräsident, Reichsregierung, Reichstag, die Justiz und die Polizei), die Reichswehr, die gesellschaftlich-sozialen Verhältnisse im bürgerlichen Mittelstand und bei den Bauern, der bürgerliche Kunst- und Literaturbetrieb wurden einer schonungslosen Kritik unterzogen.

Rezensions- und Informationsblätter

Die ab 1928 als Monatsschrift erscheinende *Die Neue Bücherschau* (herausgegeben von Hans Theodor Joel, ab Folge 2 von Gerhart Pohl, München: Verlag A. K. Lang, ab Folge 2 Berlin: Elena Gottschalk Verlag, 1919 bis 1929) versteht sich als entschiedene Opposition zu der von Will Vesper (1882 bis 1962) auf nationalsozialistischen Kurs gebrachten Monatsschrift *Die schöne Literatur/Die neue Literatur* (Beginn 1911 als Beilage zum *Literarischen Zentralblatt*, ab 1931 als *Die neue Literatur*, herausgegeben von Eduard Zarncke, ab 1922 Will Vesper, später Spezialredakteure W. Frels, Fr. Michael und E. Metelmann, Leipzig: Eduard Avenarius, ab 1929 im Besitz des Deutschnationalen Handlungsgehilfen-Verbandes (DHV) in Hamburg, 1900 bis 1943). *Die Neue Bücherschau* bewegt sich 1919 bis 1923 in der Nachbarschaft der den Expressionismus fördernden Blätter, indem sie zumeist Autoren wie Kasimir Edschmid, Georg Kaiser u. a. vorstellte. Die Linksorientierung verstärkte sich nach 1925 und führte dazu, daß die Förderung vor allem jüngeren, sozialistisch orientierten Schriftstellern zugute kam. Das war nicht weiter erstaunlich, da im Redaktionskomitee neben Gerhart Pohl (1902 bis 1966) die kommunistischen Autoren Johannes R. Becher (1891 bis 1958) und Egon Erwin Kisch (1885 bis 1948) maßgeblich die Richtung bestimmten. Besondere Sympathien entwickelte das Blatt für Heinrich Mann und für Ernst Robert Curtius' Werk: *Die literarischen Wegbereiter des neuen Frankreich.* Kritisiert werden Gerhart Hauptmann und René Schickele, dessen frühes Werk *Wir wollen nicht sterben* (1922) noch begrüßt worden war. Als Max Hermann-Neiße in einer Rezension (1929, Heft 7) die Prosa Benns lobte, verließen J. R. Becher und E. E. Kisch demonstrativ das Redaktionskomitee. Damit war das Ende der *Neuen Bücherschau* besiegelt; an ihre Stelle trat im selben Jahr *Die Linkskurve*.

Die Monatsschrift *Die schöne Literatur/Die neue Literatur* orientierte sich an der deutschnationalen Ideologie und richtete sich unter Will Vesper immer stärker am nationalsozialistischen Gedankengut aus. Während der Phase 1919 bis 1923 gilt Gerhart Hauptmann die höchste Wertschätzung, Hofmannsthal wird abgelehnt, der Expressionismus als vergängliche Übergangserscheinung eingestuft. Nach 1923 ändern sich Charakter und Erscheinungsform der Zeitschrift, u. a. durch die Einrichtung eines umfangreichen Besprechungsteils, Abdruck biographischer und autobiographischer Arbeiten über zeitgenössische Autoren mit Werkbibliographien, Bildnissen, Faksimilebeilagen, Proben aus neuen Büchern. Sympathien und Lob gelten den Autoren der deutschbetonten und bodenverbundenen Dichtung und ihren Vertretern wie Paul Ernst, Erwin Guido Kolbenheyer, Hermann Grimm u. a.

Ohne Zweifel spielt *Die literarische Welt* (herausgegeben von Willy Haas, Berlin: Verlag E. Rowohlt, ab 1928 im Selbstverlag, 1925 bis 1934, ab 1934 fortgesetzt als *Das deutsche Wort*) eine Hauptrolle auf der literarischen Szene der Weimarer Republik, indem sie alle bedeutenderen Autoren der Zeit vorstellte, vor allem der linksintellektuellen Richtung. Der Herausgeber Willy Haas (1891 bis 1973) versuchte, die deutsche Intelligenz vor dem Zerfall in extrem aufgeladene Polarisierungen zu bewahren, wie aus seinen programmatischen Ausführungen hervorgeht: «Kurz: unsere Zeitung soll eine Zeitung ohne journalistische Taktik sein, eine Zeitung der offensten Diskussion (...). Auch in der Richtung, daß wir unseren Lesern die Pflicht, sich selbst zu entscheiden, nicht nehmen und nicht einmal erleichtern, sondern sogar erschweren werden.» Letztlich ist Haas jedoch an den immer stärker werdenden Extremen gescheitert, wie Pross mit Recht feststellt: «Während ringsum die Meinungen durch gruppenbestimmte Bekenntnisse ersetzt wurden, machten die Umfragen der ‹Literarischen Welt› den gesellschaftlichen Sinn des Meinens fest. Das mußte der Zeitung die Opposition der Radikalen beider Lager einbringen, die eben darauf aus waren, ihre Spezialansicht zur gesamtgesellschaftlichen zu erheben.» [127; *S. 115*]

Die Literaturzeitschriften im Dritten Reich

Im Jahre 1933 waren die Tage der *Weltbühne* und zahlreicher anderer Literaturzeitschriften gezählt, da die meisten ihrer Autoren sich zur Emigration gezwungen sahen. Hinzu kommen bei einzelnen Organen, die sich in der nationalsozialistischen Kultur- und Literaturlandschaft erhalten wollen, jene Anpassungen und Kompromisse, die allmählich und systematisch alle noch eigenständigen Konturen und Profile einebnen. Als Beispiel kann *Die Neue Rundschau* (1890 ff) dienen, die Peter Suhrkamp nach der Exilierung von Bermann-Fischer weiterführte und die zunächst unzensiert mit Beiträgen von Thomas Mann und Jakob Wassermann weiter erscheinen konnte. In der Rückschau beklagt Bermann-Fischer das Schicksal seiner Zeitschrift: «Es war eine Illusion, ein ehrenwertes, aber von vornherein zum Mißerfolg verurteiltes Unterfangen. Der Versuch, in verschlüsselter Sprache und in komplizierten Wendungen und Drehungen Kritik zu üben, war nur einem sehr kleinen Kreis von ‹Eingeweihten› verständlich und wog nicht das bittere Opfer auf, das mit essayistischen Arbeiten gebracht werden mußte, die dem Nazismus huldigten. Mit tiefem Schmerz sah ich später vom Ausland her den Verfall unserer Zeitschrift, die einst ein freiheitlich gesinntes, fortschrittliches Deutschland repräsentiert hatte.» [63; *S. 116*]

Von den im nationalsozialistischen Deutschland neugegründeten Literaturzeitschriften wird in diesem Rahmen die auflagenstarke Monatsschrift
Das Innere Reich. Monatsschrift für Dichtung, Kunst und Leben (herausgegeben von Paul Alverdes und Karl Benno von Mechow, München: Verlag A. Langen, 1934 bis 1944) exemplarisch behandelt. Wie das konservative, an den Werthaltungen des Bildungsbürgertums orientierte geistige
Profil der Zeitschrift in die nationalsozialistische Linie übergeht, kommt
in den hymnisch verschwommenen programmatischen Aussagen von Alverdes (geb. 1897) zum Ausdruck: «Der Abgrund hat sich geschlossen,
das Wunder ist geschehen: die Deutschen sind ein einziges, ein einiges
Volk geworden (...). Die Vorsehung hat dieses Wunder durch das Herz
und die Kraft eines einzigen deutschen Mannes gewirkt (...). Wir erkennen in der Führung des deutschen Volkes durch Adolf Hitler, durch den in
Leibes- und Seelenkampf geläuterten Soldaten des alten und neuen Reiches, die leidenschaftliche Liebe nicht allein zum zeitlich sichtbaren
Volksgenossen (...), sondern auch zu jenen uralten, immer neuen Reich-
tümern der Seele, die in heiligem Wechselspiel als letzter Gewinn allem
Handeln und Trachten des deutschen Volkes entsprossen sind, um zu Segen und Aufwärtssteigerung immer wieder auf den einzelnen zurückzukehren. Entgegen der Meinung einer verzweifelten, sogenannten ‹Gei-
stigkeit›, die sich innerlich schon längst, äußerlich auch durch die Auswanderung von der deutschen Volksseele gelöst hat, sprechen wir getrost
hier vom ‹Inneren Reich›, und meinen eine neue Zeitschrift, die der deutschen Dichtung und der deutschen Kunst dienen will, nach diesem Wort.»
[115; *S. 50*] Unter den publizierenden Autoren finden sich nicht nur re-
gimetreue Vertreter wie Kolbenheyer, Wilhelm Schäfer, Friedrich Blunck;
es kamen darüber hinaus zu Wort Rudolf G. Binding, Georg Britting,
Richard Billinger, Walter Bauer, Paul Ernst, Franz Tumler, Georg von
der Vring, Josef Weinheber, Ernst Wiechert, und es finden sich Beiträge
von Günter Eich, Peter Huchel, Horst Lange und Oda Schäfer. Die Zeitschrift wurde in der neueren Forschung zu einem Kristallisationspunkt
der kontroversen Beurteilung der inneren Emigration. Mallmann ist der
Auffassung, daß sie diesen Ehrentitel nicht beanspruchen dürfe [115;
S. 296ff]; im Gegensatz dazu sieht ein betroffener und ‹unverdächtiger›
Augenzeuge wie Hans Mayer die Rolle des Blattes positiv: «Man hat
lange in der von Alverdes und Mechow zwischen 1934 und 1943 herausgegebenen Zeitschrift ‹Das innere Reich› einfach ein ideologisches Relikt
des Nationalsozialismus sehen wollen und dabei übersehen, daß die Zeitschrift – sicherlich nicht ohne Wissen und Billigung des Propagandamini-
sters – dennoch den geheimen Sammelpunkt einer Gegenliteratur zu for-
mieren suchte. Das innere Reich war eines auch für Peter Huchel und
Günter Eich.» [238; *S. 81f*]
Die letzte Phase im Sterben der Literaturzeitschriften brachte der kriegs-

bedingte Mangel der Papierzuteilung, deren Streichung oppositionelle und linientreue Organe gleichermaßen traf. Aus der Gruppe der Rundschau-Zeitschriften wurden eingestellt: *Deutsche Rundschau* (1942), *Europäische Revue* (1944), *Hochland* (1941), *Die Neue Rundschau* (1944, Peter Suhrkamp wurde ins Konzentrationslager eingeliefert); von den literarisch-politischen Blättern: *Eckart* (1943), *Deutsche Arbeit* (1944), *Die Hilfe* (1943), *Simplicissimus* (1944), *Der Türmer* (1943), *Zeitwende* (1941); von den Rezensionszeitschriften: *Das literarische Echo / Die Literatur* (1944), *Die schöne Literatur / Die neue Literatur* (1943).
Was übrigbleibt, sind etwa Joseph Goebbels' (1897 bis 1945) Wochenzeitung *Das Reich* (1940 bis 1945) und Himmlers Wochenzeitung *Das Schwarze Corps. Zeitung der Schutzstaffel der NSDAP* (1935 bis 1945), in welchen Literatur nur noch als Erfüllungsgehilfe der Politik figurierte.

Exilzeitschriften
Im Unterschied zu den literarisch-kulturellen Zeitschriften der Weimarer Republik und des Dritten Reiches sind die literarischen Zeitschriften des deutschsprachigen Exils umfassender und vollständiger erforscht worden. Im Rahmen dieser Übersicht ist es weder erforderlich noch möglich, ein Gesamtbild nachzuzeichnen; vielmehr wird an den exemplarischen Einzelfällen *Das Wort* und *Maß und Wert* das neue Phänomen der Exilzeitschriften nach Geschichte, Intention, geistig-literarischer Substanz, materieller Basis, Vertriebswegen und Wirkungsmöglichkeiten andeutend dargestellt. Nach den Angaben von Walter [263; *S. 11*] bestanden im «statistischen Durchschnitt jährlich 47 Zeitschriften nebeneinander (...), dies auf die Jahre 1933 und 1945 bezogen.»
Ein Jahr vor dem Erscheinen von *Maß und Wert. Zweimonatsschrift für freie deutsche Kultur* (herausgegeben von Thomas Mann und Konrad Falke, Zürich: Verlag Oprecht, 1937 bis 1940) wurde die literarische Monatsschrift *Das Wort* (Redaktion Bertolt Brecht, Lion Feuchtwanger, Willi Bredel, geschäftsführend 1936, ab 1937 Fritz Erpenbeck, Moskau: Verlag Meshdunarodnaja Kniga, 1936 bis 1939) gegründet. Sie sollte als Sammelbecken aller Anti-Hitler-Kräfte der literarischen Emigration nicht nur den politischen Anschauungen der Kommunisten gerecht werden, sondern – gemäß dem Volksfront-Konzept – auch die demokratisch-republikanischen Gruppierungen mit vertreten. Dieses weitgespannte Konzept spricht der Mitbegründer Wieland Herzfelde (geb. 1896) in einem ungedruckten Brief an Thomas Mann vom 1. April 1936 aus, der vergeblich zum Eintritt in die Redaktion eingeladen wurde: «Die Zeitschrift soll ‹Das Wort› heißen. Bei einem Umfang von ca. hundert Seiten und monatlichem Erscheinen wird es ihr voraussichtlich möglich sein, beizutragen zur Existenz einer freien deutschen Literatur und ihrer Schöpfer (...) Nicht eine Gruppe oder eine Richtung soll sie repräsentie-

ren, sondern alle Gruppen und Richtungen, die sich einig wissen in der
Bejahung der Humanität und im Kampf gegen Verherrlicher des Krieges
und Verleugner der Kultur.» [241; *S. 281*] So wenig wie Thomas Mann
gewonnen werden konnte, so wenig war der heißersehnte Heinrich Mann
zur Mitarbeit bereit, während Feuchtwanger, Brecht, Bredel und Erpenbeck in die Redaktion eintraten. Um der Neugründung freie Bahn zu
gewähren, wurde die Monatsschrift *Neue Deutsche Blätter. Monatsschrift
für Literatur und Kritik* (herausgegeben von Wieland Herzfelde, Prag:
Faust Verlag, 1933 bis 1935) eingestellt. Die mühselige Balance zwischen
Eigenständigkeit und Linientreue ging im November 1938 verloren, als *Das
Wort* von einer Säuberungwelle getroffen wurde, die sich gegen Deutsche
richtete, und als es in der Folge die in den Schauprozessen gesprochenen
Urteile rechtfertigte. Diese Vorgänge und die Weigerung der bürgerlichen
Autoren mitzuarbeiten, beschleunigten den Untergang der Zeitschrift, der
auf Beschluß der Moskauer Parteigremien im März 1939 besiegelt wurde.
Thomas Mann entschloß sich zur Gegengründung der Zweimonatsschrift
Maß und Wert, deren Finanzierung Aline Mayrisch de St. Hubert, Joseph
Breitbach und die Amerikanerin Agnes Meyer sowie der Verleger
Oprecht sicherstellten. Das Bekenntnis zum dichterischen Wort und zur
humanistischen Gesinnung schloß die direkte politische Konfrontation
mit Hitler-Deutschland nicht aus. Sie wollte die aufgesplitterten Kräfte
der Emigration auf ein gemeinsames Ziel, eine gemeinsame Linie ver-
pflichten, die Thomas Mann nicht ohne Pathos erläuterte: «Künstler wollen wir sein und Anti-Barbaren, das Maß verehren, den Wert verteidigen,
das Freie und Kühne lieben und das Spießige, den Gesinnungsschund
verachten (...), wo er sich in pöbelhafter Verlogenheit als Revolution
gebärdet.» [127; *S. 287*]
So kurzlebig die Zeitschrift war – sie mußte nach zwei Jahren wieder eingestellt werden –, so wichtig ist doch der Versuch einzuschätzen, im Exil
an ein humanistisches Deutschland zu erinnern.

Verlage

Das entscheidende verlegerische Fundament für den literarischen Expressionismus ist auch nach 1918 unverändert der Verlag Kurt Wolffs
(1889 bis 1963) geblieben. Er hatte durch sicheren Instinkt und voraus-
schauendes ästhetisches Urteil in der Anfangsphase die bedeutendsten
jungen Talente der expressionistischen Richtung entdeckt, verlegerisch
betreut und als Mentor gefördert. In den zwanziger Jahren widmete Wolff
sich neuen verlegerischen Aufgaben, insbesondere brachte er eine Reihe
von Gesamtausgaben ausländischer und deutscher Autoren von europäi-
schem Rang heraus, zu denen u. a. zählten: Émile Zola, Guy de Maupas-
sant, Franz Werfel, Maksim Gor'kij, Anton P. Čechov, Max Brod und
Gustav Meyrink. Nach 1933 durften allerdings die meisten Autoren des

Verlags nicht mehr erscheinen; 1940 wurde der Kurt Wolff Verlag in Genius-Verlag umbenannt, der sich im wesentlichen der Produktion von Kunstbänden widmete.

Neben dem Kurt Wolff Verlag wirkten in und für die Hochblüte des Expressionismus noch die Verlage Reiss, Paul Cassirer und vor allem der Rowohlt Verlag (gegründet 1908, später von Kurt Wolff übernommen, neugegründet 1919). Rowohlt verlegte u. a. die expressionistischen Dramatiker (Walter Hasenclever, Frank Wedekind, Carl Sternheim, Reinhard Goering), Erzähler (Franz Kafka, Leonhard Frank, Alfred Döblin) und Lyriker (Gottfried Benn u. a.). Als epochemachendes Werk erschien 1920 die Anthologie expressionistischer Lyrik *Menschheitsdämmerung. Symphonie jüngster Dichtung*, herausgegeben von Kurt Pinthus. Anfang der dreißiger Jahre förderte und verlegte Ernst Rowohlt (1887 bis 1960) das literarische und essayistische Werk Robert Musils (*Der Mann ohne Eigenschaften; Die Verwirrungen des Zöglings Törleß*; Theaterstücke; Essays). Weitere verlegerische Leistungen waren das aktuelle Taschenbuch und Bücher des Feuilletonismus, aber auch die Ausprägung der politisch-dokumentarischen Literaturrichtung, deren wichtigste Säule Emil Ludwig gewesen ist.

Zu einem Zentrum der dadaistischen und expressionistischen Kunst- und Literaturströmungen in revolutionär-marxistischer Einbettung und Begradigung wurde der am 1. März 1916 gegründete Malik Verlag in Berlin. Die geistig prägende Gestalt des Verlages war Wieland Herzfelde. Begabt mit beweglicher Intelligenz und erfüllt von ästhetisch-sinnlicher Freude am gut ausgestatteten und schön gestalteten Buch, verband Herzfelde künstlerischen Enthusiasmus mit einem tüchtigen, listenreichen Geschäftssinn, Eigenschaften, die ihm bereits bei der Gründung seiner ersten Zeitschrift *Neue Jugend* (1916/17) gegen Finanz- und Zensurnöte zu Hilfe gekommen waren. Zum Kreis Herzfeldes gehörten unter den bilden Künstlern George Grosz und sein Bruder John Heartfield, die wesentlich zu seinem publizistischen Erfolg beitrugen. Bereits zwei Tage nach der Gründung der KPD wurde Herzfelde deren Mitglied, ein Vorgang, über den Harry Graf Kessler (1868 bis 1937) in seinem Tagebuch bemerkt: «Er gibt sich ganz offen als Kommunist und Anhänger des Spartakusbundes. Er sagt, nicht aus sentimentalen und ethischen Gründen wie Liebknecht, sondern weil der Kommunismus ökonomischer als unsere heutige Produktionsweise und bei der Verarmung Europas notwendig sei. Auch den Terror hält er für notwendig, weil die menschliche Natur nicht an sich gut, daher Zwang nötig sei. Allerdings braucht es nicht blutiger Terror zu sein; ihm schwebe eine Form des Boykotts als Terror vor.» (Eintragung vom 18. 1. 1919)

Auf dem Fundament des sozialkritischen Engagements konnte der Verlag Samuel Fischers (1859 bis 1934) nach den Umbrüchen des Jahres 1918 seine Tradition fortsetzen und durch die Aufnahme demokratischer und republikfreundlicher Tendenzen stabilisieren. Zur geistigen Atmosphäre im Hause Fischer berichtet Bermann-Fischer: «Für S. Fischer war Hauptmann der bewunderte Freund, dessen Werk die weltanschauliche Basis des Verlages in den Jahren des Beginns gebildet hatte. Die kämpferische Jugend der achtziger Jahre mit ihren neuen sozialen Ideen hatte sich um die beiden großen Dichterrevolutionäre Hauptmann und Ibsen geschart, deren Zugehörigkeit zum S. Fischer Verlag diesen zu einem der Zentren der damaligen sozialen Bewegung gemacht hatte.» [63; *S. 42*] Dazu kamen nach 1918 Autoren aus dem humanistisch orientierten Bürgertum, die wie Thomas Mann nach anfänglicher Distanz zur neuen Republik diese Haltung allmählich überwanden und sich für die demokratische Staatsform aktiv einsetzten. Nach den Krisen des Inflationsjahres 1923 konnte sich der Verlag auch wirtschaftlich konsolidieren. Wie bereits dargestellt, wurde die im Fischer Verlag erscheinende *Neue Rundschau* unter Rudolf Pechel (1882 bis 1961) zum Organ der weltbürgerlich-liberalen und prorepublikanischen Kräfte.

Auf der rechten Seite des politischen Spektrums gewinnt der Eugen Diederichs Verlag (1867 bis 1930) eine gewisse Dynamik, die sich aus den religiös-völkischen Tendenzen der ‹konservativen Revolution› speist und welche zu einer konservativ-nationalen Schwerpunktbildung führt, die Gruppierungen wie dem «Tat-Kreis» die publizistisch-literarische Basis bietet. Das politische Weltbild von Diederichs hatte Anstöße aus der Jugendbewegung verarbeitet und folgte neuromantisch-mystischen Denkmustern.

Neben dem Diederichs Verlag verbreiten folgende Verlage das sogenannte nationale, schöngeistige Schrifttum: die Hanseatische Verlagsanstalt, der Paul List Verlag und der Langen-Müller Verlag. Der einflußbestimmende, starke Mann der Hanseatischen Verlagsanstalt, die aus dem deutschnationalen Verlag des DHV (Deutscher Handlungsgehilfen-Verband) hervorgegangen war, wurde Wilhelm Stapel. Er gehörte dem deutschnationalen Hamburger Kreis um Gerhard Günther und Albrecht Erich Günther an und war Redakteur des *Kunstwarts* (1912 bis 1916) und Herausgeber des *Deutschen Volkstums. Monatsschrift für das deutsche Geistesleben* (1917 bis 1938).

Gegen Ende der Weimarer Republik geraten die traditionell sozialdemokratischen Verlage (Dietz Verlag, Arbeiter-Jugend-Verlag, Büchergilde Gutenberg) und die proletarisch-marxistischen Verlage (Internationaler Arbeiterverlag, in dem *Die Linkskurve* erschien) in einen Überlebenskampf, während die rechtsradikalen geistigen Waffenschmieden mit dem NSDAP-Zentralverlag Eher an der Spitze ihren Siegeszug antreten. Der Direktor des Eher Verlages, Max Amann (1891 bis 1957) wurde Präsident der Reichsschrifttumskammer.

Die Verlage in der Zeit des Dritten Reiches

Die Literatur- und Kulturpolitik der Nationalsozialisten war darauf ausgerichtet, die Vielfalt und den Reichtum der freien Literaturproduktion in einen gleichförmigen, ideologisch gesäuberten und staatlich regulierten Strom zu verwandeln. Am Vorabend der Verabschiedung des Ermächtigungsgesetzes (24. März 1933), mit dem der Reichstag die Tore zum nationalsozialistischen Führerstaat weit aufstieß, gab Hitler in seiner Regierungserklärung auch die Ziele bekannt, auf die der neue kultur- und literaturpolitische Kurs ‹auf Jahrhunderte› ausgerichtet werden sollte. Als wichtigste Ziele hob er die «Beseitigung der zersetzenden Erbschaft des Kulturverfalls» und die «Freimachung des Weges für eine kulturschöpferische Entwicklung der Zukunft» heraus. In ähnlicher Weise wiederholte Goebbels, Reichsminister für Volksaufklärung und Propaganda, am 15. Mai 1933 diese Leitlinien vor den in Leipzig versammelten Verlegern und Buchhändlern. Die Überwachungs- und Kontrollapparaturen richteten sich auf fast alle Faktoren der Buch- und Literaturbranche: auf Verlage, auf Autoren, auf Buchhandlungen und Bibliotheken. Die Kontrolltechniken, die sich auf propagandistische Förderung des erwünschten und auf brutale bis subtile Unterdrückung des unerwünschten Schrifttums richteten, waren reichhaltig und differenziert: Sie reichten vom Schreibverbot über wirtschaftlichen Druck bis hin zu den Verbotslisten, den berüchtigten «Schwarzen Listen». Ende des Jahres 1933 rief der Geschäftsführer der Reichsschrifttumskammer, Dr. Günther Haupt, im Börsenblatt des deutschen Buchhandels vom 14. 12. 1933 den gesamten Buchhandel zur Unterstützung der nationalsozialistischen Literaturpolitik auf.

Dennoch waren in den Anfangsjahren die Überwachungs- und Kontrollmaßnahmen nicht von totaler Effizienz. Über die Produktion des S. Fischer Verlags berichtet Bermann-Fischer: «In den Jahren 1933 und 1934 war die Verlagsproduktion besonders reich und bunt. Als hätte sich nichts verändert, arbeiteten wir weiter (...). Über diesem vielfältigen Programm aber schwebten die beiden ersten Bände von Thomas Manns Tetralogie ‹Joseph und seine Brüder›, der erste Teil ‹Die Geschichten Jaakobs› (Herbst 1933) und ‹Der junge Joseph› (Frühjahr 1934).» [63; *S. 95*]

Im Zuge der Gleichschaltung wurden zahlreiche Verlagsunternehmen in die «Deutsche Arbeitsfront» eingegliedert: die Hanseatische Verlagsanstalt, der Albert Langen/Georg Müller Verlag und die Verlage von Buchgemeinschaften wie der Buchmeister Verlag, die Deutsche Hausbücherei, die Büchergilde Gutenberg u. a. [115; *S. 44*] Andere Verlage wie beispielsweise der Reclam Verlag, die über eine erhebliche Breitenwirkung und Popularität in allen Schichten des deutschen Volkes verfügten, durften zwar im Familienbesitz verbleiben, mußten jedoch jüdische und andere unerwünschte Autoren entfernen, u. a. Alfred Auerbach, Ludwig

Börne, Ferdinand Lassalle, Heinrich Heine, Thomas und Heinrich
Mann, Klabund, Arthur Schnitzler, Jakob Wassermann, Franz Werfel,
Arnold und Stefan Zweig. Der literaturwissenschaftliche Aufpasser
Adolf Bartels (1862–1945) kann in bezug auf die Reclamsche Universal-
bibliothek im *Völkischen Beobachter* (1886 bis 1945) vom 9. Januar 1938
im SA-Ton verkünden: «Im allgemeinen kann man doch mit dem großen
Aufräumen bei Reclam zufrieden sein; es kommen jetzt Tausende deutscher Leser, vor allem das Volk und die Jugend, nicht mehr so leicht an die
durchweg gefährlichen jüdischen Dichter und Schriftsteller heran.»
Die weitaus größte Zahl der Verleger und Autoren, die ihre Bücher in den
rücksichtslosen Säuberungen, vor allem bei den Bücherverbrennungen
(Mai 1933), zugrunde gehen sahen oder die durch die Rassegesetzgebung
gefährdet waren, gingen ins Exil. Der lange Kampf, den Bermann-Fischer von 1934 bis 1945 um die Neuorganisation der geretteten Unterneh-
mensteile (Verlagsrechte, Autoren, Bücherbestände) führte, hat symptomatische und exemplarische Bedeutung für viele andere Verlage, so daß
an diesem Einzelfall die generelle Situation der Exilverlage deutlich werden kann. Die Stationen des Exilverlags sind die Gründung des Bermann-
Fischer Verlags in Wien (1936 bis 1938), die Kooperation mit den Verlagen Allert de Lange und Emanuel Querido in Amsterdam, die sich
deutschsprachige Abteilungen angegliedert hatten und einen bedeutenden Teil der deutschen Literatur im Ausland produzierten, sowie weitere
Verlagsgründungen in Stockholm und in New York.
Der Malik Verlag erreichte noch einmal eine große Ausstrahlung für die
deutschsprachige literarische Emigration in Osteuropa, wo in Prag die
verlegerische Tätigkeit Wieland Herzfeldes mit der Herausgabe der Monatsschrift *Neue Deutsche Blätter. Monatsschrift für Literatur und Kritik*
(Prag, in dem als Deckverlag gegründeten Faust-Verlag, 1933 bis 1935)
ihre bedeutendste Fortsetzung fand. Die Buchproduktion konnte in Kontinuität zur vorangegangenen Zeit weitergeführt werden; unter den neu
gewonnenen Autoren befanden sich Willi Bredel und Bertolt Brecht. Wie
Kurt Wolff setzte auch Wieland Herzfelde seine verlegerische Tätigkeit in
den USA mit dem neugegründeten Aurora Verlag fort, der jedoch
ebensowenig wie Wolffs Pantheon Books die alte Tradition erhalten
konnte.
Während der Kriegsjahre wurde im Dritten Reich – ähnlich wie bei den
Zeitschriften – die Papierzuteilung zum einfachsten Hebel, um mißliebige
Verlage in ihrer Produktion zu bremsen oder stillzulegen. Von diesen
Stillegungen wurden im Jahr 1943/44 die meisten Verlagsunternehmen
getroffen. Die Entwicklungskurve der Buchproduktion ging ohnehin in
den Jahren von 1927 bis 1944 stetig nach unten: «Während im Jahre 1927
die deutsche Buchproduktion 24 866 Erstauflagen und 6160 Neuauflagen
umfaßt hatte und für 1933 die entsprechenden Zahlen 18 289 beziehungs-

weise 3375 betrugen, waren es 1939 nur noch 15 585 Erstauflagen und 4703 Neudrucke: im Jahr 1944 wurde mit 7271 Erst- und 4443 Neudrukken ein Tiefpunkt erreicht.» [161; *S. 49*] Die Deutschland im Jahr 1945 kennzeichnende Mischung aus Katastrophen- und Aufbruchstimmung, verbunden mit den politischen, wirtschaftlichen und finanziellen Schwierigkeiten, die die Aufteilung in vier Besatzungszonen für den Wiederaufbau brachte, bestimmt die Neuanfänge des deutschen Verlagswesens. Vorerst stand es unter der Aufsicht der jeweiligen Besatzungsmacht, wodurch es bald zu deutlich unterschiedenen Entwicklungen kommt.

Ralph-Rainer Wuthenow
Essayistik

Noch ist das Vorurteil nicht völlig vergangen, der Essay habe es fast nur mit Vergangenem zu tun, er sei durchaus unselbständig und daher auch unverbindlich, weder wissenschaftlich noch literarisch originell und produktiv, eigentlich also lediglich eine Form zwischen Literatur und Philosophie und, weil unmethodisch, auch nicht wirklich wichtig, sondern höchstens noch populär, vermittelnd zwischen Philosophie, Wissenschaft und Publikum. Deshalb mischen sich, wenn in Deutschland vom Essay gesprochen wird, stets wieder Momente der Entschuldigung und der Rechtfertigung ein, anders als in Ländern mit einer vergleichsweise ungebrochenen literarischen Tradition wie England oder Frankreich, Ländern auch, in denen Sammlungen der ‹klassischen› Essays selbstverständliche und stets wiederholte Publikationen sind.

Doch ist nun gerade die Apologie und die Affirmation dem Essay nur wenig bekömmlich: Der Essay als Versuch und als Versuchung, als Erprobung und Prüfung, als Experiment und Explikation ist von Skepsis geprägt, seit ihn Michel Eyquem de Montaigne (1533 bis 1592) einst ‹erfunden› hat. Das aber ist nur die eine Seite: Der Essay als literarische und literaturkritische wie als philosophische Form ist auch ein Versuch der Rechenschaft und der Vergewisserung, in der die Literatur sozusagen sich selbst noch einmal reflektiert, in dem sie ihr Selbstbewußtsein, ihre Überlieferung in Frage stellt und zurückgewinnt. Der Essay ist Literatur; aber er setzt diese, wie Geschichte, gleichzeitig wieder voraus, und nicht nur diese natürlich, sondern auch die Gesellschaft, die Haltung von Liberalität, Urbanität und Tendenz zur Universalität – und dann natürlich den Geist der Öffentlichkeit, der, in Deutschland nur mäßig entwickelt, von den bedeutenden Essayisten immer wieder neu vorausgesetzt werden mußte, um wiederum ‹entbunden› zu werden.

Dem Verfall der kaum schon gewonnenen Öffentlichkeit zur beliebigen Privatheit, zur nur noch geschmäcklerischen Aufbereitung für die wenigen Gebildeten im Lande, zur Konventikelhaftigkeit der verfestigten Weltanschauungen entrangen sich die neuen Medien; auf Zeitung und Zeitschrift folgten die Illustrierte, der Rundfunk und das Fernsehen, die eine zweifelhafte Art von Öffentlichkeit suggerieren, indem sie zu Feierabend in der guten Stube das Kulturprogramm abliefern und eine von jeder eigenen Bemühung freie Teilnahme anbieten, die man durch einen einzigen Knopfdruck leicht wieder aufkündigen kann.

Um so erstaunlicher ist dann doch die üppige Entfaltung der literarischen Kritik und der essayistischen Prosa in der deutschen Literatur des zwanzigsten Jahrhunderts. Der Neubeginn nach der eher bildungsgesättigten, traditionellen Essayistik des 19. Jahrhunderts, durch die Namen Herman Grimm, Otto Gildemeister, Heinrich Homberger, Ludwig Speidel und Ferdinand Künberger, repräsentiert, die noch in den oftmals breit angelegten Bemühungen von Thomas Mann nachwirkt, ist rasch durch einige Namen zu signalisieren: Hugo von Hofmannsthal, Rudolf Borchardt, Rudolf Kassner, Josef Hofmiller, sodann Fritz Ernst, Max Rychner, Carl J. Burckhardt, Ernst Robert Curtius und Max Kommerell auf der einen, Georg Lukács, Walter Benjamin, Ernst Bloch, Siegfried Kracauer und schließlich Theodor W. Adorno auf der anderen Seite, wobei zumindest noch Heinrich Mann zu nennen wären, Hermann Broch, Franz Blei, Karl Wolfskehl, Gottfried Benn und Ernst Jünger. Außerdem muß man noch auf die Zeitschriften hinweisen, die dieser Essayistik Erscheinungsraum und Verbreitung gewährten: *Die Neue Rundschau* wie die *Süddeutschen Monatshefte*, *Der neue Merkur* sodann und *Die Horen, Die weißen Blätter, Die Weltbühne* wie *Die Literarische Welt, Wissen und Leben* (später: *Schweizer Rundschau*) ebenso wie Hofmannsthals *Neue Deutsche Beiträge* und insbesondere die *Corona*. Aus den Jahren des Exils nach 1933 sind vor allem hervorzuheben *Maß und Wert* (1937 bis 1940) sowie *Die Sammlung* (1933/34 bis 1934/35). Karl Kraus (1874 bis 1936) schreibt bis zu seinem Tode *Die Fackel* (1899 bis 1936) als sein eigener Mitarbeiter und Redakteur.

In solcher Aufzählung spiegeln sich, zunächst nur generell gesprochen, die Vielfalt und die wachsende Bedeutung der Kritik und des Essays als dem Niederschlag literarischer Einwirkung, Konversation und Polemik. Dabei bleibt jedoch die Sonderung nach persönlichem, historischem, philosophischem, wissenschaftlichem, literaturkritischem Essay und Portrait, wobei die essayistische Form der Reisebeschreibung nicht übersehen werden sollte, ungenügend und reproduziert sogar die Aufteilung in spezielle Fachgebiete, gegen die der Essay ständig aufbegehrt. Funktion, Form und Verfahrensweise sind ausschlaggebend, nicht der behandelte Gegenstand; das Urteil gilt weniger als der Anreiz und der Anstoß; denn statt Bewunderung weiterzureichen, soll der Essay das Denken in Bewegung setzen und es gewissermaßen verflüssigen.

Gleichgültig freilich ist das Sujet nicht, das würde der immer deutlicher
sich abzeichnenden Politisierung auch des literarischen Essays widersprechen, ebenso den bedeutenden Themen, die hier symptomatisch abge-
handelt werden. So wird die Sprachskepsis Hugo von Hofmannsthals
(1874 bis 1929) vor wie nach dem vielzitierten *Chandos-Brief* (1902) erkennbar, so zeigt sich weiter, wie die Begriffe der Kunsterfahrung zweifel-
haft geworden sind, nicht minder auch die der Tradition, weiter in welch
wachsender Unsicherheit das moderne Bewußtsein in der Nachfolge
Nietzsches nun steht, da nichts mehr fest gegründet zu sein scheint – selbst
das Ich nicht. Das begünstigt wieder die essayistische Verfahrensweise,
die bei Robert Musil (1880 bis 1942), der in mancher Hinsicht noch der
alten Tradition des Wiener Feuilletons verpflichtet war, im Erzählwerk
sich einnistet und sich mit diesem auf das innigste verbindet. Erlebnis-
weise und Ausdrucksform sind nicht abzulösen von den historisch-sozia-
len oder wissenschaftlich-philosophischen Prozessen. Daraus gilt es, die
Konsequenzen zu ziehen. Immer wieder wird dies im Essay versucht.
Bei aller Qualität im einzelnen sind aber nur jene essayistischen Arbeiten
wirklich wichtig, die solcher Einsicht Rechnung tragen, die von ihr geprägt sind und sie reflektieren. Der Essay selbst ist nicht mehr in unbe-
fragter Weise einfach fortführbar, nur weil es ihn zuvor schon gegeben
hat. Wird dies vergessen oder affirmativ negiert, dann sind die Resultate,
unabhängig vom Niveau der Darstellung, von historischer ‹Verspätung›
gekennzeichnet, sind, auf eine vielleicht noch sehr ansprechende Weise,
epigonal und drohen, kulturhistorisch konservativ bis zum Haß gegen alle
Moderne zu werden.

Krise des Essays

Jedenfalls hört der Essay auf, repräsentativ zu sein; die Stiltradition des
19. Jahrhunderts von Karl August Varnhagen von Ense (1785 bis 1858) bis
Jacob Burckhardt (1818 bis 1897) besteht nicht mehr. Hingegen entwik-
kelt sich eine neue Vielfalt von Formen. Der Krise des Helden im Roman
entspricht jetzt die des Essays: Deutliche Politisierung, gleichzeitig Absage an den Ästhetizismus, an die Geheimliteratur, sind die Folgen davon. Walter Benjamin schließlich konstatiert exemplarisch das Ende der
ehemaligen Bildungslektüre und ihre bewußte Überführung in geschichtsphilosophische Einsicht.
Zweifellos ist der Essay, zumal in den Jahren nach dem Ersten Weltkrieg,
in großer Nähe zu dem zu sehen, was die Theorien und Ideologien der
Epoche vermitteln; man denke etwa an den George-Kreis, an Rudolf
Pannwitz oder an Gustav Landauer, Ernst Niekisch, an die politische Position von Carl v. Ossietzky und Kurt Tucholsky und die Tendenzen der
Weltbühne (1905 bis 1933), also im Spannungsfeld von neuer Ideologie,
oder andererseits an die bewußte Erneuerung traditioneller Formen, wie

dies durch Rudolf Borchardt, auch durch Rudolf Alexander Schröder und andere versucht wird. Doch ist damit der Essay der Epoche noch nicht charakterisiert. Das ganze Spektrum der zeitgenössischen Literatur wird wie von selbst auch im essayistischen Genre sichtbar; man denke an so unvereinbare Arbeiten wie die von Bernhard Groethuysen und Rudolf Kassner, Hermann Broch und Florenz Christian Rang, Max Horkheimer und Gottfried Benn, Klaus Mann und Eugen Gottlob Winkler, wobei eine zusätzliche Schwierigkeit sich durch die nicht mehr präzise davon abzugrenzende Nachbarschaft zur politischen Journalistik notwendig ergibt, was sich nicht allein auf Tucholsky bezieht, sondern auch auf Heinrich Mann in der Zeit der Weimarer Republik und vor allem des Exils.

Formale Gefahren liegen nicht allein in der möglichen Aufhebung des Essays in der politischen Tagesschriftstellerei – wie sie in der Zeit allerdings gefordert war –, sondern nicht minder in der spielerischen Leere und Form der elitären Deklaration, neben der sich allerdings der bedeutende akademisch-wissenschaftliche Essay noch immer behauptet, so bei Sigmund Freud, Karl Reinhardt, Ernst Robert Curtius, Max Kommerell oder Fritz Ernst.

Die Schwierigkeiten häufen sich bei den Autoren im Exil: Der drastischen Verminderung der Publikationsmöglichkeiten entspricht der plötzliche Verlust des Publikums bei gleichzeitig sich verschärfender Politisierung. Dazu gesellen sich dann am Rande des Phänomens die bedeutenden Vertreter der zeitgenössischen Literaturkritik (Franz Blei, Josef Hofmiller, Alfred Kerr, Max Rychner) sowie die großen Übersetzungsleistungen der Epoche, nicht allein die Georges, sondern nicht minder die Rudolf Borchardts und Rudolf A. Schröders.

Zum anderen ist der Essay nicht allein ein literaturkritisches und philosophisches Phänomen; man denke an die Portraits und Städtebilder Borchardts wie an die Städtebilder, aphoristischen Notizen und Traumprotokolle von Walter Benjamin wie auch an die aphoristische, diaristische oder essayistische Prosa von Ernst Jünger und Eugen G. Winkler.

Ein neues Verhältnis zur Tradition kündigt sich überall an, es wird von Gottfried Benn artikuliert wie anders, einsichtsvoller, von Walter Benjamin oder auch Ernst Bloch, es verschwindet nach und nach die museale Gesinnung, das unangefochtene Bewußtsein eines sogenannten Kulturbesitzes.

Sicherung der Tradition

Man muß das vorausschicken, wenn man den Bestrebungen gerecht werden will, die mit dem Namen Hofmannsthals und dem Stichwort ‹konservative Revolution› verbunden sind. Den Begriff hat Thomas Mann (1875 bis 1955) bereits 1921 mit dem Blick auf Nietzsche verwendet, 1927 übernimmt Hofmannsthal das Stichwort in seiner Rede *Das Schrifttum als geistiger Raum der Nation*, um damit einen Prozeß zu charakterisieren, der die Literatur im weitesten Sinne gegen romantischen Anarchismus und gegen bildungsphilisterhafte Verengung und Verfälschung in gleicher Weise absichern soll. Diesen Vorgang will er als eine Gegenbewegung gegen die revolutionären Brüche des 16. Jahrhunderts verstanden wissen, in deren Folge Deutschland religiös, geistig und schließlich auch politisch aufgespalten wurde. Das Ziel dieser historisch als konservativ zu verstehenden Revolution soll ‹Form› sein, «eine neue deutsche Wirklichkeit, an der die ganze Nation teilnehmen könne». Diese Vorstellung erklärt einen großen Teil seines literarischen Wirkens, speziell seiner Essayistik, in den Jahren nach dem Ersten Weltkrieg.

Im Hintergrund steht nicht allein das Vorbild ähnlicher Bestrebungen bei Herder, Goethe und einigen Autoren der Romantik, sondern, in der veränderten Situation, auch die Kulturkritik von Burckhardt und von Nietzsche. Den Krieg und seine Folgen begreift Hofmannsthal als Teil einer revolutionären Entwicklung, der seine geistige Herkunft, Überlieferung und eigene aktuelle Wirkungsmöglichkeit zugleich in Frage stellt. Der Zusammenbruch der Habsburger Monarchie war dafür nicht der Grund, sondern höchstens ein Anzeichen.

In diesen Jahren beginnt er, zusammen mit Rudolf Borchardt (1877 bis 1945) und Rudolf Alexander Schröder (1878 bis 1962), die Arbeit an der *Bremer Presse* (1911 bis 1944) und legt Ausgaben und Sammlungen vor, die den bedrohten Besitz, die entgleitende Tradition neu vergegenwärtigen sollten. Er sieht den Moment schon fast gekommen, der den Humanismus des 18. und frühen 19. Jahrhunderts nur noch als eine Episode erscheinen läßt, das heißt nun auch als folgenlos und unverbindlich. Dieses seit Nietzsche bewußtgewordene Empfinden der Bedrohung und des Verlustes prägt das essayistische, editorische, auch das übersetzerische Wirken einer Reihe von Autoren, die kein Programm zusammengeführt hat, sondern eine Gemeinsamkeit der Gesinnung angesichts einer alle betreffenden Gefahr. Diese Gesinnung prägt die späte essayistische Prosa Hofmannsthals wie die großen Abhandlungen Borchardts, seine Streitschriften und sogar seine Übersetzungen Dantes, der Troubadourgedichte wie englischer Lyrik, die Essays und Editionen Josef Hofmillers, die Arbeiten Rudolf A. Schröders, Carl J. Burckhardts und Max Rychners. Auch der Name Martin Bodmers (1899 bis 1971) darf hier genannt werden, der mit Herbert Steiner (1892 bis 1966) zusammen die Zeitschrift *Corona* (1930 bis 1944) herausgegeben hat.

Wenn aber bei Johann Gottfried Herder (1744 bis 1803) und in der deutschen Romantik der Begriff des Völkischen oder des Nationalen bedeutsam wurde – in einer Epoche, die den Begriff des Nationalen erst noch entwickeln mußte –, so geht es bei Hofmannsthal bereits um eine Aufhebung des Nationalen in einem gemeineuropäischen Zusammenhang, um die Wiedergewinnung europäischer Gemeinsamkeit auf dem Boden der national geprägten Vielfalt. «Große Menschen haben die eigene Nation zum Schicksal, Europa zum Erlebnis», lesen wir im Fragment *Europa* (1925). Wo ein großer Gedanke in der Sphäre des Nationalen gedacht wird, so heißt es dann, wartet er nur darauf, «ins Universale zu münden». In derselben Weise hat Rudolf Borchardt die Vorstellung autochthoner Nationalkulturen entschieden abgelehnt; unsere Vergangenheit ist die ganz Europas, seines Mittelalters, seiner Renaissance, seiner Klassik und Romantik. Als Kern des Begriffs einer ‹konservativen Revolution› bezeichnet er den humanistischen Grundgedanken, die Söhne mit den Ahnen zu verbinden, und beruft sich auf Justus Möser, Goethe, den Freiherrn vom Stein und auf – Adam Müller.

Für Hofmannsthal wird diese Haltung um so verbindlicher, als er nach dem Krieg mehr und mehr zum Europäer wurde. Er stellte in diesen Jahren seine Kraft in den Dienst einer wesentlich bewahrenden Aufgabe und sah in der Wiederherstellung der Erinnerung die Forderung der Epoche, die er wie folgt zu bestimmen versuchte: «Hinter dem Treiben der Untergangspropheten und Bacchanten des Chaos, der Chauvinisten und Kosmopoliten, der Anbeter des Momentes und der Anbeter des Scheines, im großen ernsten Hintergrund der europäischen Dinge sehe ich die wenigen über die Nation verstreuten Individuen sich auf einen großen Begriff einigen: den Begriff der schöpferischen Restauration.»

Wenn er dann das Schrifttum als den «geistigen Raum der Nation» interpretiert, so ergibt sich als Ziel seines Wirkens die Selbsterkenntnis der Nation, das Bemühen um Identität im Medium ihrer Sprache und ihrer Literatur, da ihr eine andere – politische – zu gewinnen nicht gelungen war. Es geht weiter um das Erbe deutscher und europäischer Vergangenheit in einem Augenblick, da er sich, wie gleichzeitig Paul Valéry (1871 bis 1945) in Frankreich, der «Bedrohung des Ganzen» längst schon gewiß ist. Er sagt es beschwörend: «Nicht durch unser Wohnen auf dem Heimatboden, nicht durch unsere leibliche Berührung in Handel und Wandel, sondern durch ein geistiges Anhangen sind wir zur Gemeinschaft verbunden.» Er richtet den Blick nach Frankreich, wo es so etwas gibt wie Teilnahme am nationalen Überlieferungsgut, in welchem die Nation sich repräsentiert. In Deutschland dagegen sieht er nur die Widerlegung des Gesellschaftlichen, des Gemeinschaftlichen und will deshalb dazu beitragen, daß eine Identifikation von Geist und Wirklichkeit möglich werde. Denn sie allein garantiert ihm die Bildung einer wirklichen Nation. Aber gerade in Deutschland, das keine gemeinsame Geschichte verbindet, vermißt er den Zusammenhang im Raum der Gegenwart wie in der Abfolge der Zeiten, nirgends gibt es ein «Fortwirken des einmal Geleisteten», nicht einmal Goethes Wirken, so sieht er mit Nietzsche, erhob sich zu

einer fortwirkenden Bedeutung. Der falschen und sterilen Zufriedenheit
des Bildungsphilisters stellt er das fiebrige Gebaren des Abenteurers gegenüber. Aus der Überhöhung der Figuren und der dann möglichen Synthese sollte sich ergeben, was an Frankreich als beispielhaft zu rühmen
bleibt: daß nichts im politischen Leben der Nation zur Wirklichkeit wird,
was nicht auch in der Literatur als Geist besteht. Die deutsche Literatur
aber ist sowenig repräsentativ wie traditionsbildend.

Hofmannsthals Appell richtet sich nun darauf, Traditionen zu bilden,
dem allgemeinen Bewußtsein geistigen Bestand zu vermitteln, ein Unterfangen, für das auch die Editionen der *Bremer Presse* beispielhaft sind,
wie sehr ihn zuweilen – die Essays verraten es, erst recht seine Briefe –
Zweifel an dem Erfolg und selbst dem Sinn seines Bemühens immer wieder überkamen. Andenken, das er lebendig erneuert wissen möchte, ist
nicht eine Form des ästhetischen Genusses, sondern Forderung und Anspruch: Wer gedenken will, der muß sich prüfen lassen. Das aber gelingt
so selten in einem Land, dessen geistige Bedingungen weniger dauerhaft,
dessen Form minder fest und dessen Physiognomie so wenig ausgeprägt
ist. So geht denn Hofmannsthal immer wieder von neuem auf die Sprache
zurück als den einzigen Besitz, in dem sich das Ganze der Nation sollte
wiedererkennen können. Die Literatur allein ersetzt ihr den Spiegel, dessen sie zur eigenen Prüfung unablässig bedarf.

Was dabei als eine Art von Wiedervergegenwärtigung erkennbar wird, ist
nur eine Seite der Bemühung um das, was er pathetisch das «literarische
Gewissen der Nation» nennt. Das Überlieferte soll schließlich Sicherung
und Maßstab werden. Die vorausgehenden geistigen Verhältnisse aber,
die sonst meist nur aus Nietzsche herausgeklaubt werden, schildert Borchardt aus autobiographischer Perspektive in seinem für die Hofmanns-
thal-Festschrift bestimmten *Eranos-Brief* (1924): Er nennt sich nicht allein einen Freund Hofmannsthals, sondern auch einen Schüler Herders
und stellt mit dem Blick auf seine Bildungserfahrungen als Student mit
Betroffenheit fest: «Das Volk, dessen Teil ich war, besaß also seine größte
Vergangenheit nicht mehr und wurde von ihrem Zufallsauftauchen wie
von rettenden Geistern überrascht.» Denn von seiner Begegnung mit den
Schriften Herders datiert Borchardt die Befreiung aus den Gefängnissen
der Epoche, zu denen für ihn auch die damalige Universität gehörte. Hier
fällt denn auch, Jahre bevor Hofmannsthal das Wort verwendet, jenes
von der restaurierenden Revolution, der revoltierenden Reformation; es
handelt sich, wie Borchardt enthusiastisch empfindet, um den «erstürm-
ten Rückzug bergan in die unausgelebte Geschichte».

Die dazugehörige Kritik steht in den Nachworten seiner Anthologien,
gelegentlich in seinen, zuweilen oft anfechtbaren Reden: Immer wieder
pocht er auf das, was er in Deutschland vermissen muß: den öffentlichen
Geist. Ihn willkürlich voraussetzend, werbend um Teilnahme und Ge-

spräch, hat er über Jahre hinweg versucht, Verstümmeltes zu ergänzen und Vergessenes zur Gegenwart zu erheben, ja, wie in der Dante-Übersetzung, Nicht-Gewesenes, Mögliches zu rekonstruieren. Indem er die Grenzen des Nationalen in vielen Fällen überschreitet, reiht er sich ein in die Tradition Herders und der Romantik; denn nun wird wieder für die deutsche Überlieferung das Abendland als ein Ganzes verbindlich, Antike wie Mittelalter, wie auch die nationale Vielfalt der jüngeren europäischen Geschichte. Die Voraussetzungen für den Begriff des Abendlandes werden dergestalt dichterisch vergegenwärtigt, ‹Angeeignetes› in den Rang des ‹Eigenen› erhoben. In einer seiner Reden heißt es darum programmatisch: «Wir ergreifen die deutsche nationale Tradition (...) in der geistesgeschichtlichen Entwicklung des neunzehnten Jahrhunderts als einem Mandate der deutschen Poesie und setzen das Werk der Romantik schöpferisch an den Stellen fort, an denen sie es (...) den Wissenschaften überließ, die unter ihrem Anhauch erst entstanden. Wir sind die erste deutsche Generation, die das durch die wissenschaftliche Arbeit des neunzehnten Jahrhunderts erschlossene Mittelalter besitzt.» Der Gegensatz von Antike und Mittelalter ist ihm wesenlos geworden; die nun einsetzende restaurierende Arbeit – hier laufen auch die Fäden zu Ernst Robert Curtius – soll nicht als Reaktion betrieben werden, sondern als eine «Reformation an Haupt und Gliedern».

Historische Reflexion und Politisierung

Vergessen und Geschichtsabkehr sind nicht weniger auch für Walter Benjamin (1892 bis 1940) symptomatische Kennzeichen der Gegenwart; ‹Verwendbarkeit› ist das Stichwort, das er dem Musealen und nur Erbaulichen entgegenhält, aus bloßem Genießen und Vergnügen soll Erkenntnis werden. Was Hofmannsthal als das «schlaffe Gedächtnis» des deutschen Volkes getadelt hatte, wird von ihm kommentiert: Es sei dies mehr als nur ein bloßer Fehler, erklärt er, denn: «Wer die Erfahrungen der Jahrhunderte vergißt, bekommt niemals ein wahres historisches Selbstbewußtsein, das auf dem präsenten Bewußtsein historischer Erfahrungen, seinen Reflexen seiner nie aussetzenden Kontrolle beruht.» [390; *S. 815 bis 816*] Historische Reflexion freilich ist mehr als nur die Beziehung zu bedeutenden geschichtlichen Phänomenen, deren Wirkung dergestalt befestigt werden könnte. Sie ist vielmehr die Einsicht in Geschichtlichkeit, die das Vergangene im Gegenwärtigen, die Elemente des Gegenwärtigen im Vergangenen durchsichtig werden läßt, also eine Art Archäologie der eigenen Herkunft, wie sie Benjamin ja auch in den autobiographischen Notizen seiner *Berliner Kindheit um Neunzehnhundert* (1950) erprobt.

So ist diese Art von Geschichtlichkeit auch ein Wirkungszusammenhang, sie wird gleichzeitig im essayistischen Werk von Ernst Bloch (1885 bis 1977) erkennbar. Wenn Hofmannsthal, scheinbar überhistorisch, Geist und Gegenwart gewissermaßen gleichsetzt, so wird bei Bloch präzisiert, was daran mißverständlich sein konnte: «(...) große Dinge bleiben Zeuge, wie gebirgige Landschaft auf unserer Fahrt.» Große Werke und Gestalten streifen ihre Zeit von sich ab, so daß sie zerfällt, sie werden immer ‹wesentlicher›, heißt es. [392; *S. 289*] Das hat mit Geniekult nichts zu tun, sondern rührt an das Phänomen der sich wandelnden Wirkung. Von falsch erscheinenden Gemeinsamkeiten aber hat Bloch sich frühzeitig abgegrenzt, und dies nicht allein mit dem sympathisierenden Blick auf Kracauer, Benjamin oder Brecht. Die Romantik, so heißt es einmal, «hat zwar keine andere Zukunft als bestenfalls diejenige unerledigter Vergangenheit. Doch diese Art Zukunft hat sie, und sie müßte ihr, im genauen dialektischen Mehrsinn dieses Begriffs, ‹aufgehoben› werden.» [391; *S. 61*]

Eigenartig ist die Zwischenstellung von Heinrich Mann (1871 bis 1950), die nicht allein durch die starke Spannung, in der er zu seinem Bruder stand, erklärt werden kann, dessen essayistisches Schaffen freilich auch nicht allein durch die zwiespältigen *Betrachtungen eines Unpolitischen* (1918) bestimmt wird.

Wie Thomas erst Jahre nach der Niederlage, dann aber dezidiert, seinen politischen Standpunkt formuliert (*Von deutscher Republik*, 1922) so hat dies Heinrich Mann schon in seinem *Zola*-Essay getan, der in Buchform 1919 erscheint (*Macht und Mensch*). Hier wird die fortschreitende Politisierung des Essays besonders deutlich denn der Band ist nun «Der deutschen Republik» gewidmet und enthält neben der programmatischen Betrachtung *Geist und Tat* auch die Exemplifizierung dazu: *Voltaire-Goethe*. Gedenkworte für Kurt Eisner finden sich in dem Buch und Erörterungen über *Sinn und Idee der Revolution*. Der Aufsatz *Kaiserreich und Republik* ist dann das essayistische Gegenstück zum Roman *Der Untertan* (1918) mit dem Vorwurf, das zusammengebrochene Reich, in dem sich die Deutschen so wohl gefühlt hätten, sei nichts als ein Hemmnis gewesen. «Wir konnten der Menschheit vorangehen. Statt dessen hielten wir sie vierzig Jahre lang auf, bis sie endlich in das Chaos zurückfiel.» Auch Heinrich Mann richtet den Blick nach Frankreich mit der gewonnenen Synthese von ‹Geist› und ‹Tat› und rückt dann wieder die deutschen Zustände ins Blickfeld: «Niemand hat gesehen, daß hier, wo so viel gedacht ward, die Kraft der Nation je gesammelt worden wäre, um Erkenntnisse zur Tat zu machen. Die Abschaffung ungerechter Gewalt hat keine Hand bewegt. Man denkt weiter als irgendwer, man denkt bis ans Ende der reinen Vernunft, man denkt bis zum Nichts: und im Lande herrscht Gottes Gnade und die Faust.»

So soll das Genie sich als Bruder des letzten Reporters verstehen, damit Presse und öffentliche Meinung zu populären Erscheinungen des Geistes werden, nicht nur dem Tage dienen, sondern «Idee und Höhe» gewinnen.

In diesem Sinne war er für Thomas Mann dann der typische «Zivilisationsliterat».

Im Exil nach 1933 wird seine Publizistik in noch stärkerem Maße politisch. Er war gut vorbereitet; denn was geschah, konnte ihn nicht mehr überraschen. Wenn er auch keine Faschismustheorie entwickelt, so waren ihm doch die deutschen ‹Dispositionen› für diese Art Herrschaft nur allzugut vertraut. Jetzt ging es ihm mit seinem auch in Frankreich gewonnenen Ansehen um die «Sammlung der Kräfte», die die der Volksfront sein sollten. Der rebellische Großbürger versteht sich nun mehr und mehr als Sozialist. Dennoch ist er in der Lage, in einem bedeutenden Essay als Einleitung zu einer *Nietzsche*-Auswahl dagegen Stellung zu beziehen, daß Nietzsche nun zum Staatsphilosophen des Dritten Reiches gemacht wird, aber auch dagegen, daß man ihn deshalb blindwütig verdammt.

Wirklichkeitszerfall – Ästhetisierung

Gottfried Benn (1886 bis 1956), der 1931 Heinrich Mann zum 60. Geburtstag gehuldigt hat, tat dies allein mit dem Blick auf das ästhetizistische Frühwerk und ignorierte bei aller grundsätzlichen Bewunderung die Entwicklung seit dem Ende des Kriegs, die republikanisch-politische Phase. Noch stärker auf Nietzsche bezogen als die Brüder Mann, huldigte er einem naturwissenschaftlich geschickt verbrämten Vitalismus, witterte den Wirklichkeitsverlust der Gegenwart und suchte die Welt punktuell aufzunehmen und zu interpretieren als die Bewußtseinsformen einer in vielfältige Subjektivitäten zersplitterten Individualität: «Ja, das Ich ist dunkler, als das Jahrhundert dachte. Nein, das Gehirn ist nicht das kleine Praktikum der Aufklärung, um seine Existenz zivilisatorisch zu umreißen», heißt es in einem seiner Essays, die in ihrer Nähe zu der von ihm Jahre zuvor schon geübten Erzählprosa des Rönne-Komplexes gar nicht immer mehr eindeutig als Essays zu kennzeichnen sind.

Nur noch thematisch ist von einer gewissen Kontinuität zu sprechen: Wirklichkeits- und, komplementär dazu, Ich-Zerfall, Niedergang, Zerebrationsekel, Nihilismus. «Die Realität», heißt es in der Totenrede für Klabund (d. i. Alfred Henschke, 1890 bis 1928), «von einer zivilisatorischen Menschheit geschaffen und behauptet, keines Blickes, keines Lächelns wert. Immer nur gegen sie angehen, immer nur sie umbiegen zu einem Zug von Masken, zu einem Wurf von Formen, ein Spiel in Fiebern, sinnlos und das Ende um jeden Saum.» Hier also war er dem Heinrich Mann, den er verehrte, schon ferngerückt, der polymorphe Essay droht, allmählich in eine, wiewohl faszinierende Begriffslyrik überzugehen; immer wieder greifen die Sätze Geschichte, Überlieferung, Zivilisation und Fortschritt an, was den Schriften der Brüder Mann, aber auch denen Hofmannsthals oder Benjamins ins Gesicht schlägt. Er kennt nur in der Geschichte den Widerspruch von Gesellschaft und produktivem einzelnen

Was Nietzsche als die geschichtliche Verspätung des Künstlers charakterisiert hatte, wird nun zum schmerzlichen Triumph erhöht, in Lyrik wie in essayistischer Prosa. Von hier aus erklärt sich auch, daß er wohl nicht aus Opportunismus 1933 den neuen Staat zu bejahen fähig war (*Der neue Staat und die Intellektuellen*, 1933). Die Geschichte, so verkündet er eine halbrichtige Einsicht im falschen Augenblick, «verfährt nicht demokratisch, sondern elementar, an ihren Wendepunkten immer elementar. Sie läßt nicht abstimmen, sondern sie schickt den neuen biologischen Typ vor, sie hat keine andere Methode (...)» Aus einem denkbaren Fortschritt im Bewußtsein ist hier eine anonyme biologische Entwicklung geworden, die Benn vorübergehend zu fatalen Stellungnahmen verführte.

So weit ist Ernst Jünger (geb. 1895) niemals gegangen, dem das Erlebnis der Materialschlachten des Weltkriegs den Blick für die planetarische Gewalt der Technik öffnete und die darin liegende Möglichkeit für die Herausbildung einer neuen historischen Gestalt: des Arbeiters. Was man oft bei ihm als Verherrlichung hat verstehen wollen, ist weitgehend doch Diagnose, Charakteristik neutraler Art von Umformungsvorgängen, die die Macht des einzelnen, wenn auch nicht immer seine Einsicht übersteigen. Eine der begabtesten jüngeren Essayisten, Eugen Gottlob Winkler (1912 bis 1936), hat ihn im Zusammenhang mit dem «Unheil des Denkens» behandelt und dazu bemerkt: «Die Offenbarung des Sinnes steht noch bevor. Wie wird sie erfolgen? Wohl schwerlich wird Jünger annehmern können, daß sie von außen her kommt und seinem Menschen, dem Arbeiter, dargereicht wird als der persönliche Spruch eines übermenschlichen Wesens. Also kann sie nur durch den Menschen geschehen (...).»

Von dem in zwei Fassungen vorliegenden Buch *Das abenteuerliche Herz* (1. Fassung 1929, 2. Fassung 1938), vielleicht dem besten Beispiel seines transitorischen Denkens, ergeben sich nach Komposition und Verfahren sogar Beziehungen zu Benjamins *Einbahnstraße* (1928); der Blick, die Wahrnehmungsweise, hat etwas Verwandtes, die Intensität der Reflexion, dies allerdings bei ganz unterschiedlichen Konsequenzen. Auch fehlt bei Benjamin die suggestive Analogie, die bei Jünger oft nichts Spekulatives mehr hat, sondern als Resultat serviert wird. Verwandtschaft hingegen herrscht dann wieder in den Traumbildern. Wo aber Benjamin die ästhetischen Gegenstände historisiert und politisiert, da neigt Jünger dazu, die politischen und historischen Gegenstände zu ästhetisieren, was bei ihm zuweilen sogar unter Berufung auf Traditionen des Ästhetizismus, zu einer Ästhetisierung des Entsetzens führen kann. Diese wird durchaus auch als Heroisierung begriffen: Der Stil ist der des Helden. «Zu den Figuren unseres Schicksals zählt auch jene, die als der verlorene Posten bezeichnet wird, und niemand weiß, ob gerade dieses Schicksal sich nicht eines Tages auch an ihm vollstreckt. Das Verhängnis tritt zuweilen schnell an uns heran, so wie uns der Nebel im Hochgebirge über-

rascht. In anderen Fällen sehen wir die Gefahr von fernher auf uns zu-
schreiten: wir sind ihr gegenüber in der Lage eines Schachspielers, der
sich zu einem langen, scharfsinnigen Endspiel rüstet, obwohl er den Verlust als unvermeidlich erkannt.» Er denkt vor dem Hintergrund der europäischen Moralistik, deren konservative Spielart von ihm gewissermaßen
zu Ende geführt wird. Die Grenze zwischen Aphorismus und Essay wird
fließend, so auch zum Reisebericht hin, wofür eben nicht nur die Arbeiten Jüngers zu nennen sind, sondern, eher noch, Carl Jacob Burckhardts
(1891 bis 1974) *Kleinasiatische Reise* (1926), die Städtebilder sodann von
Walter Benjamin, von Rudolf Borchardt und mehrere Prosastücke von
Hofmannsthal.

Gert Mattenklott
Große Romane

Für eine Geschichte des Romans ergibt die Chronologie der Einzelwerke keine verläßliche Ordnung, wie selbst in diesem schmalen Kapitel nicht. Der Roman des 20. Jahrhunderts beginnt eigentlich bereits bei Dostoevskij. *Schuld und Sühne* bezeichnet die Zäsur. Das Werk erschien schon 1866. Es folgen also noch die großen Romane des Naturalismus: Zolas Romankreis *Les Rougon-Macquart* (1871 bis 1893), die Natur- und Sozialgeschichte einer Familie im Zweiten Kaiserreich, erzählt in zwanzig einzelnen Romanen; es folgen Jacobsens *Frau Marie Grubbe* (1876) und die «Bibel des Atheismus» *Niels Lyhne* (1880), schließlich Pontoppidans *Lykke-Per* (1898 bis 1904) und in Deutschland Thomas Manns *Buddenbrooks* (1901), erschienen zwar schon im 20. Jahrhundert, richtiger aber *erst*, denn es ist der Beitrag der deutschen Literatur zum Naturalismus – der einzige in diesem Genre übrigens –, und es ist ein Spätling und Nachzügler.

Der Zauberberg
Das gilt in einem anderen Sinn auch für den zweiten bedeutenden Roman Thomas Manns (1875 bis 1955) aus den ersten Jahrzehnten des Jahrhunderts, von dem deshalb gleich hier, im Sinne von Vorgeschichte, die Rede sein soll, dem *Zauberberg* (1924). Es ist ein pädagogisch-politischer Erziehungsroman, dessen Autor unter den neu gewonnenen Devisen von «Lebensdienst» und «verantwortlich regierender Lebensfreundschaft» sowie in einer entschlossenen Hinwendung zur Weimarer Republik versucht, «diesem jammervollen Staat ohne Bürger etwas wie Idee, Seele, Lebensgeist einzuflößen». Noch einmal, zum letztenmal auf diesem Niveau, treten die großen Ideen des 19. Jahrhunderts gegeneinander an, «die geistigen Gegensätze von Humanität und Romantik, Fortschritt und Reaktion, Gesundheit und Krankheit», wie sie Thomas Mann selbst bezeichnet hat, übrigens in den Dualismen von Oswald Spenglers (1880 bis

1936); *Der Untergang des Abendlandes*, (1918 bis 1922), gegen dessen Auflösungsphilosophie er gerade Front machen will.

Den jungen Hans Castorp setzt er in der Abgeschlossenheit eines Lungensanatoriums der Verführungskraft des Todes aus. Es ist nicht sicher, ob dieser die Probe besteht, denn das Schlußkapitel zeigt ihn wie nachtwandelnd, ein romantisches Lied auf den Lippen, über ein Schlachtfeld des Ersten Weltkriegs wanken, eine Konsequenz aus der Doppelstrategie des Autors, der zugleich einen Erziehungs- und einen zeitgenössischen Gesellschaftsroman schreiben wollte, deren Tendenzen gegenläufig sein mußten. Das Erziehungsziel sollte – unter dem Einfluß der Romantik-Kritik von Georg Brandes (1842 bis 1927) sowie des Vitalismus und Demokratismus Walt Whitmans (1819 bis 1892) – ein schönes, humanes, sonnenhaftes Leben sein, wie es sich Mann selbst und mit ihm der träumende Castorp in Bildern des Jugendstilkünstlers Ludwig von Hofmann (1861 bis 1945) vorgestellt haben. Die zeitgenössische Realität hatte soeben erst eine Katastrophe durchstanden. Für den Helden mußte deshalb der Traum vom besseren Leben im «Schnee»-Kapitel, das als eine Miniatur des Romans insgesamt gilt, konsequenzlos bleiben, nicht freilich darf er es für den Leser. Diesem hat der Autor deshalb, charakteristisch für die programmatisch-plakative Schreibweise des Werks, das Erziehungsziel in katechetischer Weise in Sperrdruck vor Augen gestellt: «Der Mensch soll um der Güte und Liebe willen dem Tod keine Herrschaft einräumen über seine Gedanken.» Allen gegenläufigen Tendenzen zum Trotz verharrt der Roman auch wieder am Schluß in dieser starren Antithetik, in der die Liebes- und Vernunftsideale gegen das Irrationale und Amorphe wie gegen einen Abgrund befestigt sind; ein sauberer, sich gegen die Romantik – wenn auch heftig durch sie versucht – verwahrender Humanismus, der geistesgeschichtlich letztlich im Bann des 19. Jahrhunderts bleibt. – Dem lesenden Bildungsbürgertum, dessen Lust am Wiedererkennen von Vertrautem der Autor überdies mit zahlreichen Reminiszenzen und Anspielungen gereizt hat, war der *Zauberberg* ungleich lieber als alle hier noch vorzustellenden Werke, ein Symptom des weiten Abstands des Publikumsgeschmacks von den ästhetischen Avantgarden. – Als ein Werk des Übergangs ist der *Zauberberg* freilich zumindest daran kenntlich, daß sein Autor hier die Reflexion über die Relativität der Zeit, über objektive und subjektive Zeit sowie über die Bedeutung der verschiedenen Tempi für das Erzählen nachholt, die weltliterarisch Gustave Flaubert (1821 bis 1880) eingeleitet hatte und die in den Werken von James Joyce (1882 bis 1941) und Marcel Proust (1871 bis 1922) bedeutungtragend ist.

Doch zurück zum Anfang, hier also zu Fëdor M. Dostoevskij (1821 bis 1881). – Nicht in der Chronologie markiert *Schuld und Sühne* die Grenze zum 20. Jahrhundert, wohl aber in der Philosophie des Romans; inwie-

fern? Es ist nötig, etwas auszuholen. Am Ende dieses Werks wirft sich der
verbannte Häftling Raskolnikov, den zuvor weder Gewissen noch Gesetz
hatten beugen können, vor der Prostituierten Sonja nieder und küßt ihr
die Füße. Es ist eine wortlose Gebärde der Verneigung vor dem Leiden
derer, die Heimatlosigkeit und Krankheit erträgt, um dem Mörder die
Treue zu halten. Die Beziehung zu dieser Geliebten ist unpersönlich,
nicht individuell charakterisiert; es gibt darin auch kaum ein sinnliches
Moment, das sie erklären könnte. Sie wird gestiftet durch Leiderfahrung,
die alle Kreatur einschließt: das geprügelte Pferd ebenso wie die Prostitu-
ierte und den Mörder. Der Epilog des Werks verklärt die Demut. Durch
fremde Willkür erzwungen, wäre sie unerträglich; doch hier ist sie Ausdruck von Freiheit. Deshalb kann *Schuld und Sühne* als Detektivroman
beginnen und als Legende enden. Am Schluß steht die Apotheose einer
Rücknahme des Willens zur Macht und einer Zügelung der Hybris des
Gedankens, denen der Held zuvor erlegen war. Wahrheit oder Irrtum,
Gerechtigkeit oder Unrecht sind keine brauchbaren Kriterien des Urtei-
lens und Handelns. Die Predigt der Demut nimmt Rücksicht auf das Ausmaß des erlittenen Leids. Nicht ein Irrtum des Gedankens richtet letztlich
über Raskolnikovs Theorie, auch nicht sein Gewissen, sondern die schla-
gende Evidenz unverstellter Leiderfahrung. Sie allein soll hier als Maßstab gelten.

Eine Zäsur ist damit bezeichnet, weil über die Welt, wie sie sich in diesem
Lichte darstellt, eigentlich nicht mehr erzählt werden kann. Wenn es
stimmt, daß das Leiden in der Welt übermächtig angewachsen ist, dann
verbietet sich das relativierende, individualisierende Wortspiel der
Kunst. Wie in der Welt des tätigen Wirkens jedwedes Handeln zum Erliegen kommen müßte – denn welche Tat wäre denkbar, die nicht für irgend-
einen das Leid vermehren würde? –, so in der fingierten Welt der Kunst
alle *Mimesis*; denn würde der Schmerz nicht durch seine Ästhetisierung
verfälscht oder verharmlost werden, wenn nicht verdoppelt? So scheint
hier bereits, im letzten Drittel des 19. Jahrhunderts, der historische Augenblick des Einstands und von totaler Verweigerung gekommen zu sein,
für den bei Dostoevskij die Gebärde stummer Verbeugung steht, ein
Verstummen des Lebens und der Kunst im Protest. (Thomas Mann hat
dergleichen dann sehr viel später, im Zusammenhang mit seinem *Doktor
Faustus* [1947] und von Th. W. Adorno beeindruckt, ebenfalls erwo-
gen.)

Als der junge Georg Lukács (1885 bis 1971) 1916 seine *Theorie des Romans* vorlegte, hat er diese Herausforderung durch Dostoevskij ernstge-
nommen und sie als den Grund der Hoffnung für eine Erneuerung des
Epos bezeichnet. Die stumme Demutsgebärde Raskolnikovs hat er als
den Keim einer weltverändernden Tat verstanden; denn wie sollte es ein
neues Epos geben können, ohne daß zuvor die Welt ‹episch› würde, ohne

daß sinnvolle Taten möglich wären? Aus der leiderfahrenen Demut folgt dergestalt als historisch allein mögliche Konsequenz die individuelle Opfertat. Diese ist nämlich die einzig denkbare Handlung, durch die etwas bewirkt werden könnte, ohne daß das Leiden in der Welt vermehrt würde, es sei denn um das persönliche Leiden dessen, der sie ausführt. Tatsächlich ist diese Konsequenz bei Dostoevskij schon in der Hinwendung zur Legendenform am Schluß von *Schuld und Sühne* nahegelegt.

Wenn Lukács hieran ein halbes Jahrhundert später anknüpft – und vor und mit ihm so bedeutende Romanciers der Zeit wie Rainer Maria Rilke (1875 bis 1926) mit den *Aufzeichnungen des Malte Laurids Brigge* (1910) und Alfred Döblin (1878 bis 1957) mit *Berlin Alexanderplatz* (1929) –, dann mit noch größerem Gewicht des Anlasses. Für Dostoevskij hatte sich das Leiden der Kreatur zumal an den Armen und Ausgebeuteten der Städte dargestellt, am erbärmlichen Leben der Frauen, an den Geschundenen in feudaler Abhängigkeit, an den Strafgefangenen Sibiriens. Das Elend der großen Städte ist seitdem furchtbar gewachsen; denn die Proletarisierung in den bedeutenden europäischen Metropolen erreicht mit den neunziger Jahren des 19. Jahrhunderts eine neue Dimension. Schließlich kommt die Erfahrung zweier großer Kriege hinzu, deren technische Rationalisierung den Schrecken unfaßbar hatte werden lassen und deren Folgen für die Zivilbevölkerung gerade auch der Großstädte verheerend waren. So brauchte der Hinweis auf das Übermaß von Leiden für die Zeitgenossen keine umständliche Erläuterung, und es ist dies auch einer der Gründe für das wachsende Verständnis, auf das Dostoevskijs Romanwerk auch beim deutschen Publikum stieß, dem die epische Kleinmalerei von Raabe und Storm, Heyse und selbst Fontane zunehmend als verharmlosend erscheinen mußte. In einem Aufsatz von 1912 über die *Armut am Geiste* ruft Lukács die Mystiker des europäischen Mittelalters und Chinas wie die Märtyrer der Romane Dostoevskijs zu Zeugen auf, um den Sinn des Opfers gegen das epochale Leidbewußtsein zu begründen. «Besessene Güte» um ihrer selbst willen, einen ethischen Generalstreik und reine Werke außerhalb aller Zweck-, Mittel- und Zielvorstellungen will er als Gegengewicht zum Zerfall der kultivierten Welt – er sieht sie im «Stand der vollendeten Sündhaftigkeit» – zur Geltung bringen. Mahatma Gandhi mag sein politischer Gewährsmann gewesen sein, wie denn überhaupt die außereuropäischen Traditionen der Weltweisheit die Genesung des Abendlandes fördern sollten.

Die Umorientierung des Blicks vom egoistischen Individuum des 19. Jahrhunderts, dem Menschentier Darwins und Haeckels, auf die geschaffene Kreatur will einer Solidarität der Geschöpfe im Schatten des gewissen Todes und der Ungewißheit darüber hinaus dienen. – Lukács' frühe ästhetische Auffassungen kommen hier stellvertretend für viele andere Zeugnisse zu Wort, in denen von der Kunst nicht bloß Richtigkeit,

Authentizität und Zeitgemäßheit, sondern Wahrheit in einem philosophischen und den einzelnen Menschen existentiell betreffenden Sinn gefordert wird, ein strenger und in seiner Radikalität neuer Anspruch, der die künstlerische Szene nach 1910 dramatisch verändert. Die versöhnende und beschwichtigende, gar erst die historische Illusions- und Dekorationskunst sinken zur Bedeutungslosigkeit herab. Aus dem 19. Jahrhundert bewähren sich – neben Dostoevskijs Romanen – vor allem noch die Romanciers der Desillusion wie Flaubert und Jacobsen.

Als Lug und Trug erscheinen jetzt alle geschlossenen, in sich kohärenten Formen des Erzählens, die von Anfang und Schluß gerahmten Darstellungen mit einer übersehbaren, lückenlosen Motivations- und Begründungsstruktur. Immer wieder steht das Erzählen selbst in Frage, ja die unterschiedlichen Ausprägungen des Romans nach 1910 lassen sich als verschiedene Versionen der Verneinung seiner Möglichkeit interpretieren. So wird die Selbstrechtfertigung bzw. Verweigerung von Kunst angesichts zunehmender Entfremdung der Menschen voneinander und von ihren Lebensverhältnissen, sowie angesichts eines stetig wachsenden, durch kein Opfer gesühnten Leids zu einem der zentralen Themen des Romans nach 1910. – Wie ernst es den Autoren mit der neuen Wesentlichkeit von Kunst ist – sie teilen diesen Anspruch mit der Generation der Expressionisten insgesamt –, läßt die enge Verschränkung von Werkentstehung und Biographie bei den großen Romanen unseres Jahrhunderts erkennen. Rilke und Robert Musil (1880 bis 1942), Joyce und Proust, Franz Kafka (1883 bis 1924) und Hermann Broch (1886 bis 1951) haben das eigene Leben hingehalten, um die Werke triftig zu machen, und für ihr persönliches Leben nichts in Anspruch genommen, was sie in ihren Werken nicht erschrieben hätten. «Etwas teile ich jedenfalls mit Kafka und Musil», schreibt der späte Broch in einem Brief, «wir haben alle drei keine eigentliche Biographie; wir haben gelebt und geschrieben, und das ist alles.»

Der erste Roman Brochs, die *Schlafwandler*-Trilogie (*Pasenow oder die Romantik; Esch oder die Anarchie; Huguenau oder die Sachlichkeit*, 1931/1932) gehört allerdings – wie Thomas Manns *Zauberberg* – auch noch in die Vorgeschichte der folgenden Sequenz, obwohl chronologisch an ihrem Ende stehend; die Gründe dafür sind freilich noch andere als bei Thomas Mann. Verpflichtung auf Wahrheit, existentielle Verbindlichkeit und die Überzeugung von der «Brüderlichkeit der gedemütigten Menschennatur» bilden zwar auch für ihn die Grundlage seines Schreibens, und erst recht scheint er in technischer Hinsicht zur Avantgarde des Romans in diesem Jahrhundert zu gehören. Broch selbst hat sich neben Joyce und Gide gestellt, und auf die Nähe der *Schlafwandler*-Trilogie zu Musils *Mann ohne Eigenschaften* (1930 bis 1943) ist unter dem Gesichtspunkt der philosophisch-wissenschaftlichen Überformung oft hingewiesen worden. Lukács' früher Theorie ist dieser Roman schließlich sogar

mehrfach verpflichtet. Ihren drei typischen Helden, dem innerlich-roman-
tischen, dem abstrakt-idealistischen und dem gesellschaftsbezogenen, hat
er die drei Protagonisten seiner Trilogie nachgebildet, ihr die geschichtsphilosophische Theorie vom Wertzerfall in der Moderne mit der Konsequenz der Unmöglichkeit des Epos; schließlich ist auch der Epilog Brochs,
in dem er seine Hoffnung auf eine neue Wertformierung ausspricht, eine
Parallele zu Lukács' Andeutungen über die Möglichkeit neuer Epik. An
diesen läßt schließlich auch der lyrisch-ekstatische Ton denken, in dem der
Autor oft philosophiert und predigt und der zu den Prämissen seiner ma-
thematisch-logistischen Erkenntnistheorie kontrastiert. Auf den Zerfall
der Werte reagiert der Romancier Broch mit allen Demonstrationen der
Technik und des Stils, die seit Rilke, Joyce und Döblin bereit sind, um die
Unerzählbarkeit des modernen Lebens vor Augen zu führen: mit der Reduktion der Handlung und der Demontage des Helden, dem Stilmosaik
und der Formenrevue, der Ersetzung von Abfolge durch Gleichzeitigkeit,
schließlich vor allem mit der Einschaltung von theoretischen Exkursen, die
bei ihm über den Wertzerfall räsonnieren.

Dennoch zeigt gerade das Beispiel Brochs, daß allein der Gebrauch gewisser poetischer Mittel kein verläßliches Symptom ist, um literarische
Verwandtschaften zu stiften. Zwar hat der Autor seine Philosophie tech-
nisch-funktional in den Roman integriert, indem er sie an dessen ‹person-
nage› gebunden hat. Das hat ihr das qualitative Übergewicht nicht nehmen können, so daß die Vielfalt des Erzählten sich zur Philosophie
Brochs wie exemplifizierendes Belegmaterial verhält. Es ist im höheren
Sinn seines mathematisch-logischen Wahrheitsbegriffs überflüssig. Broch
konstatiert zwar Wertzerfall und die Irritation der Erkenntnis, und er
ahmt sie poetisch nach, doch hat er für sich selbst nicht daran teil. Das
philosophierende Subjekt bleibt jedenfalls souverän. – Hierin auch von
Lukács unterschieden, sieht er die Ursache für die Krise der Gegenwart in
erster Linie in der Auflösung der religiösen Ordnungen, auf die er allemal
mit der frohen Botschaft der Unverlierbarkeit des Humanen antwortet,
und er sieht sie in der Abweichung von der Disziplin des wissenschaftlich-
mathematischen Diskurses und dessen Wahrheitsbegriff, deren Wiederherstellung er sein Werk gewidmet hat.

Die Aufzeichnungen des Malte Laurids Brigge

«Wenn ich Raskolnikow lese», so notiert Musil ein Lektüreerlebnis mit
Rilkes Roman, «ergreifen mich Raskolnikow und Dostojewskij; wenn ich
die ‹Aufzeichnungen des Malte Laurids Brigge› lese, ergreift mich nur
Rilke.» Diese Bemerkung ist noch anderes und mehr als Süffisanz einem
Autor gegenüber, dessen Neigung zur Selbstinszenierung und -stilisie-
rung für die Zeitgenossen gelegentlich das Werk hinter der Person des
Autors zurücktreten ließ. Sie ist ein Hinweis auf das Gewicht des Persön-

lichen, das die poetische Figur Malte Laurids Brigge reichlich aufwiegt. –
Dieser, ein junger dänischer Dichter adliger Herkunft, der nach seiner
Distanzierung von der Familie durch Rußland und Italien gereist war,
kommt nach Paris, wo er – nachdem er alle Stationen von Großstadtlei-
den durchlaufen hat – achtundzwanzigjährig stirbt. Ein Märtyrer seines
Dichterberufs, trägt er zum Verwechseln ähnlich die Physiognomie des
Selbstbildnisses von Rilke. So sind Maltes Reaktionen auf Paris größten-
teils die Rilkes selbst, wie zum Teil wörtliche Übernahmen aus Briefen
des Autors in den Roman zeigen, die er 1902/03 an seine Frau Clara und
die befreundete Lou Andreas-Salomé (1861 bis 1937) aus Paris geschrieben hatte. Malte wohnt, wo Rilke in Paris logierte, und er liest, wo sein
Autor gearbeitet hatte, in der Bibliothèque Nationale. Die starke Betroffenheit und Angst des Dichters selbst angesichts der deprimierenden und
als bedrohlich erfahrenen Alltagsszenerie der französischen Metropole
sind im Roman zur Fassungslosigkeit gesteigert, deren Unsagbarkeit zum
eigentlichen Thema des Romans wird. – Wie weit der poetische Erfinder
Rilke sich mit seinem Helden identifizierte, ist Äußerungen zu entnehmen, wonach sein eigener Lebensweg «nur durch Malte hindurch» wei-
terführe, so wie er sich dann nach dem Abschluß des Romans als einen
«Überlebenden» begreift, der «im Innersten ratlos» zurückbleibe. Das
Leben seines Dichter-Helden hat er wie ein rituelles Selbstopfer für das
Leiden der Welt dargebracht, das ohne diese Selbstpreisgabe des Künst-
lers nicht zur Darstellung käme. Für den überlebenden Autor ist in dieser
Inszenierung im Grunde kein Platz mehr. – Der Künstler als Märtyrer
behauptet einen festen Ort in der literarischen Mythologie der Zeit; für
Malte Laurids Brigge ist der Vollzug der Verstörung des Helden im Me-
dium seiner «Aufzeichnungen» als ein Martyrium strukturprägend.
Vom ersten Satz an steuern die Tagebucheintragungen auf den Tod des
Schreibers zu. Es ist, als wäre für diesen das Immunsystem zusammenge-
brochen, das sonst die bedrängendsten Eindrücke des Schreckens –
Kranke, Sterbende, Zerstörung und Tod – neutralisiert. Doch ist dieser
Zusammenbruch – obschon eine Katastrophe – hier nicht als ein Schicksal
aufgefaßt, das den Helden übermannt, sondern als die Epiphanie einer
Wahrheit, die nur so hervortritt. So charakterisiert der Dichter-Held den
Kollaps seiner Alltagswahrnehmung als einen Prozeß des Lernens: «Ich
lerne sehen. Ich weiß nicht, woran es liegt, es geht alles tiefer in mich ein
und bleibt nicht an der Stelle stehen, wo es sonst immer zu Ende war. Ich
habe ein Inneres, von dem ich nicht wußte.» – Unangefochten lebensfähig
bleibt nur, wer sehen kann, ohne sich ansehen zu lassen; souverän bleibt
nur der kalte Blick. In *Schuld und Sühne* zerschlägt deshalb ein Knecht
die Augen eines Pferdes, weil er den Blick der geschundenen Kreatur
nicht aushält. Die Emphase des Sehenlernens bei Rilke – in den Ein-
gangssätzen ist das «Ich habe gesehen» dramatisch pointiert – ist dazu ein

Kontrapunkt. Malte sieht empfangend, ein Opfer seiner Wahrnehmung ohne die Möglichkeit zur Aggressivität. Die Aura des Schmerzensmannes (zahlreich sind die Anspielungen auf Hiob und Christus) erwirbt sich Malte, indem er seine Sensibilität für das Leiden pflegt und steigert bis zum Paroxysmus, den er in der Identifikation mit einem Veitstänzer mitzuerleiden droht. Er hat nicht mehr als dieses Vermögen zum Nachvollzug. Deshalb ist er als Besitzloser dargestellt, dem alles sonst abhanden gekommen ist.

An Thomas Manns *Buddenbrooks* hat Rilke die Wahrnehmungspsychologie des spätgeborenen Hanno interessiert. Anders als dieser ist Malte aber in der Lage, sich wenigstens schreibend noch zu behaupten – als habe Rilke den Roman von Hannos Freund Kai, ebenfalls ein Sprößling aus einer abgestiegenen Adelsfamilie, nachholen wollen. – Die Anlehnung von Intellektuellen der Zeit an den alten Adel, dem noch Widerstandskraft gegen die Tendenz zur Auflösung zugetraut wird, ist biographisch und literarisch noch häufiger bezeugt.

In allegorisierender Verknappung zeigt ein Portrait den Helden am Eingang des Romans als einen Enterbten, der allein auf seinen Bücherkisten sitzen geblieben ist, während sich um ihn her die Welt gewandelt hat. Zwischen Opportunismus und Heroismus, zwischen Anpassung und dem Selbstmord aus Verzweiflung und protestierender Verweigerung wählt er einen dritten Weg: poetische Trauerarbeit an der Bewältigung der Verlusterfahrung, stellvertretend für alle Enterbten. In einem brieflichen Selbstkommentar schreibt Rilke, er sei mit dem *Malte* «in der konsequentesten Verzweiflung bis hinter alles geraten (...), bis hinter den Tod gewissermaßen, so daß nichts mehr möglich war, nicht einmal das Sterben.» Er habe erfahren, «wie sehr die Kunst gegen die Natur geht, sie ist die leidenschaftlichste Inversion der Welt, der Rückweg aus dem Unendlichen, auf dem einem alle ehrlichen Dinge entgegenkommen». Ausnahmslos alles soll hier gesehen werden und wie von innen: «Auswahl und Ablehnung gibt es nicht», und das Gesehene «ist zu Hause» im Sehenden, auch wenn es als ein schmerzender Fremdkörper empfunden wird. – Dergestalt wird das Wahrgenommene verinnerlicht, ohne daß es dadurch freilich an Fremdheit einbüßen würde. Daß mit dieser Verinnerlichung auch das Unvermögen zu kritischer Abwehr zusammenhängt und damit auch die Unfähigkeit zur Gegenwehr, ist von gesellschaftsengagierten Kritikern dieser Haltung immer wieder bemerkt worden. Nicht Revolution gegen die Ursachen heißt Rilkes Parole, sondern Revolte gegen die eigene Unwahrhaftigkeit. Erstmals im deutschen Roman ist damit das Grundthema des internationalen Existentialismus in diesem Jahrhundert angeschlagen. Zu diesem – und politisch zur Anarchie – hatten Rilke und Döblin, Musil und Jahnn eine größere Nähe als zu Weltanschauung und Politik der Sozialisten.

Bei Rilke soll der Umbau der Welt mit dem Einsturz des alten Systems der Bedeutungen beginnen. Diejenigen, mit denen die Wirklichkeit herkömmlich belegt ist, müssen sich «wie Wolken auflösen und wie Wasser niedergehen»; die Sprache der alltäglichen Gewohnheit, aber auch die distanzierende der Wissenschaften sollen von den Dingen ablaufen, damit «die Zeit der anderen Auslegung» beginnen kann. Selbstverlust in der Ekstase des Geschriebenwerdens ist dazu die Voraussetzung. Der Text, der sich selbst schreibt, so daß der Autor nurmehr als Protokollant fungiert – ein Gedanke, der in der deutschen Literatur zuerst in der romantischen Poetik Clemens Brentanos begegnet –, ist das Ideal von Rilkes Poetik des Opfers, seiner Vorstellung vom «sachlichen Sagen» entsprechend. – Auf die Erfahrung der verfehlten Geschichte und entfremdeten Wirklichkeit, auf die Erinnerung an alles Mißratene, über dessen Möglichkeit sich Malte nicht fassen kann, antwortet die poetische Niederschrift mit einer Absage an jede Art von sinngebendem Illusionismus zugunsten eines Naturalismus der Optik: keine Fiktion mehr von Ganzheit, Kontinuität und Bedeutungszusammenhang, sondern eine konsequente literarische Nachahmung der verstörten Wahrnehmung.

Formbildend wird diese Absage an die Illusionskunst, indem Rilke anstelle der aufgekündigten zeitlichen Ordnung des Romangeschehens eine räumliche einrichtet. Analog zu Kompositionsformen der Malerei, wo gewisse Farben und Farbverbindungen, abstrakte Formelemente und deren Korrespondenz eine zeitjenseitige Homogenität der Welt evozieren, ohne daß deren Sinn in Worten sagbar wäre, verwendet der Autor des *Malte Laurids Brigge* die Mittel der Wiederholung und des Kontrastes, der Komplementarität und der Variation. Das Maskenthema und das Motiv des verlorenen Sohnes, die Metaphorik des Augensinns oder die Verschränkung von Ich-Auflösung und Sprachgewinn ergeben eine in der Interpretationsgeschichte des Werks lange unbemerkt gebliebene kompositorische Textur, die traditionelle Erzählform ersetzt.

Der Unsagbarkeit eines weltanschaulichen Sinnes hat Rilke mit einer Liebesphilosophie entsprochen, deren Pathos sehnsüchtiger Verneinung den lyrischen Ton des Werks ergibt. Wie die Kunst – als Trauerarbeit und Opfer – ist hier die Liebe strikt altruistisch und ohne jede Hoffnung auf Erfüllung durch Gegenliebe gefaßt. Die Liebesintegrität soll sich durch strikte Weltlosigkeit bewähren, weil nur so die transzendierende Fähigkeit des erotischen Vermögens ihre höchste Intensität erreichen könne. So fordert das Werk für Kunst und Liebe gleicherweise ein Übermaß unbedingter seelischer Energie, mögen sich auch im Leben keine Anlässe zeigen, an denen sich diese sinnvoll bewähren könnte – ein Vorwurf gegen die Menschenfeindlichkeit der dargestellten Welt, deren Krise der Roman schürt. Daß Kunst und Liebe dergestalt zu einsamen Opferritualen werden, wie Kritiker des Werks eingewandt haben, zeigt die Heillosigkeit dieses Selbsterlösungsversuchs. Die Verbindlichkeit seiner religiösen Utopie konnte deshalb auch nicht stark sein, wie die Wirkungsgeschichte zeigt, in die dieser Roman als ein Werk der ausgehaltenen Verstörung eingegangen ist.

Berlin Alexanderplatz
Die Geschichte vom Franz Biberkopf

Döblin schreibt seine große Erzählprosa im Bewußtsein einer Epochenschwelle. Von den Romanen des 19. Jahrhunderts will er einzig Dostoevskij noch gelten lassen. Überall sonst sieht er belletristische Schönfärberei, Unsinnlichkeit und erkünstelte Psychologie, für die er die Schuld bei den verlogenen Liebeshandlungen und überspannten Frauenfiguren findet. Durch sie werde die poetische Männerwelt entkräftet, das Epische sterilisiert. Die eigene Tradition wählend, greift er weit zurück. Dante, Vergil und Homer sind seine Vorbilder. Sie sind ihm beispielhaft durch einen unverstellten Sinn für die Wirklichkeit. Er rühmt an ihnen die Detailgerechtigkeit, den genauen Blick für das Episodische. «Wenn ein Roman nicht wie ein Regenwurm in zehn Stücke geschnitten werden kann und jeder Teil bewegt sich selbst, dann taugt er nichts», behauptet er in seinen *Bemerkungen zum Roman* 1917. Wie dieses, so sind auch die anderen Elemente seiner Poetik am großstädtischen Leben orientiert, wo sich das Leben der Moderne zwischen seinen extremsten Polen erstreckt: dichteste Ballung der Menschenmassen bei stärkster Vereinsamung des einzelnen; gewaltige Monumente starrer Steinmassen und heftigste Forcierung aller Bewegungstempi; größte Verdichtung von Einzelschicksalen ohne irgendeine Verbindung miteinander. Die Gleichzeitigkeit von Beziehungslosem und das räumliche Nebeneinander von inhaltlich einander Entfremdetem gehören – wie für Rilke und Joyce – auch für Döblin zu den wesentlichen Symptomen der zeitgenössischen Wirklichkeit, und wie die Autoren des *Malte* und des *Ulysses* (1922) versetzt er in seinem bedeutendsten Roman *Berlin Alexanderplatz* seinen Helden in das vielschichtige Leben einer Metropole.

«Von einem einfachen Mann wird hier erzählt, der in Berlin am Alexanderplatz als Straßenhändler steht. Der Mann hat vor anständig zu sein, da stellt ihm das Leben hinterlistig ein Bein. Er wird betrogen, er wird in Verbrechen reingezogen, zuletzt wird ihm seine Braut genommen und auf rohe Weise umgebracht. Ganz aus ist es mit dem Mann Franz Biberkopf. Am Schluß aber erhält er eine sehr klare Belehrung. Man fängt nicht sein Leben mit guten Worten und Vorsätzen an, mit Erkennen und Verstehen fängt man es an und mit dem richtigen Nebenmann. Ramponiert steht er zuletzt wieder am Alexanderplatz, das Leben hat ihn mächtig angefaßt.» Diesen Text im Moritaten- und Bilderbogenstil hat Döblin für den Schutzumschlag der 1. Auflage von 1929 geschrieben. Doch ist seine moralisierende Stillage nicht die einzige des Erzählers, der auch bald distanziert, bald sympathisierend auftritt, gelegentlich aber auch ganz verschwindet zugunsten wie mitprotokolliert wirkender Kneipendialoge und Selbstgespräche, Zeitungsmeldungen und Anschläge amtlicher Bekanntmachungen, Wetterberichte und Fahrpläne. Noch bunter wird schließlich die Mischung der Stile durch die Projektion des Geschehens, sei es in antike Mythologie, sei es in Geschichten des Alten Testaments. Unabhängig von Joyce hat Döblin etwa gleichzeitig ein Ensemble poetischer Verfahrensweisen entwickelt, das in technischer Hinsicht dem des Iren gleicht: «stream of consciousness» und innerer Monolog, burlesker und parodistischer Stil, historische Stilkopien, leitmotivische Lieder, mythische und biblische Anspielungen erweitern auch für die deutsche literarische Entwicklung den Formenapparat des Erzählens. – In der Tat: erstmalig in der deutschen Geschichte des Romans nach Goethes *Wahlverwandtschaften* (1809) und den Romanen E. Th. A. Hoffmanns erreicht dieses Genre durch die hier vorgestellten Autoren der ersten drei Jahrzehnte des Jahrhunderts selbständig das artistische Niveau von Weltliteratur in dem Sinn, in dem Goethe diesen Begriff verwendet hat.

Die «Hegemonie des Autors», die Döblin so heftig ablehnt wie Joyce, will er – ähnlich wie dieser von evolutionären, sich selbst steuernden Prozessen fasziniert – durch eine Prosa innerer Elektrizität ersetzen. Der elektrische Strom und das Kino begeistern ihn wie Majakovskij. «Mut zur kinetischen Phantasie» heißt eine von Döblins Devisen, die erklärlich macht, daß er die Malerei der Futuristen mit Emphase begrüßt hat und sich zwar von Marinettis Ästhetirismus und dessen politischer Dummheit abgestoßen, sich in gewissen künstlerischen Absichten aber gänzlich verwandt fühlen mußte. Früh schon hat man Döblins Prosa aufgrund der Beschleunigung des Erzähltempos, der überschnittenen Bilder und der polyperspektivischen Ansichten mit dem Film in Verbindung gebracht, und der Autor selbst wollte seine Epen aus episodischen Einstellungen montieren, so wie der Film aus Bildern geschnitten wird.

Außer den bei Joyce verwendeten Techniken ist vor allem ein Verfahren bemerkenswert, das Döblin das Kernstück seines «Döblinismus» genannt hat: der harte Schnitt von Gleichzeitigem. «Von Perioden, die das Nebeneinander des Komplexes wie das Hintereinander rasch zusammenzufassen erlauben, ist umfänglicher Gebrauch zu machen», hatte er bereits 1913 dekretiert. Dementsprechend versammelt er in der Art dadaistischer Collagen Heterogenstes auf engstem Raum: was auch immer zugleich in einem Kopf, einer Straßenbahn, einem mehrstöckigen Mietshaus neben- oder übereinander Platz findet. Das Nacheinander in der Sprache ist nur noch der unvermeidliche Rest der Folgelogik, die als Gesetz außer Kraft gesetzt ist.

Zu den großen Romanen der Weltliteratur gehören die in diesem Kapitel angeführten in deutscher Sprache, indem sie ein Anspruchsniveau im Umgang mit Erzählformen erreichen, das bereits in den Jahrzehnten nach 1910 kein Roman unterschreiten durfte, ohne mit Wirklichkeitsverlust dafür zu zahlen. Ist doch das Technische ein Symptom für die Veränderung von Wahrnehmungsformen und intellektuellen Strategien in den westeuropäischen Metropolen und insofern auch von größerer Bedeutung, als es bloß handwerkliche Erfindungen wären oder modische Neuerungen im Wettbewerb um den grelleren Effekt. So zeigt die Favorisierung des Monologs und dessen Verlagerung ins Innere der Personen Skepsis gegenüber der bürgerlichen Gesprächskultur, die ihren utopischen Glanz das letzte Mal im Spätwerk Fontanes verstrahlt hat, ehe ihr der gesellschaftliche Boden entzogen worden ist. So sind die Auflösung hierarchischer Erzählstrukturen und die Angleichung von Haupt- und Nebenhandlungen im Episodenstil ein Indiz für die Entpflichtung der naturalistischen Gesellschaftstheorien, deren vitalistisches und milieutheoretisches Denken gerade eben noch den *Buddenbrooks* Handlungsfolge und Verlaufsdynamik einer Familiengeschichte vorzeichnen konnten; so ist schließlich auch das Prinzip der Gleichzeitigkeit mitsamt seinen technisch-filmischen Operationen ein Hinweis auf das Ende der Subjekt-Illusionen. Nur bei Raabe allenfalls noch durfte sich das Ich für das Auge und den Nabel der Welt halten, und auch dort schon deutlich innerhalb der künstlichen Anordnung, in der Stopfkuchen seine Idylle einrichtet. – Gewiß, im Vergleich mit der Erzählprosa des ‹poetischen Realismus› läßt sich die neue seit Rilke, Joyce, Döblin und Musil nur im Sinn des Verlusts, Verfalls und Mangels charakterisieren: der innere Monolog als Schwundstufe des Dialogs, das Episodische als atomisierte Handlungssequenz, Gleichzeitigkeit als Eingeständnis des Verlusts hierarchisierender Ordnungskräfte. Was an der Norm des älteren Kunstideals als Defizit erscheint, ist aber im Hinblick auf den Wandel der Erfahrung und Wahrnehmung der zeitgenössischen Wirklichkeit ein Zugewinn von Wahrhaftigkeit. Die neuen poetischen Techniken erlauben es, die Erfahrungen von Diskontinuität und Fremdheit, Angst, Schrecken und Verstörung, Ohnmacht und Ratlosigkeit darzustellen, die – einmal zur Sprache gekommen – an jedes Werk die Frage nach seiner Angemessenheit auf einem neuen und höheren Niveau stellen als zuvor. Es ist eben das Anspruchsniveau, auf dem es sich zur Wirklichkeit verhält. Verzichtet zum Beispiel ein Romanautor künftig darauf, auf jenes Leben Rücksicht zu nehmen, das seit Joyce und Döblin der innere Monolog erschließt, so sollte der Leser wissen, warum. Hat der Autor es nicht bemerkt, hält er es für unerheblich, oder will er es leugnen? Allemal setzt sich dergestalt ein Rückfall hinter die technischen Standards des Romans vor 1910 dem Verdacht von Regression oder Ignoranz, kleinmeisterlicher Verkürzung und Minderung der Wirklichkeit aus. Wenn Hesse, Bergengruen und Wiechert, wenn

Bredel oder Neukrantz, Bruno Frank oder Klaus Mann – um nur bei den
Romanciers dieser frühen Jahrzehnte zu bleiben – weiterhin so schreiben,
als wäre die Wahrnehmungswelt dieses Jahrhunderts und die Weise, sie
wahrzunehmen qualitativ noch identisch mit der von Heyse, Fontane,
Raabe oder Thomas Mann in den *Buddenbrooks*, so wird das zum Problem ihres literarischen Rangs; nicht weil sie irgendein Ideal von Modernität oder technischer Kompetenz verfehlen würden, sondern weil es dieses Technische als bloß Technisches in der Kunst in kaum einer Hinsicht
geben dürfte. Die formale Verschlichtung der Wirklichkeit in den Erzählformen des 19. Jahrhunderts betrügt den Leser im 20. Jahrhundert um die
neuen Dimensionen seiner Erfahrungswelt.

Der *Alexanderplatz*-Roman ist im Vergleich mit der radikalen Roman-
Poetik Döblins, wie er sie in einigen Aufsätzen theoretisch entwickelt hat,
eher konservativ. Dieser Umstand war die Bedingung dafür, daß das
Werk – im Unterschied zu den kühneren *Drei Sprüngen des Wang-lun*
(1915) und vor allem *Berge, Meere und Giganten* (1924) – ein breiteres
Lese- und gar Filmpublikum erreicht hat. So gibt es hier noch eine Handlung im klassischen Sinn, einen Erzähler und die Anlehnung an den Romantypus der klassischen Periode der deutschen Literatur, an den Bil-
dungsroman, wenn auch in einer ironisch gebrochenen Weise. Schließlich
hat Döblin mit diesem Werk einen politischen Roman schreiben wollen.
Tatsächlich enthält er das Psychogramm einer Haßliebe zwischen Opfer
und Täter im sozialen Milieu des Lumpenproletariats von Kneipen und
Ringvereinen. Für den Typus des Opfers steht Biberkopf, des Täters sein
Freund Reinhold. Dieser, obsessiv heterosexuell, ein Don Juan, haßt zugleich die Frauen. Die lästig gewordenen Freundinnen tritt er an Biberkopf ab. U. Scholvin hat gezeigt, daß Döblin diesem Männerbund die
Psychologie verdrängter Homosexualität zugrunde gelegt hat: «Döblin
arbeitet in *Berlin Alexanderplatz* jener Form der Phantasie analog, die ein
Netz von Verweisungen und Beziehungen erfindet (...), um den einzigen
wahren Satz zu verschweigen: Biberkopf schläft nicht mit Reinhold, sondern mit seinen Freundinnen; Reinhold kastriert nicht Biberkopf, sondern wirft ihn aus dem Auto; Biberkopf macht Reinhold keinen Liebes-
antrag, sondern schlägt Mieze, weil sie ihn mit einem anderen Mann
(nicht Reinhold) betrügt; Reinhold vergewaltigt nicht Biberkopf, sondern bringt Mieze um.» Gewalt gegeneinander und gegen Frauen anstelle
der homosexuellen Übertretung eines gesellschaftlichen und im Innern
der Personen akzeptierten Tabus, jedoch ohne daß diese sich über ihre
verborgenen Motive im klaren sind, weshalb die Aggressivität rätselhaft
und scheinbar grundlos geschieht.

Döblin hat in dem sadomasochistischen Gewaltverhältnis dieses Männer-
bundes ein Modell für die erotische Aufladung von Herrschafts- und Un-
terwerfungsverhältnissen schaffen wollen. Es lag darum nahe, den Ro-

man nach 1933 als Psychogramm faschistischer Gefolgschaftstreue zu interpretieren, erst recht, nachdem die Liquidation Röhms und seiner Gefolgschaft mit dem vorgeschobenen Argument erfolgt war, die NSDAP müsse sich von sexuell Abartigen säubern. Döblin hat damit freilich die Faschismusschuld nicht bei den Homosexuellen gesucht – wie zeitweise Gor'kij –, sondern die Blockierung des homosexuellen Begehrens als eine Ursache für blinde Unterwerfungs- und Gewaltverhältnisse, vor allem gegen Frauen, dargestellt.

Dieses Psychogramm hat der Autor auch dem Verhältnis seiner Personen zur Stadt unterlegt. Sie ist die blutdürstige Hure Babylon, schmutzig und steril, geil und formlos, ein Moloch, mit dem man kämpfen muß. Anders als die kulturkonservativen Kritiker der urbanen Schmelztigel hat sich Döblin positiv zur Stadt gestellt – mit der Positivität des Mythologen, der weiß, daß die Erlösung nur dem winkt, der mitten durch die Gefahr geht. So stürzt sich Biberkopf wie mit Fieber in das Chaos, hingebungslüstern wie ein Heiliger seinen Quälern gegenüber; denn der Himmel wird sich erst öffnen, wenn das Opfer vollbracht ist. Döblin hat Biberkopf – wie Rilke seinen *Malte Laurids Brigge* – mit vielen Assoziationen an Hiob und andere alte und neue Schmerzensmänner versehen, ihn durch alle urbanen Höllen wie durch Stationen eines Leidensweges geführt, um ihn schließlich mit dem seligen Leben eines Fabrikportiers zu belohnen. Soziologisch ist dieser Aufstieg vom Lumpenproletarier zum Angestellten untypisch und als Versprechen ohnedies höchst problematisch, wie bereits Neukrantz in der *Linkskurve* im Namen des «Bundes proletarisch revolutionärer Schriftsteller» gehöhnt hat. Tatsächlich gehorcht dieser Verlauf auch nicht einer Theorie über die Tendenz des gesellschaftlichen Prozesses, sondern einer mythologischen Figur, die, mit anderem Inhalt, schon Rilke fasziniert hatte: die Wiedergeburt aus der Katastrophe. Aus der alles ergreifenden Auflösung der Werte, der Sprache, des Geistes, der Gefühle scheint es einen harmloseren Ausweg nicht mehr zu geben. Die sozialistische Hoffnung verblaßte mit der Fortentwicklung der nachrevolutionären Sowjetunion und der Diskreditierung der deutschen Sozialdemokratie. Die Gegenwart der Weimarer Republik ist von der deutschen Intelligenz fast ausnahmslos als ein Provisorium angesehen worden. Mit Angstlust spekulieren sie über die Möglichkeit des Eintritts der Krise, süchtig auf dramatische Zuspitzung wie auf eine endliche Erlösung von der Ungewißheit.

Für Döblin war die Verschränkung von Katastrophe und Wiedergeburt die ‹idée fixe› seines Werks, die beharrlicher wirkt als die verschiedenen philosophischen und politischen Auffassungen – Anarchismus, Existentialismus, katholische Mystik –, denen er sich im Lauf seines Lebens zugewandt hat. Sie läßt den Bogen schlagen vom Frühwerk *Wang-lun* über *Berlin Alexanderplatz* bis zum Spätwerk *November 1918* (1948 bis 1950).

– Im *Wang-lun* tritt eine taoistische Sekte auf und predigt Gewaltlosigkeit. Die Staatsgewalt erliegt der «Wahrheit der Schwachen», deren reine Gewalt des Selbstopfers den Staat paralysiert. 1921, sechs Jahre später, hat Walter Benjamin in seinem Aufsatz *Zur Kritik der Gewalt* ebenso gedacht. Ohne die Provokation des katastrophischen Ausstands können sich beide zu dieser Zeit den notwendigen Wandel nicht vorstellen.

In *Berlin Alexanderplatz* lernt der verstümmelte Held am Rande von Tod und Wahnsinn sich selbst zu begreifen. Er «sollte gebrochen werden, er mußte sich aufgeben, nicht bloß äußerlich», deutet Döblin selbst 1948 seinen Helden. Leben und Werk dieses Autors stehen für die Überzeugung, daß die Fremdheit der Menschen gegeneinander und ihre Einsamkeit schuldhaft seien und durch individuellen sozialen Fleiß sowenig reparabel wie durch politische Revolutionen. Philanthropie und Sozialismus galten ihm rasch als bloß gutgemeinte Sozialtechniken, die den nötigen Wandel von Grund auf nicht schaffen. Er selbst verspricht ihn sich aus der Sühne des persönlichen Opfes in den Wendepunkten des Lebens. So hat er in der Hure Mieze, die sich für Biberkopf opfert, eine Replik auf Dostoevskijs Sonja gegeben. Kollektive Bedeutung erhalten solche Opfertaten für Döblin allerdings nur, wenn die Katastrophe des Individuums die Gesellschaft in ihren Strudel reißt. Den moralisierenden Kleinbürger als Terroristen hat Döblin allerdings nach dem *Wang-lun* nicht mehr verherrlicht.

Der Mann ohne Eigenschaften

Zur Eigenart des Romans in diesem Jahrhundert gehört, daß seine Struktur durch die Reflexion auf seine eigenen erkenntnistheoretischen und geschichtsphilosophischen oder moralischen Bedingungen entsteht. Der Gehalt der Form ist in dieser Struktur oft zuverlässiger als im Sinn von Handlungen und der Bedeutung des Verlaufs ausgeprägt: «Es kommt auf die Struktur einer Dichtung heute mehr an als auf ihren Gang. Man muß die Seite verstehen lernen, dann wird man Bücher haben», so hat Musil selbst in seinem großen Romantorso behauptet, und wenn auch nach den Worten des Autors «die Geschichte dieses Romans (...) darauf hinaus (kommt), daß die Geschichte, die in ihm erzählt werden soll, nicht erzählt wird», so ist aus den Gründen der Unerzählbarkeit doch mancherlei zu entnehmen über die Welt, die sich dem Erzählen sperrt, und über die Skrupel des Erzählers. Gleich die ersten Seiten lassen die Schwierigkeit erkennen, einen Stadtroman zu schreiben. Dasselbe Ereignis zerfällt in verschiedene, einander widersprechende Bedeutungen und Wertungen, je nachdem, ob es als statistisches Datum oder als erlebtes Geschehen gegeben wird. Entsprechend labil wird die Wahrnehmungs- und Verhaltenssicherheit im Leben wie beim Schreiben. Aus einem Meer von möglichen Eigenschaften und Ansichten müssen gewisse ausgewählt werden, andere verworfen – nach welchen Kriterien? Für den Erzähler wie seinen Helden Ulrich gibt es keine definitiven Vorentscheidungen, nicht für die analytische, antiästhetische Rationalität, nicht für das synthetische, anthropozentrische Fingieren von Zusammenhängen. Dergestalt muß sich der Romancier durch Genauigkeit im Unfesten bewähren. Dem Anspruch auf Wahrheit genügen die Wissenschaften für sich genommen nicht wegen ihres analytischen Charakters, durch den sie in die Unendlichkeit von Einzelheiten abgetrieben werden; doch auch die Künste nicht, wenn sie allein gelassen werden, denn ihre Bedeutungen sind zu allgemein. So entscheidet Musil sich für ein Versinnlichen des Begriffs und die Steigerung der analytischen Kraft der ästhetischen Mittel.

Mit dem Essay entwirft er eine Form, die ihre Tugend aus der Not der prinzipiellen Abweichung gewinnt, eine Form des Experimentierens. Im 62. Kapitel des Romans, dessen Gestalt in seinem Verständnis essayistisch ist, hat Musil seinen Essayismus als Utopie entwickelt. Die ältere Tradition dieses literarischen Genres, wie es durch Montaigne und Bacon, Sainte-Beuve und Charles Lamb geprägt ist, tritt zurück zugunsten einer lebensphilosophischen Auslegung: Essayismus als Lebensform. Ihr entspricht der Vorrang des Möglichen gegenüber dem Zufall des Wirklichen; das hypothetische Leben anstelle des definierten; die Auflösung der personalen Identität in einen Strom sich ereignender Subjekt-Möglichkeiten; schließlich die Aufmerksamkeit für den Augenblick. Denn Musils Erkenntnistheorie bindet das Erscheinen gewisser Wahrheiten an unwiederholbare Konstellationen, in die ein Mensch und seine Wirklichkeit eintreten. Es sind Konstellationen möglicher Wirklichkeit, das heißt, es bedarf einer eigenen Energie, um solchen Augenblicken die Form einer Erkenntnis zu geben. Den Essay bezeichnet Musil als «die einmalige und unabänderliche Gestalt, die das innere Leben eines Menschen in einem entscheidenden Gedanken annimmt». In diesem Sinne nennt er ihn utopisch. Es ist die Erkenntnis, daß diese Wirklichkeit für gerade diesen Menschen ist, das Aufblitzen der Einsicht in eine ursprüngliche Angemessenheit von Mensch und Welt, dessen Reflex für die Empfindung ein Gefühl von Zugehörigkeit ist.

Die Phase dieser profanen Erleuchtung hat Musil den «anderen Zustand» genannt. In der Poetologie des Romans in diesem Jahrhundert steht er für jenes Geschehen einer inneren Wandlung als Voraussetzung neuer Erkenntnis-Spontaneität, das Rilke als «Zeit der anderen Auslegung», Joyce als Epiphanie-Erfahrung und Döblin als Wiedergeburt aus einer katastrophischen Auflösung thematisiert haben. An anderer Stelle dieser Literaturgeschichte wurde bereits auf die Bedeutung der Wiederentdeckung der Mystik für die Dichter-Philosophie zu Beginn des Jahrhunderts und auf die Faszination des jungen Musil für Epiphanie-Erfahrungen hingewiesen (Claudio Magris / Anton Reininger: Jung Wien, Bd. 8, S. 235 f,

und Helmut Arntzen: Sprachdenken und Sprachkritik, a. a. O., S. 253 ff).
Hier ist Anlaß, darauf zurückzukommen. Musil hat den «anderen Zustand» im Sinne einer ‹unio mystica› von Mensch und Welt begriffen. Ihre
Voraussetzung ist das Verstummen der egoistischen Einzelbedeutungen
zugunsten des Ganzen. Den Einzelheiten gegenüber ist dieses Ganze
nicht bloß dadurch ausgezeichnet, daß es sie alle einbegreift, sondern daß
es sie in einen quasi familiären Zusammenhang auflöst: anstelle der hierarchischen Ordnung von Haupt- und Nebensachen in eine Ordnung des
Geschwisterlichen. Auch insofern ist die Voraussetzung des «anderen Zustands» in der Romanhandlung, die Geschwisterliebe zwischen Ulrich
und Agathe, eine symbolische Vorwegnahme seines philosophischen In-
halts, des Liebesideals einer unendlichen Annäherung von ungleich Gleichen. Das utopisch Menschliche bildet sich erst jenseits der Welt der Eigenschaften, freilich aber auch erst als deren Gegenbild.
Die Vision des «anderen Zustands» erhält ihren Reichtum aus dem, was
sie verneint. Hier tritt die «Parallelaktion», die Vorbereitung der Jubi-
läumsfeierlichkeiten der Donaumonarchie, in ihr poetisches Recht, in
Wahrheit eine Vorbereitung auf ihren Untergang, wie der Leser aus dem
Datum erschließt. Musil hat in ihr eine großangelegte Gesellschaftssatire
wie auf das zeitgenössische Österreich so zugleich auf die Psychopatholo-
gie der europäischen Intelligenz in den ersten Jahrzehnten des Jahrhunderts geschrieben, wie besonders Helmut Arntzen herausgearbeitet hat.
In der Struktur des Werks halten sich diese Satire und die Experimente
des geschwisterlichen Liebespaars zur Gewinnung des «anderen Zustands» die Balance.
Jochen Schmidt hat nachgewiesen, wie eng Musils Versuch, das selbstver-
fangene, in sich und seinen säkularen Zwecken und Bestimmungen ver-
schlossene Ich herauszuschälen und zu öffnen, an einer breiten Strömung
der zwanziger Jahre teilhat, in der ein futuristisches Rationalitätsbedürf-
nis sich mit mystischen Entgrenzungsphantasien verschränkt. Diese näh-
ren sich aus der vielgestaltigen Tradition des fernen Ostens und Indiens,
Rußlands und des ‹corpus mysticum› des Chassidismus, schließlich aus
der Wiederentdeckung der älteren deutschen Mystik. Die Berufung auf
dieses Erbe ist nicht überall irrationalistisch. Bei Musil steht sie im Zeichen des Kritizismus: eines Zweifels der Rationalität an ihrer eigenen
Allmacht. Die Anstrengung nach Verinnerlichung und Spiritualisierung
geht quer durch alle Konfessionen und steht zu den politischen Ideologien
der Zeit in gereizter Distanz. Sie gilt dem Versuch, die gesellschaftlich-
politischen Verkrustungen mit einer zur Weißglut gesteigerten Leidenschaft der Verneinung aufzuschmelzen. «Mystiker zeichnen (...). Denn
Rationalität und Mystik, das sind die Pole der Zeit. – Mystiker lesen
(...)», so lautet eine Tagebucheintragung Musils von etwa 1920 (GW II,
S. 237). Wirklich spielt bereits der Titel seines Hauptwerks auf eine Lehre

Meister Eckeharts (um 1260 bis 1327) an. Den «Zustand ohne Eigenschaften», die Ablösung aus der Welt «mit Zeit und mit Zahl», die seelische Jungfräulichkeit, die sich vom Ziel ihres höchsten Wunsches nach ‹unio mystica› kein Bild macht, hat dieser Mystiker des Mittelalters als Voraussetzung der höchsten Form menschlichen Lebens bezeichnet.

Daß Musil den erotisch-sexuellen Vollzug der Liebe zwischen Ulrich und Agathe nur als transitär behandelt, steht hiermit in Einklang. Im 94. Kapitel des II. Buchs – es ist aus dem Nachlaß publiziert und überschrieben «Die Reise ins Paradies» (vermutlich bereits aus dem Jahr 1924/25) – ist die Liebeshandlung des Romans wie in einem Gedankenexperiment mit der höchsten endlichen Form der Kommunion eingeführt. Anders als in den beiden großen anderen Roman-Versuchen, die Erfahrung von Wirklichkeitsschwund und Entfremdung durch die Positivität einer Liebeshandlung auszugleichen, anders als in Friedrich Schlegels *Lucinde* (1799) und Rilkes *Malte Laurids Brigge* mißlingt der Versuch. Liebe ist hier weder ein Vehikel fortschreitender ästhetischer Bildung wie bei Friedrich Schlegel noch wie bei Rilke unendliche Arbeit des einsamen Ich an seiner Hingebungsbereitschaft, sie ist statt dessen als ein wirklicher ‹Zustand› dargestellt. Eben hieran, nicht an romantischen Floskeln wie Verrat, feindlicher Welt oder Tod, läßt Musil die Liebenden scheitern. Unerbittlich mißtrauisch und gegenüber der romantischen Liebesutopie so skeptisch wie Döblin, findet Musil die erotische Energie an die Überwindung von Hindernissen gebunden, die sie überwinden muß, um ans Ziel zu gelangen. Das Liebesglück sei konspiratorisch. «Man darf nicht übersehen, wie sehr dieses Gefühl von der Umgebung abhängt», antwortet Ulrich auf Agathes hilflose Frage: «Aber lieben wir uns denn nicht mehr?» Der wirkliche, der definierte Zustand des Liebesglücks ist der endliche und insofern nicht der ‹andere›, auf den der Hunger nach dem Absoluten geht. Es verdirbt die Liebe, wenn dieser Hunger an sie geknüpft wird; denn die Liebenden – aus uneingestandener Enttäuschung, daß sie in der Liebe nicht finden, wonach sie streben – werden die Schuld aneinander oder in der Liebe suchen. Aber es liegt nicht an den Umständen ihrer Verhinderung oder Kränkung, sondern an der Verwechslung des Eros mit einem absoluten Begehren, das sich selbst nicht begreift. Ulrich dringt bis zu dieser Erkenntnis vor, wenn er seine Liebe als «eine Sehnsucht, ein Fehlendes» beschreibt. Für dieses Fehlende gibt es keinen Namen, kein Zeichen, das ihm unmittelbar angemessen wäre, höchstens Symbole des an ihm verzweifelnden Begehrens. Musil hat sich versagt, den leer gewordenen Ort des Absoluten, den keine Religion und keine Wissenschaft mehr verbindlich innehaben, durch neue Mythologie ästhetisch zu besetzen.

Perrudja

1919 hatte Loerke Hans Henny Jahnn (1894 bis 1959) für das Drama *Pastor Ephraim Magnus* (1919) den Kleist-Preis zugesprochen und in seiner Laudatio geschrieben: «Seine Gestalten, vor den Rätseln Seele, Tod, Gott von einem Entsetzen angefallen, für das alle Dinge gleich wichtig, alle Gefühle gleich nahe sind, beginnen eine Raserei um ewigen Besitz, folgen ihrem Wahrheitsdrang durch alle Süchte und Sehnsüchte, durch alle Lüste und Wollüste, durch alle Einsamkeit, Foltern und Höllen des lebendigen und verwesenden Fleisches, rücksichtslos, ungestüm, grausam, frevelhaft.» Wirklich ist wie der dramatische Erstling so auch das spätere Werk Jahnns durch die Wiederergänzung des zeitgenössischen Weltbildes um eine zweite, einem falschen Rationalitätsverständnis geopferte Hälfte charakterisiert. Er hat sie mit Leidenschaft und Genauigkeit beschrieben, ohne Angst davor, gegen ein Humanismus-Dogma zu verstoßen, mit dem das Wirkliche so oft gedemütigt und verkleinert wird. Wie die anderen in diesem Kapitel zur Sprache kommenden Autoren während des Faschismus verfemt, hat er auch das Schicksal der meisten von ihnen nach dem Zweiten Weltkrieg geteilt: in öffentliches Ansehen gesetzt, doch ungelesen. Erst neuerdings – Hubert Fichte und Rolf Dieter Brinkmann haben sich inzwischen auf ihn berufen – wird sein literarischer Ort im Spektrum von Miller, Genet und Burroughs erkennbar.

Keines der großen Romanwerke, von denen bisher die Rede war, erfüllt den Anspruch von autonomer, gegen das Leben abgedichteter Kunst. Allemal ist in ihnen Biographisches, kaum verdeckt, Anlaß oder Stoff. Einerseits gewinnt der Roman als poetisches Laboratorium für profane Epiphanien oder Zustände der Entrückung, als ein Feld, auf dem die Spuren der verlorenen Zeit gesichert werden können, oder – wie bei Jahnn – als ein Bauplatz neuer Mythologien in den ersten drei Jahrzehnten des Jahrhunderts philosophischen Rang; andererseits gelingt das aber nur, weil der Roman wie keine andere Form philosophischer oder ästhetischer Aussage auf das nicht integrierte Individuelle, oft das Private des Autors bezogen bleibt. Dieses tritt nur noch unpathetisch in Erscheinung, oder es zieht sich gar in bizarre, exaltierte, inverse Formen zurück: eine Angst oder einen Tick, die Insistenz auf Eigenschaftslosigkeit oder eine ausgefallene erotische Obsession. Was in der Ästhetik jedes Klassizismus als eine unangenehme Trübung der künstlerischen Transparenz gelten müßte, ist hier die Bedingung von Stichhaltigkeit und mindestens individueller Gültigkeit. Bei Gide und Jahnn, Proust und Roussel, Thomas Mann und Genet hängt die Ahnung oder leibhaftige Erfahrung einer gesellschaftlich scheinbar unversöhnbaren sexuellen Abweichung – ihrer persönlichen Homosexualität – eng mit gewissen Aspekten ihrer künstlerischen Produktivität und der Gestalt ihrer Werke zusammen. Zumindest bei Jahnn und Thomas Mann sind Scheu, Ängstlichkeit und Sprachverhaltung gegenüber der sexuellen Abweichung Anlaß verschwenderisch produzierter Umschreibungen. Stoffwahl und Handlungsführung, Mythen und Bilderwelt nehmen darauf Bezug, freilich ohne sich darin zu erschöpfen.

Ästhetische Umschreibung ist hier mit Sublimation nicht einfach identisch. Die Triebbefriedigung wird nicht ersetzt durch philosophisch-ästhetischen Trost, sondern sie wird metaphysisch gesteigert. Je entschiedener und furchtloser die Erschließung der animalischen Menschennatur betrieben wird, desto zwingender das Bedürfnis, sich einer spirituellen Heimat auch dieser Natur noch zu versichern. Es ist der Wunsch nach Humanisierung. Ohne irgendwelche Verbindung zu den sexuellen Emanzipationsbewegungen ihrer Zeit sind Jahnn und Thomas Mann auch nicht in Versuchung gewesen, den sexuellen Skandal ihres Lebens in Kompromissen und Zugeständnissen zu verharmlosen. In den ästhetischen Monologen ihrer Werke ist dergestalt eine Dimension des Geschlechtlichen erhalten geblieben, die im aufgeklärten Diskurs leicht bagatellisiert, diszipliniert oder verschüttet wird. Hier findet sie chiffriert, dadurch aber auch jenseits alles Privaten mitteilbar gemacht, Darstellung: als Unrast und Tantalusqual, als Unheimliches und dämonischer Zerstörungstrieb, als eine rätselhafte wechselseitige Faszination von Opfer und Henker, als Ich-Verfangenheit und Todesverlangen. Sie sind das psychische Innenfutter der Mythologien bei Jahnn und Thomas Mann, bei diesem allerdings eher in den Novellen um den *Tod in Venedig* (1912) und in der *Josephs*-Trilogie (1933 bis 1943), Werken also, die ihrer Entstehungszeit nach bzw. als Literatur des Exils nicht im Bereich dieses Kapitels liegen.

Der *Perrudja* (1929) Jahnns ist ein Fragment. Ursprünglich hatte der Autor geplant, seinen Helden durch die Katastrophe eines schrecklichen Krieges der Rettung und einem Neubeginn zuzuführen. Die Katastrophe hatte er von den chemischen Waffen, die Rettung von der Atomenergie erwartet. Durch die waffentechnische Nutzung der Kernenergie sah er sein Konzept als überholt an. – Der abgeschlossene Teil enthält die Geschichte eines Helden im Sinne der Umkehrung des Bildungsromans: eine Rückbildung ins Amorphe. Die Erfindung des Helden ist für Jahnn ein verhängnisvoller Irrtum, durch den «eine frühe und barbarische Haltung des Menschen» als Maßstab festgesetzt worden sei, für ihn der Grund aller «ungekonnten Moral». So steht die Geschichte seines *Perrudja* im Zeichen abnehmender Übermenschlichkeit. Entschluß- und Willenlosigkeit; Feigheit, Trägheit und Unwahrhaftigkeit treten bei seinem Aufstieg vom Einsiedler zum mächtigen Konzernherrn immer deutlicher als seine belanglosen Eigenschaften hervor, eine Entzauberung des Helden zum Jedermann, wie sie Rilke, Döblin und Musil je auf andere Weise ebenfalls vorgenommen haben. Sein ästhetisches Helden-Leben büßt Perrudja ein; was tritt an seine Stelle?

Er betritt die Szene als ein junger Mann unbekannter Herkunft, und die Dunkelheit seiner Geburt ist das Symbol der ihm gestellten Aufgabe. Sie heißt Selbstergründung. Dieses Selbst gewinnt aber nicht mehr die Konturen eines Persönlichkeitsbildes. Verschiedene Wanderungen des Helden «durch die Hallen seiner Phantasie» erschließen die verborgene Gegenwärtigkeit einer Ur- und Vorgeschichte seines Lebens, in der sich erzählte Historie, Bibelgeschichten, Legendentradition und Mythologie vermischen, nicht in den Themen und Bildern nur, sondern auch in den Sprachen der Traumvisionen und inneren Monologe, in denen das Vergangene auftritt. Jede Wahrnehmung an sich selbst oder an seiner Heimat einer norwegischen Berglandschaft ist Anlaß zum Durchzug von Erinnerungen und Epiphanien, deren assoziative Verknüpfung Leitmotive besorgen, die sich in wechselseitiger Interpretation zu einer dichten Binnenstruktur ergänzen und anreichern, so daß der Inbegriff ihrer Bedeutungen erst am Schluß gänzlich gegenwärtig ist.

Eines dieser Motive sind die Brustwarzen Perrudjas, ein Hinweis auf die psychologische Tiefendimension des menschlichen Bewußtseins, in dem das eigene Körperbild wie ein ungreifbarer Schatten geistert; für den Helden Chiffre seiner erotischen Unruhe, von Teilhabe an weiblicher Sexualität. Ein anderes sind die Pferde. Unter dem Deckmantel der Kentauren-Mythologie, wie sie D'Annunzio, Stuck und Thoma für den Jugendstil erneuert hatten, führt sie Jahnn als weiteres Symbol archaischer Triebwünsche ein: Sein Held liebt eine Stute. Die Sanftheit des Animalischen soll sich mit der maskulinen Energie des Menschen verbinden. Jedes hat verborgen am anderen teil und will erlöst sein. Im Schutz solcher Mythologie und pansexuellen Phantasien gelangen Triebobsessionen dicht unter die Oberfläche des Textes, hier die Angstlust am Erliegen und Sich-Ergeben an einen übermächtigen Partner, an der Überwältigung und Hingabe einschließlich der gewährten Wiederherstellung und Auferstehung, weil das obsiegende Tier, vor dem der Mensch schwach wird, nicht den übermächtigen Vater vertritt, der den Sohn unterwirft und entmannt, sondern ein zartes sanftes Wesen ist, das die Wunden heilt, die es schlug. Ein weiteres Leitmotiv aus dieser tiefenpsychischen Textur ist die «stinkende gelbe Blume», das heraldische Emblem des Helden, ein Zeichen für die Bindung der Lebensvitalität an Schmutz, Verwesung und Tod, ein Affront gegen neusachliche Sterilität und Hygiene.

Irrtümlicherweise ist dieses Werk als Zeugnis der Verherrlichung des ‹élan vital› ausgelegt worden, so als würde in ihm das Opfer der Schwachen in den sich ewig umwälzenden Lebensstrom gepredigt. Statt dessen ist für den Dichter des *Perrudja* die Natur so ambivalent wie die Bedeutung seiner Leitmotive. Der einerseits auf einen immoralistischen Pansexualismus setzen mochte, um die Heuchlermoral der Bürgerwelt zu untergraben, konnte andererseits an eine sich selbst befriedende gütige Natur nicht glauben: «Was hilft es, wenn man die Bäume schreien hört», schreibt er gelegentlich in einem Brief. Wohl scheint es für ihn eine objektive Zeit zu geben, die das Schicksal «in allen unabänderlichen Einzelheiten enthält», so daß der Körper «nach und nach zum Schauplatz der Ereignisse wird, die ihm von Anfang an vorbehalten waren». Die erzählerische Konsequenz ist das Verweben der vergangenen und künftigen Zeit in die Gegenwart, wie denn Jahnn sein Experimentieren mit der Zeit mit seinem anderen wichtigen Roman, der Trilogie *Fluß ohne Ufer* (1949, 1961) später zu einer eigenen Poetik erweitert hat. Doch liegt in dieser Vorherbestimmung des Schicksals kein Sinn für den Menschen, weil «der Schmerz – die furchtbare Mühe der Armen – das Leid der geplagten Tiere» einen Riß durch die Schöpfung macht. Rüdiger Wagner hat in dieser Wendung das Echo auf Büchners *Dantons Tod* (1835) erkannt.

Die Selbstreinigung der fehlentwickelten Schöpfung in der katastrophalen Apokalypse eines Vernichtungskrieges, den zu führen Jahnn seinem Helden am Ende die Mittel an die Hand gibt, kann für ihn kein Tor zur Zukunft sein, weil Schmerz und Leid nicht kalkuliert werden dürfen. «Das Leiden trifft nie die Zahl – immer nur den Einzelnen», hat er – die Philosophie Dostoevskijs erneuernd – festgestellt, und das Leiden und der Schmerz wären älter als jede ökonomische Ordnung, und sie würden eine jede überleben. An ein Martyrium hingabebereiter Massen für den Gewinn einer neuen Zukunft hat er – mit der Erfahrung des Ersten Weltkriegs im Rücken, den er, als einer von wenigen deutschen Autoren, als Kriegsdienstverweigerer und -gegner erlebt hat – nicht glauben können. Die legendenhafte Apotheose des Opfers bei Dostoevskij ist nach dem Mißbrauch der Opfergesinnung im Krieg nach 1918 nicht wiederholbar gewesen. Doch gibt es genügend Hinweise darauf, daß die sadomasochistische Obsession von Leben und Werk dieses Autors sich an der Besessenheit eines Wunsches nach stellvertretender Aufopferung gespeist hat.

Ralph-Rainer Wuthenow
Portrait Heinrich Manns

Nicht nur die politische Position des Schriftstellers Heinrich Mann (1871 bis 1950) wird manifest durch den schon 1914 fertiggestellten, aber nur teilweise veröffentlichten sozialkritischen und satirischen Roman *Der Untertan*, der 1917 mit *Die Armen. Roman des Proletariats* fortgeführt wurde, um dann mit dem Roman *Der Kopf. Roman der Führer* (1925) zur Trilogie *Das Kaiserreich* zusammengefaßt zu werden, eine Trilogie, für die mehrere Essays aus dem Sammelband zur französischen Literatur *Geist und Tat. Franzosen 1780 bis 1930* (1931), so darin der für Heinrich Mann selbst so charakteristische über Émile Zola (1840 bis 1902), mehr liefern als nur aufschlußreiche Erläuterungen. *Der Untertan* jedenfalls wird nach 1918 zu einem Erfolgsbuch, Heinrich Mann zu einem der repräsentativen, noch für widerstreitende literarische Gruppen und ihre Tendenzen überaus wichtigen Autor.

Wie die Kritik am und damit die Abkehr vom lange praktizierten Ästhetizismus, die für Heinrich Mann etwa gleichzeitig mit der des jungen Hugo von Hofmannsthal (1874 bis 1929) anzusetzen ist, früher liegt als die seines Bruders Thomas, auch radikaler ist und zu einer entschiedenen oppositionellen, radikaldemokratischen Haltung mit idealistischer Zielsetzung hinführte, bringt ihn dann bald der bewußte Republikanismus, der angesichts des aufkommenden Nationalsozialismus ihn auch das Bündnis mit der extremen Linken nicht scheuen ließ, in Gefahr und forderte die Wahl zu treffen zwischen Martyrium und Exil.

Die Entwicklung dieses Autors ist konsequent gewesen; es gab hier keine Widersprüche und keine Anpassungsversuche an die Mächtigen, deshalb auch keine Zurücknahmen – außer dem kurzen Vorspiel seiner Arbeit für die Zeitschrift *Das 20. Jahrhundert* (1890 bis 1896), das der bedeutenden schriftstellerischen Arbeit als publizistische Einübung vorausgeht. Eben deshalb besaß Heinrich Mann in der Weimarer Republik sehr bald ein Ansehen, das viele andere Autoren sich in diesem Umfang nur selten erwerben konnten, ein Ansehen, das allein von den Gegnern der Republik angefochten wurde, die allerdings schon bald mächtiger waren als die unentschlossene Republik, der Heinrich Mann die *Diktatur der Vernunft* (1923) empfohlen hatte. Er genoß dieses Ansehen auch im Ausland, in Frankreich wie in der Tschechoslowakei, die dem Flüchtling Asyl, auch das Bürgerrecht gewähren sollte.

Arbeiten aus der Zeit der Weimarer Republik sind zunächst einmal die Romane, außer dem *Kopf* die sogenannten ‹Romane der Republik› *Mutter Marie* (1927), *Eugenie oder die Bürgerzeit* (1928), *Die große Sache* (1930), von denen der erste und vor allem der letzte Kriminalromane mit durchaus märchenhaften Zügen sind; ferner muß man den mit biographischen Materialien seiner Lebensgefährtin angereicherten Roman *Ein ernstes Leben* (1932) nennen, bei dem der Verfasser wiederum die Grenzen zum Kriminalroman zu überschreiten sich nicht scheut.

Satirisch hingegen verfährt Heinrich Mann und mit den Mitteln der Groteske arbeitend in den Novellen *Abrechnungen* (1924) und vor allem in *Kobes* (1925), einer auf Hugo Stinnes (1870 bis 1924) und seinen Riesenkonzern gerichteten Darstellung der Bedrohlichkeit wirtschaftlicher Macht. Hinzuweisen ist noch auf *Liliane und Paul* (1926) und auf den Band *Sie sind jung* (1929), der auch das Singspiel *Bibi* enthält. Ein historisches, wiewohl aktuelles Schauspiel trägt den aufschlußreichen Titel *Der Weg zur Macht* (1919) und ist nicht minder politisch als der Essayband *Macht und Mensch* (1919), der seinen Kampf für die Republik sozusagen einleitet, wie dann die Hauptbände jener Jahre unter dem Titel *Das öffentliche Leben* (1932), präludiert von der *Chronik der Gedanken und Vorgänge*, die er *Sieben Jahre* (1929) nennt. Der Essay *Das Bekenntnis zum Übernationalen* (1932) erscheint am Vorabend jenes Tages, an dem die deutschen Nationalsozialisten den Weg zur Macht erfolgreich beenden durften. Nun war Heinrich Mann persona non grata.

Er besaß bis dahin nicht allein als Autor ein ungewöhnliches Ansehen, sondern auch als moralische Person. Doch noch als Erzähler verstand er sich, spätestens seit dem Roman *Die kleine Stadt* (1909) als Moralist, der es nicht verschmähte, den Figuren seines Erzählwerks die eigenen Ansichten zu leihen, die eigenen Urteile, sie gewissermaßen für sich selbst agieren und in fiktiven Situationen an seiner Stelle sprechen und entscheiden zu lassen. Die wesentliche Situation ist fast stets dieselbe: die der Auflösung der bürgerlichen Gesellschaft, die früher noch wie im *Schlaraffenland* (1900) zu karikieren, bloßzustellen, zu verspotten war, nun aber in ihrer Halt- und Skrupellosigkeit, ihrer moralischen Gleichgültigkeit, Phantasie- wie Vernunftlosigkeit nicht allein mit bösem, sondern nicht minder mit erschrecktem Blick beschrieben, angeprangert, plakativ beleuchtet wird. Es entsteht so der «soziale Zeitroman» als Fieberphantasie von Untergängen – so auch in *Der Kopf* – oder von Bedrohungen, Verfolgungen, Wünschen und wunderbaren Lösungen, über die der Autor selbst zuweilen mag gelächelt haben. Heinrich Mann will die soziale Wirklichkeit erfassen und deuten, seine Art von Realismus, der keiner des Darstellungsziels ist, geht auf gesellschaftliche Einsichten, auf soziologische Phänomene zurück, er verwandelt den Befund in Form. In welcher Weise er dazu befähigt war, zeigte ja schon der Roman der deutschen Seele unter dem Wilhelminismus, *Der Untertan*.

So heißt es in *Macht und Mensch*, datiert aus der Zeit, zu der die Arbeit am *Untertan* bereits abgeschlossen war: «Was im neuen Deutschland Großes entstanden ist, hat gegen das Regime gelebt, in Haß und in der Verachtung des Regimes, oder, bei anderem Temperament, in der kalten Neugier, wohin es denn noch führe. Die Schamlosigkeit der Gewalt, unter der im Rußland von gestern und im Frankreich Napoleons des Dritten so starke Literaturen gewachsen sind, hat auch bei uns nicht hindern können, was ihr Ende sein wird. Der Geist gedeiht in feindlicher Luft, und wollten wir von der Welt nichts anderes als Befeuchtung unseres Talents, wir hätten den Herren zu danken.»

Das sind die Sätze, in denen Heinrich Mann auch die Stellung des Schriftstellers in der neuen, von Anfang an so zweideutig schwachen Republik erklärbar macht. In der veränderten politischen Situation wird etwas anderes aussichtsreich, also was sein Frühwerk seit der ‹republikanischen Wende› verstehbar macht und was er als notwendig erkennt: die Entwicklung einer sozial orientierten Romanliteratur. «Wir haben keine», erklärt er, «aber glauben Sie, daß Demokratie sich herausbilden kann, ohne Darstellung der Gesellschaft?» fragt er einen Freund und fährt fort: «Sie ist künftig das Einzige, was Sinn und Berechtigung hat: nicht mehr das ‹Zeitlose›, das heute noch immer höchster Zweck scheint.»

Damit bestimmt der Autor seine Rolle doppelt: Zum einen wirkt er publizistisch in Aufrufen, Reden, Berichten und Zuschriften, nimmt Stellung zu Tagesfragen und versteht sich politisch in dieser Tätigkeit, die von direkter Wirkung sein sollte; er ist einer, der schreibt, weil er politisch Anteil nimmt und seine Aufgabe darin erblickt, dies zu tun und Einfluß auszuüben, zum andern aber sucht er in der essayistischen und in der erzählenden Form die Wirklichkeit der Gesellschaft, in der er lebt, kritisch oder antizipierend über ihre Wirklichkeit schon hinausgreifend, zu gestalten, versteht sich als politisch und zeitverbunden – auch als Künstler. Literatur ist für ihn nicht die Geheimpraxis von einzelnen, für wenige nur, sondern ist Bestandteil des öffentlichen Lebens, ist selbst öffentliche Angelegenheit. In diesen Funktionsbestimmungen erscheint Heinrich Mann jedesmal, von seinen Vernunftforderungen geleitet, als Gegner der bestehenden Gesellschaft, die er nicht vertritt, sondern gegen welche er rebelliert. So war allerdings auch sein früher Ästhetizismus, etwa seit den *Göttinnen oder Die drei Romane der Herzogin von Assy* (1902), wesentlich als

Revolte gegen das Gemeine der bürgerlichen Gesellschaft zu begreifen, das heißt gegen den prinzipiell prostituten Charakter, der ihr eignet. Der Zynismus, mit dem er zuweilen seine Protagonisten ausstattet, durchstößt die Hülle des Selbstbetrugs, in dem diese Gesellschaft nicht aufhört sich zu gefallen.

Man kann seine Haltung und Erwartung optimistisch und idealistisch im Sinn von illusionär nennen, doch hat Heinrich Mann sie sehr ernst genommen, und man darf sein Literaturbewußtsein neutral als ‹republikanisch› bezeichnen, wofür sich die Ansätze schon in *Die kleine Stadt* finden lassen. Politik ist gewissermaßen die Moral dieser Literatur, Moral ist ihre Politik. Nicht die Ästhetisierung des Politischen ist das Ziel, sondern die Politisierung der ästhetischen Produktion in einer Epoche, die dies, einmal wieder in Deutschland, nachdrücklich zu fordern schien wie zu Ende des 18. Jahrhunderts, wie im Vormärz, wie in der Zeit der 48er Revolution.

Den Versuch, die Masse zu erreichen, hat Heinrich Mann sehr bewußt unternommen. Voraussetzung hierfür war allerdings die Absage an ein Bildungsprivileg für wenige und damit ein veränderter Bildungsbegriff. Er glaubt in der politisierten Nation mehr praktische Bildung zu erkennen, sieht die Massen aus Not und Erfolgen lernen und hofft auf ein wachsendes Kapital von ‹mittlerer Intelligenz›. Man muß aber dann auch anders reden und schreiben, unumwunden; direkt, unter Hintansetzung von Skepsis und Tragik. Es gilt, für ein aufmerksames Volk zu schreiben, nicht für ein verwöhntes Publikum, das zu dem, was es aufnehmen soll, keine Beziehung mehr hegt. Er plädiert deshalb auch so für die Volksbühne wie für den Film.

Wie sehr Heinrich Mann die Beziehung zur Öffentlichkeit als einen Auftrag der Literatur ansah, ergibt sich nicht allein aus Reflexionen und programmatischen Äußerungen, in seinen Aufsätzen und Essays, sondern auch aus der Tatsache, daß er bei Karstadt, in einem der größten Warenhäuser Berlins, zu lesen bereit war, worüber dann ausführlich in vielen Zeitungen berichtet wurde, die, wie *Die Rote Fahne* (1919 bis 1933), dies als einen Akt der Solidarität verstanden.

Wenn ihm in den Romanen dieser Jahre weitgehend eine Art von Vereinfachung gelang, die er als popularisierend verstanden wissen wollte, so stellen sich dem Verständnis der Essays von Heinrich Mann doch immer wieder große Schwierigkeiten entgegen, die nicht allein auf stilistische Eigentümlichkeiten zurückzuführen sind. Heinrich Mann setzt viel voraus, riskiert Anspielungen und arbeitet mit nicht näher erläuterten Voraussetzungen, so daß man sich fragen muß, ob er mit diesen Arbeiten wirklich das Publikum zu erreichen hoffte, für das er seine Romane schrieb. Es gibt überdies eine Reihe anachronistischer Momente aus einer Tradition von 1789, ja, seine emphatische Hinwendung zur französi-

schen Tradition ist als Aneignung einer fremden Überlieferung zu bezeichnen. Sie läßt sich aber sehr wohl erklären: für Heinrich Mann als
Schriftsteller handelte es sich dabei um ein Identifikationsproblem.
Das zeigte sich schon im *Zola*-Essay von 1915, der zur Erläuterung, gelegentlich sogar zum Schlüssel für die folgenden essayistischen Arbeiten
wird und dessen in den Schreibvorgang feindselig einbezogener Leser der
eigene Bruder war. Denn es ging um die Erwiderung auf dessen festlich-
national gestimmten Kriegsaufsatz. Schon der zweite Satz ist an ihn adres-
siert, und Thomas Mann hat dies gewußt. Heißt es zunächst, der Autor,
der ein Höchstmaß an Realität zu erfassen vermochte, habe lange Zeit
schwärmerisch und träumerisch gewirkt, so wird damit die Entwicklung
eines bedeutenden Erzählers charakterisiert, die auch Widersprüche umfassen kann; zur Verdeutlichung aber wird die Gegenfigur in einem knappen Satz verallgemeinernd hingestellt, das Gegenbild, der Bruder also,
erscheint in aggressiver Wendung der Entwicklung unfähig: «Sache derer,
die früh vertrocknen sollen, ist es, schon zu Anfang ihrer zwanzig Jahre
bewußt und selbstgerecht hinzutreten.»
Zola freilich war anders: Er war poetisch, vertrauensvoll, hingabefreu-
dig, ehe er zu zweifeln und sich zu behaupten lernte. Absichtslos gelei-
stete Vorarbeiten werden so zu Voraussetzungen späterer Werke. Am
Ende des Essays erscheint die Demokratie als «ein Geschenk der Niederlage». Wie oft hinter Zola die eigene Gestalt, zeichnet Heinrich Mann
hinter dem Kaiserreich Napoleons III. (1808 bis 1873) das Wilhelms II.
(1859 bis 1941), das sogenannte Zweite Reich. Damit hat er auch die
moralisch-politische Position des Erzählers Zola übernommen, über den
er schreibt – als Intellektueller, dem Vergeistigung erst als Versittlichung
gültig wird, der Geist in Wirklichkeit umsetzen und nicht nur rühmen will.
Er hofft, daß die Geschichte der Vernunft und der Menschlichkeit gehören werde; so ist der Intellektuelle hier nicht mehr der Kontemplative, er
wirkt als Rebell; deshalb greift Zola eines Tages in das Tagesgeschehen
ein, wie vor ihm schon Voltaire. Offenkundig übt Heinrich Mann in diesem Essay eine Art von Selbstvergewisserung – und ist dabei polemisch
auf Gegner hin orientiert, die er nur zu gut kennt, die er provozieren will.
Er weiß auch, von welcher Entartung er spricht: der der Politik zum reinen
Machtkult, der der Literatur zum gefährlichen, weil verantwortungslosen
Ästhetizismus. Die Wirklichkeitsferne des Intellektuellen ist ihm zum Problem geworden, wie ihm die geistlose Anbetung der Macht zuwider war.
Noch wenn er davon spricht, daß Zola schließlich nicht um des eigenen
Ruhmes willen auf Kosten des allgemeinen Wohls sich hatte wollen wichtig
machen, scheint er Vorwürfe abzuwehren, die gegen ihn selbst erhoben
werden könnten. Anders aber als der deutsche Schriftsteller, der ihm hul-
digt, fand Zola das erhoffte Echo seines Volkes, das nicht mit patriotischen
Parolen Unrecht und Knechtschaft, die Unantastbarkeit der Armee als

Staat im Staate hinzunehmen bereit war. Autoritätsgläubigkeit steht nun
im Bunde mit mangelndem Rechtsgefühl gegen die Hoffnung auf Fortschritt und Gerechtigkeit. Zola steht plötzlich in der Tradition der großen
Revolution.

Vernunft, Gerechtigkeit, Wahrhaftigkeit sind keine leeren Begriffshül-
sen, er verdeutlicht sie an bestimmten Vorfällen und Verhaltensweisen.
Das führte dann auch zu Mißverständnissen. Vieles, was in diesen Essays
von Heinrich Mann abstrakt, postulatorisch, von heute her gesehen auch
illusionär und ungenau erscheint, hat Thomas Mann (1875 bis 1955) in
seinen als «Gedankendienst mit der Waffe» bezeichneten *Betrachtungen
eines Unpolitischen* (1918) aufgegriffen, und zwar um so heftiger, als er
sich persönlich getroffen sehen mußte. Er hat dem polemischen Charakter der Essays seines Bruders nicht Rechnung getragen, aber er hat aus
großer Nähe und genauer Kenntnis heraus die Vorwürfe formuliert, die
seither immer wieder erhoben werden sollten; schon im Vorwort setzt er
sich ab von den Tendenzen eines Schriftstellers, dessen Namen er nicht
nennt und den doch alle Welt als den wirklichen Adressaten vermuten
mußte. Der Jargon von Geist, Liebe, Demokratie erwecke in ihm so etwas wie Ekel, gibt er zu verstehen. Der politisierte und moralisierende
Ästhetizismus, wie er ihn nennt, der ein ‹warmes Ethos› hat und durchsetzt ist mit larmoyanter Revolutionsphilanthropie, ist eine Mischung,
welche für sich die Demokratie und gegen sich den guten Geschmack
hat.

So erscheint Heinrich Mann als wirklichkeitsfremd, advokatorisch, unge-
recht, hyperkritisch, wenn es sich um Deutschland, unkritisch jedoch,
wenn es sich um Frankreich handelt. Aus allem, was Thomas Mann vor-
bringt, spricht die Empörung gegen jene ‹Unverschämtheit›, die darin
liegt, daß der ‹Geistespolitiker› die Identität von Politik und Moral statu-
iert, Empörung auch gegen den Dünkel, der alles, was nicht Politik ist, als
Ästhetizismus brandmarken will, der deutsches Leben mit dem feindlichen Geist des Auslands korrigieren will. Kindisch nennt er den Kult des
Fremden und ästhetizistisch seinerseits nun die Vorsicht, mit welcher der
‹Zivilisationsliterat› die Erfahrung ihm fremder Wirklichkeit zu meiden
trachtet. Sein unechtes Renegatentum freilich besitzt die ganze Unduld-
samkeit des echten, weil er Selbstzweifel, Scham und Ironie preisgegeben
hat. –

Das Spätwerk von Heinrich Mann gehört ganz dem Exil an: Im Februar
1933 verläßt er eilig Berlin, um nie mehr nach Deutschland zurückzukehren; er stirbt 1950 in Kalifornien kurz vor der geplanten Übersiedlung in die
DDR, wo man sich dann auch, anders als in der Bundesrepublik, sofort
seines Werkes angenommen, es publiziert und kommentiert hat, was im
Sinn einer gezielten Traditionsbildung geschah, auf die man im Westen
lieber Verzicht leisten wollte. Nicht allein biographisch, auch als Autor,

also im Hinblick auf sein Werk, ist Heinrich Mann aus dem Exil sozusagen noch nicht zurückgekehrt.

Ein Bruch aber war das Exil zunächst jedenfalls nicht in jeder Hinsicht: Heinrich Mann verlor zwar sein Publikum, seinen Verlag und fast alle bestehenden Absatzmöglichkeiten, Eigentum und Staatsbürgerschaft, aber er befand sich in einem ihm heimatlich vertrauten Lande, dessen Sprache er liebte, dessen Literatur ihn geprägt hatte; er konnte in gewisser Weise den Kampf fortführen, den er in Deutschland schon über fast fünfzehn Jahre, wiewohl nicht eben erfolgreich, ausgetragen hatte. Und es war nur konsequent, daß für ihn, den letzten bedeutenden deutschen Autor aus französischer Tradition, kein Platz mehr war.

Wenn Heinrich Mann dem konservativen Lager als Verräter und ‹Nestbeschmutzer› gelten mochte, so führte seine Ablehnung radikaler revolutionärer Gewalthandlungen bei gleichzeitiger Verachtung für kompromißlerisch-halbherzige Reformversuche wiederum dazu, daß er zwischen den Stühlen saß und sich von der *Roten Fahne* bescheinigen lassen mußte, daß er das Ideal vergangener Jahrhunderte verherrliche und deshalb bei der Konterrevolution landen müsse. [334; *S. 149*] So machte sich Heinrich Mann in der Tat keine Illusionen über sein Publikum, er wußte, daß er unbequem war. Er wollte es bleiben. Insofern waren auch die publizistischen Unternehmungen dieses Autors keineswegs langfristig erfolgreich, und sicher hat er nicht genug getan, um alle zu erreichen, die er doch gern hätte erreichen wollen; die andere Sprache lernte er dann erst im Exil. Noch deutlicher als zuvor wird nun, daß der Schriftsteller für die Handelnden Gewissen hat.

Während er an seinen großen Romanen über Henri IV. arbeitet, unterbricht er diese Tätigkeit immer wieder für politische Stellungnahmen, Aufsätze und andere Publikationen, so auch nach Deutschland zu schmuggelnde Informationsdrucksachen und Aufrufe. Es erscheint der Essayband *Der Haß* (1933) als Würdigung des tausendjährigen Reiches, drei Jahre später erscheint ein sogenanntes *Deutsches Lesebuch* unter dem Titel *Es kommt der Tag* (1936). Heinrich Mann wird zu einem repräsentativen Schriftsteller des Exils, Ehrenpräsident des «Schutzverbandes deutscher Schriftsteller» und gehört auch zu den Gründern der deutschen Freiheitsbibliothek, einer Gegensammlung zu dem, was damals in Deutschland verboten, verbrannt oder verborgen wurde. Er schreibt als Vertreter einer verhinderten Literatur, während er sich gleichzeitig um die Bildung einer deutschen Volksfront bemühte. Regelmäßig schreibt Heinrich Mann auch für die *Dépêche de Toulouse* (1940 bis 1945) politische Artikel.

Im übrigen gehört nach Fertigstellung des Romans *Die Jugend des Königs Henri Quatre* (1935) ein großer Teil seiner Arbeit der Fortführung unter dem Titel *Die Vollendung des Königs Henri Quatre* (1938); es entsteht ein Werk, das zugleich historisch und aktuell zu lesen ist. Keinen Heros, keinen Heiligen zeichnet der Erzähler hier, sondern einen bedeutenden, gütigen und verschlagenen, leichtfertigen und überlegenen, sinnlichen und geistreichen, durch Fehler und Schwächen überaus menschlichen Herrscher, der auch ein Schauspieler war, der Irrtümern erlag und an dem doch in seinem Ausgleich von Macht und Menschlichkeit das Böse nicht teilhatte, bis er schließlich als Opfer eines fanatisierten Mönches starb, noch ehe seine größten Pläne verwirklicht werden konnten. So entsteht in der Tat ein Gegenbild zur aktuellen Wirklichkeit Europas, Deutschlands zumal; der ‹historische Roman› darf so zum Gleichnis dessen werden, was immer wieder möglich sein soll.

1939 erscheint als Vorwort zu einer französischen Ausgabe *Les Pages immortelles de Nietzsche*, ein längerer Essay, in dem Heinrich Mann den Versuch macht, Nietzsche gegen die Faschisten, die sich auf ihn beriefen, in Schutz zu nehmen.

Ein Jahr später ist Frankreich geschlagen, dem fast Siebzigjährigen gelingt die Flucht aus dem unbesetzten Teil seiner zweiten Heimat über die Pyrenäen und nach Lissabon, von wo aus ein Schiff ihn in die Vereinigten Staaten bringt. Er lebt in Los Angeles in der Nähe seines Bruders, erhält Aufträge, Skripten möglicher Drehbücher für Hollywood zu verfassen – aber der Vertrag gilt nur für ein Jahr, dann folgt die formlose Kündigung. Aufmerksam verfolgt er, wie man in seinem Memoirenbuch nachlesen kann, die selbstmörderischen Siege und den blutigen Untergang des ‹tausendjährigen Reiches› und zwar mit wachsender Genugtuung; was er vorausgesehen hatte, traf ein; nur kam alles sehr viel später, als er es gewünscht hatte.

Den Memoiren (*Ein Zeitalter wird besichtigt*, 1945), den Romanen *Der Atem* (1949) und *Empfang bei der Welt* (1956), nach der Szenenfolge *Lidice* (1943) dann der Szenenfolge *Die traurige Geschichte von Friedrich dem Großen* (1960) gelten die letzten Jahre seiner Arbeit. Das zweite Exil ist sehr viel bitterer als das erste; Heinrich Mann lebt zurückgezogen und in den allerbescheidensten Verhältnissen. Amerika sollte ihm fremd bleiben. «Alles, was mir gegeben war, hatte ich an Europa erlebt. Lust und Schmerz eines seiner Zeitalter, das meines war, aber mehreren anderen, die vor meinem Dasein liegen, bin ich auch verbunden.»

So sah die Erinnerung an den Abschied aus; doch hatte Heinrich Mann Mühe, sich damit abzufinden, daß es ihn sozusagen als Autor kaum noch gab. Er lebte ein Alter, das ihm selbst als ‹träumerisch› erschien und das den Stil seiner letzten eigenwilligen und geisterhaften Romane prägte.

Kurz vor seiner Abreise nach Berlin starb Heinrich Mann am 12. März 1950. Die sehr langsam einsetzende Rezeption seines Werkes, verschieden in den beiden Teilen Deutschlands, ist ein Kapitel für sich, das genau nur unter politischen Gesichtspunkten zu begreifen ist. Lange Zeit konnte in der Bundesrepublik von einer Rezeption überhaupt nicht gesprochen werden, erst seit etwa fünfzehn Jahren beginnt die Mischung aus Unkenntnis und Ablehnung einem doch partiellen Interesse zu weichen. Einige seiner Werke kann man fast schon als bekannt bezeichnen. Bittere Wahrheiten, die er nach Deutschland gesprochen hat, verhallten weitgehend ungehört. Der große Erzähler ist noch zu entdecken.

Von Geld ist die Rede, von wem noch?

*«Niemandem kann ein so plötzlich
erworbener Reichtum bekommen ...*

… man muß auch mit Geld umgehen lernen, und das hatte ich in meinem Leben bisher nicht gelernt», schreibt der Autor in seinen Erinnerungen. Er hatte 1932 sein erstes erfolgreiches Buch veröffentlicht, und es wurde später das erste Taschenbuch, das in Deutschland erschien.

Im Elternhaus war man nicht arm, aber sparsam. Als der Autor noch ein Kind war, wurde er von seinen Klassenkameraden wegen seiner geflickten Hosen arg gehänselt. Die Mutter meinte: «Sag nur deinen Jungens, daß du drei Geschwister hast und daß wir sehr sparen müssen. Berlin ist schrecklich teuer, und Vater geht nicht davon ab, alle Jahre zehn Prozent seines Einkommens zurückzulegen, für Notzeiten. Das kommt euch Kinder allen doch einmal zugute.»

Trotz des erwähnten Erfolgs und vieler weiterer Bücher, die auch heute noch als Standardwerke der «Neuen Sachlichkeit» geschätzt werden, ist der Autor nie reich geworden. Das lag weniger an den beiden Weltkriegen als an der Rauschmittelsucht, von der sein Leben überschattet wurde und an deren Folgen er 1947 starb. Von wem war die Rede?

(Alphabetische Lösung: 6-1-12-12-1-4-1)

Peter Horn / Brigitte Selzer
Zeitromane

Paul Bäumers Satz: «Ich erschrecke; hier darf ich nicht weiterdenken. Dieser Weg geht in den Abgrund» aus Erich Maria Remarques (1898 bis 1970) Kriegsroman *Im Westen nichts Neues* (1929) könnte als geheimes Motto über fast allen Zeitromanen der Epoche stehen. Zwar handelt es sich bei den hier vorgestellten Romanen um die Denk- und Erzählanstrengungen einer liberalen bis linken Gruppe von Intellektuellen und einzelnen Arbeiterschriftstellern, die versuchten, ihr Erleben im Krieg, der Nachkriegszeit, während der Inflation, der Wirtschaftskrise und im Exil so darzustellen, daß weite Leserkreise ihr eigenes Erleben in diesen Romanen widergespiegelt finden konnten; fast durchweg gelingt es den Autoren aber nicht, über die subjektive Betroffenheit und das ‹Moralisch-Rosa› der Anklage zu einer Analyse der meist aus der Sicht kleinbürgerlicher Helden erlebten Realität durchzustoßen. Eben diese subjektive Perspektive, auch dort, wo sie in filmischer Manier im schnellen Wechsel von Person zu Person springt, auch dort, wo der Held ein klassenbewußter Arbeiter ist, verhindert fast durchweg, daß der Leser über die geschilderte ‹Zeit› mehr erfährt, als dem Helden bewußt sein könnte. Diese Horizontbeschränkung wird auch dann nicht aufgehoben, wenn der Autor seine eigenen Reflexionen in den Mund eines Räsoneurs legt oder gar in auktorialer Manier selbst sein den Widersprüchen der geschilderten Situation meist unangemessenes Bewußtsein ausbreitet. Zum Teil liegt das daran, daß die Autoren (mit wenigen Ausnahmen) in der Absicht, ein möglichst breites Publikum mit den geschilderten Tatbeständen zu konfrontieren, auf eine Form des ‹realistischen› Romans zurückgreifen, der naiv das Problem der Wirklichkeitskonstitution durch die Erzählperspektive und den Erzählvorgang überspringen zu können glaubt und sich so als unreflektierte Schablone der Wirklichkeit dieser nicht gewachsen zeigt. Indem der Zeitroman so unvermittelt die Dinge aufgreift, die ‹aktuell› und ‹im Gespräch› sind, übersteigt die Darstellung des Zeittypischen fast nie den Bereich des unmittelbar Bewußten; Wertungen entstehen nicht aus einer neuen Analyse des Dargestellten, sondern bleiben den dargestellten Ereignissen äußerlich: Die ‹Zeit› erkennt sich wieder, aber sie erkennt nur, was ihr bereits bekannt ist. Wertvoll bleibt der Zeitroman in dieser Beschränktheit so als Dokument (weit verbreiteter) subjektiver Erfahrungen, Denk- und Sprechweisen: Weil er aber abbildet, ohne das Abbildungsverfahren zu problematisieren, gelingen nur selten wirkliche Einsichten in die Strukturen des politischen und ökonomischen Geschehens: die Ursachen des Krieges, der Inflation, der Arbeitslosigkeit, das Versagen der demokratischen und sozialistischen Kräfte der Weimarer Republik, die Machtergreifung des Nationalsozialismus, die Erfahrungen der Illegalität und des Exils.

Kriegsromane

An den Kriegsromanen, deren massenhafte Produktion um 1928 mit Ludwig Renns (d. i. Arnold Vieth von Golßenau, 1889 bis 1979) *Krieg* (1928) einsetzte, lassen sich solche Probleme des ‹realistischen› Erzählens besonders eindringlich aufzeigen; denn fast immer fehlt aufgrund der Wahl des Erzählers/Helden die Möglichkeit einer analytischen Durchdringung des Kriegsgeschehens. Die gewählte Erzählperspektive, die von der Erfahrung des ‹einfachen Mannes› ausgeht, der nicht weiß, was mit ihm geschieht, und der es aufgrund mangelnder analytischer Hilfsmittel auch nicht wissen kann, erlaubt dem Leser – vor allem dem ehemaligen Frontsoldaten – zwar die Identifikation (‹ja, so war es, genau so›), erlaubt ihm moralische Entrüstung und Verurteilung, doch kaum Einsichten. Darauf haben schon zeitgenössische Kritiker wie K. A. Wittfogel, K. Kersten und M. Helfand [283; *S. 309–310*] hingewiesen. So kommen zum Beispiel in Remarques Roman diskutierende Soldaten zu der Einsicht: «In Frankreich sind die meisten Menschen doch auch Arbeiter, Handwerker oder kleine Beamte», ja sogar zu dem Satz: «Es muß Leute geben, denen der Krieg nützt»; aber diese Einsicht wird nicht weiterverfolgt. Entweder wird das Problem personalisiert – Kaiser und Generäle wollen durch einen Krieg berühmt werden, oder der Krieg wird als eine Art Fieber gesehen – «Keiner will es eigentlich, und mit einem Male ist es da.» Während Kracauer dem Werk einen begrenzten Wert als «Anschauungsunterricht» zugesteht, verurteilt er doch Remarques Schweigen über die Ursachen des Krieges: Er «steigert den Krieg zu einem mystischen Schicksal empor, das er nicht ist, und beläßt ihm die Unabwendbarkeit, die er nicht hat». [104; *S. 458*] Am ehesten zeigt sich eine solche Perspektive, die über das rein subjektive Erleben des Helden hinausgeht, in Adam Scharrers (1889 bis 1948) Roman *Vaterlandslose Gesellen. Das erste Kriegsbuch eines Arbeiters* (1930): Sein Held, der fünfundzwanzigjährige Dreher Hans Betzold, durch seine Erfahrung von Hunger, Not und Elend von früh an in der Arbeiterklasse verwurzelt, begreift den Krieg als «Fortsetzung der kapitalistischen Politik mit anderen Mitteln» und als konsequente Zuspitzung eines nationalen Imperialismus, der sich seinen Anteil am Weltmarkt sichern will. Der zunächst spontan und ziellos gegen das sinnlose militärische Reglement rebellierende Betzold setzt sich schließlich unter den Soldaten für die Fraktion Liebknecht ein und schließt sich am Ende des Krieges den revolutionären Arbeiter- und Soldatenräten an. Ohne Zukunft dagegen endet Remarques Roman mit dem sinnlosen Tod seines Helden im letzten Kriegsmonat: «(...) so allein und so ohne Erwartung»; sein Gesicht, als er tot ist, «hatte einen so gefaßten Ausdruck, als wäre er beinahe zufrieden damit, daß es so gekommen war». Ludwig Renns Held kehrt zwar nach dem Krieg in die Heimat zurück, aber der letzte Satz des Romans entläßt ihn in dieselbe Perspektivelosigkeit: «Wohin wir fuhren, wußten wir nicht, nur daß es noch nicht gleich nach Hause ging.» Nun ist es ja durchaus richtig, und die meisten Kriegsromane schildern es auch so, daß nach der ersten Euphorie beim Ausbruch des Krieges die Reduktion des Soldaten auf die rein animalischen Funktionen des Überlebens zu einer «fürchterlichen Gleichgültigkeit» führte: «Das Grauen läßt sich ertragen, solange man sich einfach duckt – aber es tötet, wenn man darüber nachdenkt.» Remarque beschreibt, wie der Mensch zum bloßen Menschentier wird, hart, mißtrauisch, mitleidslos, rachsüchtig und roh. Daß Remarque auch eine andere Perspektive hätte wählen können, zeigt ein Satz wie: «Am vernünftigsten waren eigentlich die armen und einfachen Leute; sie hielten den Krieg gleich für ein Unglück.»

Aber bei aller Sympathie für sie, die Problematik des Arbeiters kommt nicht in seinen Blick. Nur bei Scharrer wird dieser Abschnitt aus der Geschichte der deutschen Arbeiterbewegung sichtbar: der Kampf der Arbeiterbewegung gegen den Krieg, die Vorbereitung der Revolution und der Krieg auch als Klassenkampf gegen eine kriegshetzerische Bourgeoisie und die Militärdiktatur, die Haltung der SPD während des Krieges, die Streiks der Rüstungsarbeiter und der wachsende Widerstand der USPD gegen den Krieg. Remarque werden die Arbeiter zu «einfachen Leuten», die die sympathische Eigenschaft haben, sich in jede Situation zu finden, zu überleben und das Überleben zu «organisieren». So tritt ihm an die Stelle einer möglichen Solidarität das Erlebnis der «Kameradschaft», gewachsen aus den Erfahrungen des gemeinsamen Leidens und der gegenseitigen Hilfe. Scharrer dagegen entlarvt diese Kameradschaft als «die größte Lüge, die je erfunden wurde. Sie war niemals eine freiwillige, sondern immer nur eine Gemeinschaft von Todeskandidaten.» Aus demselben beschränkten Gesichtspunkt heraus, der die eigentlich am Krieg Schuldigen nicht zu erfassen vermag, konzentriert sich daher bei Remarque der Haß der Soldaten auf die Figuren, die in seinem engen Gesichtskreis den Krieg befürworten, die zu Ersatzverantwortlichen werden: die

Lehrer, die eigentlich «Vermittler und Führer zur Welt des Erwachsen-seinwerden, zur Welt der Arbeit, der Pflicht, der Kultur und des Fort-schritts, zur Zukunft» sein sollten, die aber ihre Autorität mißbrauchen, um zum Kriege zu hetzen; die Offiziere, die die Soldaten in sinnlose Schlachten hetzen, die Ärzte als Erfüllungsgehilfen des Heeres und Nutz-nießer von Experimenten an vielfältigem Krankenmaterial, die Köche, die Schinder auf den Kasernenhöfen, die sich vor der Front drücken und, um ihren Posten in der Heimat zu behalten, besonders stramm mit den Rekruten umgehen. Wenn Remarques Soldaten sich wehren, dann in der Form persönlicher Rache an diesen ungeliebten Figuren, ohne daß ihre Stellung im System und die Zwänge, unter denen auch sie stehen, durch-dacht werden.

Das Feindbild der Soldaten entspricht zunächst dem der deutschen Kriegspropaganda: die Feinde sind «Gelichter», das schon davonläuft, «wenn nur ein deutscher Landstürmer kommt». Erst der persönliche Kontakt mit Kriegsgefangenen oder im Kampf führt da teilweise zu einer veränderten Einstellung, so wenn in Edlef Köppens (1893 bis 1939) *Hee-resbericht* (1930) der Student Adolf Reisiger durch seine äußere Ähnlich-keit mit einem toten feindlichen Soldaten erkennt, er selbst könnte das gewesen sein, der da tot liegt. So werden ihm der Sinn des Krieges und der ‹Feindschaft› fragwürdig. Ähnlich geht es Paul Bäumel in Remarques Ro-man, als er den Franzosen Gérard Duval in einem Bombentrichter ersto-chen hat und dessen Menschsein erkennt: «Es ist der erste Mensch, den ich mit meinen Händen getötet habe, den ich genau sehen kann, dessen Sterben mein Werk ist.» Zu einer sehr viel weitergehenden Identifizie-rung und Einfühlung in den ‹Feind› kommt es in Arnold Zweigs (1887 bis 1968) Roman *Der Streit um den Sergeanten Grischa* (1927), der im letzten Kriegsjahr auf der Flucht aus einem Kriegsgefangenenlager irrtümlich als von Bolschewiken infiltrierter Spion festgenommen wird und in die Müh-len der deutschen Militärgerichtsbarkeit gerät. Trotz des Nachweises sei-ner wahren Identität wird er schließlich hingerichtet, nicht ohne vorher bei seinen Bewachern ein tiefgreifendes Umdenken über den ‹Feind› ver-ursacht zu haben. Im Verlauf der langwierigen Kompetenzstreitigkeiten wird allerdings auch deutlich, daß die Kriegsmaschine als ein System der Unterdrückung und Gewalt Gerechtigkeit gar nicht wollen kann und daß die Auflehnung des einzelnen, sei er auch so hoch gestellt wie der konser-vative General Lychow, gegen diese Maschinerie unmöglich ist. Indem Zweig auf die Darstellung des Kriegsgeschehens selbst verzichtet und sich auf die komplexe Maschinerie hinter der Front konzentriert, beschreibt er den Krieg als Einrichtung des Imperialismus, nicht wie andere als irra-tionales, unbegreifliches Phänomen. [308; *S. 229*]

Arnold Zweig ist es auch, der in seinem zweiten Roman über den Welt-krieg, *Erziehung vor Verdun* (1935), Alternativen aufweist, die über das bloße Grauen des Krieges, die Orientierungslosigkeit, Vereinzelung und Hilflosigkeit der Menschen im Krieg einen anderen Weg weisen. Zwar endet sein Roman nicht wie Adam Scharrers Roman mit dem emphatischen Bild der roten Fahne auf dem Berliner Schloß und den Arbeitermassen, die «jauchzend» durch die Stadt marschieren; aber der junge Schriftsteller Werner Bertin, der anfangs noch immer «die Dummheiten, die ihm vorgeschrieben waren» denkt, erfährt als Strafversetzter das Unrecht als systemimmanente Konstante am eigenen Leibe; ähnlich geht es den Brüdern Kroysingk, die ein Unrecht anzuprangern suchen und deswegen auf ein Todeskommando geschickt werden: «Nicht die Gerechtigkeit einer Sache regierte, sondern der klobige Stiefel.» So wird er der Erziehung durch den Setzer und Sozialdemokraten Pahl und dessen Freund Lebehde zugänglich, von denen aus eine reale historische Alternative zum Krieg sichtbar wird.

Unter den Antikriegsromanen nimmt Ernst Glaesers (1902 bis 1963) *Jahrgang 1902* (1928) schon deswegen eine Sonderstellung ein, weil er nicht die Erlebnisse eines Soldaten, sondern eines Schuljungen beschreibt, der dem Krieg gerade noch entkommt: Zunächst mitgerissen von der allgemeinen Kriegsbegeisterung, wird er durch die Erfahrungen im Hause seines Freundes Fred von K. nachdenklich gemacht; schließlich verliert er seine Geliebte bei einem Luftangriff und bleibt ratlos und zornig zurück. Aus anderen Gründen ragt das Antikriegsbuch *(CHCL=CH) 3 AS (Levisite) oder Der einzig gerechte Krieg* (1926) von Johannes Robert Becher (1891 bis 1958) aus den bisher geschilderten heraus: sowohl durch den spätexpressionistischen Stil als auch durch die prophetisch vorweggenommene Zukunft. Die bestehende Gesellschaft erscheint Becher als ein stinkender Kadaver, der mit seiner Fäulnis die Umwelt verpestet. Der idealistische Kriegsfreiwillige Peter Friedjung findet in dem Abscheu vor einem neuen, mit allen Mitteln der Giftgaschemie und der Technologie geführten Krieg von den Deutschnationalen zu den Kommunisten und erliegt nach einer Friedensdemonstration den Schußverletzungen, die er wie Tausende andere in einem vom Militär verursachten Blutbad erhält. Es kommt zu einer Militärdiktatur, und als die Arbeiter sich in einem weltweiten Krieg gegen diese wehren, setzen die Diktatoren und die Kapitalisten chemische Kampfstoffe gegen die Arbeiter ein. Zeitweiligen Erfolgen der ‹Roten› folgen Niederlagen; aber der Kampf der Arbeiter, über dem Friedjungs Vermächtnis steht, der einzig gerechte Krieg wird weitergehen.

Nicht übersehen darf man, daß der Kriegsroman eine Stellungnahme auch zur politischen Wirklichkeit der Weimarer Republik um 1928 war, als die Reichstagsdebatten um den Bau des Panzerkreuzers ‹A› und die inkonsequente Haltung der SPD zur Aufrüstungsfrage Anlaß zu heftigen Debatten um Krieg und Pazifismus wurden. Mit dem Slogan «Erst Brot –

dann Kriegsschiffe» war die SPD in den Wahlkampf gezogen, brachte auch einen Antrag gegen den Panzerkreuzerbau im Parlament ein, stimmte dann aber in der Reichsregierung dafür. [308; *S. 227*]

Die Nachkriegszeit im Roman

Unpolitische Resignation, Zukunftsangst und Selbstmitleid sind nicht nur Attribute des Kriegsromans, sondern prägen auch die Stimmung der durch die Inflation enteigneten Mittelschichten der Nachkriegszeit. Die verratene und vom Krieg verschlissene Jugend, die noch nach dem Krieg am Krieg zerbricht, in den Selbstmord treibt oder gegen die ältere Generation antritt, zeigt Remarque in seinem Roman *Der Weg zurück* (1931). Während Remarques Roman nur in dem Vorsatz des Erzählers und einiger Kameraden endet, jeder für sich in seinem Kreis das Richtige zu tun, schildert Renn in seinem *Nachkrieg* (1930) aus der Erfahrung, daß das Handeln einzelner vergeblich ist, den Weg eines sozial denkenden, aber politisch nicht gebundenen Mannes zur kommunistischen Partei. Zunächst bleibt dem Vizefeldwebel Ludwig Renn das Zusammenspiel der republikanischen Regierungsorgane und der Kader der ehemaligen kaiserlichen Armee in der Niederschlagung der Revolution ebenso undurchschaubar wie die revolutionären Ziele des Spartakusbundes. Nach dem Mord an Kriegsopfern, die wegen ihres elenden Lebens vor dem Ministerium demonstrieren, begreift er langsam seine eigene widersprüchliche Lage, «einem Staat zu dienen, der zerschlagen werden müßte». Als er sich von Revolutionären entwaffnen läßt, legt man ihm nahe, den Dienst zu quittieren.

Alfred Döblins (1878 bis 1957) vierbändiges Werk *November 1918. Eine deutsche Revolution* (geschrieben 1937 bis 1944, veröffentlicht 1948 bis 1950) stellt die Ereignisse am Kriegsende zwar durch die Augen des Gymnasiallehrers Friedrich Becker dar, der sich an die Zustände in der Weimarer Republik nicht gewöhnen kann; über weite Strecken aber verläßt er diese Perspektive: So wird die sozialdemokratische Regierung (Ebert und Scheidemann) aus der Perspektive der Spartakisten karikiert – Ebert wird zum Beispiel als kleiner beleibter Spießbürger dargestellt, der eine friedenswillige Arbeiterschaft an die Militärs ausliefert –, aber es wird auch Liebknecht einerseits als genialer Redner, andererseits als politischer Phantast, Rosa Luxemburg zwar mit Sympathie, aber als Hysterikerin dargestellt. Ein weites Panorama der Zeit wird entrollt: Lenin in Petersburg und Moskau, Wilson auf dem Weg nach Amerika, Kassel und die oberste Heeresleitung erscheinen im Bild. Döblin verwendet Dokumente aus Briefen und Zeitungen zu einem überwältigenden Bild der Epoche in fragmentarischen Momentaufnahmen. Die Frage, die ihn beschäftigt, heißt: War 1918 ein entschiedener und zugleich demokratischer Neuanfang möglich? Bei der Beantwortung übersieht er allerdings die wichtige

Rolle ökonomischer Faktoren und außenpolitischer Zwänge und neigt dazu, die Tendenzen der Zeit zu personalisieren. [335; *S. 54/55*] Vom Standpunkt eines Ruhrarbeiters schildert Hans Marchwitza (1890 bis 1965) in *Sturm auf Essen* (1930) die Ereignisse des Kapp-Putsches, des Generalstreiks und der Gegenwehr der Roten Ruhrarmee.

Die Gegenposition zeigt Ernst von Salomons (1902 bis 1972) Roman *Die Geächteten* (1930), in dem er die Freikorpsgefechte, Rathenaus Ermordung und seine Jahre im Gefängnis schildert. In Rathenau symbolisiert sich ihm die neue gehaßte Republik, und das, was er am meisten an ihm haßt, ist, daß Rathenau diese Republik zum Erfolg führen könnte. Auch Alfred Neumanns (1895 bis 1952) *Der Held* (1930) kreist um das Thema des politischen Mords: Sein ‹Held›, Generalssohn, ehemaliger Oberleutnant, jetzt Eintänzer in einer Bar, gehört einer national-revolutionären Bewegung an, in deren Auftrag er einen Minister ermordet. Es geht Neumann aber mehr um die Psychologie des politischen Mörders als um reale Ereignisse der Weimarer Republik. Aus der Sicht eines siebzehnjährigen Schülers schildert Ernst Glaeser in seinem autobiographischen Roman *Frieden* (1930) die Zeit der Novemberrevolution in Darmstadt; die Niederschlagung der Revolution erscheint ihm schließlich nur noch als eine *Zerstörte Illusion* (so der Titel der Neuauflage von 1960).

Weimarer Republik

Die eher sachliche Beschäftigung mit der ‹Zeit› und ihren Problemen, die nach 1920 an die Stelle expressionistischen Pathos tritt und die auch dort durchdringende Resignation, wo der Schriftsteller ostentativ engagiert ist, wird nur in wenigen Zeitromanen der Weimarer Republik durchbrochen. Auch die jüngere linke und liberale Generation stehen dieser Republik nach der gescheiterten Novemberrevolution eher skeptisch gegenüber, neigen eher zur Passivität als zur radikalen Handlung. Der Titelheld von Erich Kästners (1899 bis 1974) *Fabian. Die Geschichte eines Moralisten* (1931) ist ein Moralist, dem politische Veränderungen gleichgültig bleiben, der auf den «Sieg der Anständigkeit» wartet «wie ein Ungläubiger auf ein Wunder». Er glaubt nicht daran, daß die Arbeiterklasse die humanistischen Ideale der Menschheit verwirklichen wird; denn Armut allein macht noch nicht gut oder klug. Fabian bleibt so ein «Wartender im Wartesaal der Zeit». Als er dann einmal zu handeln versucht, ertrinkt er in der Elbe, weil er nicht schwimmen kann, während der Junge, den er retten will, ans Ufer schwimmt. Immer wieder steht im Zeitroman der kleinbürgerliche Intellektuelle im Mittelpunkt, häufig gegen den Abstieg ins Proletariat kämpfend: verarmende Schriftsteller, Künstler, Werbetexter, Annoncensammler. Arbeiter treten fast ausschließlich in den Romanen kommunistischer Autoren nicht nur als Randfiguren auf. Bevorzugtes Milieu der bürgerlichen Autoren ist die Kleinstadt (Altholm in Falladas *Bauern, Bonzen, Bomben* von 1931, Siebenwasser in Glaesers *Der letzte Zivilist* von 1935, nur bei Arbeiterschriftstellern (Marchwitzas *Sturm auf Essen* von 1930) eher die Großstadt. Fast durchgehend spiegeln sich zudem die zeitgeschichtlichen Ereignisse aus der Sicht der kleinbürgerlichen Helden, bleiben für ihr privates Leben Hintergrund und Randgeschehen. So ist Altholm ein gesellschaftlicher Mikrokosmos, der viele Züge der Weimarer Republik widerspiegelt, so zum Beispiel die Schwäche der SPD, ihre Verfilzung in die bürgerlichen Machtstrukturen, die Unfähigkeit der KPD, mehr als nur ein Störfaktor in der lokalen und nationalen Politik zu sein, das Überleben autoritärer Formen der Administration aus dem Kaiserreich, das Aufkommen und der Erfolg rechtsradikaler politischer Organisationsformen (an «die Bauernschaft», den Reichslandbund und die «Grüne Front» der DNVP erinnernd) – das entscheidende politische Geschehen findet anderswo statt. Nun war es zum Teil auch diese Ferne der großen Politik, die ‹die da oben machten› und das Abwürgen jeder von den Arbeitern selbst ausgehenden sozialistischen Politik, die wesentlich zu der Stagnation, Korruption und Apathie beigetragen haben, in der dann die scheinbar volksnäheren rechten Organisationen mit ihrer Partizipation zumindest am Spektakel der Politik ihren Nährboden fanden. Während so der sozialdemokratische Bürgermeister Gareis nur noch laviert, um seine eigene politische Stellung zu erhalten, nimmt die «Bauernschaft» zumindest einige der realen Forderungen der von der ökonomischen Entwicklung bedrohten Bauern auf.

Ähnlich werden der Bürgermeister Schrader in Glaesers *Der letzte Zivilist* und Vater Hochegger in Oskar Maria Grafs (1894 bis 1967) *Der Abgrund* (1936) als Vertreter jener Legalität hingestellt, die ihre sozialistischen Grundsätze um der bürgerlichen Behaglichkeit willen verkauft hatten.

Die Übersetzung der großen Politik ins Kleinstädtische wird von Lion Feuchtwanger (1884 bis 1958) schon programmatisch im Titel des ersten Bandes seiner *Wartesaal-Trilogie, Erfolg. Drei Jahre Geschichte einer Provinz* (1930) angekündigt. Um die Freilassung des zu Unrecht verurteilten Subdirektors der staatlichen Gemäldesammlungen in München, Dr. Martin Krüger, zu erreichen, versucht seine Freundin Johanna Krain, verschiedene einflußreiche Personen des Landes für seinen Fall zu interessieren. Nur der Schriftsteller Jaques Tüverlin (= L. F.) geht auf den Fall ein und versucht, die Öffentlichkeit mit literarischen Mitteln aufzurütteln. Die Auffassung des kommunistischen Ingenieurs Kaspar Pröckl (Brecht) – ein Autokonstrukteur und Balladendichter –, daß alle gesellschaftlichen Erscheinungen ökonomisch bedingt seien und nur durch Gewalt verändert werden können, lehnt Tüverlin ab: Trotz der nun die Öffentlichkeit immer mehr terrorisierenden Partei der «wahrhaft Deutschen» und der Bedrohung der Republik durch einen Putsch ihres Anführers Rupert Kutzner (Hitler) beschließt Tüverlin dennoch, «Das Buch

Bayern oder Jahrmarkt der Gerechtigkeit» zu schreiben, damit «es besser werde».

Hauptsächlich an Ehe- und Lebensproblemen versucht Otto Flake (Ps. Leo F. Kotta, 1880 bis 1963) ‹Zeit›-Probleme zu erörtern. In *Der gute Weg* (1924) vertritt die zentrale Gestalt einen rigorosen Herrenmenschstandpunkt, der ihn in die Nähe faschistischer Auffassungen bringt. Seine Beziehung zu einer italienischen Marchesa endet, als sie die Geliebte des eben in Italien zur Macht gekommenen Mussolini wird. In *Villa USA* (1926) zeichnet er eine Elite materiell gesicherter junger Leute, die in umfangreichen Diskussionen die bewährten Traditionen Europas durch eine Zeit der gesellschaftlichen Auflösung in die Zukunft tragen sollen, sich aber der wirklichen gesellschaftlichen Verantwortung und der Tagespolitik entziehen. Ähnlich versucht Ruland, der *Freund aller Welt* (1928), ohne sich in einer der vielen Parteien oder Gruppierungen der Weimarer Republik zu engagieren, dem Streit kleinlicher Interessen sein unabhängiges Menschentum entgegenzustellen.

In Leonhard Franks (1882 bis 1961) *Die Bürger* (1924) bricht der Bürgersohn Jürgen Kolbenreiher zunächst aus der bürgerlichen Welt aus, schließt sich der ‹sozialistischen› Partei an, sagt sich dann aber doch von der Partei los und wird Chef eines großen Bankhauses. Sein sinnentleertes Leben aber zerstört seine Psyche; als Rekonvaleszent schließlich findet er zu seiner Geliebten Katharina, ihrem vierzehnjährigen Sohn und der Partei zurück.

Die soziale Not der Nachkriegsjahre beschreibt der Roman *Das Ochsenfurter Männerquartett* (1927). Nur die jüngere Generation (vor allem der Student Thomas Kletterer und seine Freundin Hanna Lux) hat durch die Ereignisse der letzten Jahre wirklich gelernt und tritt für eine vernünftigere Produktion und Verteilung des Produzierten ein. «Die Welt ist ein riesengroßes Schachbrett, auf dem die Kapitalisten ihre letzte Partie mit uns spielen», heißt die zentrale Erkenntnis aus dem bedeutenden Roman *Von drei Millionen Drei* (1932). Auf ihrer Suche nach Arbeit geraten ein Schreiber, ein Schneider, ein Fabrikarbeiter 1930 in eine vom amerikanischen Kapital organisierte Revolution in Buenos Aires und ins faschistische Italien. Zerbrochen kehren sie schließlich ins Deutschland der Wirtschaftskrise zurück.

Eine Darstellung der Situation des Kleinbürgers gibt vor allem auch Hans Fallada (d. i. Rudolf Ditzen, 1893 bis 1947) in seinen Zeitromanen. Allerdings stellt er in *Bauern, Bonzen, Bomben* (1931) den Klassenkampf eher darwinistisch als Kampf aller gegen alle dar; alle wollen sich aus irgendwelchen kleinlichen Interessen persönliche Vorteile erjagen. Gesellschaftlich projiziert sich dieser Egoismus als ‹Parteihader› zwischen Sozialdemokraten, Kommunisten und Nationalen; dennoch erlaubt die spannende Handlung dem Leser Einsichten in die Ursachen

des Scheiterns der sozialdemokratischen ‹Realpolitik› der Kompromisse
und die Voraussetzungen des Wachsens nationalistischer und reaktionärer Verbände. Ähnlich wie der Annoncenwerber Tredup aus diesem Roman gerät auch Johannes Pinneberg in *Kleiner Mann, was nun?* (1932) in
den schonungslosen Konkurrenzkampf der Angestellten um einen der
seltenen Arbeitsplätze in der Depressionszeit, in dem er schließlich unter-
liegt.
Eine Antwort auf die Frage «Was nun?» findet der kleinbürgerliche Indi-
vidualist nicht. Auch in *Wer einmal aus dem Blechnapf frißt* (1934) steht
der durchschnittliche Kleinbürger Willi Kufalt im Mittelpunkt der Handlung, der wegen einer geringfügigen Unterschlagung vier Jahre im Gefängnis saß und als Vorbestrafter in seinem Selbstbewußtsein so gestört
ist, daß ihm alle Versuche, eine ehrliche Arbeit zu finden, mißglücken.
Fast erleichtert kehrt er – rückfällig geworden – ins Gefängnis zurück, den
einzigen Ort in einer unerbittlichen Gesellschaft, der ihm noch ‹Zuflucht›
gewährt.
Sehr viel schärfer satirisch zeichnet Ödön von Horváth (1901 bis 1938)
den Titelhelden seines Romans *Der ewige Spießer* (1930), Herrn Kobler,
der die 600 Mark aus dem betrügerischen Verkauf eines Autos für eine
Reise zur Weltausstellung in Barcelona ausgibt, wo er eine Heirat mit
einer reichen Erbin zu arrangieren hofft. Das falsche Bewußtsein des kleinen Unternehmers – «als kleiner Angestellter hätte ich mich doch niemals
so angestrengt, den Portschinger zu betrügen» – verschleiert ihm die Mar-
ginalität seiner eigenen Existenz. Noch deutlicher wird Horváths Zeitkritik in *Jugend ohne Gott* (1937): Eine Osterfahrt zur Wehrertüchtigung
einer Schulklasse endet mit dem Mord an N. und dem Selbstmord des
durch die Nachforschungen des Lehrers in die Enge getriebenen Mörders
T., einem kalten Spionierer, einem Jungen mit «Fischaugen». Die von der
Behörde verordnete Verrohung der Jugend unter dem Motto Zucht und
Disziplin, die Erziehung der Jugend zu Rassismus und kollektiver Gewalttätigkeit deuten auf die Schrecken des Nazizeit voraus. In dem ebenfalls 1937 geschriebenen Roman *Ein Kind unserer Zeit* (Dr. 1938) nimmt
Horváth die Überfälle Hitlers auf kleinere Staaten (Tschechoslowakei,
Österreich) voraus.

Drittes Reich und Exil

Auch im Exil vermeiden viele Schriftsteller im Zeitroman weitgehend
ästhetische Experimente und verwenden um einer weiten Verständlich-
keit willen einen traditionellen realistischen Stil. In dieser verständlichen
Sprache versuchen sie, die Fragen zu lösen, die den fast zweitausend Exilautoren aufgrund ihrer Erfahrungen vordringlich zu beantworten waren: Wie kam es zu dem Versagen der politischen Parteien und der deutschen Intelligenz vor und während der Machtergreifung Hitlers, und

welche Strategie gilt es jetzt einzuschlagen, um Deutschland wieder zu befreien?

Die Entwicklung kurz vor der Machtergreifung stellt Ernst Glaeser in *Der letzte Zivilist* (1935) dar. Als besonders anfällig für die faschistische Bewegung werden die Kleinbürger dargestellt, so der streitsüchtige, gescheiterte Angestellte Alfred Frohmeyer in Franz Carl Weiskopfs (1900 bis 1955) *Die Versuchung (Lissy)* (1937/54), dessen Frau ihre Arbeit verliert, weil sie ein Kind bekommt, und der kurz darauf selbst arbeitslos wird. In der SA findet er sein Selbstbewußtsein als Scharführer wieder. Daß aber das Engagement der Nationalsozialisten für Kleinbürger und Bauern ebenso eine Täuschung der Wähler war wie ihr nationaler Sozialismus, erfährt der Fleischermeister Albert Teetjen in Arnold Zweigs *Das Beil von Wandsbek* (1947). Selbst als er die «außergewöhnliche Chance» bekommt, sich den neuen Machthabern als Ersatzhenker von vier im Reeperbahnprozeß unschuldig Verurteilten gefällig zu erweisen, beschleunigt er nur seinen eigenen Untergang: Die Arbeiter boykottieren sein ohnehin schon ruiniertes Geschäft. Er selbst bleibt hilfloses Objekt im Machtkampf der Großen des Dritten Reiches.

Die wohl am schärfsten kritisierten Gruppen nach den Nationalsozialisten sind die Gruppe der Machthaber der Weimarer Republik, die Bonzen der SPD, die Führer der bürgerlichen Parteien und die unpolitischen, ‹humanistischen› Intellektuellen. So werden der Bürgermeister Schrader in Glaesers *Der letzte Zivilist*, Bürgermeister Gareis in *Bauern, Bonzen, Bomben*, Vater Hochegger in Oskar Maria Grafs *Der Abgrund* als Vertreter einer ständig kompromißbereiten Legalität dargestellt, die ihre sozialistischen Grundsätze für eine bürgerliche Behaglichkeit und die Teilnahme an der Macht verkauft haben. Verständlich ist auch, daß sich die Exilautoren von jenen Künstlern und Intellektuellen besonders distanzieren, die sich mit dem Naziregime opportunistisch arrangierten. Scharf karikaturistisch stellt so Fritz von Unruh (1885 bis 1970) in *Der nie verlor* (1948), Gerhart Hauptmann, Friedrich Sieburg, Richard Strauss und Wilhelm Furtwängler dar; Johannes König in Vicky Baums (1888 bis 1960) *Hier stand ein Hotel* (1944) ist ebenfalls eine Hauptmann-Karikatur; die Hauptgestalt Hendrik Höfgen in Klaus Manns (1906 bis 1949) *Mephisto* (1936), wenn auch kein reales Portrait von Gustav Gründgens, ist eine satirische Entlarvung des politischen Opportunisten, der mit den Nazis ein Bündnis eingeht, um seine Karriere zu fördern.

Die brennendste Frage des Exils allerdings bleibt, wie das Nazi-Regime zu überwinden sei. Zunächst spielt dabei die Hoffnung auf die illegalen Gruppen in Deutschland die Hauptrolle, und unter ihnen sind es vor allem die Kommunisten, auf die sich nach dem Versagen der SPD auch die Hoffnung nichtkommunistischer Schriftsteller richtet. Aus Erlebnisberichten deutscher Emigranten schildert Friedrich Wolf (1888 bis 1953) in

Zwei an der Grenze (1938) das Schicksal des Arbeiters Hans Döll, der aus
Deutschland fliehen muß, weil er verdächtigt wird, auf einen SA-Mann
geschossen zu haben, und der dann an einem Grenzort Kurierdienste für
die Widerstandsbewegung in Deutschland leistet. Aus eigener Erfahrung
berichtet Jan Petersen (d. i. Hans Otto Alfred Schwalm, 1906 bis 1969) in
*Unsere Straße. Eine Chronik. Geschrieben im Herzen des faschistischen
Deutschlands 1933/34* (1947) seine Erlebnisse als Mitglied einer illegalen
kommunistischen Gruppe in Berlin-Charlottenburg während der Zeit des
Maikowski-Prozesses gegen die ‹kommunistischen Mörder› des Sturm-
führers des berüchtigten SA-Sturms 33. Die illegale Arbeit der KPD und
der Jungsozialisten stellt Heinz Liepmann (1905 bis 1966) in ... *wird mit
dem Tode bestraft* (1935) dar. Aufgrund von Häftlingsberichten schildert
Anna Seghers (d. i. Netty Radvanyi, geb. 1900) in *Das siebte Kreuz* (1942)
den Ausbruch von sieben Häftlingen aus dem Konzentrationslager West-
hofen. Nur einem der sieben, dem Mechaniker Georg Heisler, gelingt die
Flucht durch die Menschlichkeit der ‹kleinen Leute›: Sein Kreuz im KZ
bleibt leer – ein Zeichen der Hoffnung, daß das scheinbar allgewaltige
Regime zu besiegen ist. Um einen wirksameren Widerstand zu organisieren, plädieren viele Exilschriftsteller für eine Einheitsfront der Arbeiter-
parteien und eine Volksfront aller antifaschistischen Kräfte. So zeichnet
Anna Seghers in *Der Weg durch den Februar* (1935) den gemeinsamen
Widerstand aller Arbeiter gegen den Terror des Dollfuß-Regimes im Februar 1934. Vor allem in den ersten Jahren bis zum spanischen Bürgerkrieg bildet die Volksfront die Hoffnung vieler Schriftsteller im Exil. So
ist auch Klaus Manns *Der Vulkan* (1939) von dieser Position her geschrieben. Trotz einer vorsichtigen Kritik an der Parteidiktatur in Rußland, an
der Abhängigkeit der KPD von der Sowjetunion, trotz der Kritik an ihren
Theorien über den «Sozialfaschismus» der SPD solidarisiert sich Klaus
Mann doch eindeutig mit dem Gedanken der Einheitsfront.
Wie schwierig es war, die unpolitische deutsche Intelligenz, das jüdische
Exil und bürgerliche Emigranten zu mehr als Protestaktionen zu bewegen, zeigt Lion Feuchtwangers *Die Geschwister Oppenheim* (1933). Der
individuelle Widerstand Gustav Oppenheims kommt zu spät und bleibt
als vereinzelter wirkungslos: Unnützes Märtyrertum und bloßes Demonstrieren (zum Beispiel Gustavs illegale Heimkehr ins Dritte Reich und der
Selbstmord seines Sohnes Berthold) sind ebenso wie die menschliche Anständigkeit des ‹arischen› Prokuristen Hinze zwar dem Verhalten des
Dichters Gutwetter vorzuziehen, der sich ähnlich wie Benn von den Völkischen mißbrauchen und feiern läßt, erweisen sich aber im Kampf gegen
das Regime als sinnlos. Nur die Opposition hat Sinn, die um ein politisches Ziel mit politischen Mitteln geführt wird. Im dritten Band der *Wartesaal-Trilogie*, dem Roman *Exil* (1940), schildert Feuchtwanger den bit-
teren Alltag des Exils und den aufreibenden Kampf einiger Journalisten

gegen den Nationalsozialismus. «Eine gerechte Ordnung auf der Welt läßt sich ohne Gewalt nicht herstellen», so lautet das bittere Fazit des Romans.

Nicht als politischen Protest, sondern als moralisch-ethischen Appell, als «Weckruf zur Verantwortung des Einzelnen mitten im Ansturm der Massen von rechts und von links» versteht Fritz von Unruh seinen Roman *Der nie verlor* (1948). In dem Roman *Es waren ihrer sechs* (1944) beschreibt Alfred Neumann aufgrund spärlicher Informationen eine der «Weißen Rose» ähnliche Widerstandsbewegung. Die kleine Gruppe um den Professor der Kriminalpsychologie, Karl von Hennings, kämpft aus humanen und religiösen, nicht aus politischen Gründen gegen das Regime.

Nach einer anfänglichen Überschätzung des illegalen Widerstandes in Deutschland und der Aktivität der Emigranten kommt es nach dem spanischen Bürgerkrieg, den Moskauer Prozessen und vor allem dem sowjetischen Nichtangriffspakt mit Nazi-Deutschland zu immer pessimistischeren Einschätzungen der Möglichkeit des aktiven Widerstands. Hatten anfänglich die Autoren des Exils noch die These vertreten, der Spuk des nationalistischen Regimes werde bald zu Ende sein, die überrumpelten Arbeiter würden sich zu einer Revolution aufraffen und die verführten Arbeitslosen die Leere der Versprechungen der Nazis einsehen, so kam es in der zweiten Phase des Exils zu einer Ernüchterung: Nicht nur wurde die materielle Lage der Exilanten immer prekärer, die Hoffnung, mit Hilfe von Literatur in den politischen Prozeß eingreifen zu können, immer schwächer, auch die Hoffnungen auf einen baldigen Umsturz des Naziregimes schwanden. Dazu kam für viele Autoren die Schwierigkeit, das Geschehen in Deutschland mangels eigener Erfahrung noch glaubwürdig darzustellen. An die Stelle des Zeitromans tritt daher immer mehr der große Epochenüberblick (zum Beispiel Döblins *November 1918*) und der ‹historische› Roman. Die Hoffnung, das Geschehen direkt und schnell beeinflussen zu können, den irregeleiteten SA-Mann ‹bekehren›, die Regierungen der Exilländer zu einem Eingreifen bewegen zu können, wird abgelöst durch die Einsicht, daß Hitler nur durch einen langen Krieg beseitigt werden kann. So verschiebt sich nicht nur das Engagement der immer noch aktiven Schriftsteller, derjenigen, die nicht resignieren, verzweifeln oder im Selbstmord enden, es ändern sich auch die literarischen Formen des intellektuellen Widerstands im Exil.

Historische Romane

«Mit Geschichte will man etwas» [280; *S. 173*], formuliert Alfred Döblin: Der historische Roman ist entweder mit dem Vergangenen und Bestehenden einverstanden, will nur «billigen und verherrlichen» oder mit «der kraftvollen Parteilichkeit der Tätigen» verändern. [280; *S. 185*] Nur graduell unterscheidet sich da der Roman, der die eigene ‹Zeit› darstellt, von jenem, der wie etwa Heinrich Manns (1871 bis 1950) *Untertan* (1918) eine schon abgeschlossene, aber immer noch aktuelle historische Vor-Zeit behandelt, oder von jenem, der die Wurzeln gegenwärtiger Erfahrungen und Analogien zu ihnen in einer ferneren Vergangenheit sucht; denn auch der Zeitroman überliefert «Gegenwart schon als Geschichte» [249; *S. 197*]. Wenn nach Peter Hasubek die «Gegenwartsnähe des Romanstoffes» und das «Aktualitätsstreben des Dichters» [289; *S. 220*] wesentliche Kennzeichen des ‹Zeitromans› sind, dann ist jenes Kennzeichen auch den ‹historischen› Romanen zuzuschreiben, die fiktionale Historie zum Instrument der Erkenntnis der Gegenwart zu machen versuchen, es sei denn man verstehe ‹Gegenwartsnähe› als reines chronologisches Subtraktionsverfahren, bei dem der Abstand von fiktionaler Zeit und Publikationsdatum einen Grenzwert nicht überschreiten darf.

Ob unter diesem Gesichtspunkt etwa Alfred Neumanns historische Romane nicht eher als historische Belletristik zu bewerten sind, weil sie ahistorisch und abstrakt politisches Handeln als unmenschlich darstellen und dem politisch Handelnden den Heiligen gegenüberstellen, der stellvertretend leidet, wäre zu analysieren: illustriert zum Beispiel sein Roman *Der Teufel* (1926) nichts anderes als den Alltagsmythos gerade der Weimarer Republik, Politik sei wesentlich ein «schmutziges Geschäft»; läßt er nicht gerade in den Gestalten Ludwigs XI. und Oliver Neckers einen dunklen Glorienschein auf jene fallen, die das Hegemoniestreben einer entstehenden Großmacht als tragisch-ethische Antinomie von Macht und Menschlichkeit verharmlosen?

Ähnlich problematisch ist der Sprung aus der Historie in den Naturmythos am Ende von Alfred Döblins *Wallenstein* (1920.) Auf den einzelnen kommt es nicht an, alle sind einem undurchschaubaren Kollektivschicksal unterworfen, selbst der zunächst so selbstbewußte Kaiser erlebt sich nur als Objekt des Geschehens. So steht Döblin dem historischen Geschehen des Dreißigjährigen Krieges nicht weniger hilflos gegenüber als die Autoren der meisten Kriegsbücher der späten zwanziger und frühen dreißiger Jahre.

Zweifach ist der Roman *Die häßliche Herzogin Margarete Maultasch* (1923) von Lion Feuchtwanger mit der aktuellen Erfahrung der Gegenwart verbunden: Einmal handelt es sich um eine Zeit ökonomischer und sozialer Umwälzungen, als das spätmittelalterliche Ritterwesen der frühen bürgerlichen Geldwirtschaft Platz machen mußte, zum anderen handelt es sich um den Versuch einer Frau, die zunächst als Objekt einer fürstlichen Transaktion verhandelt wird, sich als Subjekt der Geschichte durchzusetzen. Zwar scheitert sie als Fürstin und Liebende; aber während der kurzen Zeit, als sie zwischen den Habsburgern, Luxemburgern und Wittelsbachern manövrierend Tirol beherrscht, dient sie, auf der Höhe der Zeit stehend, dem Fortschritt und fördert den wirtschaftlichen

Aufschwung Tirols. Als Warnung vor dem Antisemitismus geschrieben, wurde Feuchtwangers *Jud Süß* (1925) von den Nazis 1940 zu einem antisemitischen Film verfälscht. Dargestellt wird der kometenhafte Aufstieg des Gettojuden Josef Süß-Oppenheimer zum genialen Wirtschafts- und Finanzpolitiker Karl Alexanders von Württemberg. In der monumentalen *Josephus-Trilogie* (1932 bis 1945) setzt sich Feuchtwanger mit dem Schicksal des jüdischen Volkes, mit Nationalismus, Chauvinismus und Weltbürgertum, mit der Frage des Verhältnisses von Macht und Geist und der Stellung des Intellektuellen zum Volk auseinander. Im Zentrum des Romans steht das Leben des jüdischen Geschichtsschreibers Josephus Flavus und der Krieg der Juden gegen das römische Reich. Auch der Roman *Der falsche Nero* (1936) setzt sich am historischen Beispiel mit der Entstehung und dem Wesen der faschistischen Barbarei in Deutschland auseinander. Der Ex-Senator Varro gibt den Töpfer Maximus Terenz für den toten Nero aus. Er benutzt dabei die Legende, der Kaiser sei nicht tot, sondern werde eines Tages erscheinen, um die soziale und politische Gleichberechtigung aller Provinzen durchzusetzen. Der feiste, ehrgeizbesessene und brutale Hauptmann Trebon (Göring) und der schlaue Knops (Goebbels) unterstützen ihn bei der Machtübernahme. Trotz vorübergehender Erfolge öffnet die zunehmende soziale Not dem Volk die Augen, und es kommt zur Absetzung der Betrüger.

Gerade an diesem Beispiel läßt sich allerdings auch die grundsätzliche Problematik des historischen Romans als ‹Zeit›-Roman, darüber hinaus die Problematik des ‹Zeitromans› selbst aufzeigen: Die Konstruktion des Vergangenen nach dem Modell der Aktualität – auch dort, wo jene sich wie beim *Falschen Nero* auf historische Fakten berufen kann – subsumiert die Erfahrung der Gegenwart dem Gesetz der ewigen Wiederkehr des Gleichen, alles wird Exemplum ewiger Kategorien: Gut und Böse. Umgekehrt kann der Dichter des Zeitromans, es sei denn, er ließe sich auf eine stringente historische Analyse der gegenwärtigen Ereignisse ein, das Aktuelle nach Maßgabe vorgeformter Kategorien des Geschichtsverständnisses erzählend verfehlen. So trifft auch für die Zeitromane und die historischen Romane der Epoche noch fast durchgehend zu, was Adorno von den Naturalisten sagte: «(...) der soziale, kritische Gehalt ihrer Stücke und Gedichte ist stets fast oberflächlich, hinter der zu ihrer Zeit bereits voll ausgebildeten und von ihnen kaum ernsthaft rezipierten Theorie der Gesellschaft zurückgeblieben.» [384; *S. 369*; vgl. 320; *S. 181*]

Herbert Bornebusch
Kriegsromane

Authentisches Erzählen?

Die *Frankfurter Zeitung* schickt, bevor sie Ludwig Renns (d. i. Arnold Vieth von Golßenau, 1889 bis 1979) Roman *Krieg* vom September bis November 1928 in Fortsetzungen veröffentlicht, dem Vorabdruck eine längere Ankündigung voraus, in der der Roman kurz charakterisiert wird:

«Es ist der Krieg eines einfachen, beschränkten Mannes, eines mutigen Mannes, dem deshalb die Feigheit nicht unbekannt bleibt. Es ist der Krieg aus der engen, horizontlosen Perspektive des Infantristen, der Krieg aus Grabenhöhe. Es ist das arme, nackte Geschehen in der robusten Einfachheit des ungeistigen Menschen (...). Hier aber ist vor aller Tendenz geschrieben worden und hier spricht zum ersten Mal, soweit wir sehen können, der gemeine Mann.»

Ähnlich und beinahe gleichzeitig kündigt die *Vossische Zeitung* Erich Maria Remarques (1898 bis 1970) *Im Westen nichts Neues* (1929) an, den größten publizistischen Erfolg unter den Kriegsromanen, die nach 1928 in einer überraschenden Fülle erscheinen. Zehn Jahre nach Kriegsende gilt es als höchstes Lob, direkt und authentisch zu schreiben, so, als ob unter Ausschaltung eines gestaltenden Autors und ohne zeitliche Distanz das Geschehen sich selbst zur Darstellung gebracht hätte: nackt, einfach, ungeistig, vor aller Tendenz.

Der Ursprung der angeblichen ‹Authentizität› ist aber weder so autobiographisch-unmittelbar noch so kunstlos, wie es die Kritiker – meist in lobender Absicht – darstellen. Ludwig Renn ist keinesfalls ein ‹ungeistiger› Mensch oder ein ‹gemeiner› Soldat. Hinter dem Pseudonym – und das hat selbst ein so gewitzter Kritiker wie Carl von Ossietzky (1889 bis 1938) in seiner *Weltbühnen*-Rezension [vgl. 365] ignoriert – steckt der adlige und hochgebildete Offizier Vieth von Golßenau. Auch Remarque ist nicht der Frontkämpfer, für den er gehalten wird und als der er sich auch darstellen will. [vgl. 371] Er hat die Front lediglich aus einiger Entfernung gesehen, dafür um so mehr Geschichten über sie gesammelt, die die Grundlage seines Romanes sind.

Die Authentizität als ästhetische Kategorie des Kriegsromans ist daher nicht das schlichte Resultat autobiographischen Berichtens. Sie ist vielmehr Ausdruck einer Kritik an präformierten Darstellungsmustern (Heeresbericht, nationale Kriegsgeschichtsschreibung, Offiziersmemoiren) sowie der Auseinandersetzung mit den modernen Medien und deren Maßstäben von Direktheit und Verbürgtheit; sie ist gleichfalls der Ausfluß der literarischen Situation (Kritik am Expressionismus, Einflüsse der Neuen Sachlichkeit) und gewiß eine kritische Wendung gegen die Kanonisierung von Kriegserfahrungen und -darstellungen im Sinne republikfeindlicher Kreise.

Zehn Jahre nach Kriegsende hat die Vergangenheit bereits eine Vergangenheit, ist die Verwaltung und Aneignung von Erinnerung eine Frage politischer und sozialer Macht. Es spiegelt die Kräfteverhältnisse der Weimarer Republik wider, wenn von Freikorps- und Frontkämpferbünden, von publizierenden Generälen im Ruhestand (wie Hindenburg und Ludendorff), von Langemarckfeiern und Kriegerdenkmälern die Erinnerung an den Krieg beinahe monopolisiert wird. Der Krieg wird zum Raum eines großen, heroischen Geschehens stilisiert, dessen man in Feierstunden gedenkt. In solchen Erinnerungen steht am Kriegsbeginn keine Schuld: Es gibt verschiedene hochbezahlte Kampagnen, die den Beweis der Unschuld und damit den Nachweis der zu Unrecht erlittenen ‹Schmach von Versailles› erbringen und propagieren sollen. Am Kriegsende bleibt ein ‹im Felde unbesiegtes Heer›: Die militärische Niederlage (d. h. auch die Niederlage des Militärs) wird als Ergebnis des von Erzberger, der Sozialdemokratie und ähnlicher ‹Elemente› betriebenen ‹Dolchstoßes› ausgegeben. Der Verlauf des Kriegs stellt sich aus dieser Sicht folgerichtig als Kette von Heldentaten und siegreichen Schlachten dar: Die konservative und geschlossene Zunft der Historiker sorgt als Nachfahre der Flottenprofessoren für eine durchgehend affirmative Kriegsdarstellung. Das Ziel solcher Bemühungen ist es, die große Zeit des Kriegs und die die Nation einigenden ‹Ideen von 1914› von der ökonomischen und politischen Malaise der Weimarer Republik zu separieren, um damit von den tatsächlichen Folgen von Krieg und Kaiserreich abzulenken.

Demokratische Kriegsromane

Als mit den Romanen von Renn und Remarque im demokratischen Kriegsroman die konventionalisierten Topoi der Kriegsdarstellung unterlaufen bzw. gebrochen werden, entbrennt eine wahre publizistische und literarische Schlacht um die Erinnerung an den Krieg, die letztlich bereits als Vorhutgefecht für den kommenden Krieg anzusehen ist. Die Schlacht um die Erinnerung beginnt mit einer Flut von höchst kontroversen Rezensionen zu den Romanen Renns, Remarques, aber auch Freys (*Die Pflasterkästen*, 1929), von der Vrings (*Soldat Suhren*, 1927), Pliviers (*Des Kaisers Kulis*, 1929), Köppens (*Heeresbericht*, 1930) u. a. Ihnen folgen zahlreiche Gegenromane wie etwa Beumelburgs *Die Gruppe Bosemüller* (1930), Schauweckers *Aufbruch der Nation* (1930) und Zöberleins *Glaube an Deutschland* (1931). Sie setzt sich fort in Saalschlachten anläßlich der Filmaufführung von *Im Westen nichts Neues* und endet in dem Verbot und der Verbrennung der bekämpften Romane. Diese Auseinandersetzungen lassen Rückschlüsse auf die Provokanz des demokratischen Kriegsromans und auf die sozialgeschichtliche Relevanz der Erinnerung an den Krieg zu, die in jener Zeit im Zentrum beinahe aller republikfeindlichen Ideologiebildungen, von den Jungkonservativen bis zu den Faschisten, stehen. Bezeichnend ist, daß nach der Machtergreifung für die nationalsozialistische Literaturgeschichtsschreibung das ‹Soldatische› verbindliches Ideal der neuen, völkisch-kämpferischen Literatur ist und daß deswegen die Weltkriegsliteratur einen hervorragenden Platz im neuen Literaturkanon einnimmt.

Es wäre nun aber falsch, den oppositionellen Charakter des demokratischen Kriegsromans auf seinen Inhalt, das heißt auf die Stellungnahme gegen den Krieg zu reduzieren. Auch und gerade die literarische Form zeigt eine komplexe Auseinandersetzung mit herrschenden Redeweisen und Deutungsmustern:

1. Erzähler und Erzählperspektive: Nicht aus der Sicht des Feldherrnhügels eines auktorialen Erzählers wird der Krieg dargestellt, sondern aus dem Blickwinkel des gemeinen Soldaten, der zum Objekt des Kriegs geworden ist.

2. Die Sprache: Eine auf Metaphorisierungen verzichtende Sprache, die auch den Jargon als Zitat und Konnotat von sozialen, hierarchischen Strukturen innerhalb des Militärs einschließen kann, tritt der feierlichen Stilisierung und heroischen Selbstzensur der Kriegserfahrungen (wie sie paradigmatisch in Hitlers *Mein Kampf* [1925/26] zu studieren sind) entgegen.

3. Die Teleologisierung des Erzählens: Wird im nationalistischen Gedankengut Tod und Niederlage durch einen Akt individueller und kollektiver Sinnstiftung aufgehoben in ein Weiterleben und -siegen der jungen Nation, so enden die oppositionellen Romane ganz anders: Die Helden werden verrückt (Köppen, Frey), sterben einsam (Remarque) oder sind desorientiert und ratlos (Renn). Die Absage an Darstellungsformen, in denen sich die Macht republikfeindlicher, den Krieg – auch und gerade einen zukünftigen – bejahender Kräfte manifestiert, bestimmt die entscheidenden Formzüge des demokratischen Kriegsromans, die im folgenden an zentralen Texten desselben skizziert werden sollen.

Renn

In seinem Roman *Krieg* (1928) läßt der Autor Ludwig Renn zwei Offiziere die Werkstatt seines Helden, des gemeinen Soldaten Renn, betreten. Die Offiziere sind in einem Gespräch begriffen, verstummen aber beim Überschreiten der Schwelle. Aus den wenigen Sätzen, die der Soldat und der Leser noch mitbekommen, läßt sich unschwer erkennen, daß von der strategischen Gesamtlage der Sommerschlacht die Rede war. Zweierlei wird in dieser Szene deutlich: 1. Die Offiziere verfügen über den Überblick des Feldherrnhügels; der Soldat ist auf die wenigen Meter seines Frontabschnitts beschränkt. 2. Die Offiziere brechen ihr Gespräch ab; sie enthalten so dem gemeinen Soldaten ihre Informationen vor, die allein Einsicht in Ursachen, Regeln und Ziele des Geschehens erlauben.

Renn teilt den Krieg in zwei Erfahrungsräume, deren scharfe Trennung – nur von einigen, dem Autor wahlverwandten Offiziersgestalten überschritten – das Resultat der in der Hierarchie des Militärs gespiegelten gesellschaftlichen Herrschaft ist. Die Struktur des Romans ist von der prinzipiellen Beschränkung des Erzählhorizonts auf den sozial und kulturell determinierten Handlungs- und Erfahrungsraum des einfachen Soldaten gekennzeichnet. Es gelingt so, zugleich Angst, Ohnmacht und Unterdrückung und deren Grundlagen (vor allem die Ungleichzeitigkeit von hochtechnisiertem Krieg, feudalen Herrschaftsstrukturen und einer Soldatengeneration, deren Produktionsmittel vornehmlich in Pferd und Pflug bestanden) in Erzählwirklichkeit umzuformulieren. Die Beschränkungen (im doppelten Wortsinn) des Ludwig Renn, sein Fragen und Verstummen sind entscheidend, nicht, wie in den meisten rechten Kriegsromanen, die Rekonstruktion von Schlachten. Nicht die Faktizität des Geschehens, sondern die soziale Wirklichkeit des Kriegs als gesellschaftlicher Lebensform ist Gegenstand des Romans. Dies gilt auch für die sprachliche Ebene, wo durch das signifikante Fehlen von kausalen (Sinn-) Zusammenhängen im disparaten Aneinanderreihen von Sätzen und Aussagen das Kappen von – nicht nur physischen – Lebensmöglichkeiten demonstriert wird.

Renns Schreibweise zeichnet sich – und dies gilt für den demokratischen Kriegsroman allgemein – durch den radikalen Verzicht auf historiographieähnliche Darstellungsformen und geschichtsphilosophische Programmatik aus; sie wird möglich durch das scheinbare Verschwinden des Autors hinter dem beinahe illiteraten Erzähler, was als eine implizite Kritik am Führungsanspruch bürgerlicher Kunst und Künstler (und auch an den Expressionisten) gelesen werden kann.

Remarque

Remarques Roman *Im Westen nichts Neues* (1929) ist einer der ganz wenigen Kriegsromane der Weimarer Republik, die in den siebziger Jahren keine Renaissance zu erleben brauchten, weil er – aus den englischsprachigen Ländern reimportiert – seit 1945 in der Bundesrepublik durchgängig, auch von der Literaturwissenschaft, rezipiert wird. Seine Nähe zur Trivialliteratur ist vielfach mit einigem Recht bemerkt worden; dennoch gibt es Formzüge dieses Romans, die an entscheidender Stelle herrschenden Konsens durchbrechen. Gemeint ist die Redeweise des Ich-Erzählers Paul Bäumer, die das zur Sprache bringt, was bisher der heroischen Zensur zum Opfer fiel. Es ist jene Sprache, die im und durch den Krieg entstanden ist und deren Funktionsbereich – anders als bei der rein militärischen Fachsprache, die die Strategen auch im Frieden sprechen – auf den Zeitraum des Kriegs beschränkt ist. Es ist vornehmlich jene Sprache, die die (gefährdete) Kreatürlichkeit und das Elend der Soldaten ausdrückt («den Arsch zukneifen», «es gibt Leichentuch-Kattun», «eine Mine wichst ein») und die sich damit wesentlich von jener Vorliebe für das Soldatische unterscheidet, die alles Tödliche ausspart, statt dessen eine «sinnliche Frische des Ausdrucks, humoristische und satirische, von einer glücklichen Rücksichtslosigkeit gespeiste Tendenz» [30; *S. 9/10*] (Otto Maußer) bewundert. Zieht man zum Vergleich die Sprache Ernst Jüngers (geb. 1895), der so schreibt, als habe er den Krieg aus der Theaterloge beobachtet, oder die von Generalserinnerungen (etwa die Ludendorffs) heran, so wird evident, daß der Jargon zugleich eine soziale Verkehrsform bezeichnet, die sich durch Kompetenz, Partizipation am und Perzeption des Geschehens grundlegend unterscheidet. Jünger und Ludendorff, der Generalstäbler und der «Habitué chthonischer Schreckensmächte» (Benjamin), reden nicht nur, sie handeln auch anders als Remarques Held. Dies ist für den demokratischen Kriegsroman bezeichnend: Herrschende Normen (der Kriegsdarstellung) werden verletzt, Tabuisiertes kommt zur Sprache. Man darf dabei nicht vergessen, daß – gerade bei Remarque – von einer politischen Intention dieser Romane kaum die Rede sein kann; das schließt eine politische Funktion jedoch nicht aus.

Köppen

Zweierlei zeichnet Edlef Köppens (1893 bis 1939) *Heeresbericht* (1930), den literarisch wohl avanciertesten Kriegsroman der Weimarer Republik, aus: die innovatorische Erweiterung des Formenarsenals und die genaueste Gestaltung des eigentlichen Themas des demokratischen Kriegsromans, der Erinnerung an den Krieg und deren Darstellung bzw. Darstellbarkeit. Beides ist voneinander abhängig. Köppen unterbricht den Erzähltext, dessen Inhalt die Kriegsbiographie von Köppens alter ego, Adolf Reisiger, ist, durch eine Vielzahl von unterschiedlichen Dokumenten bzw. dokumentähnlichen Texten. Kaiserworte und Speisekarten, Zeitungsausschnitte und Köppens eigene expressionistischen Gedichte oder Kommentare von Schriftstellerkollegen wie Emil Ludwig und Ludwig Ganghofer werden montiert und bilden neben und über dem Erzähltext eine Ebene der Kritik, des Kommentars, der Amplifikation und Reflexion. Dieses Vorgehen ermöglicht über das Verfahren der Reportage, wie es Theodor Plivier (1892 bis 1955) in seinem Roman *Des Kaisers Kulis* anwendet, hinausgehend, eine Sinnkomplexion und Perspektivenvielfalt, die den Krieg und vor allem seine Wahrnehmung als gesellschaftliches Geschehen zeigt.

Köppen löst damit den Anspruch auf Authentizität, den der demokratische Kriegsroman selbst hervorgebracht hat, radikal ein, indem er auf zum Teil unveröffentlichtes und selbst recherchiertes Material zurückgreift; gleichzeitig stellt er aber – implizit – auch die Kritik am ‹authentischen Kriegsbericht› dar: Durch die Montage stoßen Perspektiven aufeinander, relativieren und kritisieren einander, zeigen, daß es kein ‹unschuldiges Auge› geben kann, das den Krieg unverfälscht wahrgenommen hat. Eine wahre Aussage – so kann man in Anlehnung an Brecht und im Sinne Köppens formulieren – beruht immer auf einer (Re-)Konstruktion der Wirklichkeit. Köppens Interesse geht nicht in die Richtung einer Ideologiekritik und Gesellschaftsanalyse. Die Ablehnung des Kriegs ist vielmehr das Ergebnis der «Reinlichkeit dieses fragwürdigen Daseins» (Köppen über die Ziele seines Romans). Köppen – und auch dies gilt für den gesamten demokratischen Kriegsroman – appelliert an das Gewissen. Er setzt moralische Maßstäbe, hofft auf das vernünftige Räsonnement eines aufgeklärten Publikums, dessen Empörung über die grauenvolle Wirklichkeit wie über die heroische Verfälschung der Erinnerung das kritische Bewußtsein schärfen und vor einem kommenden Krieg bewahren sollte. Daß dabei die Rolle von Räsonnement und moralischer Empörung ebenso wie die sozialen, politischen und ökonomischen Ursachen des Kriegs letztlich falsch eingeschätzt wurden, ist bekannt.

Helmut Vallery
Völkisch-nationalsozialistische Erzählliteratur

Zwischen den beiden Weltkriegen, zum Teil auch schon vorher, entstand in Anlehnung an die Literatur der Heimatkunstbewegung (Adolf Bartels, Heinrich Sohnrey, Friedrich Lienhard) in Deutschland eine Literatur, die sich, ideologisch wie poetologisch, scharf von der Literatur der ‹Moderne› absetzte. Während des Dritten Reichs wurde sie zur offiziellen und praktisch allein akzeptierten Form schriftstellerischer Arbeit.

Gleichwohl würde es zu kurz greifen, in ihr lediglich den Ausdruck eines irregeleiteten Bewußtseins oder gar ein reines Propagandainstrument zu sehen. Die riesigen Auflagen, die viele Vertreter dieser Literatur schon vor 1933 erreicht haben, sind ein erstes Indiz dafür, daß durch sie Probleme, Ängste und Sehnsüchte angesprochen werden, die mit der Industrialisierung und der mit ihr sich entfaltenden bürgerlichen Gesellschaft zu tun haben und insofern weder nur die ‹Bürger› noch allein die Menschen des ersten Drittels dieses Jahrhunderts betreffen. Bertolt Brechts (1898 bis 1956) Wort, daß im Nationalsozialismus «Probleme so ungeheuerlich falsch angefaßt werden, welche echte Probleme sind (...) und gelöst werden müssen» [8; S. 222], läßt sich erst recht auf die hier zusammenfassend als «völkisch-nationalsozialistisch» bezeichnete Literatur anwenden, wobei anzumerken ist, daß die Lösungen auch in ihrer Falschheit noch aufschlußreich für die Art der Probleme sein können.

Soziologisch gesehen ist die völkisch-nationalsozialistische Erzählliteratur vorwiegend eine Literatur des Bildungs- und Kleinbürgertums, in einer Gesellschaft, in der das Bürgertum bis 1918 von gesellschaftlicher Mitarbeit und -verantwortung traditionell weitgehend ausgeschlossen war. Während die Großbourgeoisie von der politischen Abstinenz bei ungestörter wirtschaftlicher Betätigung profitierte, verschlechterte sich die Lage des Klein- und Bildungsbürgertums stetig, verfielen immer größere

Teile der ‹Proletarisierung›. Mit dieser Herkunft hängt der teilweise scharfe Blick für bestimmte Probleme der modernen Gesellschaft – Vereinzelung, Verlust von Persönlichkeit und Individualität, Mißachtung überkommener moralisch-ethischer Wertvorstellungen auf breiter Ebene, ohne daß verbindliche neue Normen vorhanden wären – und ihre lebensnahe Schilderung ebenso zusammen wie die irrationalen Erklärungs- und Rettungsmuster.

Poetologisch greift diese Literatur auf das Prinzip zurück, ‹Kunst› und ‹Leben› seien zur Deckung zu bringen («Die Kunst leben»). ‹Welt› soll im Kunstwerk zum Erlebnis und durch das Erlebnis erfaßt werden. Diese dem 18. Jahrhundert entstammende Poetologie setzt allerdings voraus, daß die Welt noch «erlebbar», in allen wesentlichen Momenten also über das persönliche Erleben zu erschließen sei. Kennzeichnend für die moderne, durch zunehmende Technisierung und wachsende Komplexität gekennzeichnete Industriegesellschaft ist jedoch, daß immer weniger relevante Erkenntnisse dem ‹Erleben› überhaupt zugänglich sind, ob man dabei an Erkenntnisse der Chemie, der Physik usw. denkt oder an das Funktionieren der Gesellschaft als Ganzes.

Ein Ausdruck für diese dem 20. Jahrhundert unangemessene Poetologie ist der Rückgriff auf den Entwicklungsroman. Das in der völkisch-nationalsozialistischen Erzählliteratur so beliebte Schema vom Individuum, das über die konkrete Erfahrung Stufe um Stufe zur Erkenntnis der ‹Welt› gelangt, erweist sich allerdings rasch als brüchig und unwahrhaftig. Die einzelnen Stationen sind nämlich nichts anderes als Anknüpfungspunkte für Grübeleien, die durch die einzelnen Erfahrungen allenfalls ausgelöst werden und ins Allgemeine verlaufen.

An die Stelle von Weltoffenheit tritt der Gang nach innen; die Wißbegier eines Cornelius Friebott, des Helden von Hans Grimms (1875 bis 1959) *Volk ohne Raum* (1926), eines ‹Klassikers› völkisch-nationalsozialistischer Erzählliteratur, ist nur scheinbar vorurteilslos; denn den Erlebnissen sind offenkundig immer schon Erklärungs- und Beurteilungsmuster vorgelagert, nur daß sie uneingestanden bleiben:

«Ich habe nicht genug gelernt, um ihn zurechtzusetzen (...). Ich will alles Wahre gelten lassen, ob es mir gefällig oder ungefälligt ist, aber gegen das Unwahre will ich mich zur Wehr setzen können»,

sagt sich Cornelius nach einer Diskussion mit einem Briten, in deren Verlauf ihm die Argumente ausgegangen sind.

Kritisierte Erscheinungen wie die Entwicklung zur Massengesellschaft und die damit einhergehende Entpersönlichung und Uniformierung der Individuen werden nicht zum Anlaß genommen, sorgfältig und differenziert den Ursachen nachzuforschen. Völkisch-nationalsozialistische Erzählliteratur beansprucht statt dessen, auf einen allen geschichtlichen

Oberflächenerscheinungen vorgelagerten Bereich ‹natürlicher› Gegebenheiten zurückzugreifen. Ausgangspunkt dieser Biologisierung gesellschaftlicher Prozesse ist die ‹naturgegebene› Einheit ‹Volk›, als ein Organismus interpretiert und im Begriff der ‹Volksgemeinschaft› polemisch dem analytisch-rationalen Begriff der in zahlreiche Klassen- und Gruppeninteressen zersplitterten ‹Gesellschaft› entgegengesetzt.

Mythisierung des Volksbegriffs

Das von Charles Robert Darwin (1809 bis 1882) formulierte biologische Entwicklungsprinzip wird auf die Verhältnisse innerhalb eines Volkes und zwischen den Völkern angewandt (‹Sozialdarwinismus›). Das stärkste Volk setzt sich durch und soll es auch – ein impliziter Imperialismus, der in der Regel in der etwas dezenteren Verkleidung auftritt, daß ‹den Deutschen› (seltener auch der ‹blonden› oder der ‹nordischen Rasse›) vor allem eine kulturelle Mission mitgegeben sei, die sie hoch über alle anderen – besonders die farbigen und slawischen – Völker erhebe.

Innerhalb eines Volkes setzt sich ebenfalls der Stärkste und Beste durch. Wo dies nicht (mehr) geschieht, wird folgerichtig eine biologische Ursache gesucht, das heißt gesellschaftliche (Fehl-)Entwicklungen werden als eine Art Krankheit des ‹Volkskörpers› interpretiert. Entsprechend wird weniger nach historisch-gesellschaftlichen Hintergründen gefragt als nach Krankheitserregern. Der Rückgriff auf Tiere und Ungeziefer bei der Kennzeichnung politischer und weltanschaulicher Gegner ist von daher naheliegend.

Auch hier sollte man nicht übersehen, daß hinter der völkisch-nationalsozialistischen Hochstilisierung des ‹Dienstes am Volk› zum höchsten Weiheakt zunächst eine Reaktion auf ein echtes Problem liegt, nämlich auf die zunehmende Ignorierung spontaner und natürlicher Bedürfnisse und Bindungen durch die moderne Industriegesellschaft. Ein Beispiel hierfür wäre die Selbstverständlichkeit, mit der aus der Herkunft sich ergebende regionale Bindungen durchweg als nicht existent betrachtet werden. – Daß ihr literarischer Einbezug keineswegs zu dem platten Provinzialismus und der Blut-und-Boden-Mystik völkisch-nationalsozialistischer Machart führen muß, sondern sich durchaus mit Humanität und Weltoffenheit vereinbaren läßt, erweist sich etwa an den Werken Heinrich Bölls (geb. 1917) oder Günter Grass’ (geb. 1927) mit ihren Rückbezügen auf Köln bzw. Danzig.

Die Einbindung des Individuums in das ‹Volk› als Kompensation für das Fehlen einer sicheren Einordnung, wie sie beispielsweise der klar gegliederte gesellschaftliche Kosmos des christlichen Mittelalters geboten hatte, läßt sich bis in das 18. Jahrhundert zurückverfolgen. Seit der Begriff des ‹Volkes› allerdings in die politische und geschichtliche Diskussion eingeführt wurde (Herder, Romantiker), hat er sich immer weiter von

jeder empirischen Basis entfernt, ist er sofort ideologisiert worden.
Schon Johann Wolfgang Goethe (1749 bis 1832) setzt in den *Maximen und Reflexionen* (posthum 1907) das real lebende «Volk» von der «Volkheit» als der eigentlichen Essenz ab. Im frühen 19. Jahrhundert stand hinter solchen auf breiter Ebene vorgenommenen Differenzierungen das Bemühen eines zu Selbstbewußtsein findenden Bürgertums, seine Ansichten und Forderungen gegenüber dem Adel als ‹Volks›-Willen, als ‹volonté générale› zu deklarieren, gleichzeitig aber die Forderungen des Vierten Standes als nicht vom ‹Volk›, sondern vom ‹Pöbel› ausgehende Verirrung zu denunzieren.

Die in der Romantik begonnene Mythisierung des ‹Volks›-Begriffs ist in der völkisch-nationalsozialistischen Erzählliteratur zu einem gewissen Abschluß gebracht. ‹Volk› hat mit den real lebenden Menschen, gesellschaftlichen Gruppen und Klassen nichts mehr zu tun. Es bezeichnet eine nebulöse ‹Idee›, die völlig der Willkür subjektiven Fühlens überantwortet ist:

«(Volk) ist nirgend (...) und überall. Es ist im Rauschen meines Waldes und im Atem meiner Mutter, es ist im Glanz der Sterne und im Licht meines Vaterhauses. Es ist im Kinderlallen und in Goethes Gedicht.» (Robert Hohlbaum, 1886 bis 1955): *Der Mann aus dem Chaos*, 1933)

Eine konkrete Füllung dieses Zentralbegriffs kann auf dieser Basis nicht ‹diskutiert›, sondern nur konstatiert werden. Die letzte Entscheidung darüber, was ‹Volk› ist und was lediglich ‹Masse›, fällt bei dieser Art der Begriffsbestimmung (und die Geschichte der völkischen Gruppen bestätigt diesen Befund) demjenigen zu, der seine Definition durchzusetzen die Macht hat.

Bauernliteratur

Seine enge Einbindung in den immer gleich bleibenden, ‹ewigen› Rhythmus der Natur prädestiniert besonders den ‹Bauern›, als Repräsentant der ‹ewigen› Wesenszüge des Volkes zu fungieren. In zahllosen Bauernromanen und -erzählungen von Josef-Martin Bauer, Konrad Beste, Richard Billinger, Hermann Eris Busse, Peter Dörfler (*Allgäu-Trilogie*, 1934 bis 1936), Friedrich Griese (*Der ewige Acker*, 1930), Georg Oberkofler, Ulrich Sander, Gustav Schröer, Hermann Stehr (*Der Heiligenhof*, 1918), Emil Strauß (*Das Riesenspielzeug*, 1934), Josefa Berens-Totenohl (*Der Femhof*, 1934; *Frau Magdlene*, 1935), Karl-Heinz Waggerl (*Brot*, 1930). Carl Hans Watzinger, Hans Watzlik wird bäuerliches Leben dem ‹zersetzenden› Einfluß der Stadt gegenübergestellt, meistens losgelöst von historischen und gesellschaftlichen Bezügen, so daß es durchweg zweitrangig ist, ob als Hintergrund eine historische Epoche gewählt wird oder die Gegenwart.

Einer bestimmten Gruppe (historischer) Bauernromane geht es darum,
am Beispiel von um ihr Recht und um ihre Freiheit kämpfenden Bauern-
gemeinschaften ein geschichtliches Modell der kämpferischen ‹Volksgemeinschaft› anzubieten; so Adolf Bartels: *Die Dithmarscher* (1898); Hermann Löns: *Der Wehrwolf* (1910); Henrik Herse: *Wahr Dich, Garde, der
Bauer kommt* (1939); Karl v. Möller: *Die Salpeterer* (1939); Wolfgang
Schreckenbach: *Die Stedinger. Das Heldenlied eines Bauernvolkes*
(1936); Bruno Hans Wittek: *Sturm überm Acker* (1927).

Der Ruf nach dem ‹politischen Bauernroman› bedeutete also im völkisch-
nationalsozialistischen Sprachgebrauch gerade nicht, der Bauernroman
solle sich der Auseinandersetzung mit zeitspezifischen Anforderungen
und Schwierigkeiten stellen, sondern, im Gegenteil, die «Rückbesinnung» auf die «ureigenen» Aufgaben «jedes rechten Bauern (...), mit
seiner Familie, seiner Sippe Blutquell des Volkes (zu) sein», auf dem sich
«die blut- und rassenmäßige Wiedergeburt unseres Volkes aufbauen»
soll, und dafür zu sorgen, «daß unser Volk aus der Heimatscholle des
Leibes Notdurft und Nahrung erhalten kann». [270; *S. 290*]

Zeit- und Geschichtsromane

Die im Bauernroman zutage tretende Tendenz, Gegenwartsprobleme zu
überspringen und auf scheinbar Ewiges, Immergleiches auszuweichen,
wird besonders augenfällig im Zeitroman, der seinen Stoff in erster Linie
aus dem Ersten Weltkrieg sowie aus der sich unmittelbar anschließenden
Zeit mit Spartakus-Aufstand, Ruhrkämpfen, Separatistenbewegung im
Rheinland und Inflation bezieht, also in den Romanen von Werner Beumelburg (*Die Gruppe Bosemüller*, 1930), Bruno Brehm, Karl Bröger, Edwin Erich Dwinger, Richard Euringer, Joachim v. d. Goltz, Karl Benno v.
Mechow, Otto Paust, Franz Schauwecker, Heinz Steguweit (*Der Jüngling
im Feuerofen*, 1932), Georg v. d. Vring, Josef Magnus Wehner (*Sieben vor
Verdun*, 1930), Erhard Wittek, Hans Zöberlein (*Der Glaube an Deutschland*, 1931).

Im Weltkrieg sieht die völkisch-nationalsozialistische Erzählliteratur einen entscheidenden Wendepunkt in der deutschen Geschichte, einen
Einschnitt, nach dem man nicht einfach so weiterleben kann wie vorher.
Aber nicht die Frage nach den gesellschaftlichen, ideologischen und
menschlichen Bedingungen des Krieges wird aufgeworfen. Den Zerfall
und die Militarisierung der bürgerlichen Gesellschaft der Vorkriegsjahre
aufzuschlüsseln, überließ man der ‹Dekadenzliteratur› der Joseph Roth,
Arthur Schnitzler oder Thomas Mann (*Der Zauberberg*, 1924).

In der völkisch-nationalsozialistischen Erzählliteratur werden die ‹Ursachen› des Krieges wie auch der Niederlage stets kurz und stereotyp abge-
handelt: Deutschland mußte sich gegen den Überfall fast der ganzen nei-
dischen Welt verteidigen, eine ungeschickte ideologische und militärische

Führung vermochte es nicht, die gewaltigen in Deutschland liegenden Kräfte geschlossen gegen diese Übermacht zu mobilisieren, und als schließlich Schiebertum, Korruption und Verrat sich in der Heimat ausbreiteten, konnte die Front den Sieg nicht mehr erringen.

Der große Erfolg, den viele dieser Kriegsbücher zu verzeichnen hatten, hängt sicher damit zusammen, daß auch breite Leserschichten sich gegen die in der Tat furchtbare Erkenntnis sperrten, daß die Millionen Toten der grauenhaften Materialschlachten sinnlos verheizt geworden, daß das Elend und der Hunger vieler Kriegsjahre ohne Sinn gewesen sein sollten. Der ‹Sinn›, den der völkisch-nationalsozialistische Kriegsroman statt dessen beschwört, ist der eines magischen Blutopfers:

«Der Krieg stellt eine Frage an die Völker: Bist du bereit und geweiht, der Welt Ordnung und Gesetz zu geben? Willst du dich opfern, um des kommenden Gesetzes willen, das höher ist als du selbst? Das Gesetz aber ist unbekannt. Es offenbart sich nicht im Schlachtensturm, es kommt wie der Geist im Pfingstwind zu dem, den es erwählte.» (Josef Magnus Wehner, 1891 bis 1973: *Sieben vor Verdun*, 1930)

Pseudoreligiöse Phrasen sollen verdecken, daß die Voraussetzungen für einen Neubeginn nicht durchdacht werden. Vielmehr wird, unbekümmert um die Komplexität und Vielschichtigkeit der modernen Gesellschaft, kurzschlüssig die äußerste Reduktion des Menschen im Fronterlebnis zum Ausgangspunkt nationaler Erneuerung. Der ‹Heroismus›, mit dem sich der Frontsoldat angesichts des Feuers der Materialschlachten zu bewähren hatte, die Einfachheit und Übersichtlichkeit zwischenmenschlicher Beziehungen an der Front werden als Grundlagen des neu zu errichtenden Deutschen Reiches gepredigt:

«Wir sind Kameraden, ganz einfach. Können wir nicht auch daheim uns als Kameraden das Leben schöner, rein von gegenseitigem Haß, gestalten? Jawohl, das geht! Geht's heraußen, dann geht's auch daheim!» (Hans Zöberlein, 1895 bis 1964: *Der Glaube an Deutschland*, 1931)

Der Versuch des völkisch-nationalsozialistischen Zeitromans, gleichsam aus dem Stand heraus und ohne gründliche Klärung der geschichtlichen Voraussetzungen Aussagen über eine notwendige Weiterentwicklung Deutschlands zu treffen, läßt sich in eine generelle Tendenz völkisch-nationalsozialistischer Erzählliteratur einreihen, von geschichtlichen Entwicklungen zu sprechen, ohne sie in ihren Bedingtheiten sichtbar machen zu können. Dies belegen die zahllosen historischen Romane und Erzählungen von H. F. Anders (d. i. Hildegunde Fritzi Hechtel: *Der Verwandler der Welt*, 1942), Werner Beumelburg, Hans Friedrich Blunck (*Die Urvätersaga. Trilogie*, geschrieben 1926 bis 1928), Bruno Brehm, Paul Ernst (*Das Kaiserbuch*, 1923 bis 1928), Otto Gmelin (*Das Angesicht des Kaisers*, 1927), Hans Heyck, Robert Hohlbaum, Werner Jansen, Mirko Jelusich, Wilhelm Kohlhaas, Erwin Guido Kolbenheyer (*Paracelsus-Trilogie*,

1917 bis 1926), Wilhelm Kotzde-Kottenrodt, Martin Luserke, Eckart v. Naso, Kurt Pastenaci, Wilhelm Schäfer (*Die dreizehn Bücher der deutschen Seele*, 1922), Georg Schmückle (*Engel Hiltensperger*, 1930), Will Vesper (*Das harte Geschlecht*, 1931), Karl Hans Watzinger.

Zu den bevorzugten historischen Vorlagen gehören die Germanenzeit, das mittelalterliche deutsche Kaiserreich, der Übergang vom Mittelalter zur Neuzeit, die preußische Geschichte und die ‹Befreiungskriege› gegen Napoleon.

Der rote Faden, der sich durch diese Romane zieht, ist die Vorstellung einer Entwicklung, an deren Ende ein ‹deutsches Reich› stehen wird. Wie im Zeitroman werden jedoch zwar die einzelnen Ereignisse oft sehr realistisch, detailfreudig und gelegentlich mit beträchtlichem Faktenwissen beschrieben; die Entwicklung kann aber aus diesen Details und aus dem zeitlosen ‹Wesen› des ‹Deutschen› (oder des ‹Germanen›) heraus nicht plausibel werden. Begnadete Führergestalten, die aus ihrer übermenschlichen Persönlichkeit heraus Völker und Reiche neu gestalten, Biologisierungen und Hypostasierungen von ‹Zeit› und ‹Schicksal› («Die Zeit war dafür reif, daß …», «Das Schicksal wollte es, daß … »), das sind die letzten Kausalitäten, auf die sich völkisch-nationalsozialistische Erzählliteratur immer wieder beruft, wo es um Geschichte und Veränderung geht.

Religiöses Vokabular

Das offenkundige Fehlen spezifisch historischer, also variabler Kategorien, läßt völkisch-nationalsozialistische Erzählliteratur bei der Darstellung von Geschichte – und von Zeitgeschichte, wie wir gesehen haben – auf religiöse Vorstellungen zurückgreifen. Die im konkreten Geschichtsverlauf nicht auffindbaren Ursachen für die einzelnen Stufen der Entwicklung werden in einen Gott (in das Schicksal, in die Vorsehung: die Begriffe werden austauschbar) hineinprojiziert.

Die Rolle der Religiosität ist so unübersehbar, daß verschiedentlich geradezu von einer nationalsozialistischen ‹Religion› gesprochen wird. Dem steht jedoch die eindeutige Funktionalität aller völkisch-nationalsozialistischen Religiosität entgegen, ihre Reduktion auf die Aufgabe, Leerstellen bei der Erklärung (zeit-)geschichtlicher Entwicklungen zu füllen und die zentralen Kategorien ‹Volk›, ‹Deutschland›, ‹Reich› mit dem Nimbus des Heiligen, das ohne weitere Diskussionen verehrt werden muß, zu umgeben. Substantielle Glaubensinhalte, wie sie das Christentum auf der Grundlage biblischer und kirchlicher Traditionen kennt, sind dieser Religiosität grundsätzlich fremd.

Immerhin gestattet es der Kitt aus Religiosität, anstelle der real zerrissenen, kaum strukturierbaren und undurchsichtigen Welt, wie sie die verantwortungsbewußte moderne Literatur mühsam und in Form von «Erkenntnis- und Wahrheitsexpeditionen» (Geißler) zu durchdringen sucht, eine scheinbar geschlossene, ganzheitliche und sinnvolle Welt zu entwerfen: eine Welt, die sich auch nicht erst dem mühsamen gedanklichen Zugriff erschließt, sondern dem religiösen. Welt wird so in der Tat wieder ‹erlebbar›, nämlich als religiöses und somit ‹inneres› Erlebnis. Das blinde Lenlein in Hermann Stehrs (1864 bis 1940) *Heiligenhof* (1918), das mit seinem inneren Auge die Menschen und Dinge viel schärfer ‹sieht› als alle anderen, ist dafür ebenso ein Beispiel wie der alte Helbrun in Franz Lüdtkes (geb. 1882) *König aller Deutschen* (1942), der fernab sich vollziehendes und künftiges Geschehen prophetisch ‹sieht› und darlegt.

Durch den Zerfall christlicher Gewißheiten ebenso wie des aufkläreri-schen Vernunft- und Fortschrittsglaubens im 19. Jahrhundert ist dem Menschen des 20. Jahrhunderts gleichsam der metaphysische Boden unter den Füßen weggezogen worden. Die Frage nach dem ‹Sinn› seiner Existenz und der Geschichte überhaupt stellt sich völlig neu. Was in Zeiten der Prosperität und des sichtbaren (wirtschaftlichen) Fortschritts beiseite geschoben und durch Aktivismus verdrängt werden kann, kommt in Zeiten existentieller Bedrohung an die Oberfläche. Die völkisch-natio-nalsozialistische Erzählliteratur bietet Antworten, wie kurzsichtig und verantwortungslos auch immer – ein in gewisser Weise vergleichbares Phänomen wäre der seit Ende der sechziger Jahre in der Bundesrepublik wachsende Zustrom junger Leute zu diversen Sekten. In der skrupellosen und geschickten Verbindung handfester politischer Ziele und massiver Vorurteile mit Versatzstücken vorzugsweise aus dem christlichen Reper-toire und aus der germanischen Götterwelt, in dieser Fähigkeit, über den Alltag hinausweisende Perspektiven aufzuweisen, und sei es auch in Form einer nebulösen Gläubigkeit, dürfte einer der Gründe für die Er-folge völkisch-nationalsozialistischer Erzählliteratur wie auch dieser ge-samten politischen Bewegung liegen.

Der durch das religiöse Vokabular vermittelte Anschein von Wissen um letzte Wahrheit und um Sinnhaftigkeit findet seinen Niederschlag auch in der Schreibweise. Sie ist rigoros auf Identifikation und unkritische Über-nahme zugeschnitten, dabei durchgängig auf den Eindruck von Authenti-zität bedacht. Hinter den Zeitromanen zum Beispiel steht, wie mit Regel-mäßigkeit versichert wird, das tatsächliche (Er-)Leben des Erzählers. Brüche in der Erzählweise, wie sie die große Literatur des 20. Jahrhun-derts entwickelt hat, werden vermieden.

Das Nebeneinander von Teilen, die sich in Form und Inhalt gegenseitig frag-würdig erscheinen lassen – man denke etwa an die Erzählung des Mummlius Spicer und die Aufzeichnungen des Sklaven Rarus in Bert Brechts *Die Geschäfte des Herrn Julius Cäsar* (1957) –, gibt es ebensowe-nig wie das Zerbrechen der Fabel oder Montagetechniken, und die Beur-teilungen des ‹klassischen› auktorialen Erzählers stehen in keinem Fall im

Verhältnis ironischer Spannung zum Geschehen wie häufig bei Thomas
Mann (1875 bis 1955).

Entwicklungsphasen

Bereits vor dem Ersten Weltkrieg ist eine Reihe von Werken entstanden,
in denen wesentliche Motive und Ideologeme völkisch-nationalsozialistischer Erzählliteratur ausgebreitet waren: Adolf Bartels: *Die Dithmarscher* (1898); Gustav Frenssen: *Jörn Uhl* (1901); Erwin Guido Kolbenheyer: *Amor Dei* (1908); Hermann Löns: *Der Wehrwolf* (1910); Hermann
Burte: *Wiltfeber der ewige Deutsche* (1912).

Die eigentliche ‹Blütezeit› völkisch-nationalsozialistischer Erzählliteratur setzt jedoch mit der Niederlage im Ersten Weltkrieg ein. Die Rückbesinnung auf das ‹Ewige› wird, brutal mit einem Zeitereignis konfrontiert,
vollends zu einem Mittel, bestimmte Gegenwartsprobleme und -tatsa-
chen zu verdrängen. Die Konsequenzen der Niederlage, zum Beispiel die
Grenzen, die der deutschen Politik nach 1918 gesteckt sind, werden
schlankweg ignoriert. Insgesamt wird die neue republikanische Staatsform, ebenso wie die Niederlage im Krieg, als Werk der Sozialdemokratie
und des ‹Pöbels› interpretiert. Damit ist den zersplitterten Vorstellungen
zumindest im Negativen ein konkreter Bezugspunkt und somit ein be-
nennbares politisches Ziel vorgegeben. Flankiert von einer Literaturkritik, die fast ausschließlich nach politischer Nützlichkeit und Gesinnung
fragte, und von militanten Kulturorganisationen wie dem Rosenberg-
schen «Kampfbund für deutsche Kultur» (gegr. 1927), wird der Prozeß
der Selbstklärung und der Abgrenzung intensiviert.

Der Zwang zur Auseinandersetzung, wie er eigentlich nur vom Weltkrieg
bis 1933 bestand – vorher war die Frontstellung zu wenig eindeutig, nachher übernahm der Staat die Widerlegung gegnerischer Anschauungen –,
dürfte entscheidend dafür gewesen sein, daß von 1917/18 bis 1933/34 die
repräsentativen Werke völkisch-nationalsozialistischer Erzählliteratur
entstanden, wie Beumelburg: *Gruppe Bosemüller* (1930); Blunck: *Urvätersaga* (1926 bis 1928); Ernst: *Das Kaiserbuch* (1923 bis 1928); Gmelin:
Das Angesicht des Kaisers (1927); Grimm: *Volk ohne Raum* (1926); Kolbenheyer: *Paracelsus-Trilogie* (1917 bis 1926); Schäfer: *Die dreizehn Bücher der deutschen Seele* (1922); Stehr: *Der Heiligenhof* (1918);
Schmückle: *Engel Hiltensperger* (1930); Zöberlein: *Der Glaube an
Deutschland* (1931).

Wie für die Politik gilt auch für den Bereich der Literatur, daß die nationalsozialistische Machtergreifung 1933 keinen totalen Bruch bedeutete,
sondern daß Tendenzen, die schon lange vorher bestanden hatten und seit
1930 immer stärker in den Vordergrund getreten waren, nunmehr zu allei-
niger Vorherrschaft gelangten.

Die Änderungen, die sich für die völkisch-nationalsozialistische Erzählliteratur ergaben, lagen zunächst weniger auf inhaltlicher als auf institutioneller Ebene. Eine rigide Kulturpolitik und eine straffe Zensur befreiten die völkisch-nationalsozialistischen Autoren rasch von der Konkurrenz demokratischer und linker Schriftsteller. Ganz unbeeinflußt von der staatlichen Literaturpolitik blieben jedoch auch die Inhalte der völkisch-nationalsozialistischen Erzählliteratur nicht. Die Vielfalt völkischer Gruppen und Ideologien hatte bei vielen Themen eine gewisse Bandbreite möglicher Stellungnahmen zugelassen. Zumindest eine Reihe Fragen wurde jetzt von Staats und Partei wegen geklärt.

So wird der hemmungslose Nationalismus in den Anfangsjahren des Dritten Reiches eher gezügelt; die (scheinbare) Anerkennung des Rechts jedes Volks, sein Leben selbst zu bestimmen, herrscht deutlich vor. Noch Anfang 1939 konstatiert die «Bücherkunde» befriedigt, die «Gestaltung deutsch-französischer Begegnungen im Sinne eines ehrlichen Spannungsausgleiches» sei «von den mitunter noch recht unbeholfenen und tastenden Anfangsversuchen der Jahre 1935 und 1936 zu immer besseren und reiferen Lösungen vorgedrungen, von denen hier die beiden wertvollsten (!) des vergangenen Jahres gewürdigt werden sollen». [194; *27/28*] Zum Krieg hin und erst recht während des Zweiten Weltkriegs rücken dann die Schicksale der Auslandsdeutschen in Geschichte und Gegenwart, und zwar besonders Leiden und Leistungen der Deutschen in Osteuropa, von der mittelalterlichen deutschen Ostkolonisation bis zur Gegenwart, in das Zentrum der Romane und Erzählungen von Blunck (*Wolter von Plettenberg*, 1938; 100. Tsd. 1942, 240. Tsd. [!] 1943); Arnold Krieger (*Empörung in Thorn,* 1939); Karl v. Möller, Wilhelm Pleyer, Josef Ponten (*Volk auf dem Wege,* 6 Bde., 1930 bis 1942); Gottfried Rothacker (d. i. Bruno Nowak). Die Literaturlenkung ist allerdings immer auf dem Hintergrund ständiger Nationalsozialismus-interner Machtkämpfe und unterschiedlicher ideologischer und taktischer Vorstellungen zu sehen. So versuchte Goebbels eine Zeitlang, auch nichtvölkisch-nationalsozialistische Schriftsteller für das Dritte Reich einzuspannen, scheiterte damit aber schließlich am Widerstand des dogmatischeren und taktisch weniger flexiblen Flügels des Nationalsozialismus, wie ihn Arthur Rosenberg repräsentierte.

Die Verquickung von Ideologie, Macht- und taktischen Interessen in der Literaturpolitik des Dritten Reichs, aber auch die Heterogenität der nationalsozialistischen Ideologie wirft für die Beurteilung literarischer Gegnerschaft während des Dritten Reichs («innere Emigration») wie für die Frage nach der Weiterwirkung völkisch-nationalsozialistischer Erzählliteratur bzw. nach neuer Literatur in völkisch-nationalsozialistischen Traditionen erhebliche Schwierigkeiten auf.

Der bequeme Weg, die Zuordnung eines Autors von seiner Stellungnahme zum Dritten Reich abhängig zu machen, ist sicherlich untauglich.

Zu vielfältig sind die literarischen und ideologischen Gemeinsamkeiten vieler – zum Teil sehr engagierter – Kritiker des Dritten Reichs (zum Beispiel Ernst und Friedrich Georg Jünger, Frank Thieß, Ernst Wiechert) mit ihrem Gegner. Auch kann Beifall, wie er Werner Bergengruens *Der Großtyrann und das Gericht* (1935), Jochen Kleppers *Der Vater* (1937), Ina Seidels *Lennacker* (1938) oder der Produktion Hans Carossas von nationalsozialistischer Seite zuteil wurde, nicht einfach als dümmlicher Irrtum der entsprechenden Stellen abgetan werden. Die durchweg unkritische Rezeption dieser Autoren und Werke, noch mehr die Neuauflagen und Neuerscheinungen, die die Anders, Baumann (heute ein beliebter Kinderbuchautor), Berens-Totenohl, Hohlbaum, Jelusich, Ernst Jünger, Kolbenheyer oder Helmut Paulus nach 1945 erlebten, verweisen auf eine arglose Haltung, die den Nationalsozialismus nur als politisches Phänomen begreift und Literatur nur dann mit ihm in Zusammenhang bringt, wenn sie (oder ihr Autor) sich offen zu ihm bekennt.

So richtig allerdings die Überwindung dieser Naivität ist, eine wichtigere Aufgabe angesichts völkisch-nationalsozialistischer Erzählliteratur liegt wohl darin, die Probleme und unbefriedigten humanen Bedürfnisse zu erforschen, die im Gefolge der modernen bürgerlichen Gesellschaft auftreten und für die diese Literatur pervertierte Lösungen anbot.

Wolfgang Reif
Exotismus und Okkultismus

Unter dem Begriff Exotismus wird eine Haltung verstanden, die – ideal-
typisch gesehen – die Komponenten Zivilisationsflucht, Hinwendung zu
und Begegnung mit abenteuerlicher Ferne, exotischer Natur und/oder
Kultur, daraus resultierende Erfahrung des Ich, der eigenen Kultur und
ihre Kritik umfaßt.
Der Hang zum Exotischen ist selbst unterschiedlichsten und konträren
literarischen Strömungen der zwanziger Jahre gemeinsam. Aufschlußreich hierfür sind zwei Spielarten des Exotismus, bei denen die Roman-
bzw. Dramenschauplätze nicht in fernen Ländern und Zeiten, sondern im
Hier und Jetzt des heimischen Europa aufgesucht werden, und zwar entweder im Dorf oder in der Großstadt. Schon die Wahl, die der Autor hier
trifft, deutet hin auf sein Verhältnis zur Technik, zu dem nach dem Ersten
Weltkrieg einsetzenden Modernisierungsschub, zur Amerikanisierung
des Lebens im Arbeits- und Freizeitbereich.
Im ersteren Fall wird von den sozialen und wirtschaftlichen Umwälzungen abstrahiert, die sich in der Nachkriegszeit in verstärktem Maße auch
in dem dörflichen Lebensbereich bemerkbar machten. Das Leben voll-
zieht sich nach ungebrochenen traditionellen Werten in einer intakten
Gemeinschaft, die letztlich ihre Verwurzelung im Einklang von Mensch
und Natur findet. Dämonische Kräfte, die alter heidnischer Überlieferung zufolge im Wechsel der Jahreszeiten immer wieder von den Dorfbe-
wohnern Besitz ergreifen, können so mit den ansonsten bestimmenden
christlichen Kulturwerten vermittelt werden. So wandelt sich in Richard
Billingers (1890 bis 1965) Dramen, namentlich in der vielbeachteten und
erfolgreichen *Rauhnacht* (1931), ein geographisch in den Dörfern des
österreichischen Innviertels zu lokalisierender Raum zu einer exotisch
und mythisch überhöhten Sphäre, an der allerdings nur die Dorfgemein-
schaft teilhat. Billinger, der im Dritten Reich gefördert wurde, ist einer
der Wegbereiter der Blut-und-Boden-Literatur. Dieses Beispiel ist je-

doch nicht generalisierbar. Der Hinweis auf Elisabeth Langgässer (1899 bis 1950), die mit ihren frühen, mythologisch und symbolisch überfrachteten Prosawerken wie etwa *Mithras* (1932) ebenfalls dieser Spielart des Exotismus zuzurechnen ist, mag hierfür genügen.

Autoren nun, die ein solches Zurück zu Rauhnacht-Dämonie und Bodenständigkeit ablehnen und demgegenüber das volltechnisierte und amerikanisierte Leben der Großstädte emphatisch bejahen, greifen ihrerseits auf atavistische Vorstellungen und Mythen zurück, um sich ihres neuen Lebensgefühls zu versichern. [vgl. 246] Politisch so verschiedene Autoren wie Bertolt Brecht, Alfred Döblin oder Ernst Jünger, die sich während der Stabilisierungsphase der Weimarer Republik vorübergehend in einem solchen ‹neusachlichen› Lebensgefühl zusammenfinden, neigen zu einer ausgesprochen biozentrischen Sicht und Gestaltung der Technik und der modernen Großstadtwelt, für die etwa Alfred Döblins (1878 bis 1957) Essay *Der Geist des naturalistischen Zeitalters* und sein technisch-mythischer Zukunftsroman *Berge, Meere und Giganten* (beide 1924) als Beispiele stehen können. Wegbereiter eines so verstandenen Technik- und Amerikakultes ist der Däne Johannes Vilhelm Jensen (1873 bis 1950), Vorläufer im deutschsprachigen Raum der österreichische Expressionist Robert Müller (1887 bis 1924). [vgl. 337] In den Erzählwerken beider Autoren wird das Leben in amerikanischen Großstädten mit den Lebensbedingungen tropischer Dschungellandschaften gleichgesetzt und umgekehrt der Überlebenskampf im tropischen Dschungel und die damit verbundene Regression auf den Bewußtseinsstand der ‹Wilden› als Einübung auf den Existenzkampf im Dschungel der Großstädte gewertet. Ein solch biozentrischer Technikkult, der im technikfeindlichen Expressionismus Ausnahme blieb, wird Mitte der zwanziger Jahre zur Mode. [vgl. 159] Das folgende Zitat aus der ersten Fassung von Ernst Jüngers (geb. 1895) Essaysammlung *Das abenteuerliche Herz* (1929) mag dies veranschaulichen:

«Der Mensch in den Städten beginnt einfacher, das heißt in jenem gewissen Sinne tiefer zu werden. Er wird zivilisierter, das heißt barbarischer. Die Natur ergreift auf sehr seltsame Weise wieder von ihm Besitz. Unter diesem Gesichtswinkel kann ich den jungen Leuten, die ‹lieber Sport treiben›, den Besuchern der Kinos, den Schwärmern für den Automobilmotor ‹an sich›, ja selbst den Amerikanern Geschmack abgewinnen.»

Jünger, der in seiner Jugend ein afrikanisches Dschungelleben erträumt und vergeblich angestrebt hatte, fand die Kampfsituation des Dschungels im Kriegserlebnis wieder und ringt nun um den neuen Typus des großstädtischen Dschungelmenschen, der alsbald in der Gestalt des ‹Arbeiters› als faschistisches Leitbild Verwertung findet. Aber auch der spätere Marxist Bertolt Brecht (1898 bis 1956) findet die Kampfsituation des Dschungels in der modernen Großstadt wieder und gestaltet sie in dem Stück *Im Dikkicht der Städte* (1927). «Der Kampf zweier Männer in der Riesenstadt Chicago» – so der Untertitel des Stückes – wird der neusachlichen Mode entsprechend in dem Vokabular des Boxsports angekündigt. Die Motive des Kampfes bleiben im dunklen. Die ‹menschlichen Einsätze› verweisen damit auf die Entfremdung, die die Interaktionen der Menschen im Dschungel der Stadt kennzeichnet. Exotik und Mythisierung können so nicht verhindern, daß der Dschungel als ‹kalte› Stadt, als Ort der Entfremdung, transparent wird. Trotz unterschiedlicher Tendenzen lassen sich hier Gemeinsamkeiten zwischen den ‹Linken› Brecht oder Döblin und dem ‹Rechten› Ernst Jünger aufzeigen: bedingungslose Bejahung der technischen Entwicklung und Bereitschaft zu radikalem Bruch mit kulturellen Traditionen, die damit nicht vereinbar erscheinen. Aber gerade diese Radikalisierung entspringt offenbar einer tiefen Verunsicherung, die diese Autoren veranlaßt, sich durch Rückgriff auf exotistische und atavistische Vorstellungen der Technik als ‹Natur› zu versichern. So liegt hier nicht weniger eine Fluchthaltung vor als bei den bodenständigen Exotisten. Die radikale Ablehnung als traditionsgebunden erachteter Standpunkte namentlich bei den ‹Linken› machte hier eine Verständigung nicht möglich. So überließ man das ‹Land› dem völkischen Einfluß und konnte nicht verhindern, daß sich, wie Ernst Bloch (1885 bis 1977) 1935 in *Erbschaft dieser Zeit* feststellte, «Rauhnacht in Stadt und Land» ausbreitete.

Ideologie des Pioniers

In Stefan Zweigs (1881 bis 1942) *Sternstunden der Menschheit. Fünf historische Miniaturen* (1927, erweitert 1945) wird in knappen biographischen Skizzen Geschichte so dargeboten, daß sie sich auf schicksalhaftes Gelingen und Scheitern ‹großer Männer› reduziert, jegliche politische Dimension also ausgespart bleibt. Es braucht daher nicht zu verwundern, daß Zweigs Vorliebe neben dem Dichter dem Typus des Pioniers gilt, der fernab von der Zivilisation ganz auf sich gestellt Geschichte macht. Da aber Zweig ausnahmslos solche Pioniere auswählt, in deren Biographie auf großen Triumph tragisches Scheitern folgt, gerinnt Geschichte in den aufgesuchten angeblich säkularen Entscheidungssituationen zum Schauplatz von Tragödien. Dem entspricht das Pathos der szenischen Gestaltung. Wenn der Entdecker und Konquistador Balboa (*Flucht in die Unsterblichkeit*), der schließlich als Rebell unter dem Beil des Henkers endet, seine ‹Sternstunde› inszeniert, in der er als erster Europäer den Pazifischen Ozean vom Gipfel herab erblicken darf, so kulminiert auch für Zweig das Ereignis in der Inszenierung dieser exotischen Szene: Geschichte als Große Oper à la Meyerbeer. Einem solchen Stilisierungsbedürfnis, nicht aber dem von Zweig angemeldeten Anspruch auf historische Authentizität, entspricht die Gestaltung des tragischen Endes eines anderen Pioniers. Der Schweizer Johann August Suter, der als Kolonisator Kaliforniens vom mittellosen Einwanderer zu einem der reichsten Männer seiner Zeit aufstieg, 1848 seinen Besitz unter dem Ansturm hemmungsloser Goldsucher verlor und seine Rechte nach einem Leben voller Prozesse nicht durchzusetzen vermochte, stirbt bei Zweig als verwahrloster alter Bettler auf der Monumentaltreppe des Kongreßpalastes. Hier greift Zweig offensichtlich auf die letzte Szene von Blaise Cendrars' (1887 bis 1961) Roman *L' Or, la merveilleuse histoire du général Johann August Suter* (1925; deutsch: *Gold*, übersetzt von Yvan Goll 1925) zurück. Sowohl die neuartige, die Geschehensfülle aufs äußerste verknappende Darstellungsweise Cendrars' als auch die Abenteuerlichkeit des Stoffes selbst haben eine Reihe von deutschen Autoren zu eigenen Verarbeitungen veranlaßt, neben Zweig u. a. Egon Erwin Kisch (1885 bis 1948), der sich in seiner Reportage *Paradies Amerika* (1930) in der *Ballade von Sutters Fort* einen solchen Exkurs in die Vergangenheit gestattet. Der Stoff reizte zum Drama und zur Verfilmung von unterschiedlichsten ideologischen Standorten her (Sergej Ejzenštejn bis Luis Trenker).

Aber auch die Vorliebe für andere Entdecker- und Pioniergestalten zeigt, daß Zweig hier nicht allein dasteht. Das Schicksal einer dritten Gestalt aus Zweigs ‹Galerie›, das tragische Ende des Südpolarforschers Scott und seiner Mannschaft (*Der Kampf um den Südpol*), wurde auch von Reinhard Goering (1887 bis 1936) in seinem Drama *Die Südpolexpedition des Kapitän Scott* (1929) aufgegriffen. Geht es bei Goering um Opfermut, Freundschaft und Treue, so feiert Arnolt Bronnen (1895 bis 1959) in seinem Einpersonenstück *Ostpolzug* (1926) gerade den rücksichtslosen Egoismus seines synthetischen Pioniers, der einmal die Rolle Alexanders des Großen, dann wieder die eines Namensvetters des 20. Jahrhunderts annimmt, der dort ansetzen will, wo der antike Alexander zur Umkehr gezwungen war, um den noch nicht betretenen «Ostpol» Mount Everest zu bezwingen.

Bertolt Brecht, der dieses Stück seines Freundes als gelungenes Werk einer Neuen Sachlichkeit schätzte, hatte gleichzeitig in der Frage individueller Leistung in *Mann ist Mann* (1926) zu einer konträren Position gefunden und gestaltete diese schließlich auch in seinem Radiolehrstück *Der Flug der Lindberghs* (1929; später umbenannt in *Der Ozeanflug*) an der Leistung eines Pioniers aus der jüngsten Vergangenheit. Schon daß der erste Ozeanüberflieger hier nur in einem Kollektiv «der Lindberghs» auftritt, deutet darauf hin, daß das Verdienst an seinem siegreichen Kampf gegen die Naturmächte ‹Nebel›, ‹Sturm›, ‹Eis› und ‹Schlaf› dem Kollektiv aller arbeitenden Menschen zukommt. Tollkühnes Heldentum wird denn auch von «den Lindberghs» ausdrücklich zurückgewiesen. Während der Fortschritt der Menschheit und das Verlangen nach dem ‹Unerreichbaren› bei Zweig aus der tragischen Erschütterung über den

Opfertod Scotts und seiner Männer Impulse gewinnen soll, bei Bronnen
das Ergebnis der Taten vereinzelter Gipfelstürmer und Übermenschen
ist, die sich ein höchst privates und willkürliches «Ostpol»-Ziel gesetzt
haben, verbindet Brecht das Streben nach dem ‹noch nicht Erreichten›
mit der Notwendigkeit gesellschaftlicher Veränderung. Bürgerliche
Flucht in eine Geschichte, die sich auf Gelingen und tragisches Scheitern
großer Pioniere reduziert und daraus ihre Erbauung zur Versicherung der
Gegenwart oder Zukunft zieht, wird hier durch eine entmythisierende
Darstellungsweise eines ‹glorreichen› Pioniers vom marxistischen Standpunkt aus überwunden.

Preußen der Prärie

Das Interesse an Taten und Schicksalen von Pionieren bezog sich auch auf
die Geschichte der amerikanischen ‹Grenze›. Der ‹Romantik› des India-
nerromans in der Tradition James Fenimore Coopers (1789 bis 1851)
wollte man ein historisch unverfälschtes Bild des harten Grenzerlebens
gegenüberstellen, Winnetou und Lederstrumpf, wie sie wirklich gewesen
sind. Hier gelang es in erster Linie völkisch orientierten Autoren, mit
vornehmlich an die Jugend gerichteten Erzählwerken wirksam zu werden. Die Geschichte dieser Indianergrenze will Friedrich von Gagern
(1882 bis 1948) in *Das Grenzerbuch* (1927) der «erstarkenden, erwachen-
den Mannsjugend» erzählen, um ihr im Sinne der Taciteischen *Germa-
nia* ein natürliches Leitbild zu geben gegen Verweichlichung, Unnatur,
Kultur- und Sittenverfall der Gegenwart. Neben Daniel Boone, dem Ur-
bild des Lederstrumpf, ist der Indianerhäuptling Tecumseh sein bevor-
zugter Held. Es ist unverkennbar und wird dem Leser durch aktualisierende Vergleiche nahegelegt: Die sittliche Erneuerungsbewegung, die
der große Häuptling ins Leben ruft, um sein geschlagenes Volk zu läutern
und im Abwehrkampf gegen den vordringenden weißen Feind zu sammeln, soll in Analogie zur deutschen Geschichte nach 1918 gesehen werden. Ein «großes völkisches Programm», das der geniale «rote Faschist»
zu verwirklichen sucht, bietet sich als letzte Rettungsmöglichkeit an. Zugleich wird aber gezeigt, woran Tecumseh letztlich scheitern mußte. Es
gebricht den indianischen Volksgenossen an moralischer Kraft, dem ent-
artenden Einfluß der Zivilisation zu widerstehen, und an Einsicht in die
politischen Zukunftsentwürfe ihres Häuptlings. Ein Führer ohne Gefolgschaft – so lautet die völkische Variante der Pionier-Tragödie, und diese
blieb mit Fritz Steubens (d. i. Erhard Wittek, geb. 1898) achtbändigem
Tecumseh-Zyklus (1930 bis 1939) bis auf den heutigen Tag erfolgreich.
[vgl. 352] Daß dieser Erfolg des von den Nationalsozialisten geförderten
Jugendautors [vgl. 225] das Dritte Reich überdauerte und daß Steubens
Tecumseh-Romane ohne nennenswerte Textbearbeitung neuaufgelegt
werden konnten, erklärt sich nur aus der unaufdringlichen Art, in der

preußische Tugenden, soldatischer Geist und völkische Ideologie in seinen Häuptlings- und Pionierfiguren Gestalt annehmen.

Wie verträgt sich in die Prärie importiertes Preußentum und in die Pio-
nierzeit projizierter Faschismus mit der Forderung nach dem authentischen Indianerroman? Authentizität erschöpft sich hier in einem histo-
risch-ethnographischen Positivismus als exotische Folie für die Tragödien
preußischer Charaktere und Übermenschen. Bei Gagern ist sie immerhin
als lebendiges, stellenweise dichterisches Ambiente gestaltet, bei Steuben wird der Forderung nach Authentizität mit pedantischer Wissensver-
mittlung über ‹Sitten und Gebräuche› Genüge getan.

Ganz aus dem hier gezogenen Rahmen fällt ein lediglich vom Motiv her
ähnliches Werk: Eduard Stuckens (1865 bis 1936) Roman *Die weißen Götter* (1918 bis 1922) gestaltet in einem breitangelegten historischen Ge-
mälde die Eroberung des Aztekenreiches. Anders als bei Gagern und
Steuben bedeutet hier ethnographische Authentizität mehr als Folie. Sie
dient dem Thema des Autors, den Untergang einer unterlegenen Kultur
im Sinne einer biologisch-organischen Geschichtsauffassung zu gestalten.
Das Thema des Zusammenbruchs der indianischen Hochkulturen beim
Eintreffen europäischer Konquistadoren hat neben und nach Stucken
eine Reihe von Autoren (u. a. Gerhart Hauptmann, Alfred Döblin) zu
Werken mit unterschiedlichen Intentionen inspiriert.

Koloniallegenden: Lebensraumanspruch

Die 1919 verlorengegangenen deutschen Kolonien waren verhältnismäßig klein und wirtschaftlich unbedeutend, ihr Besitz erstreckte sich über
einen verhältnismäßig kurzen Zeitraum; der Umfang der deutschen Kolonialliteratur dagegen war unverhältnismäßig groß, ihr Wirken umfaßte
einen weitaus größeren Zeitraum als diese Episode der deutschen Geschichte. Dies läßt sich zum Teil dadurch erklären, daß sie von Anfang an
als Propaganda für den kolonialen Gedanken gedacht war und als solche
in der politischen Auseinandersetzung von entsprechenden Verbänden
des nationalen Bürgertums bewußt eingesetzt und dementsprechend gefördert wurde. Bereits der ungewöhnliche Erfolg von Gustav Frenssens
(1863 bis 1945) Roman *Peter Moors Fahrt nach Südwest* (1906) deutet in
diese Richtung. [vgl. 267] Die eigentliche Blütezeit dieser Literatur fällt
allerdings in die zwanziger Jahre. Der Verlust der Kolonien wird nun zu
einem bevorzugten Thema nationaler Agitation, dem sich auch die demokratischen Parteien nicht verschließen. Damit sind aber auch Stoßrich-
tung und Zuschnitt der weiteren Kolonialliteratur festgelegt. Die im Versailler Vertrag gegenüber Deutschland ausgesprochene sogenannte ‹Ko-
lonialschuldlüge› sollte widerlegt werden. Eine Flut von Kolonialerzäh-
lungen und Erinnerungsbüchern trug denn auch dazu bei, ein Gefühl nationaler Demütigung wachzuhalten und zugleich mit einer regelrechten

Koloniallegende zu kompensieren, die nachhaltig im Bewußtsein der
Deutschen verankert wurde. Dieser Intention entspricht das immer gleiche Thema mit seinen typischen Versatzstücken: Die Erzählung deutscher Siedlerschicksale – zumeist auf eigener südwestafrikanischer Erfahrung beruhend – berichtet über die Landnahme ‹deutscher Leder-
strumpfe›, Aufbau einer Farm im Kampf gegen die feindliche Natur, Gefahr und Leid im Gefolge des Herero-Aufstandes, tapfere Verteidigung
des durch harte Arbeit erworbenen Besitzes gegen eine feindliche Übermacht im Ersten Weltkrieg, schließlich Vertreibung oder harter Selbstbe-
hauptungskampf gegenüber dem juristischen Intrigenspiel der südafrika-
nischen Engländer und den Geschäftsmethoden der Juden. Diese Einzelschicksale sollen Zeugnis ablegen von deutscher Leistung und von dem
Unrecht, das Deutschen gegenüber begangen wurde, und sollen den moralischen Anspruch auf Rückgabe der Kolonien unterstreichen. Bernhard Voigts (geb. 1878) Romane *Du meine Heimat Deutschsüdwest* (1925)
und *Der südafrikanische Lederstrumpf* (1934 bis 1936), eine breitange-
legte Trilogie, können hier als repräsentativ genannt werden. Ganz im
Sinne der Koloniallegende wird auch das Verhältnis Deutscher – Einge-
borener gestaltet. ‹Der› Deutsche, ‹dem› rassisch unterlegenen Neger gegenüber zur Herrschaft berufen, erweist sich als ein zwar strenger, aber
gerechter, anständiger und durchaus gütiger Herr. Daß die Eingriffe der
Kolonialverwaltung in das Sozialgefüge der afrikanischen Völker zu großen Aufständen führten, die im Falle der Hereros mit einem general-
stabsmäßig und technisch perfekt organisierten Völkermord beantwortet
wurden, konnte natürlich nicht Gegenstand der Darstellung sein. Auch
hier war es leicht möglich, durch konsequentes Einhalten der Perspektive
deutscher Kolonialoffiziere, ihrer außergewöhnlichen Heldentaten und
tragischen Schicksale – wie etwa in Hans Grimms (1875 bis 1959) Novelle
Der Leutnant und der Hottentott (*Lüderitzland*, 1934) – eine solche Thematik von vornherein auszuschließen. An solchem Heldentum durften
schließlich auch die schwarzen Soldaten, die Askaris, partizipieren: Ihr
heldenmütiger Verteidigungskampf im Ersten Weltkrieg unter General
Paul von Lettow-Vorbeck (1870 bis 1964; *Heia Safari. Deutschlands
Kampf in Ostafrika*, 1920) ist der letzte Trumpf gegen die ‹Kolonial-
schuldlüge›. «Kommt bald wieder. Wir warten auf euch.» So etwa rufen
die treuen Askaris den scheidenden deutschen Kolonialherren nach, und
damit enden für gewöhnlich diese Kolonialbücher.

Hans Grimm verfaßte mit seinem umfangreichen Roman *Volk ohne
Raum* (1926) den erfolgreichsten und bedeutendsten Beitrag zu dieser
Literatur. Wenn er auch durchaus den oben beschriebenen Stereotypen
folgt, so weist er doch insofern über diesen Rahmen hinaus, als er mit
diesem Werk den Anspruch verfolgt, am Einzelschicksal eines Kolonial-
siedlers deutsches Schicksal schlechthin zu gestalten. Die Ursache aller

Not und aller sozialen Gegensätze in Deutschland führt er auf einen Mangel der Deutschen an ‹Lebensraum› zurück. Abhilfe solle in überseeischen Siedlerkolonien geschaffen werden. Vom Ansatz und vom Lösungsvorschlag her unhaltbar, kam diese Sichtweise doch dem Bedürfnis
des nationalen Mittelstandes nach simplen Erklärungsmodellen der deutschen Misere entgegen, zumal sich eine Lösung weit ab von der trostlosen
Nähe in exotischer Ferne anbot. Die literarische Wirkung weit über einen
völkischen Bereich hinaus bezeugt Kasimir Edschmid (1890 bis 1966), der
bereits zuvor in einer Novelle dem Askari-Mythos Tribut gezollt hatte
(*Hallo Welt!*, 1930), mit seinem Südamerika-Roman *Deutsches Schicksal*
(1932). Grimms Romantitel wurde im Dritten Reich zu einem zentralen
Schlagwort nationalsozialistischer Ideologie, der darin behauptete Mißstand sollte nun aber durch deutsche Kolonisierung Osteuropas behoben
werden. An die Stelle der Kolonialliteratur trat eine Blut-und-Boden-
Literatur, die sich vornehmlich auf das osteuropäische Auslandsdeutschtum bezog. Die Kolonialliteratur wurde zwar weiterhin geduldet, aber
nicht mehr gefördert. [vgl. 267]

Seeleute, Tramps und Proleten

Der neuromantische ‹Seelenvagabund› in der Art Waldemar Bonsels'
(1880 bis 1952) und des frühen Hermann Hesse (1877 bis 1962) setzt seine
Wanderschaft in der literarischen Landschaft der zwanziger und dreißiger
Jahre fort, fernab und unbeirrt von der geschichtlichen und sozialen Realität und erfolgreich in Lyrik und in Romanen (Manfred Hausmann, Hans
Reiser). [vgl. 219] Ihm tritt aber in den zwanziger Jahren ein neuer Abenteurertypus gegenüber. In der Lyrik kündigt er sich als individualanarchistischer Außenseiter an, mit an Rimbaud und Kipling geschultem exotischem Flair in Brechts *Hauspostille*-Balladen (1927), mit Seemannsatmosphäre und Sozialkritik in den Balladen Walter Mehrings. Die zum Teil
erst jetzt in Übersetzungen vorliegenden realistisch-exotischen Abenteuerromane Melvilles, Stevensons, Conrads, Kiplings und Londons finden
starke Beachtung und beeinflussen einen neuen deutschen Abenteuerroman mit durchaus eigenständiger Note. Die Seeromane eines B. Traven
(*Das Totenschiff*, Die Geschichte eines amerikanischen Seemanns, 1926),
Heinrich Hauser (*Brackwasser*, 1928), Theodor Plivier oder Hans Leip
beruhen zum Teil auf eigenem abenteuerlichem Erleben, ihre Perspektive ist nicht die der Kommandobrücke, sondern des einfachen Seemanns. Seemanns- und Trampabenteuer, bestimmt durch anarchistisches
Aufbegehren und Freiheitsbedürfnis, aber als Bestandteil einer intensiv
realistisch gestalteten Arbeitswelt erlebt und daher letztlich desillusionierend und bar aller Romantik – das sind Merkmale eines erneuerten deutschen Abenteuerromans. Das in der westeuropäischen und amerikanischen Literatur gleichzeitig vorherrschende intellektuelle bzw. exzentri-

sche Abenteurertum, das seine Gegenstände etwa im Fliegen, im Stierkampf, in der Großwildjagd oder in politischer Untergrundtätigkeit fand
(Cendrars, Malraux, Montherlant, Hemingway), ist demgegenüber – von
Ernst Jünger abgesehen – nicht bestimmend. Daß neben realistisch erlebter Ferne auch allerlei naiv exotische Schwelgerei die literarischen Weihen erhielt, braucht nicht zu verwundern, wenn man bedenkt, wie sehr
die Literaturproduzenten dieser Zeit bereit waren, einem Massenbedürfnis nach spannender Unterhaltung literarisch entgegenzukommen; u. a.
Thomas Mann gab in den zwanziger Jahren eine Abenteuerroman-Reihe
heraus. Ein Vergleich des Bildes, das etwa die Romane B. Travens (d. i.
Hermann Otto Feige, 1882 bis 1969) [vgl. 356; vgl. 382] und Ernst Friedrich Löhndorffs (1899 bis 1976; *Bestie Ich in Mexico*, 1927) vom (nach-)
revolutionären Mexiko geben, macht hier bestehende Niveauunterschiede augenfällig. Travens Tramps in *Der Wobby* (1926; später unter
dem Titel *Die Baumwollpflücker* erschienen) und *Der Schatz der Sierra
Madre* (1927), die auf der Suche nach Gelegenheitsarbeit zufällig und
beiläufig zusammengewürfelt werden, erleben zum Beispiel das große
Schatzsucherabenteuer im letztgenannten Roman nicht etwa als ein Heraustreten aus den Produktionsverhältnissen der nordamerikanischen Zivilisation, die sie vorübergehend ausgespien hat. Im Gegenteil: Die auf
das Geschäftliche reduzierten Beziehungen der drei Goldsucher verdichten sich unaufdringlich zur Parabel menschlicher Beziehungen im Kapitalismus, der Schauplatz der mexikanischen Wildnis läßt den Kampf aller
gegen alle als sein wesentliches Kennzeichen nur schärfer hervortreten.
Traven wollte mit seinen spannenden Romanen die Arbeiterklasse ansprechen und veröffentlichte sie deshalb ausschließlich in der «Büchergilde Gutenberg». Er hat wohl auch dieses Publikum neben Jack London
(1876 bis 1916) am nachhaltigsten für sich gewinnen können.

Eigene und fremde Kultur

Travens Weg führt von seinen frühen Abenteuerromanen zu Werken, die
ihre innere Spannung der Begegnung bzw. dem Zusammenprall zwischen
europäisch-amerikanischer Zivilisation und der Kultur der Indianer Mexikos verdanken. Er setzt damit eine eigenständige deutsche Tradition
eines neueren exotistischen Romans fort, die – zu Unrecht verschollen –
mit den Neuromantikern Max Dauthendey (1867 bis 1918) und Willy Seidel (1887 bis 1934) beginnt. Kennzeichen eines solchen Exotismus, für
den Seidels Südseeroman *Der Buschhahn* (1921) als repräsentativ angesehen werden kann [vgl. 246], ist eine Haltung, die sich dem Fremden in
behutsamer Weise annähert, die eigene Perspektive ständig reflektiert,
Eurozentrismus und ethnographischen Positivismus meidet, den ‹Primitiven› intuitiv zu erfassen und zu gestalten versucht. In Travens Roman *Die
Brücke im Dschungel* (1929) ist dieses Programm wohl am überzeugend-

sten verwirklicht worden. Traven und neben ihm Kurt Heuser (1903 bis
1975) mit seinen heute verschollenen kolonialkritischen Afrika-Erzäh-
lungen erweitern die Selbsterfahrung als Zielpunkt eines neuromantischen Exotismus bei Willy Seidel zu einer Zivilisationskritik, die mit einem kosmopolitischen und antiimperialistischen Engagement verbunden
ist.
Die Parallelen zu einem gleichzeitigen französischen Exotismus, der
hauptsächlich von den Surrealisten (Leiris, Artaud) getragen wurde und
die neuere Ethnographie (Lévi-Strauss) nachhaltig beeinflußte, sind offensichtlich; eine Beeinflussung von dieser Seite ist jedoch nicht nachzu-
weisen. Dies gilt allerdings nur für den exotistischen (Abenteuer-)Ro-
man, der sich vorwiegend an den bereits erwähnten angelsächsischen Autoren orientiert. Die Vermittlung von Dichtung und bildender Kunst der
‹Primitiven› und ihr nachhaltiger Einfluß auf Kubismus und Expressionismus nimmt dagegen ihren Ausgang von Paris; Carl Einstein (1885 bis
1940; *Negerplastik*; 1915) nimmt hier eine wichtige Vermittlerposition
ein. Von Paris geht dann in den zwanziger Jahren ein literarischer Neger-
kult aus [vgl. 254], wobei, wie etwa bei dem Surrealisten Philippe Sou-
pault (geb. 1897; *Le Nègre*, 1927, deutsch 1928, Vorwort Heinrich Mann)
der ursprüngliche und vitale Neger dem in seinen Instinkten geschwäch-
ten und unfreien Weißen gegenübergestellt wird. Yvan und Claire Goll
vermitteln dieses Neger-Image nach Deutschland und lösen dort im Zeichen der Neuen Sachlichkeit, des Amerikanismus und der Jazzbegeiste-
rung eine Neger-Mode aus, die eine spätexpressionistische Südseemode
[vgl. 246; vgl. 208] ablöst. Erfolgreichstes Beispiel ist Ernst Křeneks (geb.
1900) Jazzoper *Jonny spielt auf* (1927), auch in verschiedenen Werken
Döblins, Jahnns, Huelsenbecks und Benns schlägt sie sich nieder. Im Zeichen sozialistisch revolutionären Engagements wird diese Neger-Mode
schließlich seit der Endphase der Weimarer Republik durch eine China-
Exotik ersetzt (Brecht, Wolf, Seghers Huelsenbeck).

Morgenlandfahrer

Die Auseinandersetzung mit indischer und chinesischer Kultur hatte bereits in den Jahren vor dem Ersten Weltkrieg eine wichtige Rolle gespielt.
Wichtige Schriften des Hinduismus (*Bhagavadgita, Upanishaden*), Bud-
dhismus und Taoismus (Laotse, Liä Dsi) lagen in neuen bzw. ersten Übersetzungen vor und veranlaßten um 1910 so unterschiedliche Autoren wie
Hermann Hesse, Stefan Zweig, Waldemar Bonsels, René Schickele und
Hermann Graf von Keyserling zu Indienreisen. Die Verhältnisse im kolonialen Indien waren aber nicht dazu angetan, die Begegnung mit dem
vorgefaßten Bild eines ‹wahren› Indien herbeizuführen. Naive Europa-
flucht und fernöstliche Wunschbilder weichen allmählich einem spirituellen Exotismus, der von einem übergeordneten ‹west-östlichen› Standort

aus im Sinne Goethes die Suche nach dem ‹wahren› Europa und dem ‹wahren› Osten aufnehmen will. Unter dem Eindruck des Weltkriegs entsteht eine gesamteuropäische Bewegung: Leid und Unruhe der Kriegs- und Nachkriegszeit, die Auflösung alter sozialer Bindungen und Werte machten ein auf der Suche nach der eigenen Identität befindliches Europa für eine aus dem Osten erwartete Botschaft empfänglich. Hermann Graf von Keyserling (1880 bis 1946; *Das Reisetagebuch eines Philosophen*, 1919) und vor allen Romain Rolland (1866 bis 1944) widmen sich der Vermittlung indischer Erneuerungsbewegungen und ihrer Persönlichkeiten (Ramakrischna, Gandhi). Indische Nobelpreisträger, von dem Dichter Rabīndranāth Tagore (1861 bis 1941) bis zu dem Physiker Raman (1888 bis 1970), dokumentieren das neue Ansehen eines geistigen Indiens.

In seiner Schrift *Zarathustras Wiederkehr* (1919) formuliert Hermann Hesse das Programm einer geistigen Erneuerung Europas aus dem Geist des Ostens auch für einen Teil einer jüngeren expressionistischen Generation: Einem von lärmender Betriebsamkeit, Fortschritt, Nationalismus, Militarismus, Weltverbesserung bestimmten Europa empfiehlt er den Weg nach innen, die Wiedererlangung der Befähigung zum Leiden und die Suche nach der zeitlosen Welt der Werte und des Geistes. Bereits vor dem Ersten Weltkrieg hatte ein solches Programm in Alfred Döblins erst 1915 veröffentlichtem China-Roman *Die drei Sprünge des Wang-lun* seinen Niederschlag gefunden. [vgl. 246] Während und nach dem Krieg folgen ihm unter anderem Hesse, Stefan Zweig, Schickele, Ernst Weiß, Franz Werfel, Oskar Loerke; auch die freien Nachschöpfungen östlicher Dichtungen durch Klabund und Ehrenstein sind in diesem Zusammenhang zu sehen. Die einschlägigen Werke dieser Autoren gehören unterschiedlichen Gattungen an und sind sowohl von ihren Stoffen und Motiven als auch von ihren Fragestellungen her sehr verschieden. Hesse und Zweig wählen in *Siddhartha* (1922) [vgl. 360 u. 361] bzw. *Die Augen des ewigen Bruders* (1922) die Legendenform und führen in das Indien zur Zeit Buddhas; Döblin wählt in *Manas* (1927) das große Epos, in dem das Panorama hinduistischer Mythologie ausgebreitet wird; er setzt damit die Tradition der kosmischen Epiker Däubler, Mombert und Derleth fort. Hesse fragt nach dem rechten Weg zur Erkenntnis des Weltganzen, Zweig nach dem rechten Handeln in der Welt und Döblin nach der Vereinbarkeit von individuellem Leid und Tod mit einer im letzten Grund geistigen und ewigen Welt. Nichtsdestoweniger sind die Positionen, die ihre Helden jeweils erreichen, durchaus vergleichbar als raum- und zeitüberhobene Standorte des Ich, von denen aus die Welt namentlich bei Hesse und Döblin als ein Ganzes und – mehr chinesisch als indisch – als von geistiger Harmonie durchdrungene Natur erlebt wird.

Döblin hat seine Weltsicht in der Schrift *Das Ich über der Natur* (1927) auch theoretisch niedergelegt und der Masse der Laien, die die Erkenntnisse der modernen Physik nicht nachvollziehen können, als neuen Glauben empfohlen. Das Amt eines solchen ‹Guru› mußte er allerdings Hesse überlassen, der mit dem Erfolg seines vergleichsweise konventionellen *Siddhartha* alle übrigen ‹östlich› gesinnten Autoren weitaus in den Schatten stellte, wohl weil es ihm gelang, mit seinem Brahmanensohn, der sich jeder Lehre verweigert und nur der eigenen inneren Stimme folgt, den Archetypus des suchenden Menschen in einfachster, für weite Leserkreise verständlicher Form zu gestalten.

Dieser «Eigensinn» Hesses und der Östlichen – konnte er einer empfänglichen Leserschaft zwischen den Kriegen Orientierung bieten? Zunächst einmal war Widerspruch gegen die herrschenden Zeittendenzen des Militarismus und Nationalismus – Hesse zum Beispiel stellte sein Werk erstmals auf einem internationalen Friedenskongreß der Öffentlichkeit vor –, sodann kam er mit seinem Ganzheitsversprechen einem legitimen Fluchtbedürfnis angesichts einer als leidvoll und chaotisch erfahrenen Wirklichkeit entgegen. Andererseits führte der ‹Weg nach innen› in eine gesellschaftsferne, passive und elitäre Position. Das Problem wurde zwar erkannt, aber nicht gelöst, wie etwa die weitere Entwicklung Hesses über *Die Morgenlandfahrt* (1932) bis hin zum *Glasperlenspiel* (1943) zeigt.

Okkultismus

Ein Interesse an okkulten, das heißt verborgenen Kräften in der Natur und im Seelenleben (Telepathie, Psychokinese u. a.), die mit einem als gültig erachteten wissenschaftlich-mechanistischen Weltbild nicht in Einklang zu bringen waren, machte sich um 1910 bemerkbar. Von der 1875 in England begründeten Theosophie Helene Blavatskys (1831 bis 1891) ausgehend, verfaßte Rudolf Steiner (1861 bis 1925) *Die Geheimwissenschaft* (1910) und begründete 1913 die Anthroposophische Gesellschaft. Okkulte Traditionen aus vergangenen Epochen oder fremden Kulturkreisen (Kabbala, Paracelsus, Nostradamus, Rosenkreuzer, ägyptische, griechische oder germanische Mythen, Lehren des Yoga, altchinesische Überlieferungen u. a.), ergänzt durch angebliche Selbsterfahrungen, wurden hier oder bei ähnlichen Bestrebungen zu mystizistisch ausgerichteten Lehrgebäuden zusammengefügt. Dabei wurde im Gegensatz zu den gleichzeitigen anspruchsvolleren Bestrebungen der Kosmiker Klages, Schuler oder Wolfskehl «Geheimniskrämerei als Großbetrieb» (Bloch) aufgezogen.

Eine Reihe von Autoren wie Christian Morgenstern, Albert Steffen oder Manfred Kyber wurden von Steiners Geheimwissenschaft angezogen. Von solchen Tendenzen sind die eher wissenschaftlichen Bemühungen um okkulte Phänomene abzuheben, die – gefördert durch C. G. Jung und den «Eranos»-Kreis – schließlich zur Begründung der Parapsychologie führten. An den Experimenten des Freiherrn von Schrenck-Notzing nahmen u. a. Gustav Meyrink und Willy Seidel teil.

Was vor dem Krieg dem Bürgertum und literarischen Kreisen vorbehalten blieb, wird in den zwanziger Jahren zu einem Massenphänomen mit den entsprechenden Auswüchsen. Spiritistisches Tischrücken, Naturapostel, Wanderprediger, Gesundbeter, Hellseher, Goldmacher und sonst allerlei Scharlatanerie nehmen überhand. Selbst Naturwissenschaftler bewegen sich zum Teil auf abenteuerlichen Pfaden: Hanns Hörbigers (1860 bis 1931) Welteislehre und selbst Edgar Dacqués (1878 bis 1945) vom Menschen ausgehende Entwicklungslehre (*Urwelt, Sage und Menschheit*, 1924) gehören hierher. Diese Phänomene geraten erst neuerdings – namentlich in ihrem Zusammenhang mit dem aufkommenden Faschismus – wieder stärker in den Blickwinkel der Forschung. Dabei hat bereits 1935 Ernst Bloch in *Erbschaft dieser Zeit* eine gangbare Richtung gewiesen. Er sieht in den okkultistischen Bestrebungen einerseits unmittelbar ein Merkmal der Faschisierung des Bürgertums, seines Übergangs «ins autoritäre und irrationale Lager», andererseits mittelbar ein Stück Widerspruch gegen das eigene mechanistisch entseelte Weltbild im Hinblick auf den lebenden, ganzen Menschen. So macht er in der Mythen-Kolportage «verborgene Qualität» aus, die dem Automatismus des bürgerlichen Verstandes paraphysisch sich entgegensetze: «Grauen, etwa, panischer Schreck, panisches Glück, ‹Naturschönheit› und was diese, noch immer unverstanden, anzeigt.»

Gerade damit aber werden zum Teil Möglichkeiten einer phantastischen Literatur angedeutet, die ja entscheidende Impulse vom Okkultismus erhalten hat. [vgl. 215] Die nicht mehr erreichten Meisterwerke einer neueren deutschen Phantastik waren allerdings mit Gustav Meyrinks (1868 bis 1932) *Der Golem* (1915) und Alfred Kubins (1877 bis 1959) *Die andere Seite* (1909) bereits vor 1918 erschienen. Dies gilt auch für die Hauptwerke Strobls und Ewers'. Dennoch ist die Hauptverbreitung des phantastischen Romans zwischen 1918 und 1926 festzustellen; Buchreihen, Zeitschriften, ganze Verlage sind darauf spezialisiert, hinzu treten Verfilmungen phantastischer Stoffe, die heute zum Teil zu den Klassikern des Stummfilms gehören. Den Gesetzen des Marktes Rechnung tragend, arbeiten nunmehr viele Phantasten mit Kolportageeffekten, so etwa der Okkultist Franz Spunda (1890 bis 1963). Nur wenige Autoren – etwa Willy Seidel mit seiner Erzählung *Das älteste Ding der Welt* (1923) – bringen neue Töne in die deutsche Phantastik, bleiben aber weitgehend unbeachtet. Einen Glücksfall stellen allerdings Otto Soyka (1882 bis 1955) und vor allem Leo Perutz (1884 bis 1958) dar, weil sie mit einer Art phantastischem Kriminalroman sowohl das Bedürfnis nach spannender Unterhaltung als auch nach literarischer Qualität erfüllen können. In Perutz' Romanen – etwa in *Der Meister des Jüngsten Tages* (1923) – setzt das Okkulte eine gesicherte Tageswirklichkeit nicht außer Kraft, aber es bleibt am Ende bestehen als der «furchtbare Schläfer in unserem Hirn», als das Grauen des Urmenschen, das vorübergehend geweckt wurde.

Helmut Lethen
Neue Sachlichkeit

Der Habitus des Einverständnisses

Der Prozeß der Modernisierung erfolgte in Deutschland überstürzter und hatte wildere Überwältigungsängste vor dem Fabrikwesen, der wachsenden Verstädterung und der Automatisierung von Arbeitsvorgängen wachgerufen als in anderen europäischen Industrienationen. [vgl. 18; *S. 129–155*] Die Abwehr der «Asphaltzivilisation» wurde durch die Erfahrung der Inflation verschärft. Der Kulturpessimismus, der den Krieg als Flucht vor dem Zivilisationsalltag begrüßt hatte, hielt die zivile Orientierung in der technischen Umwelt mit Angst besetzt.

In dieser Situation versucht in den zwanziger Jahren eine Reihe von Künstlern – bald schon ‹Kulturbolschewisten› und ‹Asphaltliteraten› genannt – die Wahrnehmungsformen aus dem romantisch-pessimistischen Komplex der Abwehr herauszulösen und, gegen massiven Druck, eine Synchronisierung mit dem zivilisatorischen Prozeß zu probieren. Die neuen Formen der Wahrnehmung, die in diesem Jahrzehnt im Zeichen der «Neuen Sachlichkeit» entwickelt werden, entstehen unter dem Druck des überstürzten Akts der Synchronisierung, der das vertraute deutsche Interieur des romantischen Pessimismus zeitweilig zerstört. Das macht den Habitus des Einverständnisses verständlich, der in allen Kunstsparten zu einem Ausgleich von künstlerischen Ideenbildern mit der industriell bestimmten Pragmatik des Alltags führen soll, und erklärt die Moden des ‹Technikkults› und des ‹Amerikanismus› in der Weimarer Republik. 1930 hieß es, schon im Rückblick auf diese Moden:

«Lange genug war bei uns die glorreiche Disziplin der Technik nur in der Form von Tank, Mine, Blaukreuz zum Vorschein gekommen und zwecks Vernichtung von Menschenleben. In Amerika stand sie im Dienst des Menschenlebens. Die Sympathie, die man für Lift, Funkturm, Jazz äußerte, war demonstrativ. Sie war ein Bekenntnis. Sie war eine Art, das Schwert zur Pflugschar umzuschmieden. Sie war gegen Kavallerie; sie war für Pferdekräfte. Ihre Meinung ging dahin, den Flam-

menwerfer zum Staubsauger umzuschmieden und die Pflugschar noch zum Dampf-
pflug. Sie hielt es an der Zeit, daß die Zivilisation zu einer Sache der Zivilisten
werde.» [293a; *S. 398*]

So kommt es zu einer Fülle von Literatur, in der die ‹Zivilisation› als
ein Raum, frei von Angst, entworfen wird, in dem die Lust am materiellen Konsum als Impuls begriffen wird, der sich gegen eine Herrschaft richtet, die mit Appellen zu ‹Kultur›, Konsumverzicht und rigi-
der Sexualmoral operieren mußte. In Manifesten der Architekten, in
Gedichten und Essays wird ein Prozeß, der von der traditionellen Kulturkritik als Katastrophe erfahren worden war, nämlich daß «alle Dinge
dieser Welt in die Warenzirkulation» gerissen werden und keine dunklen Reservate bestehen bleiben, als befreiend begriffen. Das führt in
den zwanziger Jahren zu seltsam exaltiert klingenden Sätzen: «Restlos
bejahen wir unser Zeitalter der Radio, Kino, Phono, Elektro, Aero,
Auto. Sie sind Mittel unseres Spiels», ruft der Architekt Hannes Meyer
(1889 bis 1954), der ab 1927 das «Bauhaus» in Dessau leitet. Auch die
Schriftsteller wollen in neusachlicher Attitüde ihre Abgrenzung zum
Markt durchbrechen. Dazu gehören die Auto-Reklamen von Brecht
ebenso wie die kommerziellen Anzeigen für ARAL, Volkswagen, Zi-
garetten oder Pfandbriefe und Kommunalobligationen, die bis auf den
heutigen Tag in Rowohlts Rotations-Romanen eingerückt sind. Neusachlicher Stolz auf die gelungene Synchronisierung des schriftstellerischen Handwerks mit der modernen Technologie klingt aus den
Worten, die Armin T. Wegner (1886 bis 1978) in das Vorwort seines
Reisebuchs im Jahre 1930 schreibt:

«In Persien bediente sich der Verfasser eines Flugzeuges der deutschen Junkers-
werke. Den Rest des Weges (...) hat er auf einem von den deutschen Ardiewerken
in Nürnberg hergestellten Motorrad zurückgelegt; Tiberiasee, Jordan und Totes
Meer wurden mit einem Wandererzweier der Klepperfaltbootwerke in Rosenheim
(...) durchquert. Für die photographischen Aufnahmen verwandte der Verfasser
eine Leicakamera der deutschen Firma Leitz in Wetzlar.» [*Am Kreuzweg der Welten. Eine Reise vom Kaspischen Meer zum Nil*]

Parolen der Synchronisierung kommen zu Beginn der Republik aus den
Werkstätten des Berliner Dadaismus («Wir streben wieder nach Konformität mit dem mechanischen Arbeitsprozeß», Raoul Hausmann 1920)
und führen über die Einflüsse des russischen Konstruktivismus zu der
militantesten Formulierung des Einverständnisses mit dem Modernisierungsprozeß in Ernst Jüngers (geb. 1895) Buch *Der Arbeiter*, das 1932
erscheint. Das Einverständnis mit Urbanisierung, Taylorismus und Wa-
renhaus schafft seltsame Allianzen weit über die festgefügten politischen
Lager hinweg. Die Lust an der «Navigation im Up-to-date-Meer» (Ernst
Bloch) bedient sich dabei sehr unterschiedlicher geschichtsphilosophi-

scher Begründungen, die alle einen Grundsatz teilen: «Es gibt keinen
Ausweg, kein Seitwärts und Rückwärts; es gilt vielmehr, die Wucht und
die Geschwindigkeit der Prozesse zu steigern, in denen wir begriffen
sind» (Ernst Jünger). Dieser Grundsatz mischt sich in alle zeitgenössischen Kunstprogramme, die mittels forcierter Synchronisierung die Hülle
unzeitgemäßer Ideologie zerstören wollen. Er bildet den Tenor vieler Essays von Siegfried Kracauer (1889 bis 1966) zum Stichwort *Das Ornament
der Masse* (1920 bis 1931; «Der Kapitalismus rationalisiert nicht zu viel,
sondern zu wenig» und leitet noch Bertolt Brechts (1898 bis 1956) Experiment des *Dreigroschenprozesses* (1931).

Mit dem Habitus der ‹Sachlichkeit› wandelt sich das Leitbild des Schriftstellers. Die künstlerische Existenz sieht sich aus ihrer marginalen Position ins Zentrum eines Arbeitsprozesses versetzt. Dieser Habitus hatte
sich seit der Jahrhundertwende unter den Architekten und Designern des
«Deutschen Werkbunds» ausgebildet und kann sich ab 1923 im «Bauhaus» durchsetzen. In den zu Beginn der zwanziger Jahre bekanntwer-
denden Manifesten der russischen «Konstruktivisten» erscheint die Kunst
als «Werkzeug des allgemeinen Arbeitsprozesses» [vgl. 86]; für Hannes
Meyer ist das Künstleratelier «wissenschaftlich-technisches Laboratorium». [52; *S. 121*] Bis in den Kleidungshabitus (Monteur-Anzug des
László Moholy-Nagy, stilisierte Arbeitskluft von Bertolt Brecht, Motor-
rad-Ausrüstung von Johannes R. Becher) prägt sich das neue Idol des
‹Konstrukteurs› oder ‹Arbeiters› an der ‹Klassenfront› aus. Von dieser
Warte konnte über die Schriftsteller älteren Typs nur gespottet werden;
sie glichen den «letzten Büffeln im Yellowstonepark», seien die anachro-
nistischen Angehörigen «jener buntgefärbten Menschenklasse, deren
Aufgabe in der Beschäftigung mit anderen Welten» bestehe. Der moderne Typ des Schriftstellers trete dagegen aus dem «romantischen
Raume hinüber in die Sphäre der Macht» (Ernst Jünger: *Der Arbeiter*,
1932). Die zitierte Wendung der «Konstruktivisten» aus dem Jahre 1922
und die Passagen aus Jüngers Buch *Der Arbeiter* aus dem Jahre 1932 zeigen Spielarten des Einverständnisses mit dem Modernisierungsprozeß –
und sein Risiko.

Zeit ohne Kunstprogramm

Obwohl es eigentliche Manifeste dieser Strömung nicht gibt, erreicht die
Selbstreflexion über die Funktion der Kunst in diesen Jahren ein unge-
kanntes Niveau. Grundsätze der neuen Haltung kann man verschiedenen
Passagen von Walter Benjamins (1892 bis 1940) *Einbahnstraße* (1928) ab-
lesen, deren erstes Denkbild *Tankstelle* die Schlüsselbegriffe, Metaphorik
und den funktionalen Blick der Neuen Sachlichkeit beinahe programmatisch zusammenfaßt:

«Die *Konstruktion* des Lebens liegt im Augenblick weit mehr in der *Gewalt von*

Fakten als von Überzeugungen. Und zwar von solchen Fakten, wie sie zur Grundlage von Überzeugungen fast noch nie und nirgend geworden sind. Unter diesen Umständen kann wahre literarische *Aktivität* nicht beanspruchen, in literarischem Rahmen sich abzuspielen – vielmehr ist das der übliche Ausdruck ihrer Unfruchtbarkeit. Die bedeutende literarische Wirksamkeit kann nur in *strengem Wechsel von Tun und Schreiben* zustande kommen; sie muß die unscheinbaren Formen, die ihrem Einfluß in tätigen Gemeinschaften besser entsprechen als die anspruchsvolle Geste des Buches, in *Flugblättern, Broschüren, Zeitschriftenartikeln* und *Plakaten* ausbilden. Nur diese *prompte Sprache* zeigt sich dem Augenblick wirkend gewachsen. Meinungen sind für den *Riesenapparat* des gesellschaftlichen Lebens, was Öl für die *Maschinen*; man stellt sich nicht vor eine Turbine und übergießt sie mit Maschinenöl. Man spritzt ein wenig davon in verborgene Nieten und Fugen, die man kennen muß.»

Es überrascht zwar, selbst Benjamin hier im Monteur-Anzug am Werke zu sehen, und es gibt andere Denkbilder in der *Einbahnstraße*, die diesen Eindruck entschieden revidieren; aber die ganze Anlage des Buches als Passagen-Straße, die Asja Lacis als ihrem «Ingenieur» gewidmet ist, folgt einem neusachlichen Gestus.

Von der Weite und Vielfalt der Reflexionen über die Funktion der Kunst im Zeichen der Neuen Sachlichkeit soll folgende Liste einen groben Eindruck vermitteln:

Siegfried Kracauers «Traktat» *Der Detektiv-Roman* (1922 bis 1925) und seine Essays zur Kulturindustrie, die regelmäßig in der *Frankfurter Zeitung* erscheinen; das Buch des Filmtheoretikers Béla Balázs *Der sichtbare Mensch oder die Kultur des Films* (1924); Friedrich Wolfs Essay *Kunst ist Waffe* (1928); Erwin Piscators Rechenschaftsbericht *Das politische Theater* (1929); Ernst Jüngers Zeitdiagnosen und sein konstruktivistisches Modell, entworfen in dem Buch *Der Arbeiter*, sowie sein Essay *Über den Schmerz*, der 1934 veröffentlicht wurde; Lu Märtens Untersuchung der technischen Seite der künstlerischen Produktion in dem Buch *Wesen und Veränderung der Formen und Künste* (1924); Bertolt Brechts Essay *Der Dreigroschenprozeß* (1931), Rudolf Arnheims *Film als Kunst* (1932); Walter Benjamins Essays zur Unzeit *Der Autor als Produzent* (1934) und *Das Kunstwerk im Zeitalter seiner technischen Reproduzierbarkeit* (Teildruck 1936 in französischer Sprache); die Theaterkritiken von Herbert Jhering; die mit unweit größerer Skepsis gegenüber dem Prozeß der Modernisierung verfaßten Essays von Ernst Bloch (1885 bis 1977), die, teilweise in der *Frankfurter Zeitung* in den letzten Jahren der Republik publiziert, unter dem Titel *Angestellte und Zerstreuung* und *Großbürgertum, Sachlichkeit und Montage* 1935 in dem Buch *Erbschaft dieser Zeit* erschienen. Die meisten dieser Schriften bildeten Marksteine der Selbstvergewisserung, daß außerhalb des allgemeinen Arbeitsprozesses der Gesellschaft keine Erkenntnis möglich sei. Schon die Daten der Veröffentlichungen machen aber deutlich, daß die systematischer ausgeführten Grundsätze mit ihren verschiedenen politisch-strategischen Orientierungen nur noch «schwimmende Lichter auf einem dunklen Strom» (Ernst Jünger) waren. Die Kritik, die Georg Lukács und Oskar Biha in der *Linkskurve* an der neusachlichen Schreibweise übten, hatte, über die Grenzen ihres politischen Lagers hinaus, kaum Auswirkungen.

In der Konjunkturzeit der Neuen Sachlichkeit (1924 bis 1930) kam man auf dem literarischen Markt mit dem Habitus aus. Wenn es in dieser Zeit theoretische Debatten über die Neue Sachlichkeit gab, so kreisten diese bezeichnenderweise um die «Charakterologie» der neuen Attitüde. Sie definierten ihre «nicht-feminine», «sportliche» «asketische», «nicht-kindische» «mitleidlose» «Haltung» und die «Männlichkeit» ihrer Sprache: «Ohne lyrisches Fett, ohne gedankliche Schwerblütigkeit, hart, zäh, trainiert, dem Körper des Boxers» vergleichbar (Kurt Pinthus, 1886 bis 1975: *Männliche Literatur*, 1929). Selbst in Johannes R. Bechers (1891 bis 1958) Charakterisierung des neuen Typs des kommunistischen Schriftstellers in der ersten Nummer der *Linkskurve* vom August 1929 sind diese neusachlichen Stereotype unglücklich mit älteren expressionistischen Formeln zusammengebracht:

«Tolle Kerle, die vor Unruhe brodeln und ihre Sätze hinhauen, daß die Sprache platzt, und die wiederum so diszipliniert sein können und sachlich bis ans Herz hinan, daß sie nüchterne Berechnungen aufstellen und ihre Worträume durchkonstruieren wie Maschinenbauer.»

Asphaltliteratur

Die Reichweite der Umwertungen, die sich im Habitus des Einverständnisses mit der Modernisierung ankündigen, kann man sich – mit der nötigen Simplifikation – mit folgendem Schema von Oppositionen vor Augen halten, das populären Diskursen der Zeit ihre Struktur gibt. Es prägt mit seinem Anspruch auf anthropologische Gültigkeit die sozialwissenschaftlichen Zeitdiagnosen, die sich in den zwanziger Jahren großer Popularität erfreuen, wie Ferdinand Tönnies' *Gemeinschaft und Gesellschaft* (1887 zum erstenmal erschienen, erzielt in den Jahren 1919 bis 1935 vier Neuauflagen), Walter Rathenaus *Zur Mechanik des Geistes* (1913), Werner Sombarts *Der moderne Kapitalismus* (1928), Ludwig Klages' *Der Geist als Widersacher der Seele* (1929 bis 1932) und die Masse der gegen die «Asphaltzivilisation» gerichteten Weltanschauungsbroschüren:

Verwurzelung	versus	Mobilität
Symbiose	versus	Trennung
Wärme	versus	Kälte
Undurchsichtigkeit	versus	Transparenz
Wachstum	versus	Planung

Erinnerung	versus	Vergessen
Sammlung	versus	Zerstreuung
Organismus	versus	Apparat
Individuum	versus	Typus
Original	versus	Reproduktion
natürlicher Zyklus	versus	mechanische Zeit
Dunkelheit	versus	Helligkeit

Die Attitüde der «Asphaltliteratur» besetzt den Pol von «Mobilität/
Kälte/Vergessen». Ziemlich abrupt wird die vertraute Entfremdungs-
klage der Lebensphilosophie in ihr Gegenteil verkehrt. Das alte Stereotyp vom «Wunschbild Land – Schreckbild Stadt» wird umgepolt: «Es befriedigt, diesen blankgewichsten Asphalt zu sehen. Das Benutzte ist er-
freulich; es ist eine Parabel der Aktualität» (Wilhelm Hausenstein 1929).
[222; *S. 180*]. An die Stelle des Schreckens vor der Standardisierung tritt
die Entdeckung der Schönheit des industriellen Serienprodukts. Die Anonymität der Großstadt wird als Schutz vor familiärer und staatlicher
Überwachung begrüßt. «Verwurzelt» ist nur das Opfer: «Somit hör ich
immer, man sollt verwurzelt sein», läßt Brecht seinen neusachlichen Ziffel noch in den *Flüchtlingsgesprächen* bemerken, «Ich bin überzeugt, die
einzigen Geschöpfe, die Wurzeln haben, die Bäume, hätten lieber keine,
dann könntens auch in einem Flugzeug fliegen.»
1926 findet man in einem Artikel von Hannes Meyer die ganze Skala der
Umpolungen, aus der hier nur ein Auszug zitiert werden kann:

«Die genaue Stundeneinteilung der Betriebs- und Bürozeit und die Minutenrege-
lung der Fahrpläne läßt uns bewußter leben (...). Bouroughs Rechenmaschine
befreit unser Gehirn, der Parlograph unsere Hand, Fords Motor unseren ortsge-
bundenen Sinn und Handley Page (Verkehrsflugzeug) unseren erdgebundenen
Geist. Radio, Marconigramm und Telephoto erlösen uns aus völkischer Abge-
schiedenheit zur Weltgemeinschaft. Grammophon, Mikrophon, Orchestrion und
Pianola gewöhnen unser Ohr an das Geräusch unpersönlich-mechanisierter
Rhythmen: ‹His Masters Voice›, ‹Vox› und ‹Brunswick› regulieren den Musikbe-
darf von Millionen Volksgenossen (...).
Unsere Wohnung wird mobiler denn je: Massenmiethaus, Sleeping-car, Wohn-
jacht und Transatlantique untergraben den Lokalbegriff der ‹Heimat›.» [31; *S. 27f*]

Diese plötzliche Dominanz des verfemten Pols der Werteskala löst den
ästhetischen Reiz mancher neusachlicher Texte aus, begründet ihre Ein-
dimensionalität und erklärt ihre Tendenz zur Allegorie. Sie mag auch begründen, warum diese riskante Attitüde nur sehr kurze Zeit im Kultur-
sektor aufrechterhalten werden konnte; warum sie den Künstlern die
Feindschaft derer eintrug, die die Modernisierung in der sozialen Entwur-
zelung erfuhren, und warum diese um den Pol von «Transparenz/Typus/
Zerstreuung» gelagerte Literatur von einer Literatur des Magischen Realismus ergänzt wurde.

Das Einverständnis mit dem Prozeß der Modernisierung scheint sich in der plötzlich positiv besetzten Kälte-Metapher zu kristallisieren. Brechts Kälte-Szenarien und Ernst Jüngers «Paradies des ‹kalten Krieges›» [200a; *S. 188*] werden von den Zeitgenossen als die Extremfälle begriffen. Bertolt Brecht hatte schon in seinen Kälte-Hymnen der *Hauspostille* empfohlen, dem alten Lamento über die «Kälte der Welt» eine Haltung entgegenzusetzen, die sich mimetisch der Kälte anzugleichen sucht, um schließlich selbst Subjekt der «Kälte» zu werden. 1926 konnte er in seiner Polemik gegen Thomas Mann über die ältere Gestalt der Sensibilität nur spotten:

«Sie werden bemerkt haben, daß die Luft sich in Ihrem letzten Jahrzehnt bedeutend abgekühlt hat. Dies kam nicht von allein und wird nicht aufhören von allein, ‹irgendwo› waren Gefriermaschinen in Tätigkeit. Nun: Wir waren es, die sie bedienten.» (Gesammelte Werke, Bd. 18, S. 39)

Der Habitus des «kalten Blicks» wird von Malern wie Otto Dix (1891 bis 1969) und George Grosz (1893 bis 1959) kultiviert. Ernst Jünger plädiert für die «angemessene Kälte der Beobachtung»; für ein «kälteres Bewußtsein», das die Fähigkeit entwickelt, unberührt von den Ausstrahlungen des Schmerzes und der Leidenschaft den Körper als Objekt in verschiedenen Kraftfeldern zu betrachten. Jünger preist die Fotografie als das kältere Medium, weil sie «außerhalb der Zone der Empfindsamkeit» registriere.

In der Kälte-Metapher konzentriert sich die Erfahrung, daß nur in der Trennung von wärmenden familiären Binnenräumen auch die Chance erhöhter Mobilität liegt. In dem «eisigen Raum» (Arnold Zweig) wird die «Kälte» nicht nur als ein Effekt der «Obdachlosigkeit» in einem von «Metaphysik entleerten Raum» (Siegfried Kracauer) beklagt, sondern als eine Möglichkeit der Selbstbestimmung erblickt. Schließlich steht die Kälte-Metapher in einer langen Tradition, in der sie eine Kritik bezeichnet, die es sich nach dem Vorbild Nietzsches zur Aufgabe macht, die Wärmeisolierungen der moralischen Fiktionen, die das Leben des Menschen umhüllen, zu entfernen: «Ein Irrtum nach dem andern wird gelassen aufs Eis gelegt, das Ideal wird nicht widerlegt – es erfriert. (...) Hier zum Beispiel erfriert ‹der Heilige›: unter einem dicken Eiszapfen erfriert ‹der Held› (...)» (Friedrich Nietzsche: *Die fröhliche Wissenschaft*, 1882). Bertolt Brechts *Die Heilige Johanna der Schlachthöfe* (1932) hat diesem Prozeß eine politische Dimension gegeben. Seine Heldin «erkältet» sich und stirbt, weil sie sich zu lange an die Wärmequelle von ‹Reformismus› und humaner Verheißung geklammert hat.

Die nationalsozialistische Propaganda trifft also wirklich ein Merkmal der Neuen Sachlichkeit in allen Kunstsparten, wenn sie aus dem Munde des Reichsinnenministers Dr. Frick im *Völkischen Beobachter* am 20. Oktober 1933 verkünden läßt:

«Auch jene *eiskalten*, gänzlich undeutschen *Konstruktionen*, wie sie unter dem Namen der Neuen Sachlichkeit ihr *Geschäft* trieben, müssen heute *ausgespielt* haben.»

Ohnmächtig scheint, wer angesichts der demagogischen Wirksamkeit dieser Propaganda, die das Kälte-Wärme-Schema ausnützt und tatsächliche Qualitäten der «Asphaltliteratur» aufspürt, auf Hitlers eigene Worte verweist, die ein Motiv der Sachlichkeit mit einer Konsequenz übernehmen, mit der verglichen die Neue Sachlichkeit ein Kinderspiel ist. Er stehe, sagte Hitler in Hinblick auf Gesichtspunkte der Humanität, «allem mit einer ungeheuren, *eiskalten* Vorurteilslosigkeit gegenüber». [18; *S. 1029*]

Es ist nicht leicht, die ‹utopischen› Elemente des Projekts der schönen Moderne, das einige Architekten, Städteplaner, Designer und Schriftsteller um den Pol von «Helligkeit/Kälte und Transparenz» entwerfen, von einem realen Prozeß der Modernisierung abzulösen, den der Faschismus beschleunigt hat.

In Reinkultur wird man diese Haltung nur in wenigen Passagen der neusachlichen Literatur finden. Einige Gedichte Brechts *Aus dem Lesebuch für Städtebewohner* (1930) können als eine Art Katechismus dieses «positiven Barbarentums» (Walter Benjamin) gelesen werden. Ernst Jüngers Essay *Über den Schmerz* verlagert ein letztes Mal den archimedischen Punkt des Schreibens in diese Haltung. In der Regel – das zeigt die in den Anthologien gesammelte neusachliche Erzählliteratur [240; 77; 226; 252; 281] – ist die Vorstellung von der «kalten, wurzellosen Intelligenz» der Neuen Sachlichkeit eine Legende. Das Pathos der Sachlichkeit war in der Regel ein Pathos der Simulation. In der Regel überlagern sich in dieser Literatur zwei Redeweisen, wie in den typisch neusachlichen Redewendungen von den «seelischen Valuta» oder der «moralischen Aktie». Unter den Manierismen des neusachlichen Stils (Terminologie verschiedener Fachsprachen, Sprechweisen des Staatsanwalts oder des Bankiers, Anglizismen, Zitate aus der Statistik, Charakteristiken nach Art eines Behördenformulars) verbirgt sich der Laut der expressionistischen Klage. Das macht die eigentümliche Sentimentalität aus, die Erich Kästner (1899 bis 1974) und Walter Mehring (1896 bis 1982) in ihren «sachlichen Romanzen» darstellen und die Kurt Tucholsky (1890 bis 1935) als «Pose der Kraft» satirisch enthüllt. Während aber der Held in Erich Kästners *Fabian. Die Geschichte eines Moralisten* (1931) sich nicht zum Einverständnis durchringen kann, werden Frauengestalten als das kalte Medium der Moderne vorgeführt. Weibliche Autoren wie Elisabeth Hauptmann (1897 bis 1973), Marieluise Fleißer (1901 bis 1974) und Irmgard Keun (1910 bis 1982) sind es, die die sachliche Attitüde nicht sentimental in ihren Sprachhabitus übersetzen.

Um welchen Preis sich die Literatur restlos von ihrem humanistischen

Sentiment trennte, zeigt zum Beispiel Arnolt Bronnens (1895 bis 1959) Roman *O.S.* (Oberschlesien) aus dem Jahre 1929, den Kurt Tucholsky in der *Weltbühne* als ein Dokument des «Salonfascismus» bezeichnete. In dessen Anfangsphasen sind einige Stilzüge der Neuen Sachlichkeit schön ausgeprägt. Bronnen stellt hier seinen «Partisanen», der aus dem Zivilisationsalltag Berlins in die Schlacht am Annaberg zieht, folgendermaßen vor:

«Wenn Sie sich diesen Krenek so vorstellen, wie er wirklich war, BEWAG-Monteur, 1,81, 70 kg, 19,4 Papiermark die Stunde wert, segelnd im blauen Überzug und wohnhaft im Norden, so werden Sie über das Folgende nur wenig erstaunt sein. Es war Punkt elf Uhr, 29. April 1929, Linden Ecke Charlotten in Berlin, wo er am Schaltkasten der Bogenlampen pfeifend und träumerisch die rötlichen Lichtreihen unter der noch steifen Sonne ausprobierte, als ein eiliges Taxi Kurven schneidend über seinen linken Fuß hinglitt.
Krenek sprang in hohem Bogen brüllend auf das Trittbrett dieses IA 8444, der den Viadukten zu knirschte, und riß den Fahrer am Ärmel.»

Die fatalen politischen Konsequenzen der Polarisierung, die die Diskurse der Demokratie um den Kälte-Pol und die der Reaktion um den Wärme-Pol gelagert scheinen ließen, drangen gegen Ende der Republik ins Bewußtsein. Das Pathos des ‹human enginering›, das von den «Konstruktivisten» ausgegangen war, ist zunehmend einer Erfahrung ausgesetzt, die Günther Anders (d. i. Günther Stern, geb. 1902) in den dreißiger Jahren in der Feststellung gegen den ‹Amerikanismus› zusammenfaßte: «Erste Kalamität des Menschen: sein Leib ist stur. Die ‹Sturheit› seines Leibes macht den Menschen zum Saboteur seiner eigenen Leistungen», und die Bertolt Brecht im Blick auf die Spannung von rationalem Plan und spontanem Bedürfnis lakonisch sagen ließ: «Der Mensch ist der Fehler.» Gegen Ende der Republik finden wir in den Schreibweisen von Ödön von Horváth, Robert Musil, Bertolt Brecht und Gottfried Benn die Selbstreflexion dieser ‹Kalamität› einer Haltung, die sich dem Pol von Mobilität/Kälte/Vergessen anzugleichen suchte, entfaltet.

Der behavioristische Blick

Eines der auffälligsten Merkmale der Literatur dieser Jahre ist der ‹Anti-Psychologismus›, der sich mit der Tendenz zu allegorischem und emblematischem Stil der zwanziger und dreißiger Jahre verbindet. Die Wende gegen die Tiefenpsychologie wird schon früh im Kreis der Berliner Dadaisten formuliert: «Der Mensch ist nicht mehr individuell in feinschürfender Psychologie dargestellt, sondern als kollektivistischer, fast mechanischer Begriff. Das Einzelschicksal ist nicht mehr wichtig» (George Grosz); sie wird noch 1930 als «Befreiung aus dem Treibhaus des Seelischen» begriffen (Frank Matzke: *Jugend bekennt: So sind wir!*, 1930). Die Abwehr gilt vor allem der passiven Selbstbespiegelung und dem Beharren auf dem Pol des insularen, vom Handlungsfeld wie vom Kollektiv getrennten Individuums. Die Introspektion gilt als unfähig zu entdecken, daß die entscheidenden Prozesse, die auf das Seelenleben einwirken, in den ‹Relationen› des Handlungsspielraums liegen. Die Abkehr von der traditionellen Bewußtseinspsychologie geht Hand in Hand mit der Hinwendung zu Grundsätzen des amerikanischen «Behaviorismus» und der sowjetischen «Reflexologie», die Mitte der zwanziger Jahre in Deutschland bekannt werden.

Beide wissenschaftliche Strömungen verschieben die Aufmerksamkeit auf die wahrnehmbare Oberfläche der Verhaltensformen (behavior). Geist und Psyche werden von diesem neuen Blickpunkt als praktische Organe der Orientierung in der sozialen und biologischen Umwelt aufgefaßt, als «Weltbildapparate», wie Konrad Lorenz (geb. 1903) sie Ende der dreißiger Jahre nennen wird. Die ‹Tiefe› der Motivationen muß aus den Handlungsformen erschlossen werden.

Die behavioristischen Grundsätze dringen nicht nur als theoretische Elemente in die Reflexionen von Brecht ein, sie prägen auch die «gestische Schreibweise». Auch der sehr frühe Erfolg von Ernest Hemingways (1899 bis 1961) Stil in Deutschland (*A Farewell to Arms* erscheint 1929 in Fortsetzungen in der *Frankfurter Zeitung*) hängt mit dem eigentümlich behavioristischen Sprachhabitus des Autors zusammen, der Emotionen weitgehend ausspart, um sie aus dem Verhalten der Figuren erschließen zu lassen.

Eine Reihe kultureller Strömungen der Republik von der eurhythmischen Gymnastik bis zum Bauhaus-Design des Stahlrohr-Stuhls können mit dem Grundsatz des Behaviorismus erklärt werden, daß Körperbewegungen psychische Prozesse auslösen und innere Zustände durch künstliche Reize beliebig erzeugt werden können:

«Das Operieren mit bestimmten Gesten
Kann deinen Charakter verändern
Ändere ihn.
Wenn die Füße höher liegen als das Gesäß
Ist die Rede eine andere, und die Art der Rede
Ändert den Gedanken. (...)   (Bertolt Brecht, 1933)

Brecht zieht aus dem «Behaviorismus» Schlüsse für die theatralische Erziehung durch «Lehrstücke». [273; *S. 121 ff*]

Ein wichtiger Impuls, der für die Übernahme der neuen Wahrnehmungsform in den zwanziger Jahren spricht, ist wahrscheinlich durch Nietzsche inspiriert. Denn diese Art der Beobachtung der menschlichen Psyche verspricht, sie aus dem Kontext der moralischen Kategorien der ‹Gewissensforschung› herauszulösen, in den die Introspektion verwoben blieb. Eine der interessantesten Spielarten des Anti-Psychologismus in den neu-

sachlichen Künsten zeigt sich in der auffälligen Dominanz der Physiogno-
mik und anderer physiologischer Blickweisen. In den zwanziger Jahren
werden dem Verhältnis von Körperbau und Charakter, der Bedeutung
der Mimik im Handlungsfeld, der Erzeugung von Affekten durch mecha-
nische Reize und Körperhaltungen eine Vielzahl von Arbeiten der Aus-
druckspsychologie gewidmet. Die physiologische Blickweise prägt
George Grosz' Zeichenmappe *Das Gesicht der herrschenden Klasse*
(1923) und *Ecce homo* (1922), die Zeichnungen von Otto Dix, Rudolf
Schlichter, Christian Schad und Karl Hubbuch. Wenn Brecht angesichts
der Zeichnungen von George Grosz sagt: «Ich glaube, was Sie zum Feind
des Bourgeois gemacht hat, George Grosz, ist seine Physiognomie», so
stand das durchaus in Einklang mit einer populären Wahrnehmungsform
marxistischer Theaterleute, die den Begriff «Charaktermaske des Kapitals» physiognomisch handhaben. Die Typengestaltung im Agitprop-
Theater von SPD und KPD ist eine extreme Spätform der ‹Physiologien›,
die in so viel sanfterer Gestalt in der literarischen Szene der dreißiger und
vierziger Jahre des 19. Jahrhunderts aufgetaucht waren. Der physiologische Blick beherrscht auch das Lieblingsgenre der neusachlichen Malerei,
das Berufs- und Typus-Portrait («Der Chirurg», «Die Schwimmerin»,
«Kleinbürger am Radio») sowie die Fotografien des «Sozialcharakters» in
August Sanders (1876 bis 1964) *Antlitz der Zeit* (1929) und des regionalen
Charakters in Erna Lendvai-Dircksens (1883 bis 1965) Portraitwerk *Das
deutsche Volksgesicht* (1932).

Auch die Figurenzeichnung des ‹Proleten› in den sozialdemokratischen
und kommunistischen Romanen dieser Zeit scheint durch den physiologi-
schen Blick begründet. In ihr kreuzen sich aber zwei Traditionslinien älterer Herkunft. Einerseits kommt in der Machart dieser Figuren das ideologische Muster zum Vorschein, «daß das Innenleben der Enterbten und
Geknechteten durch eine ganz besondere Simplizität sich auszeichnet, der
man gern den Einschlag ins Erbauliche verleiht» (Walter Benjamin). Die
Roheit der Gestaltung erfährt andererseits unter den Zeitgenossen eine
funktionalistische Begründung.

So bemerkt Max Horkheimer, daß der Wahrheitsgehalt der holzschnittar-
tigen Charakterisierungen darin liege, daß der Prolet «immer noch soziales
Wesen durch Gewalt» und nicht durch innere Differenzierung sei, wie
umgekehrt auch in der grobschlächtigen Typisierung des feineren Gegen-
spielers die Wahrheit ihren angemessenen Ausdruck finde; denn diese
liege nicht in der seelischen Tiefengliederung der Subjekte, sondern in
ihren ökonomischen Beziehungen:

«Indem die Proletarier unter der Kapitalistenklasse leiden, wird auch das menschliche Wesen dieser Herren von den Proletariern entschieden besser verstanden als
von ihrem persönlichen Freundeskreis. Die Proletarier kennen die Unternehmer
nur grob und einseitig, aber diese eine Seite ist die wichtigere, sie ist ganz ernst.

Daher kommt es, daß die primitive Psychologie, die sich der Arbeiter von seinem Unternehmer bildet, der Gesichtspunkt des Fabriksaals, richtiger zu sein pflegt als die Erkenntnisse der philosophischen Anthropologie.» [406; *S. 214*]

Auch diese Begründung verweist wieder auf einen Grundsatz, der, wie wir sahen, fast alle Wahrnehmungsformen der Neuen Sachlichkeit prägt und ihre Modernität kennzeichnet: «Der Mensch lebt nicht in Substantialitäten, sondern in Relationen» (Ernö Kallai).

Helmut Mörchen
Reportage und Dokumentarliteratur

Medienkonkurrenz

Während der zwanziger Jahre veränderte sich die Medienlandschaft in einem vorher nicht gekannten Ausmaß. Hörfunk und Film, durch Fotos illustrierte Zeitungen und Zeitschriften ermöglichten Hörern, Sehern und Lesern ein direkteres Miterleben von Ereignissen in aller Welt. Fotografie und Hörfunk setzten im Hinblick auf die Genauigkeit und Schnelligkeit der Wiedergabe von visuellen und akustischen Eindrücken neue Maßstäbe. Die Möglichkeit der Berichterstattung ohne Zeitverlust durch den Funk steigerte das Bedürfnis nach Aktualität, von dem auch die Tageszeitungen profitierten. Die expandierenden Zeitungen und die neugegründeten Rundfunkhäuser boten zunehmend vielen Schriftstellern ernst zu nehmende Verdienstmöglichkeiten. Bevor die Diskussion um das Verhältnis zwischen Journalismus und Literatur begann, waren bereits viele Schriftsteller auf das Schreiben für Zeitungen angewiesen. Manche Reportagen entstanden als durchaus lästig empfundene Auftragsarbeiten, die vom eigentlichen Ziel, dem Schreiben von Romanen, abhielten. So klagte etwa Joseph Roth (1894 bis 1939) 1928 in Briefen an Stefan Zweig, daß er allein wegen des Geldes leider noch nicht «das Artikelschreiben aufgeben» könne. Als schlimm empfunden wurde zudem oft die Abhängigkeit von der Tendenz der auftraggebenden Zeitung. Arthur Holitscher (1869 bis 1941), der für United Telegraph/United Press nach Rußland reiste, spricht im ersten Abschnitt seines Buches *Drei Monate in Sowjet-Rußland* (1921) offen vom Lavieren zwischen persönlicher Meinung und der des Auftraggebers, wobei er seine eigene sozialistische Einstellung auf eine seelische Regung reduziert. Ein beschämendes Dokument der Unterwerfung ist Joseph Roths Brief an die Redaktion der *Frankfurter Zeitung* (1856 bis 1943) vom 2. Juni 1926, in dem der Sozialist Roth den Herausgebern der bürgerlichen Zeitung versichert, nicht «zur Anerkennung der zweifelhaften Erfolge der russischen Revolution» zu neigen, und im übrigen seine Bereitschaft zur Unterdrückung der eigenen Meinung offen erklärt: «Da ich über Tatsächliches berichte, also mehr tägliches Leben darstelle, als eine Meinung ausdrücke, wäre auch die Gefahr, daß ich objektive Berichte nicht aus Rußland schicken könnte, nicht groß.»

Reportagebände

‹Reportage› wurde zu einem Modewort der zwanziger Jahre nicht zuletzt durch den großen Erfolg des Journalisten Egon Erwin Kisch (1885 bis 1948), vor allem mit seinem Reportagenband *Der rasende Reporter* (1925). Es ist Kischs Verdienst, Texte für die Zeitung in den Bereich der Literatur gehoben zu haben. Dies hat er geschickt vorbereitet; vor dem seinen Ruhm begründenden Band *Der rasende Reporter* publizierte er die Anthologie *Klassischer Journalismus* (1923), in der er mit Texten von Martin Luther bis Émile Zola der aktuellen für den Tag geschriebenen Literatur zu Ansehen verhelfen wollte. Seine Strategie befreite die Reportage zumindest aus der Abhängigkeit vom Zeitungsverleger. Die Buchveröffentlichung von Reportagen läßt nicht nur nachträgliche Korrekturen und Ergänzungen zu, sondern schafft Raum für neue, unabhängig vom Druck des Zeitungsalltags geschriebene Berichte. Die vielen Reportagebände mit Beiträgen eines oder mehrerer Autoren, die in den zwanziger und dreißiger Jahren erschienen sind, hier aufzuzählen, ist unmöglich. Stellvertretend sei die wohl bekannteste Anthologie *FAZIT. Ein Querschnitt durch die deutsche Publizistik* (1929) genannt, deren Herausgeber Ernst Glaeser (1902 bis 1963) als Leitmotiv seiner Sammlung die Absicht hervorhob, «wichtige und typische Aufsätze deutscher Schriftsteller und Journalisten vor der Zeitungsmakulatur zu retten». Wenn Zeitungsartikel im Rahmen eines Reportagenbandes zum zweitenmal erschienen, so gefiel das deren Autoren nicht nur wegen des wohl nicht sehr üppigen zusätzlichen Honorars, sondern vor allem wegen der Gewißheit, daß so das oft mit viel Einsatz Recherchierte und sorgfältig Niedergeschriebene über den Tag des Erscheinens in der Zeitung hinaus Leser finden konnte.

Die Herausstellung des Bandes *FAZIT* mit überwiegend linksliberalen Beiträgen bedeutet nicht, daß die Reportagen der zwanziger und dreißiger Jahre sich einer politischen Tendenz oder im Hinblick auf Autoren und Leser einer bestimmten sozialen Schicht zuordnen ließen. Verklärung der Technik auf der einen, Kapitalismuskritik auf der anderen Seite markieren so zum Beispiel die Spannweite zwischen rechtsbürgerlich systemkonformen Reportagen und proletarisch-revolutionären Arbeiterkorrespondenzen. Der bekannteste Vertreter der ersten Richtung ist Heinrich Hauser (1901 bis 1955), der mit seinem Reportagenbändchen *Friede mit Maschinen* (1928) «zwischen dem untechnischen Menschen und der Maschine eine Verständigung» anbahnen wollte. Hauser vermenschlichte die Technik, «das ‹Humane› der Maschine» erlaube dem Menschen, in Partnerschaft zu ihr zu treten. Hauser begrüßte die Fließbandarbeit und die maximale Ausnutzung der menschlichen Arbeitskraft durch Arbeitszeitmessungen nach dem System von F. Taylor. Weniger prominent sind die Arbeiterkorrespondenten, die als dauernd Betroffene die Fabrikarbeit ganz anders als Hauser beurteilen. Der in einer Spinnerei arbeitende L. Maresch sah sich in der *Nachtschicht* (1928) mit seinen Arbeitskollegen «gemeinsam an die seelenlose Maschine wie Galerensklaven an die Ruderbank» gekettet; ganz im Gegensatz zu Hausers Friedensvisionen packte ihn «ein zügelloser Zorn und wilder Haß gegen dies hastende und doch tote Eisengetriebe». Die Schilderung unmenschlicher Arbeitsbedingungen mündet in den meisten Arbeiterreportagen in verbales Aufbegehren gegen die «Herren», die den Profit einstreichen. Zwischen diesen Positionen gibt es die Beschreibung der Fabrikarbeit aus einer distanzierten, auf direkte Parteinahme verzichtenden Perspektive. Für diese Haltung beispielhaft ist ein Abschnitt aus Joseph Roths für die *Frankfurter Zeitung* 1927 geschriebener, in *FAZIT* aufgenommener Saarlandreportage *Briefe aus Deutschland*:

«[B]efreit man sich von den überlieferten Vorstellungen: ‹Sklaven der Maschine›, so ist der Besuch eines Werks nicht trauriger als der eines Spitals zum Beispiel, eines Waisenhauses oder einer Arbeiterkolonie. Er ist allerdings auch nicht ‹erhebend›, wie ihn die Fanatiker der ‹rauchenden Schlote› und die Besinger der ‹flammenden Hochöfen› nennen mögen. Das Werk ist grau und gewöhnlich, wie der Tag war, an dem ich hinging. Man erzeugt dort keine Gedichte, sondern Schienen, Drähte, Eisen, Stahl. Die Tendenz der Werkbesitzer ist: Geld zu verdienen, und der Wunsch der Werkarbeiter: ihr Leben zu fristen. Lauter alltägliche Angelegenheiten.»

Roths Bericht über seinen Besuch in einem Neunkirchener Hüttenwerk dokumentiert weniger Fakten, sondern gibt in erster Linie Beobachtungen und Gefühle des Verfassers wieder, der nicht vorgibt, sich in die eine oder andere Partei hineinversetzen zu können, sondern ausdrücklich betont, nicht zu wissen, «was in diesem Augenblick in der Seele des Arbeiters vorgeht, der geradewegs ins weiße Feuer sieht».

Zwischen den bisher exemplarisch vorgestellten Reportagetypen der Weimarer Republik und der nationalsozialistischen Reportage liegen Welten. Herbert Seehofers Reportage *Hallo, jetzt kommt der Reichsbericht!* aus dem in vielen Auflagen erschienenen Sammelband *Mit dem Führer unterwegs* (1934; 11. Aufl. 1939) zeigt die Nähe zur Rundfunk-Livereportage. In atemlos hektischem Stakkato wird die Arbeit einer fliegenden Pressestelle während einer Kundgebungsreise Hitlers im Jahr 1932 geschildert, wobei die Faszination der Massen dem Leser suggestiv zu vermitteln versucht wird. Im Dritten Reich degenerierte die parteioffiziell geduldete Reportage zum Instrument der Akklamation im Stil einer unkritisch jubelnden Sportreportage. Kritische Reportagen mußten aus dem Dritten Reich herausgeschmuggelt werden und konnten nur in Exil-Zeitungen erscheinen. Welche Leistungen des Beobachtens, des sorgfältigen Sammelns von Daten und Dokumentierens von Vorgängen innerhalb des nationalsozialistischen Deutschlands in Widerstandsgruppen vollbracht wurden, kann man den über Jahre im Auftrag der Exil-SPD angefertigten mehrbändigen *Deutschland-Berichten der Sopade* (1934 bis 1940) entnehmen.

Fotodokumentationen

Mehr Fotografien! hatte Kurt Tucholsky (1890 bis 1935) schon 1912 im *Vorwärts* (1876ff) gefordert, weil Fotos wirkungsvoller «als Statistik, Berichte, als die aufreizendsten Reden» agitieren könnten. Die Anordnung von Bildern in Gegensatzpaaren ohne Text oder höchstens mit sparsamer Kommentierung hielt Tucholsky für die beste Methode agitierenden Dokumentierens. Nur wenige der Fotobände, die seit den zwanziger Jahren erschienen sind, entsprechen Tucholskys Vorstellungen von «Tendenzfotografie» (1925). An erster Stelle muß hier Ernst Friedrichs (1894 bis 1967) Fotodokumentation *Krieg dem Kriege!* (1924) genannt werden, die Tucholsky die Leser der *Weltbühne* (1918 bis 1933) in vielen Exemplaren zu kaufen und zu verbreiten bat. Der Pazifist und Gründer des Internationalen Anti-Kriegsmuseums in Berlin, Friedrich, hat die Grausamkeit des Krieges vor allem durch Fotos von verstümmelten Leichen und bis zur Unkenntlichkeit zerstörten Gesichtern von Invaliden dokumentiert. Die viersprachigen Unterschriften (deutsch, englisch, französisch, niederländisch) sind kaum überbietbar sarkastisch. Die Agitation wird vor allem durch Konfrontation mit Widersprüchen forciert; so steht unter einem Bild des Tennis spielenden Kronprinzen und dem Foto eines armamputierten Arbeiters, der mit seiner Metallprothese sich mühsam an der Werkbank quält, die Unterschrift: «Nach dem Kriege: Der deutsche Kronprinz als Schwerstarbeiter ... und der kriegsverletzte Proletarier bei seinem täglichen ‹Sport›.» Schließlich hat Tucholsky selbst mit John Heartfield (1891 bis 1968) den Bildband *Deutschland, Deutschland über alles* (1929) zusammengestellt, in dem sie «aus Zufallsbildern, aus gewollten Bildern, aus allerhand Fotos das Typische herauszuholen» bemüht sind, um einen «Querschnitt durch Deutschland» zu legen. Tucholsky und Heartfield suchten zu schon bereits vorher erschienenen Texten Tucholskys Bilder, oder Tucholsky schrieb zu aufgestöberten Fotos neue Texte. Heartfields originärer Beitrag sind elf Fotomontagen (darunter die berühmte mit den Köpfen deutscher Generäle und der Unterschrift «Tiere sehen dich an») und die Gestaltung des Einbandes ebenfalls durch Fotomontagen. Die Bild- und Textsequenzen *Statistik*, *Wo steckt Deutschlands Geld?* und *Nie allein*, in denen Fotografien Tucholsky zu sehr unterschiedlichen Formen des Kommentars inspiriert haben, sind vorweggenommene Einlösungen der ·Forderung Walter Benjamins (1892 bis 1940) in seinem Vortrag *Der Autor als Produzent* (1934) nach einer Überwindung der «Schranke zwischen Schrift und Bild», um jeder «Aufnahme diejenige Beschriftung zu geben, die sie dem modischen Verschleiß entreißt und ihr den revolutionären Gebrauchswert verleiht». Die von Ernst Glaeser und Franz Carl Weiskopf (1900 bis 1955) getextete Bilddokumentation über Rußland *Der Staat ohne Arbeitslose. Drei Jahre «Fünfjahresplan»* (1931) fällt weit hinter die Leistungen von Ernst Friedrich und Tucholsky/Heartfield zurück und weist in Richtung des systemkonformen Umgangs mit Fotografien, wie er auch im Dritten Reich bis zum Überdruß gepflegt wurde. Hier seien nur vier der Bildbände des offiziellen NS-Fotografen Heinrich Hoffmann (1929 bis 1933) am Rande erwähnt, um die Breite des verlogenen Pseudodokumentierens von Hitlers Privatleben bis zur geschönten Berichterstattung über den Krieg anzudeuten: *Hitler, wie ihn keiner kennt* (1932), *Jugend um Hitler* (1934), *Hitler in Polen* (1939) und *Mit Hitler im Westen* (1940).

Reportage und Fiktion

Die während der zwanziger Jahre zu beobachtende Entwicklung der Reportage zu einer besonderen literarischen Form bedeutete nicht nur eine Aufwertung der zum Broterwerb vieler Schriftsteller unabdingbaren Zeitungsarbeit, sondern hatte auch Einfluß auf die epische Produktion. Ein Jahr nach dem Erscheinen von Kischs Sammlung *Der rasende Reporter* fragte die Zeitschrift *Die literarische Welt* (1925 bis 1934): «Wird die Dichtung, insbesondere die epische Kunstform, von der neuen Sachlichkeit der Reportage entscheidend beeinflußt werden?» (1926) Die Fragestellung ist interessanter als die mehrheitlich zurückhaltend formulierten Antworten, weil sie in Frageform eine These enthielt, die drei Jahre später von Kurt Pinthus (1886 bis 1975), dem Herausgeber der wohl berühmtesten Anthologie expressionistischer Lyrik *Menschheitsdämmerung* (1920), nun in großer Emphase so formuliert wurde: «Die Reportage erhebt sich ins Bereich der Dichtung, und der Bericht wird zur Kunstform.» Die Grenzen zwischen fiktionalem Erzählen und nichtfiktionaler Berichterstattung wurden in beiden Richtungen durchbrochen. Bruno Freis (geb. 1897) Reportage *Hanussen* (1934), die vor Hitlers Machtergreifung in der zum linken Münzenberg-Konzern gehörenden Zeitung *Berlin am Morgen* (1929 bis?) seit Juni 1932 fortsetzungsweise erschienen ist und im Exil in erweiterter Form mit einem Vorwort von Egon Erwin Kisch 1934 als Buch veröffentlicht wurde, liest sich wie ein Roman: Die unglaubliche

Karriere des Hellsehers Hanussen, der sich mit Nazis verbündete und trotzdem von ihnen ermordet wurde, hat Bruno Frei gründlich recherchiert, reich mit Dokumenten belegt und gleichwohl spannend erzählt. Im Mittelpunkt des Interesses stehen die durch die wirtschaftliche Entwicklung deprimierten und wundersüchtigen Massen, die Hanussens (und Hitlers) Erfolge ermöglichten. Reiseberichte wurden von ihren Autoren als Romane etikettiert: *Ein Roman ohne Helden* lautet der Untertitel von Alfons Paquets (1881 bis 1944) Reisebuch *Städte, Landschaften und ewige Bewegung* (1927); Kasimir Edschmid (1890 bis 1966) bezeichnete sein Buch *Glanz und Elend Süd-Amerikas* (1931) als den *Roman eines Erdteils*. Auch in Kischs *Paradies Amerika* (1930) ist die Figur des Doktors Becker, aus deren Perspektive in einigen Kapiteln berichtet wird, Indiz für eine Fiktionalisierung der Reportage.

Der Prozeß der Einarbeitung von Dokumenten in fiktionale Texte, das Entstehen eben einer Dokumentarliteratur, verlief nicht ohne Widersprüche. Die reine Dokumentation kann und will nicht dem Bereich der Literatur im engeren Sinn zugerechnet werden. Trotzdem muß hier die Justizdokumentation des Heidelberger Privatdozenten für Statistik Emil Julius Gumbel (1891 bis 1966) *Vier Jahre politischer Mord* (1922) erwähnt werden, in der Anzahl und Ahndung der politischen Morde im Deutschen Reich 1918 bis 1922 von rechts und links gegenübergestellt werden. Die zusammenfassenden Zahlen sprechen für sich: Von 354 Morden durch Täter rechter Gruppen blieben 326 ungesühnt, während von den 22 Morden von links nur vier ohne Strafe blieben. Die rechten Täter saßen pro Mord durchschnittlich nur vier Monate ein, bei den linken betrug das Strafmaß pro Mord im Durchschnitt fünfzehn Jahre! Die verschiedenen Auflagen der Dokumentation, die zwar einige regierungsamtliche Denkschriften auslösten, die Gumbels Recherchen bestätigten, aber die Rechtsprechung nicht änderten, entfalteten dagegen eine nicht unbeträchtliche Wirkung auf der literarischen Szene. Kurt Tucholskys, Lion Feuchtwangers und Ernst Ottwalts justizkritische Artikel und Romane wurden durch Gumbels Aktivitäten mitgeprägt. Das Aufsehen, das Gumbels Bücher im Kreis der Leser von *Weltbühne* und *Tage-Buch* (1920 bis 1933) erregte, trug sicher mit dazu bei, daß Dokumentation und Statistik zu Begriffen auch in der literaturkritischen Diskussion wurden. «Die Wahrheit liegt in den Zahlen», läßt Ernst Glaeser in seinem Roman *Jahrgang 1902* (1928) die Romanfigur des Heizers Kremmelbein resümieren. Die Statistik hielt – ernst gemeint und ironisch – Einzug in Reportagen und Romane. In Otto Hellers (1897 bis 1945) an deutsche Amerikabegeisterung in eigenwilliger Weise anknüpfenden Bericht *Sibirien. Ein anderes Amerika* (1930) wird sie hymnisch besungen: «Die Statistik, das ist die Jugend! Keine Macht der Welt kann sie schlagen, unbesiegbar ist sie, wie die Zahl.» Dem folgt in dem gar nicht so kurzen Kapitel «Kurzer Blick in die Statistik» im Lexikonstil ein fast unlesbarer Block von Daten und Zahlen zur russischen Wirtschaft und zu den sibirischen Bodenschätzen. «Zeitungslektüre» und das Studium von «amtlichen Tabellen» über Not und Elend in Deutschland empfahl Friedrich Wolf (1888 bis 1953) als Anregung für neue Dramen in seiner Kampfschrift *Kunst ist Waffe!* (1928) und stellte der eigenen Maxime folgend Zeitungsausrisse, einen Brief und den Text des Paragraphen 218 vor sein gegen die Strafverfolgung der Abtreibung gerichtetes Stück *Cyankali* (1929). Damit erschöpfte sich aber schon das Dokumentarische des der Form nach konventionell naturalistischen Stücks. In Kischs ironisch betitelter Amerika-Reportage *Paradies Amerika* wird das Belegen der Leistung durch Zahlen als Form von Imponiergehabe entlarvt; Kisch legt im Kapitel «Sein Liedchen bläst der Postillon» dem angeberischen Postchef von New York das Eigenlob des eigenen Betriebs als Statistik-Gedicht in den Mund. Eine bunte, teils aus seriösen, teils aus erfundenen Zahlen bestehende Statistik enthält der Abschnitt «Einige historische Daten» in Lion Feuchtwangers (1884 bis 1958) Roman *Erfolg. Drei Jahre Geschichte einer Provinz* (1930). Die Zahlen reichen von der Bevölkerungszahl der gesamten Erde bis zur Zahl der registrierten berufsmäßigen Huren in Berlin, von Wahlergebnissen und Abonnentenziffern rechts- und linksgerichteter Zeitungen bis zu Quoten der Unhöflichkeit von China bis Bayern. Das satirische Spiel mit Zahlen im Roman *Erfolg* soll zeigen, daß in Bayern die Uhren anders gehen. Vollends parodiert werden Statistik und Dokumentation in Feuchtwangers autobiographischer *Selbststatistik* (1929) in Glaesers *FAZIT*, in der Feuchtwanger die Mode neusachlicher Zahlengläubigkeit ad absurdum führte.

Glaesers Heizer Kremmelbein nahm in die von ihm begründete Arbeiterbibliothek nur Partei- und Tatsachenliteratur, bewußt aber keine unterhaltenden Romane auf. Die Absage an den Roman im Roman ist Ausdruck produktionsästhetischer Spannungen zwischen fiction und non-fiction im Bewußtsein vieler Schriftsteller der zwanziger Jahre. Etzel Andergast in Jakob Wassermanns (1873 bis 1934) Roman *Der Fall Maurizius* (1928) «liebte im allgemeinen Romane nicht», weil «er scharf zwischen Gedicht und Vision und der von einem Zweckwillen vergewaltigten Wirklichkeit» unterscheiden wollte. Auch im rechten Spektrum findet sich diese Denkfigur. Hans Grimms (1875 bis 1959) Cornelius Friebott in *Volk ohne Raum* (1926) kann sich mit dem Roman *Buddenbrooks. Verfall einer Familie* (1901) nicht so recht anfreunden und zieht die Lektüre einer 1910 erschienenen Abhandlung von Gerhard Hildebrand über *Die Erschütterung der Industrieherrschaft und des Industriesozialismus* vor. Die parallele Lektüre beider Bücher kommentiert der Erzähler:

«Und während von dem müden Stoffe des Romanes in den nächsten Tag nichts hinüberstand als größere Empfindlichkeit und im besten Falle ein Verzicht und eine Gleichgültigkeit gegenüber den *wirklichen* Dingen, ritten und schafften und jagten sich die Überlegungen aus dem zweiten Buche als männliche Genossen mit durch.»

Dokumentarromane

Vorbemerkungen zu manchen Romanen trugen solcher Skepsis gegenüber der Fiktion Rechnung. Ernst Ottwalt (d. i. Ernst Gottwalt Nicolas, 1901 bis 1943) versicherte den Lesern seines Justizromans *Denn sie wissen, was sie tun* (1931), daß alle im Roman geschilderten «Rechtsfälle, Gerichtsverhandlungen, Urteile (...) als Tatsachen aus den Jahren 1920 bis 1931 belegbar» seien, und forderte die Leser auf, «sich über den Verlag an ihn zu wenden, wenn irgendwelche Zweifel an dem dokumentarischen Charakter dieser oder jener Darstellung in dem Roman auftauchen sollten». Heutigen Lesern, die dieser ungewöhnlichen Aufforderung Ottwalts nicht mehr folgen können, ermöglicht der Vergleich einzelner Romanepisoden mit Gumbels Justizdokumentation zumindest punktuelle Nachprüfungen für Ereignisse vor 1922. Dem Schlüsselroman *Union der festen Hand* (1931) über die dem Faschismus den Weg bereitenden Machenschaften der Ruhrkonzernherren setzte Erik Reger (d. i. Heinrich Dannenberger, 1893 bis 1954; bis 1927 Mitarbeiter des Krupp-Pressebüros) eine «Gebrauchsanweisung» voran, deren erster Satz lautet: «Man lasse sich nicht dadurch täuschen, daß dieses Buch auf dem Titelblatt als Roman bezeichnet wird.» Reger begründete, warum er, wie übrigens auch Ottwalt, die zahlreichen benutzten Dokumente so in seinen erzählenden Text eingeschmolzen hat, daß der Leser sie nicht mehr als der Wirklichkeit entnommene Bruchstücke erkennen kann, mit einer bemerkenswerten Argumentationsreihe; auf eine Kennzeichnung der Dokumente habe er verzichtet, «a) weil es das Auge stören würde; b) weil der Leser sich angewöhnen würde, darüber hinwegzusehen; c) weil der Leser sich vorzeitig einbilden würde, diese Stellen von selbst erkannt zu haben». Den entgegengesetzten Weg beschritt Edlef Köppen (1893 bis 1939), der in seinem Kriegsroman *Heeresbericht* (1930) die verschiedenen Stufen der Wirklichkeitserfassung sorgfältig voneinander trennt. Freilich würdigt Tucholsky den von ihm hochgeschätzten *Heeresbericht* nicht als Dokumentarroman. Denn der *Reportahsche* (1931) stand er kritisch, dem Reportage-Roman ablehnend gegenüber. «Kunst und Dokumentation sind zweierlei.» Was in diesem knappen Satz aus einem Brief von Tucholsky (1935) apodiktisch behauptet wird, war zu Beginn der dreißiger Jahre Streitpunkt einer in der *Linkskurve* (1929 bis 1932) ausgetragenen Kontroverse zwischen Georg Lukács (1885 bis 1971) und Ernst Ottwalt. Lukács nahm in seinem Aufsatz *Reportage oder Gestaltung? Kritische Bemerkungen anläßlich des Romans von Ottwalt* (1932) Ottwalts Roman *Denn sie wissen, was sie tun* zum Anlaß, mit der Reportageliteratur pauschal abzurechnen. Lukács räumte der Reportage ausschließlich als nichtfiktionalem Bericht eine Existenzberechtigung ein; der Roman dagegen dürfe nicht im exakten Abbilden zufälliger Einzelheiten der außerliterarischen Realität stecken bleiben, sondern müsse Typisches dichterisch gestalten. Die primär mit ästhetischen Argumenten begründete Forderung, Reportage und Roman sorgfältig voneinander zu trennen, zielte letztlich gegen das basisdemokratisch akzentuierte kulturpolitische Konzept einer proletarisch-revolutionären Dokumentarliteratur von Arbeitern für Arbeiter. Ottwalt hat das erkannt und in seiner Entgegnung ‹Tatsachenroman› und Formexperiment (1932) Programm und Praxis einer aufklärerischen Dokumentarliteratur verteidigt. So sollte sein eigener Justizroman kleinbürgerliche und proletarische, über das klassenorientierte Rechtssystem nicht ausreichend informierte Leser erreichen und eine erweiterte Öffentlichkeit schaffen.

Hermann Broch (1886 bis 1951) sah bei der Verbindung von Fiktion und Dokumentation zwar auch Probleme, aber auch die Chance zu einer Erweiterung der Möglichkeiten des Erzählens. In seinem Vortrag *Das Weltbild des Romans* (1933) beurteilte er die konsequente Reportage als Symptom eines aus dem Bereich der Kunst herausführenden «Hypernaturalismus», bei dem der Dichter völlig hinter den Tatsachen verschwinde. In der literarischen Praxis dagegen rückten Auswahl und Darstellung des Sensationellen und Einmaligen viele Reportagen in die Nähe des Kitsches: «(...) beinahe nirgends in der Literatur und in der Literaturgeschichte (...) geht es so romantisch zu wie in der Reportage.» Broch sah im Prinzip der Montage eine Möglichkeit, den Widerspruch aufzulösen und Dokumentation und Fiktion zu verschmelzen. Ob dabei ein Vorstoß in eine «Sphäre der traumhaft erhöhten Realität» gelinge, hänge von der Art der Verbindung («Syntax») geeigneter «Realitätsvokabeln» ab.

Im Jahr 1933 bildeten Brochs Bemerkungen zur Reportage bereits einen Rückblick auf die dokumentarischen Tendenzen der Literatur der Weimarer Republik, an die innerhalb der deutschen Literatur erst drei Jahrzehnte später in der Bundesrepublik Deutschland die Dokumentarliteratur der sechziger Jahre (Alexander Kluge, Erika Runge, Günter Wallraff u. a.) anknüpfen sollte.

Wolfgang Kaempfer
Traditionalismus

Als Programm hängt der Traditionalismus gleichsam in der Luft. Er knüpfte an keine ‹Ästhetik› an, die ihm vorausgegangen wäre, sondern orientierte sich im wesentlichen an der Vergangenheit schlechthin. Zwar lassen sich mitunter bestimmte eindeutige ‹Traditionen› ausmachen – wie bei Rudolf Georg Binding (1867 bis 1938) oder Werner Bergengruen (1892 bis 1964) die Novellentradition (Conrad Ferdinand Meyers, 1825 bis 1898); aber häufig ist das Arsenal, aus dem er schöpft, gerade nicht mehr eindeutig bestimmbar. Keiner faßbaren Vergangenheit verpflichtet, fühlt sich der Traditionalismus ihrem Begriff fast mehr als ihrer Wirklichkeit verbunden. So erfand Rudolf Borchardt (1877 bis 1945) in seinen Übersetzungen mittelalterlicher Versepen eine Kunstsprache, die nicht mittel- und nicht neuhochdeutsch, sondern schlechterdings archaisierend ist. Auch Martin Heideggers (1889 bis 1976) philosophischer ‹Jargon› in *Sein und Zeit* (1927) bietet vielleicht noch ein Beispiel für die Hoffnung, über die ‹jeweilige› Geschichte hinaus so etwas wie Geschichte schlechthin (bei Heidegger: «Geschichtlichkeit») zu visieren.

In dem hier behandelten Zeitraum hat besonders das Schlagwort von der ‹konservativen Revolution› die Runde gemacht. Armin Mohler nimmt es für eine ganze Generation von Schriftstellern und Publizisten in Anspruch (*Die konservative Revolution in Deutschland 1918 bis 1932. Grundriß ihrer Weltanschauungen*. Stuttgart 1950). Thomas Mann (1875 bis 1955) prägte den Ausdruck (1921), Hugo v. Hofmannsthal (1874 bis 1929) nahm ihn 1927 wieder auf, und bei Rudolf Borchardt heißt es 1923 «restaurierende Revolution» oder «revoltierende Reformation». Aber auch Ernst Jünger (geb. 1895) oder sein Bruder Friedrich Georg (1898 bis 1977), Werner Bergengruen oder Reinhold Schneider (1903 bis 1958) ließen sich für eine Formel in Anspruch nehmen, die so unbestimmt ist wie die ‹Vergangenheit› in traditionalistischer Sicht. Die unüberbrückbare Spanne, die den jungen Thomas Mann von Hofmannsthal, Ernst Jünger von Borchardt, Schneider von Bergengruen trennt, gibt Aufschluß über eine Orientierung, die nicht in erster Linie literarisch und ästhetisch, sondern gesellschaftspolitisch genannt werden müßte. Gemeinsam ist diesen Schriftstellern daher allenfalls, daß sie sich im Gegensatz zu vielen Praktikern des Schreibgeschäfts, darunter auch noch Goethe, Schiller, kaum je zu technisch-ästhetischen Fragen geäußert haben. Mit Ausnahme der ‹Doppelnaturen› selbstverständlich (Mann und Hofmannsthal) tasten sie das Konzept einer ‹inspirierten› dichterischen Imagination nicht an und vertrauen auf eine ‹Unmittelbarkeit› des Schreibakts zu seinen Gegenständen, die mit gewissen Tendenzen der zeitgenössischen Philosophie seit Schopenhauer parallel läuft.

«Unmittelbar» hatte Schopenhauer die Erfahrung des Willens genannt und geglaubt, mit ihm das Kantsche «Ding an sich» aufgefunden zu haben. Auch die Lebensphilosophie (Bergson, Dilthey), die Phänomenologie (Edmund Husserl) oder die Existenzialontologie (Heidegger) bauen auf die Unmittelbarkeit von Erfahrungstatsachen. Bis hin zum jungen Thomas Mann, zu Borchardt, Schneider, Ernst und Friedrich Georg Jünger hat sich traditionalistische Literatur von einer Hoffnung inspirieren lassen, die ursprünglich von der Philosophie formuliert worden war. Was diese theoretisierte, das wurde ihr zur Praxis – und oft zur verhängnisvollen. Denn zwischen Erfahrung und Erfahrendem, Welt und Ich spannt sich das variable und elastische System all der «modi» von Erkenntnis, welche das «Ding an sich» nicht zu erreichen hoffen können. Wird dieses System nicht anders wie die natürliche ‹Sprechblase› behandelt, die von sich aus formbildend sein soll, so besteht Gefahr, dem Jargon jener «Uneigentlichkeit» zu «verfallen», für die Heidegger den Begriff des «Man» angeboten hat. Wo man sich nicht kontrolliert, spricht man die Sprache aller, und sei es die Sprache aller Mitglieder einer Klasse. Binding oder Borchardt entgleisen mitunter gerade dort, wo sie sich des Bildungsjargons bedienen (vgl. z. B. Bindings heroisch-sentimentale Kriegserzählung *Unsterblichkeit*, 1921).

Ausdrücklich oder unausdrücklich ist der Traditionalismus die alternative Antwort auf jene neuen inneren und äußeren Erfahrungen, auf die die sogenannte Moderne oder Vormoderne seit Heinrich v. Kleist (1777 bis 1811), Jean Paul (1763 bis 1825), E. Th. A. Hoffmann (1776 bis 1822) oder Georg Büchner (1813 bis 1837) ein ganzes Bündel inhaltlicher und formaler Antworten ersonnen hatte. Er ist so neu wie die Moderne selbst. Keine Literatur vor ihm hat versucht, die Tradition als Traditionalismus festzuhalten. Immer zwar sind ältere Formen weitergeschleppt worden, aber nicht, um mit ihnen die Vergangenheit selbst weiterzuschleppen. Das gilt sogar noch für die Frühromantik, in welcher der Vergangenheitskult entstand. Der Traditionalismus registriert infolgedessen nicht, was wir bei Kleist als die Erschütterung der Ich-Identität oder bei E. Th. A.

Hoffmann als das Schwanken, die Variabilität der Erzählperspektive erfahren.

Ein erster Blick auf die Literatur über den Ersten Weltkrieg zeigt, daß selbst dieser «zivilisatorische Verkehrsunfall größten Stils» (Hans-Peter Schwarz) den traditionellen Schriftsteller nicht ernstlich hat irritieren können. Zwar verfaßte Erich Maria Remarque (1898 bis 1970) in kritischer Absicht die grelle Reportage *Im Westen nichts Neues* (1929) oder Ludwig Renn (d. i. Arnold Vieth von Golßenau, 1889 bis 1979) den trokkenen und zutreffenden Bericht *Krieg* (1928); aber gar nicht mehr zu zählen sind die Versuche, einem Geschehen, das sich als hochexplosives Gemisch aus Schock und Anästhesie, Sensation und Langeweile, Massenmord und Sinnverlust beschreiben ließe, die Aura des Heldenepos anzudichten. Die Moderne oder Vormoderne war entweder vergessen oder unbekannt geblieben. Bei Ernst Jünger tauchen immerhin die großen Namen auf (so in seinem besten Kriegsbuch, *Sturm* (1923), wo er u. a. Charles Baudelaire (1821 bis 1867) und Arthur Rimbaud (1854 bis 1891) erwähnt. Mit Ausnahme von einigen Abschnitten aus *Sturm*, welche den Krieg vorurteilslos und kritisch, zum Teil auch in den brennenden Farben des Expressionismus behandeln, auratisierte auch der Kriegserzähler Jünger das schockartige Geschehen nachträglich zum Erlebnis. Voraussetzung war hier wie überall die heile Welt der Truppe und das unangetastete Konzept der Heldenerzählung. Von der Öde, vom Elend, von der Absurdität und vom Grauen, für die der große Gegenspieler Henri Barbusse (1873 bis 1935) oft den genauen Ausdruck fand, erfahren wir nur indirekt. Schon die Titel verraten die heroische Absicht, die verstimmt: *In Stahlgewittern* (1920), *Feuer und Blut* (1925). Am Schluß der *Stahlgewitter* gestand dann allerdings auch Jünger: «Zu lyrischem Sinnen, zur Ehrfurcht vor der eigenen Größe hatte der Graben keinen Raum. Alles Feine wurde zermahlen und zerstampft.»

Vielfach hat sich der Traditionalismus selbst als Alternative zu jenen ‹Techniken› der Moderne verstanden, mit denen diese insbesondere der Banalität der neuen Mitteilungssprache zu entkommen hoffte. «Surrogat des Dichterischen» nennt Rudolf Borchardt die Resultate solcher Techniken (*Über den Dichter und das Dichterische*, 1924), und der Prototyp des ‹Surrogat›-Herstellers ist für ihn Gustave Flaubert (1821 bis 1880), der, wie Borchardt ausführt, «mit geballten Fäusten und austretenden Stirnadern, mit kranken, frenetischen, wutgelben Augen dasitzt, um den vollkommenen Satz zu schreiben (...)». Daß er dem (immerhin recht zahlreichen) Publikum Flauberts «Mangel jeder Skepsis» vorwirft, wirkt wie eine unfreiwillige Projektion des eigenen Mangels an Skepsis. Auch Borchardt scheint sich blind auf die Unmittelbarkeit der Inspiration verlassen zu haben, und mitunter hatte er das teuer zu bezahlen. So nimmt sich etwa die in Stil und Haltung meist zu hoch ansetzende Erzählung *Der unwür-*

dige Liebhaber (1929) neben vergleichbaren Sujets von Flaubert (z. B. *Madame Bovary*, 1856) gelegentlich wie deren Parodie aus.

Prophetismus

Mangel an Selbsteinsicht und damit verbunden die Gefahr der falschen Überhöhung, der Banalität, des Kitsches haben ihren Grund in einer oft grotesken Überschätzung der Mission des Dichters. Vom Dichter gilt nach Borchardt «Erstens, er wird von den Göttern besucht und erfährt ihren Besuch in der Form des Gesichtes. – Zweitens, er wird vom Gotte besessen und beherrscht» und spricht «eine Sprache (...) von eigenen Worten (...)». Im Besitz des «Seher- und Prophetentums» (Joseph Magnus Wehner) braucht sich der «Künder» und «Prophet des kommenden Jahrhunderts» (Herbert Böhme) um den eigenen Sprachgebrauch keine Gedanken zu machen. Denn das «Dichteramt», das «zu den höchsten dieser Erde zählt» (Ernst Jünger im Vorwort zu den *Strahlungen*, 1949), wird allein jenen Begnadeten verliehen, die eine «Technik, eine Fertigkeit (...) ein Verhältnis zur Rhetorik, ein Verhältnis zu den belles lettres» (Borchardt) gar nicht nötig haben.

Im buchstäblichen Sinn verfallen die Vermittlungsmechanismen, die der Poet der Sprache anvertrauen muß, der Verdrängung, und sowohl der Projektion (von subjektiven Wunschvorstellungen) als auch der Introjektion (der äußeren Welt in die innere) sind Tür und Tor geöffnet. Oft genug fällt gar ein Vor-Urteil mit einem von außen introjizierten Epoche-Ideologem zusammen. Das ist besonders in erregten Zeiten der Fall. Wenn der junge Thomas Mann in den *Gedanken im Kriege* (1914) sich «Reinigung und Befreiung» vom «Krieg an sich selbst» erhofft, weil dieser die «Dichter begeistere», so daß sie nur noch hiervon «sagen» können, so rinnen individuelle Vorerwartung und manifeste Ideologie, der «Krieg an sich selbst» und der reale Krieg ununterscheidbar zusammen.

Ernst Jünger trägt im Roman *Heliopolis* (1949) eine zweigeteilte Welt vor, die wie schon die der zehn Jahre früher entstandenen Erzählung *Auf den Marmorklippen* (1939) in Edle und Verächtliche zerfällt. Aber nicht nur die Welt des sogenannten Landvogts, der die «Vernichtung des Menschlichen» betreibt, ist dem gerade untergegangenen SS-Staat nachgebildet, auch das Ideal des sogenannten «Burgenlands», das höhere Menschentum, die frei erfundene Adelskaste Jüngers sind noch das Introjekt der Zeit und kehren im nationalsozialistischen Traditionalismus, in den nationalsozialistischen «Ordensburgen» oder in den Phantasien von einer höheren Rasse wieder. Beide, die Wirklichkeit und die Phantasie, die Bösen und die Guten, der Terror und das Ideal, niederes und höheres Menschentum, die scheußlichen Massenmörder und die gebildeten Besatzungsgeneräle stellen Reversbilder dar. Es ist die Welt des Faschismus, eine zweigeteilte Welt auch sie, die in Jüngers Buch, freilich hinter dem

Rücken des Autors, Einzug gehalten hat. Was er selbst als «freie Phantasie» geplant hat, ist zugleich das Introjekt der äußeren Welt. Suspendierter Geist vermag beide nicht mehr auseinanderzuhalten, und in der subjektiven Projektion (im Edelfaschismus) ist zugleich die Fatalität des Realfaschismus enthalten.

Geschichte als Mythos und Projektion

Unmittelbarkeit des Schriftstellers zum eigenen Verfahren und unmittelbare Übersetzung der Zeitverhältnisse in solche des Romans bedingen einander wechselseitig. Das ist natürlich ein Extremfall. Komplizierter nimmt sich das Verhältnis bei Reinhold Schneider aus. Die geschichtliche Ahnengalerie, die er entwirft, könnte man sich an einer Art Mischpult entstanden denken. Wo sich Ernst Jünger, von der Wunschphantasie geleitet, ‹unmittelbar› in realen Verhältnissen wiederfindet, da mischt Schneider in das Wunschbild der Geschichte einen Dynamismus, der ‹unmittelbar› an den zeitgenössischen Verhältnissen abgelesen zu sein scheint. Denn nur auf Geschichte projiziert, ließ er sich mit jenem Sinn grundieren, der für den überzeugten Christen aus der Heilsgeschichte fließt. Zeitgeschichte nämlich ist nur noch die Geschichte der modernen Massen und Massenführer; sie ist – mit den Begriffen Max Webers zu sprechen – entweder rational und bürokratisch oder charismatisch. Dagegen ist die durch Überlieferung geheiligte Geschichte von Heilsgeschichte noch nicht abgekoppelt, so daß man sich für sie ‹begeistern› und von ihr faszinieren lassen darf.

Im festgehaltenen Bild von Geschichte / Heilsgeschichte, die sich nicht mehr linear bewegen, nicht aufs Heil und nicht aufs Unheil zu – das Massenzeitalter bringt sie ja gerade zum Erliegen –, figuriert nur noch als Kreis, was einmal aufsteigende Spirale gewesen sein mag. Unverkennbar ist das nihilistische Moment daran. Denn wo bliebe der Sinn, wenn die beiden ‹Gewalten› im Kreise gehen und nur noch wechselseitig, nicht mehr mit einem konkreten Ziel verknüpft sind? Gegen die bewußte Absicht nähern sie sich jenem zeitgenössischen Zirkel, der zwischen Aktivismus und Quietismus verläuft. Er gilt auch für die ‹Psychologie› Ernst Jüngers und erinnert von fern an Nietzsches Unterscheidung eines aktiven und zerstörerischen von einem «müden» und «dekadenten» Nihilismus. Ein Dokument des ‹aktiven Nihilismus› ist vielleicht noch die Bemerkung Schneiders aus dem späten Tagebuch *Winter in Wien. Aus meinen Notizbüchern 1957/58* (1958): «Schlacht (...) ist und war Rausch, Blutfest des Hasses, Hochzeit der Männer in Todeslust (...).» – Sie kommt vergleichbaren Bekenntnissen Ernst Jüngers (so besonders in dem Essay *Der Kampf als inneres Erlebnis*, 1922) sehr nahe und steht in deutlichem Kontrast zur Todesmüdigkeit, die das Tagebuch nicht minder eindeutig bekennt.

Fesselnd ist Schneider gerade dort, wo er implizit oder explizit zeitgenössisch ist. Ohnehin entspringt, was an der Historiographie lebendig ist,
nicht den ‹Quellen›, aus denen die Forschung, sondern den Quellen, aus
denen die Erfahrung schöpft. Auch die ältere Literatur macht keine Ausnahme von dieser Regel. Das historische Drama verhandelte ausschließlich Gegenwartsprobleme. Zum Beispiel rührt der Haß des preußischen
‹Soldatenkönigs› auf den eigenen Sohn (in Schneiders Novelle *Der ferne
König*, 1959 aus dem Nachlaß veröffentlicht) an den Abgrund des ödipa-
len Hasses selbst und ist nicht nur pointierte Übersetzung historischer
‹Tatsachen› in die Erzählform. Vollends wird zeitgenössische Erfahrung
manifest in seinem Roman «aus der Konquistadorenzeit» *Las Casas vor
Karl V.* (1938).

Ganz anders die durchschnittliche Historienmalerei. Der Anteil an Erfahrung tritt zurück oder ist unfreiwillig wie bei Jünger (oder auch bei
Schneider selbst). Häufig lassen sich die Spuren einer Wunschphantasie
erkennen, die von der naiven Belehrung oder Orientierung durch Geschichte bis zum Euphemismus oder zur Schönfärberei reicht. *Der Großtyrann und das Gericht* (1935), von Werner Bergengruen als Widerstandsroman gemeint und nach etlichen Auflagen von der Zensur auch so verstanden, setzt auf das Beispiel eines Renaissance-Tyrannen, der einen
Mord begangen hat und die vergebliche Suche nach dem Schuldigen genau an dem Punkt abzubrechen weiß, an dem sein ‹Volk›, sein Polizeimi-
nister und er selbst ‹belehrt› sind. Eine Welle von Verdächten und Denunziationen hatte alle ‹Standesunterschiede› eingeebnet, nun sollen sie aufs
neue konsolidiert werden, und doch war gerade die herrschende Entfremdung die Bedingung dafür, daß der kollektive Alptraum aufrechterhalten werden konnte. Modell des Alptraums, den die Naziherrschaft
heraufgeführt hatte, nimmt er sich gegen diesen wie ein Spuk aus. Schon
sein historischer Rahmen, ein kleiner Stadtstaat, erlaubt keine Parallele
mehr zum ‹Blockwart› (und Spion) der Nazis in den anonymen Wohnhäu-
sern der Großstadt. Die Aufklärung von oben mündet nicht in die alle
Standesunterschiede sprengende Solidarität von Herrscher und Beherrschten, welche die ‹Volksgemeinschaft› eingelöst hätte, die Hitler immer bloß versprochen hatte. Im Gegenteil wird demonstrativ ein Subpro-
letarier aus dem Saal geschafft, weil er des Schauspiels nicht mehr würdig
ist, den ein seine Schuld einbekennender Diktator bietet. Es wäre noch
kein Einwand, daß sich Hitler in dem Schauspiel natürlich nicht wiedererkennen konnte. Auch könnte Bergengruen bewußt ein Wunschbild mit
der Wirklichkeit vertauscht haben. Aber eben deshalb bleibt auch blaß,
was weder mit der Essenz der Geschichte noch mit der der Gegenwart
getränkt ist.

In dem Roman *Der Vater* (1937) versuchte Jochen Klepper (1903 bis
1942), einer so widersprüchlichen Gestalt wie Friedrich Wilhelm I. von

Preußen (1688 bis 1740) nachzugehen. Als Fluchtpunkt einer Perspektive, die wiederum als einheitliche und starre konstruiert ist, darf man die Frömmigkeit des ‹Landesvaters› nehmen. Jedoch ist gerade dieser Punkt nur angenommen. Man könnte ebensogut vom Machtinstinkt, von der Grausamkeit oder von der Pedanterie des Obersten Zahlmeisters ausgehen. Gerade weil Klepper auf Einheitlichkeit besteht und den Fluchtpunkt in die ‹Moral von der Geschicht› verlegt, fällt sein Portrait entweder auseinander oder es verschwimmt im tastenden Versuch, die Widersprüchlichkeit im Echo der Reaktionen einzufangen, die Friedrich Wilhelm in seiner Umgebung auslöst. Mit den Mitteln des ‹zentralperspektivischen› Erzählens ist eine solche Figur nicht einzufangen. Auch lassen sich schwerlich der Ekel und das Grauen unterdrücken, die schon der Sohn empfunden haben muß. Klepper hat diesen Aspekt zwar nicht verschwiegen; aber zu integrieren vermochte er ihn nicht. Eine solche Figur der Figur Hitlers gegenüberzustellen, mag so manches kritische Räsonnement ausgelöst haben; trotzdem sieht man gerade zwischen diesen beiden Machtvertretern keinen nennenswerten negativen oder positiven Anknüpfungspunkt. Klepper tastete wie Bergengruen das Konzept unkontrollierter (und unkontrollierbarer) Herrschaft nicht an und teilt mit Friedrich Wilhelm uneingeschränkt dessen Freude am ‹Soldatenspielen›.

Reinhold Schneiders Roman *Las Casas vor Karl V.*, ein Widerstandsroman wie die Romane Kleppers oder Bergengruens, gehört zu den wenigen Beispielen, die Klarheit des politischen Standpunkts mit literarischer Qualität verbinden. Der Bericht von Las Casas über die Greuel, welche von den Spaniern unter den Indios angerichtet worden sind – die Anspielung auf die zeitgenössischen KZs ist nicht zu überhören –, gehört zum Bedeutendsten, was die literarische innere Emigration hervorgebracht hat. Mit ihm gelingt es Schneider, Zeitgeschichte auf Geschichte so zu projizieren, daß die Literatur zur Anklage und die Anklage zur Literatur wird. Keineswegs folgt er dabei den traditionellen Rezepten. Neben dem Bericht von Las Casas stehen drei weitere Berichte, und diese vierfache Perspektive wird überdies um die des Erzählers erweitert.

Selbststilisierungen

Die starre Zentralperspektive, welche dazu zwingt, den ‹Standpunkt› des Autors uneingeschränkt zu übernehmen – soviel ich sehe, hat sie sonst nur noch Bertolt Brecht (1898 bis 1956) in seinem Roman-Fragment *Die Geschäfte des Herrn Julius Cäsar* (1957) aufgebrochen –, ist eine Konsequenz aus dem Vertrauen ins ‹inspirierte› Subjekt, in die alte bürgerliche Subjektivität. Sehr viel entschiedener noch wird diese Perspektive in den zahlreichen Autobiographien konservativer Provenienz manifest. Hans Carossa (1878 bis 1956) ist noch in seinen Romanen (*Der Arzt Gion* –

gleich Hans –, 1931; *Geheimnisse des reifen Lebens*, 1936) einer trave-
stierten Form von Autobiographie verpflichtet; Rudolf G. Binding
schrieb *Erlebtes Leben* (1928) – und äußerte sich überraschend kritisch
über den Ersten Weltkrieg, Rudolf Schneider schrieb das Tagebuch *Winter in Wien* (1958), ein tief pessimistisches, wo nicht ‹nihilistisches› Bekenntnis, Friedrich Georg Jünger *Spiegel der Jahre* (1958), und vom Bruder Ernst besteht fast die Hälfte des Gesamtwerks aus Tagebüchern. So
unvergleichbar alle diese Schriften sind, so eindeutig lassen sie den heilen
Horizont eines im wesentlichen unangefochtenen Ich erkennen. Was dem
Historiographen das ‹Jenseits der Geschichte›, das ist dem Autobiogra-
phen das ‹Jenseits einer Innerlichkeit›, die sich von der ‹Welt da draußen›
zwar beeindruckt, aber auch gesichert weiß. «(…) *wir* bilden uns die
Welt», schrieb Ernst Jünger programmatisch, «und *was* wir erleben, ist
nicht dem Zufall untertan. Die Dinge werden durch unseren Zustand angezogen und ausgewählt: die Welt ist so, wie *wir* beschaffen sind» (*Gärten
und Straßen: Aus den Tagebüchern von 1939 und 1940* (1942), Eintrag
vom 23. 6. 1940).
Entsprechend werden die Stilisierung zur Selbststilisierung und der Er-
fahrungsstoff zum Schreibanlaß. Natürlich gilt das nur idealiter. Könnte
sich Jünger nicht auf eine gute Beobachtungsgabe verlassen, so müßte
auch das Ich hinschwinden, das ihre Ergebnisse zu präparieren unter-
nimmt. Präparate ließen sich in der Tat viele von ihnen nennen. Aus ihrem Kontext gesprengt und entsprechend isoliert, erhalten sie mitunter
eine Dinglichkeit, die sie entomologischen Präparaten annähert. Jünger
ist passionierter Entomologe.
Persönliche Erfahrung wird nur dort ohne alle Einschränkung beredt, wo
sie die primäre Motivation des Schreibers und nicht der sekundäre Anlaß
zur Bestätigung von Vorerwartungen wird. Kurz vor Ende des Zweiten
Weltkriegs berichtete Felix Hartlaub (1913 bis 1945) aus dem «Führer-
zug», den er als Bearbeiter des offiziellen Kriegstagebuchs begleitete:
«Der Kühlwagen fällt aus, der Nachrichtenwagen, wir arbeiten nur noch
mit einem Tornisterfunkgerät, wachsende Friktion in der Befehlsüber-
mittlung, Bulli hat Atemnot, Putzis Knochen ist weg, der Oberst arbeitet
mit einer Sauerstoffmaske, und Mimis Schürze zerreißt im Fahrtwind, die
Wambke hat eine Vortragsnotiz auf einen Fahrplan getippt, der Reichs-
bahnrat weiß auch nicht mehr, wo wir sind. Und was ist denn das für ein
endloser Tunnel und was schwingen sie für grüne Lampen (…). Und eine
komische Akustik hat dieser Tunnel, da spielt doch einer das Deutsch-
landlied auf einer Wurlitzer Orgel, wenigstens so ähnlich (…).» (*Das Gesamtwerk*. Dichtungen, Tagebücher, 1955).

Kollektiver Narzißmus

Hartlaub – es ist seine letzte Eintragung – schreibt nicht mehr ‹realistisch›; er exponiert sich der natürlichen Totale und faßt sie wie in einem Hohlspiegel zusammen. Tatsächlich überlebte er das Ende nicht. Die Lage scheint zuletzt so unabänderlich, daß er das Ich als ihr Objekt begreift und in den Er-Stil fällt. Buchstäblich führt ihm nicht mehr das Subjekt, sondern die Realität die Feder.

Wir können vom durchschnittlichen Geschichtsroman über die Autobiographie bis zum Gesellschaftsroman verfolgen, daß der traditionsbewußte Autor eine Szenerie zu arrangieren trachtet, die stets im selben Maße seine eigene wie die seines Publikums ist. Bürgerliche Subjektivität weiß sich in erster Linie einig mit sich selbst, und der Rezipient und Leser werden zum alter ego einer letzten Endes narzißtischen Korrespondenz. Die unsichtbare Instanz, die über dieser Szene wacht, ist gleich ihrer unbewußten Vorzensur, und dieser gilt gewissermaßen als ‹obszön› (obscène heißt im Französischen ‹abseits der Szene›), was solchen kollektiven Narzißmus irritieren könnte. Ein Konsensus, der sich in einem Jenseits geschichtlicher Veränderungen einzurichten trachtet, muß alles Neue oder Unbekannte ins Bekannte, alles Inkommensurable ins Kommensurable auflösen. Auch das zeitgenössische Panorama der Gewalt macht davon keine Ausnahme. Gewalt wird in den Kriegserzählungen Ernst Jüngers an die öffentliche – und damit gebilligte – Gewalt abgetreten. Kein Ich muß sie verantworten. Auch bei Schneider ist sie das objektive Fatum, gegen das im besten Fall der Glaube hilft. Das unterscheidet die konservative Gewaltapologetik in Deutschland von der historischen französischen. Donatien-Alphonse-François Marquis de Sade (1740 bis 1814) steht als einzelner für sie ein, und bei Lautréamont (d. i. Isidore Lucien Ducasse, 1846 bis 1870) wird das gewalttätige Ich zu einem förmlichen Untersuchungsgegenstand (*Les Chants de Maldoror*, 1868 bis 1869).

Selbst eine ‹freie Phantasie› wie *Auf den Marmorklippen* von Ernst Jünger (1939) oder *Die Powenzbande* (1930) von Ernst Penzoldt (1892 bis 1955) scheint mehr dem kollektiven bürgerlichen Wunschdenken als einer ‹Phantasie› verpflichtet, welche die wirklichen Verhältnisse – und seien es die inneren des Autors – in den Blick nimmt. Die beiden botanisierenden Brüder Jüngers sitzen nicht zufällig ‹auf den Marmorklippen› und dürfen unbeschadet, ja genießerisch – wenn auch zuletzt zur Flucht genötigt – auf die Greuel herabsehen, die das «Gelichter» des sogenannten «Oberförsters» in der friedlichen «Marina» anrichtet. Und Penzoldts «Bande» mit den Eigenschaften patriarchalisch (vgl. Baltus), gewalttätig (vgl. Violand gleich französisch ‹violent›) und tückisch bzw. böse (vgl. Lilith gleich hebräisch ‹die Nächtliche, das Nachtgespenst›) ist wenigstens so zweideutig wie die zeitgenössische ‹Nazibande›. Im Ersten Weltkrieg stellt sie ein paar glänzende Soldaten und macht Geschäfte mit vaterländischem De-

kor; sie erfindet die krankmachende Kartoffel, jüdische «Kartoffelna-
sen» tauchen auf, und der ‹Schläfer› Kaspar bringt ein Buch heraus:
«Mein Schlaf» (‹Mein Kampf›?). Spielerisch und instrumentalistisch nutzt
sie alles, was ihr zur Macht verhelfen kann – und unterscheidet sich auch
darin nicht von den Nazis. Die ‹schicke› Sympathie, die diese schon früh
in manchen bürgerlichen Salons genossen – nicht zuletzt in München, wo
Penzoldt gelebt hat –, könnte sich als die humorige Sympathie des Autors
für seine ‹urwüchsige› Bande niedergeschlagen haben. Mit Powenz scheint
er sogar auf den eigenen Namen anzuspielen: Penzoldt. Allerdings überlebt die Bande bei ihm nur, weil sie den Kartoffelmythos (den Antisemitismus?) wieder abschafft.

Auch der spannende Roman *Zwei Schwestern* von Friedrich Georg Jünger (1956) entwirft eine ‹Szene›, die dem Betrachter geschickt nur eine
Seite zuwendet, nämlich ihre beste. Ein Einzelgänger hält im faschistischen Rom der dreißiger Jahre abenteuerlichen und flüchtigen Kontakt
mit Widerstandsvertretern, deutschen Spionen und Vertretern des Kle-
rus. Zwei Schwestern schenken ihm nacheinander ihre Liebe, und soweit
diese Geschichte den Vordergrund erobert, tritt der Faschismus in den
Hintergrund und stellt sich dem Leser als etwas mehr oder weniger Nor-
males dar. – In seinem *Nietzsche*-Essay (1949) führt Jünger einen bitter-
bösen Angriff auf Stendhal. Er nennt den Franzosen einen «Meister der
Lüge» und meint: «Alle diese Psychologen, welche die partie honteuse
des Bürgertums aufdecken, beschmutzen sich dabei, weil sie zugleich von
diesem Bürgertum leben (...).» – Jünger nennt damit beim Namen, was
den bürgerlich-traditionalistischen Schriftsteller in der Tat geleitet haben
dürfte: die möglichst ungestörte Korrespondenz mit einem gleichge-
stimmten Publikum. Selbst die ‹partie honteuse› des Faschismus erscheint
bei ihm noch in der milderen italienischen Version und wird zudem zum
Zeitkolorit und zur Kulisse.

Übergang zur Moderne

Wird die ‹bürgerliche Szene› verlassen, so werden die Grenzen zur Moderne meist schon überschritten. Ich nenne neben Hartlaub nur noch Eugen Gottlob Winkler (1912 bis 1936), weil er den bürgerlichen Orientie-
rungshorizont um jene Bewußtseinshelligkeit erweiterte, die seine Reflexion gestattet. *Im Gewächshaus* heißt ein kurzer Text, der sich nicht genau datieren läßt (vermutlich 1935). Winkler führt darin vor, wie der
Geist vor der Natur kapituliert; aber keineswegs entgeht ihm diese Kapi-
tulation. Was bei den meisten traditionalistischen Autoren die ‹schöne›
Formel für eine Konvergenz gefunden hätte, die Innen und Außen, Geist
und Natur nicht mehr auseinanderhält, das ist bei ihm zu einem Prozeß
entwickelt, der mit jedem Wort die Spannung hält, weil der natürliche
Affekt nicht vom Bewußtsein, das Bewußtsein nicht von den Affekten

abgeschnitten sind. Schritt für Schritt wohnen wir einer Auflösung bei, für die das ‹Bild der Welt› auseinanderfällt. Als der Erzähler einem aufs Land gesetzten Fisch beim Sterben zusieht, fällt ihm ein: «Aber jeder Sprung, den (das grau gewordene ‹Ding›) tut und der es näher an das Nichts heranbringt, bedeutet für mich einen grausamen Schritt zurück in die Wirklichkeit.»

Die Künstlichkeit des Gewächshauses, das metaphorisch für die Zivilisation steht, erzwingt den Schritt ‹zurück zur Natur›. Winkler tut diesen Schritt nicht weniger erbarmungslos als die meisten anderen Ästheten der Gewalt. Jedoch er beobachtet sich dabei. Es ist eine Vivisektion des eigenen Affekts. Nur weil er ihn wachbewußt erlebt, kann er die ‹Ordnung› wiederherstellen und den Fisch wieder seinem Element übergeben. Auf knapp siebzehn Buchseiten verzeichnete Winkler, wie ein Affekt entsteht und sich entlädt, der den ursprünglichen mit dem späten faschistischen verbindet. Er übertraf damit so gut wie alles, was zu dem Thema seinerzeit in Umlauf war.

Traditionalistische Literatur? An ihren Nahtstellen wird sie zur modernen. Das gilt auch noch für Rudolf Borchardt, der mit den drei Erzählungen, die er Frauen in den Mund legt (*Der Hausbesuch. Die neue Dido. Das Gespenst*, 1929) die Grenzen zur Moderne überschreitet. Indem sich der Erzähler einem Bewußtseinsstrom überläßt, der nicht mehr nur sein eigener ist, kommt er nicht bloß den Frauen, sondern auch den Männern auf die Schliche. Die drei weiblichen Portraits stehen auf einer Stufe mit den Erzählungen Brochs oder Musils und sind keineswegs «leichtere Stücke», wie die Herausgeberin, Marie Luise Borchardt, noch 1974 gemeint hat.

Nur eine Bewußtseinshelligkeit, die aus der Befangenheit des je eigenen Bewußtseins hinausführt, gestattet es, die ursprüngliche Regung von ihrer sprachlichen Reproduktion, die Natur vom Geist, das ‹Chaos› von der ‹Ordnung› so abzuheben, daß wir vom einen durch das andere erfahren. Wo sie planlos ineinander übergehen, besteht Gefahr, daß sich der Geist zum Anwalt der Natur (und der Gewalt) und die Natur zum Richter über den Geist aufwirft.

Walter Nutz
Massenliteratur

Die Zensur des Wilhelminischen Kaiserreichs und die durch die soziale
Kontrolle eingeengten Möglichkeiten des damaligen Bücherlesens, die
noch durch die härtere Zensur der militärischen Behörden im Ersten
Weltkrieg verschärft wurden, lösten sich im November 1918 plötzlich in
Nichts auf und gaben 1919 einen liberalen Lesermarkt frei, wie er noch
ein Jahr zuvor kaum erträumt werden konnte. Kolporteure, die früher an
den Dienstboteneingängen heimlich ihre ‹Hintertreppenromane› loswer-
den mußten, konnten jetzt auf jedem Weg jede Lektüre vertreiben. Die
durch Weltkrieg und Inflation zerrüttete Mittelschicht und das Kleinbürgertum waren als große Zielgruppen dankbare Lektüre-Abnehmer. Das
Heer der Arbeitslosen erforderte billige Vertriebsformen, so daß das Ok-
tavheftchen in Mode kam. Völkische, proletarische, monarchistische, revolutionäre, bürgerliche und antisemitische Ideologien tummelten sich
trivialisiert in den Unterhaltungsformen, und die neuen Medien Rundfunk und Tonfilm übernahmen diese Inhalte und verformten sie für ihre
eigene Dramaturgie.

Was in der Weimarer Epoche gefragt war, wurde 1933 über Nacht als
‹entartete Asphaltliteratur› schlagartig verboten, und nur eine Art von
Literatur blieb erlaubt: jene, die die NS-Weltanschauung förderte. Eine
Reihe von Büchern und Zeitschriften wurde für viele obligatorisch – es
gab neue Leserschichten: den ‹Käufer auf Befehl› und den heimlichen
Leser. Viele Bücher und Zeitschriften wurden angeschafft, abonniert und
versteckt gehalten, je nachdem, wie man sich der braunen Diktatur gegenüber zu verhalten hatte. Andererseits blieb aber die große Flut der
trivialen Unterhaltungsromane auch während der Hitler-Diktatur als Lesestoff erhalten, da viele ihrer Sparten in der Verherrlichung des ‹großen
Menschen›, der ‹Heimat›, der ‹Scholle›, der ‹Heimkehr› usw. dem autoritären Charakter der NS-Zeit entgegenkamen.

Versucht man bei Betrachtung der massenhaft verbreiteten Literatur, also der Best- und Dauerseller, der Illustriertenromane, der Unterhaltungs-, Trivial- und Heftchenliteratur, der Jugend- und Frauenlektüre sowie des lesenden Publikums und seiner möglichen Schichtung, bestimmte Strömungen festzumachen, so kann man u. a. zwei große und allgemeine Hypothesen aufstellen: 1. Es gibt während der Zeit der Weimarer Republik keine literarische Erscheinung und kein literarisches Genre, beispielhafte verlegerische Innovationen, vertriebliche Unternehmungen und soziale Rezipientenschichten, die heute, wenn auch in abgewandelter ‹moderner› Form, nicht auch auffindbar wären; 2. Es gibt während der Zeit des Dritten Reichs keine literarische Erscheinung und kein literarisches Genre, die nicht schon in der Weimarer Epoche vorgeprägt waren: Der Heimat-, Geschichts- und Scholle-Roman sowie die gesamte völkisch-nationale Literatur wurden weiterverkauft und gefördert und durch neue und alte Autoren in die trivialisierte braune Welterklärung und Sinngebung hochstilisiert. Auch nach dem 10. Mai 1933 (Bücherverbrennung) und dem Verbot vieler Autoren zeigt sich auf diesem Sektor, daß sich nicht die Sujets der Unterhaltung, der Frauen- und Liebesromane, der Abenteuergeschichten usw. geändert haben, sondern daß diese Sujets nur in den Dienst der ‹neuen› Weltanschauung gestellt wurden. Dieses ‹nur› ist zwar von grundlegender Bedeutung, doch änderte es nichts im strukturellen Haushalt der damaligen Unterhaltungsindustrie.

Während die *Gartenlaube*-Leser (1853 bis 1943/44) und auch jene der *Berliner Illustrirten* (1892 bis 1945) den unterhaltenden ‹Zeitroman› in entsprechendem modischem Gewand vorfanden, wurden die Wilhelm Busch-Verehrer, die Freunde von Hedwig Courths-Mahler, von Karl May, von Felix Dahn, von Gustav Frenssen von Ludwig Ganghofer, von Hermann Löns, von Peter Rosegger usw. in der Weimarer Republik und im Dritten Reich durch steigende Auflagen genauso verwöhnt wie ihre Leser in der Wilhelminischen Ära und später in der Bundesrepublik. Man braucht nicht auf den antidemokratischen Kriegsroman der Weimarer Republik zu verweisen, wenn man die Kontinuität dieses Genres, im Dritten Reich zur vollen Blüte entfaltet, stringent nachweisen möchte. Zwei Beispiele in diesem Zusammenhang: Schon 1922 heißt es im *Börsenblatt* (BBL 1922, Nr. 84 v. 16. November, S. 1610): «Der vor Jahren allein herrschende Gesellschafts- und Liebesroman ist sehr zurückgedrängt.» (Und zwar zugunsten der Heimatdichter: Neun Zehntel der einschlägigen Leserschichten verlangen nach «Heimatdichtungen».) So seien vor allem (in dieser Reihenfolge) gefragt «Rudolf Herzog und Ludwig Ganghofer. Die Schwärmerei für Waldemar Bonsels hat noch nicht nachgelassen.» Es folgten weiter als gefragte Autoren Clara Viebig, Hermann Löns, Rudolf Stratz, Jakob Christoph Heer, Paul Keller und Gustav Frenssen. Wo die Scholle und die Heimat gefragt waren, konnte Johanna Spyri (1829 bis 1901) nicht weit sein. Auf dem Jugendbuchsektor überdauerten ihre *Heidi* (1880/81) und *Gritlis Kinder* (1883/84) alle politischen Erdbeben und Katastrophen.

Die sozialen Umschichtungen, die politischen, ökonomischen, kulturellen und geistigen Krisen und Konflikte der zwanziger Jahre spiegeln sich in den massenhaft verbreiteten Büchern wider. Selbst in den oft als ‹zeitlos› abgewerteten Courths-Mahler-Romanen läßt sich der ins Märchenhafte und Triviale abgewandelte ‹Zeitgeist› feststellen. Die Erschütterungen des verlorenen großen Kriegs, die Inflation mit ihrem wirtschaftlichen Kahlschlag, die immense Arbeitslosigkeit und der Wunderglaube an eine Rettung hatten ihr literarisches Echo.

Best- und Longseller

Bei der Auflistung der Bestseller der Weimarer Republik und des Dritten Reichs sind zunächst drei Komponenten zu nennen, die zu berücksichtigen sind, wenn man sie an den Auflagenhöhen mißt: 1. über welchen Zeitraum hinweg die Auflage festgestellt wird; 2. ob bei der Messung der Auflage das jeweilige Buch 1933 verboten wurde, 3. ob die Auflage durch die parteiamtliche Seite der Nazis gefördert wurde. Wenn auch das unter 1. genannte Kriterium für jede Bestseller-Auflistung gilt, so muß man es für die genannte Epoche gerade unter den Aspekten, die unter 2. und 3. genannt sind, besonders beachten. Hinzu kommt, daß viele Bücher in einer anderen Epoche entstanden, während sie gerade in der zu untersuchenden Zeitspanne bestimmte Auflagenhöhen erkletterten. Dies trifft zum Beispiel auf die 1901 erschienenen *Buddenbrooks. Verfall einer Familie* zu, die gerade in der Weimarer Zeit gut verkauft wurden und 1933 mit etwa 1,3 Millionen Exemplaren die Best- und Longseller-Liste anführten.

Greift man etwa die Produktionsjahre 1924 bis 1930 heraus und nimmt die in dieser Zeit entstandenen Werke in eine Liste auf – mit dem Stichjahr 1930 –, dann erhalten wir folgende Daten: Unangefochten liegt Erich Maria Remarque mit *Im Westen nichts Neues* (1929 bis 1930: 1 Million; Juni 1930: 2 089 600 Auslandsauflage) an der Spitze. Es folgen Stefan Zweigs *Sternstunden der Menschheit* (1927 bis 1930: 250 000), Emil Ludwigs *Wilhelm der Zweite* (1925 bis 1930: 200 000), Ludwig Renns *Krieg* (1928 bis 1930: 150 000), Emil Ludwigs *Juli 14* (1929 bis 1930: 140 000), Thomas Manns *Der Zauberberg* (1924 bis 1930: 125 000), Werner Beumelburgs *Sperrfeuer um Deutschland* (1929 bis 1930: 120 000). Upton Beall Sinclairs *Petroleum* (1927) schaffte zum Beispiel von Oktober 1928 bis Juli 1929 eine Auflage von 100 000. In diese Betrachtung sind die Bücher von Hedwig Courths-Mahler (d. i. Friederieke Elisabeth Mahler, 1867 bis 1950) nicht einbezogen. Während dieser Zeitspanne (1924 bis 1930) schrieb sie allein 59 Romane. Innerhalb der gesamten Jahre waren folgende Schriftsteller auf den Bestsellerlisten zu finden (setzt man nach unten ein Limit von 20000): Stefan Zweig mit vier, Emil Ludwig mit sieben, Thomas Mann mit zwei, John Galsworthy mit sechs, Franz Werfel mit zwei, Sigrid Undset mit sechs, Vicky Baum mit zwei Titeln (mit je einem Titel lassen sich u. a. Lion Feuchtwanger, Wilhelm Speyer, Hans Grimm, Ernst Glaeser, Arthur Schnitzler, Alfred Döblin, Hermann Hesse nachweisen).

Nimmt man das Jahr 1940 als Stichjahr – um den kriegsbedingten Papiermangel auszuschließen, der viele Auflagenhöhen beeinflußte –, so ergibt sich ein völlig verändertes Bild. Folgende Werke führten die Besten-Listen an (wenn für 1940 keine Zahlen vorliegen, vermerken wir das Jahr, in dem gezählt wurde): *Die Biene Maja und ihre Abenteuer* (1912) von Waldemar Bonsels (790000), *Der Wanderer zwischen beiden Welten* (1917) von Walter Flex (682000), *Die Wiskottens* (1905) von Rudolf Herzog (615000 bis 1939), *Der Wehrwolf* (1910) von Hermann Löns (565000 bis 1939), *Carin Göring* (1934) von Fanny Gräfin von Wilamowitz-Moellendorf (550000). *Die Martinsklause* (1894; 536000 bis 1937) und *Das Schweigen im Walde* (1899; 531000 bis 1937), beide von Ludwig Ganghofer, *Ein Kampf um Rom* (1876) von Felix Dahn (525000 bis 1937), *Waldwinter* (1902) von Paul Keller (518000 bis 1938), *Anilin* (1936) von Karl Aloys Schenzinger (505000). Rainer Maria Rilkes *Die Weise von Liebe und Tod des Cornet Christoph Rilke* (1904) erreichte 1937 550000 Exemplare, der von der NS-Regierung geförderte dickleibige Wälzer von Hans Grimm *Volk ohne Raum* (1926) kam 1940 ‹nur› auf eine Auflage von 480000, nachdem er um die Jahreswende 1930/31 bei 60000 stagnierte.

Sieht man einmal davon ab, daß es außerhalb der Belletristik bis 1940 Bestseller gab wie Adolf Hitlers *Mein Kampf* (1925/26), Alfred Rosenbergs (1893 bis 1946) *Der Mythus des 20. Jahrhunderts. Eine Wertung der seelisch-geistigen Gestaltenkämpfe unserer Zeit* (1930) sowie viele Pflicht-Lektüren (Schulbücher, HJ-Liederbücher etc.), die oft ungelesen die Auflagen-Giganten anführten, so ist es doch interessant, die Liste der meistgekauften Romane bis 1940 weiter zu verfolgen, weil sie die tatsächlich gelesene Literatur erfaßt. Vor allem finden sich hier die Heimat- und Schollen-Romane *Heideschulmeister Uwe Karsten* (1909) von Felicitas Rose (500000 bis 1937), *An heiligen Wassern. Roman aus dem schweizerischen Hochgebirge* (1901) von Jakob Christoph Heer (500000), *Fridericus* (1918) von Walter von Molo (485000 bis 1936), *Die Stoltenkamps und ihre Frauen* (1917) von Rudolf Herzog (483000 bis 1941), *Der Wetterwart* (1905) von Jakob Christoph Heer (477000), *Besonnte Vergangenheit* (1921) von Carl Ludwig Schleich (469000), *Jörn Uhl* (1901) von Gustav Frenssen (463000 bis 1939), *Himmelsvolk, ein Märchen von Blumen, Tieren und Gott* (1915) von Waldemar Bonsels (445000), *Das zweite Gesicht. Eine Liebesgeschichte* (1912) von Hermann Löns (435000 bis 1938): sie sind die ‹Renner› dieser Jahre. *Der rote Kampfflieger* (1917) von Manfred Freiherr von Richthofen (420000 bis 1938) rangiert kurz vor Paul Kellers

Ferien vom Ich (1914) (411 000 bis 1937), während Hedwig Courths-Mahler gleich zweimal folgt (*Gib mich frei*, 1913, und *Was Gott zusammenfügt*, 1914 – je 402 000 Exemplare).

Bei diesen Romanen fällt vor allem auf, daß die meisten von ihnen vor der Weimarer Epoche entstanden sind wie *Die Biene Maja und ihre Abenteuer* (1912), *Der Wanderer zwischen beiden Welten* (1917), *Die Wiskottens* (1905), *Der Wehrwolf* (1910), *Ein Kampf um Rom* (1876), *Waldwinter* (1902), *Die Weise von Liebe und Tod des Cornets Christoph Rilke* (1899), *Heideschulmeister Uwe Karsten* (1909), *Fridericus* (1918), *Jörn Uhl* (1901) usw. Diese Spitzenreiter, deren Erfolge die 400 000-Auflagen-Marke überschritten, wurden – sieht man von der Biographie der Carin Göring ab – vom NS-Staat nicht besonders gefördert.

Diese Auflistung ändert sich wiederum, wenn man 1940 als Stichjahr wählt und das Augenmerk jenen Büchern zuwendet, deren Auflagen sich zwischen 100 000 und 400 000 bewegen und von 1900 an produziert und alljährlich ausgeliefert wurden. Hier finden wir an der Auflagenspitze Agnes Sapper, Rudolf Herzog, Felix Graf von Luckner, Peter Rosegger, Paul Keller, Rudolf Georg Binding, Johannes Gillhoff, Hermann Löns, Bernhard Kellermann, Waldemar Bonsels, Hedwig Courths-Mahler, Fr. Lehne, Ludwig Ganghofer, Hellmuth von Mücke, Werner Beumelburg, Paul C. Ettighofer, Theodor Kröger, Jakob Christoph Heer, Hermann Martin Popert und Ina Seidel. Interessant ist natürlich zu sehen, mit wieviel Titeln sich in diesem genannten Zeitraum jeweils ein Autor auf der Liste wiederfindet. So liegt Rudolf Herzog mit vierzehn Titeln unbestritten an der Spitze der Longseller-Liste. Ebenso unbestritten folgen ihm Ludwig Ganghofer mit zwölf, Paul Keller mit neun und Hedwig Courths-Mahler mit acht Titeln. Der Heimat-Liebes-Scholle-Roman dominiert unangetastet in seiner Führungsrolle. Mit sechs Titeln folgen Waldemar Bonsels und Gustav Frenssen, fünf Titel schaffen Walter Bloem, Karl May, Edwin Erich Dwinger, Hermann Löns, Hans Dominik, Ernst Wiechert. Mit vier Titeln finden sich auf der Liste: Werner Beumelburg, Paul C. Ettighofer, Jakob Christoph Heer, Peter Rosegger, Stefan Zweig, Dietrich Speckmann, Ludwig Thoma, Ernst Zahn und Heinrich Federer.

Blut und Boden-Autoren wie Hanns Johst, Heinz Steguweit, Josefa Berens-Totenohl, Hans Friedrich Blunck, Josef Magnus Wehner, Paul von Lettow-Vorbeck usw. haben jeweils nur einen Titel zu verzeichnen und diesen meist in der unteren Hälfte der Liste. Auch die Lyrik schaffte Bestsellerausgaben. So erreichten die *Galgenlieder* (1905) von Christian Morgenstern (1871 bis 1914) und Will Vespers (1882 bis 1962) *Ernte der deutschen Lyrik* (1932) jeweils eine Auflage von über 300 000 (im Jahre 1937).

Illustrierten- und Zeitungsroman

Aus der Geschichte des Feuilletons kennen wir die besondere Bedeutung des Zeitungs- und Illustriertenromans. Nicht selten waren die Fortsetzungsromane nicht nur die Ursache für ungeahnte Auflagensteigerungen der Zeitschriften, sondern auch tonangebend für den Geschmack und Inhalt der ihn nachahmenden trivialen Romane und Heftchen. Man denke nur an den Einfluß der französischen Fortsetzungsromane eines Eugène Sue, Alexandre Dumas père et fils usw. auf dem gesamten europäischen Kontinent. Die deutsche Zeitschrift erlebte einen solchen Boom, entfacht durch den Fortsetzungsroman, erst mit den Romanen der Eugenie Marlitt (d. i. Eugenie John, 1825 bis 1887), die der *Gartenlaube* zu einer Auflage von über 400000 verhalf, und nach dem Zweiten Weltkrieg. In den fünfziger Jahren kletterten die Auflagen der *Hörzu* (1946ff) durch die Romane von Hans-Ulrich Horster (d. i. Eduard Rhein, geb. 1900) auf die satte Zahl von vier Millionen pro Ausgabe. Ein solcher Erfolg war zuvor keiner unabhängigen Zeitschrift deutscher Sprache beschieden. Die Verlags-Konzentration der Nazis und die teilweise von bestimmten Leserkreisen obligatorisch zu beziehenden Zeitschriften während des Dritten Reichs schufen zwar ohne den Roman auch Auflagenziffern von großen Höhen – doch unter Zwang. So erschienen 1939 allein in Berlin 1026 Zeitungen und Zeitschriften, von denen 27 mehr als 500000 Exemplare pro Ausgabe und davon wieder zwölf über eine Million Auflage vorzuweisen hatten. Hier interessieren diese Zeitschriften nur als Verbreiter von Fortsetzungsromanen.

Die Gleichschaltung der Presse im Dritten Reich garantierte auch die beabsichtigte Indoktrination durch Unterhaltung. 1939 brachte die *Berliner Illustrirte* es auf 1,3 Millionen Exemplare. Aber auch andere Unterhaltungsblätter mit Fortsetzungsromanen lagen über der Eine-Million-Grenze: *Berlin hört und sieht* (1932 bis 1942?; 1,2 Mill.), *Deutsche Radio-Illustrierte* (1933 bis 1941; 1,074 Mill.), *Deutsche Illustrierte* (1932 bis 1959; 1 Mill.) und *Das Magazin der Hausfrau* (1927 bis 1941; 1 Mill.). Wenn auch neben den hohen Auflagen der ‹Fachausgaben› 1939 (*Arbeitertum* 3–4 Mill.; *Ewiges Deutschland* – 2,8 Mill.; Schülerzeitschrift *Hilf mit* – 2,339 Mill.; *Deutsche Kriegsopfer-Versorgung* – 1,7 Mill.) die der überregionalen und lokalen Wochenzeitungen recht dürftig wirkten, so waren es doch sie, die im Roman die vom NS-Regime gewünschten Stories verbreiteten: die ärmlichen Tage des Liebespaares während der ‹System›-Zeit, die sich auflösten im Happy-End der ‹neuen Zeit›, das Heldentum im Fronterlebnis, das sich bewährt im Kampf gegen die ‹schwarze Schmach am Rhein› oder im Freikorps, der Wandel des einzelnen, der erkennt, daß er ‹nichts›, aber sein Volk ‹alles› ist. Das Mythologische war gefragt. So brachte der *Völkische Beobachter* (1920 bis 1945) schon 1926 einen Roman von Karl Schworm (geb. 1889; *Es liegt* eine Krone im tiefen Rhein. Roman aus deutscher Vergangenheit und Zukunft), der in fataler Weise den Siegfried-Mythos mit dem kommenden Geschehen vorformulierte. Der gleiche Autor hatte schon 1923 in seinem Roman *Der Schmied vom Rhein. Roman aus Deutschlands Gegenwart und Zukunft* in banaler science-fictionhafter Utopie Deutschlands «Geheimwaffen» erfunden, mit denen alle Feinde des Reiches, Untermenschen und das «Gespenst des Bolschewismus», vergast wurden. Waren alle diese trivialisierten völkischen und mythologischen Blut und Boden-Raster in der Weimarer Republik vorgeprägt, so erschienen sie in Buchform, Schulbüchern, Zeitschriften, aktuellen Traktaten und Jugendbüchern ausgeformt und kaum überbietbar.

Der Illustriertenroman, wie er in seiner ganzen Liberalität während der Weimarer Epoche als ‹gehobene› Unterhaltung in Fortsetzungen in der *Berliner Illustrirten* zu finden war, konnte in dieser Art im Dritten Reich nur hin und wieder erscheinen. In der Weimarer Epoche war es vor allem Vicki Baum (1888 bis 1960), die mit *Stud. chem. Helene Willfüer* (1928) und *Menschen im Hotel* (1929) der Zeitschrift große Auflagen erschrieb. Ihre Romane *Zwischenfall in Lohwinkel* (1930) und *Leben ohne Geheimnis* (1932) konnten an den Erfolg von *Menschen im Hotel* (der Roman erschien in vielen Übersetzungen, wurde dramatisiert und in Hollywood zu einem Weltspektakel verfilmt) nicht mehr anknüpfen. Neben Vicky Baum findet man in der *Berliner* (1919 bis 1932) auch Arthur Schnitzlers (1862 bis 1931) *Spiel im Morgengrauen* (1926), Gerhart Hauptmanns (1862 bis 1946) *Phantom* (1922) sowie Romane von Fred Andreas, Bruno Frank, Paul Oskar Höcker, Felix Hollaender, Bernhard Kellermann, Wilhelm Speyer, Clara Viebig und vor allem Ludwig Wolff, von dem fast jedes Jahr ein Roman abgedruckt wurde. *Dr. Mabuse, der Spieler* von Norbert Jacques (1880 bis 1954) erschien hier 1921. Noch Anfang 1933 veröffentlichte die *Berliner Illustrirte* Carl Zuckmayers (1896 bis 1977) *Eine Liebesgeschichte*. Es waren wenige Autoren (z. B. Fred Andreas, Hans Fallada), die den Sprung von Weimar ins Dritte Reich innerhalb der *Berliner Illustrirten* nachvollziehen konnten. Wenn auch die ‹gehobene› Unterhaltung durch Hans Fallada, Alexander Lernet-Holenia, Gregor von Rezzori, Thea von Harbou nach 1933 teilweise fortgesetzt werden konnte, so waren es doch vor allem vaterländische, völkische und ‹Heim ins Reich›-Themen, die von Autoren wie Fred Andreas (*Ein Mann will nach Deutschland*, 1933), Hans Rudolf Berndorff (*Der Mann ohne Vaterland*, 1935) und Luis Trenker (*Der verlorene Sohn*, 1934) für die *Berliner Illustrirte* geliefert wurden. Auch eine Familienzeitschrift wie *Die Gartenlaube* machte diese Wandlung mit.

Unter dem Rubrum ‹gehobene› Unterhaltungsliteratur müssen auch Autoren erwähnt werden, die nicht bei Illustrierten geschrieben haben. So soll an die Schriftsteller erinnert werden, die von ihrem Publikum und aus ihrer eigenen Sicht sich selbst als Dichter und ihre Werke als Dichtung einstuften. Dazu gehören vor allem die vielgelesene Agnes Günther (*Die Heilige und ihr Narr*, 1913/14), John Knittel (u. a. *El-Hakim*, 1936; *Therese Etienne*, 1927) und Reinhold Conrad Muschler (*Diana Beata*, 1938, *Bianca Maria* 1924/25 u. a.), der in der NS-Literaturpolitik eine so unglückliche Rolle spielte. Heinrich Spoerl (*Die Feuerzangenbowle*, 1935; *Wenn wir alle Engel wären*, 1936; *Der Maulkorb*, 1936) und Fritz Müller-Partenkirchen (*Kramer u. Friemann. Eine Lehrzeit*, 1920) brachten die komische Seite dieses Genres zur Geltung. Daneben gibt es noch eine Reihe anderer Autoren, die wir aber im Zusammenhang mit den Illustriertenromanen schon vorstellten.

Frauen- und Männerromane und die Heftchenserien

Die bis auf die facta bruta trivialisierten Romane (Liebes-, Abenteuer-, Krimi-, technische Zukunfts-, Kriegs- und Westernromane) mögen eine nach Geschlechtern systematisierte Einteilung von Romanen rechtfertigen. All diese Sparten hatten ihre Vorbilder und entwickelten sich zu ‹Heftchenreihen›, in denen mit gleichbleibender Eintönigkeit die Vorlage schablonisiert weitergereicht wurde. Hedwig Courths-Mahler und ihre Töchter Friede Birkner (1891 bis 1945) und Margarete Elzer (1889 bis 1966) setzten im Bereich des trivialen Frauenromans unumschränkt die zu beachtenden Zeichen für die Nachahmung. Von den vielen Epigonen sei nur die erfolgreiche Margarete Ankelmann (geb. 1897) genannt. Hedwig Courths-Mahler erlebte im Jahrzehnt nach dem Ersten Weltkrieg ihre fruchtbarste Zeit. Von 1919 bis 1941 schrieb sie allein 160 Romane (von insgesamt 207), davon wiederum 122 während der Weimarer Epoche und 38 während der NS-Zeit. Die Nazis wagten zunächst nicht, ihre Bücher zu verbieten, schränkten aber die Papierzuteilung zum Druck ihrer Romane so ein, daß sie ab 1941 praktisch verboten war. Ihre Tochter Friede Birkner wurde 1942 zur Zwangsarbeit verurteilt und erlitt irreparable körperliche Schäden. Der Schwiegersohn der Courths-Mahler, Anton Bock, starb im Konzentrationslager Saarstedt.

Courths-Mahlers Frauenromane, die fast alle im Rothbarth Verlag (Leipzig) und bei Ensslin + Laiblin in Reutlingen erschienen, erreichten bis zu ihrer Produktionseinstellung 1941 eine Gesamtauflage von rund 30 Millionen Exemplaren, die sicherlich von keinem anderen Autor deutscher Sprache übertroffen wurde. 14 Bücher erreichten bis 1941 Auflagen über 500000. Die Durchschnittsauflage aller 207 Bücher lag bis zu diesem Zeitpunkt bei 145000 Exemplaren. Der ‹Frauenroman› hatte ein plastisches Vorbild, dessen Vorlage durch unzählige Schreiber bis zum heutigen Tag detailliert nachgeahmt wird. Fritz Mardicke (1895 bis 1966) brachte 1938 die erste Romanreihe im ‹kleinen› (heutigen) Heftchenformat (gegenüber dem Oktavheft) im vierfarbigen Umschlag heraus, so daß auch das äußere Format für die Heftchenromane bis heute garantiert wurde.

Im Bereich des Männerromans waren neben den historischen Vorbildern (Romane von Emil Ludwig, Mirko Jelusich, Erwin Kolbenheyer, Felix Dahn) vor allem die Schablonen der antidemokratischen Kriegsromane von Werner Beumelburg, Hans Zöberlein, Paul C. Ettighofer etc.) gefragt. Im Zuge der NS-Geschichtsrevision erschienen ab 1933 Heftchenreihen, deren Titel schon Programme darstellten: *Aus Deutschlands Werden* (Gustav Schlössmann Verlag, z. B. Heft 1: «Von Hermann bis Hitler. Deutsches Geschehen.»), *Die Schule im Dritten Reich*, *Der Klassenlesestoff*, *Deutsche Sagen* (alle Heinrich Beenken Verlag). Hier wurde mit Themen von Arminius bis Hitler, vom Werden und Vergehen des Ersten und Zweiten Reichs bis zur Geburt des Dritten Reichs ein ganzheitliches Geschichtsbild entworfen. Die Kranz-Bücherei (Diesterweg Verlag) untermauerte mit ihren Heften aus den Reihen *Aus Sage und älterer Geschichte* und *Zur neueren Geschichte* mythologisch die entworfenen Geschichtsraster.

In den Heftreihen des nationalsozialistischen Eher Verlags (z. B. *Kleine Kriegshefte*; *Junges Volk*) schrieben Autoren wie Herybert Menzel, Herbert Böhme, Wolfgang Schwarz, Hans Baumann und in denen des Steininger Verlags Will Vesper, Walter Menninger, E. G. Dickmann u. a. (in der Reihe *Kriegsbücher der deutschen Jugend*). Während des ganzen Krieges fanden diese Hefte genügend Stoff und Absatz. Sie erinnern in Inhalt und Aufmachung sehr an die heutigen *Landser*-Hefte.

Es war nicht nur Jules Verne (1828 bis 1905), der bei den technisch-utopischen Romanen Pate stand, sondern auch Max Eyth (*Der Kampf um die Cheopspyramide*, 1902; *Der Schneider von Ulm. Geschichte eines 200 Jahre zu früh Geborenen*, 1906), Heinrich Seidel, Kurd Laßwitz (*Auf zwei Planeten*, 1897), Bernhard Kellermann (mit dem Welt-Dauerseller *Der Tunnel*, 1913), Otto Willi Gail (*Der Schuß ins All. Ein Roman von morgen*, 1925) und Rudolf Daumann (*Dünn wie eine Eierschale*, 1936). Alle Bücher zeichneten sich durch gute technische Detailkenntnisse aus und nicht nur durch eine abenteuerlich-spannende Story, die einfach in eine utopische Welt verlagert wurde, wie dies heute oft die Science-fiction-Hefte tun. Der unumstrittene Meister aber war in jener Epoche Hans Dominik (1872 bis 1945) mit seinen Romanen *Die Spur des Dschingis Khan* (1923), *Der Brand der Cheopspyramide* (1926), *Atomgewicht 500* (1935) u. a. Wenn Hans Dominik auch mit technischem Detailwissen aufwartete, so war es vor allem der ständige Kampf um die Weltherrschaft, der seine Bücher so spannend machte – und wenn es noch um den Kampf der Rassen ging, paßten seine Geschichten auch in den Rahmen des ‹Zeitgeistes›.

Auf die vielen Vorläufer des Abenteuerromans hinzuweisen, sprengt den Rahmen dieses Beitrags. In der Weimarer Epoche und im Dritten Reich erlebten die Bücher von Karl May (d. i. Karl Hohental, 1842 bis 1912), Friedrich Gerstäcker (1816 bis 1872) und auch von James Fenimore Cooper (1789 bis 1851; *Lederstrumpf*) immer neue Auflagen. Bei der Zuteilung dieser Romane zur Kategorie ‹Abenteuerromane› muß man bemerken, daß sie ebenso unter der Kategorie Jugendbuch figurieren könnten. In diesem Zusammenhang müssen noch die fast vergessenen Autoren Balduin Möllhausen, Armand, Theodor Mügge, Otto Rufius, Hans Wachenhusen, Robert Kraft, Heinrich Smidt und Philipp Galen genannt werden.

In den zwanziger Jahren kam das neue Genre des ausgesprochenen ‹Western› hinzu, der bis zum heutigen Tag als Heftchen Verkaufstriumphe feiert. Nicht nur die 1930 in Leipzig erschienenen *Buffalo Bill*-Heftchen wurden Verkaufsschlager, sondern auch andere Heftchenreihen, deren Inhalte vom ‹Western› oft zur allgemeinen Abenteuer-Story (mit Krimi-Einschlag) übergehen. Hierzu zählen *Billy Jenkins*, *John Klings Abenteuer* (beide Dietsch Verlag, Leipzig), *Nick-Carter Bücher*, *Rolf Torrings Abenteuer*, *Jörn Farrow's (U-Boot)-Abenteuer* (Neues Verlagshaus für Volksliteratur), die ‹Western› von *Jack Colter* (Rekord Verlag, Leipzig), *Burmesters Abenteuer-Serie* (in der so ‹berühmte› Autoren wie Axel Berger und Hans Haller schrieben). Hinter dem Pseudonym F. L. Barwin, der so erfolgreiche Serien schrieb wie *Alaska-Jim* und *Bob Hunter auf Indianerpfaden*, versteckte sich eine Frau, Lisa Barthel-Winkler (gleichfalls eine Frau, Elisabeth von Asperen, schrieb unter dem Pseudonym Pitt Strong die bekannte Serie *Tom Shark – Der König der Detektive*). Alle genannten Serien wurden von den Nazis verboten. Im Krimi-Bereich herrschte die englische Kriminalliteratur vor: Agatha Christie, Edgar Wallace, Leslie Charteris, Arthur Chase, John Ferguson, Leo Grex, Henry Holt. Auch sie wurden unter dem NS-Regime verboten, ebenso wie die erfolgreichen Heftchen-Serien *Percy Brook*, *G-Man-Jack-Kelly*, die Scotland-Yard-Romane von Piet van Eyk, die Polizeiromane von Willy Reese und die C. V. Rock-Iris-Silber-Krimis. Es gäbe noch eine Vielfalt von Heftchen-Reihen zu nennen (wie *Texas Bill*, *Sun Koh*, *Ferry Rocker* usw.), die allesamt dem NS-Verbot (spätestens 1940) zum Opfer fielen.

Jugendbuch

Die schon im 19. Jahrhundert und um die Jahrhundertwende geschriebenen Bücher von Karl May, Friedrich Gerstäcker, Agnes Sapper, Ottilie Wildermuth, Johanna Spyri, Emmy v. Rhoden (*Der Trotzkopf. Eine Pensionsgeschichte für junge Mädchen*, 1913) – um nur diese zu nennen – blieben in der Weimarer Epoche genauso gefragter Lesestoff wie die ‹vaterländischen› Jugendschmöker von Gustav Falke (*Sturmgebraus*), Gustav Adolf Erdmann (*S. M. S. «Emden» und sein Kommandant*, 1916), Gustav Falke (*Viel Feind, viel Ehr*, 1915), Franz Herwig (*Heimat Kame-*

run, 1917), Carl Felix Stauffer (*Der Fahnenträger von Verdun. Eine Geschichte aus der Kriegszeit des Jahres 1914. Der reiferen Jugend erzählt*, 1915) u. v. a. An diese Stoffe knüpfte zunächst in der neuen Republik die völkische Rechte an, um sie in ‹zeitgemäßem› Gewand den Knaben und Mädchen als empfohlene Lektüre unter den Weihnachtsbaum zu legen. Weiterentwickelt wurden sie im Dritten Reich. Andererseits hatten sich die ‹bürgerlichen› Stoffe nicht gewandelt. Hier schrieben – um die bekanntesten der zwanziger Jahre zu nennen – Helene Pagés, Otfrid von Hanstein, Betty Hertel, Ernst Eschmann, Luise Glass usw. – ihre zielgerichteten Jugend- und Kinderbücher. Die ‹bürgerlichen› Jugendbücher wurden auch während des Dritten Reichs – teilweise mit braunen Tupfern versehen – verlegt. Nicht unerwähnt bleiben dürfen in diesem Zusammenhang die Bücher von Wilhelm Speyer (1887 bis 1952) (*Der Kampf der Tertia*, 1928) und Erich Kästner (1899 bis 1974; *Pünktchen und Anton*, 1931; *Emil und die Detektive*, 1928), die – obwohl auch hier die Schulpädagogik Einwände vorbrachte – zur Stammlektüre der damaligen Jugend gehörten.

Die immer stärker anwachsende Flut der pornographischen Schriften (‹Schmutz›) und der obenerwähnten Heftchen-Literatur (‹Schund›) rief schon recht früh (1921/22) pädagogische und juristische Kreise für eine Jugendschutzmaßnahme auf den Plan. Sie konnten sich auf die schon seit den achtziger und neunziger Jahren des 19. Jahrhunderts gegründete Jugendschriften-Bewegung und auf ähnliche Bestrebungen (z. B. Heinrich H. Wolgast) berufen. Man betrieb das Verbot dieser Schriften und erreichte eine legislative Initiative durch den Reichstag: Am 24. Dezember 1926 verkündete das «Reichsgesetzblatt» das «Gesetz zur Bewahrung der Jugend vor Schund- und Schmutzschriften. Vom 18. Dezember 1926».

Einen besonderen Platz innerhalb der Jugendliteratur in der Weimarer Epoche nimmt die proletarisch-revolutionäre Kinder- und Jugendliteratur ein. Hierzu sind vor allem die Bücher von Hermynia zur Mühlen (1883 bis 1951; *Was Peterchens Freunde erzählen* und andere Märchen, 1921 und 1922), Berta Lask (*Auf dem Flügelpferde durch die Zeiten. Bilder vom Klassenkampf der Jahrtausende*, 1925) und Lisa Tetzner (*Hans Urian. Geschichte einer Weltreise*, 1931; *Der Fußball. Kindergeschichte aus Großstadt und Gegenwart*, 1932) zu nennen. Hermynia zur Mühlens proletarische Märchen wurden von George Grosz (1893 bis 1959) illustriert. Der aus diesem Rahmen fallende (sozialdemokratische) Carl Dantz (1884 bis 1967) mit seinen Romanen (u. a. *Peter Stoll. Ein Kinderleben. Von ihm selbst erzählt*, 1925) wird heute noch nachgedruckt.

1933 veränderte sich schlagartig die Jugendbuch-Szene. Die nationalsozialistische Indoktrination zielte mit vielen Themen auf den Jugendlichen: im historischen Gewand, in endlosen Kriegsgeschichten, durch Abenteuer in aller Welt und auf ‹großer Fahrt›, in Erzählungen vom Lagerleben, von der Hitlerjugend, dem Jungvolk und dem BDM, in Berichten vom Fliegen, der Seefahrt, der Technik und in der Verherrlichung des Führers und seiner Gefolgsleute. Zu allen schon beschriebenen völkisch-antidemokratischen Romanen, die man auch der Jugend besonders empfahl, brachte die schon genannte Schülerzeitschrift *Hilf mit!* in Millionenauflagen ihren jungen Lesern entsprechende Lesestoffe nahe. In diesem Zusammenhang können wir nur auf wenige, aber beispielhafte Titel aufmerksam machen, die für die Produktion richtungsweisend wurden. Hier ist vor allem die schon 1929 entstandene nazistische *Werther*-Imitation von Joseph Goebbels (1897 bis 1945) zu nennen: *Michael. Ein deutsches Schicksal in Tagebuchblättern*. Der auch schon vor der ‹Machtübernahme› erschienene Roman von Karl Aloys Schenzinger (1886 bis 1962) *Der Hitlerjunge Quex* (1932) wurde ein Nazi-Klassiker für die Jugend. Hierher gehören die Bücher von Peter Hagen *Wie ein Proletarierjunge SA-Mann wurde* (1933; Kurzfassung *SA-Kamerad Tonne*); Wilfried Bades *Trommlerbub unterm Hakenkreuz* (1934); Josef Vieras *Utz kämpf für Hitler* (1933); Heinz Ottos *Rotmord* (1933). Sie und andere haben fast ausschließlich die ‹Bekehrung› des durch den Kommunismus verführten Proleten zum erwachten ‹richtigen› Menschen zum Thema.

Pornographie

Die Verlage trugen so schmucke Namen wie ihre Editoren. Da gab es den Eva-Verlag (Leipzig), der die *Eva-Privatbücher*, *Mara. Das moderne Magazin* und *Potpourri* vertrieb. Porno-Serien erschienen in der «Aphroditenbücherei» (Verlagsanstalt Aphrodite, Straßburg) und als *Asa-Welt-Romane* (Asa-Verlag, Leipzig). Der Asa-Verlag gab eine Serie (1 bis 19) heraus, die unter *Beiträge zum Sexualproblem* Pornographisches publizierte. Über *Ehrlichs Sittenromane* im Ehrlich-Verlag, über *Die mondäne Bücherei* (Amoresta-Verlag, Wien) bis zu Erscheinungen wie die sechs Bände von *Allmacht Weib* (Verlag für Kulturforschung, Wien) und *Ehen zu Dritt* (Man-Verlag, Berlin) gab es die gesamte bekannte pornographische Skala, die auch noch lange in der Nazi-Zeit unter der Ladentheke gehandelt wurde. Darüber geben beredt die Verbotslisten von 1934, 1940 und 1942 Auskunft.

Jost Hermand
Völkische und faschistische Zukunftsromane

Es ist oft behauptet worden, daß in Deutschland das Ende der utopischen Literatur mit dem Ende des Ersten Weltkriegs zusammenfalle – und sich danach die Gegenutopie oder Dystopie durchgesetzt habe. Davon kann jedoch bei genauerem Zusehen keine Rede sein. Vor allem im Bereich des technizistisch-futorologischen wie auch völkisch-faschistischen Denkens erlebt der sogenannte ‹Zukunftsroman› in den Jahren nach 1918 einen ungeahnten Aufschwung, indem er sich an jene Schichten wendet, deren persönliches und nationales Selbstbewußtsein durch die ‹Schmach von Versailles› einen gefährlichen Knick erhalten hatte. Je frustrierter sich jene Schichten fühlten, welche der neuen ‹Sozi-Republik› zumeist mit tiefem Mißtrauen gegenüberstanden, desto williger gaben sie sich allen völkischen, messianischen oder rassistischen Träumen hin, die ihnen die Möglichkeit einer Wiederherstellung des Wilhelminischen Kaiserreichs oder gar die Heraufkunft irgendeines Dritten Reiches vorspiegelten. Und so kam es zu einer wahren Flut völkisch-faschistischer Zukunftsromane, der weder die Liberalen noch die Linken etwas Nennenswertes entgegenzusetzen hatten. Den Linken erschien die Utopie nach wie vor als anachronistisches Relikt eines vorwissenschaftlichen Denkens, während die Liberalen weiterhin an einen evolutionären Fortschritt glaubten, an dessen Ende eine ‹befriedete Menschheit› steht – ein Konzept, das sich innerhalb eines auf Sensationen abgestimmten Literaturbetriebs ohnehin nur mit einiger Mühe ins Unterhaltende und damit Verkäufliche umsetzen ließ.

Wer also auf diesem Gebiet den Ton angab, waren erst einmal die wilhelminisch, monarchistisch, restaurativ gesinnten Autoren und dann in immer stärkerem Maße die Nationalsozialisten. In den Jahren zwischen 1919 und 1923 überwiegen daher die bewährten ‹Rückkehr-Utopien›, die sich der Erneuerungspose nur als ideologischer Verschleierungstaktik bedienen. Ja, viele dieser Romane verzichten selbst darauf und beschwören – angesichts der ‹schäbigen› November- und Sozi-Republik – einfach die Rückkehr zum Kaiser- und Kanzlerregiment des Zweiten Reiches. In ihnen erscheint Deutschland als ein zwar gedemütigtes, aber letztlich unbesiegbares Land, das alles daran setzt, seinen alten ‹Platz an der Sonne› zurückzuerobern. Der Haupthaß gilt dabei stets dem dekadenten, weil rassisch verderbten Frankreich, während man an England appelliert, sich auf seine nordischen Rasseninstinkte zu besinnen und ins deutsche Lager überzuwechseln. Und so herrscht in diesen ‹Rückkehr›-Romanen – neben einigen wahnwitzig-sektiererischen Elementen – meist eine recht konkrete Putsch- oder Coup-Gesinnung, die auf eine handfeste ‹Restitutio in integrum› des Wilhelmischen Reiches hinausläuft. Allerdings gibt es dabei einige ideologische Varianten zu beachten. In dem Roman *1934. Deutschlands Auferstehung* (1921) von Ferdinand Eugen Solf (1876 bis 1928) ist es eine kaisertreue Junkerclique unter Ludendorffs Führung, welche die Franzosen wieder aus Deutschland vertreibt und nach der «schrecklichen kaiserlosen Zeit» wieder die Monarchie einführt, wobei sie sich der Hilfe eines genialen Ingenieurs bedient, der einen unüberwindlichen «Strahlenapparat» erfunden hat. In dem Roman *Der Erlöser-Kaiser* (1923) von Adolf Reinecke wird diese Befreiungstat von einem «kaiserlichen Führer» vollbracht, der nach gelungenem Coup die Republik abschafft, sich als «Kaiser Blondbart» im Dom zu Aachen krönen läßt und nach alldeutschem Rezept Aufzuchtkolonien der nordischen Rasse gründet. In Otto Autenrieths Roman *Bismarck II. Der Roman der deutschen Zukunft* (1921), der eher auf nationalbolschewistischer Linie liegt, steht ein Baron Otto von Fels im Mittelpunkt, der ein deutsches Arbeitermädchen heiratet, sich als neuer Götz von Berlichingen der KPD anschließt, später die Kommunisten und Völkischen zur nationalen ‹Wiederaufbaupartei› vereinigt, Deutschland mit Hilfe der Sowjetunion zur stärksten Militärmacht Europas aufrüstet – jedoch als ‹ehrlicher Makler› die ihm angetragene Kaiserkrone zugunsten seines Sohnes ablehnt. Noch interessanter ist der Roman *Kommen wird der Tag* (1921) von Dietrich Arndt (d. i. Roderich Müller-Guttenbronn, 1892 bis 1956), in dem der völkische ‹Bund Freiheit› mit Hilfe der Mehrheitssozialdemokraten alle Franzosen von deutschem Boden vertreibt, die verlorenen Reichsgebiete (einschließlich der früheren Kolonien) zurückerobert und am Schluß eine rechtsextremistische MSPD ans Ruder kommt, die bereits viele Züge der späteren NSDAP trägt. Nachzügler – wie die Romane *Des Götzen Moloch Ende* (1925) von Alfred Reifenberg und *Die Stadt unter dem Meere* (1925) von Joseph Delmont (1873 bis 1925) – setzen diese ludendorffisch-monarchistische Linie noch bis in die Mitte der zwanziger Jahre fort.

Im Zuge der Währungsreform, des Dawes-Plans, des Locarno-Paktes

und der durch sie ausgelösten ‹Stabilisierungsphase› treten jedoch nach
1923/24 solche rückwärtsgewandten Tendenzen selbst bei eher konservativen Autoren mehr und mehr in den Hintergrund. Die meisten stellen
sich auf den ‹Boden der Tatsachen› und werden Vernunftsrepublikaner –
jedenfalls so lange, wie ihnen die neue Republik gesellschaftliche und
finanzielle Vorteile bietet. Lediglich die Vertreter der kleinbürgerlichen
‹Völkischen Opposition› bleiben selbst nach 1923/24 weiterhin im politischen Abseits, wenn auch ihre bisherige Putsch- und Coup-Mentalität –
angesichts der allgemeinen Amerkanisierung, ‹Verniggerung›, Taylorisie-
rung usw. – einer immer größeren Verzweiflung weicht oder durch wahn-
witzige Träume von einer späteren ‹Weltenwende› ersetzt wird (wobei sie
nach jedem rettenden Strohhalm irgendwelcher neokonservativen, völkischen und schließlich faschistischen Ideologeme greifen). Für sie bleibt
die Weimarer Republik weiterhin ein ‹Marxisten- und Judenstaat›, der
sich nur durch eine ‹Deutsche Revolution› beseitigen läßt, welche wieder
zu den bäuerlich-nordischen Grundlagen des deutschen Wesens zurückkehrt. An die Stelle der ‹Utopie› tritt daher in diesen Kreisen zusehends
der ‹Mythus›. Während der sogenannten ‹Stabilisierungsphase› dominiert
dabei, wie gesagt, erst einmal ein bitterer Haß, der erst nach den ersten
Wahlerfolgen der NSDAP einer neuen Hoffnung Platz macht. So versinkt
etwa Deutschland in dem Roman *Revolution 1933* (1930) von Martin Bo-
chow (geb. 1898) in einem rettungslosen Chaos, da Frankreich weiterhin
auf horrenden Reparationszahlungen besteht und die USA alle wichtigen
deutschen Konzerne aufkaufen – und dann stillegen. Da die Deutschen
keinen völkischen Gemeinsinn mehr haben, siegt hier am Schluß die
«raubende Geldinternationale» der Wallstreet-Magnaten, wodurch die
Möglichkeit einer «deutschen Revolution» für Jahre hinaus vereitelt
wird. Ähnlich erbittert wirkt der Roman *Die Wallfahrt nach Paris* (1932)
von Josef Magnus Wehner (1891 bis 1973), in dem sich die «Verbeugungs-
parteien» der Weimarer Koalition willenlos das Joch der Erfüllungspoli-
tik auferlegen und nach Paris «wallfahrten», statt gegen den «mongoli-
schen Bolschewismus im Osten» anzukämpfen. Ja, in dem Roman
Deutschland ohne Deutsche. Ein Roman von übermorgen (1929) von
Hans Heyck (1891 bis 1972) wird gezeigt, wie die Weimarer Republik
allmählich verjudet und verniggert und sich schließlich von einem halb-
schwarzen Despoten regieren läßt, der jeden Tag ein weißes Mädchen
schändet. Daraufhin entschließen sich die letzten 200000 Nordmenschen,
nach Lappland auszuwandern und dort eine von aller Welt abgeschlossene Kolonie der Blonden zu gründen, die sich der Zucht einer neuen
Herrenrasse widmet.
Einen wirklich optimistischen Ton bekommen jedoch die völkischen Zukunftsromane erst nach der Machtübergabe an die NSDAP im Jahre
1933. Als die beiden ideologischen Hauptkonzepte werden dabei auch

auf diesem Sektor stets ‹Blut und Boden› akzentuiert: das heißt die Rückkehr zur angestammten Scholle sowie die Entmischung des deutschen Blutes im Zuge einer konsequenten Aufnordung. Die Vertreter der Schollen-Ideologie greifen hierbei gern auf die alldeutschen Siedlungsfanatiker, die Bestrebungen des Artamanen-Bundes, die Schriften von Ernst Darré oder ein Buch wie *Deutsche Siedlung im I., II. und III. Reich* (1933) von Edmund Schmid zurück, die sich schon vor 1933 für eine Urbarmachung deutschen Ödlands oder eine bäuerliche Germanisierung Osteuropas eingesetzt hatten. Literarische Beispiele dafür liefern etwa die Romane *Robinson kehrt heim. Roman zwischen Gestern und Morgen* (1934) und *Das Welpennest. Ein Buch von Siedlern, Tieren und Kindern* (1943) von Hans Heyck. Was jedoch bei Heyck noch einen eher individualistischen Charakter hat, steht bei anderen eindeutig im Zeichen eines imperialistischen Ausdehnungsdrangs. Man denke an Romane wie *Befehl aus dem Dunkel* (1933) oder *Land aus Feuer und Wasser* (1939) von Hans Dominik (1872 bis 1945), wo Scharen deutscher Erbhofbauern in Gang gesetzt werden, um eine neu entstandene Insel im Atlantik bzw. die australische Wüste ein für allemal für das Deutsche Reich urbar zu machen. Allerdings bedarf dieser Akt der germanischen Landnahme in beiden Romanen der Hilfe eines genialen Ingenieurs, der sich seinen amerikanischen oder japanischen Kollegen als weit überlegen erweist, wodurch es letztlich doch die technischen Hilfsmittel und nicht die vielgepriesenen «kräftigen Bauernfäuste» sind, die den Sieg davontragen. Ähnliches gilt für faschistische Heftserien wie *Sun Koh, der Erbe von Atlantis* (1933 bis 1935) und *Jan Mayen* (1936 bis 1938) von Lok Myler (d. i. Paul Alfred Müller, geb. 1901), in deren Zentrum charismatische Führergestalten stehen, die dem deutschen Volk neuen bäuerlichen Siedlungsraum durch die Hebung von Atlantis bzw. die Urbarmachung von Grönland verschaffen.

Doch zur ideologischen Untermauerung der faschistischen Weltherrschaftsansprüche bedurfte es mehr als eines bloßen Bauernkults. Als das effektivste Konzept erwies sich hierbei die Idee der Überlegenheit der arischen Rasse, da sich der rassestolze Arier – im Gegensatz zum schollehafteten Bauern – auch als Führertyp im Bereich des Kulturellen, Geistigen, Ingenieurhaften, Technologischen, Militärischen, ja geradezu aller auf Weltbeherrschung drängenden Tendenzen verwenden ließ. Wie wir wissen, reicht die Vorgeschichte dieses Konzepts bis weit ins 18. und 19. Jahrhundert zurück. Das ‹Neue› innerhalb der Arier-Ideologie nach 1933 besteht meist nur darin, daß die radikale Aufnordung jetzt zum Zwecke der allgemeinen Weltbeherrschung geschieht, wobei man die Ausmerzung aller ‹Rassenuntüchtigen› durch eine verstärkte Fortpflanzung aller nordisch Erbtüchtigen wettzumachen versucht. So sieht etwa Hitlers Nachfolger, ein gewisser Herr König, in dem Roman *Im Jahre 2000 im Dritten Reich. Eine Schau in die Zukunft* (1933) von Schmid, mit

Genugtuung, daß bei dem großen Festumzug zu Ehren seines 100. Geburtstags nur noch «weizenblonde» Schöpfe an seiner Tribüne vorbeiparadieren und die nordischen Mütter voller Stolz ihre milchgefüllten Brüste entblößen. Eine ähnliche Szene findet sich im Schlußteil des Buches *Deutschland das Bildungsland der neuen Menschheit* (1933) von Ernst Bergmann, wo der alte Hitler im Jahre 1960 in einer germanisch-neogotischen Odalskirche als «Deutschchristus» an einer Weihe weizenblonder Rekruten teilnimmt, die sich vor dem Bilde der Großen Mutter der Idee der «providentiellen nordischen Maternität» unterstellen. Hier wie anderswo gibt man diesem Aufnordungsprozeß gern einen Zug ins Religiöse. Als die beliebteste Metapher stellt sich dabei meist das Bild vom Gral des nordischen Blutes ein, der erst dann wieder zu strahlen beginne, wenn sich Deutschland aller ‹undeutschen› Elemente entledigt habe und somit in den Rang einer weltbeherrschenden Herrenmacht aufsteigen werde.

Auf der Ebene jener Zukunftsromane, die sich mit dem Endkampf um die Welt beschäftigen, wird jedoch auf solche ideologischen Verbrämungen national-religiöser Art meist verzichtet. Hier herrscht der nackte Machtanspruch. Als die Hauptgegner der nordisch-deutschen Rasse gelten in diesen Werken – neben den Juden – vor allem die kommunistisch-slawischen sowie die mongolisch-asiatischen Untermenschen (bis zum November 1936, als es zur ‹Achse› Berlin – Tokio kam, sind dies die Japaner, dann die Chinesen). So überfallen etwa in dem Roman *Weltbrand von Morgen* (1934) von Werner Chomton (geb. 1895) die Japaner zuerst die Sowjetunion und dann die Vereinigten Staaten – und beide Länder erweisen sich als zu schwach, dem japanischen Vormarsch Paroli zu bieten. Die Russen versagen, weil sie der Bolschewismus innerlich ‹ausgezehrt› hat.

Die Nordamerikaner versagen, weil sie durch «pazifistische Frauenklubs, Studentenvereinigungen, die kommunistische Partei sowie die Neger» am Aufbau einer schlagkräftigen Armee verhindert werden. Und so ordnen sich gegen Schluß alle West- und Mitteleuropäer den «nordisch erstarkten» Deutschen unter, um im «Endkampf der Völker weißer Rasse gegen die Farbigen» doch noch Sieger zu bleiben. Wenn es nicht die ‹Gelben› sind, sind es, wie gesagt, die Bolschewisten oder Juden, welche in diesen Romanen der weißen Rasse den Garaus machen wollen. So schildert etwa Hans-Joachim Flechtner (geb. 1902) in seinem Roman *Front gegen Europa. Der Roman eines Geheimagenten* (1935), wie die bolschewistischen Untermenschen alle «farbigen Rassen» in Afrika und Asien aufzureizen versuchen, das Kolonialjoch der weißen Rasse abzuschütteln. Doch den deutsch-europäischen ‹Übermenschen›, das heißt einem Konsortium aus weißen Offizieren, Kolonialbeamten und Konzernmanagern, gelingt es auch hier, die Bolschewisten in letzter Minute in die Schranken zu weisen und so die Herrschaft der Ersten über die Dritte

Welt aufrechtzuerhalten. Wohl das aufschlußreichste Buch dieser Art ist der Roman *Eurofrika. Die Macht der Zukunft* (1938) von Titus Taeschner. Hier schließen sich im 21. Jahrhundert die west- und mitteleuropäischen Völker unter deutscher Führung zu einer politischen Union zusammen, deren größte Leistung darin besteht, durch den Bau eines Gibraltardamms Europa und Afrika zu einem großen Siedelgebiet zusammenzuschließen, welches den Namen ‹Eurofrika› erhält. Daß Deutschland dabei die Führungsrolle zufällt, liegt einerseits an der durch Hitler angebahnten «Rassenreinheit», andererseits an den Erfindungen seiner genialen Ingenieure, die sogar dem Geheimnis der Atomzertrümmerung auf die Spur gekommen sind.

Das einzige Gebiet, das die von den Deutschen angeführte weiße Rasse in diesem Roman noch nicht erobert hat, ist jene Landmasse, die sich aus Rußland, China und Indien zusammensetzt, wo eine Clique bolschewistischer Juden ihr Unwesen treibt. Und diese Juden stacheln nicht nur die Schwarzen und Araber zum Freiheitskampf gegen die Weißen an, sondern versuchen sogar, den Gibraltardamm in die Luft zu sprengen, um so den gesamten Mittelteil Eurofrikas unter Wasser zu setzen. Aber einer der genialen deutschen Ingenieure greift auch hier in letzter Minute rettend ein und bringt den asiatisch-jüdischen Untermenschen eine Schlappe bei, von der sie sich schwerlich erholen werden.

Noch offener kann man eigentlich gar nicht sein. In Werken dieser Art läßt der Faschismus einmal alle Masken fallen und entpuppt sich als nackter Imperialismus. Selbstverständlich ist auch in diesem Roman wiederholt von Blut und Boden die Rede. Doch das sind lediglich Verschleierungstaktiken. Hier geht es nicht darum, die arische ‹Blutleuchte› zu entzünden oder anderen Rassen eine überlegene ‹Kultur› zu bringen, sondern schlichtweg um Eroberung und Ausrottung. In diesem Roman sind die tonangebenden Schichten nicht irgendwelche faschistisch verklärten Bauern oder Ordensritter, sondern die Manager jener Großkonzerne, welche die ganze Welt in eine einzige ‹I.G. Deutschland› verwandeln wollen. Mochten auch Männer wie Hitler, Himmler und Rosenberg unentwegt von der Schaffung eines germanisch-bäuerlichen Ordensreiches träumen, in dem es keine großen Städte und keine Industrie mehr geben werde, die Grundlage einer solchen Machtergreifung und Machtbehauptung konnte schließlich nur die Überlegenheit der deutschen Technik sein. Und so kommt man bei der Betrachtung all dieser völkischen Zukunftsvisionen immer wieder zu dem gleichen Schluß: So nötig es ist, den faschistischen Mystifikationen nachzugehen, ebenso nötig ist es, ihnen die Maske abzureißen – und das Bild der Zukunft, das in ihnen deutlich wird, als einen Herrschaftsanspruch hinzustellen, der allein auf nackter Gewalt beruht. Es wäre daher verfehlt, den Faschismus weiterhin als irregeleitete Utopie zu charakterisieren. In ihm wird nicht eine bessere Zukunft, sondern eine schlimmere Vergangenheit anvisiert. Faschismus ist letztlich immer Regression, und zwar Regression im Dienste gegenutopischer Autorität. Seine Anhänger werden nicht befreit, sondern versklavt – wovon sogar jene nicht ausgenommen sind, die sich zur nordischen Elite zählen. Denn auch diese Elite partizipiert nur an der Macht, indem sie sich willenlos ihrem ‹Führer› unterwirft.

Karl Riha
Kabarett

Das Cabaret ist, als neue Literatur-Institution, erst um die Jahrhundertwende auch in Deutschland populär geworden. Für Emmy Hennings (1885 bis 1948), die «Schleswiger Chansonette», wie sie Walter Mehring (1896 bis 1982) ihrer Herkunft nach genannt hat, gründete Hugo Ball (1886 bis 1927) im Schweizer Exil 1916 das Züricher *Cabaret Voltaire*; es wurde die Keimzelle der Dada-Bewegung.

Als «eine neue Gattung von Versen ohne Worte», also in seiner Reduktion auf den reinen Klang, markierte das dadaistische Lautgedicht Protest gegen den verrotteten Sprachzustand der Zeit und – analog zur Karl Kraus (1874 bis 1936) – speziell gegen «die durch den Journalismus verdorbene und unmöglich gewordene Sprache»; aus der Vortragsform heraus entwickelt, entzog es sich jedoch auch dem Kabarett, überschritt jedenfalls die Grenzen, die ihm vor allem dann gesetzt waren, wenn es sich nicht mehr um Aktionen im engeren Künstlerzirkel, sondern vor einem breiteren Publikum handelte. Die eigentliche Brücke von der Dada-Bewegung zum ‹literarischen Kabarett›, das nach dem Ersten Weltkrieg in besonderer Weise eskalieren und eine zentrale Tendenz der Literatur der Weimarer Republik abgeben sollte, schlug deshalb erst Walter Mehring, der Momente der Dada-Poetik wie das ‹simultanistische Prinzip› der Montage übernahm und auf das Chanson oder Couplet – die lyrischen Hauptformen der Brettlkunst – anwendete, so etwa in *berlin simultan* (1919), das im Untertitel ausdrücklich als «erstes Original-dada-couplet» ausgewiesen ist. Mit der Widmung ist Richard Huelsenbeck (1892 bis 1974) – der Herausgeber des *Dada-Almanachs* von 1920 – angesprochen, der als Leitfigur des Berliner Dadaismus (während seiner Mitarbeit an satirischen Zeitschriften wie *Der blutige Ernst*, 1919) die kabarettistische Tonlage vorformuliert hatte – als Beispiel *Schieber-Politik* (1919):

> Hindenburg kommt mit Jebimmel,
> Ludendorff ist auch schon da,

Und det janze Volksjetümmel
Krächzt een fröhlichet Hurra!

Rev'luzion war mal 'ne Sache,
Sehr gesunken: Wert gering.
Königstreu is was zu machen;
Jott im Himmel save the king.

Nach dem Titel seines ersten Gedichtbandes von 1919, dem Kurt Tucholsky (1890 bis 1935) «ein neues Lebensgefühl, einen neuen Rhythmus» attestiert hatte – «wenn die neue Zeit einen neuen Dichter hervorgebracht hat: hier ist er» –, gründete Mehring 1920 sein eigenes *Politisches Cabaret*. Zur Eröffnung des von Max Reinhardt (1873 bis 1943) initiierten Kabaretts *Schall und Rauch* hatte er erklärt: «Dem deklarierten Notstand zum Trotz mangelt es nicht an Motiven, an ‹mauvais sujets›; Ausschweifungen in den Preislagen jeder Geschmacklosigkeit; Hochstapelei in Sach- und Ewigkeitswerten; Schmalz und Weltanschauung; Pornographie, Vaterlandsliebe und Hurrahsozialismus; Lust- und Fememord; Landsknechtstum im Solde jeder Demagogie». Der ganze «Troß der Apokalyptischen Reiter» sei «zu haben so harlekinesk in unserem grauen Alltag wie im finstersten Mittelalter»; deshalb auch das Bekenntnis zum «Schutzpatron» François Villon (d. i. François de Montcorbier oder des Loges, 1431/32 bis 1463?) und den Parolen «seiner saufenden, raufenden, hurenden, dichtenden Spießgesellen»: «‹Rire, jouer, mignonner et baiser ... / Il n'est trésor que de vivre à son aise› (Nichts ist von Wert als nur: sein Leben zu geniessen»). Ganz modernistisch führte Mehring aber auch Schlagerelemente, die Rhythmen und Synkopen des Jazz in die Kabarettlyrik ein, eine Art «Sprachen-‹Rag-time›», zur Darstellung des Großstadtwirrwarrs mit seinem Plakatgeschrei, seinem Durcheinander an Kauflockung, Straßenlärm, Zeitungssensation. In den Gedichten des *Ketzerbreviers* von 1921 sind es Partikel aus Kirchengesang, Gebet und liturgischem Ritual, aus denen sich das zeitkritisch-aggressive Chanson konstituiert; ähnlich wie später Bertolt Brecht (1898 bis 1956) in seiner *Hauspostille* (1927) nutzt der Autor die religiösen Formeln, um zu den ‹antichristlichen› Tugenden der Undemut und der Revolte aufzurufen, der radikalen Freiheit des einzelnen. Bezeichnend für die Richtung des Protests sind bekenntnishafte Sätze wie: «Jeder Staat ist eine legalisierte Interessengemeinschaft, die sich gegen das Individuum verschworen hat» oder «Ich deklariere das Ich-Selbst als einzigen Real-Wert».

Auf der Landstraße ist ein Part in Mehrings szenischem Satirikon *Europäische Nächte* von 1924 überschrieben; der Autor schlüpft hier in die Gestalten der Tramps oder Vagabunden und stilisiert sie zu Inkarnationen einer absoluten Freiheit – der Welt, Gott und dem Teufel gegenüber!

Sie gerieren sich als trotzige Abenteurer, voll Spott auf sich selbst und die Gefahren, denen sie sich aussetzen, ruhelose Antibürger, in jeder Verkleidung, in jedem Land, also nirgendwo zu Haus, Besitzlose, aber Kenner des Todes, der einer aus ihrer Sippe ist, «ein Prolet»:

> Den Himmel hoch, Europa untern Füßen,
> Wir wandern, keinem Menschen untertan,
> Um bald als Freund den ew'gen Jud zu grüßen,
> Bald den Zigeuner auf dem Wiesenplan,
> Uns kann kein Seemann von Sedijk beflunkern,
> Uns kann kein Pfaff vom Bayernland bekehrn,
> Uns wird kein General mit Ordensklunkern
> Den süßen Tod fürs Vaterland bescherrn!
> Was nützt es, daß Ihr ewig hetzt und schreit:
> Wir komm'n zurecht –
> Der Weg ist weit. Wir haben Zeit!
> Halléluja! Wir Kinder der Chausseen,
> Wir ziehn fürbaß und nehmen stets fürlieb!
> Wir fragen nicht, wohin die Wege gehen,
> Und segnen das Geschick, das uns vertrieb.
> Ob sich die Völker in den Haaren liegen,
> Ob die Philister oder Kaffern siegen:
> Wir stehn nicht stramm und schreien nicht Hurra
> Hallélu-ja! Hallélu-ja!
> *Hallélu-ja!*

Lyrisches Rollenspiel ist auch bei anderen Autoren der Zeit zu beobachten, die aus dem ‹literarischen Kabarett› herkommen oder für es arbeiten, am deutlichsten ausgeprägt bei Hans Bötticher, der sich 1919 – zunächst für sein Hör- und dann auch für sein Lesepublikum – in Joachim Ringelnatz (1883 bis 1934) und als dieser wiederum in den schwankenden Seemann *Kuttel Daddeldu* – so der Titel seines Gedichtbandes von 1920 – verwandelte.

«Für einen Freischoppen am Abend, dann für zwei Mark, wovon er aber einen Schoppen selbst bezahlen mußte, und schließlich für zwei Mark und einen Schoppen» hatte Bötticher-Ringelnatz 1909 als ‹Hausdichter› im München-Schwabinger Künstlerlokal *Simpl* debütiert; hierher kehrte er nach dem Ersten Weltkrieg, an dem er als Marineleutnant teilgenommen hatte, zurück; gleichzeitig wurde er fürs Berliner *Schall und Rauch* entdeckt, wo er mit satirischen *Turngedichten* (1920) und eben mit seinen Liedern aus *Kuttel Daddeldu* Erfolg hatte. Die Nähe zur Theaterbühne, die das ‹Brettl› von Natur aus hat, ließ den Autor quasi als Kleindramatiker agieren: Mit Seemannsmütze und Seemannspullover drapiert, tingelte Ringelnatz in den späteren zwanziger Jahren quer durch Deutschland und entwickelte dieses sein Kostüm zu einer Art literarischem Markenartikel. – Seiner Substanz nach war der verqueren Schicksalen ausgesetzte Matrose eine modernisierte Version des altfranzösischen Vaganten Villon, dessen Signifikanz für den aktuellen Zustand der Welt Mehring herausgestellt hatte; mit seiner ‹Poesie des Prosaischen›, von gedämpfter Melancholie und makabren Scherzen durchsetzt, traf Ringelnatz ursprünglich das Lebensgefühl und die Gefühlslage der jungen, ernüchtert aus dem Weltkrieg zurückgekehrten Generation. Der äußeren Gestalt des Kabarett-Seebären entsprachen als innere Kontur frappierende Gefühlsmischungen, in denen seelischer Aufschwung ständig in entleerte zwischenmenschliche Bezüge umschlägt; die Moral, die auf diese Weise in Erscheinung tritt, ist banal und nüchtern, zuweilen auch zynisch und brutal:

> Du mußt die Leute in die Fresse knacken.
> (...)
> Und wenn du siegst: so sollst du traurig gehen,
> Mit einem Witz. Und sie nicht wiedersehen.

Die sich verlierende Herausforderung solchen kabarettistisch-lyrischen Rollenspiels attackierte Kurt Tucholsky in den frühen dreißiger Jahren – ausgerechnet am Beispiel der *Mahagonny*-Gesänge in Bertolt Brechts *Hauspostille* von 1927.

Bei dieser Gelegenheit ist anzumerken, daß Brecht nicht eigentlich zu jenen Autoren der Weimarer Republik gehörte, die in größerem Umfang für das ‹literarische Kabarett› geschrieben haben und über dieses Medium bekannt wurden; gleichwohl teilte er in seiner frühen Lyrik Grunddispositionen der Kabarett-Lyrik und transponierte deren Gestik in die Gesangsstücke seiner Damen.

Anders Tucholsky: In seinen schriftstellerischen Anfängen hinter den Ersten Weltkrieg zurückreichend, gehörte er neben Mehring und Ringelnatz zu den ersten Mitarbeitern im Nachkriegs-*Schall und Rauch* und verfaßte zudem – ebenfalls bereits 1919 – mit *Die Kunst des Couplets* und *Politische Couplets* wichtige programmatische Artikel. Noch habe Deutschland keinen wirklich großen Chansondichter hervorgebracht, heißt es, und – im Blick auf den Überhang an frivoler Brettlkunst aus der Vorkriegsperiode in Form reiner Amüsierkabaretts – noch ruhe das zeitgenössische Couplet auf den «zwei dicken Säulen» des Stumpfsinns und der Zote: einerseits *An dem Baume – da hängt ne Pflaume*, andererseits *Fischerin du kleine – zeig mir deine Beine*; ließe sich beides vereinigen, schmunzle der Theaterdirektor und klopfe dem Textdichter auf die Schulter. Um der neuen literarischen Gattung willen müsse jedoch die politische Gesinnung an erster Stelle stehen. Gleichwohl forderte Tucholsky das «feinste Handgelenk» für das einzelne Wort im Vers und für die Kunst des Reims und Refrains; dabei berief er sich auf französische Vorbilder und besonders auf Aristide Bruant (1851 bis 1925) als den Schöpfer des

‹Chanson réaliste›, den er 1925 – nach fünfundzwanzigjährigem Schweigen – als «sehr alten Mann» noch einmal in einer großen Pariser Singspielhalle «zwischen dressierten Pferden und englischen Clowns und Tänzerinnen» auftreten sah. Er öffnete dem zeitkritischen, entschieden in die Tagespolitik sich einmischenden Chanson Zeitung und Zeitschrift zu seiner Verbreitung, war die ganzen zwanziger und frühen dreißiger Jahre hindurch ein scharfer Beobachter der ‹Cabaret›-Szene und rezensierte auch alle wichtigeren Einzel- und Sammelpublikationen auf diesem Gebiet, so etwa Eric Singers (1896 bis 1960) *Bänkelbuch* von 1929. In ihm kamen neben den älteren, schon bekannten Namen gerade auch solche jüngeren Autoren zu Wort, die sich erst im Laufe der zwanziger Jahre unter die Kabarett-Lyriker gemischt hatten, zum Beispiel – *Jahrgang 1899* (1928) – Erich Kästner (1899 bis 1974), der mit eigenen Gedichtbüchern wie *Herz auf Taille* (1928) oder *Lärm im Spiegel* (1929) für die generelle Literatur-Wende in die neue Sachlichkeit steht, die auch die Chanson- und Couplet-Lyrik erfaßte und ihr neue Ausdruckswerte gab.

Kästners ‹Kritik des Herzens› meinte «Umgang mit den Freuden und Schmerzen der Gegenwart», also ein stärkeres Herangehen an die alltägliche Wirklichkeit der breiten Bevölkerungsschichten, die Gefühlslage des Kleinbürgers, der Angestellten mit der sie festlegenden Entfremdung, dem sie charakterisierenden Sentiment, der ihr eigenen Melodramatik. An die Stelle einer herausfordernd, betont zynisch formulierten Gefühlskälte tritt daher bei Kästner das elegische Erlebnis des Absterbens der Gefühle und des sie tragenden inneren Lebenszusammenhanges; so etwa in *Sachliche Romanze* (1929) – schon der Titel ist ein Programm:

> Als sie einander acht Jahre kannten
> (und man kann sagen: sie kannten sich gut),
> kam ihre Liebe plötzlich abhanden,
> wie andern Leuten ein Stock oder Hut.

Aus der privaten Sphäre öffnet sich jedoch die Perspektive – bei gleichbleibender Distanziertheit und Ironie – auch in größere soziale und öffentliche Bereiche wie die ‹Welt› der Büros, die ‹Sphäre› der Großstadt etc. – Nach dem alltäglichen Stenotypistinnen-Utensil benannte Mascha Kaléko (1912 bis 1975), die als Autorinnen-Pendant solcher ‹gebrauchsmäßigen› Kabarett- und Zeitungslyrik zu nennen wäre, ihr *Lyrisches Stenogrammheft. Verse vom Alltag* (1933).

Tucholsky glaubte – bei aller Sympathie für den jüngeren Schriftstellerkollegen – in den Gedichten Kästners «eine gewisse Enge der Opposition» zu bemerken: Der Autor sei «ehrlich», heißt es, «sauber, nur scheint mir manchmal die Skala nicht sehr weit, und er macht es sich gewiß nicht leicht. (...) Da pfeift einer, im Sturm, bei Windstärke 11 ein Liedchen.»

Gegen dieses – an sich zutreffende – Urteil ist festzuhalten, daß sich Kästner mit der wachsenden faschistischen Eskalation im Lande sehr wohl zu
einem couragierten Sprecher der demokratischen Opposition entwickelte
und die von Deutschland ausgehende Kriegsgefahr in seinen Gedichten
scharf geißelte:

> Kennst du das Land, wo die Kanonen blühen
> du kennst es nicht, du wirst es kennen lernen.

Auch Kästners Bücher wurden deshalb 1933 – nicht anders als die Schriften Tucholskys und all der anderen – von den Nationalsozialisten auf den
Scheiterhaufen geworfen und unter dem Bannspruch «Gegen Dekadenz
und moralischen Verfall, für Zucht und Sitte in Familie und Staat» den
Flammen anheimgegeben. Kästner blieb in Deutschland, «um Augenzeuge zu werden». Ringelnatz starb 1934. Tucholsky rettete sich nach
Schweden – und ging dort in den Freitod: «Die Welt, für die wir gearbeitet
haben, und der wir angehören, existiert nicht mehr», schrieb er. Brecht
und Mehring exilierten ebenfalls – und überlebten. Mit der Zerstörung
der Literatur insgesamt war jedoch auch das Kabarett als spezifische literarische Institution der Weimarer Republik ruiniert. Mit ihm verschwand
ein satirisches Oppositionspotential von Gewicht, ein medialer Ort,
an dem sich ein kritisches Bewußtsein artikulieren und als Vortragskunst
mit entsprechenden Interpreten und Interpretinnen – wie Gussy Holl
(1888 bis 1948) oder Trude Hesterberg (1897 bis 1967) – eine faszinierende literarische Gestalt gewinnen konnte. Bezeichnenderweise nannte
sich eines der wenigen Kabaretts, das die ersten Jahre der nationalsozialistischen Herrschaft überleben sollte, nicht *Wilde Bühne* oder *Pistole*, sondern – in Ausschilderung der realen Verhältnisse – *Die Katakombe*. Witz,
Satire, aggressives Rollenspiel, ironische Pointe mußten sich fortan mimi-
kryhaft verbergen. Die äußerste Grenze «des gerade noch Erlaubten» zu
wahren, die «Narrenkappe des wortkargen Scherzes» und die «Tarn-
kappe der vielsagenden Pause» aufzuziehen, also die Angriffsspitze «unsichtbar» zu machen – so Werner Finck (1902 bis 1978) –, wurde taktisches
Postulat. Aber Joseph Goebbels (1897 bis 1945) deklarierte mit Ausbruch
des Zweiten Weltkriegs selbst noch diese «politische Witzemacherei»
endgültig zu einem auszurottenden «liberalen Überbleibsel»: «Wir wissen», verkündete er 1939, «daß jetzt die deutsch-feindlichen Zeitungen in
Paris, London und New York für unsere armen Conférenciers eintreten
werden. (...) Uns berührt das innerlich nicht mehr.»

Joachim Paech
Massenmedien

Zwischen den beiden Weltkriegen haben sich jene Strukturen der modernen Massenmedien herausgebildet, die seitdem das politische, das kulturelle und das Alltagsleben in den westlichen Industriegesellschaften nachhaltig beeinflussen: Es handelt sich um privatwirtschaftlich oder staatlich (nach dem Zweiten Weltkrieg auch öffentlich-rechtlich) betriebene technische Vermittler indirekter Aussagen an ein Massenpublikum, im wesentlichen um Presse, Film, Radio und Fernsehen. Die Voraussetzungen für die rasante Entwicklung der Massenmedien waren bereits gegen Ende des 19. Jahrhunderts gegeben: Eine entfaltete industrielle Massengesellschaft bildete den Markt für eine Vielzahl von Medien-Einzelkapitalien mit starker Konzentrationstendenz, in deren Interesse sich die technische Innovation entwickelte, zunächst für die Information über Waren, dann vor allem für die Ware Information. Gegen diese kapitalistische Formbestimmtheit der Massenmedien und ihre ideologischen Wirkungen ging es in den revolutionären Kämpfen während der Weimarer Republik: um die Medien «als Waffe im Klassenkampf» (Münzenberg). Mit der Frage nach der künftigen Gesellschaftsstruktur war auch die nach der gesellschaftlichen Organisation und Funktion der Medien gestellt; vorläufig beantwortet wurde diese Frage durch die Machtergreifung des Faschismus in Deutschland, der die Massenmedien dem Monopolkapital und in dessen Interesse der totalen Herrschaft des faschistischen Staates auslieferte.
Bis dahin sind die Jahre zwischen 1918 und 1933 gekennzeichnet durch die Konfrontation des bürgerlichen und proletarischen Gebrauchs der Massenmedien Presse, Film, Radio und Fernsehen.

Illustrierte Presse
Entstanden ist die Massenpresse im 19. Jahrhundert aus der Kombination des Anzeigenblattes und der Publikumszeitung, was niedrige Verkaufspreise, hohen Absatz und damit hohe Auflagen ermöglichte. Die drei

größten Pressekonzerne Mosse (bis 1932), Ullstein und Scherl sind gegen
Ende des 19. Jahrhunderts beispielhaft für diese Entwicklung. Indem das
Industriekapital den Zusammenhang von wirtschaftlicher und politischer
Macht der Presse erkannte, begannen sich Industrielle direkt im Presse-
wesen zu engagieren; der erfolgreichste von ihnen, der Generaldirektor
der Krupp AG, Alfred Hugenberg (1865 bis 1951), besetzte zunächst entscheidende Positionen im Anzeigengeschäft (Auslands-Anzeigen GmbH
– A1a – 1914), übernahm dann den Scherl-Verlag (1916) mit einer Reihe
auflagenstarker Tageszeitungen und Zeitschriften, beeinflußte wesentlich die Provinzpresse über den Materndienst und baute eine eigene
Nachrichtenagentur als Konkurrenz zum offiziösen Wolffschen Telegra-
phen-Büro auf (1919). Bis 1933, als Hugenberg für kurze Zeit Hitlers
erster Wirtschaftsminister wurde, hatte er für die Montanindustrie und
seine Deutschnationale Volkspartei einen beherrschenden Medienkon-
zern aufgebaut mit entscheidendem Einfluß auf die sich reaktionär ent-
wickelnde öffentliche Meinung in der Weimarer Republik.

Unter den Pressemedien war die *Berliner Illustrirte Zeitung* (1891 bis
1945, ab 1894 im Ullstein Verlag) eine Zeitschrift ganz neuen Typs: Die
durch Fotos illustrierte Massenzeitschrift wurde durch das Autotypie-
Verfahren ermöglicht, das den Druck von Fotos in hohen Auflagen mit
geringen Kosten zuließ. Der Erfolg der *Berliner Illustrirten Zeitung* ist an
der Auflagenentwicklung abzulesen: 1900 noch 100 000, 1914 schon eine
Million, 1931 fast zwei Millionen Exemplare. Sie existierte bis 1945. Höhepunkte dieses neuen Fotojournalismus waren die Fotoreportagen
Erich Salomons (1886 bis 1944) in der *Berliner Illustrirten Zeitung*, die
Mitte der zwanziger Jahre durch die Einführung der Leica-Kleinbildka-
mera noch aktueller und lebendiger wurden.

«Die Absicht der illustrierten Zeitungen ist die vollständige Wiedergabe
der dem fotografischen Apparat zugänglichen Welt»; aber: «In der Illustrierten sucht das Publikum die Welt, an deren Wahrnehmung es die
Illustrierten hindern.» [105; *S. 33 f*] Und so sieht die Welt aus, zu der die
Fotos der Illustrierten ein Fenster öffnen: «Das Fundament des Ullstein-
Hauses ist die Propaganda der Banalität. Im Grunde genommen ist es
eine Null, ein Überhaupt-Nichts, ein Minus, 32 Seiten geistiges Abführ-
mittel. Ein Loch im Boudoir eines berühmten Filmstars, ein Spalt, durch
den jeder sehen kann, wie schöne Frauen, von Spitzbergen bis zum Kap
der Guten Hoffnung, baden. Ein Romanfragment von einer Primitivität
und Geschwindigkeit, daß man ihn in der Toilette lesen kann. Natürlich
Reklame. Prinzenhochzeit. Dann wieder Reklame. Zehn Seiten Reklame» (Larissa Reisner). [259; *S. 191*]

Die einzige Zeitung, die seitens der sozialistischen und kommunistischen
Presse diesem Weltbild und seinem Einfluß entgegentreten konnte, war
die von Willi Münzenberg (1889 bis 1940) gegründete *Arbeiter-Illu-*

strierte-Zeitung (AIZ), die mit einer höchsten Auflage 1931 von 500 000 Exemplaren pro Woche die einzige wirkliche Massenzeitung der revolutionären Arbeiterbewegung war. Organisatorische Grundlage war die von Münzenberg geleitete «Internationale-Arbeit-Hilfe» (IAH), die mit materiellen Mitteln den Aufbau der unter Bürgerkrieg und Hungerkatastrophen leidenden Sowjetunion unterstützte und publizistisch der bürgerlichen Propaganda gegen Sowjetrußland entgegentrat. Die Bilder aus Rußland wurden zu Reportagen vom Alltag und Kampf der internationalen, besonders der deutschen Arbeiterklasse erweitert: 1921 hieß die AIZ noch *Sowjetrußland im Bild*, dann 1923 *Sichel und Hammer*, ab 1925 erschien die AIZ im Neuen Deutschen Verlag Münzenbergs bis zu ihrer letzten Ausgabe am 5. 3. 1933; sie wurde in Prag als *Volks-Illustrierte* bis 1938 fortgeführt; ein kurzer Versuch in Paris scheiterte.

Münzenberg gilt als tatsächlicher Antagonist zu Hugenberg; die vielfältigen Presseunternehmungen des sogenannten Münzenberg-Konzerns waren indes nicht nur politisch, sondern auch strukturell alternativ zur konservativen Presse: Die AIZ war ein funktionierendes Medium der Arbeiterklasse, deren Korrespondenten den Kern der Wort- und Bildberichterstatter ausmachten. John Heartfields (d. i. Helmut Herzfeld, 1891 bis 1968) Fotomontagen wollten jene ‹Fenster zur Welt› der *Berliner-Illustrirten*-Fotos zerstören.

Nach der Machtergreifung schufen die Nationalsozialisten noch im Jahre 1933 die wesentlichen Voraussetzungen für die Gleichschaltung der Presse: Auf die Gründung des Reichsministeriums für Volksaufklärung und Propaganda im März 1933 folgte die Einrichtung der Reichspressekammer (Dezember 1933) aufgrund des Reichskulturkammergesetzes vom September 1933. Präsident der Reichspressekammer wurde Max Amann (1891 bis 1957), seit 1922 Leiter des nationalsozialistischen Eher-Verlages und des vom Eher-Verlag herausgegebenen *Völkischen Beobachter* (1920 bis 1945), der 1926 durch einen *Illustrierten Beobachter* (bis 1945) (von Amann und Heinrich Hoffmann herausgegeben) ergänzt worden war. Amann gelang es in kurzer Zeit, die verbliebenen bürgerlichen Pressekonzerne zu liquidieren und den nationalsozialistischen Pressetrust um den Eher-Verlag herum aufzubauen: Während vom Mosse-Verlag (*Berliner Tageblatt und Handelszeitung*, 1872 bis 1939) nur noch eine Konkursmasse zu übernehmen war, wurde Ullstein gezwungen, den Verlag zu verschleudern (seit 1938 «Deutscher Verlag»). Hugenbergs Scherl-Verlag wurde aufgrund einer Vereinbarung zwischen Hitler und seinem ersten Wirtschaftsminister erst 1944 gegen eine Abfindung vom Eher-Verlag übernommen. Auf diese Weise ergänzte die wirtschaftliche Vormachtstellung des «Amann-Konzerns» die totale politische Gleichschaltung der Presse in Deutschland durch den nationalsozialistischen Staat.

Film

Von dem Beginn einer nationalen Filmindustrie kann man in Deutschland erst nach dem Ersten Weltkrieg sprechen; bis dahin beherrschten französische, amerikanische und dänische Produktionen eindeutig den deutschen Markt. Da man sich während des Kriegs der propagandistischen Möglichkeiten des Films bewußt wurde und die Produktionen des feindlichen Auslands nicht eingeführt werden durften, ergriffen staatliche (General Ludendorff für die OHL) und private (u. a. die Deutsche Bank) Interessenten die Initiative: Nach einem zunächst rein militärischen «Bild- und Filmamt» (BuFa) wurde Mitte 1917 die «Universum Film AG» (UFA) gegründet, deren expansionistische Tendenzen sie von Anfang an zum Zentrum der deutschen Filmindustrie werden ließen. Hugenberg, der 1927 die UFA übernehmen wird, hatte bereits 1916 mit der Gründung der «Deutschen Lichtbild Gesellschaft» (DLG) ins Filmgeschäft eingegriffen; dieses von der Montanindustrie finanzierte Unternehmen diente ursprünglich der deutschen Wirtschaftspropaganda im Ausland.

Die weitere Entwicklung der deutschen Filmindustrie in der Weimarer Republik ist von der Expansionspolitik der UFA im Interesse einer Reihe von Finanz- und Industrie-Einzelkapitalien unter Beteiligung des Staates geprägt; nach einer Reihe von Fusionierungen mit kleineren Firmen existierten während des ersten großen Booms 1920/21 fünf große Produzenten, die gleichzeitig wesentliche Anteile am Verleihgeschäft hatten: Allen voran die UFA, danach die Emelka (Münchner Lichtspielkunst AG), die Deulig (aus der DLG Hugenbergs hervorgegangen) und die Terra-Film-AG; 1921 kam die National-Film-AG hinzu. Als nach der Inflation die monetäre Stabilisierung den deutschen Markt für ausländische, besonders amerikanische Produzenten/Verleiher wieder attraktiver machte, konnten künftig bei einem Marktanteil von 40 Prozent nur noch wenige konkurrenzfähige Produkte ihre Kosten einspielen oder gar Gewinne erwirtschaften. Die Pleiten kleiner Firmen verstärkten die Konzentrationstendenzen bei der UFA, bis diese 1927 selbst in Schwierigkeiten geriet, aus denen sie durch die Übernahme in den Hugenberg-Konzern «befreit» wurde. Auf diese Weise fusionierte die größte deutsche Filmgesellschaft (die UFA verfügte über Produktionsstätten, Kopierwerke, Verleih, Kinoketten im horizontalen Verbund) mit einem der größten Presseverlage (Hugenbergs Scherl-Verlag, der auch die bedeutendste Filmzeitschrift, den *Kinematograph*, 1907 bis 1935, herausgab) und dem Kapital aus Schwerindustrie, Chemie und Banken.

Die kapitalintensive Umstellung auf Tonfilm 1929/30 förderte die Konzentration zusätzlich, so daß nach einer schweren Krise 1932/33 am Vorabend der nationalsozialistischen Gleichschaltung der Filmindustrie nur noch drei Großkonzerne übrig waren: die UFA, die Tobis (Tonbildsyndikat AG, 1928 für die gemeinsame Verwertung der Tonpatente gegründet) und die Terra.

Der politischen Gleichschaltung des Films in einer dem Propagandaministerium unterstellten Reichsfilmkammer (deren Präsident ab 1939 Carl Froelich war) folgte 1937 der erzwungene Verkauf von Hugenbergs Anteilen des Scherl-Verlages an der UFA; über eine Holding erwarb der nationalsozialistische Staat die UFA und damit die ganze Macht über die deutsche Filmproduktion.

Die Blütezeit des deutschen Films zwischen den Weltkriegen fällt in die Jahre 1919 bis 1924: Wirtschaftliche Krise und politische Kämpfe hatten den deutschen Markt von ausländischer Konkurrenz freigehalten, so daß sich die nationale Filmproduktion ungehemmt bei großem Nachkriegsbedarf entfalten konnte. Nach einer kurzen Phase billiger Sexfilme und aufwendiger Ausstattungsfilme (für letztere war der Reinhardt-Schüler Ernst Lubitsch zuständig) schufen der Regisseur Robert Wiene (1881 bis 1938) und die Autoren Carl Mayer (1894 bis 1944) und Hans Janowitz (1890 bis 1954) den Prototyp des deutschen expressionistischen Films: *Das Kabinett des Dr. Caligari* (1920), den Kracauer als «eine Vorahnung Hitlers» [106; *S. 79*] aufgefaßt hat. Eine Reihe von Filmen sind der Tradition des *Caligari* verpflichtet, u. a. Fritz Langs *Dr. Mabuse der Spieler* (1922) und Paul Lenis *Das Wachsfigurenkabinett* (1924). Die «Tyrannenfilme» wurden von einer Reihe von «Trieb- und Straßenfilmen» [vgl. 106] ergänzt, u. a. Karl Grunes *Die Straße* (1923) und F. W. Murnaus Meisterwerke *Nosferatu – eine Symphonie des Grauens* (1922) und *Der letzte Mann* (1924). Während Fritz Langs *Nibelungen* (1923/24) und *Metropolis* (1926) formal und ideologisch problematisch blieben, waren die neusachlichen Filme von Georg Wilhelm Pabst (*Die freudlose Gasse*, 1925 und *Die Büchse der Pandora*, 1929) und Walter Ruttmann (*Berlin, die Symphonie einer Großstadt*, 1927) künstlerische Höhepunkte. Seit der Einführung des Tonfilms entstanden Werke wie *Der blaue Engel* (1930) von Joseph von Sternberg und Fritz Langs Filme *M* (1930) und *Das Testament des Dr. Mabuse* (1933). Nach der Machtergreifung Hitlers folgte Fritz Lang (1890 bis 1976) seinen Kollegen Ernst Lubitsch (1892 bis 1947) und Friedrich Wilhelm Murnau (1889 bis 1931) in die USA. Georg Wilhelm Pabst (1885 bis 1967) arbeitete nach so engagierten Filmen wie *Westfront 1918* (1930) und *Kameradschaft* (1931) ab 1932 in Frankreich. Die Auseinandersetzungen um seine 1931 entstandene Verfilmung der *Dreigroschenoper* gaben Brecht Anlaß zu seiner Analyse gesellschaftlicher Bedingungen der Filmproduktion in dem als «soziologisches Experiment» aufgefaßten *Dreigroschenprozeß* (1931). Bertolt Brecht (1898 bis 1956), der sich wie viele andere Schriftsteller um den Kontakt zum Film bemühte [vgl. 98 u. 101], schrieb das Drehbuch zu Slatan Dudows (1903 bis 1963) Film *Kuhle Wampe oder: Wem gehört die Welt* (1932) mit der Musik von Hanns Eisler (1898 bis 1962), einem der wenigen Filme, die im Interesse der proletarischen Sache entstanden waren. Zu ihnen gehörten auch Piel Jutzis (1894 bis 1945) *Mutter Krausens Fahrt ins Glück* (1929) und *Berlin Alexanderplatz* (1931) nach Alfred Döblins Roman. Der wichtigste Organisator kommunistischer Filmarbeit war wiederum Willi Münzenberg. Die IAH diente ihm auch hier als Instrument, die sogenannten «Russenfilme» Ejzenštejn, Pudowkins u. a. im ständigen Kampf gegen die Zensur dem deutschen Publikum zugänglich zu machen. Seiner Parole «Erobert den Film!» [vgl. 112] war wegen der besonders kapitalintensiven Produktionsbedingungen des Films und besonderer staatlicher Repression nur schwer nachzukommen. Die Gründung der «Prometheus-Film-GmbH» 1926 als Produktions- und Vertriebsgesellschaft durch Münzenberg stellte in Deutschland die Verbindung zur russischen «Meshrapom» her, über die sowjetische Filme vertrieben und mit der in Koproduktion proletarische Filme hergestellt werden konnten (z. B. Jutzis *Mutter Krausens Fahrt ins Glück*). Gerade erst im Aufbau, wurde 1933 die Entwicklung einer Filmproduktion der Arbeiterbewegung abgebrochen.

Während unter dem Faschismus der italienische Film durchaus kritische, realistische und künstlerisch anspruchsvolle Formen entwickelte, bedeutete der Nationalsozialismus auch künstlerisch einen folgenschweren Einbruch in das während der Weimarer Zeit erreichte Niveau. Noch vor der Machtergreifung produziert, war Gustav Ucickys (1899 bis 1961) *Morgenrot* (1933) über den Heldentod in einem U-Boot des Ersten Weltkriegs bereits ein Produkt im Sinne der nationalsozialistischen Filmpolitik, die sich auch in Luis Trenkers (geb. 1892) Bergfilmen (*Berge in Flammen*, 1931) ebenso wie in Wilhelm Thieles (1890 bis 1975) *Die drei von der Tankstelle* (1930) ankündigte. Da Goebbels der Meinung war, daß entpolitisierte Unterhaltung breitenwirksamer sei als direkte Propaganda («... besonderer Bedacht [soll] gerade auf die Entspannung und Unterhaltung gelegt werden, weil die weitgehend überwiegende Mehrzahl aller Rundfunkteilnehmer meistens vom Leben sehr hart und unerbittlich angefaßt wird ...») [69; *S. 116*], waren *Maskerade* (1934) und *Allotria* (1936) von Willi Forst (geb. 1903) ebenso charakteristisch wie Leni Riefenstahls (geb. 1902) Parteitagsfilme *Sieg des Glaubens* (1933) und *Triumph des Willens* (1935) oder ihre Olympiade-Filme von 1938. Tatsächlich aber hat die «Ästhetisierung der Politik» – im Sinne einer Stilisierung und Überhöhung der Erscheinungsformen des nationalsozialistischen Staates – «in der Wochenschau und den entsprechenden Kompilationsfilmen stattgefunden». [148; *S. 115*] Die Kriegsberichterstattung der «Deutschen Wochenschau GmbH» (seit 1940) in der UFA gehörte von der filmästhetischen Darstellung und vom dargestellten Ereignis her sicherlich zu den «wesentlichsten» Erscheinungen des Nationalsozialismus.

Radio

Der deutsche Rundfunk entstand durch das Zusammenwirken privater und staatlicher Interessen. Er entwickelte sich zum einflußreichsten Massenmedium sowohl des Weimarer wie des nationalsozialistischen Staates und war daher auch in besonderem Maße Objekt und Medium der politischen Kämpfe in der Weimarer Republik sowie wichtigstes Propagandainstrument der Nationalsozialisten.

Die Verschränkung privaten Kapitals und staatlicher Interessen war von Anfang an bestimmend: Die 1903 von der AEG und Siemens & Halske gegründete «Telefunken-Gesellschaft» sollte die drahtlose Telegraphie für militärische, koloniale und Zwecke der Seefahrt weiterentwickeln. Den Rundfunk auch als Unterhaltungsmedium zu nutzen, begann man erst gegen Ende des Ersten Weltkriegs, als es wichtiger wurde, die Soldaten mit Musik bei Laune zu halten, als den Funk ausschließlich für militärische Nachrichten einzusetzen. Empfangsgeräte durften schon seit 1908 nur mit Genehmigung des Reiches betrieben werden; auch nach dem Krieg sollte zunächst die Privatisierung des Empfangs aus Gründen militärischer Geheimhaltung nicht zugelassen werden, wodurch ein öffentlicher Rundfunk verhindert worden wäre. Die Industrie jedoch, die ihren militärischen Markt verloren hatte, drängte auf öffentlichen Rundfunk und privaten Empfang; der Radio-Boom in den USA zu Beginn der zwanziger Jahre mit bereits über fünf Millionen Teilnehmern versprach verlockende Renditen. So wurde 1920 zunächst eine auf Wirtschaftsnachrichten begrenzte Nutzung des Rundfunks zugelassen («Eildienst»), bis dann auf Betreiben des Staatssekretärs Hans Bredow (1879 bis 1959; vormals Telefunken) im Frühjahr 1923 Konzessionen zur Errichtung von Sendeanlagen und zum Bau von Empfangsgeräten vergeben wurden.

Am 29. Oktober 1923 konnte der Unterhaltungsrundfunk seinen Betrieb aufnehmen: zunächst in Berlin durch die Schallplatten-Firma «Vox», dann im ganzen Reich durch regionale Sendegesellschaften, die mit privatem Kapital aus allen Bereichen der Wirtschaft finanziert waren. 1926 wurden die einzelnen Gesellschaften in einem Dachverband zusammengefaßt, der «Reichs-Rundfunk-Gesellschaft mbh» (RRG). Eine erste Neuordnung des Rundfunks überträgt der Post 51 Prozent der Anteile an den Sendern, wodurch der Rundfunkkommissar des Reichspostministeriums Bredow de facto die Leitung des Rundfunks übernahm; ihm wurde ein Programmrat zugeordnet. Trotz der Erhöhung der Rundfunkgebühren von 24 Mark auf 60 Mark entwickelte sich die Teilnehmerzahl sprunghaft: Anfang 1924 noch 1500, waren es Ende 1924 schon 500000, im Januar 1926 eine Million, im Januar 1928 doppelt so viele, zwischen 1937 (8 Millionen) und 1943 stieg die Teilnehmerzahl auf 16 Millionen, die höchste Zahl in Europa.

Die politische Absicht des Rundfunks war es von Anfang an, unpolitisch zu sein. «Ich sehe die Aufgabe eines Programmchefs darin, die Hörer aus der schwierigen Gegenwart in ein Gebiet zu führen, in dem Gegensätze geschlichtet, Spannungen gelöst, Harmonien hergestellt werden.» [70; S. 117] Musik, Frühsport und erbauliche Sendungen, die bald wieder von nationalsozialistischen und militaristischen Tönen abgelöst wurden, hatten dafür zu sorgen.

Nachrichten mußten von der eigens eingerichteten Agentur DraDAG («Drahtloser Dienst AG», 1932 von der Nachrichtenabteilung der RRG abgelöst) bezogen werden, die von Vertretern der Länder und des Reiches kontrolliert wurde. Der Staat hatte sich allerdings von Anfang an des Rundfunks zur Durchsetzung seiner Ziele bedient; so wurden die Notverordnungen Brünings und Papens mit ihrer Veröffentlichung im Rundfunk gesetzeswirksam; Reichspräsident und Reichskanzler hatten ihre Auftritte, bevor Hitler und Goebbels daraus ein Ritual machten; vor den Wahlen wurde den im Reichstag vertretenen Parteien je eine Viertelstunde Sendezeit eingeräumt – ‹selbstverständlich› mit Ausnahme der KPD.

Eine weitere Neuordnung der Struktur des deutschen Rundfunks leitete 1932 dessen Verstaatlichung ein; nach der Machtergreifung erklärten im Juni 1933 die Nationalsozialisten die Reichs-Rundfunk-Gesellschaft zum Eigentum des Staates und unterstellten sie dem Propagandaministerium. Kontrolliert wurde der Rundfunk künftig durch die Reichsrundfunkkammer, die die nationalsozialistische Gleichschaltung des Rundfunks vollendete.

Brechts «Vorschlag zur Umfunktionierung des Rundfunks: Der Rundfunk ist aus einem Distributionsapparat in einen Kommunikationsapparat zu verwandeln» hatte, als die Forderung aufgestellt wurde, einen durchaus realistischen Hintergrund: die «Arbeiter-Radio-Bewegung», die dem herrschenden Apparat des privaten und öffentlichen Kapitals die Praxis einer direkten Rundfunk-Kommunikation entgegenzusetzen versuchte. Viele Soldaten waren aus dem Krieg als ausgebildete Funker zurückgekehrt, ihre technischen Kenntnisse bildeten die Grundlage für die Radio-Bastler-Bewegung, aus der sich regionale Arbeiter-Radio-Klubs entwickelten, die sich im April 1924 zu einem Dachverband, dem «Arbeiter-Radio-Klub e.V.», zusammenschlossen. Über Verbandszeitschriften waren die Radiohörer zusätzlich verbunden und mit Anleitungen zum Selbermachen oder Verbessern von Empfängern versorgt; da die von der Industrie gelieferten Empfangsgeräte in der Leistung bewußt begrenzt worden waren, mußten sie technisch zum Beispiel auf den Empfang von «Radio Moskau» vorbereitet werden.

Die Arbeiter-Radio-Klubs versuchten selbstverständlich, als Hörerorganisationen auf Struktur und Programm der Sender Einfluß zu nehmen; neben extremen Forderungen wie «Gebt uns eigene Sender!» standen kulturpolitische Illusionen, mit Radioparlamenten den Rundfunk demokratisieren zu können. Differenzen zwischen KPD- und SPD-orientierter Rundfunkpolitik führten Anfang 1928 zur Gründung des «Arbeiter-Radio-Bunds», von dem sich dann 1929 endgültig der kommunistische «Freie Radio-Bund Deutschlands» mit der eigenen Zeitschrift *Arbeiter-Sender. Illustriertes Wochenblatt* (1928 bis 1933) abspaltete. Der FRBD organisierte im August 1930 eine «1. Internationale Radiohochschule der Werktätigen» mit kulturpolitischen und technischen Kursen (gegenüber der ‹Bastelei› des ARB betonte der FRBD den politischen Kampf um den Rundfunk). Spektakuläre Aktionen von «Roten Radisten», sich des offiziellen Rundfunks zu bemächtigen, blieben jedoch vereinzelt. Im Februar 1933 wurde der FRBD verboten, und es erschien die letzte Nummer des *Arbeiter-Sender*.

Der tagespolitische Kampf um den Rundfunk hat wenig Raum für künstlerische oder theoretische Auseinandersetzungen mit dem neuen Medium gelassen. Ansätze zu einer Ästhetik des Hörspiels hat es daher nur vereinzelt gegeben: Friedrich Wolf, Rudolf Arnheim, Alfred Döblin u. a. arbeiteten im dem FRBD nahestehenden Bund Freier Rundfunkautoren; während etwa Friedrich Wolf (1888 bis 1953) versuchte, durch eine starke Literarisierung des Hörspiels auch kommunistische Beiträge für den bürgerlichen Rundfunk akzeptabel zu machen, setzte Brecht im *Ozeanflug* (früherer Titel: *Der Flug der Lindberghs*, 1929) konsequent seine Radiotheorie in die Hörspielpraxis um, indem er den Hörer als Produzenten in das Spiel einbezog. Wenige Jahre später begannen die Nationalsozialisten, ihre Hörer als Opfer des Radios zu produzieren.

Fernsehen

«Jetzt kommt der zweite Schritt, noch verblüffender als der erste. Von allen Erfindungen dieser Zeit ist die des drahtlosen Fernsehens nicht nur die vielleicht zauberhafteste, sondern auch die folgenreichste.» [77; *S. 306*] 1929 war das Fernsehen längst keine Utopie mehr: Seit März gab es tägliche Versuchssendungen der Reichspost (noch ohne Ton), fünf Jahre später werden 180-Zeilen-Bilder mit Ton übertragen (1937 wird die Norm von 441-Zeilen eingeführt; für die heutige Bildqualität werden 625-Zeilen bei 25 Bildern pro Sekunde benötigt). 1935 beginnt der erste regelmäßige Programmdienst der Welt durch den «Deutschen Fernsehsender Paul Nipkow» in Berlin. Für die Übertragung der Olympischen Spiele in Berlin (1936) wurden von Telefunken riesige Ikonoskop-Kameras gebaut, die Bilder in öffentliche Fernsehempfangsstellen mit Großbildprojektoren übertrugen; von einem ‹Massen›-Medium Fernsehen konnte indes noch keine Rede sein: Ein Fernsehempfänger kostete 1935 1800 Mark (bei Wochenlöhnen unter 30 Mark), auch der öffentliche Gemeinschaftsempfang machte das Fernsehen noch zu keinem Massenmedium, dazu waren die Bildqualität zu schlecht und die Produktion der Bilder zu aufwendig. Die Frage ist, ob das Fernsehen überhaupt zum Medium nationalsozialistischer Propaganda hätte werden können, wenn die technischen Voraussetzungen geschaffen worden wären. Die Inszenierung der Massen und die agitatorische Selbstinszenierung Hitlers waren weder auf deren Reproduzierbarkeit in einer kleinen Bildröhre noch ihre Rezeption in der bürgerlichen Wohnstube zugeschnitten.

Die Parteitagsfilme von Leni Riefenstahl (*Sieg des Glaubens*, 1933, und *Triumph des Willens*, 1935) sollten das Erlebnis der unmittelbaren Teilnahme an der nationalsozialistischen Massenveranstaltung auch den Volksgenossen vermitteln, die nicht direkt dabeisein konnten; ihre Ästhetik wollte nicht informieren, sondern überwältigen durch Bilder von Massenaufmärschen und Parteiführern, die in Untersicht riesenhaft gegen den Himmel fotografiert waren. Für die nationalsozialistische Propaganda waren auch die Olympia-Filme Leni Riefenstahls sicherlich wirkungsvoller als der begrenzte Propaganda-Effekt der Fernsehübertragung, eines technischen Spektakels ‹Fernsehen›, das inhaltlich (noch) nicht genutzt werden konnte und dessen Ästhetik die Hohlheit des nationalsozialistischen Massen- und Führerkults eher entlarvt hätte. Radio, Film und Massenpresse blieben vorläufig die wirkungsvollsten Massenmedien faschistischer Propaganda.

Alexander von Bormann
Lyrik

Das ‹Dilemma von Weimar› umschreibt Kurt Tucholskys (1890 bis 1935) Gedicht *Zehn Jahre deutsche Revolution* (1928): «Wir haben die Firma gewechselt. Aber der Laden ist der alte geblieben.» Stichworte wie ‹Verfall des Liberalismus›, ‹Die halbe Revolution›, ‹Das Versagen der Parteien›, ‹Die ungeliebte Republik› vermögen die Orientierungsschwierigkeiten anzudeuten, vor denen eine zunehmend marginalisierte Lyrik sich fand. Die Lyriker taten sich schwer mit dem Umschwung und setzten im wesentlichen schon vorher geübte Haltungen fort: die ‹Vertiefung› gleich Entpolitisierung zentraler Begriffe aus der öffentlichen Diskussion; den pathetischen Führungsanspruch, der auch gelegentlich (etwa zu Zeiten der Münchener Räterepublik) einen realistischen Anschein bekam; die Pflege klassischer Verssprache, wofür Theodor Däubler (1876 bis 1934) stehen mag:

> Umdunkelt lauschen wir des Mittags goldner Schwere:
> Trotz Sturm und Sommerswucht umblaut uns samtne Ruh.

Der Verwechslung mit Conrad Ferdinand Meyer (1825 bis 1898) beugen locker eingeflochtene Alltäglichkeiten wie Kaffee, Pasteten, Zigarren vor:

> Beisammen wollen wir nun fremde Sorten rauchen!
> (*Maremma*, 1922)

Im Versuch, die als bedroht empfundenen Werte der bürgerlichen Tradition zu retten, sie eingedenkend zu vergegenwärtigen, wird viel lyrischer Schutt aufgehäuft; leitend ist die Illusion, sich so gegen die Moderne abgrenzen zu können. Hans Dieter Schäfer hat den Rückzug auf alte Ordnungen, die Abkehr von revolutionären Ausdrucksformen und die Tendenz zur Wiederaufnahme der Klassizismustradition des bürgerlichen Realismus in Zusammenhang mit der Krise von 1930 gebracht. Seine

Analysen zeigen, daß der Rückgriff auf die Tradition nun für die ideologisch unterschiedlichsten Lager zutrifft. Nach dem Ersten Weltkrieg freilich standen revolutionärer Erneuerungswillen und konservative Wertvergewisserungen noch deutlich gegeneinander. Autoren wie Hermann Stehr (1864 bis 1940) und Rudolf Georg Binding (1867 bis 1938) suchen kostbare Formen und Bilder, um ‹das Geschick zu deuten›, wie die Gebärde lautet. Im Sonett *Kriegsende* erläutert zum Beispiel Stehr den Krieg als Veranstaltung «der» Seele, die «an goldner Tage Wust» zu ersticken drohte und deshalb «halbbewußt [Reim!] ihr Böses in die Welt» entlassen hat:

> Der Krieg begann in jeder Menschenbrust.
> Machtvoll war Niedres, und das Hohe litt.

Die Entscheidung für die traditionelle Form wird in den aufgeregten zwanziger Jahren zunehmend eine weltanschauliche Frage. Jedenfalls sollen nun die alten Klänge für das Alte-Wahre einstehen (wie schon in der Hochromantik), der Klassizismus der Formtradition meint zugleich eine exklusive Geste, das Geistergespräch und den Ausschluß des Pöbels. Rudolf Borchardt (1877 bis 1945) schreibt seine *Ode mit dem Granatapfel* (1924 in sapphischem Versmaß) für den Freund Rudolf Alexander Schröder (1878 bis 1962), der seinen *Reisesegen* Otto Freiherr von Taube widmet. Borchardts Ziel war eine *Schöpferische Restauration* (Rede, 1927) der kulturellen Tradition mit engagiert humanistischem Ansatz. Sein italienischer Aufenthalt wurde 1933 zur Emigration. Schröders *September-Ode* (im alkäischen Versmaß), seine Aufnahme der Elegie, des Lieds, des Sonetts, der Ballade usw. zeigen den Reiz wie die Grenze dieses Konzepts der Bewahrung (*Mitte des Lebens*. Gedichte, 1930). Auch Karl Wolfskehl (1869 bis 1948), Freund und später ‹Statthalter› Stefan Georges, 1933 zur Emigration gezwungen (Schweiz, Italien, Neuseeland), muß sich regelmäßig den Vorwurf einer Überfülle von Bildung gefallen lassen. Noch in den Exil-Gedichten bricht expressionistisches Pathos illusionär durch: «Ihr immer neu Geschürten, / Zum Stamm erstarkt der Splitterspan, / Ihr einst und stets Gekürten …» Doch auch sehr einprägsame Bilder und Verse gelingen dem Exilierten: «Endchrist endchrist du wurdest zum Spott / Statt deiner kommt der fliegengott» (*Nova Apocalypsis*. – Zu den Dichtern, welche die Unzerstörbarkeit der Kultur gegen den gespürten Werteverfall ausspielen, gehört auch Friedrich Georg Jünger (1898 bis 1977). Im hohen mythischen Tone setzt er die Götter gegen das Gemeine: «Ordnung lieben sie und hohe Schönheit.» Doch die Verstörungen und Vernichtungen werden, nicht anders als bei Ernst Jünger (geb. 1895), letztlich als Bilder und Textvorwürfe goutiert: «Wie der Wind, wie Staub verwehn die Klagen.» Was für eine *Aprikose erinnert* gilt (Dichtung «ist des Gegenstands Vernichtung»), nimmt sich angesichts brennender Städte

(*Die Zukunft*) eher zynisch aus: «Wie ein Hag von Rosen blüht das Feuer.» Vor allem nach 1945, als diese Lyrik literarische Neuanfänge blockierte, trat hervor, wie formell und leer das Humanismuskonzept dieser neu-klassizistischen Lyrik doch war.

In der bedeutenderen Lyrik wird die Entscheidung für die schöne Form weniger direkt als bei Stehr als ‹Damm› gegen die ‹Flut›, als Wahrung des Hohen gegen das Niedere gesehen. Die soziale Problematik teilt sich der hohen Lyrik als Beunruhigung mit, als Nötigung, immer reflexiver zu werden. Erst in den dreißiger Jahren, als die dichterische Produktion nicht mehr so entschieden von den politisch-ideologischen Gegensätzen ihren Ausgangspunkt nimmt, kommt es wieder zum ‹einfachen› Gedichttypus, zur «erschauten» Wahrheit. Hugo von Hofmannsthal (1874 bis 1929) setzt in *Ein Knabe* (1924) das Spiel mit Muscheln als Zeichen ein: es ist «der Trost des schönen Lebens», freilich als solcher gewußt und den Zumutungen und Versagungen zugeordnet. Vom Knaben heißt es:

> Eh er gebändigt war für sein Geschick,
> Trank er viel Flut, die bitter war und schwer.

Das Schlußbild zeigt den Knaben, der die Muscheln «mit unsicherm Lächeln» verweigert:

> ... denn ein großer Blick
> Auf diese schönen Kerker zeigte ihm
> Das eigne unbegreifliche Geschick.

Auch das trotzige Bekenntnis zum Epigonentum, das Karl Kraus (1874 bis 1936) inhaltlich und formal in seinen Versen ausspricht, wird von der Einsicht geleitet, daß das Textspiel der hohen Lyrik an der Gegenwart vorbeigeht (und umgekehrt): In pathetischer Gestik stilisiert sich hier die traditionelle Lyrik zum Abschied von einer Gegenwart, die ihr den Abschied gegeben hat: «Jünger bin ich als jung, / leb' ich im Alten. / Welche Erneuerung! / Welches Erhalten!» Das ist der Ton und die Liedform des alten Goethe. Die Gegenwärtigen werden zu Gespenstern erklärt: «Es brach die Gegenwart / ein Epigone!» (*Jugend*, 1918) Die satirischen Möglichkeiten, die dieser Ansatz freigibt, treten etwa im berühmten Gedicht *Franz Joseph* (1920) hervor, das den ehemaligen Kaiser («War die Figur er oder nur das Bild?») zum Typus erhebt:

> Nie prägte mächtiger in ihre Zeit
> jemals ihr Bild die Unpersönlichkeit.

Eine vergleichbare Zweideutigkeit kennzeichnet auch viele der späten George-Gedichte. Stefan George (1868 bis 1933) ließ 1928 den Band *Das neue Reich* erscheinen, der zu den gegensätzlichsten Deutungen Anlaß gab, weil er für finstere Zwecke schutzlos Zitate bietet. Die Gegenstellung zur Gegenwart spricht sich unverhohlen aus. Das große Gedicht *Der Dichter in Zeiten der Wirren* (1921) endet ebenso wie *Der Krieg* (1917) oder *Geheimes Deutschland* (1928) mit dem Bilde des großen Mannes, der sorgt, daß «grosses wiederum gross ist / Herr wiederum Herr. Zucht wiederum Zucht.» Doch es ist sowohl biographisch falsch wie interpretatorisch kurzschlüssig, diese Verse auf die nationalsozialistische Bewegung und ihren Führerkultus zu beziehen. Die gemeinsame Quelle dieser Vorstellungen ist der Zweifel an der republikanischen Staatsform (vgl. auch: *Einem jungen Führer im Ersten Weltkrieg*, 1921), doch schon die Ausstattung des erträumten Herrschers mit den Insignien des Erlösers und des antiken Halbgotts unterscheidet Georges Phantasien deutlich vom populistischen Ansatz der nationalsozialistischen Bewegung. Die ‹elevatio›, das von Schiller, Hölderlin bis hin zu Baudelaire gern geübte Abheben aus den Niederungen der Alltagswelt, ist der Grundgestus auch in den späten George-Gedichten:

> Da uns die trübe droht wenn wir nicht strömen
> Reisst oft sich unser geist aus seinen grenzen:
> Vom glorreichen beginn an webt er träume.
> In reihen endlos bis in spätste zonen
> Verfolgt er zug um zug verwegne spiele.

«Leichteren göttersinn» möchte der Dichter seinem Volk vorschlagen. Die Sprüche *An die Lebenden* (1928), die Sprüche *An die Toten* (1921) und vor allem die *Lieder* (1928) beschwören «die traumeswelt» und die humanisierende Bedeutung der Sprache. George faßt wie Karl Kraus die Namengebung (-findung) als Zeitkritik auf und bekennt sich schließlich (im Reim) zum «verzicht»: «Kein ding sei wo das wort gebricht.»

Rilke

In den späten Gedichten von Rainer Maria Rilke (1875 bis 1926) wird gleichfalls das dichterische Wort als Beschwörung der hinfälligen Dinge («O Haus, o Wiesenhang, o Abendlicht») verstanden: «an mir ruht / der schönen Schöpfung Bild und weint sich aus» (*Es winkt zu Fühlung*, entstanden 1914). Rilkes Lyrik folgt der für die moderne Dichtung charakteristischen Tendenz einer radikalen Subjektivierung. Es ist freilich banal, ihm nun die «Zelebrierung eines Kults der Innerlichkeit» und dekadente «Flucht vor den gesellschaftlichen Mächten» vorzuhalten. [177a, Bd. 2; *S. 218*] Rilkes Bilder und Zeichen reichen bildsam in den Prozeß der Subjektkonstitution selbst hinein: Die Frage nach dem Zusammenhang von (Nicht-)Wissen und Singen verläßt «die letzte Ortschaft der Worte» und trifft noch «ein letztes Gehöft von Gefühl» (*Ausgesetzt auf den Bergen des Herzens*, 1924). Eine neue Nietzsche-Lektüre, die in den letzten Jahren in Gang gekommen ist, könnte sich auch auf die Rilke-Lektüre auswirken. Mit vielen (kaum erarbeiteten) Bezügen reicht Rilkes Werk in die lyrische

Tradition (vor allem der Romantik); die Bedeutung des lyrischen Sprechens wird von ihm sehr grundsätzlich (ästhetisch-gesellschaftlich) gefaßt (1923):

> Wir sagen Reinheit und wir sagen Rose
> und klingen an an alles, was geschieht;
> dahinter aber ist das Namenlose
> uns eigentlich Gebilde und Gebiet.

In Rilkes Widmungsgedichten von 1924 erscheint dieser Gedanke noch deutlicher: Das Schweigen wird gegen die Rede gesetzt – «was im Schweigen nicht schweigt», ist «das höhnische Böse». Dem ‹Gerede› entgegnet das Schweigen, das «an die Wurzeln der Rede» rührt; aus ihm wächst das Wort («jede erwachsene Silbe»), vor dem das Böse vergeht (*Schweigen*). Das gemahnt an Novalis: «Dann fliegt vor Einem geheimen Wort / Das ganze verkehrte Wesen fort.» Doch ist das romantische ‹Zauberwort› nun genauer als Grund der Sprache (und des Subjekts), als Erschließung der Erfahrung und Grenze zum Unsäglichen begriffen. Die Grundworte der Spätlyrik Rilkes (Bezug, Verwebung, Gestalt, Gefühl, Weltinnenraum u. a.) zeigen an, daß man diesem Werk unrecht tut, wenn man es direkt sozialgeschichtlich übersetzt, ohne eine texttheoretische Lektüre dazwischenzuschalten.

Egon Schwarz hat darauf hingewiesen, daß Rilke an den sozio-politischen Vorgängen seiner Epoche innerlich tiefer beteiligt war, als man gemeinhin annimmt. Das große lyrische Werk der *Duineser Elegien* (entstanden 1912 bis 1922; 1923 erschienen) drücke nicht nur allgemein-existentiell die «Vereinzelung und Sinnbedrohtheit des menschlichen Lebens» [378; *S. 89*] aus, sondern trage eine Zeitkritik in durchaus erkennbarem historischen Koordinatensystem vor, wozu dann Rilkes profaschistische Briefe, die *Lettres Milanaises* (1926), herangezogen werden. Diese Hinweise machen immerhin auf die Problematik des konservativ-zivilisationskritischen Ansatzes aufmerksam, der den Elegien vorausliegt. Die Rückwendung zum Mythos wird aber als irrationale Gegenstellung zur Moderne zu kurzschlüssig ausgelegt; das zentrale Bild des Engels (2. Elegie) meint ja jenes aus dem Schweigen geborene Wort, das Übersteigen des kenntlichen Menschen, den Versuch, dem Sehnen («das eigene Herz übersteigt uns noch immer») ein Bild zu schaffen, in dem es sich sänftigt, «mäßigt». Das Lob des Hierseins (7. Elegie) setzt doch den ‹Überstieg›, die Verwandlung des «sichtbaren Glücks» ins Innen voraus: «Nirgends, Geliebte, wird Welt sein als innen.» Verwandlung begreift Rilke auch als Auftrag der Erde: «Erde, ist es nicht dies, was du willst: *unsichtbar* / in uns erstehn?» (9. Elegie). Die mythische Landschaft der Klagen (10. Elegie) beherrscht den Schluß, der die Spannung von Freude und (Ur-)Leid in der Figur des ‹reinen Widerspruchs› festhält.

Die Sonette an Orpheus, als «ein Grab-Mal für Wera Ouckama Knoop» im

Château de Muzot im Februar 1922 geschrieben und 1923 erschienen, übersetzen die Reflexionsbewegungen noch konsequenter als die Elegien in formale Strukturen. Der Mythos (vom Sänger Orpheus) wird zum Muster des Zusammenhangs von ‹Übersteigung›, ‹Verschweigung›, ‹Wandlung›: «Gesang ist Dasein» (I,3). Der ‹Vor-Gesang› des Gottes behält gegen die Moderne recht; der Technik-Kult wird kritisiert, die Maschine, «wie sie sich wälzt und rächt / und uns entstellt und schwächt» (I,18); unbegriffen bleiben «die Leiden», «die Liebe», der «Tod», nur im orphischen Lied geheiligt:

> Wandelt sich rasch auch die Welt
> wie Wolkengestalten,
> alles Vollendete fällt
> heim zum Uralten. (I,19)

Der I. Teil umfaßt 26 Sonette, der II. Teil 29. Die Form wird frei und unschematisch gehandhabt, eine Herausforderung für den Traditionalismus, dem gerade die Sonettform als das «Unterpfand heiligen Ordnungswillens» (Josef Weinheber) gilt. Noch im Exil tritt das mit der Geste, ein humanistisches Erbe bewahren zu wollen, als Form-Orthodoxie auf. Die tönende Ordnung des schönen Sänger-Gotts ist, damit schließt der I. Teil, verloren und bewahrt zugleich (als Naturmusik), was den Auftrag für die Heutigen begründet. Der II. Teil legt diesen (romantischen) Ansatz zunächst wörtlich aus, im Bild des Atmens (1,2,29), der Blumen (5,6,7,14), des Tanzes (18,28), um wiederum mit dem Lob der Verwandlung zu schließen (in der Form des ‹reinen Widerspruchs›, die sich einer dialektischen Auflösung sperrt):

> Sei in dieser Nacht aus Übermaß
> Zauberkraft am Kreuzweg deiner Sinne,
> ihrer seltsamen Begegnung Sinn.
>
> Und wenn dich das Irdische vergaß,
> zu der stillen Erde sag: Ich rinne.
> Zu dem raschen Wasser sprich: Ich bin.

In vielen Bildern hat Rilke die kritische Abkehr von der Moderne ausgedrückt. Der II. Teil der Sonette läßt sich daraufhin durchmustern. Für die alte Zeit stehen u. a.: Blumen-Welten, Einhorn, Lüster, Parks, Kamin, Brunnen, Glockenläuten, Musik, Schweigen, Ursprung, Spiel, auch Jagd und Folter (II,9). Egon Schwarz hat darauf hingewiesen, daß Rilkes Bilder auf «eine patriarchalische Welt des Erzeugens und Verbrauchens» zielen, «in der der Mensch den Dingen noch nicht entfremdet war». Er folgert: «Dieser vielbewunderte Katalog, so erhaben und ehrwürdig er sein mag, ist im Grunde nichts als Flucht in eine vorkapitalistische Vergangenheit, ist Blut und Boden.» [378; *S. 103*]

Benn

Das ist in verständlichem Zorn gesprochen, doch auch sehr verkürzend. Fast eher noch geben sich die Bilder Gottfried Benns (1886 bis 1956) diesem Vorwurf bloß. Seine Gedichte nehmen, sozusagen berlinisch-keß, den Jargon der zeitgenössischen Wissenschaft und Kulturjournalistik auf («thalassale Regression», «hyperämische Reiche» usw.; vgl. z. B. das Gedicht *Chaos*, 1924), tauchen damit ins «Mythenmeer», was einen sehr eigenen Ton ergibt. Bertolt Brecht äußert sich recht mokant dazu und preist Benn als «im Zusammenstellen von Wörtern aparter Art sehr gewandt»: «Solch eine Sprache gleicht einer jener Gräfinnen, die ab und zu in exklusiven Blättern inserieren und vereinsamten Herren und Damen versprechen, sie in ihren Salons ‹zwanglos› zusammezuführen. Durch die umsichtige und geschmackvolle Kunst dieser Sprache werden Wörter zusammengeführt, die sich sonst niemals kennengelernt hätten.» (*Notizen zu Gottfried Benn*, entstanden zwischen 1934 und 1936) Die Grundsehnsucht Benns gilt dem «Wurzelquell»:

> und dann ein Land, im Aufgang, ferne,
> in dem die Gärten schweigend blühn.

Das Leiden am Bewußtsein, das als isoliert erfahrene Ich führt zu sehr intensiven, schönen Sehnsuchtsbildern, die gleichwohl alle in die ferne Vergangenheit zielen:

> O ferne zwingende erfüllte Stunde,
> die einst auch das verlorne Ich umschloß.
> (*Verlorenes Ich*, 1943)

Benn, der als Facharzt in Berlin praktizierte, war 1932 zum Mitglied der Preußischen Akademie der Künste ernannt worden. 1933 feierte er den Aufgang des Nationalsozialismus in sehr radikalen Tönen, um sich Ende 1934 wieder privat zu distanzieren (1935 ließ er sich als Militärarzt reaktivieren und erhielt nach allerlei Kampagnen gegen ihn 1938 Schreibverbot).

Das sind Konsequenzen aus der selbstgewählten Widerspruchshaltung. «Das Gehirn ist ein Irrweg», verkündete Benn, was ihn an die Seite der braunen Kohorten führte. Zugleich ist allen seinen Gedichten das Wissen von der Unwiederholbarkeit jener mythischen Stunde eingeschrieben, da die «Entwurzelungen» nicht galten, «wo sich die Seele tränkt». So arbeitet Benns Lyrik konsequent die ‹schizophrene› Haltung heraus (vgl. u. a. *Die Dänin*, 1924/25), das Leid der Ratlosigkeit: «Glück» und «Gegenglück» sind da beliebig vertauschbar:

> Wo alles sich durch Glück beweist (...)
> dienst du dem Gegenglück, dem Geist.
> (*Einsamer nie –*, 1936)

– welcher Zuspruch sogleich seine Relativierung erfährt, wenn Denken, Bewußtsein, Geist als vergebliches Spiel denunziert werden (*Verlorenes Ich, Das Unaufhörliche*, 1931 usw.). Benns größte Wirkung liegt zweifellos in den fünfziger Jahren, als die Illusion, mit Hilfe der Dichtung die Geschichte übersteigen zu können, neu auflebte.

Lasker-Schüler, Sachs, Kolmar, Goll

Mit Benn, dem sie zahlreiche Gedichte gewidmet hat, war Else Lasker-Schüler (1869 bis 1945) befreundet. Sie erhielt 1932 den Kleist-Preis und wurde 1933 zur Emigration gezwungen. *Die gesammelten Gedichte* erschienen 1917, der Band *Konzert* 1932; die Sammlung Neuer Gedichte *Mein blaues Klavier* kam 1943 in Jerusalem heraus. Das frühe Bekenntnis «Es treiben mich brennende Lebensgewalten, / Gefühle, die ich nicht zügeln kann» gilt durchaus für ihr ‹unordentliches›, bohèmehaftes Leben, bis zu den Verstörungen des Exils. Sehnsucht und Leid bestimmen ihr lyrisches Werk, übersetzt in immer geheimere Bildersprache: «Und das Lächeln liegt abgepflückt / Nur noch kurz auf meinem Gesicht»; «Von meinen Lidern / Tropft schwarzer Schnee» (*Senna Hoy*, 1909 bis 1915). Peter Hille (1854 bis 1904) kennzeichnet sie: «Der schwarze Schwan Israels, eine Sappho, der die Welt entzwei gegangen ist. Strahlt kindlich, ist urfinster.» Im Band *Konzert* heißt es zu Beginn (*Ein Lied an Gott*):

> Zwischen Winternächten liegen meine Träume
> Aufbewahrt im Mond, der mich betreut –
> Und mir gut ist, wenn ich hier versäume
> Dieses Leben, das mich nur verstreut.

Der Band von 1943 trägt die Widmung: «Meinen unvergeßlichen Freunden und Freundinnen in den Städten Deutschlands – und denen, die wie ich vertrieben und nun zerstreut in der Welt. In Treue!» Angst, Trauer, Verlassenheit, (ein wenig) religiöse Tröstung geben den Ton an. Das Gedicht *Über glitzernden Kies* (1934) schließt:

> Ich habe keine Schwestern mehr und keine Brüder.
> Der Winter spielte mit dem Tode in den Nestern
> Und Reif erstarrte alle Liebeslieder.

Im berühmten Gedicht *Mein blaues Klavier* lautet der Schlüsselvers: «Zerbrochen ist die Klaviatür ...», was auch die Illusion meint, mit Hilfe der Kunst den Zugang zu einem anderen Leben zu gewinnen. Das Gedicht *Die Verscheuchte* (1943) endet:

> Bald haben Tränen alle Himmel weggespült,
> An deren Kelchen Dichter ihren Durst gestillt –
> Auch du und ich.

Brecht begründete den freien reimlosen Vers der modernen Lyrik (1939) gesellschaftlich: «Ich hielt es nicht für meine Aufgabe, all die Disharmonien und Interferenzen, die ich stark empfand, formal zu neutralisieren.» Für die (späten) Lasker-Schüler-Gedichte gilt das, subtiler genommen, auch. Die Dichterin verzichtet auf jede traditionelle Fügung, etwa im Gedicht *An mein Kind* (1943), das zu den großen Texten unseres Jahrhunderts gehört – die Formtradition bietet dem unsäglichen Leid (Tod des Sohnes) keinen Halt; dieses findet sich seine eigene Sprache, zweizeilige Strophen, die das Schluchzen abfangen und übersteigen; das Gedicht baut sich ganz aus Sprach- und Bildgesten auf, die ihre eigene Bewegung suchen. Nur ganz selten läßt sich die deutsche Lyrik der zwanziger und dreißiger Jahre so gleichbedeutend in den Zusammenhang der europäischen Moderne stellen.

Von Nelly (Leonie) Sachs (1891 bis 1970) sind hier nur die lyrischen Dichtungen der vierziger Jahre zu erwähnen; sie hat von den späten fünfziger Jahren an regelmäßig Ehrungen und Preise erhalten und wurde 1966 mit dem Nobelpreis geehrt. Sie wuchs in Berlin auf, 1921 erschien ihr erstes Buch *Legenden und Erzählungen*. 1940 entgingen sie und ihre Mutter mit Hilfe schwedischer Stellen und dem Einsatz von Selma Lagerlöf (1858 bis 1940) dem deutschen Konzentrationslager, wo die gesamte übrige Familie umgebracht wurde. Dieses Schicksal wird in ihren Gedichten zum Thema, nicht ohne das Problem, daß die hymnisch-große Sprache dieses in ein Allgemein-Menschliches zurückholt. Ihre Gedichte, die während der Kriegszeit entstanden waren, bot sie unter dem deutlichen Titel *Dein Leib im Rauch durch die Luft* mehreren Verlagen an; selbst der Aufbau-Verlag lehnte 1946 diesen Titel ab. *In den Wohnungen des Todes* hieß der Band schließlich (1947) sehr viel lyrischer. Der *Chor der Geretteten* und die folgenden Elegien sind deutlich Rilke verpflichtet, doch gilt die Bemerkung von Karl Kraus, daß die Wirklichkeit die Metaphernsprache eingeholt hat, auch hier:

> O die Schornsteine
> Auf den sinnreich erdachten Wohnungen des Todes,
> Als Israels Leib zog aufgelöst in Rauch
> Durch die Luft –

In anderen Texten wird dieser Weg wieder zurückgegangen (von der Metonymie wieder zur Metapher, poetologisch gesprochen). Die Frage etwa: «Wer aber leerte den Sand aus euren Schuhen, Als ihr zum Sterben aufstehen mußtet?» führt vom Konkreten zu immer allgemeineren Konnotationen (Wandersand-Israel, Sinaisand, Sehnsuchtsstaub, Staub – Vergänglichkeit).

Thematisch und formal verwandt ist das Werk der Gertrud Kolmar (d. i. Gertrud Chodziesner), die 1894 in Berlin geboren wurde und wohl 1943 im KZ umkam. Ihr Gedicht *Die Jüdin* beginnt:

> Ich bin fremd.
> Weil sich die Menschen nicht zu mir wagen,
> Will ich mit Türmen gegürtet sein,
> Die steile, steingraue Mütze tragen
> In Wolken hinein.

Die (von 1933 an) täglich erfahrene Bedrohung (G. Kolmar wollte den greisen Vater nicht im Stich lassen, der 1941 abgeholt wurde) ist in Bilder der Abwehr, des Rückzugs, des Widerstands jenseits des Todes (*Maurische Legende* umgesetzt. Die Figur des Engels wird gegen die «Bosheit» der Menschen gesetzt; doch er ist «hoch und schmal, ohne Schwingen. Sein Antlitz ist Leid.» (*Der Engel im Walde*, um 1941.)

Zu jenen Autoren, deren begründete Schwermut im Anschluß an die ‹hohe› Lyriksprache einen eigenen Ausdruck findet, gehört auch Yvan Goll (eigtl. Isaac Lang, 1891 bis 1950), der sich sein Leben lang als Heimatloser betrachtet hat (Frankreich, Deutschland, amerikanisches Exil). Goll hat sich vor allem der französischen Moderne, dem Surrealismus zugerechnet, auch wenn seine poetologischen Äußerungen dieses Konzept eher zahm halten. Auch für Goll ist Lyrik die Sprache des Leids:

> Aus unseren uralten Augen
> Lächelt es golden
> Doch darunter haust eine traurige Furcht.

Die Bildsprache ist oft kühn, ohne daß sie experimentell wirkt, der Gefühlsbezug schlägt immer wieder durch: «Der Wind wirft mit zerbrochenen Vögeln um sich / Und schreit»; «Ich friere langsam in das All hinüber»; «Aschenrabe / Friß die Reste des Vergessens». Die *Ode an die Amsel* (1932) kontrastiert das Gefühl der Vergeblichkeit dem erfüllten Gesang des unscheinbaren Vogels und wiederholt ein klassisches Konzept («Ich singe wie der Vogel singt») als uneinholbar und vorbildlich zugleich: «Du rechnest nicht mit deinem Gesang.»

Bohème

Das Jahr 1918 läßt sich ebensowenig als Nullpunkt bestimmen wie das Jahr 1945. Zu den Traditionen, die eher verstärkt zur Geltung kamen, gehört auch die Bohème, eine intellektuelle Randgruppenkultur in den Großstädten (vor allem München, Berlin, Wien), worin sich seit alters alle möglichen Klassengrenzen verwischen. Individualistische Lebenskonzepte verbinden sich dabei mit der täglich erfahrenen Solidarität der Außenseiter, und 1918 kommt die Politisierung der anarchistischen Tendenzen hinzu. Die internationale Anziehungskraft Berlins in den zwanziger Jahren (vgl. Christopher Isherwood: *Goodbye to Berlin*, 1939) geht sehr stark auch auf den Betrieb des Romanischen Cafés zurück. Helmut

Kreuzer hat die Voraussetzungen und Entwicklungen dieser literarischen Szene ausführlich dargestellt und dabei auch die Darstellung von rechts zurückgewiesen, als sei etwa die Münchner Räterepublik von Schwabinger Kaffeehausliteraten ersatzweise gegründet worden. Zugleich gilt der Hinweis, daß die bohemischen Weltverbesserer «ihre Kraft aus Idealvorstellungen schöpfen, die sich nicht verwirklichen lassen». [29a; *S. 286*] Das Gesellungsideal der Anarchisten liegt der Bohème am nächsten; die anarchistischen Ideologien lassen «den Neigungen der politischen Bohème zu Spiritualismus und Radikalismus, individualistischem Spontanismus und Humanismus, Destruktivismus und Revolutionarismus einen weiten Spielraum». [28a; *S. 305*]

Die Lebens- und Denkform der Bohème ist Hintergrund und Voraussetzung der (im ganzen) ziellosen Revolutionslyrik nach 1918, aber auch der satirischen und Vagabunden-Poesie, des Kabaretts, des Songs. Auch ein Großteil der Einsamkeitslyrik (z. B. Else Lasker-Schüler) kommt aus diesem Umkreis, was sich im Exil verstärkt zeigen wird. Der satirische Song freilich ist gemeinschaftsbezogen, verdankt sich einer kritisch gelebten Geselligkeit und äußert sich explizit anti-pathetisch.

Politische Lyrik

Das soziale Bewußtsein, die Sensibilität für den Zusammenhang von Privilegierung und Ausbeutung, hatte in den zwanziger Jahren auch bei den ‹gebildeten Schichten› zugenommen. Tucholskys Vorhalt: «Unsre Not schafft erst deine Einsamkeit, die Stille und den Garten!» rechnet die Exklusivität als Unrecht vor. In der politischen Lyrik treten die ideologischen Gegensätze, welche die Weimarer Republik bestimmen, deutlich hervor. Als operatives Genre versucht das politische Lied, bei den Anhängern Mut und Zuversicht zu stimulieren, auch den Einzelaktionen eine Gesamtperspektive zuzuordnen und der scharfen Abgrenzung von den Gegnern ein gutes Gewissen zu schaffen. Den ästhetischen Traditionen des liberalen Bürgertums zufolge gibt es keine liberale politische Lyrik, sondern eigentlich nur eine dezidiert linke, klassenbewußt-proletarische, und eine entschieden rechte, völkisch-nationalistisch orientierte. Die links-engagierten Liedersänger sind am bekanntesten geworden, viele ihrer Songs werden heute noch gesungen. Erich Mühsam (1878 bis 1934) spielte als Mitglied des Revolutionären Arbeiterrates bei der Bayerischen Räterepublik eine wichtige Rolle, schrieb während seiner Haft (1919 bis 1924) zahlreiche revolutionäre Gedichte und Liedertexte, gab 1926 bis 1931 eine eigene Zeitschrift (*Fanal*) heraus und wurde 1934 im KZ Oranienburg umgebracht. Seine Verse klingen oft orthodoxer, als sie gemeint sind (die anarchistische Grundströmung bleibt erhalten, auch als kritische Distanz zur KPD):

Völker erhebt euch und kämpft für die ewigen Rechte!
Kämpft und erobert die Freiheit dem Menschengeschlechte!

Eine Schlüsselrolle für die politisch-revolutionäre Lyrik spielte die Zeitschrift von Franz Pfemfert (1879 bis 1954) *Die Aktion. Zeitschrift für freiheitliche Politik und Literatur*, 1911 bis 1932, die zugehörigen Reihen von
Aktions-Lyrik (1916) sowie die politischen Bibliotheken (wie *Der rote
Hahn* mit 60 Bänden bis 1924) und Anthologien. Oskar Kanehl (1888 bis
1929), Wilhelm Klemm (1881 bis 1968) und viele andere (Rubiner, Benn,
Goll) traten hier mit kämpferischen Versen hervor. Auch Karl Liebknecht (1871 bis 1919) wurde mit einigen schönen Liedern in der *Aktion*
gedruckt; bekannt geblieben ist sein Lied *Zuversicht*, an das Brecht, Bier-
mann, v. Törne, Fried u. a. anschließen werden:

> Ob sie uns auch zerbrechen –
> sie beugen uns doch nicht –
> und eh der Tag vergangen,
> stehn wir frisch aufgericht't.

Zum Umkreis der *Aktion* gehört auch Albert Ehrenstein (1886 bis 1950),
dessen Siechtum und Tod im New Yorker Armenhospital das Wegende
eines konsequent politischen Lyrikers im Österreich/Deutschland jener
Zeit angibt. In der Bundesrepublik wurden nur seine expressionistischen
Gedichte wieder rezipiert, als politischer Lyriker (mit u. a. großen, tref-
fenden Parodien) ist er kaum gewürdigt. Seinen Vers «Dem Kehricht sing
ich lieber meine Litanei» hat er auch gelebt, sein unstetes Wanderleben
noch ist als Kritik und Verzweiflung zu interpretieren.

Auch der sarkastische Tod bei Tucholsky, Kästner, Ehrenstein, Mehring
u. a. ist als ein Abschied vom Revolutionarismus der Nachkriegsjahre zu
lesen. Wohl am konsequentesten wurden die Möglichkeiten der politischen Lyrik von Erich Weinert (1890 bis 1953) durchprobiert und erweitert. Er war besonders vortragsgewandt (Leipziger und Berliner Kabaretts, Mitwirkung an Piscators *Revue Roter Rummel*, 1924) und trat (oft
zusammen mit Ernst Busch) bei unzähligen Massenveranstaltungen, vor
allem der KPD, auf. Weinert war Vorstandsmitglied des BPRS und Re-
daktionsmitglied der *Linkskurve* (1929 bis 1932). Seine Gedichte bedeuten beinahe eine Chronik der zentralen politischen Ereignisse und Diskussionen. Viele seiner Lieder sind mit der Arbeiterbewegung verbunden: *Der Rote Wedding*, *Thälmann-Lied*, die Brigaden- oder Spanien-
Lieder. Zugleich entwickelt Weinerts Lyrik einen kulturrevolutionären
Anspruch, will die Tradition neu wahrnehmen lehren: Witz, Parodie, Ironie, Satire, Zitat und Montage, Rollengedicht, Liedform, Ballade, Song
und Spruch setzt Weinert ein, um Bildungs- und Volkskultur wieder zusammenzuschließen. Daß dies illusionär blieb, kritisiert auch die Zustände.

Weniger kunstvoll fallen die Texte der Arbeiterdichter aus, die sich formal überwiegend an die Tradition halten. Das Unrecht der Sozialordnung, die Not der Arbeit und die Arbeitslosigkeit, der Militarismus und die Faschisierung, der brüderliche Blick und die entzogene Schönheit der Welt gehören zu den Grundthemen etwa des Werks von Walter Dehmel (1903 bis 1960). Eine Theorie des lyrischen Realismus hätte vor allem auf die spezifische Form der Bildsprache (‹Kampf der Metapher›) zu achten. Freilich gelingt es nicht oft, die rhetorische Tradition etwa eines Heinrich Kämpchen (1847 bis 1912), Alfons Petzold (1882 bis 1923) oder Karl Henckell (1864 bis 1929) zu durchbrechen. Eher dem Kleinbürgertum denn dem revolutionären Flügel der Arbeiterbewegung zuzurechnen sind die später dem Nationalsozialismus zugefallenen Arbeiterdichter Karl Bröger (1886 bis 1944), Heinrich Lersch (1889 bis 1936) und Max Barthel (1893 bis 1975). Lersch gehörte auch wie Gerrit Engelke (1890 bis 1918) zum «Bund der Werkleute auf Haus Nyland», der 1912 von Josef Winckler (1881 bis 1966) begründet worden war und eine Erneuerung des geistigen Lebens nach dem Bauhütten-Muster im romantischen Mittelalter vorsah. Wincklers trutzige Lyrik ist vergessen; seine westfälischen Romane (z. B. *Der tolle Bomberg*, 1922) erreichten hohe Auflagen. – Auch viele der sozialen Gedichte von Paul Zech (1881 bis 1946) gehören zur Arbeiterliteratur. Was nach Winckler unmöglich schien, gelingt ihm: eine Traditionsform wie das Sonett so anzueignen, daß etwa die Fabrikstraße oder eine Gießerei lyrisch darstellbar werden.

Moderne Klassik / Naturlyrik

Um 1930 kommt es, im Zusammenhang mit der ökonomischen Krise, zu einer allgemeinen Abkehr von revolutionären Ausdrucksformen, die Hans Dieter Schäfer als «Moderne Klassik» zu fassen suchte. Besonders an der Lyrik läßt sich zeigen, wie diese Rückbesinnung auf die traditionelle Formensprache die unterschiedlichsten Lager eint. Die Krise der Gesellschaft erscheint als so weit fortgeschritten, daß man sich formzertrümmernde Konzepte nirgendwo mehr leisten zu können glaubt. Das zeigt jede beliebige Anthologie der Zeit, etwa *Junge deutsche Lyrik*, die von Otto Heuschele 1928 im Reclam Verlag herausgebracht wurde und viele Auflagen erlebte; ausdrücklich wird der «seelenlosen amerikanischen Modelyrik» eine Absage erteilt und der nationalen Lyrik die Aufgabe zugesprochen, die «verstreuten wertlosen Individuen» wieder zur Einheit zu führen. Die Wiederaufnahme der klassischen Formtradition erlaubt immerhin den ideologischen Anschluß an die hehre, exklusive Dichterschar, der man sich zurechnen möchte. Links (Johannes R. Becher), rechts (Gerhard Schumann, Agnes Miegel, Josef Weinheber) und in der Mitte (Rudolf Alexander Schröder, Albrecht Haushofer) entstehen jetzt Oden, Sonette, Balladen, Hymnen, Lieder. Der um die Dresdner

Zeitung *Die Kolonne* (1929 bis 1932) gruppierte Dichterkreis spielt für die
Modernismus-Kritik eine tragende Rolle, auch noch nach 1932: Günter
Eich (1907 bis 1972), Peter Huchel (1903 bis 1981), Horst Lange (1904 bis
1971), Elisabeth Langgässer (1899 bis 1950) und andere wenden sich einem ‹naturmagischen›, mythisierenden Lyrikton zu, für den die Gedichte
Oskar Loerkes (1884 bis 1941) das Vorbild waren. Loerke, der 1913 den
Kleistpreis erhalten hatte und ab 1917 Lektor im S. Fischer Verlag war, ist
eine zentrale Zeugen-Gestalt für das Konzept der ‹inneren Emigration›.
Seine Abkehr vom Dritten Reich ist deutlich bezeugt («Jedwedes blutge-
fügte Reich / Sinkt ein, dem Maulwurfshügel gleich»: *Leitspruch. November 1940*). Die Beschwörung freilich der Sprache der Natur, des Atems
der Erde, der mythischen Zelebritäten verschränkt kostbare Lyrik und
ideologische Ratlosigkeit zu einem langdauernden Konzept, das bis weit
in die fünfziger Jahre hinein tonangebend bleibt. Eines seiner Titelge-
dichte *Der Silberdistelwald* (1934) beginnt:

> Mein Haus, es steht nun mitten
> Im Silberdistelwald.
> Pan ist vorbeigeschritten.
> Was stritt, hat ausgestritten
> In seiner Nachtgestalt.

Weniger gekonnt, mehr bemüht um Bildintensität und oft recht gestelzt
nimmt sich die Naturlyrik Wilhelm Lehmanns (1882 bis 1968) aus, der
dem ‹Lehrmeister› Loerke in Verehrung und Grundkonzeption verbunden bleibt. Der zentrale Gedichtband *Der grüne Gott* (1942) beruft die
Dauer des Augenblicks als Mythisierung der Natur («Grauer Stein in grel-
lem Lichte / Träumt sich nun zu Ithaka»); doch was im Gedicht der Zeit
entrückt wird, scheint vergleichsweise ephemer: «Spricht Grasmücke in
den Nesseln, / Oder wispert Sensendengeln? / Frisch geschlüpfter Heu-
schreck klettert / An den Kuckucksnelkenstengeln.» (Reimnot bleibt ein
Kennzeichen der Lehmannschen Lyrik.) Das Konzept der ‹heilen Welt›
setzt eine Blickfeldbegrenzung voraus. Die ‹Ordnung des Sichtbaren› gilt
der naturmagischen Richtung als Zeichen (im romantischen Sinne), dessen Enträtselung in die alte-neue Zeit führt: «Die Runenschrift der Öl-
baumblätter spielt / Versöhnung, Glaube» (Kasack). In Hermann Ka-
sacks (1896 bis 1966) Gedichten überwiegt ein melancholischer Ton (vgl.
Totenfloß), während die meisten Naturlyriker nach dem klassischen Muster des «Stirb und werde» sich in den metaphysischen Kreislauf fügen.
Das gilt besonders für landschaftlich-regional gebundene Autoren wie
Georg Britting (1891 bis 1964) oder Max Mell (1882 bis 1971), für religiös
gebundene Dichter wie Konrad Weiß (1880 bis 1940), Ruth Schaumann
(1899 bis 1975), Oda Schaefer (geb. 1900) oder Werner Bergengruen
(1892 bis 1964). Der Schlaf der Ammer reimt in diesen Gedichten auf die

leise Kammer, woraus der Blick allenfalls auf das «Gezweige weißer Sterne» sich erhebt, um für Gottes Wache zu danken. Eine Ausnahme bildet wohl (wie Loerke) Oda Schaefer, wenn sie die gesellschaftlich-politische Beunruhigung in die Naturbilder einträgt («Ich kann die Wolke nicht mehr Wolke nennen»). Doch überwiegt der Gestus der Läuterung (Friedrich Schnack, 1888 bis 1977): «Zuckend löst sich im geistigen Licht / Die unsägliche Schuld», womit sich die Beliebtheit dieser Richtung nach 1945 erklärt. Sehr ausdrücklich nimmt Bergengruen den Topos *Die heile Welt* (1950) auf; die erste Strophe dieses Gedichts lautet: «Wisse, wenn in Schmerzensstunden / dir das Blut vom Herzen spritzt: Niemand kann die Welt verwunden, / nur die Schale wird geritzt.» Welche Anstrengung immerhin zum Absehen von aller umgebenden Wirklichkeit gehörte, wird aus dem zweiten Reimpaar deutlich: Es läßt sich als Antwort auf das gräßliche nationalsozialistische Kampflied lesen, dessen Strophen endigten: «Und wenn das Judenblut vom Messer spritzt, / dann geht's noch mal so gut.» *Die heile Welt* muß denn auch «die süße Labung» von «nie erblickten Sternen» träufeln lassen.

Exil

Angesichts einer westdeutschen Öffentlichkeit, die Klaus Mann (1906 bis 1949) gegenüber noch in den sechziger Jahren darauf besteht, er sei «freiwillig und aus Gesinnung emigriert», ist daran zu erinnern, wie es wirklich ausgesehen hat. Willi Bredel (1901 bis 1964), der selbst im KZ gefoltert worden war, berichtet 1934: Der Arbeiterschriftsteller Franz Braun wurde erstochen, Leo Krell zu Tode mißhandelt, Erich Baron zum Selbstmord getrieben, Hans Otto aus dem Fenster des Vernehmungsfensters gestürzt, Klaus Neukrantz wurde schwer mißhandelt (er starb daran), Ludwig Renn ins Zuchthaus geworfen, Carl von Ossietzky sollte zum Selbstmord getrieben werden (er erlag später den Haftfolgen, sprich: den Folterungen). So kam es zum massenhaften ‹freiwilligen› Exodus der offiziell direkt bedrohten Intellektuellen.

Das Exil bedeutet gerade für Lyriker eine einschneidende Erfahrung. Die politischen Lieder internationalisieren sich noch mehr, wofür etwa Erich Weinerts Spanienkampf-Lieder (*Lied der Internationalen Brigaden*; *Madrid*, *Die Elfte* ... usw.) oder auch die Lyrik Louis Fürnbergs (1909 bis 1957) stehen mögen. Eines der Grundthemen der Exillyrik ist, wie es naheliegt, die Klage: um die eigene Not und «die Barbarei» im Vaterlande. Max Herrmann-Neiße (d. i. Max Herrmann, 1886 bis 1941) gestaltet diese doppelte Verlorenheit besonders eindringlich («Ein deutscher Dichter bin ich einst gewesen, / jetzt ist mein Leben Spuk wie mein Gedicht»). Wie er in England, so empfindet Carl Zuckmayer (1896 bis 1977) in Amerika (1939):

Entseelt ist unsres Herzens Heimbegehren,
und was wir brennend suchten, liegt entleibt,
Leid wird zu Flammen, die sich selbst verzehren,
und nur ein kühler Flug von Asche bleibt –

Opfer der Verfolgungen wurde letztlich auch Alfred Wolfenstein (1883 bis 1945), dessen Gedichtzyklus *Der Gefangene* (1940) während einer Gestapo-Haft (in Paris) entstand und der noch im Januar 1945 seinem Leben ein Ende setzte. Stephan Hermlin (geb. 1915) fand seine Zuflucht in der Schweiz, während Berthold Viertel (1885 bis 1953) über Wien, Paris und England in die USA gelangte. Paul Zech wurde 1933 interniert, kam 1934 frei und emigrierte sofort; ab 1937 lebte er als Hausierer, Klavierspieler, Fabrikwärter in Südamerika, 1946 starb er in Buenos Aires. In der leider richtig betitelten Reihe «Die vergessenen Dichter» gibt der Hanser Verlag diese Autoren neuerdings wieder heraus (Ernst Blass, Herrmann-Neiße, Jakob Haringer, Wilhelm Klemm, Ernst Toller, Viertel, Zech).

Für einige Autoren, die gerade am Anfang ihrer literarischen Karriere standen, bedeutet das Exil einen doppelten Schnitt; als Beispiel für viele: Hans Keilson (geb. 1909), der gerade im Frühjahr 1933 bei S. Fischer in Berlin seinen ersten Roman *Das Leben geht weiter* herausgebracht hatte. Keilson mußte emigrieren und wirkt nun seit vielen Jahrzehnten als Psychiater in der Nähe Amsterdams. Seine deutschsprachigen Gedichte wurden in den dreißiger Jahren von niederländischen Zeitungen gedruckt, was selten war.

Franz Werfel (1890 bis 1945), der 1933 aus der Preußischen Dichterakademie ausgeschlossen wurde, gelangte über einen abenteuerlichen Fluchtweg in die USA. Sein Gedichtband *Schlaf und Erwachen* (1935) und die späteren Gedichte stimmen vornehmlich eine verhaltene Klage an, in regelmäßigen Versen; für den Schwung der frühen Lyrik (*Lächeln Atmen Schreiten*, 1915) fehlen alle Voraussetzungen. Auch die Exillyrik Erich Arendts (geb. 1903) nimmt vor allem traditionelle Formen auf, freilich zugleich den Hauspostillen-Ton Brechts (Vorbild: Arthur Rimbaud). Während Arendt in Kolumbien überlebte, fand Johannes Robert Becher (1891 bis 1958) in der UdSSR Zuflucht, wo er u. a. Chefredakteur der antifaschistischen Zeitschrift *Internationale Literatur* (1931 bis 1945) war. Der These gehorsam, daß es die deutsche Kulturtradition zu bewahren gälte, arbeitete er an einem umfangreichen Sonett-Werk, das sich freilich den Vorhalt gefallen lassen muß, daß gerade diese Form zu den bevorzugten Gattungen der NS-Lyriker gehörte. Das Sonett als Vorgabe einer gefügten Ordnung erlaubt eben mehrere geschichtliche Konkretisationen. – Demgegenüber geht Bertolt Brecht (1898 bis 1956) bei dem chinesischen Dichter Po Chü-i in die Lehre, der, mehrfach verbannt, das Exil zu seinem

Hauptthema gemacht hatte und Kunst als eine Methode begriff, «Belehrung zu vermitteln». [vgl. 317] In den *Svendborger Gedichten* (Malik Verlag, London 1938) führt ein zeitgeschichtlicher Realismus zu neuen, fast lakonischen Formen, die der Einsicht *Schlechte Zeit für Lyrik* entsprechen; «der Lyriker», lautet Brechts These, «braucht die Vernunft nicht zu fürchten». Brecht wendet sich gegen die glatte, traditionelle Formkunst und fordert, daß die Gedichte ihrem Stoff nicht die Widersprüche nehmen, daß die Dinge, von denen sie handeln, in ihrer lebendigen, das heißt allseitigen, nicht zu Ende gekommenen und nicht zu Ende zu formulierenden Form auftreten (*Die Dialektik*). Er spricht sich (im März 1939) für eine «reimlose Lyrik mit unregelmäßigen Rhythmen» aus, der es nicht darum gehen kann, «all die Disharmonien und Interferenzen (...) formal zu neutralisieren». Brechts trotziges Bekenntnis zur Lyrik auch im Exil steht am Anfang des berühmten Bandes 13/14 der Schriftenreihe AGORA, worin Manfred Schlösser «Lyrik der Freiheit, 1933–1945» gesammelt hat (*An den Wind geschrieben*):

> In den finsteren Zeiten
> Wird da auch gesungen werden?
> Da wird auch gesungen werden.
> Von den finsteren Zeiten.

Der Band sammelt Gedichte von KZ-Häftlingen, Emigranten, Verstummten und Getöteten in thematischen Gruppen, die sich wenig voneinander abheben: «Überall die Heimatlosigkeiten / und verwehte Wege überall» (Friedrich Torberg, 1937) – das bleibt das Grundmotiv dieser Lyrik. Eine frühere vergleichbare Sammlung von Gedichten des Widerstandes, schon 1946 von Gunter Groll unter dem Titel *De Profundis* herausgegeben, hebt den Kunstwert hervor: «Lyrik ist nicht dokumentierte Gesinnung – auch dann nicht, wenn sie Gesinnung dokumentiert.» Dem Bild der verwehten Wege (Exil) entspricht hier die *Straße der Schmerzen* (Ricarda Huch, 1864 bis 1947): «Eine Straße der Schmerzen / Zwischen hohen Häusern schmal, / Eine Straße der Qual / Bin ich gegangen, Schwester im Herzen.» (1944)

Auf einen leicht übersehenen Aspekt der Exilliteratur sei immerhin noch hingewiesen: die Betonung einer eigenständigen österreichischen Literatur, wozu sich die österreichischen Exilanten genötigt sahen, um gegen die gefährliche Behaftung ‹deutsch› aufzukommen. So gab das Austrian Centre (zusammen mit dem Freien deutschen Kulturbund) in London mehrfach Anthologien heraus, in denen auch junge Autoren wie Erich Fried (geb. 1921) zu Wort kamen. 1941 erschien *Die Vertriebenen. Dichtung der Emigration* mit Texten von Rudolf Fuchs, Max Herrmann-Neiße, Kuba, Max Zimmering u. a. 1943 erschien die Sammlung *Mut. Gedichte junger Österreicher* im Londoner Verlag ‹Jugend voran›; darin

finden sich Gedichte von Jura Soyfer, Eva Aschner, Fritz Brainin, Erich
Deutsch, Erich Fried, Kitty Gans, Paul Husserl, Heinz Karpeles, Erich
Rattner, Arthur Rosenthal (A. West), Hans Schmeier, Lilly G. Spandorf,
Willy Verkauf. Im gleichen Jahr gab der österreichische PEN-Club in
London ‹Neue Gedichte› heraus, mit dem für sich sprechenden Titel *Ver-*
bannt aus Österreich. – Repräsentativ für die Lyrik der österreichischen
Emigration ist das Werk Theodor Kramers (1897 bis 1958), der 1939, nach
der Besetzung Österreichs, nach London emigriert war (die Mutter
wurde im KZ Theresienstadt ermordet). Im Zyklus *Wien 1938* (1946)
spricht sich schon die Verzweiflung und Angst des Vereinsamten aus: «Ich
habe einfach keinen Raum zum Leben.» Das Gedicht *An der Wende*
schließt: «Dann schlug die Angst mich über Nacht mit Wahn.» Rollen-
und Widmungsgedichte überwiegen im Band *Die Grünen Kader* (1946),
«geschrieben in England, Sommer 1943 bis Sommer 1945». Der Wunsch
«Ich möchte nicht alt werden hier» hat sich nicht erfüllt. Erst kurz vor
seinem Tode kehrte Kramer nach Wien zurück.

Völkisch-nationalsozialistische Lyrik
Nur für die Erzählliteratur, nicht aber für das Drama und die Lyrik des
Dritten Reiches gilt, daß ihr wesentlicher Teil schon vor 1933 geschrieben
worden sei. Man brauchte Lyrik für die öffentlichen Feierstunden, für die
Lesebücher und die Jugenderziehung, vor allem auch in Liedform, für
den Beweis einer Gemütskultur und eines Anschlusses an die bürgerliche
Tradition, was alles die Lyrikproduktion durchaus florieren ließ. Die nationale Rechte stimmte freilich schon gleich nach dem Ersten Weltkrieg
jene Töne an, die nach 1933 vervielfältigt weiterklangen; dabei werden
die Topoi und Ideologeme der ‹Deutschen Bewegung› ungefiltert übernommen. Ina Seidel (1885 bis 1974) besingt den deutschen Gott und den
erdnahen Pflüger; Ernst Lissauer (1882 bis 1937) deutet ganz parallel
Gott als «die eigene Kraft», die uns (das deutsche Volk) erhören wird;
auch Agnes Miegel (1879 bis 1964), mit völkisch-heroischen Balladen und
Hymnen bekanntgeworden, beschwört den deutschen Glauben aus dem
Blute der Ahnen. Ebenso baute Gertrud von Le Fort (1876 bis 1971) mit
ihren *Hymnen an Deutschland* (1932) am ‹Dom der deutschen Weltanschauung›: imperial und opferbereit zugleich: «Wie deine Grenzen / Weit
ausgebreitet, so bietet dein Adler die Schwingen / Den Stürmen des Welt-
balls – / Immer warst du sein Flügel – / Großschlagend und blutend für
alle!» Nach 1945 ließ sich dieser Tonfall zu *Hymnen an die Kirche* ummon-
tieren. Lulu von Strauß und Torney (1873 bis 1956), mit dem Verleger
Eugen Diederichs (1867 bis 1930) verheiratet, beschwört vergleichbar das
«Deutschland von morgen» und will «wirken aus deutschem Geiste der
Zukunft Tat», was eine Reihe problematischer Hymnen ergibt. Flacher
sind die preußisch-ehernen Balladen des Börries Freiherr von Münchhau-

sen (1874 bis 1945), der mit Autoren wie Hans Grimm, Will Vesper, Hanns Johst oder Werner Beumelburg im März 1933 in die Preußische Akademie der Künste einzog, während Heinrich Mann, Ernst Barlach und ihresgleichen weichen mußten. – Auf die Nähe vieler sogenannter Arbeiterdichter zur nationalsozialistischen Weltanschauung wurde schon hingewiesen (Max Barthel, Heinrich Lersch, Karl Bröger u. a.). Auch aus dem George-Kreis, der keineswegs pauschal zum ‹Präfaschismus› zu rechnen ist, kamen einige Beiträge. Ernst Bertram (1884 bis 1957), bis 1946 Germanist an der Kölner Universität, beschwört in vornehm-kostbaren Bildern und Versen die ganz ordinäre Weltherrschaft Deutschlands («ein jedes Volk trägt Siegel nach dem Rang»); Alexander von Bernus (1880 bis 1965) und Ludwig Derleth (1870 bis 1948) gehören ideologisch in diesen Zusammenhang.

Die Reihe der direkten NS-Barden beginnt mit Dietrich Eckart (1868 bis 1923), der mit Hitler befreundet und erster Redakteur des *Völkischen Beobachter* war. Sein Lied *Deutschland erwache!* (1919/1922) wurde als *Sturmlied* in der SA gesungen und gab der ‹Bewegung› den Slogan, dem das berüchtigte «Juda verrecke!» angefügt wurde. Das Lied eines 1930 an den Folgen eines Überfalls gestorbenen Berliner SA-Sturmführers wurde als *Horst-Wessel-Lied* die zweite Nationalhymne des NS-Staates. Das Lied des jungen Hans Baumann (geb. 1914) *Es zittern die morschen Knochen* (1934) wurde vor allem in der Hitler-Jugend gesungen; der Refrain endet «denn heute gehört uns Deutschland / und morgen die ganze Welt» und wurde nur vorübergehend (auf Einspruch des Völkerbundes) abgeändert in «da hört uns ...» Baumann hat neben einer Reihe von weiteren forschen Kampfliedern auch zarte Gefühlslyrik geschrieben (*Atem einer Flöte*, 1940 etc.), auf die er sich später berief. Die NS-Lyrik muß hier nicht in einzelnen Gestalten vorgestellt werden; einige Autoren seien genannt: Werner Altendorf, Heinrich Anacker, Hans-Friedrich Blunck, Ludwig Friedrich Barthel, Hermann Burte, Hanns Johst, Erwin Guido Kolbenheyer, Johannes Linke, Herybert Menzel, Eberhard Wolfgang Möller, Hans Jürgen Nierentz, Baldur von Schirach, Gerhard Schumann, Will Vesper und viele andere.

Die zentralen Ideologeme des Dritten Reichs werden in durchaus poetischer, traditioneller Sprache und oft ansprechenden Rhythmen volkstümlich ausgelegt. Ein Beispiel (Anfang eines Liedes von Herybert Menzel):

> Die Welt gehört den Führenden,
> sie gehn der Sonne Lauf.
> Und wir sind die Marschierenden,
> und keiner hält uns auf.

Bezeichnend ist die Rückübersetzung imperialistischer Thesen (die Unterscheidung von «Führer- und Folgerassen», mit entsprechenden Gebietsansprüchen) in Naturbilder (der Sonne Lauf), wozu sich auch das Bild des Stroms eignet, der andere Ströme in sich aufnimmt (H. Baumann). Doch ebenso gibt es unverhüllte lyrische Anreden für den «Haufen von Entschlossnen, aus deren Blick der blanke Wille schießt».

Eine besondere Stellung nimmt wohl das Werk von Josef Weinheber (1892 bis 1945) ein, der zahlreiche Ehrungen und Literaturpreise empfing und ab und zu nazistische Verse hergab. Sein zu tragisch-heroischer Haltung gesteigertes melancholisch-depressives Grundgefühl führt ihn zur großen Form und zu pathetischer Gestik; der antike Tonfall (Oden, Hymnen) und die Herausforderung schwieriger Formen (Sonetten-Kranz, Akrostichon, Ghasel u. a.) stehen ihm bei: die Leid-Erfahrungen werden Gestalt. Doch entwickelt er eine sozusagen ‹imperialistische› Formästhetik. Das Sonett etwa gilt ihm als «Überform»: «Sie ist gewissermaßen auf der äußersten Rechten aufgestellt, als Zeichen und Unterpfand eines eifernden Ordnungswillens und als Sinnbild der Unumstößlichkeit der Gesetze. Sie ist das Kehrgesicht zu jener äußersten Linken, zum abgründig Chaotischen des genial Bedrängten (...).» Diese politische Interpretation der Formproblematik trifft durchaus ins Schwarze. Weinhebers Lehre vom ‹reinen Gedicht› nimmt die Vorgegebenheit der Form an und fordert, dieser zu gehorchen. So wird man sein Werk, das bedeutende Lyrik enthält, nicht aus dem Kontext des Dritten Reichs ausgliedern können. – Das Konzept einer ‹welthaften Dichtung›, einer dichterischen Form der Weltergreifung, «die positiver, unangefochtener wirkt» als allerlei modernistische Tendenzen [216a; *S. 20f*], wird nach 1945 dafür sorgen, daß die ‹Moderne Klassik›, an der auch Weinheber bedeutsamen Anteil hatte (*Adel und Untergang*, 1934; *Späte Krone*, 1936; *Hier ist das Wort*, 1944/47), weiterhin das Profil der deutschsprachigen Lyrik bestimmt.

Klaus Völker
Revolutionäres Theater – Theaterrevolution

In den Jahren nach dem Ersten Weltkrieg und der Revolution, die den Zusammenbruch der Monarchie und des Deutschen Reiches zwar deutlich machte, aber sich im politischen Alltag nicht wirksam entfalten konnte, erhielt die Entwicklung des Theaters einen gewaltigen Auftrieb. Die äußere Vorbedingung für diesen plötzlichen Aufschwung war der Wegfall der Theaterzensur, unter der alle maßgeblichen Dramatiker der Zeit, besonders Frank Wedekind (1864 bis 1918) und Carl Sternheim (1878 bis 1942), sehr gelitten hatten. Das gegen die nationale Erbauungsideologie und die Leisetreterei gerichtete revolutionäre Theater vermochte sich während des Kriegs kaum gegen den offiziell gewünschten Klassikerpomp, gegen die hurrapatriotischen Militärschwänke und den seichten Operettenblödsinn durchzusetzen.

Regietheater
Durch die revolutionären Ereignisse kam die Institution Theater in Bewegung. Nun konnten die Stücke zur Wirkung gelangen, die dem Krisenbewußtsein und den neuen gesellschaftlichen Impulsen Ausdruck verliehen. Zugleich traten mehr große Schauspielerpersönlichkeiten und eigenwillige Regisseure als zu irgendeiner anderen Zeit auf den Plan. Sie waren fast alle, wenn auch auf sehr verschiedene Weise, von den Ideen der russischen Oktoberrevolution erfüllt und hofften nun, mit dem Instrument Theater revolutionäre Veränderungen in Gang setzen zu können.
Während das Theatergeschehen in der Sowjetunion im wesentlichen von dem Dreigestirn Stanislavskij, Tairov und Mejerchol'd bestimmt wurde, konzentrierte es sich in Deutschland zunächst ganz ähnlich um drei Giganten des Regietheaters, um Reinhardt, Jessner und Piscator. Max Reinhardt (d. i. Max Goldmann, 1873 bis 1943) war wie Stanislavskij ein Vollender des bürgerlichen Theaters, der lange vor der politischen Revo-

lution von einem Theater für die Massen geträumt, Klassiker in der
Arena von Zirkus Busch oder Zirkus Schumann populär gemacht und der
Büchners *Dantons Tod* als ein Revolutionstheater aus Menschenleibern
und Licht in Szene gesetzt hatte. Durch seinen Hang zum Spektakulären
wurde er im Laufe weniger Jahre zum theatralischen Exponenten des
Wilhelminismus.

Reinhardts durch die politischen Ereignisse veranlaßtes Interesse für die
Expressionisten war nur die Fortsetzung dieses Wilhelminismus unter anderer Fahne, mit wenig anderen Mitteln. So hatte er sich die beiden zum
Katholizismus und zum ekstatisch Symbolhaften neigenden Dramatiker
des Expressionismus ausgesucht: Er inszenierte Reinhard Sorges *Der
Bettler* und *Seeschlacht* von Reinhard Goering. Ein Mißverständnis
war auch seine Idee von «totalem Theater», in dem er die Distanz von
Bühne und Publikum aufheben wollte. Von dem Architekten Hans Poelzig
(1869 bis 1936) ließ er den Zirkus Schumann zum Großen Schauspielhaus
für 5000 Zuschauer umbauen; ein amphitheatralischer Bau entstand, in
dem er die *Orestie, Hamlet* und Romain Rollands *Danton* als gigantisches
revolutionäres Spektakel in Szene setzte. Das Publikum wurde nicht aktiviert, sondern nur wie ein Statist in die Inszenierung eingebaut. Gegenüber den die Handlung klar gliedernden und die Bezüge zur Zeit heraus-
arbeitenden Klassiker-Inszenierungen Leopold Jessners (1878 bis 1945)
war Reinhardts Begriff von Massentheater rein dekorativ und illusioni-
stisch. Verstört durch den Erfolg der Expressionisten und seines Gegen-
spielers Jessner, ging Reinhardt Ende 1921 von Berlin weg. Sein sinnen-
betörender Eklektizismus führte ihn folgerichtig nach Salzburg und nach
Wien, und als Theaterunternehmer kehrte er dann Mitte der zwanziger
Jahre nach Berlin zurück.

Leopold Jessner, von 1919 bis 1930 Leiter des Staatlichen Schauspielhauses Berlin, war der repräsentative Regisseur der Weimarer Republik, deren demokratische Ideale immer Richtschnur seiner Arbeit und seiner
Interessen blieben. Seine *Wilhelm Tell*-Inszenierung räumte gründlich
mit den verbliebenen Resten des Hoftheatermiefs und der noch stark im-
pressionistisch geprägten Bühnenästhetik auf. Jessner strebte ein republi-
kanisches, der Zeit und ihren Problemen unmittelbar verhaftetes Theater
an, das vom neuen Geist der Freiheit getragen wurde. Seine entscheidende künstlerische Erfindung, die als das unverkennbare Charakteristi-
kum in jeder seiner Klassiker-Aufführungen auftauchte, war die berühmte Stufenbühne oder «Treppe». Sie hatte die Funktion, «die Bühne
von den Zufälligkeiten eines illusionsschaffenden *äußerlichen* Dekors zu
befreien, und von nun an – als raum- und zeitlosen Schauplatz – einer
Darstellung dienstbar zu machen, die ihre Gesetze lediglich an dem *innerlich Wesenhaften* der Dichtung empfängt». [94; *S. 156*]
Für Jessner als Regisseur war das Wichtigste das Herausarbeiten der Idee

der Fabel. Ihr wurden alle weiteren Aspekte der Inszenierung untergeordnet: die Sprache, die Bewegung, die Charakterisierung der Figuren. Was für die Kennzeichnung des zentralen Motivs nicht nötig war, blieb unberücksichtigt. Jessner faßte Theater nicht wie Reinhardt als Fest und Spiel auf, sondern als Instrument der Erkenntnisvermittlung. Seine Lieblingsautoren waren Schiller, Shakespeare, Goethe, Kleist, Hebbel, Hauptmann und Wedekind. Als grandioser Höhepunkt des szenischen Expressionismus wurde 1920 seine Inszenierung von Wedekinds *Der Marquis von Keith* gefeiert. Die Umgrenzung des von Emil Pirchan (1884 bis 1957) gestalteten Bühnenbilds war aus profilierten Paraventteilen gesetzt, die nach der jeweiligen inneren Verfassung des Marquis ihre winklige Zusammenstellung von Akt zu Akt änderten. Es ging Jessner um die formale Radikalisierung der Idee des Stücks. Die sprachliche Energie der einzelnen Figuren wurde rhythmisiert und in optische Qualitäten umgesetzt. Der Regisseur ließ die Darsteller Fritz Kortner (Keith) und Lothar Müthel (Scholz) längs der Paravents entlanghasten, wobei die Schatten verzerrt an den Wänden mitrasten. Der Wettlauf der Gedanken und Worte zwischen beiden Personen wurde auf diese Weise zu unmittelbarer Anschaulichkeit gebracht.

Der Schauplatz der Handlung figurierte als ein intellektuelles Spielfeld, die Energie der Auftritte korrespondierte mit der Energie der Rede. In vielen Punkten berührte sich Jessners Formwille mit Aleksandr Tairovs (d. i. Aleksandr Korublit, 1885 bis 1950) Auffassung von Theater als Umformung literarischen Materials in theatralische Einfälle und deren Rhythmisierung. Tairov erklärte in seinem 1923 in deutscher Sprache veröffentlichten Buch *Das entfesselte Theater* (*Zapiski režissëra*, 1921): «Die erste Aufgabe des Spielleiters ist, die *Form* einer Aufführung zu erfinden, im Zusammenhang mit den Kräften und Wünschen der Schauspielergenossenschaft und der Aktionstendenz, die im gegebenen Augenblick auf ihrem Wege liegt.» [153; *S. 65*]

Bei klassischen Stücken wie *Don Carlos* oder *Richard III.* vermochte Jessner überzeugend den Dynamismus der szenischen Handlung hervorzukehren und eine rhythmische Gliederung als organisierendes Prinzip der Inszenierung anzuwenden. Seine Methode funktionierte bei neueren Stücken allerdings nur im Fall von Wedekind (*Der Marquis von Keith* und *König Nicolo oder So ist das Leben*) und erstaunlich suggestiv im Visuellen und Akustischen bei dem grotesken, verborgene Instinkte und Leidenschaften grell beleuchtenden Schreckensdrama *Überteufel* von Hermann Essig (1878 bis 1918), einem zu Unrecht fast vergessenen Dramatiker in der Wedekind-Nachfolge. Essig, ein schwäbischer Pfarrersohn, gehörte zum «Sturm»-Kreis um Herwarth Walden (d. i. Georg Levin, 1878 bis 1941?); er schrieb bissige, antiklerikale, gegen miefigen Kleinstadtgeist gerichtete Volksstücke wie *Die Glückskuh, Der Schweinepriester*

oder *Pastor Rindfleisch*, daneben auch unverfängliche Legendenstücke
oder etwas bieder-skurrile Schauspiele. In seinen besten Stücken verband
er Grauen und Lächerlichkeit und entfaltete einen boshaft-abgründigen
Humor. Zu Lebzeiten blieb Essig ein von den Bühnen lieber gemiedener
Autor, weil fast alle Aufführungen seiner Stücke Widerspruch auslösten,
Skandal machten und die Behörden auf den Plan brachten.

Auch Jessners *Überteufel*-Inszenierung von 1923 mußte sehr schnell abge-
setzt werden, obwohl offiziell gar keine Zensur mehr existierte. Bereits
am Tag nach der Premiere gab es eine «Anfrage» im Preußischen Land-
tag: Wie es möglich sei, daß Staatsgelder im Staatstheater für ausgesprochen unsittliche Stücke verwendet würden? In den späteren Jahren der
Weimarer Republik verschwanden dann zunehmend wieder viele an se-
xuelle oder politische Tabus rührende Stücke aus den Spielplänen, nachdem sich nationalistische Politiker anfragend damit beschäftigt und der
berüchtigte sozialdemokratische Berliner Polizeipräsident Zörgiebel in
Erscheinung getreten war.

Der Theaterleiter Jessner kämpfte einen jahrelangen Kampf zwischen
allen Fronten. Ständig war er Angriffen und Einflußnahmen seitens politischer Gegner der Weimarer Republik ausgesetzt. Da er von seiner eigenen Partei, der SPD, viel zu wenig gestützt wurde, weil deren Kulturfunk-
tionäre Jessners künstlerische Auffassungen als zu progressiv empfanden, mußte er lavieren und oft an die Substanz gehende Zugeständnisse
machen. Im Januar 1930 legte er schließlich, erschöpft von den Auseinandersetzungen und enttäuscht über den Zerfall des demokratischen Volks-
staats, sein Amt als Intendant nieder.

Proletarisch-revolutionäres Theater

Der dritte Repräsentant des deutschen Regietheaters von 1918 bis 1933
ist Erwin Piscator (1893 bis 1966), der von der Kunst zur Politik gelangen
wollte und um die Schaffung eines klassenkämpferisch orientierten proletarischen Theaters bemüht war. Schon vor Piscator gab es außerdem 1919
den Versuch von Karlheinz Martin (1888 bis 1948), das Theater als Tribu-
nal für die Erneuerung der Gesellschaft einzurichten. Mit Ernst Tollers
Die Wandlung wurde in Berlin «Die Tribüne» programmatisch eröffnet:
«Wir werden nicht spielen, sondern Ernst machen.» [135; *S. 133*] Auf
einer vorhanglosen Podiumsbühne wurde das expressionistische Stück
explosiv, in geballter Stille und mit pathetischer Kraft aufgeführt. Die
gezeigte Wandlung war der Weg eines Kriegsfreiwilligen zum Revolutionär. Herbert Jhering schrieb über die Aufführung: «Sie ist keine Verteidigung und kein Angriff, kein Vorher und kein Nachher. Sie ist die Revolution des Menschlichen selbst, ohne Absicht und Tendenz. Sie ist innere
Kraft, Gesetz und Notwendigkeit. Dieses Drama bleibt Wirklichkeit, die
in einen Menschen eingetreten ist. Sie ging durch Auge und Ohr und

wurde Gefühl.» [91; *S. 121*] Ähnlich programmatisch wie Tollers Drama wirkte damals nur noch Walter Hasenclevers *Der Sohn*, in dem die junge Generation sich entschieden von der Generation der Väter lossagte und der Vaterhaß als Symbol für Gesellschaftshaß diente.

Das proletarische Theater Martins fand keinen Zuspruch beim Publikum, und «Die Tribüne» wurde bald in eines der üblichen Geschäftstheater umgewandelt. 1920 startete dann Erwin Piscator mit Hermann Schüller (1893 bis 1948) ein neues Proletarisches Theater, in dessen programmatischem Aufruf es hieß: «Die Seele der Revolution, die Seele der kommenden Gesellschaft der Klassenlosigkeit und der Kultur der Gemeinschaft ist unser revolutionäres Gefühl. Das proletarische Theater will dieses Gefühl entzünden und wach halten helfen.» [126; *S. 34*] Vorbild waren proletkultische Aktivitäten in der Sowjetunion, die über die herkömmliche Art von Arbeitervereinstheater hinaus die Bühne als ein Podium zur kommunistischen Agitation und zur Entwicklung der schöpferischen Fähigkeiten des Proletariats in Anspruch nehmen wollten.

Erwin Piscator, der ausdrücklich nicht Kunst, sondern Politik betreiben wollte und die «bewußte Betonung und Propagierung des Klassenkampfgedankens» verkündete, fand wenig Unterstützung bei den Vertretern der Kommunistischen Partei für sein proletkultisches Programm, das sich auf die von Bogdanov (*Die Kunst und das Proletariat*, 1919) und von Keržencev (*Das schöpferische Theater*, 1919) ausgearbeiteten Theorien und Erfahrungen berief. Piscator inszenierte 1920/21 in Sälen Stücke von Karl August Wittfogel (*Der Krüppel*), Maksim Gor'kij (*Die Feinde*) und Franz Jung (*Die Kanaker, Wie lange noch, du Hure bürgerliche Gerechtigkeit?*). Er wollte Politik in die Massen hineintragen; seine Partei ermahnte ihn jedoch, Kunst zu liefern, sei sie auch bürgerlichen Ursprungs. «Kunst ist eine zu heilige Sache, als daß sie ihren Namen für Propagandamachwerke hergeben dürfte!» meinte der Kritiker der Parteizeitung *Die rote Fahne* (1918 bis 1933; illegal 1933 bis 1941), die aber wenige Monate später, als die Polizei die Vorstellungen behinderte, sich dafür zu begeistern vermochte, daß der Zuschauer nicht einem Theaterstück beiwohnte, sondern Mitspieler war in einem «Stück wirklichen Lebens». [126; *S. 43 u. 45*] Besonders die Stücke von Franz Jung verfolgten die Absicht, die Grenze zwischen Theater und politischer Versammlung ausdrücklich zu verwischen. Der Versuch war insoweit erfolgreich, als die Polizei ihn für politisch gefährlich hielt: Piscators Unternehmen wurde am 21.4.1921 auf Anordnung des Berliner Polizeipräsidenten geschlossen.

Piscator, auf den Weg künstlerischer Bewährung zurückverwiesen, ließ sich in seiner politischen Überzeugung nicht beirren; er übernahm mit dem Dramatiker Hans José Rehfisch (1891 bis 1960) das Berliner Central-Theater und versuchte eine Art proletarische Volksbühne aufzuziehen. Da er auf den Zuspruch klein- und mittelbürgerlicher Schichten angewiesen war, mußte er vorsichtiger operieren. Er konnte nur von einer breiteren künstlerischen Basis zur politischen Tendenz vorstoßen. Nachdem er sich als Regisseur von Gor'kij, Tolstoj und Romain Rolland bewährt hatte, übertrug ihm die Volksbühne 1924 die Regie bei *Fahnen* von Alfons Paquet. Mit Fotos und Projektionen dokumentierte er parallel zum dramatischen Geschehen den Stoff des Stücks. Mit der Aufführung von *Fahnen* (knapp zwei Jahre später folgte noch *Sturmflut* von Paquet) erfolgte Piscators endgültiger Durchbruch als Regisseur.

Die entscheidende Bestätigung des politischen Regisseurs, der die direkte politische Aktion ins Theater tragen und auf der Bühne noch aktueller als die Zeitung sein wollte, vollzog sich eher abseits der regulären Theaterschauplätze. Die beiden Inszenierungen, bei denen, wie Piscator begeistert feststellte, die Massen die Regie übernahmen und das Theater «ein einziger großer Versammlungssaal» war, entstanden im Auftrag der Kommunistischen Partei. Für den Reichstagswahlkampf inszenierte er 1924 die gemeinsam mit Felix Gasbarra (geb. 1895) verfaßte *Revue Roter Rummel,* bunt zusammengestellte Agitpropszenen, in denen die Welt mit den Augen der ausgebeuteten Massen gesehen und mit der Elle der zu huldigenden Partei vermessen wurde. Diese politisch-proletarische Revue, nach dem Muster sowjetischer Gruppen angelegt, wurde mit diesen zum Vorbild für die bald sehr zahlreichen proletarischen Spieltrupps, die als «Rote Raketen» oder «Blaue Blusen» von Stadt zu Stadt und von Saal zu Saal zogen und für die Autoren wie Friedrich Wolf, Berta Lask und Gustav von Wangenheim entsprechende Stücke und Sketchs verfaßten.

Gustav von Wangenheim (1895 bis 1975), Leiter des Theaterkollektivs «Truppe 31», hatte bei Reinhardt gelernt und in expressionistischen Filmen mitgewirkt. Mit seiner Arbeit als Mitglied der KPD und als Leiter des Arbeitertheater-Bundes wollte er eine Brücke bauen von der Tradition zu den vielfach gegen jede Tradition gerichteten, doktrinären Haltungen anderer Kommunisten. Wangenheims kollektiv erarbeiteten Stücke hatten die größten Theatererfolge der proletarisch-revolutionären Dramatik von 1931 bis 1933. Formal stehen diese Stücke, die man besser Collagen aus Text, Bild, zeitgeschichtlichen Dokumenten und statistischem Material nennen sollte, in engem Zusammenhang sowohl mit den Lehrstücken Brechts als auch mit den politischen Revuen Piscators. Die Revue- und Kabarettelemente verliehen dem Lehrhaften eine ziemlich offene und verspielte Form, die die Möglichkeit bot, die Rollenprobleme der Schauspieler im Konflikt zwischen eigener und gespielter Meinung einzubeziehen. Von Georg Lukács (1885 bis 1971) und seinen Schülern wie Andor Gabór (1884 bis 1953) wurden die Stücke Wangenheims übrigens wegen ihrer Nähe zu Brecht sehr kritisch beurteilt: Ihrer Meinung nach spukte in ihnen zuviel «episches Theater». Es wurden eben nicht Menschen auf der Bühne dargestellt, sondern menschliche Haltungen waren Gegenstand von Untersuchungen. Die Figuren wurden «montiert» und nicht im Sinne von Lukács «gestaltet». Die Stücke waren beste Beispiele für Agitprophteater und hatten eine dem Theater Dario Fos vergleichbare polemische Kraft und komödiantische Schlagfertigkeit.

1927 eröffnete Piscator sein Theater am Nollendorfplatz in Berlin und gründete ein dramaturgisches Kollektiv, in dem auch Bertolt Brecht (1898 bis 1956), der aufgrund der Beschäftigung mit marxistischer Theorie seine Konzeption vom revolutionären Theater zu entwickeln begann, ein gutes Jahr mitarbeitete. Er benutzte diese Gelegenheit zum Studium der technischen Neuerungen wie der Verwendung des Films, von Projektionen, von neuen Bühnenbildformen und des laufenden Bands. «Was Piscator ermöglicht», meinte Brecht zu den Aufführungen im Theater am Nollendorfplatz, «ist das Erfassen neuer Stoffe.» Details dieser Methode faszinierten ihn; doch er kritisierte, daß die technischen Erfindungen hier als Ersatz für die Form dienten. Für Brecht mußten Stoffe erst «alt» gemacht werden, um vom Drama erfaßt werden zu können. Er wollte mehr als nur aktuelle Tagespolitik auf der Bühne abhandeln oder nachvollziehen; es ging ihm vielmehr um dramatische Darlegung dialektischer Prozesse, um das Aufzeigen von Widersprüchen und um die Mobilisierung des Zuschauers zu produktiver Mitarbeit. Deshalb suchte Brecht Formen der «Distanz», er konstruierte Parabeln, Umschreibungen, Übersetzungen. Die Bemühungen um eine große dramatische Form, die epische, verband er mit seinem Kampf für eine neue Gesellschaftsordnung.

Obwohl sich Brecht nach außen hin mit Piscator solidarisierte, lehnte er dessen Inszenierungen in den entscheidenden Punkten ab: «Man neigt gegenwärtig dazu, den Piscatorschen Versuch der Theatererneuerung als einen revolutionären zu betrachten. Er ist es aber weder in bezug auf die Produktion noch in bezug auf die Politik, sondern lediglich in bezug auf das Theater.» Für Piscator war Theater pure Gegenwart, eine Tribüne der Zeit. Brecht betrachtete es als eine Stätte der Unterhaltung, die Erkenntnisse im Zuschauer auslösen soll. Brecht widersprach jener auf Bogdanov beruhenden Auffassung, daß jeder künstlerische Wille dem politischen unterzuordnen sei. Zu beklagen war nämlich die aus dieser Auffassung resultierende Reduktion fast aller historischen Kategorien des Marxismus-Leninismus auf einen abstrakten und ahistorischen Begriff von Organisation und Erfahrung, was auch die Liquidierung aller ästhetischen Kategorien bedingte, die Lenin aber durchaus noch als politische zu begreifen empfahl. Brecht sah entsprechend in der Requirierung des Theaters für Zwecke des Klassenkampfes, die er grundsätzlich unterstützte, eine Gefahr für die dringend notwendige Revolutionierung der Theaterarbeit, die allein verändernd wirken kann.

Piscator wollte, als sein Theater wegen finanzieller Schwierigkeiten zusammenbrach und das bürgerliche Publikum sich zunehmend nach nichts-

sagenden Lustspielen sehnte, unbedingt an den aufwendigen, die Massen
aufpeitschenden Maschinerien und Revue-Elementen festhalten. 1931
ging er zu Filmaufnahmen in die Sowjetunion, während Brecht gemeinsam mit Künstlern, die mit Mitteln des Theaters vor der Entwicklung zum
Faschismus warnen wollten, den ‹Weg nach unten› ging: Er schrieb Lehrstücke für Schüler und proletarische Spieltrupps, und mit der «Gruppe
junger Schauspieler», zu denen Helene Weigel, Ernst Busch, Theo Lin-
gen, Gerhard Bienert sowie viele Laiendarsteller gehörten, studierte er
1932 *Die Mutter* ein.

Lehrer und Schüler zugleich sein war der Grundgedanke des Brechtschen
Werks, vor allen Dingen seiner erst sehr viel später wirksam werdenden
Theatertheorie. Ein Stück war erst gut, wenn Änderungen es verbesser-
ten. Es sollte sowohl Lehrer sein, aber es mußte auch hinzulernen können. Durch die Machtübernahme der Nazis im Februar 1933 wurde
Brecht gezwungen, seine Versuche abzubrechen, die Form der Lehrstücke zu einem Theater der «Großen Pädagogik» auszubauen. Das
Theater erhielt nun wieder eine kürzerfristige Aufgabenstellung; es
mußte aufklärerisch wirken im Kampf gegen Nazideutschland. Die Möglichkeit für Zuschauer, lernend und lehrend Teilnehmer einer Aufführung zu sein, war nicht mehr gegeben: «Die Entwicklung des deutschen
Theaters und der deutschen Dramatik wurde durch den Faschismus abgebrochen – gehindert wurde sie schon unter den letzten demokratischen
und halbdemokratischen Regierungen (...). Es wurde bereits alles unter-
bunden, was auch nur artistische Fortschritte zeigte. Wir antworteten mit
verschärfter politischer Tendenz (...). Eine Dramatisierung der Gorki-
schen Mutter lehrte den illegalen revolutionären Kampf, die Herstellung
und Vertreibung von Flugblättern, Konspiration in Gefängnissen, versteckte Bekämpfung der Kriegsideologie. Die Darstellerin der Mutter,
Helene Weigel, wurde von der bürgerlichen Presse ihrer Leistung wegen
noch zu den größten deutschen Schauspielern gezählt, aber in der Vorstellung waren immer mehr Polizeibeamte, und am Ende wurde sie von der
Bühne herunter verhaftet. Dann kam der offene Faschismus.»

Literarische Theaterkultur

Das deutsche Theater vor 1933 bestand nicht nur aus den Namen, die
festliche Kostbarkeiten (Max Reinhardt), formale Kühnheiten (Leopold
Jessner) und stoffliche Sensationen (Erwin Piscator) lieferten; seine solide Basis war doch eher eine literarisch geprägte Theaterkultur, der es
nicht um Repräsentation, sondern um Ideen und dichterische Welten und
Auseinandersetzung mit gesellschaftlicher Wirklichkeit ging. Die ‹stillen› Regisseure wie Erich Engel (1891 bis 1966) oder Berthold Viertel
(1885 bis 1953) verstanden sich hauptsächlich als Handwerker, für die das
Theater ein Laboratorium sozialer Phantasie ist, in dem Schauspieler die

Aufgabe haben, das dynamisch Geistige und das Bewirkende der Kunst herauszuarbeiten. Es war kein Zufall, daß Engel wie auch Viertel immer wieder im Umkreis der theatralischen Praxis von Brecht auftauchten: Die energische Herausarbeitung des Sinns war das sie verbindende Ziel ihrer Regieauffassungen.

Erich Engel, der Brechts Stücke *Im Dickicht der Städte, Die Dreigroschenoper* und *Happy End* uraufgeführt und außerdem *Mann ist Mann* in Berlin herausgebracht hatte, erklärte 1928: «Dem Stoffhunger einer seelisch ausgepowerten Menschheit revolutionäre Sensationen zu bereiten, ist nicht meine Absicht gewesen, als ich mich entschlossen für den Sinn entschieden hatte.» [75; *S. 26*] Neben Engel und Viertel muß noch Jürgen Fehling (1885 bis 1968) genannt werden, der Visionär des deutschen Theaters, der sich damals als einziger prominenter Regisseur an ein Stück von Anton Čechov heranwagte (ein Autor, der erst nach 1945 in Deutschland zur Wirkung gekommen ist) und der hartnäckig, nachdem Jessner mit *Die echten Sedemunds* gescheitert war, auf die Spielbarkeit der verbohrten, kauzigen Komödien Ernst Barlachs setzte.

Diese Regisseure, neben denen auch Richard Weichert (1880 bis 1961), Gustav Hartung (1887 bis 1946), Moritz Seeler (1896 bis um 1943, verschollen) und Erich Ziegel (1876 bis 1950) zu nennen wären, opponierten zusammen mit den besten Schauspielern gegen die Erfolge des gedankenlose Unterhaltung produzierenden Geschäftstheaters der Gebrüder Rotter (sie betrieben die «Verrottung» des Theaters) und gegen die umjubelten Oberflächeneffekte des Regietheaters. Sie setzten die komplizierten Stücke und Autoren durch, die heute bestürzende Aktualität gewonnen haben. Neben den frühen Dramen Brechts, einigen Komödien des «Denkspielers» Georg Kaiser, neben *Krankheit der Jugend* von Ferdinand Bruckner sowie *Exzesse* und *Vatermord* von Arnolt Bronnen wurden in den letzten Jahren die damals eher als abseitig empfundenen Stücke von Ödön von Horvath, Marieluise Fleisser, Ernst Barlach (*Der arme Vetter, Die echten Sedemunds, Der blaue Boll*), Hans Henny Jahnn (*Die Krönung Richards III., Pastor Ephraim Magnus, Medea*), Else Lasker-Schüler (*Die Wupper*) und Robert Musil (*Die Schwärmer*) in exemplarischen Inszenierungen für unsere Zeit entdeckt.

Brecht, der als einziger der Autoren eines ausgesprochen politischen Theaters seine Erkenntnisse in eine aus den Stücken selbst sich konstituierende Dramaturgie umzusetzen wußte, behielt gegen die Expressionisten und gegen Piscator recht. Deren revolutionäres Pathos erlahmte, ihre hektischen Gebärden und Stoffe erwiesen sich als journalistische Sensationen, an denen bald der Zahn der Zeit nagte. So manche der schwerer zugänglichen Dramen aber überlebten, jene Werke und Theaterformen, die damals im Stofflichen den Forderungen der Zeit, des Journalismus und des sogenannten «Normalmenschen» nicht genügten.

Jürgen Hein
Volksstücke

«*Glaube Liebe Hoffnung* könnte jedes meiner Stücke heißen», notiert Ödön von Horváth (1901 bis 1938) in der *Randbemerkung* zu diesem Stück, das von einem «alltäglichen Fall», von «kleinen Verbrechen» und von der «bürokratisch-verantwortungslosen Anwendung kleiner Paragraphen» handelt. Statt *Totentanz* könnte es auch die Gattungsbezeichnung «Volksstück» tragen, die Horváth für *Geschichten aus dem Wiener Wald* (1931) und *Kasimir und Karoline* (1932) wählte; denn es nennt – freilich in ironischer Brechung – wichtige Momente des Genres. Horváth schwebte «so etwas wie eine Fortsetzung, Erneuerung des alten Volksstücks» vor, eines Stücks, wie er in der *Gebrauchsanweisung* (1932) schreibt, «in dem Probleme auf eine möglichst volkstümliche Art behandelt und gestaltet werden, Fragen des Volkes, seine einfachen Sorgen, durch die Augen des Volkes gesehen». Das zu erneuernde ‹alte› Volksstück des 19. Jahrhunderts, das sich in degenerierter Form und zum Schwank verkommen durch die Weltkriege hindurch unbeeinflußt von sozialen und politischen Veränderungen behauptete, war ein regional akzentuiertes, dialektgebundenes, moralisierendes, unterhaltendes Drama, nicht selten auch eine Form kritisch-realistischer Darstellung des Volks und seiner Lebensumstände. Es zeigte nach Bertolt Brecht (1898 bis 1956), der seine dramaturgischen Qualitäten in den *Anmerkungen zum Volksstück* (1940, Druck 1950) beschreibt, «derbe Späße gemischt mit Rührseligkeiten, da ist hanebüchene Moral und billige Sexualität. Die Bösen werden bestraft und die Guten werden geheiratet, die Fleißigen machen eine Erbschaft und die Faulen haben das Nachsehen.» Alltägliches besonders der unteren sozialen Schichten vorführend, dabei im Happy-End auf der Chance der ‹kleinen Leute› zum besseren Leben beharrend, bietet es zugleich Einblicke in die soziale Misere und befriedigt – zumindest im Spiel – die Wünsche nach ihrer Überwindung. Die wesentlichen Motive des ‹alten› Volksstücks kommen aus dem Bereich des alltäglichen Lebens: Essen und Trinken, Alltag und Feste, Liebe und Streit, kleine Verbrechen und moralische Entrüstung, Lohn und Strafe, Hoffnung auf gesellschaftliche Anerkennung, sozialen Aufstieg und Glaube an Gerechtigkeit. Seine Dramaturgie besteht in der Verbindung einer um diese Motive kreisenden, meist in sich geschlossenen Spielwelt mit einem adressatenbezogenen sozialkritischen oder moralisierenden Kommentar, der über die Spielwelt hinaus auf die Wirklichkeit weist. Spätestens seit Ludwig Anzengruber (1839 bis 1889) und der sentimentalisierenden Rezeption seiner Stücke hatte das ‹alte› Volksstück unter dem Einfluß des Wandels der Volkstheater zu Unterhaltungstheatern und eines Literarisierungsprozesses, der die Kluft zwischen dem ‹Volk› und ‹seinem› Theater vergrößerte, die ursprünglich kritische Intention eingebüßt: «So ist das Volksstück zwar von den Vorstadttheatern ausgegangen, jedoch nicht eben weit gekommen. Weder in der Literatur, noch bis zum Volk im wirklichen Sinne ist es vorgedrungen. Denn nicht das Volk ist der Bezugspunkt für diese Dramatik (...), was sich im ordinären Volksstück als Volk gibt, ist vor allem Kleinbürgertum (...), auch mit einem offenen Rand zum Proletariat hin, niemals aber die Volksmassen echt repräsentierend.» [293; *S. 393*]

Um die ‹Erneuerung› des Volksstücks in den zwanziger Jahren als kritische Reaktion auf das ‹alte› Volksstück besser verstehen zu können, ist ein Blick auf die Situation nach der Jahrhundertwende erhellend. Die Fortsetzung der von Anzengruber eingeleiteten Richtung des Volksstücks unter dem Einfluß des Naturalismus, der ‹Heimatkunstbewegung› und völkischer Tendenzen führte zur unkritischen Überbetonung des Archaischen und Schicksalhaften. [vgl. 272] Daneben übernehmen Kino und Film Aufgaben des Volkstheaters, adaptieren Volksstück-Sujets, geht das Volksstück im Schwanktheater unter. [vgl. 293, 297 u. 321] «Das Volksstück», schreibt Theodor W. Adorno, «hat als Blubo sich verdächtig gemacht, längst ehe die Abkürzung über das Abgekürzte die Wahrheit sagte. Unbekümmert (...) gab die Gattung zu verstehen, kleinstädtisches, ländliches Leben, die Reste des vorindustriellen Zustands, taugten mehr als die Stadt; der Dialekt sei wärmer als die Hochsprache, die derben Fäuste die rechte Antwort auf urbane Zivilisation.» [269; *S. 108*]

Wie kaum für eine andere Gattung in dieser Epoche stellt sich mit dem Periodisierungs- zugleich das Gattungsproblem. Es gibt eine Volksstück-Kontinuität des ‹unkritischen› oder nur unterhaltenden Typs seit dem Ende des 19. Jahrhunderts, die auch nach 1918 oder 1933 ungebrochen ist. Auf der anderen Seite sind auch schon vor 1918 Bemühungen zu beobachten, die Rückschrittlichkeit sowohl des ernsten wie des komischen Volksstücks aufzubrechen und ‹neue›, am ‹Fortschritt› der sozialen Wirklichkeit orientierte Volksstücke bzw. Anti-Volksstücke zu schreiben. Die Konzeption ernster, unsentimentalischer, kritischer Volksstücke

wie Ludwig Thomas *Magdalena* (1912) verbietet, die Entwicklung des
Volksstücks nur unter dem Aspekt der Komödien-Entwicklung zu betrachten. Volksstück ist mehr als nur eine ‹Rezeptionsform› der Komödie.

Hinsichtlich der Thematik und der Intentionen sind weitere Zusammenhänge zwischen dem Volksstück und dem Proletarierdrama (z. B. *Leuna
1921. Drama der Tatsachen*, 1927, von Berta Lask, 1878 bis 1967), dem
Zeitstück, dem Milieustück, der Revue (z. B. *Hoppla, wir leben!*, 1927,
von Ernst Toller, 1893 bis 1939), der Operette, dem Schwank und der
Boulevardkomödie zu beobachten. [vgl. 103 u. 302] Wichtige Impulse für
das ‹neue› Volksstück gehen von der Auseinandersetzung mit der nachna-
turalistischen und expressionistischen Dramatik, mit der Neuen Sachlichkeit und den verschiedenen Vorstellungen von Volksbildung und Volksunterhaltung aus. [vgl. 64, 285, 287, 116 u. 302]

Um die Jahrhundertwende hoffte man, das ‹realistische, ländliche Volksstück› mit seinem Regionalbezug, den ‹einfachen› Sozialbeziehungen und
den aus dem ‹Milieu› ableitbaren Verhaltensweisen könne das ‹Salon-
stück› verdrängen. Aus dem bäuerlichen Volksstück sollte das ‹wahre›
Volksdrama entwickelt werden. In dieser Hinsicht war das Jahr 1918
kaum ein bewußtseinsverändernder Einschnitt. Das bezeugt die gegenüber dem ‹volkstümelnden› Volksstück unverändert positive Rezeptionshaltung des Publikums, die für den Fortbestand und schließlich für die
faschistische Umprägung bestimmter Formen der Gattung Volksstück
günstig war. Parallel zur Entwicklung der Komödie – später auch der
‹Filmkomödie› – verwischen sich in den dreißiger Jahren die Grenzen zwischen ‹affirmativem› Volksstück und dem Schwank ‹auf stammesmäßiger
Grundlage›. Dieser Volksstück-Typ geht dann im faschistischen Drama
auf. [vgl. 204 u. 286] Ein Beispiel für diesen Übergang ist das Volksstück
Die vier Musketiere (1932) von Sigmund Graff (1898 bis 1979). [276; *S.
483 ff*]

Auf der anderen Seite «sind dem Volksstück neue Kräfte zugewachsen.
Das gesellschaftliche Unwesen, die Abstraktheit, zu der es menschliche
Beziehungen verdammt, weigert sich der konkreten Darstellung.» [269;
S. 109] Formen der kritischen Abbildung sozialer Grundverhältnisse wie
im Theater Frank Wedekinds (1864 bis 1918) und Carl Sternheims (1878
bis 1942) oder in *Die Wupper* (1909, Uraufführung 1919) der Else Lasker-
Schüler (1869 bis 1945) beeinflussen die Entwicklung des neuen Volksstücks ebenso wie die Anfänge sozialistischer Dramatik, das Anknüpfen
an «plebejisches Traditionsgut» des ‹unliterarischen› Volkstheaters und
Erwin Piscators Konzept eines «proletarischen Theaters». [vgl. 64, 314,
67, 135 u. 136]

Reinhold Grimm hat in der Komödienproduktion zwischen 1918 und
1932 den Übergang vom Expressionismus zur Neuen Sachlichkeit beob-

achtet, der zum «neuen Humor» führt, den Bertolt Brecht und Ödön von Horváth in der Darstellung der bösartigen und gefährlichen Komik der kleinbürgerlichen Alltagswelt schöpferisch weiterführen. [vgl. 286] An so unterschiedlichen Stücken wie *Nebeneinander* (1923) von Georg Kaiser (1878 bis 1945), *Wer weint um Juckenack?* (1924) von Hans José Rehfisch (1891 bis 1960), *Ehen werden im Himmel geschlossen* (1928) von Walter Hasenclever (1890 bis 1940), *Die Ehe* (1931) von Alfred Döblin (1878 bis 1957), *Hiob der Verschwender* (1925) von Oskar Maurus Fontana (1889 bis 1969), *Wer will unter die Soldaten?* (1930) von Hermann Heinz Ortner (1895 bis 1956), *Sturm im Wasserglas* (1930) von Bruno Frank (1887 bis 1945) oder Stücken von Max Mell, Alexander Lernet-Holenia u. a. zeigen sich Überschneidungen zwischen volksstückhafter Tragikomödie, Märchenspiel, Boulevardkomödie und Volksstück. Sie repräsentieren den ‹alten› Humor: «Der Zusammenhang dieser gesamten Komödienproduktion mit der politischen und wirtschaftlichen Entwicklung ist ja unverkennbar. Was in den zwanziger Jahren dominiert, sind die beiden Gattungen des ‹alten› Humors, Boulevardkomödie und Volksstück; und sie fallen in der Hauptsache, wenn auch nicht ausschließlich, in die Stabilisierungsperiode zwischen 1923 und 1929. Der ‹neue Humor› hingegen, dem wir etwas willkürlich den Sammelnamen des Grotesken verliehen haben, bleibt fast durchweg an den Rand gedrängt; er erscheint einerseits *vor* 1923, in den chaotischen Jahren des Zusammenbruchs und der Inflation, und andererseits *nach* 1929, in den nicht minder chaotischen Jahren der Weltwirtschaftskrise und der zunehmenden Radikalisierung.» [286; *S. 67*] Dies sind die Jahre des ‹neuen›, kritischen Volksstücks, während der Unterhaltungstyp des Volksstücks, in Schwank und Boulevardkomödie verkommend, das ‹Lebensgefühl› der ‹goldenen› zwanziger Jahre stabilisierte.

Thoma

Für die Zeit vor 1923 ist Ludwig Thomas (1867 bis 1921) ernstes Volksstück *Magdalena* (1912) als Klammer zwischen ‹altem› und ‹neuem› Volksstück wichtig. Die Reaktion der Theaterkritik zeigt, daß der Begriff Volksstück fast ausschließlich nur noch auf das triviale Unterhaltungstheater bezogen wird. An Anzengruber anknüpfend, stellt Thoma sein Stück bewußt gegen die sentimentalisierende Tradition. Es entlarvt die Doppelmoral der bäuerlichen Gesellschaft, die ihren Mitgliedern einerseits Schutz und sozialen Aufstieg gewährt, andererseits inhuman Resozialisierung und Bewährung des aus der Gemeinschaft Gestoßenen verhindert. ‹Familiensinn› und bäuerliche Moral, die den Gütler Mayr zum Mörder seiner ‹gefallenen› Tochter werden lassen – man hat von der «bayrischen Emilia Galotti» gesprochen –, bestimmen das ‹soziale Netz›. Die Verzweiflungstat, die den Vater als verantwortungsvolles und auf Moral bedachtes Mit-

glied der bäuerlichen Gemeinschaft wiederherstellt, wird, als einer kritik-
würdigen bäuerlichen Konvention entspringend, dem Publikum zur Erkenntnis der Hintergründe und ‹gerechten› Beurteilung zur Diskussion
gestellt.
Ähnlich wie bei Anzengruber sind Übertragungen des Konfliktmodells
von der bäuerlichen auf die bürgerliche Sphäre möglich, erhält der Dialekt eine verweisende Funktion, ist nie Lokalkolorit oder dient der Ver-
harmlosung. – Der Übergangscharakter der Volksstücke und Komödien
Thomas zeigt sich im ambivalenten Verhältnis zur Darstellung von ‹Heimat›. In *Gelähmte Schwingen* (1918) entlarvt Thoma das triviale, rührse-
lige Heimatstück, bemüht sich in *Moral* (1908) und *Magdalena* (1912) um
eine nicht beschönigende Darstellung gesellschaftlicher Verhältnisse in
der bayrischen Heimat, zugleich hält er aber auch an der Bedeutung des
schwankhaften Volksstücks für ein unterhaltungsbedürftiges Publikum
fest. [357; *S. 181*]

Kaiser

Auch Georg Kaisers (1878 bis 1945) «Volksstück 1923» *Nebeneinander*
trägt den Charakter des Übergangs: zwischen Expressionismus und
Neuer Sachlichkeit, zwischen Idylle und Satire, zwischen Kolportage und
Sozialkritik. Der Untertitel hebt ein für Politik und Geschichte bedeutsa-
mes Jahr hervor, in dem die Weichen für den heraufziehenden Nationalsozialismus gestellt wurden. Kaiser verwendet den Begriff «Volksstück»
in kritisch-polemischer Absicht; statt ‹Gemeinschaft› werden das ‹Nebeneinander› und der Egoismus der Menschen und der verschiedenen gesellschaftlichen Gruppierungen dargestellt. Auch dramaturgisch ist das
Stück ein ‹Nebeneinander›, eine Verbindung von expressionistischem
Stationendrama, Gesellschaftssatire und melodramatischem Volksstück,
die auf breite Publikumswirkung zielt.

Zuckmayer

Die bei Kaiser angetroffene Nähe zur politischen und gesellschaftlichen
Wirklichkeit findet sich erst wieder bei Horváth, während sich bei Carl
Zuckmayer (1896 bis 1977) der beschriebene ‹Umbruch› außer im *Hauptmann von Köpenick* (1931) in den anderen Volksstücken (*Der fröhliche
Weinberg*, 1925; *Schinderhannes*, 1927; *Katharina Knie*, 1928) wenig bemerkbar macht. Dennoch feierte man mit dem *Fröhlichen Weinberg* eu-
phorisch den Beginn des ‹neuen› Volksstücks. [135; *S. 667*] Alfred Kerr
erkannte den Zwiespalt: «Zuckmayers Kraft liegt in bodenwüchsiger Frische (…). Zuckmayers Pro: das Volkstum. Zuckmayers Contra: das
Volkstümliche.» [295; *S. 300*]
Sinnlichkeit und Sexualität, Geld und Heirat, Essen und Feste, patriarchalische Motive und drastische Züge bestimmen das komödiantische
Volksstück, das am Ende dem Publikum vier – sehr unterschiedliche –

Paare präsentiert. Anders als Kaiser oder Horváth, die keine ‹Lösungen› anbieten, sondern das Publikum zum kritischen Dialog herausfordern, zielt Zuckmayer auf Popularität und Einverständnis mit dem Publikum, bietet den krisengeschüttelten Menschen der Nachkriegszeit ‹Heimat› und Aussicht auf ein neues, die Bedürfnisse befriedigendes Leben. Vitale Züge sowie eine neue Natur- und Volksauffassung lassen die sozialkritischen Anspielungen (auf verlogene Moral, Antisemitismus, Militarismus, Faschismus) kaum wirksam werden, verstärken eher die regressiven Züge.

Im Gegensatz zur Fleißer, zu Horváth und Brecht wendet sich Zuckmayer nicht an ein soziologisch faßbares ‹Volk›, sondern an eine Gesamtheit naiv-vitaler Menschen, die «Charakter», «Gesicht» und «Seele» besitzen und sich von der anonymen «Masse» abheben. Wenn Kerr meinte, Zuckmayer setze «das *Weiße Rößl* fort, manchmal den Ludwig Thoma» [295; *S. 285*], so gilt der erste Vergleich eher für den *Fröhlichen Weinberg*, während der *Hauptmann von Köpenick* eine durch die Rezeption bestätigte geglückte Verbindung von Zeitstück, Militärschwank und kritischem Volksstück darstellt, wobei die Gefahr nicht immer ganz gebannt ist, daß sich Schwankhaft-Komödiantisches und Volksstückhaft-Zeitkritisches gegenseitig aufheben.

Fleißer

Vor Marieluise Fleißer (1901 bis 1974) haben Ruederer und Lautensack die Verhältnisse in der Provinz wesentlich aggressiver behandelt als zum Beispiel Thoma. Sie zeigt in *Fegefeuer in Ingolstadt* (1926) und *Pioniere in Ingolstadt* (1. Fassung 1928, 2. Fassung 1929) die beengende Lebensform der Provinz, die sich vor allem in der geliehenen Sprache der Figuren artikuliert. Die Fleißer gewinnt dem Dialekt analysierende und kritische Qualitäten ab. Allerdings erkannten nur wenige Kritiker das besondere Verfahren der Fleißer, die die Beschreibung der Entfremdungsprozesse, des determinierten Privat- und Intimlebens gegen die im trivialen Heimatstück verniedlichten zwischenmenschlichen Beziehungen setzt. In diese Richtung weist auch der von der Fleißer gewählte Gattungsbegriff «Komödie» als Darstellung entfremdeten Lebens, der freilich ganz andere Erwartungen beim Publikum weckt. Die enttäuschten Komödienbzw. Volksstück-Erwartungen führten zu Theaterskandalen.

Die Stücke der Fleißer fixieren zwischenmenschliche Beziehungen zeitlich und lokal; die Rezeption der Stücke zeigt die Aktualisierbarkeit der Verhaltensmodelle. Ein Vergleich der verschiedenen Fassungen von *Fegefeuer* (1924 unter dem Titel *Die Fußwaschung*, Uraufführung 1926) und *Pioniere* macht deutlich, wie nahe die Autorin jeweils den Verhaltensweisen und dem ‹Milieu› in Sprache und Szenenbildern ist. Dies gilt auch für das 1944/45 entstandene Stück *Der starke Stamm* (Uraufführung 1950),

das die Denk- und Handlungsmuster der zwischen Bürger- und Bauern-
tum Schwankenden zeigt und dabei alte, in der Blut und Boden-Ideologie
verkommene Volksstück-Motive (Bedeutung der Familie, Besitzerhal-
tung usw.) ironisch umfunktioniert.

Vor der Fleißer und vor Horváth hat Karl Valentin (d. i. Valentin Ludwig
Fey, 1882 bis 1948), der an die Tradition der Volkssänger und Volkskomi-
ker anknüpft, die Sprachproblematik der ‹kleinen Leute› dargestellt, zum
Beispiel in *Der Firmling* (1922). Im ‹Kampf› mit der Sprache enthüllt sich
die Auseinandersetzung mit der Determination des Alltags in der Weimarer Zeit. Die Sprache macht die Situation des verarmten Mittelständlers,
das Bildungsgefälle und den Verlust der Autorität sichtbar.

Horváth

In seinen zwischen 1927 und 1932 geschriebenen Volksstücken gibt Ödön
von Horváth (1901 bis 1938) in einer offenen Dramaturgie des ‹Zeigens›
genaue Beschreibungen der sozialen Situation der Kleinbürger, die in die
sozialen und politischen Auswirkungen der Weltwirtschaftskrise ver-
strickt sind. Für seine Volksstück-Konzeption sind verschiedene Aspekte
wichtig: der Umzug nach Berlin, wo er die «Umwandlung des gesellschaftlichen Bewußtseins» (*Flucht aus der Stille*, um 1925) besser beobachten konnte, die Bemühungen um das Volksstück anderer Autoren und
Regisseure gerade in Berlin, die Verbindung von soziologischer und thea-
tralischer Analyse im epischen Theater, schließlich der Erfolg von Zuckmayers *Der fröhliche Weinberg*. Der darin geäußerte Optimismus, das
Zurücktreten gesellschaftskritischer hinter sinnlich-vitale Motive haben
nicht nur später Brecht zu einem Gegenentwurf, sondern auch Horváth
zu seinem ersten Volksstück *Revolte auf Côte 3018* (1927; unter dem Titel
Die Bergbahn 1929) herausgefordert. Versucht er hier, das dualistische
Schema des ‹alten› Volksstücks mit einer aktuellen sozialkritischen Thematik zu verbinden, so experimentiert er in *Sladek der schwarze Reichs-
wehrmann. Historie aus dem Zeitalter der Inflation in drei Akten* (1929)
mit der Dramaturgie des «Zeitstücks» und findet dann in *Italienische
Nacht* (1930) jene Volksstückform, die sich gegen das ‹alte› Volksstück
wendet und die Verschränkung von privaten und gesellschaftlichen Problemen, von Wollen und Handeln, Bedürfnissen und Verwirklichungen
anders akzentuiert. Wie bei der Fleißer kann man von ‹umgekehrten›
Volksstücken und der Umfunktionierung vertrauter Volksstückelemente
sprechen. Im *Interview* (1932) und in der für *Kasimir und Karoline* (1932)
konzipierten *Gebrauchsanweisung* hat Horváth seine neue Konzeption
erläutert. Er will das alte Volksstück «fortsetzen» und «zerstören»: «Das
kann nur geschehen, wenn das alte Volksstück als Kunstgebilde und als
Bild im Bewußtsein des Publikums vorhanden ist. Da es aber – anno 1932
– nur noch verschwommen als geschöntes Wunschbild existiert, ist es zu-

nächst einmal aufzurufen, herbeizuzitieren.» [99; *S. 187*]
Horváths Kritik am überlieferten Volksstück bezieht sich darauf, daß es
die Veränderungen seiner sozialen Träger nicht wahrnimmt, daß es an
den ‹ewig-menschlichen› Problemen und ihrer Unveränderbarkeit festhält und durch souveränes Umgehen mit der Sprache seitens der ‹positiven› Helden eine Handlungskompetenz des ‹kleinen Mannes› suggeriert,
die in einen unlösbaren Konflikt mit der sich verändernden sozialen
Wirklichkeit gerät.
In seinen Stücken sind die ambitionierten kleinbürgerlichen Figuren ihrem Stand, ihrer Klasse entfremdet, hängen zwischen ‹oben› und ‹unten›.
Ihr uneigentliches Bewußtsein äußert sich im «Bildungsjargon», der eine
zersetzte, hochdeutsch eingefärbte Dialektsprache ist, die weder eine Be-
herrschung der Hochsprache noch des Dialekts verrät. Als «Chronist»
der Zeit zitiert Horváth auf dem Hintergrund einer Unterhaltungs-,
Kitsch- und Operettenkulisse (Bedeutung der Musik!) Situationen des
Alltags, die sich in der Sprache der ‹kleinen Leute› artikulieren. An den
Klischees des Dialogs und den stereotypen Gesten ist die Verstrickung
von Privatem und Gesellschaftlichem, ‹Schicksal› und Zeitwirklichkeit
ablesbar, zeigt sich die Ohnmacht der Figuren, die auf ihr ‹Glück› warten.
Der für die Leipziger Uraufführung von *Kasimir und Karoline* gewählte
Untertitel «Sieben Szenen von der Liebe, Lust und Leid und unserer
schlechten Zeit» illustriert diese Verklammerung von Volksstück-Drama-
turgie und auf die Zeitgeschichte bezogener Handlung. Ähnlich wie
Glaube Liebe Hoffnung und *Geschichten aus dem Wiener Wald* ist es ein
Drama der durch Entfremdung verhinderten zwischenmenschlichen
Kommunikation und wird durch die Akzentuierung der Sprachthematik
zu einem Stück, das Einblick in die sozioökonomischen und politischen
Zusammenhänge der Weimarer Republik gewährt. Dadurch, daß die Fi-
guren keine Handlungs- und Ideenträger sind, daß kein vermittelnder
Kommentar die zeitkritischen Themen reflektiert, wird das sprachliche
Geschehen selbst thematisch. ‹Innenwelt› und authentische Außenwelt
stellen sich dem Zuschauer zur Diskussion.

Soyfer

Wie Horváth dienen auch dem im KZ umgekommenen Jŭra Soyfer (1912
bis 1939) bestimmte Elemente des Wiener Volkstheaters als Vehikel für
politische Satire. Bei seinen für die Kleinkunstbühne geschriebenen Stük-
ken, die die Zensurgesetze unterlaufen konnten, knüpft er vor allem an
dramaturgische Möglichkeiten der ‹Zauberposse› an. An die Dramaturgie des Volkstheaters erinnert auch seine Äußerung in *Die Tendenzbühne
und ihr Publikum* (1932), die Zuschauer sollten eine sich stetig entwik-
kelnde, mit ihrem Theater in «fortwährender Wechselbeziehung» stehende Schicht sein.

In *Der Lechner Edi schaut ins Paradies* (1936) ermöglicht Zauberei dem arbeitslosen, maschinenstürmenden Edi eine Reise in die Geschichte, von 1914/18 bis zu seiner ‹Wiedererschaffung› im Paradies. Dabei wird die Moderne als Gegenbild satirisch kommentiert. In *Der Weltuntergang oder Die Welt steht auf keinen Fall mehr lang* (1936) spielt Soyfer schon im Titel auf Nestroy an. Es ist eine «Bühnenmoritat» von der Unverbesserlichkeit der Menschen. [346; *S. 20*] Noch deutlicher sind die politischen Anspielungen auf die Situation im «ständestaatlichen» Österreich in *Astoria* (1936). *Vineta* (1937) handelt am Vorabend des verhängnisvollen Jahres 1938 von Lethargie und Lebensunfähigkeit sowie der Anstrengung eines einzelnen, dem zu entfliehen. Mit seinen poetischen Parabeln unter gleichzeitiger Akzentuierung der Zeitgeschichte steht Soyfer zwischen Horváth und Brecht.

Brecht
Vorstufen in der Entwicklung des Volksstücks *Herr Puntila und sein Knecht Matti* (1940, Uraufführung 1948) sind Experimente mit expressionistischer Dramaturgie und dem Schwank (*Trommeln in der Nacht*, Uraufführung 1919, Druck 1923; *Die Kleinbürgerhochzeit*, Uraufführung 1926; *Schweyk*-Bearbeitung 1927) sowie mit der Verbindung von Parabel und Zeitgeschichte, zum Beispiel in *Furcht und Elend des Dritten Reichs* (entst. 1935 bis 1938, gekürzte Uraufführung 1938), in dem Adorno «Reprisen» des Volksstücks entdeckt hat [269; *S. 109*], ferner die Auseinandersetzung um *Volkstümlichkeit und Realismus* (1938), die auch ihren Niederschlag in den *Anmerkungen zum Volksstück* (1940) gefunden hat.
Bertolt Brecht (1898 bis 1956) wollte das alte Komödien-Sujet «Herr und Knecht» neu gestalten und dem Thema Poesie und Komik zurückgeben (vgl. *Arbeitsjournal*). In Auseinandersetzung mit den Elementen des – auch mimisch-theatralischen – Volkstheaters verläßt er die bei Horváth wichtige Darstellung des konkreten Alltags des ‹Volks› und seiner Reflexion im Dialog und erfindet eine parabelhafte Fabel von der Veränderbarkeit der sozialen Grundverhältnisse, bei der sich am Schluß der Knecht dem Herrn geistig und sozial überlegen zeigen soll. Daß es beim Spiel, dessen ästhetische Eigenwelt und Distanziertheit nie aufgehoben wird, wesentlich darauf ankommt, den «Klassenantagonismus zwischen Puntila und Matti» so auszuformen, daß nicht Puntilas «Vitalität oder Charme» überwiegt, hat Brecht in den *Notizen über die Züricher Erstaufführung* (1948) betont. Theaterkritiken und Interpretationen zeigen aber, daß seine Intentionen mißverstanden, die Umfunktionierung der Volksstück-Dramaturgie mißdeutet werden. [vgl. 344] Brechts Leistung, dem Genre Volksstück die kritische und zugleich utopische Funktion zurückzugewinnen, es gerade nicht in der kolportierten Zeitgeschichte aufgehen zu lassen, hat keine Nachfolge gefunden.

Hans-Thies Lehmann
Portrait Bertolt Brechts

Die Daten 1918 und 1945 markieren, nicht nur für Deutschland, eine ‹Epoche des Politischen›. Wie nie zuvor war das Alltagsbewußtsein durchsetzt von ideologischen Schlagworten, aufgewühlt von weltanschaulichen Debatten vor dem Hintergrund tiefer politischer Krisen von Staat und Gesellschaft. Auch nationalstaatliche Konkurrenz wurde in bislang unbekanntem Ausmaß im Namen von Prinzipien ausgetragen. Erst seit den fünfziger Jahren räumt Politik den vordersten Platz im zeitgenössischen Bewußtsein den Problemen und Kategorien der Technik und Technologie. Bertolt Brecht (1898 bis 1956) kann als der für die Epoche des Politischen signifikanteste deutsche Schriftsteller gelten: Nicht allein, weil er wohl ihr folgenreichster war, diejenige Physiognomie, auf deren Züge die Blicke der Nachfolger in Bewunderung oder Ablehnung am meisten fixiert blieben; sondern weil sein Werk mit fast jedem Satz auf Erfahrung politisch reagiert – von den ersten zum Teil noch nationalistischen Gedichten des Schülers, der schon 1914 eine *Moderne Legende* gegen den Krieg schreibt («Nur die Mütter weinten / Hüben und drüben») bis hin zu den noch in ihrer späten Resignation auf Gesellschaft bezogenen *Buckower Elegien* (1953), leiseskeptischen Meditationen über seine Existenz in der DDR, wo die sehr persönliche Trauer um den verpaßten Neuanfang (wohl nicht nur im Westen) politisch-historisch objektiviert wird: «Ich habe gewußt, daß Städte gebaut wurden / Ich bin nicht hingefahren. / Das gehört in die Statistik, dachte ich / Nicht in die Geschichte. / Was sind schon Städte, gebaut / Ohne die Weisheit des Volkes?» (*Große Zeit, vertan,* in: *Buckower Elegien*) Von Brechts Werk gilt, was Walter Benjamin von seiner Lyrik sagte: «Unter ihren mannigfachen Haltungen wird man *eine* vergebens suchen, das ist die unpolitische, nicht-soziale.» [329; *S. 50*]
Aber wenn man auch in Brecht vor allem den Didaktiker des praktisch verändernden Eingreifens sieht, so bleibt doch die Vorstellung verkürzt, er habe sich, einmal politisch geworden, nurmehr in den Dienst der kom-

munistischen Politik gestellt. Seine Arbeitsnotizen zeigen ihn vielmehr
als einen um das Artistische seiner Arbeit besorgten Autor. Von den meisten modernistischen Autoren vergleichbaren Rangs unterscheidet ihn
nicht so sehr das politische Engagement als solches (das zum Beispiel
auch im Surrealismus verknüpft war mit der ästhetischen Praxis), sondern
sein Versuch, die Lehre als Stil zu entwickeln, zu einer Zeit, da die meiste
konsequent moderne Kunst Kommunikation weithin aufkündigte. Sein
Versuch, durch stilisierte Didaktik ästhetische Autonomie zu erhalten,
ohne doch dafür den Preis der Esoterik zu zahlen, macht den singulären
Status seines Werks im Kontext der Moderne aus. Brechts Fähigkeit zum
Erfolg ist dabei nicht zuletzt seiner Gabe geschuldet, im Gestrüpp des nur
Gegenwärtigen das brauchbare Neue ausfindig zu machen. Er spürte, was
in der Luft lag, ohne den Moden nachzulaufen. Als in den zwanziger Jahren kabarettistische Satire und Musical aufkamen, griff er diese Formen
auf (Lyrik, *Dreigroschenoper*, Uraufführung 1928). Er nahm die latenten
ästhetischen Möglichkeiten des Agitprop und der Schulmusikbewegung
wahr und nutzte sie um 1930 für seine «Lehrstücke». Und er holte sich mit
sicherem Griff aus anderen Zeiten und Kulturen, aus dem chinesischen
Theater, aus dem Barock, aus der Bibel, François Villon oder Arthur
Rimbaud, was er brauchen konnte. Brechts gewaltige Kraft des Ein- und
Umschmelzens erlaubte es ihm, der große Verwerter, Bearbeiter und
«Plagiator» zu sein, der sich mit Recht auf seine «grundsätzliche Laxheit
in Fragen des geistigen Eigentums» etwas zugute halten durfte.
Nicht zuletzt die allmählich zugänglichen Arbeitsjournale, Notizen und
Briefe lassen die Konturen der Person Brechts noch deutlicher hervortre-
ten, etwa die besessene Intensität seiner schriftstellerischen Arbeit. Alle
Lebensbereiche, Gespräch, Bekanntschaft, Reise, Liebe wurden sogleich in die Produktion einbezogen. So stark war der Artist im Marxisten, daß Brecht 1938 Walter Benjamin den Zweifel gestand, ob er es mit
dem Engagement der Kunst überhaupt ganz ernst meine. [329; *S. 118*]
Der Überschätzung des Individuums und allem Pathos abhold, pflegte
der Verächter Georges doch einen ausgeprägten Hang zur Selbststilisierung als Weiser, Asket oder Proletarier, eine literarische, ja historische
Betrachtung der eigenen Person, die schon in den Tagebüchern des jungen Manns beeindruckt – und verwirrt, wenn man nach ganz authentischen Selbstzeugnissen sucht. Brecht faßte dieses Verhalten sich selbst
gegenüber als Schutz gegen die Diffusion des eigenen Lebens im Kapitalismus auf, die er deutlich empfand. Aber auch hier verwandelte er Not in
Tugend. Auf die schmerzliche Erfahrung der Unbeständigkeit, des spur-
losen Vergehens reagierte er mit einem lebenslangen «Lob der Vergeß-
lichkeit» nach Nietzsches Vorbild, mit einer Lebenskunst des Hinter-sich-
lassens. Seiner selbstbewußten Unzuverlässigkeit steht allerdings die
auch bezeugte Fähigkeit zu Treue und lebenslangen Freundschaften ge-

genüber. (Von seinen zahlreichen Liebesgeschichten scheint die mit Margarete Steffin die größte Bedeutung für ihn gehabt zu haben.) Vor allem aber springt bei diesem Autor die Ähnlichkeit seines Verhaltens in vielen Lebenslagen mit dem seiner Helden ins Auge: mit den verschmitzten, ängstlich-schlauen und doch wieder hartnäckigen Schweyk, Galilei, Ziffel, Azdak oder dem Herrn Keuner der *Keunergeschichten* (*Geschichten vom Herrn Keuner*, 1930/1932/1953), dem schwer greifbaren Abweichler und Widerspruchsgeist, der nie zuviel riskiert und so unbegreiflich geduldig wie die Katze vor dem Mauseloch auf seine Zeit zu warten imstande ist. Braucht freilich die Geschichte zu lange für ihn («... der Krieg er zieht sich etwas hin ...», heißt es in *Mutter Courage und ihre Kinder. Eine Chronik aus dem Dreißigjährigen Krieg*, entstanden 1939, Uraufführung 1941), mag er wohl auch als Opportunist oder Feigling dastehen. So sah ich Brecht selbst, als ihn 1937 keine Überredungskünste der Freunde bewegen konnten, an dem in Madrid fortgesetzten Schriftstellerkongreß teilzunehmen, der die Solidarität der internationalen Intelligenz mit den im Bürgerkrieg stehenden spanischen Republikanern demonstrieren sollte. Ungeachtet seiner theoretischen Solidarität mit der Sowjetunion zieht er während der Nazizeit das Exil in den USA vor. Dort wiederum liefert er 1947 bei dem Verhör durch den amerikanischen Untersuchungsausschuß wegen angeblicher kommunistischer Aktivitäten ein Meisterstück naiv-listiger Verstellung, um sich der Verfolgung zu entziehen. Und nach der Rückkehr ins alte Europa läßt er sich zwar in der DDR nieder, bemüht sich aber beharrlich um einen österreichischen Paß (den er schließlich auch erhält), damit die Entscheidung für den Arbeiterstaat ihn persönlich nicht zu sehr bindet.

Ein so tief von kommunistischer Politik gezeichnetes Leben war dem Dichter nicht an der Wiege gesungen worden. Eugen Berthold Friedrich Brecht, am 10. 2. 1898 in Augsburg geboren, wuchs in gutbürgerlichen Verhältnissen auf. Die Jugend verbringt er in Augsburg und München, wo er mehr pro forma studiert, in Wahrheit bereits sein Literatentum pflegt. 1919 entsteht der dramatische Erstling *Baal* (Uraufführung 1923), eine balladeske Szenenfolge um einen nach Villon und Rimbaud stilisierten Dichter und Outlaw, 1919 *Trommeln in der Nacht* mit einem zeitpolitischen Thema: Der heimgekehrte Soldat Kragler findet sich in der umgewühlten und heuchlerischen Gesellschaft nicht mehr zurecht, weigert sich aber, an der Revolution mitzutun, als sein untreu gewordenes Mädchen zu ihm zurückkehrt und ihm so ein (nur leicht angeschlagenes) privates Glück bietet, «das große, breite, weiße Bett». Schon hier zeigt sich Brechts «Mangel an Begeisterungsfähigkeit», der ihn jede Verführung durch hohle Phrasen, aber auch jede Neigung zu allzuviel Heldentum tief verachten läßt. «Glotzt nicht so romantisch!» wurde das Publikum angehalten.

Der junge Brecht verliert sich nicht im Nebel idealistisch-expressionisti-

scher Menschheitsfloskeln. Einzelner expressionistischer Stilzüge ungeachtet, besteht er neusachlich avant la lettre auf nüchterner, unver-
krampfter Sprache. Politisch ohne besondere Klarheit, gehören seine
Sympathien dem Antibürgerlichen, also auch der Linken. Tief beeindruckt ihn die Person Rosa Luxemburgs (1871 bis 1919), aber die Revolu-
tionsversuche können ihn nicht mitreißen. Nach raschen Theatererfolgen
beschließt Brecht, der bisher «nebenbei» geschrieben hat, sein Glück als
Schriftsteller zu versuchen, und siedelt 1924 nach Berlin über. Er schreibt
die Dramen *Im Dickicht der Städte. Der Kampf zweier Männer in der
Riesenstadt Chicago* (entstanden 1921 bis 1924; Uraufführung der 1. Fassung 1923), *Leben Eduards des Zweiten von England*, eine Christopher
Marlowe-Bearbeitung (1923/24), *Mann ist Mann* (1924/25), in dem die
Idee des unverwechselbaren Individuums verabschiedet wird, und gehört
bald zu den Berühmtheiten der kulturellen Szene. Jetzt, im Umfeld der
«Neuen Sachlichkeit», wird erst jener Brecht geboren, der mit seiner
pointiert-didaktischen Diktion wie kein anderer die deutsche Kunstsprache der folgenden Jahrzehnte prägen wird. Freilich übersahen schon damals die meisten Beobachter über der auffällig sich vordrängenden Tonlage des Zynismus und der groben Polemik die zarteren und reflektierten
Züge der Brechtschen Texte. Im schlichten, gar primitiven Habitus verbirgt sich der Artist Brecht, Artismus im Sinne Benns und der europäischen Avantgarde genommen. Die Mischung aus Sozialkritik und Künstlichkeit ermöglicht auch den teilweise auf Mißverständnis beruhenden
triumphalen Erfolg der *Dreigroschenoper* 1928, einer Bearbeitung von
John Gays *Beggar's Opera* (1728), im Berliner Theater am Schiffbauer-
damm. Satirisch wird der Bürger mit dem Räuber gleichgesetzt; aber die
zündende Musik Kurt Weills (1900 bis 1950) trägt maßgeblich dazu bei,
daß die eigentlich gegen ‹kulinarischen› bürgerlichen Kunstgenuß gerichtete Anti-Oper mit ihren Revue- und Musicalzügen geradezu eine Inkarnation jener goldenen Zwanziger wurde, der damals schon Brechts politische Kritik galt.

1930 brachten Brecht und Weill die Oper *Aufstieg und Fall der Stadt Mahagonny* heraus. Ihr kommt für die Physiognomie des Autors Brecht eine
Schlüsselrolle zu. Das Werk resümiert, was der anarchisch-zynische frühe
Brecht zu sagen hat, und verdeutlicht durch seine Verwandtschaft mit Stil
und Pathos der Surrealisten zugleich, wie eng Brecht mit der destruktiven
avantgardistischen Kunst Europas kommuniziert. Schon diagnostiziert
aber auch der durchdringende Blick des antikapitalistischen Kritikers
Brecht ahnungsvoll den selbstbereiteten Untergang der krisengeschüttelten Warengesellschaft – freilich ohne das Remedium der kommunistischen Revolution explizit zu machen. Brechts Sprache bevorzugt holz-
schnittartige Sentenzen, ihre artifizielle Schlichtheit («Vor allem aber
achtet scharf, daß man hier alles dürfen darf. – Wenn man Geld hat.»)

kommuniziert exakt mit Weills Musik, sein Text vereint Sozialkritik mit ästhetischer Reflexion und Kritik der Kunst. So wird die Schilderung der aus Traum und Realität ‹erfundenen› Opernstadt Mahagonny ein heimliches Hauptwerk des ganzen Brecht – obgleich viele andere seiner Texte die politische, lyrische oder didaktische Facette des Œuvres vollkommener ausgeprägt haben.

Neben *Mahagonny* stellt trotz der dramatischen Leistung des jungen Brecht die Lyrik den Hauptertrag der frühen Jahre dar. Auch die Jugenddramen bezogen ihre Kraft gerade aus der sprachlichen Innovation, ihrem kontrollierten Lyrismus, dessen Qualität von Kritikern wie Herbert Jhering (1850 bis 1930) und Kurt Tucholsky (1890 bis 1935) als ganz neuer Ton in der deutschen Sprache erkannt und gefeiert wurde. 1927 war *Bertolt Brechts Hauspostille* erschienen, eine der bedeutendsten Lyriksammlungen der Epoche überhaupt. Ihre oft exotisch anmutende Szenerie stellt eine bewußt konstruierte Kunstlandschaft dar, ihre komplexe Bezugnahme auf literarische Traditionen und dadurch entstehende vielschichtige Intertextualität verhindern nicht eine fast populäre Schlichtheit der kühlen und zugleich sinnlichen Diktion. Expressionistische Motive hebt Brecht durch verfremdendes Zitieren auf: Von verquollenem Pathos befreit, wirken sie in Brechts Sprache gleichsam ausgebleicht. Sein Stil besticht durch mühelos anmutende Direktheit. Seine Trockenheit steigert sich noch in den Gedichten zu einem geplanten *Lesebuch für Städtebewohner*. Schon seit 1926 verfaßt, werden sie 1930 in den *Versuchen* bedeutsam zwischen *Mahagonny* und das *Badener Lehrstück vom Einverständnis* plaziert. Sie zeigen, daß gute menschliche Verhältnisse nicht möglich sind, weil das gesellschaftliche Getriebe jeden zwingt, zuerst auf sich selbst zu achten. Güte ist Selbstschädigung, und persönliches Mitgefühl wäre nur Verschleierung der Realität. Daher redet der Autor in diesen Texten aus der Maske des Unmenschlichen heraus. Klage wäre nicht angebracht: niemand hört sie; individueller Protest wird seiner Folgenlosigkeit überführt. Die Haltung dieser Gedichte formuliert Brecht so: «Wenn ich mit dir rede / Kalt und allgemein / Mit den trockensten Wörtern / Ohne dich anzublicken (…). So rede ich doch nur / Wie die Wirklichkeit selber / (Die nüchterne, durch deine besondere Artung unbestechliche / Deiner Schwierigkeit überdrüssige) / Die du mir nicht zu erkennen scheinst» (*Aus dem Lesebuch für Städtebewohner*).

Brecht selbst hatte seit Mitte der zwanziger Jahre immer deutlicher zu erkennen geglaubt, daß die einzig mögliche Konsequenz aus der von ihm besungenen Wirklichkeit des «wissenschaftlichen Zeitalters» der Kommunismus sei: daß der Mensch nicht nur die Natur, sondern auch die menschlichen Verhältnisse rational regeln müsse und werde. Ein genauer Zeitpunkt der Bekehrung zum Marxismus, die aus dem Bürgerschreck und Skandalautor den kommunistischen Dichter machen wird, läßt sich kaum angeben. Einerseits waren Fermente wie Materialismus, Sozialkritik und der Sinn für die Auswirkung ökonomischer Macht auf menschliche Verhältnisse bei Brecht längst vorhanden als Lenin- und Marxlektüre sowie der Einfluß von Marxisten wie Fritz Sternberg, Erwin Piscator und vor allem Karl Korsch hinzukommen, Einflüsse, die es Brecht ermöglichen, seine ganz eigene Erfahrung der «großen Kälte» politisch-historisch auszulegen. Andererseits zeigte sich bald, daß die Art seiner kommunistischen Kunst (und seines sehr speziellen marxistischen Denkens) den KPD-Marxisten immer verdächtig blieb, den deutschen nicht anders als später im Exil den amerikanischen Genossen oder gar den Moskauer Kulturpolitikern.

In den Jahren der Krise 1929 bis 1932 versucht Brecht, mit der «Pädagogie» der Lehrstücke (*Der Ozeanflug*, 1929; *Badener Lehrstück vom Einverständnis*, 1929; *Der Jasager. – Der Neinsager*, 1930; *Die Ausnahme und die Regel*, 1929/30; *Die Maßnahme*, 1930, das vollendetste Exemplar dieser Gattung) dem Theaterspiel eine neue politische Lernfunktion zu geben: Nicht in erster Linie der Zuschauer, sondern die Spieler selbst sollen politische Themen in einfachen allegorischen Konstellationen durcharbeiten, um spielend ihr revolutionäres Bewußtsein selbstkritisch zu entwickeln. In einer doppelten Polarität erscheinen die ineinander verschränkten Oppositionen Spontaneität / Disziplin und Körper / Bewußtsein als komplexes Basismodell aller Konflikte der Politik und der Naturbeherrschung. Mit dem taktischen oder praktischen Widerspruch auf der Ebene des rationalen Verhaltens wird das Thema des ‹natürlichen› Einspruchs der Körperlichkeit gegen die Zumutungen der Ratio überhaupt verknüpft. Brecht stellte sich zwar mit diesen Texten zum erstenmal offen auf die Seite der revolutionären Kommunisten, aber die ritualähnlich abstrahierte Hohlform der Lehrstücke mit ihrer bewußten ‹Überspitzung› der Konflikte widersprachen entschieden den am Realismusideal orientierten Kunstauffassungen der politischen Kommunisten. Brecht erntete überwiegend Ablehnung, boten doch seine Texte nicht die erwartete Ermutigung zum Kampf, sondern zwangen zu selbstkritischem Zweifel, aktiver Exegese und immer wieder neu durchdachter Aktualisierung.

Die Form des Lehrstücks, das Brecht selbst wenig später zugunsten direkt antifaschistischer Agitation wieder aufgab, übte in den sechziger Jahren erheblichen Einfluß auf die neue DDR-Dramatik aus. Der Autor selbst scheint die prinzipielle Bedeutung des Stücktyps höher eingeschätzt zu haben als die meisten seiner Ausleger. Kurz vor seinem Tod gab er auf die Frage, was er für ein mögliches Modell des Theaters der Zukunft halte, die Antwort: *«Die Maßnahme».* Der Anlage nach didaktisch, aber keine Lehrstücke sind *Die Mutter. Leben der Revolutionärin Pelagea Wlassowa aus Twer* (Uraufführung 1932) und *Die heilige Johanna der Schlachthöfe* (entstanden 1929/30, Uraufführung 1959). Aus der Krise, lehren sie, führt individuelle Hilfe nicht heraus; denn sie vermag nichts gegen die Gewalt: «Hilfe und Gewalt geben ein Ganzes / Und das Ganze muß verändert werden.» Ausgehen kann die Veränderung nur von den «Unteren», den schwachen und bedürftigen Massen. Zu groß ist das Vertrauen des Autors Brecht in ihre Weisheit, wie sich 1933 zeigen sollte.

Am 28. Februar, einen Tag nach dem Brand des Reichstagsgebäudes, floh Brecht wie viele andere Intellektuelle aus Deutschland. Das Exil führte ihn über die Zuflucht «unter das dänische Strohdach» (1933 bis 1939) nach Schweden (1939/40) und Finnland (1940/41), schließlich 1941 über die Sowjetunion in die USA, wo er bis 1947 bleiben sollte. In diesen Jahren erweist sich Brecht als der konsequenteste Antikapitalist, nicht nur Antifaschist unter den großen Autoren. Er beteiligt sich an antifaschistischen Aktivitäten und Kongressen und stellt zeitweilig die Kunst – abweichend von seiner theoretischen Ästhetik – in den Dienst unmittelbar wirksamer Agitation, was den Rückgriff auf einen formal konventionellen Realismus (*Die Gewehre der Frau Carrar*, Uraufführung 1937; *Furcht und Elend des Dritten Reiches*, Uraufführung 1938) – oder auf die Politfarce (*Der aufhaltsame Aufstieg des Arturo Ui*, ein 1941 geschriebenes witziges, allerdings oberflächliches Anti-Hitler-Stück) mit sich brachte. Seit 1938 entstehen dann in kurzer Folge hintereinander, meist auf der Basis früherer Konzeptionen und Pläne, die ‹klassischen› Dramen der Exilzeit, eine Synthese aus Lehrstücktheorie und traditioneller Form, die Modellstücke des «epischen Theaters»: *Mutter Courage und ihre Kinder*, noch vor dem Kriegsausbruch 1939 geschrieben; *Leben des Galilei* (1938/39), *Der gute Mensch von Sezuan. Ein Parabelstück* (1930 bis 1942), *Herr Puntila und sein Knecht Matti* (1940); *Schweyk im Zweiten Weltkrieg* (1941 bis 1944); *Der kaukasische Kreidekreis* (1944/45). Bis auf das letzte enthalten sie keine Lösungen. Brechts Helden verlangen nach Genuß, Erkenntnis, ‹Gutsein› oder auch nur dem schieren Überleben; Thema der Stücke ist, daß sie irren, nicht oder kaum belehrbar sind durch Erfahrung. Hartnäckig halten sie an der Illusion fest, ohne Veränderung des Ganzen individuell ihre sehr menschlichen Interessen verwirklichen zu können. Darin beweisen sie zugleich eine solche Vitalität, daß sie als faszinierende Negativbilder von idealen Bürgern eines kommunistischen Zeitalters erscheinen, denen nur noch die Belehrung über die Hoffnungslosigkeit ihrer Mühe unter den Bedingungen der Warengesellschaft fehlt. Nur der Zuschauer lernt, die Helden nicht oder wenig. Brechts Bühne zeigt die tiefe Diskrepanz des subjektiven Erlebens von der Dialektik der gesellschaftlichen Prozesse, ohne diese ‹Alterität› von Subjekt und historischer Wirklichkeit aufzulösen.

In die Exilzeit fällt auch eine weitere Ausgestaltung der Theorie des zunächst «anti-aristotelisch», dann vor allem «episch», später in der DDR «dialektisch» genannten Theaters, in deren Zentrum die Begriffe «Histo-

risierung» und «Verfremdung» (V-Effekt) stehen. Das Konzept weist
deutliche Verwandtschaft mit Ideen des russischen Formalismus («Entau-
tomatisierung») auf und bezeugt wiederum die Zugehörigkeit Brechts zur
Kunst der Moderne. Seit den zwanziger Jahren hatte er sich gegen das
traditionelle Theater der ‹Einfühlung› gewehrt (er nannte es «aristotelisch»), das in Fortschreibung der naturalistischen Dramaturgie des
19. Jahrhunderts vor allem das Gefühl des Zuschauers anspreche. Brecht
will ein rationaleres «Theater des wissenschaftlichen Zeitalters». Der Zuschauer soll, ohne daß das Gefühl ausgeschlossen wird, kritische Distanz
wahren, das Theater die Welt als begreifbar = veränderbar zeigen. Der
Schauspieler soll «verfremden», den «Gestus» einer Figur herausarbeiten, also ihr konkretes Verhalten auf seine gesellschaftliche Bedeutung
hin transparent machen. Belehrung und Genuß am Poetischen sollen sich
nicht widersprechen oder nur koexistieren, sondern zusammenfallen:
nicht prodesse *et* delectare, sondern prodesse *als* delectare.

Erst 1947 wird das Exil beendet sein, Brecht sich bald darauf in der DDR
niederlassen. Selten nur läßt er in diesen Exiljahren, außer in distanzie-
render Stilisierung, Trauer und Verzweiflung über die eigene Lage und
die Umstände zu Wort kommen – «wenn da nur Unrecht war und keine
Empörung» (*An die Nachgeborenen*, 1939). Obwohl es ihm in Amerika
nicht schlechtgeht, da er sich mit Geschick immer wieder Türen des Kul-
turbetriebs zu öffnen versteht, leidet Brecht unter den wenig inspirieren-
den Lebensumständen: der finanziellen Abhängigkeit, die ihn zu zweit-
rangigen Projekten zwingt, dem Mangel an Verständnis für seine künstlerischen Absichten; den Zerwürfnissen auch mit linken Theatern und dem
Mißtrauen der amerikanischen Kommunisten, die ihn als Individualisten
im kollektiven Mäntelchen ansehen.

Fraglos hat das Exil im Verein mit der weltpolitischen Frontstellung bei
Brecht eine Tendenz zum Dogmatismus verstärkt, die ihn zu mancher
politischen Blindheit führte. Bis in die dreißiger Jahre hat das Bündnis
der künstlerischen Produktion mit dem Marxismus auch den politischen
Blick Brechts geschärft. Dann aber will er nicht wahrhaben, was viele
seiner Freunde immer klarer sehen: die seit Mitte der dreißiger Jahre
voranschreitende Entwicklung der Stalinschen Sowjetunion zu einem
nicht mehr allein bürokratischen, sondern terroristischen Staat. Mit ihm
bleibt Brecht, auch wenn er Kritik übt, wie in *Me-ti*, wo er etwa Trotzkis
Thesen ohne Zurückweisung anführt, solidarisch. Fest entschlossen, dem
Feind Hitlers nicht in den Rücken zu fallen, und nicht gegen das, was er
als noch immer revolutionären Prozeß in der Sowjetunion ansieht, wei-
nerlich-moralisch Partei zu ergreifen, fällt Brecht selbst der eigenen
Theorie der «Historisierung» zum Opfer: Den Terror gegenüber Individuen sieht er nur als «Übergang» und weist die Frage ab, ob ein derart
zerrüttetes Fundament der kommunistischen Bewegung noch reparabel

sein kann. Als «Arbeiterstaat» verteidigt er Karl Korsch gegenüber weiterhin die Sowjetunion – trotz der klaren Erkenntnis der katastrophalen Kulturpolitik unter Stalin und trotz der Erfahrung, daß Freunde wie Tretjakov und Carola Neher verfolgt und ermordet werden. Zwar sieht er, daß der militärischen Rettung der Sowjetunion der Verlust der revolutionären Perspektiven für das «Weltproletariat» gegenübersteht, aber alle Zweifel unterdrückt er mit der Hoffnung auf ein fetischisiertes weises und revolutionäres Volk. Diese Idealisierung der «Unteren» geht nicht zufällig einher mit der praktischen Isolierung des Flüchtlings: Sie kompensiert Brecht mit der Errichtung dieser Glaubensbastion namens «Volk», die ihn zu Irrtümern verleitet. Maßlos überschätzt er den Umfang des deutschen Widerstands, und ist noch 1945 erschüttert, selbst im Zusammenbruch «kein Zeichen von den Arbeitern» zu finden.

Immerhin existieren Anzeichen dafür, daß Brecht in den Exildramen mehr als bisher angenommen indirekt auf innermarxistische Probleme anspielt, was der Vorsichtige freilich sorgfältig verhüllt hat. Frühe Entwürfe zum *Kaukasischen Kreidekreis* zeigen, daß Brecht im Bild des feudalen Putsches und der kurzen Periode «beinahe der Gerechtigkeit» zunächst deutlicher auf die russische Revolutionsgeschichte Bezug nahm, diese Anspielungen aber im Verlauf der Arbeit wieder verwischte. Auch Brechts Schilderung Galileis vor dem Inquisitionsgericht – Brecht nannte Marxisten und kommunistische Politiker, die in seinen Augen Dogmatiker waren, mit Vorliebe «Pfaffen» – mußte Ende 1938 jeden zumal marxistischen Leser an die Moskauer Prozesse erinnern. Und daß nicht nur der «gute Mensch von Sezuan», sondern auch der russische Sozialismus gezwungen gewesen war, wieder kapitalistisch zu werden (NEP-Phase), um das Gute des Sozialismus zu erhalten, dürfte für den Marxisten Brecht ebenso schwer gewogen haben wie die Erkenntnis, daß im Kapitalismus auch die Mittel zum Gutsein nur durch kalt berechnenden Warenaustausch zu erwerben sind. Aus diesen und anderen Anspielungen läßt sich indessen keine klare Position zu den innersowjetischen blutigen Konflikten der Fraktionen herauslesen.

Brecht, der «Spezialist des Von-vorn-Anfangens» (Walter Benjamin), bietet in seinem stets experimentierenden Werk dem Betrachter so viele Gesichter, daß Einheit darin aufzuspüren schwerfällt. Hochreflektierte, ästhetizistische Lyrik, nur scheinbar schlicht, steht neben asketischem Lehrstück und schräger Oper, naturalistische Antifa-Dramatik neben der großen Form des *Galilei*, Politfarce neben Elegie und Lehrgedicht. Nicht zufällig verbindet sich aber mit dem Namen Brecht zugleich der Gedanke an witzigen Sinnspruch und Paradox. Darin schlägt in der Tat eine Kontinuität durch, und zwar eine inhaltliche. Brechts Pointen überblenden immer wieder zwei Beleuchtungen der Wirklichkeit, so daß alle Dinge einen doppelten Schatten werfen. Kein Jota wird abgezogen von der erbarmungslosen Konstatierung der Übermacht des Wirklichen über die Wünsche des einzelnen – noch im Versuch der Befreiung: «Ebenso kalt wie der Wind ist die Lehre ihm zu entgehen» (*Lehrgedicht von der Natur des Menschen*). Aber daneben steht beharrlich die lauter oder leiser vorgetragene, mal zynische, mal moralische Insistenz auf der rücksichtslosen Selbstbehauptung mit allen Mitteln. Auf keine beschönigende Vermittlung läßt Brecht sich ein. Er hebt jene Phänomene hervor, die dem moralischen Weltbild das größte Kopfzerbrechen bereiten müssen: die kleine Wohltätigkeit, welche die große Veränderung verhindert; die Selbstaufgabe, die zur Selbstverwirklichung nötig ist; die Hilfe im Kleinen, die die Veränderung im Großen behindert; die Notwendigkeit, den Richter zu bestechen, damit er einmal Recht spricht. Wo Brechts Texte sich dem amoralischen Egoismus, dem bösen Wunsch des unersättlichen Körpers als Widerpart von Ratio und politischem Entwurf stellen, ist ihre Wirkung am größten. Eigentliche Lösungen hat er denn auch selten gelehrt. Wo er sie allzu nahe legt, streift sein Artismus leicht an Trivialitäten wie die, daß der Regen von oben nach unten fällt.

Was dem Egoismus sein besonderes Brechtsches Profil verleiht, ist seine Fleischlichkeit, der zerstörerisch helle Witz, der sich zwar immer gegen die Herrschenden richtet, meist aber auch mit Kritik an den Naivitäten der «Unteren» nicht spart. Die destruktive Kraft seiner schneidenden Einsichten droht immer wieder alle Sinngebungen platzen zu lassen und machte den Dichter des Kommunismus auch der Staatsbürokratie der DDR inkommensurabel. Linientreue mochte Brecht sich wohl oft vornehmen, doch er hatte keine Begabung dazu; es wurde immer wieder eine Abweichung daraus. Was sein Werk nur selten verleugnete: das schiefe Ich, das Fleisch, die Lust, den Zweifel, den Mangel an Tugend, den ‹niedrigen› Materialismus und die Absage an allen Heroismus für Volk, Vaterland oder eine zu weit entfernte Zukunft –, dieser Brecht gärt weiter, auch wenn manche seiner politischen Lehren den heutigen Lesern alt und fade schmecken.

Franz Norbert Mennemeier
Nationalsozialistische Dramatik

Untersucht man ‹Theorie› und ‹Praxis› des Nationalsozialismus, stellt man eine keineswegs bloß äußerliche Affinität zu ‹Drama› und ‹Theater›, verstanden als künstlerische und außerkünstlerische ästhetische Kategorien, fest. Das ist schon zu Beginn der Nazi-Herrschaft gesehen worden. Bertolt Brechts (1898 bis 1956) Gedicht *Verbot der Theaterkritik* (aus den *Deutschen Satiren*, 1939) verwendet den Begriff ‹Theater› als Metapher und bezeichnet als ‹Theater› nicht einen Teil des nationalsozialistischen Systems, sondern dieses System in seiner Ganzheit. Auch Brechts fulminante Hitler-Satire *Der aufhaltsame Aufstieg des Arturo Ui* (entstanden 1941, Uraufführung 1958) entblößt die theatralischen Züge des Nationalsozialismus. In der sechsten Szene dieser dramatischen Parabel – es handelt sich zugleich um eine vortreffliche Parodie des damals in Deutschland beliebten heroischen Geschichtsdramas – nimmt Arturo Ui (= Hitler) Unterricht im Sprechen und Gehen bei einem «zerlumpten Schauspieler». Dieser, Vertreter einer Theaterkunst von gestern, lehrt den «großen Stil» und «Wie man klassisch auftritt».

Es entsprach dem Stil der im *Arturo Ui* angewandten, zum Teil guignolesken Komik, die nationalsozialistische Neigung zu klassisch-heroischer ‹Größe› als bewußtes Täuschungsmanöver hinzustellen. Allerdings war der satirische Witz des Stücks gleichsam mitproduziert durch die damals auf seiten der ‹Linken› vorherrschende ‹Agenten›-Theorie, welcher der Nationalsozialismus insgesamt, also auch sein theatralisches Wesen, als List und Manipulation im Auftrag des kapitalistischen Großbürgertums erschien. Verkannt wurde in dieser Sicht die enge Verbindung zwischen Ideologie und politisch-ökonomischer Praxis der nationalsozialistischen Führer und der von ihnen faszinierten (und insofern ‹vergewaltigten›) Massen. Verkannt insbesondere wurde die bedeutende Rolle, die das ‹Drama› und das ‹Theater› als Orientierungskategorien im innersten Bereich der politischen Affekte vieler Zeitgenossen, vor allem in dem tief ins ‹Proletariat› hineinreichenden Denken und Fühlen des mittleren und des Kleinbürgertums, spielten. Beim Transport kollektiver Handlungsimpulse vom ideenhaften Bereich hin zu dem konkreter geschichtlicher Praxis waren jene ‹Kategorien› eminent wirksam; gerade sie halfen entscheidend mit, dem Nationalsozialismus seine außerordentliche, fatale Rasanz zu geben.

Vor allem kann die literarische Gattung, die in der klassisch-idealistischen Dramaturgie als ‹Drama› par excellence galt, die Tragödie, offenbar den Anspruch erheben, eine für die Erkenntnis nationalsozialistischer Bestrebungen aussagekräftige politische Metapher zu sein, und das nicht nur deshalb, weil die Nationalsozialisten selbst – zumal als der katastrophale Ausgang des ‹Dramas›, das sie gegen die Logik neuzeitlicher Geschichte inszeniert hatten, immer deutlicher wurde – ihr Handeln nach Begriffen einer geschichtlich längst erschöpften, aber immer noch als großartig empfundenen ‹Theorie› des Tragischen auszulegen, ja gemäß deren dramaturgischen Anweisungen regelrecht zu vollziehen begannen.

Diese einer hermeneutisch-geschichtsphilosophischen Reflexion offenbare Repräsentanz der Gattung Drama, vor allem der Tragödie, im Zusammenhang nationalsozialistischen Denkens und Handelns dürfte nicht durch den einfachen Hinweis auf die Tatsache zu bestreiten sein, daß die in statistischer Hinsicht vorherrschenden Künste und sonstigen ästhetischen Phänomene im damaligen Deutschland ganz andere waren als das ‹Drama› und die ‹Tragödie›: nämlich der unterhaltende Film, die leichte Komödie und, soweit das Theater überhaupt eine im Sinne empirisch-positivistischer Kultursoziologie erhebliche gesellschaftliche Rolle spielte, die vorwiegend musealen Inszenierungen der Klassiker (Goethe, Schiller, Shakespeare). Zugegeben auch, daß das nationalsozialistische System im kulturellen ebenso wie im politischen Bereich keineswegs monolithisch war. Es gab miteinander konkurrierende Absichten und Tendenzen. Doch auch bei sozialgeschichtlicher Betrachtung handelt es sich letzten Endes darum, mittels einer deutenden und wertenden Analyse das ‹Wesen› des historischen Gegenstands zu erfassen, und in einer derartigen Analyse können auch scheinbar nur am Rand spielende Phänomene plötzlich eine Schlüsselrolle für das Verständnis universeller gesellschaftlicher Prozesse erlangen. Ein in diesem Sinn aufschlußreiches kulturelles Randphänomen ist insbesondere das (tragische) Drama als literarische Gattung. Es verweist aus seiner scheinbar exklusiven Position in einen Kernbereich damaliger deutscher Geschichte: auf das ‹Drama›, die ‹Tragödie›, die der Nationalsozialismus, indem er einer im Grunde nicht mehr funktionierenden, dem eigentlichen Zeitbedürfnis inadäquaten politischen ‹Dramaturgie› folgte, mit Macht noch einmal aufzuführen versuchte. Brechts kleinb, kompakte ‹philosophische› Anmerkung zum Nationalsozialismus im *Arbeitsjournal* (Notiz vom 15. 12. 1940) erweist sich mit Blick auf diesen Zusammenhang als höchst triftig: «die goldene zeit der *tuis* ist die liberale republik, aber den gipfel erklimmt der tuismus im dritten reich. der idealismus, auf seiner niedersten stufe angelangt, feiert seine gigantischsten triumphe. philosophisch – und damit adäquat – ausgedrückt: das bewußtsein zu dem zeitpunkt, wo es dem gesellschaftlichen sein am tiefsten versklavt ist, wirft sich auf, ihm in der herrischsten weise diktieren zu wollen. die ‹idee› ist nichts mehr als ein reflex, und dieser reflex tritt in besonders gebieterischer und terroristischer form gegenüber der realität auf.»

Das Drama und das Theater im Sinne künstlerischer ästhetischer Phänomene befanden sich aus den oben angedeuteten Gründen naturgemäß in einer Lage, die ihre tatsächliche Wirkung und Ausdehnung behindern mußte. Sie waren trotz oder wegen ihrer symbolischen Repräsentanz im großen und ganzen ein schwächliches, gelegentlich sogar unfreiwillig parodistisches ‹Doppel› des ‹Dramas› und des ‹Theaters› der nationalsozialistischen Bewegung selbst. Diese konnte deshalb auf jene im selben Maß im Grunde verzichten, in welchem sie sie an Energie und Dynamik übertraf; insbesondere das Schicksal der ‹Thingspiel›-Bewegung ist in der Hinsicht bezeichnend. Die innere und äußere Kurzfristigkeit haben beide Phänomene, das literarisch-kulturelle und das politisch-praktische, jedoch gemeinsam. Die nationalsozialistische Dramatik hat das politische Ende des Nationalsozialismus nicht überlebt. Wiederaufgeführt, würde sie, von Ausnahmen abgesehen, heute wahrscheinlich lächerlich und abstrus oder – ohne die Faszination einer modernen ‹Ästhetik des Häßlichen› – abstoßend und langweilig wirken. Freilich sollte man sich hüten, in solchen Dingen den Propheten zu spielen: Immerhin sind Umrisse eines neuen Hitler-Kults gegenwärtig schon sichtbar.

Auch dies sollte in Erinnerung gerufen werden: Die NS-Tragödien, mehr noch aber die einschlägigen Tragödien-‹Theorien› zeigen eine im gesamten europäischen, auch ‹faschistischen› Literatur-Kontext singuläre und spezifisch deutsche penetrante Mischung von kleinbürgerlicher Borniertheit des Denkens und verblasen-pontifikalem, schlecht-idealistischem Sprachgehabe. Das für uns Deutsche Betrübliche (und in gewissem Sinn noch immer Aktuelle) an dieser Feststellung ist die Tatsache, daß das, was damals zum Ausdruck gelangte, keineswegs als bloßes extravagantes Nazi-Kulturprodukt klassifiziert werden kann. Es handelte sich um die peinliche Spitze einer seit langem an Schulen und Universitäten und in den für die kulturelle Sozialisation tonangebenden Mittelschichten sich vorbereitenden nationalen Bildungskatastrophe.

In der nationalsozialistischen Dramaturgie fließen das ‹Tragische› und das ‹Heroische› meist ununterscheidbar ineinander. Charakteristisch ist die auffallend enthusiastische Wiederbelebung des Begriffs des ‹Schicksals› bzw. – eine Lieblingsvokabel in diesem Umkreis – des ‹Verhängnis-

ses›. Da ist ein merkwürdiger Widerspruch: Hypertrophierter Aktivismus
auf der einen Seite, Schicksalsgläubigkeit auf der andern. Beide Momente werden betont, beide sollen sich offenbar miteinander vertragen.
Gerade hier, im Bereich ‹dramaturgischer› Reflexion, wird sehr bald ein
Motiv erkennbar, das der Nationalsozialismus, anfangs wenigstens, gern
vor sich und der Umwelt zu verstecken suchte und das Ernst Cassirer
zutreffend als die «Rückkehr des Fatalismus in unsere moderne Welt»
beschrieben hat. [10b; *S. 384*]

Aktionsdrama

Zu Beginn der Nazi-Herrschaft scheint der Akzent der Dramatik noch
mehr auf dem Pol des Aktivismus zu liegen. Es gibt ein nationalsozialistisches Aktionsdrama, das an die Tradition des Expressionismus anknüpft.
Es schaut zurück auf die Daten 1914 und 1918 und nach vorn auf die
angebliche nationalsozialistische ‹Revolution›. Hier äußert sich dramatisch und exemplarisch jenes Deutschland, das mit der Weimarer Republik, in gewissem Sinn also mit dem, was Hegel «bürgerliche» Gesellschaft genannt hat, nie fertig geworden war. Der Ausbruch des Ersten
Weltkriegs hatte insbesondere bei den Deutschen, dieser ‹verspäteten›,
halb noch in feudalistischen Vorstellungen lebenden Nation, naiv-hero-
ische Visionen von einem gemeinschaftlichen, ‹großen› Handeln geweckt. Die «ersten Augusttage des Jahres 1914» waren «auch der Zeu-
gungs-Moment des Nationalsozialismus». [10a; *S. 199*] Dieser sollte die
Niederlage von 1918, die ‹Schande von Versailles› durch einen neuerli-
chen, nunmehr siegreichen Krieg, durch eine welthistorische ‹Tat› auslö-
schen. Hitler erschien in dieser Sicht als Inkarnation des im Felde unbe-
siegt gebliebenen, durch die Heimat, die ‹Linken› verratenen deutschen
Soldaten. Hitler war der mythische Revenant, der Rache nahm für das
Deutschland angeblich widerfahrene Unrecht und der eine neue Ordnung zu Haus und in Europa versprach.
Ein im nationalsozialistischen Aktionsdrama wiederkehrender Typus,
der jenen Mythos Hitlers präfiguriert, ist der des Freikorpssoldaten. Der
Freikorpssoldat, der als Freiwilliger im Baltikum und in Oberschlesien
kämpfte, führte in jener kurzen Periode noch ungeklärter Machtverhält-
nisse vorübergehend ein in der Tat quasi heroisches Leben, ein wie auch
immer fragwürdiges sittliches ‹Pathos› als einzelner condottierehaft reali-
sierend. Das nationalsozialistische Regime, das gerade solche anarchi-
schen Formen von Heldenhaftigkeit an der Grenze modernen Nihilismus
nicht duldete und vor allem jede genuin revolutionäre Tendenz brutal
unterdrückte, beerbte doch den «dramatischen» Nimbus jener sagenum-
wobenen Freikorps-Aktivitäten und übertrug ihn zugleich auf den einen
Führer, der keinen andern neben sich ertrug: Hitler.
Immer wieder taucht das NS-Drama wie gebannt und in den späteren

Jahren gewiß nicht ohne Nostalgie in die Freikorps-Vergangenheit zurück und sucht sie als Teil der Vorgeschichte der nationalsozialistischen Bewegung zu konstruieren. Der Mythos, der da geschaffen wurde, prägte fixe Formeln aus: «(…) weißt du noch, wie sie dem General die Achselstücke herunterrissen». Oder: «Wir haben einmal die Waffen aus der Hand gelegt, und das Pack hat gesiegt. Diesmal wollen wir siegen und die Waffen nicht aus der Hand legen» usw. Gerhard Schumann (geb. 1911), dessen Schauspiel *Entscheidung* (1938) die zitierten Sätze entnommen sind, lieferte dem anarchistisch-militaristischen Freischärler-Ethos auch die zu ihm passenden zündenden Verse; das Lied hätten die verführten deutschen Soldaten des Zweiten Weltkriegs ohne Änderung sich noch singen können, als der Sieg wiederum und gründlicher als zuvor verspielt war:

> Die Fahne ist zerfetzt, verlacht.
> Wir ziehen einsam durch die Nacht.
> Wir trommeln und wir werben.
> Schon zuckt der Himmel blutig rot.
> Wir sind das letzte Aufgebot.
> Wir wolln für Deutschland sterben.

Die einschlägigen Beispiele dieser NS-Dramatik sind eigentlich eine Art ‹Zeitstücke-Danach›. Den echten «Zeitstücken» der Weimarer Epoche äußerlich noch ähnlich, aber ohne deren episch-aufklärerische Momente und meist strikt ‹aristotelisch› gebaut, erschöpfen sie sich in der Absicht, der Mythologie des schon etablierten Nationalsozialismus Vorschub zu leisten.

Freilich gibt es bei den in diesen Stücken vorgenommenen Rückgriffen auf ‹1918› Unterschiede in der Bedenkenlosigkeit der Zustimmung zum neuen Zeitgeist; sie spielen, allesamt jedoch verwendbar für Nazi-Ideologie und -Propaganda, zwischen konservativ, reaktionär und ‹nationalbolschewistisch›-revolutionär. Man vergleiche Gustav Frenssens *Geert Brügge* (1934); Kurt Kluges *Ewiges Volk* (1933); Edwin Erich Dwingers *Wo ist Deutschland* (1934).

Der unbestrittene Klassiker dieses ‹aktionistischen› Genres ist Hanns Johsts (1890 bis 1978) Schauspiel *Schlageter* (1933). Nicht zuletzt infolge dieses schlagkräftigen Dramas, eines der wenigen NS-Stücke, die ausnahmsweise noch etwas von der provozierenden, knappen Sprachgebärde expressionistischer Dramatik verraten, ist in jenen Jahren der Schlageter-Kult belebt worden – ein Kult mit Denkmälern, pompösen Weihestätten, gewidmet dem «Märtyrer der deutschen Sache», wie die Redewendung lautete. [vgl. 338] Die Schlußszene des Stücks, auf brutale Weise effektvoll, unterstreicht den vergewaltigenden Gestus, der für die wirkungsästhetische Strategie dieser Art Dramatik charakteristisch ist: Die Darstellung der Exekution des Freikorpssoldaten durch ein französisches Erschießungskommando soll beim Publikum die Illusion erzeugen, daß «die Feuergarbe der Salve wie greller Blitz durch Schlageters Herz in das Dunkel des Zuschauerraums fetzt». – Was man von der NS-Kulturrevolution zu gewärtigen hatte, verrieten einige sentenzhaft herausgeschleuderte Kernsätze des Stücks: «Wenn ich Kultur höre (...) entsichere ich meinen Browning.» – «Die Börse als Walstatt, der Dollar als Feldgeschrei! Wie nobel ist doch dagegen ein Maschinengewehr.» – Mit *Schlageter* erzeugte die chauvinistische NS-Dramatik zumindest den Anschein einer erfolgreichen Konkurrenz zur linken ‹Aktionsdramatik› (vom Typus: Friedrich Wolfs [1888 bis 1953] *Die Matrosen von Cattaro*, 1930), zugleich im formell Inhaltlichen Verwandtschaft mit Tendenzen des zeitgenössischen Surrealismus offenbarend (André Breton: «Die einfachste surrealistische Handlung besteht darin, mit Revolvern in den Fäusten auf die Straße zu gehen und blindlings soviel wie möglich in die Menge zu schießen.» [Zweites Manifest, 1930]). – Was die seltenen NS-Versuche im Genre des ‹Agitprop› angeht, so hat es sich da offenbar nur um mißglückte Kopien der sozialistisch-kommunistischen Originale gehandelt. [159; *S. 901 ff*]

Natürlich gab es auch NS-Problemstücke. Die völkischen «Tuis» waren rasch bei der Hand, der nationalsozialistischen Weltanschauung das Forum Theater bereitzustellen. Ein typisches Beispiel solchen Opportunismus liefert Hellmuth Ungers (1891 bis 1953) *Opferstunde* (1934) – ein verwässertes Ibsen-Stück, das im Stil bürgerlich-kleinbürgerlichen Moralisierens Züchtungsideologie verkauft, das «Gesetz zur Verhütung erbkranken Nachwuchses» zustimmend paraphrasiert und den «Segen des Sterilisierungsgesetzes» preist.

Thingspiele

Während das NS-‹Aktionsstück› die expressionistisch-aktivistische Gebärde noch einmal reproduzierte – obwohl sich die Beziehung Theater/Öffentlichkeit grundlegend gewandelt hatte (die deutsche Gesellschaft war keine ‹offene› mehr wie die der Weimarer Republik, sie entwickelte sich rasch zu einer ‹geschlossenen›) –, scheint das sogenannte Thingspiel einem neuen Zeitgeist produktiv verbunden und ein authentisches, im nationalsozialistischen Sinne sogar ‹revolutionäres› ästhetisches Phänomen gewesen zu sein. Doch trügt der Schein in jeder Hinsicht. Diese Spiele, vorzugsweise inszeniert an ‹heiligen›, historischen Stätten und in freier Natur mit oft Tausenden von Akteuren und vielen Tausenden von Zuschauern, waren nicht nur in allen wesentlichen Elementen eklektische Nachahmungen bereits früher entwickelter Konzepte (Fest- und Weihespiele der Arbeiterkulturbewegung, Salzburger Festspiele, Gesamtkunstwerk, ‹Totaltheater›). Sie haben, im Gegensatz zu den avantgardistischen und konservativen Vorläufern, die vielleicht auch allesamt

gescheitert sind, im Scheitern aber doch häufig durch Gehalt und ästhetische Intensität über sich hinaus in die Zukunft zu weisen vermochten,
offenkundig keinerlei Impuls zu eingreifenden Wirkungen von auch nur
relativ dauernder Art hervorgebracht.

Henning Eichberg hat die Thingspiele und sonstigen Massenspiele als Teil
des politischen Verhaltens in der nationübergreifenden «faschistischen
Epoche» der Zwischenkriegszeit charakterisiert und strukturelle Ähnlichkeiten zum Beispiel mit dem sozialdemokratischen Arbeitertheater
(weniger mit den kommunistischen Sprechchören) festgestellt. [vgl.
300]

Da war also in der Tat offenbar in Europa, quer durch die verschiedenen
gesellschaftlichen Schichten hindurch, ein Bedürfnis der Menschen, sich
massenhaft zu versammeln und sich in einen höheren, positiven intellektuellen und insbesondere emotionellen Zustand zu versetzen – eine Neigung, die zum Teil den Erfolg des Faschismus erklärt, das Thingspiel, das
jener Neigung entgegenkam, aber noch keineswegs als große kulturelle
Leistung zu würdigen berechtigt.

Das Thingspiel war formal und inhaltlich vielmehr auf bestürzende Weise
regressiv. Es hatte einen spontaneistischen und im schlechten Sinn laienhaften Charakter. Seine Autoren (z. B. Kurt Heynicke, Herbert Böhme,
Eberhard Wolfgang Möller, Johannes G. Schlosser, Heinrich Zerkaulen)
offerierten naiven Klassizismus oder allegorisierendes, moralisierendes
Knittelvers-Theater der dürftigsten Sorte. Hier war man nicht volkstümlich, sondern «tümlich» (wie Brecht dergleichen nannte). Der gigantische
Aufwand an Chören, Musikinstrumenten (Trompeten, Posaunen, Trommeln), Aufmärschen vermochte nicht zu verhindern, daß die Zuschauer
auf traditionelle Weise ‹Publikum› blieben, freilich ein vorübergehend in
Trance versetztes. Das Spektakel konnte vor allem die eigene semantische Leere – ein Zentralmanko der NS-Ideologie insgesamt – nicht vergessen machen.

Überdies stellte das Thingspiel eine allzu offenkundige Wiederholung der
Rituale der nationalsozialistischen Reichsparteitage dar, der eigentlichen, politischen Thingspiele. Ob dieser – wegen des möglichen Enthüllungseffekts zu fürchtende – Double-Charakter der Thingspiele die
Hauptursache dafür war, daß die kolossalische Bewegung gegen 1937 auf
Anordnung von oben (wie es scheint) beendet wurde, oder ob man den
tieferen Grund für den Abbruch im «Ende der Illusion von der wahren,
‹zweiten› Revolution» suchen muß, [305; S. 331] ist bislang eine offene
Frage. Sozialgeschichtlich bleibt die Tatsache von Belang, daß die «massenhafte Teilnahme an den frühen Thingspielen nicht aus bloßer Verordnung verständlich» wird. [305; S. 332] Eberhard Wolfgang Möllers (geb.
1906) *Frankenburger Würfelspiel*, aufgeführt zur Berliner Olympiade von
1936, das bekannteste der Thingspiele, beleuchtet exemplarisch die Kala-

mität eines Großteils dieses NS-Theaters: die Differenz von pompöser, scheinbar dringlicher Geste und einem von jedem kritischen Aktualitätsbezug meist sorgfältig gereinigten Inhalt. Die Wirkung dieser und ähnlicher Stücke war hauptsächlich emotional, und sie beruhte in erster Linie auf dem ‹Ethos› des ‹Zapfenstreichs› [vgl. 300; *S. 52*].

Ideologie des «Tragischen»

Ernst Nolte merkt an, daß der Faschismus «sich durch die Berufung auf den Vorrang der Tat die konsequente Ausbildung einer Doktrin erspart» habe. [33; *S. 61*] Dem wäre für den Nationalsozialismus hinzuzufügen, daß dieser über die von ihm beabsichtigte radikalste Tat, die Ausrottung des Judenvolks, öffentlich nicht sprechen konnte, auch wenn er das gewollt hätte. Der barbarisch konsequente Vollzug einer rassistischen ‹Ideologie› mußte vielmehr selbst wieder ideologisch verhüllt werden. Eben dies leistete, je mehr der Nationalsozialismus in die Katastrophe steuerte, vor dem eigenen Bewußtsein wie auch vor dem der Öffentlichkeit an hervorragender Stelle die depravierte Theorie des ‹Tragischen›, dieses verstanden als künstlerische und außerkünstlerische ästhetische Kategorie. Von den verschiedenen, ineinandergeschobenen Schichten der Nazi-‹Weltanschauung› war die Ideologie des Tragischen die tiefste Schicht; inmitten der Täuschungen und Selbsttäuschungen war sie die ‹wahrste› Lüge des Nationalsozialismus.

In das ‹Tragische› (wie schon bemerkt: immer in Verbindung mit dem Heroischen) wurde das Bewußtsein der Deutschen mehr oder minder feinsinnig auf den verschiedensten kulturellen Ebenen eingeübt: im kulturphilosophischen Feuilleton, auf der Universität, im Schulunterricht (*Nibelungenlied*, alt- und neogermanische Balladen, *Faust* als Tragödie usw.). Mißverstandener Hegelianismus und Hebbelianismus (kein Nazi-Drama erreichte freilich je die sozialgeschichtliche Dichte von Hebbels *Maria Magdalene*, Uraufführung 1846), der Richard Wagner-Kult, der Neoklassizismus Paul Ernsts (sein ‹Trauerspiel› *Brunhild* [1909] erschien 1936 noch als Schulausgabe), Nietzsches ‹Nihilismus›-Philosophie, Spenglers *Untergang des Abendlandes* (1918 bis 1922), «eines der Pionierwerke des Nationalsozialismus» [10b; *S. 381*] – diese sehr deutsche Vorgeschichte wirkte mit an der Erzeugung eines weltanschaulichen Kontextes, dem die NS-Tragödie und -Tragödientheorie wie auch das nationalsozialistische Denken und Handeln selbst zuzuordnen sind.

Wie der Nationalsozialismus, im Kern ohnmächtig, alles Bisherige zu übertrumpfen suchte, so wollte er auch die tradierte Tragödientheorie überholen. Der verkrampfte Überbietungsgestus ist typisch für die sehr zahlreichen großen und kleinen Ideologen des ‹Tragischen› jener Zeit. In ihren Verlautbarungen, wie wolkig auch immer, dämmert durchaus etwas von dem, worauf man sich eingelassen hatte. «Wenn wir unser Tragisches nicht ergreifen und darstellen, wird es uns umbringen, das ist gewiß», schrieb, fast schon hellsichtig, Curt Langenbeck (1906 bis 1953) in seinem Aufsatz *Über Sinn und Aufgabe der Tragödie in unserer Epoche* (1935). Daß der neueren Tragödie der Mythos fehlte – ein poetologisches Dauerthema seit Friedrich Schlegels *Rede über die Mythologie* (1800) –, dieses moderne Dilemma sieht Langenbeck (in seiner Rede *Tragödie und Gegenwart*, 1940) durch den Hitler-Krieg für gelöst an: Dieser Krieg ist der neue, tragische Mythos. Langenbecks «Tragisches Drama» *Das Schwert* (1940) demonstriert, was in praxi bei der Gestaltung der neuen deutschen, mythischen Tragödie zustande kam: ein geschmeidiger Übergang von ‹idealistischem› Neoklassizismus zur verschleierten theatralischen Rechtfertigung des Nazi-Angriffskriegs. – Langenbeck vor allem forciert den Begriff des «Verhängnisses». In *Wiedergeburt des Dramas aus dem Geist der Zeit* (1940) beruft er sich dabei ausdrücklich auf Hitler: «(…) der Führer ist es gewesen, der den Deutschen klar gemacht hat, was – im Guten und im Bösen – ein Verhängnis ist (…).» Wahrlich eine Formulierung von tragischer Ironie! Ein weiterer Satz aus jener Schrift sei zitiert. Die Stelle ist sozialgeschichtlich von durchaus repräsentativer Bedeutung: Dies ist nicht die erratische Äußerung eines Sonderlings. Ähnlich wie Langenbeck dachten, empfanden damals viele, und sie folgten, mit solcher ‹Philosophie› des Tragischen für ‹Verhängnis› präpariert, Hitler bis ins bittere Ende: «Wer aber mit Bewußtsein, sehend, im Verhängnis steht, entschlossen, sich von ihm durchdringen zu lassen, und entschlossen, in ihm die äußerste Kraft seiner Persönlichkeit und seines Willens zum Glauben zu bewähren, dem ist die Gottheit nahe, und er empfängt dankbar das Furchtbare als eine Gnade, durch die es ihm möglich wird, nicht nur zu sich selbst zu kommen, sondern in die Mitte des tragischen Streits zu dringen, durch dessen Austrag die Götter nicht nur gerufen, sondern gegenwärtig werden, geglaubt von uns allen, die ohne sie verloren sind.»

Solche und ähnliche Weisheit verkündeten auch Autoren wie Ernst Bacmeister (1874 bis 1971; *Der deutsche Typus der Tragödie*, 1941) und Eberhard Wolfgang Möller *(Die deutsche Tragödie*, 1941). Stärker freilich als etwa Langenbeck betonten sie das ‹Positive› im tragischen Handeln. Die Formel von der «optimistischen Tragödie» tauchte auf. Der Heros als das «gründlichste tragische Phänomen», der Täter, ausgestattet mit einem «metaphysisch verwurzelten Eigensinn von mörderischer Unbedingtheit», wurden herausgestrichen – mit jenem ausschweifenden Hang zum Mystisch-Paradoxen, der für den Verfall dialektischen Denkens im damaligen Deutschland charakteristisch war.

Die raunende, verstiegene Sprache dieser Texte, ihre unentwegt feierliche stilistische Mimesis tragischer Begeisterung waren geeignet, die Schriftsteller selbst und ihr Publikum über gewisse barbarische Tatbe-

stände des Nationalsozialismus zu täuschen. Andererseits befand sich der
‹Geist›, der sich scheinbar weltabgewandt hier äußerte, sehr wohl in
Komplizität mit den tiefsten, destruktiven Impulsen (und auch den materiellen Interessen) der nationalsozialistischen Bewegung. Auch deren politische Akteure, was immer Unmenschliches sie taten, wußten sich wie
jene Tragödien-Schreiber mit dem Göttlichen und der ‹Vorsehung› stets
eins.

Wohin die Entwicklung gegangen wäre, hätten andere ihr kein Ende gesetzt, zeigt ein Stück wie Eberhard Wolfgang Möllers *Das Opfer* (1941)
an. Der Autor folgt scheinbar noch dem traditionellen tragischen Schema
der Schuld-Sühne-Handlung. ‹Erhabener› Blankvers, ‹vornehme› Sprache. Spieler und Gegenspieler, in dramatische Kollision geratend. Da ist
die ‹Schuld›, aus der Vergangenheit herüberwirkend. Da ist die ‹befrei-
ende› Katharsis am Ende. Aber das dramaturgische Moment der Schuld,
ein zentraler Bestandteil der klassischen Tragödie also, ist zielbewußt umfunktioniert. Schuld besteht hier nicht mehr in der verkehrten oder ‹bösen› Tat, sondern in einer – nach abendländisch-christlichem Begriff –
‹guten›: der Rettung eines fremdblütigen Kindes durch eine schöne, arische Seele, die einer unverzeihlich menschlichen Regung gefolgt ist. Die
Mütterliche muß deshalb durch Selbstmord sühnen. Das gerettete Kind
aber, inzwischen erwachsen, erscheint als der kraß negative Gegenspieler, als der durch keine edle Tat zu rührende Bösewicht. – Hier ist die
idealistisch und historisch kostümierte Nazi-Tragödie zum propagandistischen Helfershelfer des Rassismus und des Genozids geworden.

Ehrhard Bahr
Exildramatik

Das Exil traf am stärksten von allen Gattungen das Drama, da es auf den Apparat des Theaters angewiesen war. F. C. Weiskopf zählte die Dramatiker zu den «Sorgenkindern» der Emigration: «Es kostete unendliche Mühe, ein deutsches Buch in der Fremde zu verlegen, aber um wieviel mehr Schwierigkeiten waren zu überwinden, bevor eine deutsche Theateraufführung im Exil zustande kam. (...) Für eine Aufführung (...) brauchte man das Publikum auf einem Fleck und zur gleichen Zeit, und das war unter den Bedingungen des Exils fast niemals zu erzielen.» [265; S. 35] Bis 1938 standen den Exildramatikern noch die Bühnen in Österreich und in der Tschechoslowakei offen. Außer den deutschen Stadttheatern im Sudetengebiet, wie zum Beispiel in Brünn, Reichenberg, Preßburg oder Olmütz, gab es in Prag ein deutsches Theater. Nach der Annexion Österreichs 1938 und dem Einmarsch deutscher Truppen im März 1939 in Böhmen und Mähren blieben nur noch die schweizerischen Bühnen übrig, die die Organisationsstruktur des Repertoire- und Ensembletheaters aufwiesen, mit der die Exildramatiker aus der deutschen Bühnentradition vertraut waren. Dabei bewährte sich besonders das Zürcher Schauspielhaus als Asyl der Exildramatik. Die bedeutendsten Werke kamen auf der Bühne des Zürcher Schauspielhauses zur Aufführung – darunter Bertolt Brechts (1898 bis 1956) *Mutter Courage und ihre Kinder* (1941), *Der gute Mensch von Sezuan* (1943) und *Galileo Galilei* (1943) – und lieferten die entscheidenden Impulse für die Dramenproduktion nach 1945, insbesondere für Friedrich Dürrenmatt und Max Frisch. Mit Recht hat Werner Mittenzwei den Zürcher Beitrag als den umfassendsten und gewichtigsten in der Geschichte des deutschen antifaschistischen Exiltheaters bezeichnet: «Hier entwickelte sich auf der Basis unterschiedlicher politischer und künstlerischer Erfahrungen jedes einzelnen eine realistische Theaterkunst, die sich als eine Ästhetik des Widerstands begriff.» [118; S. 14] Ansonsten waren die Exildramatiker entweder auf

Übersetzung und Anpassung an Publikum, Bühnenstil und Theaterorganisation der Exilländer oder auf Theater der deutschsprachigen Minderheiten und Neugründungen von Exilantenensembles angewiesen. Manche Stücke erschienen zuerst in fremdsprachlicher Übersetzung und Bearbeitung wie Franz Werfels *Jacobowsky and the Colonel* (1944), Ernst Tollers *No more Peace* (1937) in Zusammenarbeit mit W. H. Auden sowie Ernst Tollers *Pastor Hall* (1938), übersetzt von Stephen Spender. Viele blieben bis heute unveröffentlicht und unaufgeführt.

In vielen Ländern herrschte in den dreißiger und vierziger Jahren noch der Bühnenstil des Naturalismus vor, so daß die deutschen Exildramatiker die avantgardistischen Formen der zwanziger Jahre nicht fortsetzen konnten, sondern zu Kompromissen gezwungen waren.

In zahlreichen Exilländern war der Typus des kommerziellen Boulevard- oder Broadway-Theaters bestimmend, so daß sich unter der Exildramatik eine verhältnismäßig hohe Anzahl von Salon- und Konversationsstücken befindet. Die Hoffnung auf Verfilmung ist eine zusätzliche Erklärung der zahlreichen Unterhaltungsstücke. In Österreich gab es auch zwischen 1933 und 1938 weder Theater noch Publikum für ein antifaschistisches Drama, so daß die Exildramatiker und -schauspieler nicht nur in Paris und New York, sondern auch in Wien auf das Boulevardtheater abgedrängt wurden.

Außerdem suchten die deutschen diplomatischen Vertretungen die NS-Kulturpolitik auch im Ausland durchzusetzen und einen Druck auf Theater auszuüben, die antifaschistische Stücke in den Spielplan aufnahmen. Die ausländischen Regierungen waren auch im Interesse der Exilanten dazu geneigt, Konflikte zu vermeiden, und Privattheater konnten sich Aufführungsverbote oder vorübergehende Absetzung von Stücken aus finanziellen Gründen nicht leisten.

Günstigere Möglichkeiten für die Entwicklung einer engagierten Exildramatik bestanden an den Minderheiten-Bühnen, wie zum Beispiel in der Sowjetunion in Engels und in Südamerika in Buenos Aires, in den Lager- und Klubtheatern, zum Beispiel im Freien Deutschen Kulturbund in England und Schweden, im Heinrich Heine-Club in Mexiko und in der Kulturgemeinschaft der Emigranten in der Schweiz sowie in den Exilantenensembles, wie sie in Paris, New York, Los Angeles und Schanghai zustande kamen. Außerdem gab es Formen der Kooperation und Integration mit den Theaterinstitutionen der Exilländer, die besonders in Schweden und in den USA erfolgreich waren wie Erwin Piscators Dramatic Workshop in New York. Das Lager- und Klubtheater gehörte zweifellos zu den am häufigsten angewandten Bühnenformen der Exildramatik, während das Agitprop-Theater bald an Bedeutung verlor. [vgl. 118; *S. 12f*]

Die Statistik vermittelt ein vielleicht zu optimistisches Bild von der Wirkungsgeschichte der Exildramatik; aber sie widerlegt eindeutig das Argument der angeblich ‹leeren Schubladen›, das nach 1945 besonders in Westdeutschland und Westberlin von Dramaturgen, Regisseuren und Theaterkritikern erhoben wurde. Eine große Anzahl von Werken der Exildramatik füllt bis heute die Schubladen, das heißt, ist unveröffentlicht geblieben. Gustav von Wangenheims gesamte Exilproduktion ist bis heute nur im Manuskript zugänglich. Deutschsprachige Exildramatik und Theaterpraxis sind in mehr als vierzig Asylländern belegt. Rund 420 Exildramatiker konnten nachgewiesen werden. Die im Exil entstandenen Stücke werden auf fünfhundert bis siebenhundert geschätzt. Dazu kommen noch über hundert Hörspiele und fast vierhundert Drehbücher. Mehr als achthundert deutschsprachige Inszenierungen im Exil sind dokumentiert. [156; bes. *S. 522*; 118; *S. 11*] Sämtliche Zahlen sind wahrscheinlich höher anzusetzen; aber wenn sie auch nur quantitative Information vermitteln, so ist der Eindruck richtig, wie Franz Norbert Mennemeier und Frithjof Trapp betont haben, «daß die Exilzeit, in krassem Widerspruch zu den äußeren Bedingungen des literarischen Produzierens, eine (…) fruchtbare Phase der deutschen Dramatik war». [303; *S. 18f*]

Die deutsche Exildramatik zwischen 1933 und 1950 stellte eine Fortsetzung der Dramatik der Weimarer Republik unter stark veränderten politischen, ökonomischen und kulturellen Bedingungen dar. Diese Veränderungen führten teilweise zu Substanzverlust und Verzicht auf avantgardistische Formen, so daß von einer kontinuierlichen Fortsetzung nicht die Rede sein kann, jedoch von einer dialektischen Weiterentwicklung mit Brüchen und Sprüngen. [118; *S. 432*]

Es lassen sich folgende Dramentypen nachweisen: 1. Zeitstück, 2. Geschichtsdrama, 3. allegorisches Drama oder Parabelstück, 4. nichtaristotelisches Theater (Brecht) und 5. Komödie. Dabei wurde dem Zeitstück zunächst die größte Bedeutung zugewiesen, da es als «antifaschistisches Aktionsdrama» (Mennemeier/Trapp) an der Entwicklung der politischen Situation in Deutschland orientiert war und das Publikum im Ausland gegen das NS-Regime zu mobilisieren suchte.

Zeitstücke

Typische Beispiele dieser dramatischen Form waren Friedrich Wolfs (1888 bis 1953) *Professor Mamlock* (1934), Ferdinand Bruckners (d. i. Theodor Tagger, 1891 bis 1958) *Die Rassen* (1933) und Ernst Tollers (1893 bis 1939) *Pastor Hall* (1938). Die beiden Stücke von Wolf und Bruckner spielten dabei eine besondere Rolle als Zeitdramen «der ersten Stunde». [157; *S. 39–45*] Ihre Aufführung oder Absetzung vom Spielplan signalisierte die Einstellung der einzelnen Bühnen und gab unmittelbar Aufschluß über die innen- und außenpolitische Situation der jeweiligen Exilländer. Während in Österreich und in der Tschechoslowakei keines der beiden Dramen aufgeführt wurde, standen sie am Zürcher Schauspielhaus in der Spielzeit 1933/34 auf dem Programm. An den meisten deutschsprachigen Bühnen der Schweiz läßt sich jedoch die gleiche Selbstzensur oder Intervention der deutschen diplomatischen Vertretungen wie in Österreich und in der Tschechoslowakei feststellen. So waren zum Beispiel Bühnen, die auch ein Opernprogramm bespielten, dem NS-Druck stärker ausgeliefert, da sie auf Gastverpflichtungen aus Deutschland angewiesen waren.

Während in Bruckners *Die Rassen* (Uraufführung 1933, Zürich) die faschistische Rassenpolitik im Mittelpunkt stand, lieferte sie in Wolfs *Professor Mamlock* (jiddische Uraufführung 1934, Warschau, deutsche Erstaufführung 1934, Zürich) den Anlaß zur Auflösung der «Tragödie der westlichen (d. h. bürgerlichen) Demokratie», wie es der Autor formulierte. Als der Titelheld, der sich auf die Grundrechte des bürgerlichen Rechtsstaates beruft, aufgrund der NS-Gesetze zur «Wiederherstellung des Berufsbeamtentums» in seiner Stellung als Chefarzt des Krankenhauses entlassen und als Jude mit abgeschnittenen Hosen durch die Straßen gejagt wird, wählt er den Weg des Selbstmords, nicht den Weg des politischen Widerstands, wie sein Sohn Rolf, der als überzeugter Kommunist den Klassencharakter des bürgerlichen Staates durchschaut. Aus der Widmung – «Ein ‹Mamlock›? – Zwölf Millionen Mamlocks!» –, die Wolf seinem Schauspiel voranstellte, wird deutlich, daß die Judenverfolgung für ihn ein Mittel darstellte, dessen sich das NS-Regime zur Errichtung der totalitären Diktatur bediente. [164; *S. 383 ff*] Eine ähnliche Interpretation erfuhr die NS-Rassenideologie in Bertolt Brechts Parabelstück *Die Rundköpfe und die Spitzköpfe* (1932 bis 1934, Uraufführung 1936, Kopenhagen). Dagegen konzentrierte sich Bruckner auf die Rassenideologie selbst, indem er ihre Unmenschlichkeit wie in einem bürgerlichen Trauerspiel an der Liebe zweier junger Menschen aufwies. Der Medizinstudent Karlanner trennt sich von seiner jüdischen Freundin Helene Marx, um sich der NS-Bewegung anzuschließen. Zu ihrer Denunziation gezwungen, ermordet Karlanner den Führer der NS-Studentengruppe, der ihm dazu den Befehl gibt. Karlanner ermöglicht der Freundin die Flucht und damit die Emigration nach Palästina, während er selbst den Ausweg der Flucht ausschlägt und ein Opfer des Nazi-Terrors wird. Für die Sozialgeschichte der Exildramatik ist es von Bedeutung, daß die Zeitdramen der ‹ersten Stunde› die internationale Welt über die Rassenpolitik des NS-Regimes aufzuklären suchten. Die vehemente Reaktion der deutschen diplomatischen Vertretungen und ihre zum Teil erfolgreichen Interventionen, die zur Absetzung der beiden Stücke von Bruckner und Wolf in Österreich und der Tschechoslowakei führten, lassen auf eine Wirkung der Exildramatik schließen – selbst dort, wo sie nicht zur Aufführung kam wie in Wien, Prag oder Brünn.

Die anderen Zeitdramen orientierten sich an folgenden Stationen der Geschichte des NS-Regimes: NS-Terror nach dem Ermächtigungsgesetz von 1933 und Gegenaktionen der KPD (Gustav von Wangenheims *Helden im Keller*, 1935), Widerstand der für illegal erklärten KPD (Johannes Wüstens *Bessie Bosch*, 1936), Kirchenkampf (Ernst Tollers *Pastor Hall*, 1938, bei dem wahrscheinlich Martin Niemöller und die Bekennende Kirche als Vorbild dienten), Norwegen-Okkupation und Widerstandsbewegung (Ferdinand Bruckners *Denn seine Zeit ist kurz*, 1942/43), Staatsbegräbnis für Generalluftzeugmeister Ernst Udet (Carl Zuckmayers *Des Teufels General*, 1945), Hitlers Selbstmord und Eroberung Berlins durch russische Truppen (Peter Martin Lampels *Nazi-Dämmerung*, 1945), Kriegsverbrechen und Besatzungsjustiz der alliierten Truppen (Ferdinand Bruckners *Die Befreiten*, 1945). Das Zeitdrama, das sich in der ‹ersten Stunde› durch seine Aufklärungsfunktion und Mobilisierung des Publikums gegen den Faschismus bewährt hatte, verlor zunehmend an Bedeutung, da andere Kommunikationsmittel wie der Film besser dazu geeignet waren, Aktualität und konkrete Information zu vermitteln, und der Pseudorealismus und die Dramaturgie des Illusionsdramas, das an der ‹inneren Wandlung› des ‹Helden› im Schillerschen Sinne festhielt, der konkreten Wirklichkeit des Faschismus nicht mehr gerecht werden konnten. Der Publikumserfolg von Carl Zuckmayers (1896 bis 1977) *Des Teufels General* nach dem Krieg in Westdeutschland beruht zum Teil darauf, daß hier eine Pseudorealität des Faschismus vermittelt wurde, die den ideologischen Bedürfnissen des Publikums entgegenkam. Fast zwanzig Jahre später sollte Rolf Hochhuth (geb. 1931) mit seinem *Stellvertreter* (1963) – trotz großer Publikumserfolge – an der gleichen Problematik scheitern, als er versuchte, die Realität der Konzentrationslager von Auschwitz mit der Dramaturgie des Schillerschen Wandlungsdramas zu erfassen.

Eine Sondergruppe unter den Zeitdramen spielten die Werke, die sich mit der Darstellung des Exils befaßten wie Peter Martin Lampels (1894 bis 1965) *Mensch ohne Paß!* (1936) und Friedrich Wolfs *Die letzte Probe* (1946). Der Schauplatz beider Stücke ist die Schweiz der dreißiger Jahre, wo Exilanten und faschistische Agenten aufeinandertrafen. Zum Zeitdrama sind außerdem die Stücke des sozialistischen Realismus zu rechnen, soweit sie sich mit aktuellen politischen Themen befaßten, wie Friedrich Wolfs *Floridsdorf* (1935) über den bewaffneten Aufstand der Wiener Arbeiter 1934 gegen den Staatsstreich der Dollfuß-Regierung, Julius Hays (1900 bis 1975) *Tanjka macht die Augen auf* (1937) über die Spionagetätigkeit von Nazi-Agenten in der Sowjetunion oder Gustav von Wangenheims (1895 bis 1975) *Die Friedensstörer* (1938) über den Zusammenbruch einer österreichischen Familie nach der Annexion von 1938.

Geschichtsdrama

Im Gegensatz zur Zeitgeschichte diente der historische Stoff im Exil vielfach zur Flucht aus der Gegenwart oder zumindest zur Tarnung des Ge-
genwartsengagements. Auf dem Gebiet des Exilromans läßt sich eine
ähnliche Vorherrschaft historischer Themen wie in der Exildramatik beobachten. Während der Geschichtsroman im Exil eine ausführliche Debatte über Aufgabe und Verantwortung des Schriftstellers auslöste, blieb
diese Diskussion auf dem Gebiet des Dramas aus. Die Argumente lassen
sich nicht ohne weiteres auf das Geschichtsdrama im Exil übertragen,
besonders wenn man die Bedingungen der Theaterpraxis im Exil bedenkt. Der Rückzug auf die Vergangenheit eröffnete den Exildramatikern zahlreiche Bühnen, die ihnen mit einem antifaschistischen Zeitdrama verschlossen geblieben wären. Es bestand die berechtigte Hoffnung, mit Hilfe der geschichtlichen Analogie auf das zeitgenössische Publikum einzuwirken.

Opportunismus und Strategie werden sich nicht immer auseinanderhal-
ten lassen. Der Rezeptionsgeschichte kommt hier größte Bedeutung zu.
Ein Stück wie Ferdinand Bruckners *Napoleon der Erste* (1936, Uraufführung 1937, Brünn) war für das kommerzielle Theater geschrieben. Der
Gegenwartsbezug der ursprünglichen Bühnenfassung war minimal. Andere Napoleon-Stücke wie Herrmann Mostars (d.i. Gerhart Herrmann,
1901 bis 1973) *Putsch in Paris* (1934) weisen deutliche Zeitanspielungen
auf, aber es ist für Mostars Drama bis 1945 auch keine Inszenierung
belegt.

Für zahlreiche Geschichtsdramen des Exils lassen sich keine Aufführungen bis 1945 nachweisen. Bruckners *Simon Bolivar* (entstanden 1942, gedruckt 1945) wurde erst 1948 in Dresden aufgeführt. Seine Rechtfertigung der Diktatur auf Zeit in der Figur des Titelhelden ist kaum als typisches Exilthema zu bezeichnen. Dagegen befaßte sich Johann Wüsten
(1896 bis 1943) in seinem *Weinsberg*-Stück (1936) über die Bauernrevolution von 1525 mit einem eindeutigen Zeitbezug: der Tradition der gescheiterten Revolutionen in Deutschland von 1525 bis 1918. Bei Wüsten sind
die Anführer der Bauernrevolution deutlich Rosa Luxemburg und Karl
Liebknecht nachgebildet, während die Rolle der Sozialdemokratie der
«Kanzlei» übertragen wird, die sich für Reichsreform anstelle von Revolution einsetzt. Das Scheitern der Anhänger von Thomas Münzer, die den
revolutionären Kurs des Spartakusbundes vertreten, diente zur Analyse
der faschistischen Konterrevolution in Deutschland. [303; *S. 90f*] Friedrich Wolfs *Beaumarchais oder die Geburt des Figaro* (1941), das die tragische Situation des Schriftstellers und Intellektuellen behandelt, der von
der revolutionären Kraft seines eigenen Werks überholt wird, reflektierte
Erfolg und Scheitern des Exildramatikers.

Das historische Drama im Exil wies die gleiche Problematik wie das Zeitstück auf. Mit der Dramaturgie des klassischen Geschichtsdramas ließ sich das 20. Jahrhundert nicht mehr erfassen. Die Reduktion auf den Schillerschen Freiheitsbegriff, der sich im Zeitalter des humanistischen Individualismus als «Männerstolz vor Königsthronen» bewährt hatte, führte zur Verfälschung der historischen Wirklichkeit, die von der Anonymität der Gewalt und der systematischen Vernichtung der Individualität bestimmt war.

Parabelstücke

Eine Antwort auf diese Problematik bildete Nelly Sachs' (1891 bis 1970) Parabelstück *Eli* (1943, Uraufführung 1962, Dortmund), das eine chassidische Legende und die Form des Mysterienspiels zur szenischen Erinnerung des Leidens des jüdischen Volkes in deutschen Konzentrationslagern verwendete. Sonst war die Tendenz zur Allegorie oder parabelhaften Geschichtsdarstellung besonders stark bei Georg Kaiser (1878 bis 1945) und seinem Schüler Fritz Hochwälder (geb. 1911) ausgeprägt. Kaisers *Floß der Medusa* (1940 bis 1943, Uraufführung 1945, Basel) basierte auf einer Zeitungsmeldung von 1940 über die Versenkung des Dampfers «City of Benares», der zur Evakuierung von Kindern aus England nach Kanada im Atlantik eingesetzt war. Die siebentägige Irrfahrt der wenigen Kinder, die gerettet wurden, wird als Allegorie der Inhumanität der Menschheit gestaltet. Die Kinder verfallen demselben Fanatismus wie die Erwachsenen, indem sie durch demagogische Versprechungen und Drohungen dazu gebracht werden, ein Kind mit roten Haaren über Bord zu werfen. Der Knabe Allen sühnt diese Schuld, indem er die Rettung verweigert und den Opfertod Christi wiederholt. Er lenkt die Maschinengewehrgarben eines feindlichen Flugzeugs auf sich und geht *«wie gekreuzigt»* mit dem Rettungsboot in einer «Blutflut» unter. Die letzten Worte des Epilogs lauten: *«Wieder einmal ist es vollbracht.»* Das Opfermotiv wurde auch von Hochwälder in seinem Stück *Der Flüchtling* (1944) verwendet, in dem ein Grenzbeamter die Schüsse der Verfolger auf sich lenkt, um einen Flüchtling zu retten. Hochwälder hatte die Idee zu dem Stück von Georg Kaiser erhalten, dessen Schauspiel *Der Soldat Tanaka* (Uraufführung 1940, Zürich) auch zum Parabelstück zu rechnen ist. Trotz der Abrechnung mit dem japanischen Militarismus ist das Schauspiel parabelhaft angelegt, und es fehlt ihm jegliche historische Konkretisation. Dieser Mangel an Historizität bildete die Problematik des Parabelstücks in der Exildramatik. Der Rückzug aufs ‹Allgemein-Menschliche› tendierte zu einer Vernachlässigung der historischen Realität.

‹Nichtaristotelisches Theater›

Dieser Gefahr entgingen die meisten Stücke des nichtaristotelischen Theaters von Bertolt Brecht. Im Rückblick scheint seine Theatertheorie

nahezu aus den Bedingungen und Erfahrungen des Exils entstanden. Auf
jeden Fall erfuhr sie eine Weiterentwicklung und Vertiefung im Exil. Walter Benjamin wies in der *Neuen Weltbühne* (1933 bis 1939) vom 30. Juni
1938 auf die Tatsache hin, daß die traditionelle Einfühlung eines Schau-
spielers im Exil nicht mehr gegeben sein könne, wenn er einen SA-Mann
oder ein Mitglied des Volksgerichtshofes darzustellen habe: «Eine ‹Einfühlung› in den Mörder seiner Genossen (kann) es für keinen politischen
Kämpfer geben.» [329; *S. 47*] Auf diese Weise erfuhr die Technik der
nichtaristotelischen Schauspielkunst eine neue Begründung im Exil. Von
wenigen Ausnahmen abgesehen, war Brecht jedoch bei seinen Stücken
im Exil zu Kompromissen mit der aristotelischen Dramaturgie gezwungen, und manche von ihnen kamen nur in traditionellen Inszenierungen
zur Aufführung.

Das Zürcher Schauspielhaus entwickelte jedoch 1941 ein Modell für die
Mutter Courage, das später von Brecht für das Berliner Ensemble übernommen wurde. Bei der Inszenierung der englischen Fassung des *Galilei*
1947 in Los Angeles gelang es Brecht, Aspekte des epischen Theaters
durchzusetzen, die auch von der Theaterkritik anerkannt wurden. Doch
der Broadway-Erfolg, auf den Brecht gegen bessere Einsicht bis 1947
Hoffnung gesetzt hatte, blieb ihm versagt.[358; *S. 99 – 201*]

Komödien

Der Bedarf des kommerziellen Theaters an Unterhaltungsstücken erklärt
den großen Anteil von Komödien an der Exildramatik. Doch die traditionelle Form der Komödie wurde auch zur Auseinandersetzung mit dem
Zeitgeschehen herangezogen. Mit Hilfe von Anachronismus, Satire, Parodie und Persiflage gab das Lustspiel dem Exildramatiker Gelegenheit
zur kritischen Entlarvung, Verhöhnung und Verurteilung des NS-Regimes durch Gelächter. Ödön von Horváths *Pompeji* (1937), Walter Hasenclevers *Konflikt in Assyrien* (1938/39), Ernst Tollers *Nie wieder Friede!*
(1934 bis 1936) und Gustav von Wangenheims *Stürmisches Wiegenlied*
(1939) sind hierzu zu rechnen. Besondere Bedeutung kam der historischen Komödie zu wie Georg Kaisers *Napoleon in New Orleans* (1937 bis
1941), das den Militarismus und falschen Heldenkult entlarvte, oder Ferdinand Bruckners *Heroische Komödie* (1939 bis 1942), die in Madame de
Staëls Opposition zu Napoleon den Kampf des modernen Exilschriftstel-
lers gegen den Tyrannen reflektierte. Das historische Schicksal fiktiver
Figuren im Exil oder auf dem Alteneil wurde von Ödön von Horváth in
der Komödie *Figaro läßt sich scheiden* (Uraufführung 1937, Prag) und von
Walter Hasenclever in dem Schauspiel *Münchhausen* (1934) ausgemalt.
Mit dem Untertitel «Komödie einer Tragödie» erfüllte Franz Werfel mit
seinem Stück *Jacobowsky und der Oberst* (entstanden 1941/42, deutsche
Fassung 1944) die Form der Tragikomödie und berührte die Grenzen des

Absurden. Die französische Niederlage von 1940 bildet den Hintergrund der Handlung. Auf der Flucht vor den deutschen Truppen gibt der polnische Oberst Tadeusz Boleslav Stjerbinsky, der zur unfreiwilligen Reisegesellschaft mit dem polnischen Juden Jacobowsky gezwungen ist, widerwillig seinen standesüblichen Antisemitismus auf, um sich mit Jacobowsky auf einem Kriegsschiff nach England zu retten. Die Tragikomödie ergibt sich aus dem absurden Dualismus der beiden Hauptfiguren angesichts der tödlichen Gefahr, die beide bedroht. – Daß Werfels *Jacobowsky und der Oberst* neben Čechovs *Kirschgarten* (1904) zu der «wohl feinsinnigsten, nuanciertesten und konsequentesten Tragikomödie dieses Bauschemas in der Weltliteratur» gerechnet worden ist [288; *S. 372*], bezeugt die Leistung der deutschen Exildramatik von 1933 bis 1950.

Egon Schwarz
Exilliteratur

Die Geschichte besteht aus Kontinuitäten und Diskontinuitäten. Wer sich mit ihr auseinandersetzen will, muß ihren beiden Erscheinungsformen gerecht werden. Exil und Verbannung hat es immer gegeben. Der elegische Jammer eines Ovid (43 v. Chr. bis ca. 18 n. Chr.), der bittere Stolz des Dante Alighieri (1265 bis 1321), Heinrich Heines (1797 bis 1856) vergiftete Sehnsucht, die haßerfüllte Verachtung Miguels de Unamuno y Jugo (1864 bis 1936) sind weltbekannte Seelenzustände des Emigranten. Daß es die Schriftsteller sind, die wortgewandten Benenner des Vergänglichen, die sie festgehalten haben, liegt in der Natur der Sache.

Seit dem Aufkommen der Massengesellschaft hat sich das Wesen der Verbannung gewandelt. Ehedem waren Individuen oder kleine Gruppen gezwungen, ins Exil zu gehen. Diese Form der Verstoßung existiert weiter; man denke nur an Solženicyn und seinesgleichen. Aber im Zeitalter der großen gesellschaftlichen Umwälzungen, in der französischen und russischen Revolution, wurden ganze soziale Klassen recht- und heimatlos. Diese Verfemung galt den führenden Kreisen, den Privilegierten von gestern. Anders verhielt es sich unter der nationalsozialistischen Diktatur. Nicht mehr die herrschenden Schichten, sondern eine zusammengewürfelte Menschenmenge wurde – gemäß dem irrationalen Programm der Partei – verfolgt. Kommunisten, Sozialdemokraten, rassisch Unerwünschte sahen sich, buchstäblich über Nacht, der elementarsten Garantien für Leben, Freiheit und Besitz beraubt. Arme und Reiche, Juden und mißliebige ‹Arier›, Gläubige und Atheisten, Menschen der unterschiedlichsten Abstammung büßten unversehens ihre Arbeit, ihre Wohnungen, ihre Freunde, ihre Sicherheit ein. Viele wurden in Konzentrationslager geworfen, denen sie nicht mehr entkamen. Andere wurden unter der Bedingung entlassen, daß sie auswanderten. Wieder andere gingen freiwillig fort, aus bloßem Ekel vor den neuen Machthabern [vgl. 261; *S. 21–24, 34, 35, 249/50*].

«Es haben schon viele und vielerlei Menschenvertilgungen stattgefunden und werden auch fernerhin stattfinden», läßt Platon (427 bis 347 v. Chr.) einen ägyptischen Priester sagen. [vgl. 183] Als es in Deutschland wieder einmal so weit war, warteten viele die Vernichtung nicht ab. Wer Geld und Beziehungen im Ausland, wer Mut, Energie, einen Schuß gesunden Pessimismus und – nicht zu vergessen – Glück hatte, der konnte das Land verlassen. Heute, just ein halbes Jahrhundert nachdem die ersten ins Exil gingen, lassen sich ihre Schicksale überblicken. Da ohne einen Blick auf das Gesamtphänomen der Hitler-Emigration die Geschichte der Exilliteratur kaum verständlich ist, sollen folgende Themenkreise berührt werden.

Allgemeine Emigration

Zu Beginn verließen zunächst jene politisch Belasteten Deutschland, die schon vor der Machtergreifung die NS-Ideologie bekämpft hatten und nun befürchten mußten, verfolgt zu werden. Aber die Zahl der Flüchtlinge stieg in den folgenden Monaten und Jahren immer mehr. Die Bücherverbrennungen vom Mai 1933 waren ein symbolischer, doch deswegen nicht minder erschreckender Akt. Immer häufiger wurden dem Regime Unliebsame von den Straßen, in den Wohnungen verhaftet und in die Lager geschickt, über die bald grausige, sich als nur zu richtig erweisende Gerüchte in Umlauf kamen. Jüdische Geschäfte wurden boykottiert, unter ‹kommissarische Leitung› gestellt, 1935 die Nürnberger Gesetze erlassen, im Jahre 1938 die ‹Reichskristallnacht› inszeniert, ein Pogrom mit gewalttätigen Übergriffen, Zerstörungen, Plünderungen und Tötungen. Kein Wunder, daß die Überlebenden und Bedrohten versuchten, sich ins Ausland zu retten. Zur legalen Ausreise brauchte man Papiere, die für jemand, der dem Staat verdächtig schien, nicht leicht zu beschaffen waren, und so entfaltete sich daneben eine abenteuerliche Praxis der halsbrecherischen illegalen Grenzüberschreitungen bei Nacht und Nebel, über Flüsse und Berge. Anfangs waren die Landesgrenzen noch nicht so streng bewacht, die umliegenden Länder bereiteten den Flüchtlingen noch keine unüberwindlichen Einreiseschwierigkeiten. Man nahm sie zunächst willig auf, es entstanden Hilfsorganisationen.

Aber die Situation verschlechterte sich bald. Die Furcht vor Hitler, der Wunsch nach Frieden um jeden Preis, latenter, oft offener Antisemitismus, das Erstarken innerfaschistischer Bewegungen bewirkten, daß man im Ausland den Emigranten weniger entgegenkommend begegnete. Die Einreiseerlaubnis wurde seltener erteilt; je mehr Flüchtlinge aus Deutschland in die Nachbarländer drängten, desto schärfer wurden die Bestimmungen, die man gegen sie erdachte. Mitten in Friedenszeiten entstanden Flüchtlingslager. Illegal Eingereiste lebten das gehetzte Dasein von Untergetauchten. Wer gefaßt wurde, kam ins Gefängnis und wurde nach Abbüßung einer Strafe über irgendeine Grenze geschoben. Hans

Albert Walter und andere haben die Asylbedingungen in verschiedenen Ländern dargestellt. [vgl. 262 u. 203] Keines hat sich durch großzügige und humanitäre Aufnahme der Vertriebenen mit Ruhm bedeckt. Die allzuoft versagte Gastfreundschaft wurde vielen zum Verhängnis. Es bedarf keiner außerordentlichen Phantasie, sich die materiellen und psychischen Nöte der Emigranten vorzustellen. Nach gelungener Flucht befanden sie sich im fremden Land, der Landessprache nicht mächtig, ohne Geld, ohne Arbeitserlaubnis. Illegal über die Grenze Gekommene mußten überdies vor der Polizei auf der Hut sein. Zu Hause waren sie Angestellte, Rechtsanwälte, Kaufleute; hier waren sie auf die Hilfe anderer angewiesen. Sie wohnten in kleinen gemieteten Zimmern, schäbigen Vorstadtquartieren, in Baracken, die vom Hilfsverein zur Verfügung gestellt wurden, oder in verlassenen Kasernen. Es ist schwer zu entscheiden, ob das Bewußtsein, daß es sich um ein Provisorium handelte, mildernd oder erschwerend wirkte. Irgendeinmal lief der von der Behörde gewährte Aufschub doch ab, hatte auch die letzte ‹Beziehung› zu einem einflußreichen Helfer versagt. Dann hieß es, das Gastland freiwillig verlassen; sonst wurde man über eine neue Grenze in ein anderes Exilland geschoben oder auch in ein Internierungslager gesteckt.

Gewiß hat es auch wohlhabende Auswanderer gegeben, mit Geldbriefen und Gepäck reichlich versehen. Diesen Menschen stand dann gewöhnlich die ganze Welt offen, wenigstens bis zum Ausbruch des Kriegs. Die schroffsten Härten der Emigration blieben ihnen erspart. Ganz verschont wurden allerdings auch sie nicht. Die vertraute Umwelt aufzugeben, aus der Verwurzelung mit einem Land, einem Freundes- und Wirkungskreis, einer Sprache, einem Beruf, einer Kultur gerissen zu werden und sich in der Fremde zurechtfinden zu müssen, bleibt ein bitteres Los, unter welchen Umständen es auch geschehen mag.

Bei aller Verschiedenheit der individuellen Schicksale lassen sich doch drei Phasen des Exils erkennen. Die erste erstreckt sich von der Machtergreifung im Jahre 1933 bis etwa März 1938. Während dieser Zeit war der Anteil der politischen Flüchtlinge noch beträchtlich. Deutsche Kommunisten, Demokraten, Sozialisten, Antifaschisten jeder Orientierung siedelten sich hauptsächlich in den europäischen Nachbarländern an, mit Vorliebe in Prag und Paris; aber ihr Blick blieb auf die Heimat gerichtet. Das Gefühl, als Emigrant eine Funktion zu haben, bestimmte ihr Bewußtsein. Die Welt über die braune Gefahr aufzuklären, die proletarische Revolution weiter vorzubereiten, das Hitlerregime auf jede Weise zu bekämpfen, die deutsche Kultur vor dem Erlöschen zu bewahren, das waren die Hauptziele dieser Emigranten. Unpolitische Auswanderer, meist jüdischer Abstammung, gab es zu dieser Zeit natürlich auch; aber viele konnten sich zur Flucht aus Deutschland noch nicht entschließen. Die Hoffnung auf eine innerdeutsche Wendung verblendete sie noch; sie hat

Zehntausende das Leben gekostet.

Diese Phase endete etwa im Frühjahr 1938, als der ‹Anschluß› Österreichs der Emigration Hunderttausende zuführte. Inzwischen war in Deutschland die Lage noch unerträglicher geworden, so daß auch von dort eine Massenauswanderung einsetzte. Und in Nachbarländern wie der Tschechoslowakei, Polen usw. rüsteten sich alle zum Aufbruch, die von Hitler etwas zu befürchten hatten. Immer schwerer wurde es, ein Visum zu bekommen; die Länder versperrten sich mit wachsender Strenge gegen die Zufluchtsuchenden. Noch klammerten sich die europäischen Völker an die Hoffnung auf Frieden. Es kam zum Münchner Abkommen und zur Zerstückelung der Tschechoslowakei.

Dann aber trat das Unvermeidliche ein: der Krieg. Der ideologische Kampf schien verloren, der Glaube an eine sinnvolle Aufgabe der Emigration zerbrach. Jetzt galt es nur noch, das eigene Leben vor den Europa überrennenden Deutschen in Sicherheit zu bringen. Wer nicht nach Übersee konnte, erlebte den Ausbruch des Kriegs in Europa. Groteskerweise wurden die Hitler-Emigranten in den kriegführenden Ländern als Feinde behandelt und interniert. Nach der Niederwerfung Frankreichs wurden viele von den Franzosen ausgeliefert, andere nach Afrika in neue Lager gebracht. So manche fielen den Nazis in die Hände. Unter den Schriftstellern, die aus dem Exil verschleppt und ermordet wurden, befanden sich Georg Hermann (d. i. Georg Borchardt, 1871 bis 1943) und Theodor Lessing (1872 bis 1933); Opfer des Stalinismus wurde Herwarth Walden (d. i. Georg Levin, 1878 bis 1941?). Eine große Zahl von Emigranten wurde von den Engländern nach Kanada und Australien in Internierungslager geschickt. Wieder andere entkamen aus dem unbesetzten Frankreich über die Pyrenäen nach Spanien und von da aus weiter nach Amerika. Viele verloren den Mut und begingen Selbstmord.

Mit der Ankunft in einem sicheren, meist außereuropäischen Land setzt die dritte und letzte Phase des Exils ein, der Versuch, sich in dessen Lebensbereich einzugliedern. Den Emigranten, der dem Gefahrenbereich in Europa endgültig entkommen war und nun hoffte, in Amerika, Afrika oder Australien bessere Lebensmöglichkeiten zu finden, erwarteten oft neue Erschwernisse. Die ersten Wochen und Monate, ja mitunter Jahre waren eine Zeit der Entbehrungen und Enttäuschungen; wieder galt es, sich die Grundlagen für eine Existenz zu schaffen; die Nöte der ersten Exiljahre in Europa wiederholten sich. Seelische Depressionen, die Bitterkeit des sozial Gesunkenen, bedingt durch die Erinnerungen an glückliche Zeiten, Ambivalenz gegenüber dem eigenen und dem neuen Land sind Züge der so wenig beliebten ‹Emigrantenmentalität›. Aber nach Jahren verblassen die Erinnerungen, das Leben nimmt wieder festere Formen an. Einmal gelingt es dem Flüchtling doch, eine Wohnung, ein Auskommen zu finden. Nach einer Zeit des Stammelns bereitet die fremde

Sprache kaum noch Schwierigkeiten, und auch der ungewöhnlichste Beruf verliert eines Tages seine Schrecken. Für andere gab es diese Entwicklung nicht. Sie blieben stehen bei den Anfangsschwierigkeiten, sie ge-
wöhnten sich nicht ein, sei es, weil sie die Bindung an Deutschland nicht
lösen konnten, sei es, weil sie nie lernten, die neue Sprache zu beherrschen, oder weil sie ökonomisch keinen Anschluß fanden.

Es kam aber der Zeitpunkt, wo der deutsche Emigrant, ob er nun angepaßt war oder nicht, sich eingestehen mußte, daß die Gründe, die ihn in
die Fremde getrieben hatten, nicht mehr bestanden. Spätestens an dem
Tag, als die Nazis kapitulierten, stellte sich ihm die Frage, ob er in seine
ihm nun wieder zugängliche Heimat zurückkehren solle. Aber war man
dort wieder willkommen? Hatten sich die Deutschen geändert, oder waren sie nur besiegt? Und in welches Deutschland sollte der Emigrant gehen, da es ja seit Kriegsende einen westlichen und einen östlichen Teil
gab? Es ist nicht erstaunlich, daß manche den Versuch, sich in der alten
Heimat wieder einzuleben, nach einigen in Deutschland verbrachten Jahren aufgaben. Die wenigen, die blieben, sahen bald ein, daß sie sich auf
ein Unternehmen eingelassen hatten, das kaum weniger aufreibend war
als der einstige Neubeginn in einem fremden Land. Wie immer er sich
entschied, der Emigrant kam unweigerlich an einen Punkt, wo er sich
seine permanente Entfremdung eingestehen mußte. Es ist wohl keine
Übertreibung, wenn man sagt, daß kaum einer den psychologischen
Schock des Ausgestoßenwerdens jemals völlig verwindet. Und obgleich
mit Kriegsende auch die nazibedingte Emigration zum Abschluß gelangt
ist, gilt wohl die Formel: Einmal Exilant, immer Exilant.

Die Schriftsteller

Es ist berechnet worden, daß 2500 deutsche Schriftsteller ins Exil gingen,
die größte kulturelle Auswanderung der Weltgeschichte, die noch durch
Tausende Künstler und Akademiker vermehrt wurde. Die Schicksale der
Schriftsteller unterschieden sich nicht wesentlich von denen anderer Emigranten. Sie waren Menschen wie diese und denselben historischen Existenzbedingungen unterworfen. Unter anderem glichen sie der Masse der
Auswanderer auch darin, daß sie von den rauhen Winden der Geschichte
in alle Weltteile verschlagen wurden: Robert Musil und Georg Kaiser in
die Schweiz, Paul Zech nach Paraguay und Argentinien, Albert Theile
nach Chile, Theodor Plievier, Johannes Robert Becher und Willi Bredel
nach Moskau, Anna Seghers nach Mexiko, Heinrich Mann, Alfred Döblin und Franz Werfel von Frankreich über Spanien und Portugal in die
USA, Karl Wolfskehl nach Neuseeland, Bertolt Brecht über die Tschechoslowakei, Österreich, Dänemark, Schweden, Rußland nach Los Angeles. Die meisten mußten von Land zu Land gehen, ehe sie eine festere
Bleibe fanden. Auch vor Verzweiflung und Selbstmord waren die Schrift-

steller nicht besser geschützt als ihre weniger artikulierten Schicksalsgenossen. Kurt Tucholsky nahm sich in Schweden, Walter Hasenclever im französischen Internierungslager, Stefan Zweig in Brasilien, Walter Benjamin beim mißglückten Grenzübertritt nach Spanien, Ernst Weiß und Carl Einstein bei der Annäherung der deutschen Truppen in Frankreich, Ernst Toller in einem New Yorker Hotelzimmer das Leben. Ebenso wie bei den übrigen Emigranten riß die ökonomische Ungleichheit Abgründe zwischen den Schriftstellern auf. Berühmte Dichter wie Thomas Mann (1875 bis 1955) führten ein bequemes, ja luxuriöses Leben, wurden mit offenen Armen empfangen, wohin sie kamen, geehrt, bewundert und gefeiert. Der mittellose, unpopuläre fristete ein elendes Dasein oder verdarb ganz. «Das solide Emigrantenkonto mit soliden Schweizerfranken bedeutete garantiert Rettung.» [238; *S. 79*] Das galt für die gesamte Emigration; denn es ist ein Gesetz der Welt.

In einem Punkt waren jedoch die Schriftsteller schlechter daran als alle anderen: Sie haben ihr Publikum und ihren kulturellen Nährboden, die Grundlage ihrer geistigen Existenz verloren. Vor allem aber beklagen sich die Exilschriftsteller mit ungewöhnlicher Einmütigkeit über ihre sprachliche Isolierung. Dabei geht es nicht nur um die freie, natürliche Kommunikation mit der Umwelt, sondern auch um das Verwittern und Verwelken der eigenen Ausdrucksfähigkeit ohne den Austausch mit dem lebendigen Idiom der Nation. Die wenigsten schafften es, sich schriftstellerisch der neuen Sprache zu bedienen, was in der Regel nur den jüngsten wie Michael Hamburger, Peter Weiß und Jakov Lind gelang, die erst im Exil zu dichten anfingen. Ihre Bücher wurden nur selten zur Übersetzung angenommen, und selbst wenn das geschah, blieben sie oft ohne Resonanz. Große Publikumserfolge im neuen Land waren selten. Im ganzen waren die Exilautoren auf andere Emigranten als Leser angewiesen. Vereinsamung, gewollte Abkapselung und Verstummen waren daher keine vereinzelten Erscheinungen.

Trotz dieser Beeinträchtigungen entwickelte sich überall, wo die Exilanten in größerer Anzahl auftraten, ein reger intellektueller Austausch. Man stritt um den Sinn der Emigration, man bemühte sich um Typologien des Exils, unterschied zwischen Heimwehkranken und Aktivisten, zwischen Resignierenden und Propagandisten des Überlebens. Die einen hielten dafür, daß angesichts einer außer Rand und Band geratenen Geschichte das Geschichtenschreiben zwecklos, ja frivol geworden sei. Die anderen hingegen riefen zum unnachgiebigen Kampf gegen den Faschismus auf, und über welches andere Mittel verfügten sie als doch wieder das Wort?! Damit verwandt war die Debatte, die über die Frage entbrannte, ob der emigrierte Schriftsteller weiterschreiben durfte wie in friedlichen Zeiten oder ob es seine Pflicht sei, sich in den Dienst des Tages, der Stunde zu stellen. Hermann Kesten (geb. 1900) stellt fest, man habe der Emigra-

tionsliteratur vorgehalten, «sie hätte ihre Themen gewechselt», ihr aber
auch den Vorwurf gemacht, «sie hätte ihre Themen nicht gewechselt».
Beides trifft zu und zeigt in seiner Widersprüchlichkeit, daß es ein einheit-
liches Verhalten unter den ausgewanderten Schriftstellern nicht gab. Für
jeden Verzweifelten, der an der Sehnsucht nach der Heimat krankte, gab
es einen anderen, der wie Alfred Kerr das Exil pries, «weil die Flucht den
Horizont erweitert». [227; *S. 589*]
Natürlich waren die Exilschriftsteller auch ideologisch ganz und gar un-
einig. In ihrem politischen Spektrum war jede mögliche Nuance vertreten, von Konservativen wie Bernard von Brentano (1901 bis 1964), dem
man, wahrscheinlich zu Unrecht, Sympathien mit dem Dritten Reich
nachsagte, und Ernst Glaeser (1902 bis 1963), der gar ins Reich heim-
kehrte, bis zu den Moskauer Exilanten, die der stalinistischen Parteilinie
folgten und später in der DDR landeten, von Linksliberalen und Sozialisten wie Lion Feuchtwanger (1884 bis 1958) und Oskar Maria Graf (1894
bis 1967), die es vorzogen, auch nach Kriegsende in Amerika zu bleiben,
bis zum bürgerlich-liberalen Thomas Mann, der den McCharthyismus ablehnte und nach Europa zurückkehrte, aber nicht in einen der deutschen
Rumpfstaaten, sondern in die Schweiz. Viele waren freilich auch ganz
unpolitisch. Unter den jüdischen Schriftstellern gab es manche, die es,
offenbar unter dem Druck ihrer Erlebnisse, in Palästina nicht aushielten
und weiterwanderten, und solche, die sich wie Alfred Döblin (1878 bis
1957) zum Christentum bekehrten oder wie Franz Werfel (1890 bis 1945)
wenigstens mit ihm sympathisierten.
Schon in der Art, wie sie ihren Zustand beschrieben, schieden sich die
Geister. Die politisch Orientierten betrachteten das Ausland als «Wartesaal» [50; *S. 119*]; «mit dem Gesicht zur Heimat» [208a; *S. 1165*] wollten
sie Politik betreiben. Weil sie nicht freiwillig ausgewandert waren, sondern verstoßen, weigerten sie sich, Emigranten genannt zu werden, und
insistierten auf Bezeichnungen wie Verbannte und Exilanten. Die Unpolitischen hingegen, die nichts dagegen hatten, in der Neuen Welt auch
eine neue Heimat zu finden, verzichteten auf solche sprachlichen Finessen. Manfred George (d. i. Manfred Georg, 1893 bis 1965), der in New
York den *Aufbau* (ab 1934) herausgab, distanzierte sich sogar energisch
von den deutsch Gebliebenen, indem er seine Zeitung «ein amerikanisches Blatt», ein «Sprachrohr der Immigration und nicht der Exilgrup-
pen» [208a; *S. 1167*] nannte.
Die Haltungen schwankten aber auch nach der momentanen historischen
Konstellation. Unter dem Schock des Stalin-Hitler-Pakts urteilte man anders als nach dem Fall von Paris, anders beim Bekanntwerden der Greuel
in den Vernichtungslagern als gegen Ende, wo sich die Niederlage der
Nazis bereits abzeichnete. Gerade dieses bevorstehende Ende spaltete
die Emigrantenschaft aufs empfindlichste, in diejenigen nämlich, die die

gesamte deutsche Nation der Komplizität mit dem Nationalsozialismus
bezichtigten und daraus bestimmte Folgerungen für die Nachkriegsbe-
handlung Deutschlands zogen, und in jene anderen, die wie Bertolt
Brecht (1898 bis 1956) eine scharfe Trennung zwischen Regierung und
Bevölkerung vornahmen, ja das deutsche Volk als Opfer des Faschismus
hinstellten. [vgl. 355] Es gab aber während des Exils auch künstlerische
Kontroversen. Neben dem Streit über die Frage, welche schriftstel-
lerische Konsequenzen aus der Tatsache des Exils zu ziehen seien, war die
wichtigste die sogenannte Expressionismusdebatte, an der sich über
zwanzig Schriftsteller beteiligten, darunter berühmte Persönlichkeiten
wie Georg Lukács, Hanns Eisler, Klaus Mann, Ernst Bloch und Anna
Seghers, und in der es um «sozialistischen Realismus» im Gegensatz zu
«Avantgardismus» und Formexperimente ging, wie Brecht sie befürwor-
tete. [vgl. 395]

Zentren, Zeitschriften, Verleger

Es ist behauptet worden, das Exil habe keine bedeutende Literatur hervorgebracht. Erstaunlich ist, daß es sie überhaupt gab, wie produktiv sie trotz
ihrer ungünstigen Existenzbedingungen war. Ein negatives Urteil ließe
sich viel eher über die im Nazibereich hervorgebrachte Literatur fällen,
obwohl Joseph Goebbels' (1897 bis 1945) Ministerium für Volksaufklärung
und Propaganda über enorme finanzielle, politische und organisatorische
Machtmittel verfügte. Es überwachte 2500 Verlagsanstalten, 2300 Buchlä-
den, 3000 Autoren, 50 nationale Literaturpreise, 2000 jährliche Neuerscheinungen und 2500 Bibliotheken, von den Zeitungen, Zeitschriften
und Bühnen ganz zu schweigen. Es braucht nicht betont zu werden, daß die
Exilautoren nichts Vergleichbares aufzuweisen hatten. Für sie war es schon
viel, wenn es gelang, die totale Isolierung zu durchbrechen und mit anderen geflüchteten Literaten Verbindung aufzunehmen. Mehr dem Zufall als
dem Willen der Beteiligten war es zu verdanken, wenn mitten im Chaos der
Emigration intellektuelle und künstlerische Zentren entstanden, die dem
geistigen Austausch dienten, zur politischen Reflexion und schöpferischen
Tätigkeit anregten. [vgl. 255, 263 u. 264]
Eines der frühesten und aktivsten Zentren war Prag, wohin sehr viele
sozialdemokratische und kommunistische Flüchtlinge kamen. Getragen
von Sympathien in Regierung und Bevölkerung, konnten sie hier ihre
antifaschistische Arbeit in der Form von Vorträgen, Kundgebungen, Ge-
denkfeiern entfalten. In Prag wurde die kulturell-literarische Zeitschrift
Neue Deutsche Blätter. Monatsschrift für Literatur und Kritik (1933 bis
1935) veröffentlicht. Hierher verlegte Wieland Herzfelde (d. i. Wieland
Herzfeld geb. 1896) auch den Berliner Malik Verlag. In Prag hielten sich
längere Zeit oder kurzfristig Bertolt Brecht, Oskar Maria Graf, Rudolf
Olden, Kurt Hiller, Alfred Wolfenstein, Ernst Bloch und Fritz Erpenbeck

auf. Heinrich Mann und Thomas Mann mitsamt Familie erwarben sogar die tschechoslowakische Staatsbürgerschaft. 1938 verschlechterte sich die Lage der Prager Exilanten, 1939 wurde die Tschechoslowakei von den Nazis besetzt und schied als Exilland aus.

Holland spielte nicht nur als Asylland – es nahm fünfmal so viele Flüchtlinge auf wie das mächtige England – eine Rolle, sondern hier befanden sich auch zwei der wichtigsten Verlage, die sich der Schriftsteller im Exil annahmen, Allert de Lange und vor allem der Querido Verlag, wo Werke von Heinrich Mann, Alfred Döblin, Arnold Zweig und vielen anderen sowie die literarische Zeitschrift des Exils *Die Sammlung. Literarische Monatsschrift* (1933/34 bis 1934/35) erschienen. Seine Hilfsbereitschaft kostete den Verleger Emanuel Querido (1871 bis 1943) nach dem Einmarsch der Deutschen im Jahre 1940 das Leben.

Sonderbar zwiespältig schillern die klassischen Exilländer Frankreich und Schweiz in den Versuchen, ihr Verhalten gegenüber den Exilanten zu beurteilen. Von der Schweizer Grenze wurden tödlich Bedrohte, die Einlaß begehrten, weggewiesen, und den Aufgenommenen machten Polizeischikanen und Schreibverbote das Leben sauer. Immerhin fanden manche Verfolgte hier Unterschlupf, und Emil Oprechts (1895 bis 1952) Europa-Verlag sowie die von Oprecht verlegte und von Thomas Mann betreute Zeitschrift *Maß und Wert. Zweimonatsschrift für freie deutsche Kultur* (1937 bis 1940) mit ihrem internationalen Stab von Mitarbeitern gehören zu den Heimstätten der Exilliteratur, während die Züricher, Baseler und Berner Bühnen trotz vielfältiger Behinderungen Exilstücke aufführten.

Frankreich, wo mehr Emigranten Zuflucht fanden als in irgendeinem anderen europäischen Land, wird man am besten gerecht, wenn man zwei Exilphasen unterscheidet. In den ersten Jahren konnten sich Schriftsteller jeder politischen Observanz ziemlich unbehindert betätigen, ihre Zeitschriften herausgeben, Kongresse abhalten, in französischen Zeitungen veröffentlichen und ihre keineswegs erfolglosen Beziehungen zu den französischen Verlegern knüpfen. Bedeutende Zentren bildeten sich an der Mittelmeerküste. In Nizza residierten Heinrich Mann (1871 bis 1950), Wahlfranzose, längst tief mit der französischen Sprache und Kultur vertraut, die hervorragendste Gestalt des französischen Exils, der aus Freundschaft mitgewanderte Elsässer René Schickele, der expressionistische Pazifist Fritz von Unruh, Hermann Kesten. Das billigere Fischerdorf Sanary-sur-mer, das Lion Feuchtwanger, Ludwig Marcuse, Balder Olden und Klaus Mann beherbergte, wurde mit doppelter Übertreibung die «Hauptstadt der deutschen Kultur» (Marcuse) oder «Sanary-la-Boche» genannt. Die Haupttätigkeit blieb aber auf Paris konzentriert, wenngleich die hier Ansässigen, Alfred Döblin, Joseph Roth, Walter Benjamin, Siegfried Kracauer, Ernst Weiß und Ödön von Horváth keine festgeschlossene Gruppe bildeten. Hier gründete Alfred Kantorowicz die «Deutsche Freiheitsbibliothek» und betreute er den «Schutzverband deutscher Schriftsteller im Exil», hier gab Leopold Schwarzschild das einflußreiche *Das neue Tage-Buch* (1933 bis 1940) heraus, hier wurde 1934 der große «Kongreß zur Verteidigung der Kultur» veranstaltet, an dem eine beachtliche Anzahl von Schriftstellern aller Nationen teilnahm. Viele Exilwerke verdanken Frankreich ihr Entstehen. [vgl. 255]

Nach dem Sturz der Volksfrontregierung verdüsterte sich jedoch die Lage. 1938 setzte mit den sinnlosen und grausamen Internierungen und Einziehungen in die Fremdenlegion die zweite Phase des französischen Exils ein und bedingte das Bild des «unholden» Frankreich (Feuchtwanger), das so viele Exilanten in ihren Erinnerungen heraufbeschwören. Es ist aber bemerkenswert, daß mit Hilfe französischer Literaten, der einheimischen Bevölkerung und amerikanischer Hilfsaktionen die Mehrzahl der exilierten Schriftsteller gerettet werden konnte.

Ein Exilland sui generis ist Spanien. Nur wenige Emigranten haben sich dort niedergelassen und auch die wenigen nur vorübergehend. Hingegen hat unter Tausenden von Kämpfern aus allen Ländern der spanische Bürgerkrieg auch eine Reihe von Deutschen herbeigezogen, darunter etwa zwanzig Schriftsteller, die in der Internationalen Brigade die Republik gegen Franco verteidigten. Die Darstellungen ihrer Erlebnisse, die Ludwig Renn, Hans Marchwitza, Theodor Balk, Gustav Regler, Willi Bredel, Bodo Uhse, Ernst Toller, Erich Weinert und Erich Arendt romanhaft oder reportageartig niederlegten, wurden zu einer geschichtlich interessanten Sparte der Exilliteratur.

Auch die Sowjetunion kann nicht in dem üblichen Sinn als Asylland gelten, weil nur linientreue Kommunisten und mit der Partei Sympathisierende aufgenommen wurden. Diese wenigen Zugelassenen wurden aber im Gegensatz zu allen anderen Ländern von der Regierung unterstützt und mit wirksamen Arbeitsmöglichkeiten versehen. Freilich war nach allen Berichten die Folge davon, daß die exilierten Schriftsteller keine eigenen Konzeptionen entwickeln konnten, sondern sich an die jeweiligen Direktiven der sowjetischen Kulturpolitik zu halten hatten. Die beiden in Moskau erscheinenden Zeitschriften *Internationale Literatur* (1931 bis 1945) und das im Sinne der Volksfront redigierte *Das Wort. Literarische Monatsschrift* (1936 bis 1939), an denen Willi Bredel, Georg Lukács, Friedrich Wolf, Johannes R. Becher, Ludwig Renn, Anna Seghers, Fritz Erpenbeck, Alfred Kurella, aber auch linksliberale Autoren wie Alfred Döblin, Arnold und Stefan Zweig, Heinrich, Thomas und Klaus Mann mitarbeiteten, sind von zentraler Bedeutung für das Exil. Gleich bei Kriegsende wurden die emigrierten Politiker und Literaten in die sowjetische Besatzungszone gebracht, in der einige von ihnen hohe Positionen bekleideten.

Die USA und Palästina haben gemeinsam, daß man sie besser als Immigrations- denn als Exilländer verstehen kann. Der auf die Einwanderer ausgeübte Druck, sich zu assimilieren, war in Palästina wahrscheinlich am stärksten. Emigrierte Schriftsteller wie Arnold Zweig (1887 bis 1968) und Martin Buber (1878 bis 1965) hatten wegen ihrer Sprache, auf die sich wie auf alles Deutsche die Abneigung der Bevölkerung erstreckte, einen schweren Stand. Das 1943 auf das Haus des Orient-Verlags verübte Bombenattentat, wo Arnold Zweig zusammen mit Wolfgang Yourgrau (geb. 1908) die deutsche Zeitschrift *Orient* (1942/43) herausgab, gilt daher als symptomatisches Ereignis. Immerhin erschienen in Palästina deutschsprachige Gedichte von Werner Kraft, Else Lasker-Schüler, Heinz Politzer und Louis Fürnberg. Max Brod hingegen hatte keine Anpassungsschwierigkeiten. Als Dramaturg des berühmten Habimah-Theaters konnte er eigene Werke und solche anderer Exil-Autoren zur Aufführung bringen.

Die Vereinigten Staaten sind ebenfalls ein Einwanderungsland, das von den Neuankömmlingen baldige Amerikanisierung erwartet. Trotz des Argwohns gegenüber unbemittelten und links eingestellten Asylsuchenden, trotz des Quotensystems, das Einwanderer aus bestimmten Ursprungsländern bevorzugte, stehen die USA mit 300 000 Hitler-Flüchtlingen an der Spitze der Asylländer. [vgl. 34] Trotz der ungünstigen Wirtschaftslage lebten sich die meisten Emigranten bald ein. Auch die Schriftsteller fanden zumeist ihr ökonomisches Auskommen; bloß behagte ihnen, eingefleischten Europäern, der ‹American way of life› nicht sonderlich, und dazu gehörten auch die literarischen Rezeptionsbedingungen. Den größten Erfolg hatten noch einige der von Hollywood angestellten Drehbuchautoren, Unterhaltungsschriftsteller wie Curt Goetz, Vicki Baum und Erich Maria Remarque sowie einige Verfasser, die man nach angelsächsischer Manier ‹middle brow› nennen könnte, wie Lion Feuchtwanger und Franz Werfel. Thomas Mann ist eine Ausnahme. Seine für den Durchschnittsamerikaner schwer verständlichen Romane hinderten nicht, daß er auch vor der amerikanischen Öffentlichkeit eine große Figur darstellte. Dafür mußten sein Bruder Heinrich, Alfred Döblin und manche anderen völlige Echolosigkeit und Isolierung dulden. Carl Zuckmayer (1896 bis 1977) gab das vergebliche Werben um literarischen Anschluß auf und widmete sich auf einer Farm in Vermont der Landwirtschaft.

Die Größe des Landes bedingte es, daß die Emigranten weit zerstreut lebten. Das traf insonderheit auf die vielen Intellektuellen, auch solche mit schriftstellerischen Neigungen zu, die sich um Universitäten sammelten. Eigentliche Zentren oder besser gesagt: Ansammlungen kamen in New York und Südkalifornien zustande. In New York und seinem Umkreis lebten Stefan Heym, Ernst Waldinger, Richard Beer-Hofmann, Oskar Maria Graf, Johannes Urzidil, Ferdinand Bruckner, Ernst Toller, Albrecht Schaeffer, Hans Marchwitza, Emil Ludwig, Hermann Kesten; in und um Los Angeles die Brüder Mann, Bruno Frank, Bertolt Brecht, Raoul Auernheimer, Alfred Polgar, Franz Werfel, Lion Feuchtwanger, Alfred Neumann, Leonhard Frank, Alfred Döblin, Friedrich Torberg und viele andere. Untereinander, mit Wissenschaftlern wie Max Horkheimer und Theodor Adorno und Musikern wie Hanns Eisler und Arnold Schönberg ergab sich mancherlei Austausch und sogar Zusammenarbeit. Verleger, die sich um die Werke der Exilierten bemühten, gab es in den Staaten freilich nicht, ebensowenig wie eigentliche Exilzeitschriften, es sei denn, man rechnet den vielgelesenen *Aufbau* dazu, der sich aber als Organ der amerikanisierten jüdischen Emigranten verstand.

Die wichtigste literarische, auch in den USA verbreitete Exilzeitschrift Amerikas, *Deutsche Blätter. Für ein europäisches Deutschland* (1943 bis 1946), wurde von Albert Theile und Udo Rukser in Santiago de Chile herausgegeben. Im benachbarten Argentinien bot das *Argentinische Tageblatt* (ab 1889) den emigrierten Journalisten und Schriftstellern, darunter Paul Zech (1881 bis 1946), Wirkungsmöglichkeiten [vgl. 145], und das «Teatro Colón» sowie das «Teatro Cómico» in Buenos Aires führten Stücke von Exildramatikern auf. Aber sonst spielte Südamerika eine marginale Rolle für die Hitler-Emigration. Bei weitem das wichtigste lateinamerikanische Exilland war Mexiko, wo – im Gegensatz zur Asylpraxis der meisten Länder außer der UdSSR – Kommunisten willkommen waren. Diese spielten denn auch mit dem Verlag El Libro libre und der Zeitschrift *Freies Deutschland* (*Alemania Libre*, 1941 bis 1946) die profilierteste Rolle. Hier wirkten unter anderen, ideologisch geschlossener und politisch aktiver als die Emigrantenkolonien anderswo, Theodor Balk, Egon Erwin Kisch, Anna Seghers, Ludwig Renn und Bodo Uhse.

Das Exil hat die deutschen Schriftsteller in alle Welt verschlagen. Selbst in Schanghai wurde deutsches Theater geschrieben und gespielt, und in Skandinavien entstanden einige der wichtigsten Werke Brechts, die Gedichte der Nelly Sachs (1891 bis 1970) und in schwedischer Sprache die ersten Romane von Peter Weiss (1916 bis 1982). Aber selbst die Erwähnung aller der Zufluchtstätten, wo deutsche Schriftsteller ihre Wirksamkeit entwickelten bzw. einbüßten, übersteigt die Möglichkeiten dieses Überblicks.

Werke des Exils

Wir kommen zur Kernfrage: Was ist Exilliteratur? Es ist schon behauptet worden, daß es derlei gar nicht gebe, daß die Schriftsteller, die ab 1933 Deutschland verließen, ihre Orientierungen notgedrungen mitnahmen und so die literarische Szene der Weimarer Republik in all ihrer Zersplitterung fortsetzten, bloß auf fremdem Boden. Schenkte man diesen Argumenten Glauben, dann wäre die sogenannte Exilliteratur nichts Eigenständiges, sondern lediglich Literatur des Exils. Nehmen wir ein bekanntes Beispiel. Thomas Mann ging nicht ins Exil, sondern auf Ferien. Die Machtübergabe an Hitler überraschte ihn in der Schweiz. Nur die dringenden Warnungen seiner Kinder konnten ihn davon abbringen, nach München zurückzukehren, und danach dauerte es beinahe drei Jahre, während welcher seine Bücher ungestört in Deutschland verlegt werden konnten, bis er sich öffentlich zum Exil bekannte. Sind die *Joseph-Romane* (*Joseph und seine Brüder*, 1933 bis 1943), weil zum Teil in der Schweiz und in den USA geschrieben, Exilliteratur? Aber auch die *Buddenbrooks, Verfall einer Familie* (1901) wurden zum Teil in Italien geschrieben, *Der Tod in Venedig* (1912) und *Mario und der Zauberer. Ein tragisches Reiseerlebnis* (1930) beruhen sogar auf italienischen Erlebnissen. Oder kann *Der Erwählte* (1951) wegen seiner paar Anglizismen den Anspruch erheben, das Exil seines Urhebers zu spiegeln? Eindeutig auf das Hitler-Reich und seinen Untergang bezogen ist *Doktor Faustus. Das Leben des deutschen Tonsetzers Adrian Leverkühn, erzählt von einem Freunde* (1947). Was immer der Roman sonst bedeuten mag, man wird zugeben müssen, daß er ohne den Nationalsozialismus in dieser Form nicht entstanden wäre. Aber mir scheint typisch für das Werk zu sein, dessen ursprüngliche Konzeption tief bis in die Zeit vor dem Ersten Weltkrieg zurückreicht, daß es sich gerade nicht mit dem Dritten Reich auseinandersetzt, sondern mit dessen Vorgeschichte, mit bestimmten psychischen und kulturellen Erscheinungen, mit denen der Autor noch aus seiner Münchner Zeit vertraut war. Und was soll man mit einem Werk wie *Lotte in Weimar* (1939) anfangen, das so deutsch, so ‹unemigriert› anmutet, wie man es sich nur vorstellen kann? Die *Bekenntnisse des Hochstaplers Felix Krull* sind paradigmatisch für das Problem: Die Fortsetzung von 1954 fügt sich so nahtlos an das Fragment von 1922 (und 1936), als läge nicht ein halbes Menschenalter dazwischen. Solche Überlegungen bringen einen dahin, Thomas Manns Bemerkung, wo er sei, da sei auch Deutschland, die so manches Befremden erregt hat, in einem ganz anderen Licht zu sehen und ihr zuzustimmen. Und man erinnert sich gleichzeitig an das Pendant dazu, an die Feststellung, die so viele Dichter in allen möglichen Abwandlungen gemacht haben und die man angesichts der sprichwörtlich gewordenen Entfremdung des modernen Künstlers nicht bagatellisieren sollte, daß sie nämlich auch zu Hause im Exil seien. Eine Brücke zwischen den echten, aus der tiefsten Exilerfahrung geschöpften und den scheinbar zufällig im Exil entstandenen Werken vermag vielleicht eine Äußerung Feuchtwangers zu schlagen, der meinte, «daß das innerste Wesen der Werke, welche diese Dichter in der Zeit ihrer Verbannung geschrieben haben, bedingt war von ihren äußeren Umständen, von ihrem Exil». [213; *S. 348*] Wie dem auch sei, wir werden jetzt den Versuch machen, die zwischen 1933 und 1945 entstandenen Werke der emigrierten

deutschen Schriftsteller im Hinblick auf dieses ihr Exil zu klassifizieren.
Die erste große Kategorie, die unmißverständlichen Exilcharakter trägt,
machen jene nicht-fiktionalen Texte aus, jene journalistischen oder autobiographischen Reflexionen über Probleme und Aufgaben des Exils, die
politischen Analysen der Naziherrschaft, die von geschichtlicher Bedeutung sind, weil sie im damaligen Deutschland weder hätten konzipiert
noch gedruckt werden können. Zu dieser Kategorie gehört Thomas
Manns berühmter *Brief an den Dekan der Bonner Universität* (1937) beim
Entzug seines Ehrendoktorats wie seine späteren Rundfunkreden *Deutsche Hörer!* (1940 bis 1945). Dazu gehören auch Ernst Blochs (1885 bis
1977) Ansprache vor dem Schutzverband deutscher Schriftsteller *Zerstörte Sprache – zerstörte Kultur* (1939) und Lion Feuchtwangers Aufsatz
Größe und Erbärmlichkeit des Exils (1938). Im gleichen Zusammenhang
stehen die Augenzeugenberichte und rückblickende Autobiographien,
viele davon ungedruckt und unausgewertet.

Zu einer zweiten Kategorie möchte ich Romane wie Anna Seghers' *Transit* (1944, dt. 1948), Klaus Manns *Der Vulkan* (1939) und Erich Maria
Remarques *Liebe deinen Nächsten* (1941) zählen. Diese Bücher von sehr
unterschiedlicher Qualität beschreiben Aspekte oder Situationen des
Exils, aus denen dessen existentielle Problematik deutlich wird. Hierher
darf man aber auch die Lyrik der Exilierten rechnen, von den holprigen,
halb scherzhaft gemeinten Versen eines Alfred Kerr (d. i. Alfred Kemp-
ner, 1867 bis 1948) über die unermeßliche Heimwehlyrik, für die etwa
Ernst Waldinger (1896 bis 1970) charakteristisch ist, bis zu den Klagelie-
dern eines Max Herrmann-Neiße (d. i. Max Herrmann, 1886 bis 1941)
und Karl Wolfskehl. Vielleicht gehören Gedichte, denen man das Exil nur
indirekt anmerkt wie die der Else Lasker-Schüler (1869 bis 1945) und der
Nelly Sachs (1891 bis 1970) auch zu dieser Gruppe.

Brechts *Furcht und Elend des Dritten Reiches* und *Der aufhaltsame Auf-
stieg des Arturo Ui*, *Das siebte Kreuz* der Anna Seghers, Arnold Zweigs
Das Beil von Wandsbek, Friedrich Wolfs *Professor Mamlock*, Ferdinand
Bruckners *Denn seine Zeit ist kurz*, die unzähligen Romane, Theater-
stücke und Novellen, die das Leben und Sterben unter den Nazis zum
Gegenstand haben, sind gleichfalls hier einzuordnen.

Die dritte und letzte Gruppe schließlich bilden jene Werke, etwa Brechts
Leben des Galilei (1. Fassung UA 1943, 2. Fassung UA 1947, letzte Fassung UA 1957), in denen versteckte, aber für Kenner merkliche Anspielungen auf die Exilerfahrung gemacht werden, oder wo, wie in der Erzählung *Der Ausflug der toten Mädchen* (1946) von Anna Seghers (d. i. Netty
Radvanyi, geb. 1900), Szenerien und Beobachtungen aus dem Exilland
verwendet werden. Verwandt mit diesen Versuchen sind die vielge-
schmähten historischen Romane, die während des Exils hervorsprossen.
Die darin gebrauchte Methode ist stets die gleiche: Die Geschehnisse sind

in fernen Epochen und Regionen angesiedelt; aber durch geschicktes Zu-
rechtlegen der historischen Umstände und die doppelbödigen Reden der
Personen entstehen auf die Gegenwart bezogene Analogien, die den
Standort des Erzählers verraten. Viele dieser Bücher mögen den Tadel
des ‹Eskapismus› verdienen, der gegen sie erhoben wurde; es gehören
aber auch Meisterwerke wie Heinrich Manns *Die Vollendung des Königs
Henri Quatre* (1938) dazu. Und vielleicht wird man Werken, denen man in
keiner Weise die Entstehung im Exil ansieht wie den ‹unzeitgemäßen› und
in der Schweiz verfaßten Teilen von Robert Musils (1880 bis 1942) *Der
Mann ohne Eigenschaften* (1930, 1933, 1943), Feuchtwangers Verdikt von
der Wesensprägung durch das Exil zugute halten.

Wer kann entscheiden, welcher dieser Rubriken der Vorrang gebührt?
Mit einem Pathos, das man heute nur noch zitieren, aber nicht reprodu-
zieren kann, hat François Mauriac (1885 bis 1970) einen Ausspruch ge-
münzt, den man ohne weiteres auf jeden schöpferischen Exulanten übertragen kann. Mauriacs Wort ist imstande, nachträglich den historischen
Sinn dieser Emigration zu fassen, an dem die Betroffenen damals oft ver-
zweifelt sind: «Il a maintenu durant la traversée du tunnel hitlérien la
gloire du génie allemand.»

Nach 1945

Der Graben, der Ausgewanderte und Daheimgebliebene voneinander
trennte, verschwand nicht über Nacht. Im Gegenteil, er war durch die
Kriegsereignisse noch vertieft worden. Nicht nur mit den Mitläufern und
halben Nazis, von den ganzen überhaupt abgesehen, gestaltete sich die
Wiederanknüpfung der wenigen Heimkehrer schwierig, sondern auch die
Regimegegner, besonders die ‹inneren Emigranten›, begegneten den
Entfremdeten mit Mißtrauen oder Gleichgültigkeit. Zu diesen Hindernissen gesellte sich noch die inzwischen erfolgte Teilung Deutschlands. In
die sowjetische Besatzungszone und spätere DDR begaben sich nur Sym-
pathisanten, aber auch deren Wiedereinleben verlief nicht ohne Spannungen. Dem Westen waren im Grunde bloß politisch unengagierte
Schriftsteller genehm. Weder die Besatzungsmächte noch die sich bildenden deutschen Regierungen erließen offizielle Einladungen an die
Exilanten. Viele blieben daher draußen, und manche, die den Sprung
gewagt hatten, verließen die Bundesrepublik enttäuscht. Sie hatten den
Anschluß verpaßt. Das drückt sich auch im Verhalten der Verleger und des
Publikums zu ihren Werken aus, von denen viele nicht wieder aufgelegt
wurden. Allerdings ist die Geschichte ihrer Rezeption nicht abgeschlossen. Die Aufmerksamkeit, die seit zwei Jahrzehnten dem Schicksal und
der Produktion der Emigranten von seiten der Exilforschung gezollt wird,
ist ja selbst ein wichtiger Aspekt dieser Rezeption und hat ohne Zweifel
auf die Verlagstätigkeit zurückgewirkt. Aber im großen und ganzen ist die

Exilliteratur heute doch nur mehr eine historische Angelegenheit. Die Zeit wird lehren, welche ihrer Werke allenfalls in den Kanon eingehen werden.

Wir kommen am Ende dieser Ausführungen zu jener geschichtlichen Kontinuität zurück, mit der sie begonnen haben. Das Exil hat nicht lange genug gedauert, um einen unverkennbaren Stempel auf alle in ihm entstandenen Werke zu drücken. Viele von ihnen waren schon vor 1933 konzipiert oder begonnen worden, viele reiften erst nach Kriegsende aus. Die schon bekannten Autoren, die ins Exil gingen, hatten ihre Prägungen längst vorher erfahren, so daß ihr Schaffen nicht bloß aus den wenigen Exiljahren heraus erklärt, sondern in einen größeren Entwicklungszusammenhang gestellt werden sollte. Da auch die in Deutschland nach dem Krieg hervortretende Literatur, wie längst festgestellt wurde, keinen wirklichen «Nullpunkt» oder «Kahlschlag» [vgl. 260] erlebt hat, sondern alte Ansätze wieder aufnahm und fortführte, schließen sich die auf kurze Zeit auseinanderfließenden Ströme der deutschen Literatur 1945 wieder zusammen, um sich bald auf andere Weise zu zerteilen.

Friedrich Achberger
Österreichische Literatur

Erste Republik und Ständestaat

Für einen Zugang zur vielfältigen und widerspruchsvollen Literatur der Ersten Republik, die neben den paradigmatischen Epochenanalysen und -bilanzen von Hermann Broch (1886 bis 1951), Robert Musil (1880 bis 1942) und anderen eben auch deren Gegenteil, nämlich die Verklärung der Vergangenheit und verweigerte Zeitgenossenschaft hervorgebracht hat, ist zunächst eine Vorverständigung über die Bedeutung des Jahres 1918 und das Verhältnis Deutschland–Österreich nötig. Schlagworte wie das von der ‹Republik, die keiner wollte› oder von der Literatur als ‹Gefangener des habsburgischen Mythos› helfen hier nicht weiter, da in der österreichischen Identitätskrise, die dem Zerfall der Donaumonarchie weit vorausläuft, eine gewollte Setzung der Identität direkt auf das Gegenteil, den Selbstauflösungswunsch (‹Anschluß›) bezogen ist. Die Literatur als Forum der Selbstverständigung reflektiert diese Spannungen, und darüber hinaus kommt «in der österreichischen Versuchsstation des Weltuntergangs» (Karl Kraus 1914) die Krise Europas am radikalsten zum Ausdruck.

Bei einer sozialgeschichtlichen Orientierung der Literaturbetrachtung fallen einige historische Faktoren ins Gewicht, die der Literatur der Ersten Republik (1918 bis 1933, einschließlich Ständestaat 1918 bis 1938) eine Sonderstellung zuweisen. Das Kriegsende und die Friedensverträge von 1919 bringen für Österreich weitaus einschneidendere Konsequenzen als für die Weimarer Republik: radikale Veränderung der Grenzen mit zahlreichen strittigen Gebieten (Südtirol, Kärnten/Slowenien, Burgenland, Sudetengebiet), Radikalisierung der nationalen Frage, wirtschaftliche Zerrüttung, disproportionierte Gesellschaftsstruktur durch Flucht und Rückwanderung aus der ehemaligen Monarchie und durch Verlust der Verwaltungsfunktionen, augenscheinliche Vormachtstellung der Arbeiterklasse (‹Rotes Wien›). Was in Deutschland eine bitter empfundene

Niederlage mit relativ geringen Gebietsverlusten ist, stellt sich in
Deutsch-Österreich (so der offizielle Name bis zu den Friedensverträgen)
als Zusammenbruch eines ganzen Systems dar. Was drüben – zumindest
während der Stabilisierungsphase 1924 bis 1929, die in Österreich nicht
eintritt – ein Anfang ist, wird hüben von der Mehrheit als Ende betrachtet. Diese Erfahrungsmasse wird von vielen Autoren durchaus als Schock
rezipiert. Was die Identität der österreichischen Literatur betrifft, läßt
sich das paradoxe Phänomen ausmachen, daß sie im Zusammenbruch der
Donaumonarchie zwar einen wesentlichen Teil des historisch gewachsenen Anspruchs auf Eigenständigkeit gegenüber der deutschen Literatur
verliert, daß ihr aber gerade im Untergang des Reichs und in der Identitätskrise ein Stoffgebiet von solcher Dringlichkeit und Aktualität zu-
wächst, daß sie eben darin ihre unbezweifelbare Eigenart findet.
Die Umbruchserfahrung wird je nach der Tradition, der ein Autor jeweils
angehört, literarisch unterschiedlich verarbeitet. So entstehen in Verbindung mit dem Katholizismus, der im Unterschied zu Deutschland in
österreichischer Politik und Kultur eine entscheidende Rolle spielt (bis
hin zu jener Allianz zwischen Kirche, Heimwehr und bürgerlicher Macht-
politik, dem Austrofaschismus), literarische Ordnungsbilder nach mittel-
alterlich-ständischen Vorbildern (z. B. Hugo von Hofmannsthal, 1874 bis
1929). Hierher gehört auch die ‹österreichische Idee›, die aus der Rückbesinnung auf das (übernationale) alte Reich eine Rettungsformel für Europa gewinnen will. In der Tradition der Heimatliteratur lebt die Bauern-
literatur wieder auf, die das Heil gegen alle Modernisierungserschütte-
rungen im bäurischen Dasein, in der Rückkehr zur Ordnung des Brauch-
tums, in der Geborgenheit im jahreszeitlichen Ablauf und in der kleinräu-
migen Geographie zu finden meint. In der großdeutschen Tradition wird
die Erfahrung von 1918/19 jedoch auf die Überwindung Österreichs verpflichtet: Hier kommen vor allem die zahlreichen sudetendeutschen und
aus anderen Grenzgebieten stammenden Autoren zu Wort. Nur scheinbar traditionslos tritt die Literatur und Kultur der Arbeiterbewegung hervor, die im wesentlichen auf bürgerlich-demokratischen Idealen des
19. Jahrhunderts aufbaut und überdies im Wettbewerb auf den Katholizismus bezogen ist. So kommt es dazu, daß die Sozialdemokratie ihre
Kultur zu einem Religionssubstitut entwickelt und im ‹roten Wien› den
eigenen Vatikan samt Festkalender, Bildungswesen und Gegenöffentlichkeit aufbaut.
Die hinter dieser Skizze sich abzeichnenden vier gesellschaftspolitischen
Lager gehen auf Entwicklungen im 19. Jahrhundert zurück, wobei die
Trennungslinien charakteristischerweise nicht einfach entlang den Klassengrenzen verlaufen. Die Lagermentalität radikalisiert sich jedoch nach
1918 zusehends, bis man, spätestens 1933, alles auf die Hamlet-Frage –
Österreich oder nicht – reduziert: Es stehen sich die Pole katholisch-

österreichisch und deutsch-national gegenüber, und das ländliche Lager
ordnet sich je nach Heimattreue bzw. großdeutscher Loyalität dem einen
oder anderen Pol zu. Auch wenn sie bis zuletzt den Anschlußwunsch und
den antimonarchistischen Affekt mit dem deutschnationalen Lager teilt
(Karl Kraus bemerkt 1932 dazu: «Marx nimmt Turnunterricht bei Vater
Jahn»), kann sich die Arbeiterbewegung selbstverständlich keinem dieser
Pole zuordnen. In gebotener Kürze ist damit das Dilemma der zunehmend handlungsunfähigen Sozialdemokratie umrissen, die schon vor
dem gescheiterten Aufstand im Februar 1934 effektiv aus dem politischen
Entscheidungsfeld verdrängt ist. Zu den Ausgeklammerten, gesellschaftlich sukzessiv Marginalisierten gehört jedoch auch eine Gruppe, die nicht
politisch faßbar ist: die Juden. Denn was die beiden scheinbar unversöhnbaren Pole, die Österreich im Laufe der dreißiger Jahre von innen zerrei-
ßen (ohne daß wir die gesamteuropäischen Zerreißspannungen jener
Jahre außer acht lassen wollen), durchwegs eint, ist ihr Antisozialismus
und Antisemitismus.

Die Wirkungen der – hier viel zu grob umrissenen – gesellschaftspolitischen Spannungen der Ersten Republik sind in der Literatur deutlich,
wenn auch nicht eindeutig auszumachen; sie tragen zur Herausbildung
von drei verschiedenen Themen- und Problemkreisen in der Literatur
bei, die sich zwar im historischen Ablauf überschneiden, aber dennoch
eine grobe Periodisierung gestatten. Die Auseinandersetzung um die Republik, ein «Kampf um die österreichische Identität» [vgl. 24], beherrscht
die Literatur bis etwa 1926 und macht dann einer Rückbesinnung auf die
Donaumonarchie und ihren Untergang Platz, die besonders von jüdischen Autoren getragen wird. Die Kultur der Arbeiterbewegung erlangt
erst in der zweiten Hälfte der zwanziger Jahre ihre volle Entfaltung und
findet in den Massenfestspielen 1931 bis 1933 ihren prekären Höhepunkt,
der wegen des Verbots der Sozialdemokratie 1934 zugleich Endpunkt ist.
In den Ständestaat weisen schließlich Heimatliteratur, Bauernroman und
Katholizismus seit Ende der zwanziger Jahre. Bevor wir uns jedoch diesen Sonderentwicklungen zuwenden, soll die Frage der Kontinuitäten
über die Epochengrenzen 1918 hinweg behandelt werden.

Literarische Kontinuitäten

Von den vier herausragenden Autoren, deren Werk aus der alten Monarchie herüberreicht in die Republik und die am Umbruch 1918 lebhaften
Anteil nehmen, stellt Arthur Schnitzler (1862 bis 1931) als ältester fraglos am eindringlichsten Kontinuität dar. Im Blickfeld seiner Erzählprosa
und Dramen erscheinen weiterhin die psychologisch differenziert gezeichneten Einzelschicksale, die gleichwohl auf ihren gesellschaftlichen
Hintergrund hin transparent werden und Geschichte im Wandel der All-
tagserfahrung abbilden. Damit ist auch die historische Sensibilität be-

zeichnet, die in die nach 1918 geschriebenen Texte einfließt, auch wenn die Machart eines Schnitzler-Textes die gleiche geblieben ist. Die *Traumnovelle* (1926) kontrastiert die Ehebruchsträume der Partner Fridolin und Albertine miteinander, läßt die Grenze zwischen Traum und Wirklichkeit verschwimmen und weist damit auf jenen mächtigen Einfluß hin, den unterbewußte Wünsche und Ängste auf unsere Wirklichkeitsaufnahme ausüben. Hinter der individuellen Ehe(bruchs)ebene erscheint jedoch epochal die Brüchigkeit des Männlichkeitswahns, der unreflektierte Besitzanspruch, den der geachtete jüdische Arzt gegenüber seiner Frau geltend macht, ohne das eigene Triebleben in die Kritik einzubeziehen. Auf der Traumebene erscheint gerade Fridolin als der Gefährdete, als der Eindringling in die (deutsch-nationale) geheime Gesellschaft, der nur durch das Opfer einer Frau gerettet werden kann. Der Rettung aus der antisemitischen Gefahr entspricht die aus der selbstverschuldeten des Besitzdünkels; doch während die freimütige (und letztlich stärkere) Albertine eine Erneuerung des Eheglücks ermöglicht, bleibt die dunkle Drohung der geheimen, Ritualexzessen frönenden Gesellschaft bestehen.

Kontinuität ist auch Schnitzlers letztem großen Werk, dem Roman *Therese: Chronik eines Frauenlebens* (1928), eingeschrieben. Bereits 1892 war der Kern dieses Stoffes vom Raubmord an der Mutter, die Novelle *Der Sohn. Aus den Papieren eines Arztes* erschienen. Aber was im frühen Text noch naturalistisch-protokollarisch als Fallstudie im Tagebuch des aufnehmenden Arztes geschildert wird, das ist im Roman zum voll ausdifferenzierten Zeitbild gereift, zur exemplarischen Lebensgeschichte einer unverheirateten Mutter, die zwischen dem Bürgertum und Proletariat steht und die bigotte öffentliche Moral am eigenen Leib büßt. Ohne gesellschaftliche (Ehe) und finanzielle Sicherung fällt Therese die bürgerlichen Rangstufen von Privatlehrerin über Gesellschafterin bis Nachhilfelehrerin hinunter und wird schließlich – Nemesis der gesellschaftlichen Ächtung – durch den aus der Illegitimität in die Kriminalität abgedrängten Sohn erschlagen. Was in der Novelle noch eine Schuldfrage der Mutter war – ob sie dem Sohn aus Verzweiflung ein frühkindliches Trauma zugefügt habe –, erscheint im Roman in einen Schuldschein an die Adresse des verblendet-selbstgefälligen Bürgertums gewendet.

Hugo von Hofmannsthal (1874 bis 1929), neben Schnitzler der zweite literarische Repräsentant der Glanzzeit des Wiener Fin de siècle, bildet mit seinem Werk eine ebenso starke Kontinuität des alten Österreich. Die Hauptwerke der zwanziger Jahre, die Mysterienspiele *Das Salzburger große Welttheater* (1922) und *Der Turm* (2. Fassung Druck 1927, Uraufführung 1928) setzen Bemühungen um Form und breite Wirkungsmöglichkeit fort, die bis 1905 (Frühe Fassung des *Jedermann*) und 1897 (*Das Kleine Welttheater,* Druck 1903, Uraufführung 1929) zurückreichen, die jedoch erst im Nachkrieg verwirklicht werden. Die seit 1917 von Hofmannsthal, Max Reinhardt, Alfred Roller, Richard Strauss und anderen vorbereiteten «Salzburger Festspiele» werden 1920 mit «dem Spiel vom Sterben des reichen Mannes» *Jedermann* (Druck 1911, Uraufführung Berlin 1911) eröffnet, das von nun an zum Rückgrat dieser jährlichen Sommerfestspiele wird. Wenn Hofmannsthal sein großes *Welttheater*, das 1922 in der Salzburger Kollegienkirche im Rahmen der Festspiele uraufgeführt wird, als «Versuch» charakterisiert, «jenem alten traditionellen Stoff: das Welttheater, auf welchem die Menschen vor Gott ihr Lebensspiel aufführen, einen neuen Gehalt zu geben, worin der Zeitgeist zum Ausdruck käme, ohne von dem volksmäßigen, in sinnfälligen Bildern sich auswirkenden Stil abzugehen», so ist damit genau die aktualisierende Tendenz innerhalb der Kontinuität bezeichnet, die Instrumentalisierung der alten Form für zeitgenössische politische Ziele, die Hofmannsthal später mit dem Schlagwort von der «konservativen Revolution» umreißen wird. So ist auch der Ort Salzburg, als Titelspender im *Welttheater* wie als Festspielort, ganz Programm: nicht Wien, das von der Sozialdemokratie für das Projekt der Arbeiterkultur beansprucht wird, sondern die katholische, von barocker Kirchenarchitektur geprägte Provinzstadt (ehemals Fürsterzbistum).

Die eigentliche Aussage und Wirkungsintention des *Welttheaters* ist jedoch in der Werkstruktur verankert. Es handelt sich ja nicht um die ‹Flucht› des Dichters aus einer Gegenwart, die ihm zweifellos profundes Unbehagen bereitet, in die Sphäre der barocken Vorlage (Pedro Calderón de la Barca, 1600 bis 1681; *El gran Teatro del Mundo,* verm. Uraufführung 1645, Druck 1675) und weiter zurück in die Laienspiele des Mittelalters, sondern im Gegenteil darum, daß das mittelalterlich-barocke Welt- und Gesellschaftsbild eingesetzt wird, um die gesellschaftlichen Probleme der Gegenwart zu fassen und zu deuten. Die sechs Figuren «König, Weisheit, Schönheit, Reicher, Bauer, Bettler», die unter der Regie der «Welt» vor dem «Meister» und dem «Widersacher» agieren, können und sollen kein differenziertes Gesellschaftsbild abgeben. Und doch wird in der Zentralfigur des revoltierenden Bettlers («Der Weltstand muß dahin, neu werden muß die Welt») der Gegenwartsbezug unmißverständlich hergestellt (dazu bedarf es kaum Hofmannsthals Erläuterung, der in der Darstellung des Bettlers durch Alexander Moissi «etwas Russisches», «das Gespenst des Bolschewismus» sieht). Das *Welttheater* faßt das Problem vom Aufstand der Massen als Widerstand gegen die göttliche Weltordnung; so kann man die Lösung in diesem Stück – der Bettler erfährt im letzten Augenblick Erleuchtung und Bekehrung – wohl einen frommen Traum des Dichters nennen, muß darin aber auch eine völlig einseitige Schuldaufrechnung erkennen, die dem empörten Leidenden die ganze Last der Sinnesänderung aufbürdet. Ganz konkret und zeitgenössisch aktuell jedoch verweist das Schema der ständisch geordneten Gesellschaft auf die zur selben Zeit von Othmar Spann (1878 bis 1950) entwickelte Lehre vom Ständestaat (in: *Der wahre Staat*, 1921) [vgl. 379a], zu deren Verwirklichung man 1933 bis 1938 schreitet.

Auch das Trauerspiel *Der Turm* unterwirft das zeitgenössische Herrschaftsproblem dem Raster der ständischen Ordnung; doch zeigt diese Arbeit im Verlauf der drei Fassungen (*Das Leben ein Traum*, 1904, nach Calderóns *La vida es sueño*, 1636; *Der Turm*, 1. Fassung, 1923 bis 1925; *Der Turm* [neue Fassung], 1927, Uraufführung München 1928) deutlich die Abkehr von den einfachen Lösungen. Gewiß wird auch im *Turm* die (vorläufig siegreiche) Revolution verdammt und in der Figur des Olivier geradezu denunziert; doch geht aus dem Konflikt zwischen dem alten Herrscher Basilius, den weltlichen und geistlichen Machtinteressen und dem utopisch-menschlichen Sigismund keiner als Sieger hervor, und in der letzten Fassung fehlt sogar die rettende Vision des «Kinderkönigs». «Nur ungern, aber von der Gewalt der historisch-prophetischen Wahrheit gedrängt, hat Hofmannsthal, was durch den Bettler (im *Welttheater*) noch in einer Gestalt zusammengehalten war, in dieser Tragödie auseinanderklaffen lassen: den Vertreter einer neuartigen Bestialität und den geistigen Menschen.» [378a; *S. 89*] Aber auch bei einer allegorischen Lesart, die im *Turm* das Problem der seit der Aufklärung gefährdeten Existenz des Individuums abgebildet sieht (vgl. Hofmannsthals *Ad me ipsum*, 15.9.1921) und damit auch Sigismund und Olivier spiegelbildlich und fast brüderlich – beide tragische Produkte der Umstände – aufeinander bezogen sieht, muß die reaktionäre Tendenz auffallen, wie hier die Ursachen der gesellschaftlichen Verrohung (Olivier) übergangen werden und wie der starre Dualismus Chaos/Ordnung letztlich allen historischen Wandel zu (ver)bannen sucht.

Sehen wir hier von Robert Musil (1880 bis 1942) ab, dessen Werk zwischen *Die Verwirrungen des Zöglings Törleß* (1906) und *Nachlaß zu Lebzeiten* (1936) zwar das Stichjahr 1918 übergreift, wobei der weitaus gewichtigere Teil jedoch der Zwischenkriegszeit zuzurechnen ist, so bleibt als letzte große Kontinuität *Die Fackel* (1899 bis 1936) und die im Zusammenhang mit dieser Zeitschrift entstandenen Werke von Karl Kraus (1874 bis 1936). Im gesellschaftskritischen Engagement und in der Thematik (Presse, Justiz, Kulturbetrieb) bleibt *Die Fackel* von Heft 1 (April 1899) bis 917–22 (Februar 1936) konstant, einschließlich der Publikationspausen (Juli bis Dezember 1914, 1933/34) mit dem Schweigen aus Protest. Im Weltkrieg verdichten sich für Kraus alle Einzelaspekte der bisher geübten Kritik zum umfassenden Korruptionszusammenhang Regierung – Presse – Industrie, wodurch *Die Fackel* radikalisiert wird und zugleich verstärkte Wirkung erreicht (Auflage bis zu 38000): Sie wird für mindestens eine Generation zum verbindlichen ethischen Maßstab. Die von der Zensur am Erscheinen gehinderte Produktion fließt 1915 bis 1917 in das Projekt *Die letzten Tage der Menschheit*, das daher sofort nach Kriegsende als erste literarische Bilanz erscheinen kann («Aktausgabe» Dezember 1918 bis Herbst 1919; erweiterte Buchfassung 1922). Kraus' Weltkriegsdrama ist Welttheater – freilich nicht im Sinne Hofmannsthals und Reinhardts, aber im Totalitätsanspruch, der querschnittartig die gesamte am Krieg beteiligte und unter ihm leidende Gesellschaft aufreißt (bis hin zur Stimme Gottes im Epilog). Moderne literarische Techniken (Collage, Filmschnitt, Dokumentarismus etc.) werden hier ebenso eingesetzt wie die bewährte Nestroysche Satire und die allegorisierende Struktur, die an *Faust II* (Druck 1832, Uraufführung 1854) gemahnt. So hat dieses monumentale Drama (laut Vorrede «einem Marstheater zugedacht») bis heute unverminderte literarische Wirkung, auch wenn szenische Aufführungen erst seit 1945 (Zürich) versucht werden (zu Lebzeiten Kraus' war nur der Epilog *Die letzte Nacht* aufgeführt worden, Uraufführung Wien 1923; es existieren jedoch Skizzen und Anweisungen für eine Bühnenfassung von Kraus).

Kraus' radikales Einzelgängertum – unbeschadet zeitweiliger politischer Allianzen (mit der Sozialdemokratie, frühe zwanziger Jahre) – ist gleichermaßen von seiner Person, das heißt seiner Intellektualität, jüdischen Herkunft und seinem Absolutheitsanspruch, wie von der literarischen und politischen Situation in Wien bedingt. Die erbitterte Wendung gegen die Sozialdemokratie ab etwa 1929 und dann die Unterstützung des Austrofaschismus (Juli 1934), die nach der beispiellos knappen Schweigegeste «Ich bleibe stumm; / und sage nicht, warum» des Hefts 888 (Oktober 1933) alle Erwartungen enttäuschen mußte, lassen sich nur würdigen, wenn man bedenkt, daß dem einzelgängerischen Juden und radikalen Demokraten nach dem – historisch vielleicht unvermeidlichen – Versagen der Sozialdemokratie schon um 1930 kein praktikabler politischer Standpunkt mehr offensteht. Das Arrangement mit dem Ständestaat, der als Schutz vor dem NS-Faschismus verstanden wird, kann als Verzweiflungstat gewertet werden.

Es ist hier ein wesentlicher gemeinsamer Nenner der österreichischen Literatur – nicht nur während dieser Epoche – in der Tendenz zu erkennen, ethisch eher als politisch Stellung zu nehmen. Daß nur wenige bedeutende österreichische Autoren in dem Sinn ‹politisch› sind, wie das von Heinrich Mann (1871 bis 1950) und Bertolt Brecht (1898 bis 1956) zweifelsfrei gesagt werden kann, hat einen historischen Grund in den während der Spätphase der Doppelmonarchie zunehmend unbewältigbaren nationalen Spannungen, die in politischen Kategorien nicht mehr zu fassen sind. Aus dem Diskurs der Selbstverständigung, der Literatur, wird daher Politik weitgehend ausgeklammert. Um so wichtiger wird der rigorose ethische Anspruch bei Karl Kraus, bei Musil («Moral des Mannes ohne Eigenschaften», «Ethik der induktiven Gesinnung»), bei Broch (antipolitische, ethische Position der «Mütter» im Industriedrama *Die Entsüh-nung*, 1934), bei Freumbichler und vielen anderen. Den zweiten, zeitge-nössischen Grund für die Entpolitisierung eines wichtigen Teils der öster-reichischen Literatur bildet die eingangs skizzierte deutsch-national/ka-tholisch-österreichische Polarisierung, die nicht nur Juden wie Broch und Sozialisten wie Luitpold aus der Öffentlichkeit verdrängt, sondern auch Demokraten wie Musil.

Spezifisch österreichische Verhältnisse zeigen sich auch am Problem der expressionistischen Literatur, das hier nur kurz gestreift werden kann. Während es an frühen, also formal-, nicht politisch-revolutionären Ex-pressionisten nicht mangelt – Oskar Kokoschka (1886 bis 1980), *Mörder, Hoffnung der Frauen* (Druck 1910, Uraufführung 1917); Albert Paris Gü-tersloh (d. i. Conrad Kiehtreiber, 1887 bis 1973), *Die tanzende Törin* (1913), Georg Trakl (1887 bis 1914) etc. –, kann der Expressionismus während und nach dem Krieg nicht durchdringen, was vor allem mit der politischen Situation der fehlenden bürgerlich-intellektuellen Mitte zu-sammenhängt, ohne die das Experiment des verbalradikalen, utopisch-messianischen Dichtens keine Basis hat und keine Resonanz findet. So ist es charakteristisch, daß das «Freiheitsspiel» *Triumph der Freude* (1920) von Oskar Maurus Fontana (1889 bis 1969) konfliktlos und daher blaß und märchenhaft bleibt und daß der durch und durch expressionistisch angelegte Roman *Der Antichrist* (1921) von Friedrich Schreyvogl (1899 bis 1976) katholisch-antirevolutionär endet. Ebenso bezeichnend ist der Aufruf «Es lebe der Kommunismus und die katholische Kirche!», mit dem Franz Blei (1871 bis 1942) und Albert Paris Gütersloh ihre Zeit-schrift *Die Rettung* (1918 bis 1920) auf den Weg schicken.

Immerhin gehört Franz Werfel (1890 bis 1945) zu den wirkungsvollsten Expressionisten. Seine längere Erzählung *Nicht der Mörder, der Ermor-dete ist schuldig* (1920) thematisiert die expressionistische Revolte der Söhne auf drei parallelen Ebenen: auf der individualpsychologischen Ebene als dumpfen, milieuverschuldeten Totschlag am jovial-brutalen Vater; auf weltanschaulicher Ebene als die nur geistig vollzogene Erledi-gung des tyrannischen Vaters/Generals; schließlich auf quasi-politischer Ebene als mystische antizaristische Verschwörung unter Exilrussen. Aber der Umschlag zur katholischen Gegenrevolution, zur Befriedung als dem genauen Gegenpol des expressionistischen Aufschreis, ist schon an Wer-fels historisierendem Revolutionsdrama *Bocksgesang* (Druck 1921, Ur-aufführung 1922) und deutlicher noch am Drama *Schweiger* (1922) abzu-lesen und findet den endgültigen Ausdruck im Roman *Barbara oder die Frömmigkeit* (1929).

Eine ebenso innige Durchdringung von Expressionismus und Katholizis-mus bestimmt das viel zu unbekannte Werk des frühverstorbenen Hans Kaltneker (d. i. Hans K. von Wahlkampf, 1895 bis 1919), *Die drei Erzäh-*

lungen (posthum 1929) und die Dramen *Die Opferung* (1918), *Das Bergwerk* und *Die Schwester* (beide Uraufführung 1919).

Die interessantesten expressionistischen Texte stammen aus der Vorkriegszeit: Gütterslohs *Innozenz, oder Sinn und Fluch der Unschuld* und *Der Lügner unter Bürgern* (beide 1922) sind zwischen 1912 und 1915 geschrieben, Hans Fleschs (1895 bis 1981) Roman *Baltasar Tipho* (1919) entstand in den Wochen unmittelbar vor und nach Kriegsausbruch. Fleschs utopischer Roman (*Eine Geschichte vom Stern Karina*, Untertitel) projiziert eine der Erde vorausentwickelte, ganz dem Spektakel verschriebene Gesellschaft, die materiellen Sorgen weitgehend enthoben ist, und problematisiert die Entfremdungserfahrung der Zuschauer wie der Schauspieler. Als das Liebeserlebnis des Titelhelden durch eine neue dreidimensionale, auch die Materie reproduzierende Projektionstechnik zum öffentlich greifbaren Allgemeingut wird – eine gelungene Metapher für die Schockwirkung des Mediums Film, das zugleich intimer und öffentlicher ist als das Theater –, zerbricht Baltasar an der Konfrontation von Leben und Reproduktion, Intimität und Öffentlichkeit.

Bevor konkrete Sonderentwicklungen in der österreichischen Literatur 1918 bis 1938 betrachtet werden, sei zuletzt als eine symptomatische Form der Kontinuität die Thematisierung des Adels auf dem Theater gemustert. Als Metapher für den umfassenden Gesellschaftswandel erscheint der Niedergang des Adels (Gebietsverluste, Gesetz über Abschaffung des Adels 1919, Inflation etc.) während der zwanziger Jahre besonders häufig auf der Bühne. Komödien wie Hermann Bahrs (1863 bis 1934) *Der Unmensch* (Uraufführung 1920) und Alexander Lernet-Holenias (1897 bis 1976) *Österreichische Komödie* (1927) beziehen aus dem Kontrast zwischen ehemaligem und jetzigem Status, Anspruch und Mittellosigkeit ihre komische Spannung und beuten dabei die «Sehnsucht nach aristokratischem Umgang» (Kraus) ebenso aus wie die Schadenfreude über den Fall der Elite. Der Blick hinter die Fassade nimmt etwa bei Lernets *Komödie* durchaus voyeuristische Formen an, wenn (Baron) Franz Albertini aus Geldnot seine Tochter zu verkuppeln sucht und ihre Ehre zum guten Ende vom bürgerlichen Eindringling gerettet wird. In der «tragischen Begebenheit» *Trieschübel* (1925) von Franz Nabl (1883 bis 1974) sieht sich der idealistische Titelheld von zwei Seiten bedroht: von einem Erpressungsversuch durch eine ehemalige Geliebte aus den unteren Schichten, und von der eigenen Identitätskrise. Dieser Text fordert eine allegorische Lektüre heraus, im Sinne einer Warnung an die Elite, sich auf Tradition und Identität zu besinnen und den – an Mitleid appellierenden – Angriff von unten abzuwehren. Umgekehrt wird in Nabls Komödie *Schichtwechsel* (1929) der verarmte, freiwillig in die Arbeiterschaft gewechselte Baron Obersperg zum Retter einer Industriellenfamilie und erreicht damit seinen rehabilitierenden Wiederaufstieg.

Weit über solche Thematisierungen gehen Hofmannsthals Lustspiele *Der Schwierige* (Druck und Uraufführung 1921) und *Der Unbestechliche* (Uraufführung 1923, Druck 1956) hinaus, wenn auch hier, wie in den anderen Texten, der Adel als Traditionsträger hochstilisiert und idealisiert wird. Die Titelfigur des *Schwierigen* (Entwürfe reichen bis in die Vorkriegszeit zurück), der zögernde, lieber schweigende als sich im Wort preisgebende Graf Bühl, wird oft als Hofmannsthals Gegenentwurf zum ‹neuen Menschen› des Expressionismus gesehen, als restaurativer Entwurf. Darüber hinaus geht es aber nicht nur um den Adel, auch nicht nur um Hofmannsthals selbstironisch gebrochenes Idealbild vom kultivierten Menschen, sondern auch um das Bild vom zaudernden ‹Österreicher›, der gegenüber dem entschlußstärkeren ‹Preußen› nur erlöst werden, nicht aber sich selbst erlösen kann. Schließlich geht es um das Problem des Sagbaren in der Literatur, um das Problem, wie Meinungen, Gefühle, Ahnungen ausgedrückt werden können, ohne durch die Sprache vereindeutigt und verflacht zu werden. Nahezu derb-didaktisch geht es dagegen im *Unbestechlichen* zu, wo der Diener Theodor – ein zweiter Robespierre in seiner diktatorischen Moral – den Baron Jaromir am Seitensprung hindert, Ehen wieder einrenkt und dadurch dem Verfall entgegenwirkt: auch dies ein ironisch gebrochener Restaurationsversuch. Das Element der Komik hält bezeichnenderweise die beiden gegensätzlichen Aussagen des *Unbestechlichen* in Schwebe: Der köstliche Rollentausch Diener – Herr signalisiert die unwiderruflich (und nicht erst 1918 einsetzende) vollzogene Gesellschaftsumwandlung, während das Wesen dieses Stücks in der Evokation und Aufbewahrung der verlorenen Lebensformen liegt.

Zeitgeschichte im Roman

Die Auseinandersetzung mit Zusammenbruch und Revolution beherrscht die Literatur in den ersten Jahren der Republik. Selbst in die zur leblosen Fingerübung herabgekommene Gattung der Novellensammlung dringt die Thematik der Revolution und Inflation ein, etwa in Richard Schaukals (1874 bis 1942) *Dionys-bácsi* (1922), Rudolf Jeremias Kreutz' (1876 bis 1949) *Menschen im Schutt* (1923) und Otto Stoessls (1875 bis 1936) *Nachtgeschichten* (1926). Das Genre des Tags ist jedoch der Zeitroman, in den die Verstörungen, Ressentiments und Hoffnungen dieser – im weitesten Sinne als Umsturzzeit empfundenen – Jahre einfließen. Antirevolutionsromane aus katholischer (Schreyvogls *Der Antichrist*, 1921) bzw. völkischer Sicht (Rudolf Haas' *Diktatur*, 1923), Grenzlandromane (Karl Hans Strobls *Die alten Türme*, 1921; Robert Hohlbaums *Grenzland*, 1921) und Denunziationen der Gegenwart wie Hohlbaums Roman *Zukunft* (1922) beherrschen einen breiten Teil der literarischen Öffentlichkeit. Sie geben den Blick frei auf ein Reservoir des Hasses und lassen ahnen, wie tief die historischen Erschütterungen das alte Bürgertum verunsichert haben. Nur vereinzelt finden sich Stimmen wie die des Psychologen Paul Federn (1871 bis 1950), der im Pamphlet *Zur Psychologie der Revolution: Die vaterlose Gesellschaft* (1919) im Beispiel der «brüderlichen» Rätebewegung einen positiven Ansatz zur Gesellschaftserneuerung sieht.

Häufiger erscheinen Zeitromane wie Felix Dörmanns (d. i. Felix Biedermann, 1870 bis 1928) *Jazz* (1925), der die Wandlungen in Gesellschaft (Moral) und Wirtschaft (Börsenspiel) sensationell, jedoch nicht strikt ideologisiert erfaßt. Als Sonderfall gehört auch Joseph Roths (1894 bis 1939) *Die Rebellion* (1924) hierher: Dieser Roman eröffnet am ‹Fall› des Kriegsinvaliden Pum, der wegen eines heftigen Wortwechsels mit einem Polizisten seine Leierkastenlizenz und damit seine Existenzgrundlage verliert, einen kritischen Einblick in die obrigkeitshörige, mißtrauische Volksseele, in die Ressentimentküche des bedrohten Mittelstands. Der meistgelesene Autor des Wiener Gegenwartsromans ist jedoch Hugo Bettauer (1877 bis 1925). Im Roman *Der Kampf um Wien* (1923), der wie meist bei Bettauer zunächst als Fortsetzungsroman erscheint und dabei dem Tagesgeschehen dicht auf den Fersen bleibt (Sanierung der Wirtschaft, Ende der Inflation), geht Bettauer konkret auf die Nachkriegspolitik ein, aber auch auf Elend, Vorurteil und die widersprüchlichen österreichischen Erlösungshoffnungen. *Die freudlose Gasse* (1923) führt den Untergang des alten Bürgertums am Beispiel der Generalstochter vor, die vom Hunger fast zur Prostitution gezwungen wird; als ihre Ausbeuter erscheinen Kriegsgewinnler und Schieber. (1925 dreht Georg Wilhelm Pabst [1885 bis 1967] nach dem Drehbuch von Willy Haas [1891 bis 1973] den Film, mit dem Greta Garbos Karriere beginnt.) Die Intention dieser in Auflagen von weit über 100000 erscheinenden Bücher [vgl. 341] ist durchaus aufklärerisch, die simplen und sensationell verpackten Fabeln wollen die aktuellen gesellschaftlichen Probleme durchschaubar machen. Kein Wunder, daß Bettauer sich selbst als Journalisten an entscheidender Stelle ins Romangeschehen einschreibt: Nicht die Politik, nicht die Polizei, sondern der gesunde Menschenverstand in der Person des recherchierenden Schriftstellers soll Österreich retten. Diese hohe Selbsteinschätzung gemahnt selbstverständlich an Karl Kraus, den Bettauer hoch verehrte, ohne auf viel Gegenliebe zu stoßen; und so gehört auch die Figur des Arkus im einzigen Zeitstück der Ersten Republik, Kraus' *Die Unüberwindlichen. Nachkriegsdrama in 4 Akten* (1928), zu dieser Gruppe der Helden der Schreibmaschine.

Bettauers größter Erfolg und zugleich der tiefere Anlaß für das nationalsozialistische Mordattentat, das ostentativ dem ‹Pornographen› (populären Sexual-Aufklärer) Bettauer gilt, ist die Satire *Die Stadt ohne Juden. Ein Roman von übermorgen* (1922), in der er den Antisemitismus an sich selbst ersticken läßt, indem er postuliert, daß die Wirtschaft ohne Juden

zusammenbrechen würde, weil Tourismus, Konsumwilligkeit und Kultur-
leistung mit der Vertreibung der Juden zum Erliegen kommen würden.
Folgerichtig endet dieser *Roman von übermorgen* mit der triumphalen
Rückkehr der kaum drei Jahre zuvor verjagten Juden; die letzten Worte
spricht der dem notorischen Karl Lueger (1844 bis 1910; Führer der
christlich-sozialen Partei, 1897 bis 1910 Bürgermeister von Wien) nach-
empfundene Bürgermeister: «Mein lieber Jude!» Als empfindliche Reaktion auf den seit Beginn der Ersten Republik stark anschwellenden Antisemitismus zeigt Bettauers Gegenangriff jedoch auch die verinnerlichten
Deformationen: Das Plädoyer für die Existenzberechtigung der Juden
baut sich allein auf ihrer wirtschaftlichen ‹Nützlichkeit› auf.

Ab etwa 1927 tritt der Zeitroman zugunsten der Rückschau auf das alte
Österreich-Ungarn und sein Ende zurück. Otto Stoessls (1875 bis 1936)
Roman *Das Haus Erath oder Der Niedergang des Bürgertums* (1920), der
als erster dieses Thema aufgegriffen hatte, war zunächst vereinzelt geblieben. Felix Braun (1885 bis 1973) liefert mit dem Roman *Agnes Altkirchner* (1927) den ersten großangelegten Rückblick, dem Werfels *Barbara
oder die Frömmigkeit* (1929), Bruno Brehms (1892 bis 1974) Trilogie *Apis
und Este* (1931), *Das war das Ende* (1932), *Weder Kaiser noch König*
(1933), Joseph Roths *Radetzkymarsch* (1932) und Lernet-Holenias *Die
Standarte* (1934) folgen. Hierher gehört auch Franz Theodor Csokors
(1885 bis 1969) Drama *Dritter November 1918. Ende der Armee Öster-
reich-Ungarns*, das 1936 am Burgtheater uraufgeführt wurde. Was alle
diese Texte von Musils großem Fragment *Der Mann ohne Eigenschaften*
(1930, 1933, 1943) unterscheidet, ist der Sieg des Stoffes über die Form,
des Gefühls über die Reflexion. In den meisten Texten wird die K. u. k.-
Monarchie nicht nur evoziert, sondern geradezu sinnlich wiederherge-
stellt, wobei die epische Breite mehr zum Bewohnen als zum Nachdenken
einlädt.

Trotz offensichtlicher Gemeinsamkeiten und der zeitlichen Häufung ist
diese Literatur jedoch nicht eines Sinnes. Brehms Trilogie stützt sich auf
massives historisches Quellenstudium und trägt dabei den Stempel der
deutsch-nationalen Perspektive der Sudetendeutschen (Brehm arbeitet
früh für den Anschluß ans Dritte Reich), während Lernets *Die Standarte*
nur den Moment des Reichszerfalls behandelt und in der allegorischen
Fabel um die Fahnentreue die Suche nach der österreichischen Identität
thematisiert. In den sieben Büchern von *Agnes Altkirchner* versucht
Braun, die Charakteristik der sieben Jahre zwischen 1913 und 1919 herauszuarbeiten und damit zwar den Wandel, aber vor allem die Kontinuität
zu schildern. Wie schon bei Braun und Werfel tritt bei Roth besonders
deutlich die jüdische Komponente hervor in der Erkenntnis, daß die Juden im alten Reich ein Maß an Sicherheit, wie prekär auch immer, genießen konnten, während in den Nationalstaaten die Gefährdung täglich zu-

nimmt. Nicht zufällig wird daher auch die alte österreichische Identität in Csokors *Dritter November 1918* gegenüber den auseinanderstrebenden Tschechen, Ungarn, Slowenen, Polen usw. von zwei Figuren vertreten, vom Berufsoffizier Radosin, der die Konsequenz aus der Liquidation des Reichs im Selbstmord zieht, und vom jüdischen Arzt Grün, der als einziger «Erde aus Österreich» auf Radosins Sarg wirft.

Im Sinne der Krisensituation um 1930 sind diese Texte also nicht als Vergangenheitsbewältigung zu lesen, sondern als Positionsbestimmungen im aktuellen Kampf um die österreichische Identität; die Möglichkeiten reduzieren sich zusehends, bis 1934 nur noch Brehms Position übrigbleibt oder Roths Votum für den Ständestaat.

Literatur im Umkreis der Arbeiterbewegung

Aus politischen und aus Gattungsgründen ist die Quellenlage für die mit dem Austromarxismus assoziierte Literatur weitaus ungünstiger als für die bürgerliche Literatur. Abgesehen von den Verlusten durch Verfolgung und Exil 1934 bis 1945 und dem Zögern der Sozialistischen Partei Österreichs nach 1945, an das eigene kulturelle Erbe anzuknüpfen, ist ein Gutteil der sozialdemokratischen Literatur von 1934 heute deshalb nicht mehr greifbar, weil Festspieltexte und Agitationslyrik in Flugblattform nicht zur Aufbewahrung gedacht waren und im Anlaß selbst aufgingen. Zum Studium bietet sich daher neben der *Arbeiterzeitung* und den Zeitschriften vor allem das gesammelte Werk von Josef Luitpold (d. i. Josef Luitpold Stern, 1886 bis 1966), Rudolf Brunngraber (1901 bis 1960) und Jura Soyfer (1912 bis 1939) an. Andererseits kann der gesamte Austromarxismus als eine zutiefst literarisierte Bewegung verstanden werden, in der schon seit den Anfängen Kultur und Politik einander durchdringen. [vgl. 231]

Eine Seite der Literatur im Umkreis der Sozialdemokratie erfüllt vor allem ornamentale Funktionen und dient der Feier der eigenen Bewegung. So wie die Stärke der Sozialdemokratie sich vor allem auf Wien konzentriert, wo einige Jahre die Utopie des ‹roten Wien› der Verwirklichung nahe scheint, so manifestiert sich die Kultur der Bewegung am sichtbarsten im großartigen Entwurf des Wiener kommunalen Wohnungsbau seit 1923, dem die neuen Lebensqualitäten und Ziele des Austromarxismus eingeschrieben sind: Solidarität, Partizipation, Kulturschaffen, aber auch Absperrung von der Außenwelt. Daß Literatur dabei oft zur ‹Kunst am Bau› funktionalisiert, also auf ein weihespendendes Ornament reduziert wird, kann an zwei Beispielen veranschaulicht werden. Ein Denkmalsentwurf (1923) des Bildhauers Anton Hanak (1875 bis 1934) zeigt eine halbliegende Arbeiterfigur auf einen Amboß gestützt, deren erhobene Rechte drei über ihr schwebende Gestalten berührt: kräftige Musen, deren Schweben gleichwohl auf der Arbeiterbasis zu lasten scheint. Die Unterschrift verrät den für das austromarxistische Kulturkonzept charakteristischen Anspruch auf Führung von oben sowie Reste religiöser Denkweisen:

«Den irdischen Klängen der Arbeit folgen die himmlischen und führen den Menschen dass seine Arbeit die Weihe empfange, zur Erhebung werde» [vgl. 107]

Ähnliche Charakteristika zeigt die «Wohnbaukantate» des Leiters der sozialdemokratischen Volksbildung Josef Luitpold, *Die neue Stadt* (1927), die in bewußter Übernahme der Seligpreisungen die proletarische Feier zum Religionsersatz macht, zugleich aber das religiöse Moment strikt diesseitig einsetzt:

> Selig der Mensch der kommenden Tage,
> er kennt nicht die Steinschlucht der bösen Straßen,
> er kennt nicht das Schrecknis lichtlosen Atmens.
> Die allzu kurze Spanne des Lebens
> wird er sich heimisch fühlen
> auf der wohnlich gewordenen Erde.

Wie fraglos die österreichische Arbeiterbewegung sich im Besitz des Tages wähnt und zuversichtlich in die Zukunft blickt, mag das Widmungsgedicht zum Arbeiterturn- und Sportfest im Juli 1926 von Luitpold andeuten:

> *Bewegung:*
> Wenn wir an den Maschinen stehn,
> Proleten sind gewohnt zu sehn
> Bewegung!
>
> Und nach des Tages Radgebraus
> Was füllt denn unsern Abend aus?
> Bewegung!
>
> O Erde! Sonne! Sphärenhauch!
> O Strom! O Blut! Ihr alle auch
> Bewegung!
>
> So blitze, Rad! So fliege, Ball!
> So flitzet, Boote, durch den Schwall!
> Bewegung!
>
> Drum Kugelstoß! Drum Keulenschwung!
> Drum Schwebe, Kippe, Kehre, Sprung!
> Bewegung!
>
> Ergreif' uns ganz wie Sturm im März,
> Du aller Herzen Weltenherz:
> Bewegung!

Daß Luitpold den Bogen von der Feier industrieller Arbeit (*Maschinen*) über den Preis des Sports spezifisch zur bürgerlichen Revolution von 1848

(«Sturm im März») spannt, ist eine typische historische Rückversiche-
rung. Den Bogen bildet die Bewegung selber in ihrem doppelten Sinn,
nämlich der Arbeiterbewegung und der vermeintlich vorgezeichneten
Geschichtsbewegung (die dem Sozialismus den Sieg schenken wird); die
körperliche Bewegung im Sport fungiert nur als Sinnträger, und bei genauerem Hinhören fallen die Leerlaufgeräusche auf.

Die Tragik der österreichischen Sozialdemokratie liegt nämlich in ihrem
entschiedenen Rückzug auf die kulturelle Sphäre, indem sie einen
«Staat im Staate» (Julius Deutsch, 1884 bis 1968) mit eigener Öffentlichkeit bildet. Kultur und Literaturproduktion fungieren in diesem Kontext
daher als Kompensation für den realen Machtverlust (vor allem seit dem
15. Juli 1927). Bis in die Literarisierung des politischen Diskurses läßt
sich dieses Phänomen verfolgen, wenn etwa Karl Renner (1870 bis 1950)
die Bildwelt von Richard Wagners *Parsifal* bemüht, um die letzten Wahl-
gänge in der Weimarer Republik 1932 – optimistisch – zu analysieren.
Zum schärfsten Kritiker entwickelt sich Karl Kraus, der in den Anfangsjahren der Republik zur Stimmabgabe für die Sozialdemokratische Partei aufgerufen und sich sehr um ein Arbeiterpublikum bemüht hatte; aus
der maßlosen Enttäuschung über linke Tatenlosigkeit ist dann Kraus'
Votum für den Kanzler des Ständestaats, Engelbert Dollfuß (1892 bis
1934) zu erklären.

Als geglückter Versuch eines Zeitgeschichtsromans ist *Karl und das 20.
Jahrhundert* (1933) von dem der Sozialdemokratie nahestehenden Rudolf
Brunngraber anzusehen. Das Leben des Protagonisten Karl Lakner dient
hier nicht nur als Projektionsfläche für die Darstellung der wirtschaftlichen Entwicklung des ersten Jahrhundertdrittels, sondern das Leben dieses Repräsentanten der Arbeitslosen wird zugleich von der Last der katastrophalen Ereignisse erdrückt und endet im Selbstmord. Typischer für
die kulturelle Produktion in den letzten Jahren vor der Zerstörung des
Austromarxismus 1934 sind jedoch die Massenfestspiele, in denen die
Arbeiterbewegung sich noch einmal spektakulär selbst feiert und in der
geschlossenen Gesellschaft des Stadions den Sieg des Sozialismus über
den Götzen Kapital spielt. [vgl. 184] Realiter ist die Bewegung in diesen
Jahren längst im Rückzug.

Die andere Seite der Literatur im Umkreis der Arbeiterbewegung repräsentiert der junge Jura Soyfer, der 1929 bis 1934 eingreifende, ankla-
gende, aber auch programmgemäß zuversichtliche Lyrik in der sozialdemokratischen Presse veröffentlicht. 1934 nicht emigriert, schreibt Soyfer,
nun der verbotenen KP nahe, kritische Texte zur Gegenwart des Ständestaats und ist somit einer der wenigen Zeugen für den Widerstand. Der
unvollendete Roman *So starb eine Partei* setzt sich mit dem schleichenden
Rückzug der Parteiführung auseinander, der zur Niederlage des Februar-
aufstands 1934 geführt hatte. Die Stücke für die Kleinkunstbühne *Der*

Weltuntergang oder Die Welt steht auf kein' Fall mehr lang (Uraufführung 1936), *Der Lechner-Edi schaut ins Paradies* (Uraufführung 1936), *Astoria* (Uraufführung 1936) und *Vineta* (Uraufführung 1937) verbinden Nestroysche Satire und Zensurschläue mit der konkreten Utopie des Antifaschisten und Sozialisten. Daß die ebenso brisanten wie witzigen Texte (sogenannte Mittelstücke, das heißt kürzere Theaterstücke, umrahmt von Kabaretteinlagen) einem wenn auch eng begrenzten Publikum zugänglich werden können, spricht für die lückenhafte Öffentlichkeitskontrolle im Ständestaat, einer Diktatur ‹gemildert durch Schlamperei›. Daß Zensur jedoch auch geübt wird, wenn der Antifaschismus sich vor allem gegen das Dritte Reich wendet, zeigt der Fall von Hermynia zur Mühlens (1883 bis 1951) Roman *Unsere Töchter, die Nazinen* (1935), der nach wenigen Wochen wegen «sozialrevolutionäre(r) Propaganda» verboten wird, weil die Durchleuchtung des nationalsozialistischen Alltags darin offensichtlich zu leicht auf den Ständestaat angewendet werden kann.

Ständestaat

Daß der österreichische Ständestaat (1933/34 bis 1938) keine eigenständige, charakteristische Literatur hervorgebracht hat, ist keine Überraschung. Trotz energischer Bemühungen gerade um eine Kulturpolitik (Rudolf Henz, geb. 1897; Guido Zernatto, 1903 bis 1943) erweist sich die Anlaufzeit als zu kurz. Schwerer wiegt aber, daß die Identität des austrofaschistischen Programms stets vom ‹Umfall› bedroht ist, das heißt, dem Sog des Nationalsozialismus fast schutzlos ausgeliefert ist. Ein Autor wie Heimito von Doderer (1896 bis 1966) hatte sich bereits 1933 zur NSDAP geschlagen; zu dieser Zeit entsteht das Manuskript *Die Dämonen der Ostmark* (1935 abgebrochen). Manche Autoren sind heimliche Parteigenossen, andere sind Sympathisanten des Nationalsozialismus, auch wenn sie Ehrungen und Staatspreise des österreichischen Regimes entgegennehmen. [vgl. 57]

Was die im Ständestaat propagierte Literatur von der des Dritten Reichs unterscheidet, sind der fehlende Antisemitismus und die Betonung der katholischen und regionalen Komponenten, die bereits über eine langjährige Tradition verfügen. Bei genauerem Hinsehen aber entpuppen sich die thematischen, strukturellen und ideologischen Übereinstimmungen mit der Literatur im Dritten Reich als weitaus mächtiger: Der literarische Austrofaschismus samt seiner Vorläufer entwirft ausschließlich statische und hierarchische Gesellschaftsbilder, entwickelt dieselben Feindbilder (wurzellos, städtisch, intellektuell) und dieselben Heroisierungen (Bauer, Soldat usw.). Daher können einige Hinweise auf charakteristische Texte hier genügen.

Kulturelle Vorarbeit für den Ständestaat hatten die Salzburger Festspiele mit den populären Aufführungen nicht nur von Hofmannsthals Mysterienspielen geleistet, sondern auch von Stücken wie *Das Apostelspiel* (1923) von Max Mell (1882 bis 1971), das den Sieg des bodenständigen katholischen Glaubens über den drohenden Bolschewismus projiziert, oder das archaisierende, ländliche *Perchtenspiel* (1928) von Richard Billinger (1890 bis 1965). Auch Romane wie *Das Grimmingtor* (1926) von Paula Grogger (geb. 1892) und *Brot* (1930) von Karl Heinrich Waggerl (1897 bis 1973) hatten eine Linie vorgezeichnet, auf der sich die Literatur des Ständestaats fast ausschließlich bewegt: bäuerlich-alpines Sujet, katholische Gläubigkeit, Großstadtfeindlichkeit, Dezisionismus (so besteht die Leistung des Protagonisten Simon in *Brot* vor allem in der Entscheidung, «trotz alledem» auf der kargen Scholle auszuharren). Paradigmatisch sind daher Romane wie *Sinnlose Stadt* (1934) des von Kärnten nach Wien berufenen Kulturpolitikers Guido Zernatto oder das Hexameterepos *Paulusmarkt 17* (1935) von Erich August Mayer (1894 bis 1945), das das Großstadtsujet gerade durch die altertümelnde Form und durch die Projektion einer ständisch geordneten Gesellschaft bändigt.

Signalhaft für die Aporien der österreichischen dreißiger Jahre ist die Art, in der das Werk des durchaus bedeutenden Franz Nabl (1883 bis 1974) verflacht. Während die früheren Romane mit Fabeln von patriarchalischer Gewalt (*Ödhof. Bilder aus den Kreisen der Familie Arlet*, 1911) und repressiver Kleinbürgerlichkeit (*Das Grab des Lebendigen. Studie aus dem kleinbürgerlichen Leben*, 1917), die auch als gesellschaftlich relevante Problematisierungen gelten konnten, wesentlich zum Profil der österreichischen Literatur beigetragen hatten, bildet der Roman *Ein Mann von gestern* (1935) einen entschiedenen Rückzug in die Idylle ab. Der stadtmüde großbürgerliche Held findet im Gebirge und auf dem Lande am Ort der Kindheit Trost, Erfüllung und beschränkte Zukunftsaussichten: statt der Probleme, die im dunkeln bleiben, werden nur die typischen Lösungen dargestellt. Als Flucht aus der Zeit und Zuflucht in der Landschaft ist Nabls *Steirische Lebenswanderung* (1938) zu lesen, in der sich Fiktion und Autobiographie mit dem Lob der Region verbinden. Dichter und Held verlieren ihre Identität ganz an die Landschaft, verschwinden in ihr: Hier wird das Heimatprogramm des Ständestaats – auch wenn Franz Nabl nicht direkt in seine Kulturpolitik verwickelt war – mit einer Konsequenz vollzogen, die betroffen macht.

Trotz der ostentativen Nazigegnerschaft der österreichischen Kulturpolitik (verwässert allerdings seit dem Juliabkommen 1936 zwischen Kurt Edler von Schuschnigg [1897 bis 1977] und Adolf Hitler [1889 bis 1945]) war für viele Autoren der Übergang in den großdeutschen Kultur- und Propagandabetrieb kein Problem. Dafür bürgt nicht nur das berüchtigte *Bekenntnisbuch österreichischer Dichter* (1938), in dem Autoren wie Richard Billinger, Franz Karl Ginzkey, Paula Grogger, Erich August Mayer, Max Mell, Georg Oberkofler, Josef Friedrich Perkonig, Friedrich

Schreyvogl, Franz Tumler, Karl-Heinrich Waggerl und Josef Weinheber nach bereits vollzogenem ‹Anschluß› für das «Ja zu Hitler» bei der Abstimmung am 10. April 1938 warben, sondern deutlicher noch die bereits veröffentlichten Werke dieser Autoren, die zum Teil geförderte und prämiierte Galionsfiguren des Ständestaats waren und doch zugleich im Dritten Reich verbreitete und empfohlene Autoren.

Daß die Schematisierungen des Austrofaschismus keineswegs überall mächtig werden, dafür mögen hier zwei Kontrafakturen stehen, Bilder einer anderen, nicht verordneten Welt. Im Roman *Philomena Ellenhub* (1937) entwickelt Johannes Freumbichler (1881 bis 1949) ein historisches Bild vom bäuerlichen Leben, das mit Groggers oder Zernattos scharf kontrastiert. Freumbichlers Titelheldin führt auf doppelte Weise die Perspektive von unten ein: Sie ist nicht Hoferbin, sondern ein von der Erbfolge benachteiligtes Familienglied, das als Magd und als Frau die Antipode zum Topos «Herr über Mensch, Vieh und Natur» bildet, der den Bauernroman von Paula Grogger und Karl-Heinrich Waggerl bis Georg Oberkofler (*Das Stierhorn*, 1938; *Der Bannwald*, 1939) prägt. Auch darin, daß Vormärz und 1848 als historische Kräfte auf das Romangeschehen einwirken, erreicht dieser Text eine für die Gattung ungewöhnlich konkrete Qualität. Freumbichlers Salzburger Dorfwelt ist in einem historisch (1848) wie wirtschaftlich (Industrialisierung) bedeutsamen Umwandlungsprozeß begriffen, dessen Darstellung sowohl dem Zeitlosigkeits- bzw. Ewigkeitsgestus der Gattung widerspricht, als auch die unvermeidlichen Assoziationen zur nachrevolutionären Zeit nach 1918 offenläßt, das heißt nicht ideologisiert. Somit stellt sich *Philomena Ellenhub* als Sonderfall heraus, der im Erscheinungsjahr zwar (mit dem halben staatlichen Förderungspreis) prämiiert wird, dessen geistige Verwandtschaft jedoch weit über den propagierten österreichischen Rahmen hinausgeht, nämlich zu Johann Peter Hebel (1760 bis 1826) und Gottfried Keller (1819 bis 1890).

Einen anderen Sonderfall bildet das lyrische Werk von Theodor Kramer (1897 bis 1958), an dem abschließend die Problematik der österreichischen Literatur zwischen den Kriegen noch einmal zu besichtigen ist. Durch Kriegserlebnis, Verwundung und Nachkriegsarmut aus sicherer bürgerlicher Laufbahn geworfen (Studienabbruch 1919), bleibt Kramer am unteren Rand der Wiener Gesellschaft und richtet sein Interesse auf die authentische Erfahrung der Vagabunden, Wanderarbeiter und Entrechteten. Ab 1926 erscheinen seine Gedichte in Zeitschriften, sein erster Lyrikband, *Die Gaunerzinke* (1928), erhält starke Resonanz in Deutschland wie in Österreich. Darin findet sich Rollenlyrik wie das Titelgedicht vom Tippelbruder, der zur Rache für eine Abweisung die Gaunerzinke an den ungastlichen Hof malt, ebenso wie Genreszenen:

Stundenlied

Um acht Uhr liegt der Markt voll Spelt,
der Tag wie Soda blau verfällt;
von Roßmist trunken schwimmt der Spatz,
der erste Strolch nimmt rittlings Platz
    im Ausschank.

Um zehn das Tschoch die Geigen wetzt,
der Branntwein zart die Gurgel ätzt;
der Auftrieb stelzt im Puderwind,
wer kauft, kauft schlecht: die Huren sind
    noch teuer.

Die Mitternacht viel Licht verspeist,
des Schnupfers Nase fremd vereist;
das Messer wohnt bereit zum Stich,
der Mensch bekommt sehr leicht mit sich
    Erbarmen.

Um zwei Uhr früh weht's bitterlich,
der Wachmann weist die Hur vom Strich.
Wohl jedem, den beglückt sein Klamsch!
Wer kauft, kauft gut: 's ist großer Ramsch
    in Lenden.

Um vier Uhr wird der Rinnstein fahl,
der Schränker steigt aus dem Kanal;
das Brot wird gar, die Milch gerinnt,
des Säufers Harn zaunabwärts rinnt:
    o Klage.

Schärfer und härter noch im Ton formuliert die Sammlung *Wir lagen in Wolhynien im Morast ...* (1931) die Kriegserfahrung, wo das Ausgesetztsein nun nicht mehr in gesellschaftlichen Rollen lokalisiert, sondern als allgemeine Erniedrigung gefaßt wird. Kramers nahezu ausschließliches Augenmerk auf die körperliche Erfahrung und etwa auch die Nähe zum tierischen Leiden machten diese Texte so unbequem, daß sie selbst die Sozialdemokratie, der Kramer nahestand und die eben erst für den Film *Im Westen nichts Neues* gekämpft hatte, zu einem Angriff provozierten. Ab 1933 fallen die Veröffentlichungsmöglichkeiten in *Die Weltbühne, Das Tage-Buch, Die Deutsche Republik* aus; auch im eigenen Land wird der Lyriker Kramer zum Außenseiter. Seine letzte und umfangreichste Sammlung vor dem Exil trägt die Spuren dieser Erfahrung: *Mit der Ziehharmonika* (1936). Kramers Naturbilder und Skizzen ländlichen Lebens sind zu ungemütlich für die offizielle Kulturpolitik, die Stimme der Arbeitslosen und verarmten Alten in diesen Gedichten paßt nicht in den verordneten Rahmen. Während der Politiker-Dichter Guido Zernatto das Leitbild des Bauern als Brotgeber und Patriarchen für den Ständestaat lanciert, schreibt Kramer «für die, die ohne Stimme sind» (Widmung):

Magd und Knecht

Du bist die Magd, ich bin der Knecht,
der Bauer sitzt auf Hof und Grund;
du rückst dem Vieh die Streu zurecht,
die Glut schert mir den Nacken wund.
Der Bauer drinnen wird im Bett
des breiten Schlafes froh;
ein Streifen zwischen Brett und Brett
wär dein im Haferstroh.

Schon trägt die Sau, bald kalbt die Kuh,
vom Preßbaum tropft der Apfelschaum;
dein Dienst, mein Dienst geht immerzu
und trägt das nackte Leben kaum.
Die Bäurin leidet stumm und groß
die schwere Stunde vorn;
die Frucht verdürbe dir im Schoß
der Sud aus Mutterkorn.

Vorm Herd verstummt der Fliegen Schwall,
das braune Brot wird gar im Schacht;
der Faulbaum gleißt am Brunnenwall
zum Brechen süß die ganze Nacht.
Zwei Büschel – eines nimm davon –
leg ich aufs Bord dir hin:
ein Bündel Ackersenf und Mohn,
ein Sträußel Rosmarin.

Hatte auch Theodor Kramers Lyrik nie gesellschaftliche Mitte und Angepaßtheit thematisiert oder Repräsentanz angestrebt wie etwa Weinhebers Lyrik, so zeigt *Mit der Ziehharmonika* von 1936 doch eine extreme Marginalisierung, in der zugleich die wesentlichsten Erfahrungen der dreißiger Jahre Kontur gewinnen: stillgelegte Industrie, zerstörte Arbeiterbewegung, der Starrkrampf der Gesellschaft im Austrofaschismus. Theodor Kramers Sprechen ist ein Sprechen von den Rändern her, seine Lyrik ist gerade darum eine der wenigen authentischen Stimmen aus der Wirklichkeit des Ständestaats, weil in ihr das Verstummen bereits anklingt. Die Mitte der Gesellschaft ist für die Sprache unbewohnbar geworden, die Exilierung (ab 1939 London) ist bereits vorweggenommen.

Jean Paul Bier
Epoche in der Literaturgeschichtsschreibung

Weimarer Republik

Die große Zahl pessimistischer Zeitdiagnosen, die sich als ‹Theorien der Gegenwart› gaben, den Topos des ‹Wirrsals› propagierten und besonders nach der Stabilisierung der Weimarer Republik einen Ausweg aus dem Bestehenden suchten, fand nach 1921 ihre ideologische Entsprechung in einer Menge selektiver Literaturbilanzen; deren einseitige Sinnhuberei transponierte unverhüllte Ressentiments, was wiederum zur Selbstliquidierung der positivistischen Literaturgeschichtsschreibung beitrug. So wird der ideologische Entscheidungs- und Rollenzwang einer vom Historismus sich befreienden deutschen Intelligenz beim epochalen Zusammentreffen von politischer Neuordnung und gesellschaftlicher Umschichtung erkennbar.

Während *Die Deutsche Literatur unserer Zeit. In Charakteristiken und Proben* von Kurt Martens 1921 die Berechtigung literarischer Revolutionen verfocht, aber den Schwerpunkt auf Persönlichkeit, Einzelwerk und Strömung legte, ging Adolf Bartels' *Die deutsche Dichtung der Gegenwart. Die Jüngsten* im gleichen Jahr vom völkischen und antisemitischen Affekt gegen Sensationalismus und Mammonismus aus. Beide Querschnitte sind zeittypische Dokumente emanzipierter und repressiver Rezeptionshaltung. Zwischen diesen Fronten zeigt der letzte Abschnitt der gleichfalls 1921 von Hugo Bieber besorgten und bis ins Erscheinungsjahr fortgesetzten sechsten Auflage von Richard M. Meyers *Die deutsche Literatur des 19. und 20. Jahrhunderts* das kulturelle Unbehagen einer liberalen bürgerlichen Schicht, die den ‹Kampf um die Tradition› aufnehmen wollte. Die um die Jahrhundertwende geborene Generation habe eine Spannung zwischen entdeckerischem Wagemut und sorgenvoller Entstabilisierung geistiger Existenz gezeigt, die sich so negativ auswirke, daß der republikfreundliche Germanist ohne Lehrstuhl die neue Epoche nicht als eine glückliche ‹Offenbarung des deutschen Geistes› zu begrüßen vermochte.

Der Erfolg von Albert Soergels bereits 1911 veröffentlichter Literaturbilanz *Dichtung und Dichter der Zeit. Eine Schilderung der deutschen Literatur der letzten Jahrzehnte,* die zwischen 1919 und 1922 sechs Auflagen erlebte, dokumentiert den Konnex zwischen dem neuen epochalen Bewußtsein und dem Bedürfnis breiter bürgerlicher Schichten nach Orientierung in einer als geistiges Chaos rezipierten Medienwirklichkeit, die auch in literarhistorischen Angelegenheiten mit den ritualisierten Vermittlungskonventionen gebrochen hatte. Aber Soergels umgearbeitetes und erweitertes Opus magnum aus dem Jahre 1927 und die editorische Zweiteilung der deutschen Literatur durch sein Expressionismus-Buch aus dem Jahre 1925 dämonisierten einen Kulturbetrieb, dessen Brillanz im umgekehrten Verhältnis zur Wertbilanz stand. Es führte den Leser in einen kaum überblickbaren Wust von ideologischen und ästhetischen Widersprüchen. Der konservative Großkritiker Paul Fechter entschied sich daher 1929 in dem wirkungsvollen Reclam-Heftchen *Deutsche Dichtung der Gegenwart. Versuch einer Übersicht* für eine selektive und sinndeutende Übersicht, die für eine mit Ganzheitsideologie geschmückte ‹wirkliche› Dichtung ausdrücklich Stellung nahm. Da aber dem ehemaligen Berliner Romancier die paradoxe Position als Vermittler einer antiintellektualistischen, antipsychologischen und antiliberalen Dichtung nicht entging, betonte er die Bedeutung essayistischer Sinnproduzenten konservativ-revolutionärer Provienz, die er als die neuen «Bewußtmachenden, die eigentlichen Dichter und Verdichter dieser Zeit» ansprach.

Auch der Wandel von der individualistischen zur kollektivistischen Kulturauffassung eines Republikaners wie Werner Mahrholz, der von der theoretischen Problematisierung der Literaturgeschichtsschreibung (1923) zur Apologie von Volkstum und Rassengefühl (1926) gelangte, illustriert die Verständnishorizonte von Schichten, die sich zur neuen Demokratie bekannten, aber in literarischen Angelegenheiten den Faden verloren hatten. Die *Deutsche Dichtung der Gegenwart. Probleme, Ergebnisse, Gestalten* des Weber-Schülers und DDP-Mitglieds Mahrholz setzte 1926 auf eine Erneuerung, die in der doppelten expressionistischen Erbschaft der Zeitgenossen wurzeln sollte. Der aufklärerische Aktivismus, eigentlich eine fragwürdige Organisationsgläubigkeit, sei in ihr Gegenteil, in Nihilismus und Absurdität, umgeschlagen, sollte aber wieder zur Gläubigkeit führen. Der Expressionismus dagegen, der rätselhafte und exotische Lösungen für zivilisatorische Probleme bot und eine Rückbesinnung auf religiöse Wurzeln veranlaßte (Gotik, Barock), sollte zur Neufindung von objektiven Mächten führen, die Menschen aneinander binden. Ein Gesinnungsgenosse des früh verstorbenen Verfassers korrigierte diese Ambiguität 1930 in der zweiten Auflage in einem opportunistischen Sinne. In dem neuen Kapitel «Das heimliche Deutschland» übernahm Max Wieser das konservative Klischee einer von der herrschenden

Publizistik verschwiegenen Gegen-Öffentlichkeit und propagierte die Fabel von der unterdrückten nationalen Dichtung. Dieser Topos völkisch-konservativer Kreise charakterisierte Soergels bereits 1927 angekündigte, aber erst 1934 veröffentlichte ‹dritte Folge› *Dichter aus deutschem Volkstum*, die zum neuen Kanon beitrug.

Ende der zwanziger Jahre gab es jedoch eine winzige und isolierte Gruppe meist älterer Vernunftrepublikaner, die sich innerhalb akademischer Kreise in wirkungslosen, weil unerschwinglichen Monumentalwerken von der kollektivistischen und irrationalistischen Literaturauffassung distanzierten. Der katholische Bonner Germanist Oskar Walzel schwankte noch 1929 zwischen einer gewissen Antipathie gegen die aus dem ‹Umsturz› geborene, unsichere neue Staatsordnung und der Begeisterung für den zeitkritischen Gesellschaftsroman. 1930 bekannte er sich ohne Umschweife zur Republik als der von allen Seiten bedrohten Verwirklichung expressionistischer Politik. Seine Abneigung gegen eine im Dienst des Amerikanismus stehende Neue Sachlichkeit und sein Verriß der Heimatkunst machen die Toleranzgrenze einer mutigen und liberalen Position sichtbar, die nur noch auf die Gegenständlichkeit eines ‹magischen Realismus› Hoffnungen zu setzen vermochte. Auch der Heidelberger Kulturhistoriker Georg Steinhausen, der die Existenz einer besonderen deutschen Kultur der Gegenwart aus der Sicht eines konservativen Neuidealismus geleugnet hatte, bewertete 1931 die Weimarer Republik als Epoche, weil sich die Hegemonie Amerikas seit 1918 besonders in Deutschland auswirkte. Als Reaktion auf die expressionistische Weltfremdheit wurde die künstliche Kälte als die einem neuen praktischen Lebensgefühl entsprechende Neue Sachlichkeit positiv gedeutet. Während der dem Zentrum nahestehende Walzel auf den Expressionismus als individuelle Befreiungstat fixiert blieb, sah sein Altersgenosse Steinhausen in der kalten Ordnung die Keime eines neuen Rationalismus der präzisen Leistung, ohne zu ahnen, daß dieser Salto mortale der konservativen Kulturkritik die symptomatische NS-Verflechtung von Theorie und Praxis prophetisch vorwegnahm.

Tabuisierung der Weimarer Republik

Der formgeschichtliche Ansatz der ersten großen Literaturgeschichten, die nach 1945 den Kontinuitätsabbruch des Dritten Reichs zu überbrücken und zu verarbeiten hatten, verdrängte politische Einschnitte und spannte große Bogen vom Naturalismus (Martini 1948) oder vom Expressionismus (Alker 1949) bis zur Gegenwart – als ob Dichtung nur aus Dichtung entstehe. In der ersten Auflage des chronologischen Abrisses der deutschen Literatur von Herbert und Elisabeth Frenzel (1953) wird nach Soergels Modell zwischen den Gegenströmungen des Naturalismus (1890 bis 1920) und des Expressionismus (1910 bis 1925) unterschieden, also das

Klischee einer Zweiteilung der deutschen Literatur vermittelt. Das vorletzte Kapitel «Seit 1925. Dichtung der verlorenen und der verbürgten Wirklichkeit» übernimmt Fechters Kategorien, läßt den Terminus a quo unerklärt und suggeriert durch die Gegenüberstellung von sozialistischem Realismus russischer Herkunft und volkhafter Dichtung eine Gleichwertigkeit. In der Auflage von 1962 erweist sich die Verschleierungstaktik und die These von der ideologischen Austauschbarkeit als nicht mehr relevant: Der Schwerpunkt liegt jetzt auf dem Einschnitt von 1933 und der Diskrepanz von Exil und ‹innerer Emigration›. Die Ausklammerung der Weimarer Republik verrät sich aber in der Beibehaltung des Jahres 1925 als eines epochalen Anhaltspunktes. Diese Tabuisierung der jüngsten Vergangenheit führte auf literarischer Ebene zur Flucht ins typologische Repertoire und zur textimmanenten Aufarbeitung des deutschen Modernitätsrückstands. Die Problematik geschichtlicher Kategorien konnte so in einer neuen Kanonisierung aufgehoben werden.

Die Alibifunktion einer paradoxen Literaturgeschichtsschreibung, die einem nationalsozialistischen, allerdings mit umgekehrten Werten versehenem Modell folgt, läßt sich an dem nicht unverdächtigen Erfolg von Walter Muschgs *Tragischer Literaturgeschichte* (ab 1948) oder an Paul Fechters gesäuberter *Geschichte der deutschen Literatur* (ab 1952) durchaus dokumentieren. Der Versuch, die Chronologie durch eine ethisch fundierte Anthropologie des Dichtertyps zu ersetzen, ging davon aus, daß das historische Ordnungsprinzip vom existenzphilosophischen ‹Lebensgesetz› (Muschg) oder vom ‹Wesentlichen› (Fechter) ablenkt.

Andererseits verlangte die literarhistorische Vergangenheitsbewältigung zunächst die Wiederentdeckung der expressionistischen Revolte und den Anschluß an die internationale Dichtung des 20. Jahrhunderts. Ohne Rücksicht auf die gesellschaftliche Vermitteltheit von Literatur vermochte vor allem Wilhelm Emrich eine verdrängte Traditionslinie von Arno Holzens Sekundenstil über die expressionistische Sprachverwandlung (Stramm), den Brechtschen V-Effekt, Benns Prosastil, Rilkes verabsolutierten Bezug, Brochs Vielschichtigkeit bis zur dialektisch-ontologischen Zeichensprache Kafkas als Produkt, aber auch als Protest gegen Substanzverlust und Sinnentleerung zu beschreiben. Dieser neuidealistische Verständnishorizont ist charakteristisch auch für viele Literaturkritiker, denen es letzten Endes darum ging, neue Wertmaßstäbe zu definieren.

Der von Benno von Wiese herausgegebene Band *Deutsche Dichter der Moderne: Ihr Leben und Werk* (1965) zeigt, daß es die Kombination epochaler Postulate mit einem personalistischen Kanon ermöglicht, unbequeme Sachverhalte stillschweigend zu übergehen. Ebenso verdächtig ist die frühe Manierismus-These von Gustav René Hocke (1959), die das als entartet verschriene Kulturphänomen zur gesamteuropäischen Konstante hochstilisiert.

Das Interesse für den Expressionismus ließ Mitte der fünfziger Jahre
nicht nach, sondern brachte sogar eine Soergel-Renaissance (1961 bis
1963) und Bemühungen um die «Literaturrevolution 1910–1925» (1960/
61). Da freilich die Kontinuität mit dem Wilhelminismus betont wurde,
lenkten diese Bemühungen von der epochenspezifischen Realität der
Weimarer Republik ab. Ungeachtet der politischen Bedeutung des Jahres
1925 wurde immer wieder der Versuch unternommen, diesen Einschnitt
stil- oder gattungsgeschichtlich zu legitimieren.

Auch das wohlfeile Schlagwort von den ‹zwanziger Jahren› entstand als
eigenschaftsloses und verworrenes Kontrastbild zur wirtschaftlichen und
gesellschaftlichen Stabilität der Bundesrepublik Anfang der ‹golden six-
ties›. Die Kontroverse um die positive ‹Legende› (Helmuth Plessner)
oder den verdächtigen Mythos (Adorno), die 1962 einsetzte, belegt, daß
es weniger um historische Erkenntnis einer faszinierenden ‹Übergangsperiode› ging als um ihre aktuelle Rezeption.

Das Schwanken zwischen einem politisch neutralen Schlagwort wie
‹Die zwanziger Jahre› und dem mit dem Odium des Chaos behafteten
Begriff des ersten demokratischen deutschen Staates entsprach den
Auseinandersetzungen zwischen dem alt- und neukonservativen Lager
einerseits, den Vertretern eines gesamtgesellschaftlichen Begriffsrasters
andererseits, die den komplexen Zusammenhang von Kultur und Politik zum Merkmal ebendieser Epoche zu machen versuchen. Anfang
der siebziger Jahre sprach man nur noch von den «sogenannten zwanziger Jahren» (First Wisconsin Workshop 1970) oder von dem ruhigeren
Jahrfünft 1924 bis 1929. Die Bildersammlung der 15. Europäischen
Kunstausstellung *Tendenzen der Zwanziger Jahre* in Westberlin (1977)
negierte die Koinzidenz von liberaler Demokratie und kultureller
Blüte, indem sie die Einschnitte von 1918 und 1933 verwischte und den
politischen und sozialen Kontext ausklammerte. Zwei Gegenausstel-
lungen im Kreuzberger Kunstamt und in der Staatlichen Kunsthalle
setzten sich zum Ziel, den zählebigen Mythos als Indiz einer sozialpsy-
chologischen Funktion zu entlarven. Diese Gegenüberstellung einer
politisch nicht unverdächtigen Sehnsucht nach dem kulturellen Snobis-
mus der verlorenen Hauptstadt mit der schrecklichen Realität der faschistischen Inkubationszeit machte das Schlagwort der ‹zwanziger
Jahre› als ein Wunschbild für die Literaturgeschichtsschreibung endgültig unbrauchbar.

Rekonstruktion der Weimarer Republik

Die von Wolfgang Rothe 1974 herausgegebene *Die deutsche Literatur in
der Weimarer Republik*, die sowohl von methodologischen Normen wie
vom restaurativen Repertoire kanonisierter Autoren abweicht und den
Schwerpunkt auf Randerscheinungen des tradierten Literaturbegriffs

legt, bedeutete einen ersten ausgreifenden literarsoziologischen Ansatz.
Das Teamwork entsprach dem neuen Selbstverständnis deutscher Ger-
manisten, gestattet aber auch «die Gleichzeitigkeit des Ungleichen» als
Pluspunkt der Epoche zu rezipieren. 1968 hatten bereits konservative
Vertreter der Zeitgeisttheorie um Hans Joachim Schoeps oder 1970 neo-
marxistische Ideologiekritiker wie Helmut Lethen den Wirrsal-Topos zu
zerstören versucht, indem sie die «Gleichzeitigkeit des Ungleichen» auf
einen gemeinsamen Nenner brachten oder dem gesellschaftspolitischen
Komplex einen ideologisch gefärbten Modellcharakter zusprachen. Erst
Anfang der achtziger Jahre ist es möglich geworden, die Weimarer Epoche als kohärente Einheit ins Auge zu fassen und sie als Bemühung um
kulturelle Demokratisierung innerhalb eines relativ unveränderten politischen Zusammenhangs und als permanenten Konflikt zwischen kritischer
Massenkultur und kommerzieller Rekuperation zu verstehen. Der
Schwerpunkt der Forschung lag in den siebziger Jahren auf dem besonderen Periodisierungsproblem, das sich aus dem Zusammenhang von gesellschaftspolitischen, wirtschaftlichen und spezifisch literarhistorischen
bzw. stil- und gattungsgeschichtlichen Entwicklungen ergab, aber auch
auf der differenzierten Darstellung einer kaum bekannten proletarischen
Gegenöffentlichkeit.

Im Gegensatz zur konservativen Rekonstruktion, die 1925 zum Entschei-
dungsjahr hochstilisiert, spitzt sich das Periodisierungsproblem seit Helmut Lethens Analyse der Neuen Sachlichkeit auf den Einschnittcharakter
des Jahres 1924 zu. Da sich aber die Epoche keinesfalls als stilgeschichtli-
che Einheit beschreiben läßt, versucht man seit 1970 auch die drei Phasen
des Wirtschaftslebens mit den drei Strömungen der Neuen Sachlichkeit
zu parallelisieren: Nach der dadaistischen Unkunst, dem Agitprop und
dem Proletkult (vom Zusammenbruch zur Inflation 1918 bis 1923) kommt
die eigentliche Epoche des «Sachlichkeitsfanatismus» (Stabilisierungsperiode zwischen 1923 und 1929). Erst zwischen 1929 und 1933 führt die
Radikalisierung angesichts der Weltwirtschaftskrise zur Sentimentalität
und zum Mythischen. Reinhold Grimm und Jost Hermand haben diese
Periodisierung stilgeschichtlich verfeinert und in konstruktivistisch-for-
malistische, aggressiv-konkrete und simpel-sentimentale Tendenzen zwischen 1923 und 1929 eingeteilt.

Der Wunsch, die Literaturgeschichtsschreibung aus jeder Teleologie zu
befreien, führte Klaus Günter Just (1973) mit seiner Theorie epochenstili-
stischer Dominanten zur Spannung eines größeren Bogens zwischen dem
Beginn beider Weltkriege 1914 bis 1939. Hier tritt die Stresemann-Ära
(1924 bis 1929) zwischen zwei militanten Perioden als Zeit relativer Ruhe,
Berliner Brillanz und fruchtbarer Versöhnung älterer Autoren mit der
Republik besonders in den Vordergrund. Der aus der Bauhaus-Bewe-
gung entstandene und architekturbezogene Stil kam als geistige Mitte al-

ler Künste und als Gegengewicht der republikanischen Vernunft gegen die unkontrollierte Irrationalität voll zur Geltung. Die Entstehung einer republikanischen, auf neuen Massenmedien basierenden Öffentlichkeit, die den exklusiven Raum der Literatur aufbrach, verschob die literarische Produktion auf die nicht-fiktive Prosa und auf Misch- und Zwischenformen autobiographischer Natur wie das Tagebuch, den Reisebericht, die Reportage. Nach der optimistischen Supposition dieses rationalistischen und architekturbezogenen Stils wird die Weimarer ‹Übergangsperiode› zum epochalen Beginn eines neuen Zeitalters, das vom Dritten Reich nur kurzfristig unterbrochen wurde. Der seit 1925 (Franz Roh) von rechts besetzte ‹magische Realismus› wird in diesem Zusammenhang als Versuch gedeutet, das aufkommende Irrationale durch die Überführung in Form rational abzufangen. Erst wenn man den Unterschied zwischen freien und angewandten Künsten und deren epochale Wechselwirkung berücksichtigt, wird der Begriff der Neuen Sachlichkeit von seiner polysemantischen Verschwommenheit befreit und gestattet es, den Technizismus von einer fortschreitenden Sachkultur (Episches Theater, Fotomontage) abzugrenzen.

Anfang der siebziger Jahre leuchtete ein, daß die vielseitige Entfaltung einer proletarischen Gegenöffentlichkeit ein epochenspezifisches Merkmal der Weimarer Republik war. Gerald Stieg und Bernd Witte zeigen in ihrem *Abriß einer Geschichte der deutschen Arbeiterliteratur* (1973), wie diese Tradition sich damals im literarischen Bewußtsein durchsetzte, aber zugleich an die Normen des Literaturbetriebs anpaßte. Der Übergang vom kollektiven Stil zur individuellen Stilisierung kam der staatstragenden Sozialdemokratie entgegen, die eine spezifisch proletarische Kultur ablehnte. Diese von expressionistischem Gemeinschaftsgefühl und vom Kriegserlebnis geprägte Arbeiterdichtung, die formal wie thematisch vom Nationalsozialismus vereinnahmt werden konnte, wird daher der neusachlich anmutenden, kommunistischen Prosaliteratur (Arbeiterkorrespondenzen, Betriebsroman, Reportage) oder dem proletarischen Theater Piscators entgegengesetzt.

An der Grenze zwischen bürgerlicher und proletarischer Literatur lassen sich zahlreiche revolutionäre und anarchistische Figuren bürgerlicher Herkunft schwer einordnen, so daß 1976 die Kategorie einer ‹linksradikalen Literatur› geprägt wurde, die sich jedoch nicht durchzusetzen vermochte. 1977 stellte Walter Fähnders ein Periodisierungsmodell dieser proletarischen Literatur auf, das sich halbwegs mit der Dreiphasenteilung der Republik deckt. Nach Ansätzen einer linksradikalen Literatur zwischen 1918 und 1923 findet der Durchbruch zwischen 1924 und 1929 statt. Die Literatur des BPRS bildet sich erst spät in der Zeit der Weltwirtschaftskrise und als Folge des Faschisierungsprozesses aus.

Rekonstruktion des Dritten Reichs

Das Selbstverständnis der Bundesrepublik und die Berufung der Deutschen Demokratischen Republik auf die antifaschistische Tradition bestimmen die Toleranzgrenzen im Bemühen um die Literatur des Dritten Reichs. Es hatte entweder einen denunziatorischen Charakter oder zeitigte eine raffinierte Rechtfertigungsliteratur. Am wirkungsvollsten war der extensive Geltungsbereich des Begriffs der ‹konservativen Revolution›, der von Armin Mohler nach 1950 propagiert wurde und manches Comeback durch die Abgrenzung vom militanten Nationalsozialismus legitimierte. Die Abrechnung mit der jüngsten Vergangenheit war zunächst mit großen Einzelfiguren beschäftigt (Benn, Jünger) und konnte erst spät in den siebziger Jahren die personale Ebene verlassen.

Die frühen Ansätze einer Literaturgeschichte des Dritten Reiches blieben bis Mitte der sechziger Jahre im ethisch-politischen Protest verwurzelt. *Die Zerstörung der deutschen Literatur* des Basler Germanisten Walter Muschg (1958) verwies auf die Diskrepanz von traditionsverbundenem Bildungsbürgertum und kleinbürgerlichem Ungeist und hob eine soziologische Komponente hervor, die spätere ideologiekritische Einsichten vorwegnahm. Die erste gründliche Erforschung jener Literatur verdanken wir Franz Schonauer (1961), der freilich aus der Ecke der Jünger-Bewunderer kam. Immer aber ging es um einen Darstellungsversuch in ‹polemisch-didaktischer Absicht›. Die nationalsozialistische Literatur galt als unreflektierte und gelenkte Gesinnungsliteratur, deren Wunschbildfabrikation aus der Glorifizierung des Fronterlebnisses, der nordischen Renaissance und der Fiktion vom deutschen Bürgertum kam und keineswegs erst 1933 einsetzte.

1966 wurde von Ernst Loewy sogar eine literarische Kontinuität über 1945 hinaus postuliert, da Autoren und Germanisten, die sich mit dem Regime eingelassen hatten, allmählich wieder zu Ehren kamen. Loewy versuchte als erster, eine Typologie der Literatur im Dritten Reich aufzustellen und unterschied die auf dem Boden des Nationalsozialismus entstandene jüngere Literatur, die nichts Wesentliches hervorbrachte, von der viel größeren und mit ‹konservativer Revolution› etikettierten Literatur, der Heimatdichtung und einem epigonenhaften ‹Romantizismus›. Erst Uwe-K. Ketelsen vermochte 1976 in *Völkisch-nationale und nationalsozialistische Literatur in Deutschland 1890–1945* ein fundiertes Periodisierungsschema in vier Phasen zu entwickeln.

Im Jahre 1973 arbeitete Klaus Vondung das sozialpsychologische Fundament des nationalsozialistischen Kults und der spezifischen Apperzeptionsverweigerung seiner Literatur heraus. Dabei machte er auf die inneren Widersprüche einer Dichtungstheorie aufmerksam, die innere Einkehr als Weltfrömmigkeit fetischisierte und zugleich eine wehrhafte Realitätserfassung verfocht. 1976 wurde in Horst Denklers und Karl Prümms

Die deutsche Literatur im Dritten Reich. Themen, Traditionen, Wirkungen
der literarsoziologische Hintergrund der Ambiguität deutlich gemacht:
Auch diese Literatur war ein ‹bildungsbürgerliches› Phänomen, deren ältere Produzenten durch eine raffinierte Anpassung der Dichtungstheorie
an die soziopolitische Situation um ihre antimodernistische Tradition betrogen wurden. Während sie sich mit Ehrenpositionen begnügen mußten,
drängten sich die jüngeren Autoren, die vom politischen Nationalsozialismus gelernt hatten, wie Ideologie in Politik umgesetzt wird, hemmungs-
los in die politischen Institutionen.

Kontroverse um die ‹innere Emigration›

Seit Paul E. Lüths umstrittener und dilettantisch konzipierter *Literatur
als Geschichte. Deutsche Dichtung von 1885 bis 1947* im Jahre 1947 stellt
sich die Frage nach Kriterien der Abgrenzung von illegaler Opposition,
kaschierter Widerstandsliteratur und eskapistischer Dichtung. Geringe
zeitliche und kritische Distanz förderte bis Mitte der sechziger Jahre stark
emotionale Einstellungen. Die Spannung zwischen dem voreiligen Kano-
nisierungszwang der Literaturgeschichten der fünfziger Jahre und der un-
bewältigten Vergangenheit resultierte nach 1961 in der Intention, jenen
Mythos der ‹inneren Emigration› zu zerstören, der als Aushängeschild für
eine wirksame Form des restaurativen Selbstbetrugs diente. Franz Schonauer wiederholte Thomas Manns frühe These, daß jeder im Reich ver-
bliebene Schriftsteller durch seine Publikationen den nationalsozialistischen Ungeist als Geist legitimierte; dennoch beschrieb er stilistische
Merkmale jener sei's eskapistischen, sei's oppositionellen Literatur: etwa
die fruchtbare Kategorie des ‹kalligraphischen Stils›. Die marxistische Literaturgeschichtsschreibung erledigte die «innere Emigration» ohne viel
Federlesens als westdeutsche Erfindung, die die wirklichen Zusammenhänge verschleiere. Sie war ihr ein Symptom des Verantwortlichkeitsdefi-
zits spätbürgerlicher Intellektueller. Man kann aber nicht die Bedeutung
und Einheit einer christlich-konservativen Opposition übersehen, die als
‹unerwünschte›, aber gleichwohl nicht verbotene Literatur Hitlers Politik
verwarf, ihre ästhetischen Ideale jedoch zum Teil akzeptierte. Die Distanz zum Alltag und zur gesprochenen Sprache legt schon die themati-
sche und formale Verwandtschaft dieser stillen Opposition mit der offiziellen Literatur nahe. Erst die rezeptionsästhetische Perspektive der
siebziger Jahre gestattete, die Frage nach dem Grad der Konformität
richtig zu stellen, weil die nur geistigen und sittlichen Ziele einer solchen
Literatur erst an einer später bestimmbaren, aber trotzdem nicht unterzu-
bewertenden Wirkung zu bemessen sind. Da aber jene ‹äsopische
Schreibweise› im Essay, im Sachbuch oder im historischen Roman wegen
der ideologischen Gleichschaltung zwangsläufig zu Fehlinterpretationen
führen mußte, schlug Reinhold Grimm 1976 vor, die ‹innere Emigration›

als literarhistorischen Begriff aufzugeben und nur als ‹Lebensform› gelten zu lassen.

Von außerordentlicher Bedeutung ist indessen die Entdeckung einer jüngeren nichtfaschistischen Literatur, einer Gruppe von Anfängern, deren nicht unbedingt antimoderner und um Ausgleich bemühter Charakterzug eine epochemachende Wandlung der literarhistorischen Rekonstruktion in die Wege leitet. Sie erlaubt es, die Zeitspanne zwischen 1930 und 1960 als ein stil- und gattungsgeschichtliches Kontinuum zu beschreiben, das unabhängig von den politischen Konstellationen war. Die ahistorische Darstellung antiker Mythen, die Aufwertung traditioneller Formen der Gebrauchsliteratur, die Kontinuität der Neuen Sachlichkeit und der metaphysischen, mehrschichtigen Erzählweise epischer Großformen, die sich bis in die fünfziger Jahre hielt, demonstriert abermals die formgeschichtliche Irrelevanz einer ‹Stunde Null›.

Exil in der Literaturgeschichtsschreibung

Die frühe Kontroverse um eine Begriffsbestimmung zeigt bereits, daß es nicht nur um methodologische Probleme geht. Walter Berendsohn, der Pionier der Exilforschung, der schon 1939 feststellte, daß nur die ‹Emigrantenliteratur› Weltgeltung habe, berief sich auf Brandes und vermochte mit seiner These einer ‹humanistischen Front› Emigration und Opposition gleichzusetzen. Aber die historische und politologische Korrektur des Totalitarismus-Begriffs zwang Ende der fünfziger Jahre zur Unterscheidung von Exil und Emigration. Die erste Bio-Bibliographie *Deutsche Exil-Literatur 1933–1945* von W. Sternfeld und E. Tiedemann verwarf 1962 jene verschwommene, schon in der Emigration umstrittene Formel ‹Emigrantenliteratur›, die übrigens ins nationalsozialistische Vokabular gehörte. Es liegt auf der Hand, daß die Rückführung dieser ideologisch und geographisch völlig versprengten Literatur auf einen gemeinsamen Nenner, den Antifaschismus, einer moralisch-pädagogischen Rehabilitation entsprechen sollte. Berendsohns These von einem allgemeinen Antifaschismus im Exil erwies sich früh als unbrauchbar. Auch Hildegard Brenners Differenzierung zwischen ‹humanistischer› und ‹antifaschistischer› Tendenz in Hermann Kunischs *Handbuch der deutschen Gegenwartsliteratur* (1965) verkürzt den äußerst komplexen Zusammenhang.

Dieselbe Schwierigkeit bestätigten die thematischen Rubriken der ersten großen Ausstellung in der Frankfurter Deutschen Bibliothek (1965). Die orthodox marxistische Literaturgeschichtsschreibung fühlte sich noch 1966 verpflichtet, die Annäherung großer bürgerlicher Realisten an den sozialistischen Realismus zu behaupten und den Beitrag der Remigranten am Aufbau der DDR-Literatur von der ausweglosen Kunst des Westens lobend abzugrenzen. Sie sprach wie Klaus Jarmatz von *Literatur im Exil* (1966). Matthias Wegner konstatierte als erster Germanist der Bundesrepublik in *Exil und Literatur. Deutsche Schriftsteller im Ausland (1933–1945)* (1967), daß die Kategorie Exilliteratur nur dort gültig sein könne, wo die Exil-Erfahrung tatsächlich als formale Stagnation, als Legitimationsproblematik des literarischen Kunstwerks oder als sprachkonservative Stilisierung persönlicher Erfahrungsberichte sich auf die Struktur der Werke selber ausgewirkt hatte.

Wenn man von Bemühungen um Koordinierung der Exilforschung in der Bundesrepublik (seit 1967) absieht und Hans Albert Walters Arbeit an einer neunbändigen Überblicksdarstellung (seit 1962) ausnimmt, geht die Hochkonjunktur der Exilforschung zwischen 1969 und 1975 vorwiegend auf das Konto amerikanischer und skandinavischer Germanisten, die eine Internationale Koordinationsstelle in Stockholm gründeten und zwei große Symposien veranstalteten. Dort ersetzte Berendsohn seinen früheren und problematischen Terminus durch den umständlichen und vagen Begriff einer «Deutschsprachigen Flüchtlingsliteratur 1933 ff». Diese rege internationale Zusammenarbeit scheiterte späterhin wegen personeller, finanzieller, verwaltungstechnischer, aber auch politischer Dissense und fand ihren Abschluß mit einem linkslastigen Wiener Symposium, das 1975 dem Exil der österreichischen Literatur mehr Platz einräumte, als ihr gebührte.

Die Übernahme von Peter de Mendelssohns Scherzwort ‹Exilologie› im *Handlexikon zur Literaturwissenschaft*, herausgegeben von Diether Krywalski im Jahre 1974, bestätigt eine Sackgasse. Dennoch zeigt zum Beispiel Gisela Berglunds Stockholmer Dissertation über *Deutsche Opposition gegen Hitler in Presse und Roman des Exils* (1972), daß über die Grundlagenforschung hinaus eine Kärrnerarbeit erst dann sinnvoll wird, wenn sie in Spezialthemen gegliedert wird. Einstweilen aber steckt die Exilforschung selber noch in der Exilposition und gerät in Reaktion auf eine weitverbreitete Gleichgültigkeit der deutschen Germanistik zum Einverständnisritual von Gleichgesinnten. Solange sie den Widerspruch zwischen progressivem Selbstverständnis und überholten biographischen Methoden nicht einsieht, geht sie weiterführenden Fragestellungen aus dem Wege, und es bestätigt sich Hans Mayers skeptische Aussage von 1971, daß das Exil nach der Teilung der deutschen Literatur in Ost und West, an der es mitgewirkt hat, noch nicht zu Ende ist.

Fruchtbare Ansätze findet man bei Klaus Günter Just, der 1973 auf die dialektische Verbindung der Literatur im Reich und im Exil aufmerksam machte; bei Wolf R. Marchand, der 1974 Joseph Roths paradoxe Abhängigkeit von völkisch-nationalistischen Wertbegriffen zeigte; bei Uwe K. Ketelsen, der 1976 die These verfocht, daß das Exil keine neue Literatur hervorbrachte, oft noch nicht einmal eine andere politische Haltung.

Hingewiesen sei auch auf das bedeutsame Kollektiv-Unternehmen der DDR, das im Rahmen einer Zusammenarbeit zwischen der Akademie der Wissenschaften/Zentralinstitut für Literaturgeschichte (Werner Mittenzwei) und der Akademie der Künste (Ludwig Hoffmann, wozu Wolfgang Kießling und Eike Middell kamen) seit 1975 eine Geschichte des antifaschistischen Exils zu erstellen sucht. Das Prinzip sind Länderdarstellungen, von denen seit 1978 sieben Bände im Leipziger Reclam Verlag erschienen sind (Reihe *Kunst und Literatur im antifaschistischen Exil 1933–1945*).

Es fehlt bislang aber eine literarhistorische Rekonstruktion der deutschen Literatur im Exil, die über die «Gleichzeitigkeit des Ungleichen» hinaus das geistige und formgeschichtliche Kontinuum nicht ausklammert und zugleich auf die soziopolitischen Wirkungszusammenhänge Rücksicht nimmt. Anders kann die moralisch und politisch begreifliche Fixierung auf die Hilfskonstruktion ‹Exilliteratur› nicht aufgelöst werden.

Die späte Erforschung des Frühwerks bedeutender Autoren der Bundesrepublik dürfte als Symptom einer Tendenzwende innerhalb der westdeutschen Germanistik anzusehen sein. Sie bedeutet die Abkehr von einer ideologisch betonten Isolierung der Weimarer Republik als epochaler Einheit, kann aber auch erstes Anzeichen der Überwindung eines Tabus sein, unter dem die im Exil geschriebene und veröffentlichte Literatur verdrängt wurde.

Bibliographie

Die nachstehende Bibliographie ist eine Zusammenfassung der wissenschaftlichen Literatur, auf die sich die Autoren in ihren Artikeln beziehen bzw. auf die sie hinweisen. Sie erhebt keinen Anspruch, einen Überblick über die gesamte wissenschaftliche Literatur zu bieten. Nicht geschlossen werden sollte aus der Bibliographie, daß alle aufgeführten Titel zur weiterführenden Lektüre empfohlen werden. Zitate im Text werden durch die in Klammern gesetzten Ziffern nachgewiesen. Hierbei bezieht sich die erste Ziffer auf die Titelnummer der Bibliographie, während die zweite, *kursiv* gesetzte Ziffer die Seite im zitierten Titel angibt.

1. Zur allgemeinen Geschichte
(insbesondere politische, Sozial- und Kulturgeschichte)

1 Der Aktivismus 1915–1920 (neunzehnhundertfünfzehn bis neunzehnhundertzwanzig). Hrsg. von Wolfgang Rothe. München 1969.

2 Anders, Günther: Die Antiquiertheit des Menschen. Über die Seele im Zeitalter der zweiten industriellen Revolution. München 1961.

3 Angebert, Jean-Michel: The occult and the Third Reich: the mystical origins of Nazism and the search for the Holy Grail. (Transl. by Lewis A. M. Sumberg.) New York 1974.

3a Aufbruch und Untergang. Österreichische Kultur zwischen 1918–1938. Hrsg. von Franz Kadrnoska. Mit einem Vorwort von Bundesminister Hertha Firnberg. Wien, München, Zürich 1981.

3b Bab, Julius; Handl, Willi: Wien und Berlin. Vergleichendes zur Kulturgeschichte der beiden Hauptstädte Mitteleuropas. Berlin 1918.

3c Bade, Klaus J.: Arbeitsmarkt, Bevölkerung und Wanderung in der Weimarer Republik. In: Die Weimarer Republik. Belagerte Civitas. Hrsg. von Michael Stürmer. Königstein (Taunus) 1980. S. 160–187. (Neue wissenschaftliche Bibliothek. Bd. 112).

3d Bayern in der NS-Zeit. Hrsg. von Martin Broszat; Elke Fröhlich. München. Bd. 1: Soziale Lage und politisches Verhalten der Bevölkerung im Spiegel vertraulicher Berichte. 1977. Bd. 2: Herrschaft und Gesellschaft im Konflikt. Teil A. 1979. Bd. 3: Herrschaft und Gesellschaft im Konflikt. Teil B. 1981. Bd. 4: Herrschaft und Gesellschaft in Konflikt. Teil C. 1981.

4 Bolte, Karl-Martin; Kappe, Dieter: Struktur und Entwicklung der Bevölkerung. 3. neub. Aufl. Opladen 1967 (Beiträge zur Sozialkunde. Reihe B: Struktur und Wandel der Gesellschaft. Grundheft 3).

4a Born, Karl Erich: Die deutsche Bankenkrise 1931. Finanzen und Politik.
   München 1967.

5 Bracher, Karl Dietrich: Die Auflösung der Weimarer Republik. Eine Studie
   zum Problem des Machtverfalls in der Demokratie. 5. Aufl. Villingen
   (Schwarzwald) 1971.

6 Bracher, Karl Dietrich: Die deutsche Diktatur. Entstehung, Struktur, Folgen
   des Nationalsozialismus. Köln, Berlin (West) 1969.

7 Bracher, Karl Dietrich: Zeit der Ideologien. Eine Geschichte politischen Denkens im 20. Jahrhundert. Stuttgart 1982.

8 Brecht, Bertolt: Aufsätze über den Faschismus. Rede über die Frage, warum
   so große Teile des deutschen Volkes Hitlers Politik unterstützen. In: Brecht,
   Bertolt. Gesammelte Werke in zwanzig Bänden. Hrsg. vom Suhrkamp Verlag
   in Zusammenarbeit mit Elisabeth Hauptmann. Bd. 20: Schriften zur Politik
   und Gesellschaft. Frankfurt (Main) 1973. S. 219–222.

9 Broszat, Martin: Der Nationalsozialismus. Weltanschauung, Programmatik
   und Wirklichkeit. Hannover 1960.

10 Broszat, Martin: Der Staat Hitlers. Grundlegung und Entwicklung seiner inneren Verfassung. München 1969.

10a Canetti, Elias: Masse und Macht. Bd. 1. München 1960.

10b Cassirer, Ernst: Der Mythus des Staates. Philosophische Grundlagen politischen Verhaltens. 2. Aufl. Zürich, München 1978.

11 Craig, Gordon A.: Deutsche Geschichte (1866–1945). Vom Norddeutschen
   Bund bis zum Ende des Dritten Reiches. (Aus d. Engl. übers. von Karl-Heinz
   Siber.) München 1980.

11a Crankshaw, Edward: Vienna. The image of a culture in decline. London
   1976. (Reprint from 1938)

12 Dahrendorf, Ralf: Gesellschaft und Demokratie in Deutschland. Ungek.
   Ausg. München 1971.

12a Deutsche Wirtschaftskunde. Ein Abriß der deutschen Reichsstatistik.
   Bearb. im Statistischen Reichsamt. Berlin 1930.

13 Dieses Land schläft einen unruhigen Schlaf. Sozialreportagen (1918–1945).
   Ein Lesebuch. Von Max Winter; Ernst Toller; Erich Knauf u. a. Einl. u. hrsg.
   von Friedrich G. Kürbisch. Bonn 1981.

14 Emmerich, Wolfgang: Germanistische Volkstumsideologie. Genese und Kritik der Volksforschung im Dritten Reich. Tübingen 1968. (Volksleben. Bd.
   20).

15 Erdmann, Karl-Dietrich: Die Zeit der Weltkriege. T. 1: Der erste Weltkrieg,
   die Weimarer Republik; T. 2: Deutschland unter der Herrschaft des Nationalsozialismus (1933–1939), der zweite Weltkrieg, das Ende des Reiches und die
   Entstehung der Republik Österreich, der Bundesrepublik Deutschland und
   der Deutschen Demokratischen Republik. In: Handbuch der deutschen Geschichte. Hrsg. von Herbert Grundmann. 9. neu bearb. Aufl. Stuttgart 1973
   und 1976. Bde. 4,1 und 4,2.

16 Eyck, Erich: Geschichte der Weimarer Republik. Bd. 1: Vom Zusammenbruch des Kaisertums bis zur Wahl Hindenburgs. Bd. 2: Von der Konferenz von Locarno bis zu Hitlers Machtübernahme. 5., unveränd. Aufl. Erlenbach-Zürich, Stuttgart 1973.

17 Fest, Joachim C.: Das Gesicht des Dritten Reiches. Profile einer totalitären Herrschaft. 4. Aufl. München, Zürich 1975.

18 Fest, Joachim C.: Hitler. Eine Biographie. 7. Aufl. Berlin (West) 1974.

19 Gay, Peter: Die Republik der Außenseiter. Geist und Kultur in der Weimarer Zeit (1918–1933). (Aus d. Amerik. übers. von Helmut Lindemann.) Mit e. Einl. von Karl Dietrich Bracher. Frankfurt (Main) 1970.

20 Geiger, Theodor: Die soziale Schichtung des deutschen Volkes. Soziographischer Versuch auf statistischer Grundlage. Darmstadt 1972. (2. unver. Nachdr. d. Ausg. 1932).

20a Das geistige Leben Wiens in der Zwischenkriegszeit. Ring-Vorlesung 19. Mai–20. Juni 1980 im Internationalen Kulturzentrum Wien. Wissenschaftl. Leitung: Norbert Leser. Wien 1981.

21 Glaser, Hermann: Spießer-Ideologie. Von der Zerstörung des deutschen Geistes im 19. und 20. Jahrhundert. Neue erg. Ausg. mit einem einleitenden Essay zur Wirkungsgeschichte des Buches. Köln 1974. (Bibliothek Wissenschaft und Politik. Bd. 2).

22 Handbuch der deutschen Wirtschafts- und Sozialgeschichte. Hrsg. von Hermann Aubin; Wolfgang Zorn. Bd. 2: Das 19. und 20. Jahrhundert. Hrsg. von Wolfgang Zorn, Stuttgart 1976.

23 Hannover, Heinrich; Hannover-Drück, Elisabeth: Politische Justiz 1918–1933. Mit einer Einleitung von Karl Dietrich Bracher. Frankfurt (Main) 1966.

24 Heer, Friedrich: Der Kampf um die österreichische Identität. Wien 1981.

25 Hermand, Jost; Trommler, Frank: Die Kultur der Weimarer Republik. Mit 70 Fotos und 11 Textillustrationen. München 1978.

26 Hildebrand, Klaus: Das Dritte Reich. München, Wien 1979.

26a Horkenbach, Cuno: Das Deutsche Reich von 1918 bis heute. 4 Bde. Berlin 1931–1935.

27 Industrielles System und politische Entwicklung in der Weimarer Republik. Verhandlungen des Internationalen Symposiums in Bochum vom 12.–17. Juni 1973 hrsg. von Hans Mommsen u. a. Düsseldorf 1974.

27a Janik, Allan; Toulmin, Stephen: Wittgenstein's Vienna. New York 1973.

27b Köllmann, Wolfgang: Bevölkerung in der industriellen Revolution. Studien zur Bevölkerungsgeschichte Deutschlands. Göttingen 1974. (Kritische Studien zur Geschichtswissenschaft. Bd. 12).

28 König, René: Zur Soziologie der zwanziger Jahre. In: Die Zeit ohne Eigenschaften. Eine Bilanz der zwanziger Jahre. Hrsg. von Leonhard Reinisch. Stuttgart 1961. S. 82–118.

28a Kreuzer, Helmut: Die Bohème. Untertitel der 1. Aufl.: Beiträge zu ihrer Beschreibung. Stuttgart 1968. Untertitel der 2. Aufl.: Analyse und Dokumentation der intellektuellen Subkultur vom 19. Jahrhundert bis zur Gegenwart. Stuttgart 1971.

29 Laqueur, Walter: Weimar. Die Kultur der Republik. (Aus d. Engl. von Otto Weith.) Frankfurt (Main), Berlin (West) 1976.

29a Man, Hendrik de: Gegen den Strom. Memoiren eines europäischen Sozialisten. Stuttgart 1953.

30 Mauser, Otto: Deutsche Soldatensprache. Ihr Aufbau und ihre Probleme, dargest. Hrsg. vom Verband deutscher Vereine für Volkskunde. Straßburg, Berlin 1917.

31 Meyer, Hannes: Bauen und Gesellschaft. Schriften, Briefe, Projekte. Hrsg. von Lena Meyer-Bergner. Bearb. u. mit Einf. vers. von Klaus-Jürgen Winkler. Dresden 1980.

32 Mohler, Armin: Die Konservative Revolution in Deutschland (1918–1932). Grundriß ihrer Weltanschauungen. Stuttgart 1950.

33 Nolte, Ernst: Der Faschismus in seiner Epoche. Die Action française, der italienische Faschismus, der Nationalsozialismus. München 1963.

33a Pfahlmann, Hans: Fremdarbeiter und Kriegsgefangene in der deutschen Kriegswirtschaft (1939–1945). Darmstadt 1968. (Beiträge zur Wehrforschung. Bd. 16/17).

33b Potthoff, Heinrich: Verfassungsväter ohne Verfassungsvolk? Zum Problem von Integration und Desintegration nach der Novemberrevolution. In: Gesellschaft, Parlament und Regierung. Zur Geschichte des Parlamentarismus in Deutschland. Hrsg. im Auftrag der Kommission für Geschichte des Parlamentarismus und der politischen Parteien von Gerhard A. Ritter. Düsseldorf 1974. S. 339–354.

33c Radbruch, Gustav: Die politischen Parteien im System des deutschen Verfassungsrechts. In: Handbuch des deutschen Staatsrechts. Hrsg. von Gerhard Anschütz; Richard Thoma. Bd. 1. Tübingen 1930. S. 285–294.

34 Radkau, Joachim: Die deutsche Emigration in den U.S.A. Ihr Einfluß auf die amerikanische Europapolitik (1933–1945). Düsseldorf 1971. (Studien zur modernen Geschichte. Bd. 2).

35 Rosenberg, Arthur: Entstehung und Geschichte der Weimarer Republik. Hrsg. von Kurt Kersten. Frankfurt (Main) 1955.

36 Saller, Karl: Die Rassenlehre des Nationalsozialismus in Wissenschaft und Propaganda. Darmstadt 1961.

37 Schäfer, Hans D.: Das gespaltene Bewußtsein. Über deutsche Kultur und Lebenswirklichkeit (1933–1945). 2. Aufl. München 1982.

38 Schmitt, Carl: Politische Romantik. 3. unver. Aufl. Berlin (West) 1968.

39 Schoenbaum, David: Die braune Revolution. Eine Sozialgeschichte des Dritten Reiches. (Aus d. Amerik. übers. von Tamara Schoenbaum-Holtermann.) Köln, Berlin (West) 1968.

40 Schulze, Hagen: Weimar. Deutschland (1917–1933). Berlin (West) 1982. (Die Deutschen und ihre Nation. Bd. 1).

40a Schwarz, Albert: Die Weimarer Republik. Konstanz 1958.

41 Die sogenannten Zwanziger Jahre. First Wisconsin workshop. Hrsg. von Reinhold Grimm; Jost Hermand. Bad Homburg v. d. H., Berlin, Zürich 1970. (Schriften zur Literatur. Bd. 13).

42 Sontheimer, Kurt: Antidemokratisches Denken in der Weimarer Republik. Die politischen Ideen des deutschen Nationalismus zwischen 1918 und 1933. München 1962.

42a Statistisches Jahrbuch für das Deutsche Reich. Hrsg. vom Statistischen

Reichsamt. 44 (1924/1925). Berlin 1925. 50 (1931). Berlin 1931. 52 (1933). Berlin 1933. 58 (1939/1940). Berlin 1940.

43 Steinhausen, Georg: Deutsche Geistes- und Kulturgeschichte von 1870 bis zur Gegenwart. Halle (an der Saale) 1931.

44 Stern, Fritz Richard: The politics of cultural despair: a study in the rise of the Germanic ideology. Reprint, with a new pref. of the ed. Berkeley. Los Angeles, London 1974.

45 Strohmeyer, Klaus: Warenhäuser. Geschichte, Blüte und Untergang im Warenmeer. Berlin (West) 1980.

45a Stürmer, Michael: Einleitung. Weimar oder die Last der Vergangenheit. Aufstieg und Fall der ersten Republik als Problem der Forschung. In: Die Weimarer Republik. Belagerte Civitas. Hrsg. von Michael Stürmer. Königstein (Taunus) 1980. S. 13–36. (Neue wissenschaftliche Bibliothek. Bd. 112).

46 Taut, Bruno: Die neue Wohnung. Die Frau als Schöpferin. 5. erw. Aufl. Leipzig 1928.

47 Traditionen deutscher Justiz: politische Prozesse (1914–1932). Ein Lesebuch zur Geschichte der Weimarer Republik. Hrsg. von Kurt Kreiler. Berlin (West) 1978.

48 Vondung, Klaus: Magie und Manipulation. Ideologischer Kult und politische Religion des Nationalsozialismus. Göttingen 1971.

49 «Vorwärts und nicht vergessen». Ein Lesebuch. Klassenkämpfe in der Weimarer Republik. Hrsg. von Heiner Boehncke. Reinbek (bei Hamburg) 1973.

49a Wagenführ, Rolf: Die Industriewirtschaft. Entwicklungstendenzen der deutschen und internationalen Industrieproduktion 1860 bis 1932. In: Vierteljahrshefte zur Konjunkturforschung. Berlin 1933. Sonderheft 31.

50 Weihnachten 1945. Ein Buch der Erinnerungen. Hrsg. von Claus Hinrich Casdorff. Königstein (Taunus) 1981.

51 Die Weimarer Republik. Belagerte Civitas. Hrsg. von Michael Stürmer. Königstein (Taunus) 1980. (Neue wissenschaftliche Bibliothek Bd. 112).

52 Willett, John: Explosion der Mitte. Kunst und Politik (1917–1933). (Aus d. Engl. von Benjamin Schwarz.) München 1981.

53 Willett, John: The New Sobriety (1917–1933). Art and Politics in the Weimar Period. London 1978.

2. Zur Öffentlichkeit, Publizistik, zum Buchmarkt und zu den Massenmedien

54 Amerika – Traum und Depression 1920/1940. Katalog der Ausstellung der Neuen Gesellschaft für Bildende Kunst. Akademie der Künste Berlin (West) 9. November–28. Dezember 1980. Berlin (West) 1980.

55 Der Arbeiterfotograf. Dokumente und Beiträge zur Arbeiterfotografie (1926–1932). Von Joachim Büthe u. a. 2. Aufl. Köln 1978. (Kulturpolitische Dokumente der revolutionären Arbeiterbewegung).

56 Arnheim, Rudolf: Rundfunk als Hörkunst. München 1979.

57 Aspetsberger, Friedberg: Literarisches Leben im Austrofaschismus. Der Staatspreis. Königstein (Taunus) 1980. (Literatur in der Geschichte – Ge-

schichte in der Literatur. Bd. 2).

58 Bächlin, Peter: Der Film als Ware. Mit einem Vorwort von Franz Dröge.
Frankfurt (Main) 1975. (Diss. Basel 1947).

59 Benjamin, Walter: Kleine Geschichte der Photographie. In: Benjamin, Walter: Das Kunstwerk im Zeitalter seiner technischen Reproduzierbarkeit. Drei
Studien zur Kunstsoziologie. 8. Aufl. Frankfurt (Main) 1975. S. 65–94.

60 Bense, Max: Plakatwelt. Vier Essays. Stuttgart 1952.

61 Berglund, Gisela: Deutsche Opposition gegen Hitler in Presse und Roman des
Exils. Eine Darstellung und ein Vergleich mit der historischen Wirklichkeit.
Stockholm 1972.

62 Berlin – a Critical View. Ugly Realism 20s–70s. An exhibition held at the
Institute of Contemporary Arts, London 15 November 1978–2 January 1979.
London 1978.

63 Bermann-Fischer, Gottfried: Bedroht – Bewahrt. Der Weg eines Verlegers.
2. Aufl. Frankfurt (Main) 1981.

64 Braulich, Heinrich: Die Volksbühne. Theater und Politik in der deutschen
Volksbühnenbewegung. Berlin (Ost) 1976.

65 Brenner, Hildegard: Die Kunstpolitik des Nationalsozialismus. Reinbek (bei
Hamburg) 1963.

66 Budzinski, Klaus: Die Muse mit der scharfen Zunge. Vom Cabaret zum Kabarett. München 1961.

67 Büssemeyer, Marianne: Deutsche illustrirte Presse. Ein soziologischer Versuch. Diss. Heidelberg 1930.

68 Chronik des Hörfunks und Fernsehens in Deutschland. In: Internationales
Handbuch für Rundfunk und Fernsehen (1973/1975). Hamburg 1974.
S. A29–A73.

69 Dahl, Peter: Arbeitersender und Volksempfänger. Proletarische Radio-Be-
wegung und bürgerlicher Rundfunk bis 1945. Frankfurt 1978.

70 Dahl, Peter: «... daß hinter deinem Funkgerät der Gegner deiner Klasse
steht.» Die Arbeiter-Radio-Bewegung in der Weimarer Republik. In: Alternative. Berlin (West) 20 (1977). S. 112–129.

71 Dahm, Volker: Das jüdische Buch im Dritten Reich. I. Die Ausschaltung der
jüdischen Autoren, Verleger und Buchhändler. In: Archiv für Geschichte des
Buchwesens. Frankfurt (Main) 20 (1979) Sp. 1–300.

72 Diederichs, Helmut H.: Konzentration in den Massenmedien. Systematischer
Überblick zur Situation in der BRD. Mit einem Nachwort von Dieter Prokop.
München 1973.

73 Diller, Ansgar: Rundfunkpolitik im Dritten Reich. München 1980. (Rundfunk in Deutschland. Bd. 2).

74 Eisner, Lotte H.: Die dämonische Leinwand. Hrsg. von Hilmar Hoffmann,
Walter Schobert. Frankfurt (Main) 1980.

75 Engel, Erich: Schriften über Theater und Film. Zusammenstellung und Redaktion: Thea Lenk. Hrsg. von der Deutschen Akademie der Künste zu Berlin. Berlin (Ost) 1971.

76 Facsimile Querschnitt durch die Berliner Illustrirte. Hrsg. von Friedrich Luft.
Mitarbeiter Alexander von Baeyer. München 1965.

77 Fazit. Ein Querschnitt durch die deutsche Publizistik (1929). Hrsg. von Ernst

Glaeser mit einem Nachwort von Helmut Mörchen. Kronberg (Taunus) 1977.

78 Film und Realität in der Weimarer Republik. Mit Analysen der Filme «Kuhle Wampe» und «Mutter Krausens Fahrt ins Glück». Hrsg. von Helmut Korte. München, Wien 1978.

79 Film und revolutionäre Arbeiterbewegung in Deutschland (1918–1932). Dokumente und Materialien zur Entwicklung der Filmpolitik der revolutionären Arbeiterbewegung und zu den Anfängen einer sozialistischen Filmkunst in Deutschland. Hochschule für Film und Fernsehen der DDR. Arbeitsgruppe Filmgeschichte. Leitung Wolfgang Gersch. Zusammengest. u. eingel. von Gertraude Kühn, Karl Tümmler und Walter Wimmer. 2 Bde. Berlin (Ost) 1975.

79a Fontana, Oskar Maurus: 100 Jahre Hauptverband der österreichischen Buchhändler im Spiegel der Zeit (1859–1959). Wien 1960.

80 Freund, Gisèle: Photographie und Gesellschaft. (Aus d. Franz. übers. von Dietrich Leube.) Reinbek (bei Hamburg) 1979.

81 Fritzsche, Klaus: Politische Romantik und Gegenrevolution. Fluchtwege in der Krise der bürgerlichen Gesellschaft. Das Beispiel des ‹Tat›-Kreises. Frankfurt (Main) 1976.

82 Göbel, Wolfram: Der Kurt-Wolff-Verlag (1913–1930). Expressionismus als verlegerische Aufgabe. Mit einer Bibliographie des Kurt Wolff Verlages und der ihm angeschlossenen Unternehmen (1910–1930). Frankfurt (Main) 1977.

83 Gorsen, Peter: ‹Das Auge des Arbeiters› – Anfänge der proletarischen Bildpresse. In: Ästhetik und Kommunikation. Beiträge zur politischen Erziehung. Frankfurt (Main) 3 (1973) H.10, S. 7–41.

84 Greul, Heinz: Bretter, die die Zeit bedeuten. Die Kulturgeschichte des Kabaretts. Köln, Berlin (West) 1967.

85 Grun, Bernard: Die leichte Muse. Kulturgeschichte der Operette. München 1961.

86 Haus, Andreas: László Moholy-Nagy. Fotos und Fotogramme. München 1978.

87 Hein, Jürgen: Formen des Volkstheaters im 19. und 20. Jahrhundert. In: Handbuch des deutschen Dramas. Hrsg. von Walter Hinck. Düsseldorf 1980. S. 489–491; 501–502.

88 Henningsen, Jürgen: Theorie des Kabaretts. Ratingen 1967.

89 Herrmann, Wolfgang: Prinzipielles zur Säuberung der öffentlichen Büchereien. In: Börsenblatt für den Deutschen Buchhandel. Leipzig. Nr. 112 (15. 5. 1933) S. 356–358.

90 Hösch, Rudolf: Kabarett von gestern und heute. Nach zeitgenössischen Berichten, Kritiken, Texten und Erinnerungen. Berlin (Ost) 1972.

91 I(J)hering, Herbert: Von Reinhardt bis Brecht. Vier Jahrzehnte Theater und Film. Hrsg. von der Deutschen Akademie für Künste zu Berlin unter Mitarbeit von Edith Krull. Bd. 1: 1909–1923. 2. Aufl. Berlin (Ost) 1961.

92 Iser, Wolfgang: Der Archetypus als Leerform. In: Iser, Wolfgang: Der implizite Leser. Kommunikationsformen des Romans von Bunyan bis Beckett. München 1972. S. 300–354.

93 Jens, Inge: Dichter zwischen rechts und links. Die Geschichte der Sektion für Dichtkunst der Preußischen Akademie der Künste dargestellt nach den Doku-

menten. München 1971.

94 Jessner, Leopold: Schriften: Theater der zwanziger Jahre. Hrsg. von Hugo Fetting. Berlin (Ost) 1979.

95 Kasper, Josef: Belichtung und Wahrheit: Bildreportage von der Gartenlaube bis zum Stern. Frankfurt (Main), New York 1979.

96 Kerr, Alfred: Mit Schleuder und Harfe. Theaterkritiken aus drei Jahrzehnten. Hrsg. von Hugo Fetting. Berlin (Ost) 1981.

97 King, Janet K.: Literarische Zeitschriften (1945–1970). Stuttgart 1974.

98 Kino-Debatte. Texte zum Verhältnis von Literatur und Film (1909–1929). Hrsg. von Anton Kaes. Tübingen 1978.

99 Klotz, Volker: Dramaturgie des Publikums. Wie Bühne und Publikum aufeinander eingehen, insbesondere bei Raimund, Büchner, Wedekind, Horváth, Gatti und im politischen Agitationstheater. München, Wien 1976.

100 Knilli, Friedrich: Deutsche Lautsprecher. Versuche zu einer Semiotik des Radios. Stuttgart 1970.

101 Koebner, Thomas: Der Film als neue Kunst. Reaktionen der literarischen Intelligenz. Zur Theorie des Stummfilms (1911–1924). In: Literaturwissenschaft – Medienwissenschaft. Hrsg. von Helmut Kreuzer. Heidelberg 1977. S. 1–31. (medium literatur. Studienbibliothek für Wissenschaft und Unterricht. Bd. 6).

102 Koszyk, Kurt: Geschichte der deutschen Presse. T. 3: Deutsche Presse (1914–1945). Berlin (West) 1972. (Abhandlungen und Materialien zur Publizistik. Bd. 7).

103 Kothes, Franz-Peter: Die theatralische Revue in Berlin und Wien (1900–1938). Typen, Inhalte, Funktionen. Wilhelmshaven 1977.

104 Kracauer, Siegfried: Im Westen nichts Neues. In: Siegfried Kracauer: Schriften. Hrsg. von Karsten Witte. Bd. 2: Von Caligari zu Hitler. Eine psychologische Geschichte des deutschen Films. Übersetzt von Ruth Baumgarten; Karsten Witte. Frankfurt (Main) 1979. S. 456–459. (Erstdruck in Frankfurter Zeitung 6. 12. 1930.)

105 Kracauer, Siegfried: Die Photographie. In: Kracauer, Siegfried: Das Ornament der Masse. Essays. Mit einem Nachwort von Karsten Witte. Frankfurt (Main) 1977. S. 21–39.

106 Kracauer, Siegfried: Schriften. Hrsg. von Karsten Witte. Bd. 2: Von Caligari zu Hitler. Eine psychologische Geschichte des deutschen Films. Frankfurt (Main)1979. (Übersetzt von Ruth Baumgarten; Karsten Witte).

107 Kunst und Volk. Eine Festgabe der Kunststelle zur 1000. Theateraufführung. Hrsg. von dem Leiter der Kunststelle der sozialdemokratischen Partei Deutsch-Österreichs David Josef Bach. Wien 1923.

108 Leiser, Erwin: «Deutschland, erwache!» Propaganda im Film des Dritten Reiches. Erw. Neuausg. Reinbek (bei Hamburg) 1978.

109 Lerg, Winfried B.: Rundfunkpolitik in der Weimarer Republik. München 1980. (Rundfunk in Deutschland. Bd. 1).

110 Lindner, Rolf: 50 Jahre deutscher Rundfunk. In: Ästhetik und Kommunikation. Beiträge zur politischen Erziehung. Frankfurt 4 (1974). H 14, S. 13–18.

111 Lion, Ferdinand: Der Neue Merkur – Maß und Wert. Zeitschriften unserer

Zeit (I). In: Akzente. München 10 (1963) S. 34–40.

112 Lüdecke, Willi: Der Film in Agitation und Propaganda der revolutionären deutschen Arbeiterbewegung (1919–1933). Berlin (West) 1973. (Materialistische Wissenschaft. Bd. 7).

113 Maas, Lieselotte: Handbuch der deutschen Exilpresse (1933–1945). Handbook of the German exile press. Hrsg. von Eberhard Lämmert. München, Wien. Bd. 1: Bibliographie A–K. 1976. Bd. 2: Bibliographie L–Z. 1978. Bd. 3: Nachträge – Register – Anhang. 1981. (Sonderveröffentlichungen der Deutschen Bibliothek Nr. 2, 3, 9).

114 Der Malik-Verlag (1916–1947). Ausstellungskatalog. Deutsche Akademie der Künste zu Berlin. Verf. u. zusammengest. von Wieland Herzfelde. Berlin (Ost), Weimar o. J.

115 Mallmann, Marion: «Das Innere Reich». Analyse einer konservativen Kulturzeitschrift im Dritten Reich. Bonn 1978. (Abhandlungen zur Kunst-, Musik- und Literaturwissenschaft. Bd. 248).

116 Meiszies, Winrich: Volksbildung und Volksunterhaltung: Theater und Gesellschaftspolitik in der Programmatik der «Volksbühne» um 1890. Diss. Köln 1979.

117 Mejerchol'd, Vsevolod E.: Aufsätze, Briefe, Reden, Gespräche. Hrsg., Red. und Anm.: A. W. Fewralski. (Übers. von Marianne Schilow) Bd. 2: 1917–1939. Berlin (Ost) 1979.

118 Mittenzwei, Werner: Das Zürcher Schauspielhaus 1933–1945 oder Die letzte Chance. Berlin (Ost) 1979. (Deutsches Theater im Exil).

119 Molderings, Herbert: Überlegungen zur Fotografie der Neuen Sachlichkeit und des Bauhauses. In: Beiträge zur Geschichte und Ästhetik der Fotografie. Von Ulrich Keller; Herbert Molderings; Winfried Ranke. Lahn-Gießen 1977. S. 67–91.

120 Mosse, George L.: Die NS-Kampfbühne. In: Geschichte im Gegenwartsdrama. Hrsg. von Reinhold Grimm; Jost Hermand. Stuttgart, Berlin (West) u. a. 1976. S. 24–38.

121 Nutz, Walter: Tendenzen zu autoritären Verhaltensmodellen in der Regenbogenpresse. Anmerkungen zu den deutschen bunten Wochenblättern. In: Kölner Zeitschrift für Soziologie und Sozialpsychologie. Köln, Opladen 21 (1969) S. 657–671.

122 Otto Dix in Selbstzeugnissen und Bilddokumenten. Dargestellt von Dietrich Schubert. Reinbek (bei Hamburg) 1980.

123 Palyi, Melchior: Deutsche politische Zeitschriften. In: Handbuch der Politik. Hrsg. von Gerhard Anschütz u. a. 3. Aufl. Berlin-Grunewald 1922. Bd. 5. S. 446–448.

124 Petersen, Klaus: Die «Gruppe 1925». Geschichte und Soziologie einer Schriftstellervereinigung. Heidelberg 1981. (Reihe Siegen. Beiträge zur Literatur- und Sprachwissenschaft. Bd. 34).

125 Pforte, Dietger: Von unten auf. Studie zur literarischen Bildungsarbeit der frühen deutschen Sozialdemokratie und zum Verhältnis von Literatur und Arbeiterklasse. Gießen 1979.

126 Piscator, Erwin: Schriften. Hrsg. von Ludwig Hoffmann. Bd. 1: Das politische Theater. Faksimiledruck der Erstausg. 1929. Berlin (Ost) 1968. (Lizenzausgabe).

127 Pross, Harry: Literatur und Politik. Geschichte und Programme der politisch-literarischen Zeitschriften im deutschen Sprachgebiet seit 1870. Olten, Freiburg (im Breisgau) 1963.

128 Publizistik. Hrsg. von Elisabeth Noelle-Neumann und Winfried Schulz. Frankfurt (Main) 1971.

129 Reiss, Erwin: «Wir senden Frohsinn». Fernsehen unterm Faschismus. Das unbekannteste Kapitel deutscher Mediengeschichte. Berlin (West) 1979.

130 Reporter und Reportagen. Texte zur Theorie und Praxis der Reportage der zwanziger Jahre. Ein Lesebuch. Hrsg. und eingeleitet von Erhard H. Schütz. Gießen 1974.

131 Richards, Donald Ray: The German Bestseller in the 20th Century. A complete Bibliography and Analysis (1915–1940). Bern 1968. (German Studies in America. No. 2).

132 Ricke, Gabriele: Die Arbeiter-Illustrierte-Zeitung. Gegenmodell zur bürgerlichen Illustrierten. Vorwort von Peter Brückner. Hannover 1974.

133 Riess, Curt: Bestseller, Bücher, die Millionen lesen. Hamburg 1960.

133a Röder, Werner: Einleitung. In: Biographisches Handbuch der deutschsprachigen Emigration nach 1933. Hrsg. vom Institut für Zeitgeschichte München; von der Research Foundation for Jewish Immigration. Unter der Gesamtleitung von Werner Röder; Herbert A. Strauß. München, New York u. a. Bd. 1: Politik, Wirtschaft, Öffentliches Leben. S. XIII–LVIII.

134 Roloff, Gerhard: Exil und Exilliteratur in der deutschen Presse (1945–1949). Ein Beitrag zur Rezeptionsgeschichte. Worms, 1976. (Diss. Siegen) (Deutsches Exil 1933-1945. Bd. 10).

135 Rühle, Günther: Theater für die Republik 1917 bis 1933 im Spiegel der Kritik. Frankfurt (Main) 1967.

136 Rühle, Günther: Zeit und Theater. Drei Bände. Berlin (West). Bd. 1: Vom Kaiserreich zur Republik (1913–1925). 1973. Bd. 2: Von der Republik zur Diktatur (1925–1933). 1972. Bd. 3: Diktatur und Exil (1933–1945). 1974.

137 Rülcker, Christoph: Arbeiterkultur und Kulturpolitik im Blickwinkel des «Vorwärts» 1918–1928. In: Archiv für Sozialgeschichte. Hannover 14 (1974). S. 115–155.

138 Scherer, Herbert: Die Volksbühnenbewegung und ihre interne Opposition in der Weimarer Republik. In: Archiv für Sozialgeschichte. Hannover 14 (1974). S. 213–251.

139 Schlawe, Fritz: Literarische Zeitschriften. T. I: 1885–1910; T. II: 1910–1933. Stuttgart 1961–1962.

140 Schmied, Wieland: Neue Sachlichkeit and German realism of the twenties. Catalogue of an exhibition held at the Hayward Gallery, London 11 November 1978–14 January 1979. London 1978.

141 Schütz, Erhard: Kritik der literarischen Reportage. Reportagen und Reiseberichte aus der Weimarer Republik über die USA und die Sowjetunion. München 1977.

142 Sich fügen – heißt lügen: 80 Jahre deutsches Kabarett. Hrsg. vom Deutschen Kabarett-Archiv Reinhard Hippen. Red.: Reinhard Hippen; Ursula Lücking. Mainz 1981.

143 Siegel, Christian Ernst: Egon Erwin Kisch. Reportage und politischer Journa-

lismus. Bremen 1973. (Studien zur Publizistik. Bremer Reihe. Bd. 18).

144 Siegel, Christian Ernst: Die Reportage. Stuttgart 1978.

145 Simon, Rudolph: Das ‹Argentinische Tageblatt›. Eine Heimstätte der Exilliteratur. In: Deutsche Exilliteratur, Literatur im Dritten Reich. Akten des II. Exilliteratur-Symposiums der University of South Carolina. Hrsg. von Wolfgang Elfe u. a. Bern, Frankfurt (Main), Las Vegas 1979. S. 184–191. (Jahrbuch für internationale Germanistik. Reihe A, Kongreßberichte. Bd. 5).

146 Soppe, August: Die Einführung des Rundfunks in Deutschland. Ein Beitrag zur Historisierung der Diskussion um das Kabelfernsehen. In: Das Argument. Massen, Medien, Politik. Karlsruhe 1976. S. 115–149. (Argument-Sonderband AS 10).

147 Spiker, Jürgen: Film und Kapital. Der Weg der deutschen Filmwirtschaft zum nationalsozialistischen Einheitskonzern. Berlin 1975. (Zur politischen Ökonomie des NS-Films. Bd. 2).

148 Stamm, Karl: Das «Erlebnis» des Krieges in der Deutschen Wochenschau. Zur Ästhetisierung der Politik im «Dritten Reich». In: Die Dekoration der Gewalt. Kunst und Medien im Faschismus. Hrsg. von Berthold Hinz; Hans-Ernst Mittig; Wolfgang Schäche u. a. Gießen 1979. S. 115–122.

149 Steiner, Herbert: Corona. Zeitschriften unserer Zeit. In: Akzente. München 10 (1963) S. 40–49.

150 Stern, Guy: War, Weimar and literature; the story of the Neue Merkur (1914–1925). University Park, Pennsylvania State University Press 1971.

150a Sternberger, Dolf; Storz, Gerhard; Süskind, Wilhelm E: Aus dem Wörterbuch des Unmenschen. Neue erw. Ausg. mit Zeugnissen des Streites über die Sprachkritik. Hamburg, Düsseldorf 1968.

151 Strätz, Hans-Wolfgang: Die studentische «Aktion wider den undeutschen Geist» im Frühjahr 1933. In: Vierteljahreshefte für Zeitgeschichte. Stuttgart 16 (1968), S. 347–372.

152 Strothmann, Dietrich: Nationalsozialistische Literaturpolitik. Ein Beitrag zur Publizistik im Dritten Reich. Bonn 1960. (Abhandlungen zur Kunst-, Musik- und Literaturwissenschaft. Bd. 13).

153 Tairov, Alexander: Das entfesselte Theater. Aufzeichnungen eines Regisseurs. (Aus d. Russischen) 2. Aufl. Potsdam 1927.

154 Tendenzen der Zwanziger Jahre. 15. Europäische Kunstausstellung unter den Auspizien des Europarates. Red.: Verena Haas, Dieter Honisch, Stephan Waetzoldt u. a. Berlin (West) 1977.

155 Traub, Hans Karl Theodor: Die UFA. Ein Beitrag zur Entwicklungsgeschichte des deutschen Filmschaffens. Hrsg. im Auftrag der Universum-Film Aktiengesellschaft. Berlin 1943.

156 Trepte, Curt: Deutsches Theater im Exil der Welt. Ein Übersichtsbericht über die Tätigkeit deutscher Theaterkünstler in der Emigration von 1933–1946. In: Protokoll des II. internationalen Symposiums zur Erforschung des deutschsprachigen Exils nach 1933, in Kopenhagen 1972. Zusammengest. von Helmut Müssener; Gisela Sandqvist. Red.: Helmut Müssener. Stockholm 1972. S. 520–556.

157 Wächter, Hans-Christof: Theater im Exil. Sozialgeschichte des deutschen Exiltheaters (1933–1945). Mit einem Beitrag von Louis Naef: Theater der

deutschen Schweiz. München 1973. (Diss. Köln 1972).

158 Walden, Herwarth: Shimmy. In: Der Sturm. 13 (1922) H. 4, S. 49–51. (Reprint Nendeln/Liechtenstein 1970).

159 Weimarer Republik. Hrsg. vom Kunstamt Kreuzberg, Berlin und dem Institut für Theaterwissenschaft der Universtität Köln. Red.: Dieter Ruckhäberle u. a. 3., verb. Aufl. Berlin (West), Hamburg 1977.

160 Weimars Ende. Im Urteil der zeitgenössischen Literatur und Publizistik. Hrsg. von Thomas Koebner. Frankfurt (Main) 1982.

161 Widmann, Hans: Geschichte des deutschen Buchhandels. In: Der deutsche Buchhandel. Wesen, Gestalt, Aufgabe. Hrsg. von Helmut Hiller; Wolfgang Strauß. 3. Aufl. Gütersloh 1966. S. 13–49.

162 Willmann, Heinz: Geschichte der Arbeiter-Illustrierten Zeitung (1921–1938). Berlin (Ost) 1974.

163 Dtv-Wörterbuch zur Publizistik. Hrsg. von Kurt Koszyk; Karl Hugo Pruys. München 1969.

164 Wolf, Friedrich: Ein «Mamlock»? 12 Millionen Mamlocks! (1936) In: Wolf, Friedrich: Ausgewählte Werke in Einzelausgaben. Bd. 13: Aufsätze über Theater. Berlin (Ost) 1957. S. 383–386.

165 Wulf, Joseph: Theater und Film im Dritten Reich. Eine Dokumentation. Reinbek (bei Hamburg) 1966.

3. Zur Literaturgeschichte (allgemein)

166 Alker, Ernst: Geschichte der deutschen Literatur von Goethes Tod bis zur Gegenwart. 2 Bde. Stuttgart 1949–1950.

167 Brand, Guido Karl: Werden und Wandlung. Eine Geschichte der Deutschen Literatur von 1880 bis Heute. Berlin 1933.

168 Deutsche Dichter der Moderne: Ihr Leben und Werk. Hrsg. von Benno von Wiese. Berlin 1965.

169 Die deutsche Literatur. Ein Abriß in Text und Darstellung. Bd. 14: Expressionismus und Dadaismus. Hrsg. von Otto F. Best. Stuttgart 1974.

170 Die deutsche Literatur. Ein Abriß in Text und Darstellung. Bd. 15: Neue Sachlichkeit: Literatur im Dritten Reich und im Exil. Hrsg. von Henri R. Paucker. Stuttgart 1974.

171 Deutschland, Deutschland. Politische Gedichte vom Vormärz bis zur Gegenwart. Ausgew. u. hrsg. von Helmut Lamprecht. Bremen 1969. (Sammlung Dieterich. Bd. 323).

172 Emrich, Wilhelm: Protest und Verheißung. Studien zur klassischen und modernen Dichtung. Frankfurt (Main), Bonn 1960.

173 Fechter, Paul: Geschichte der deutschen Literatur. Gütersloh 1952.

174 Frenzel, Herbert Alfred; Frenzel, Elisabeth: Daten deutscher Dichtung. Chronologischer Abriß der deutschen Literaturgeschichte. 2 Bde. Köln 1953.

175 Geschichte der deutschen Literatur. Von den Anfängen bis zur Gegenwart. Bd. 10: 1917 bis 1945. Von einem Autorenkollektiv unter Leitung von Hans Kaufmann in Zusammenarb. mit Dieter Schiller. Berlin (Ost) 1973.

176 Handlexikon zur Literaturwissenschaft. Hrsg. von Diether Krywalski. Mün-

chen 1974.

177 Just, Klaus Günther: Von der Gründerzeit bis zur Gegenwart. Geschichte der
deutschen Literatur seit 1871. Bern, München 1973.

177a Lexikon deutschsprachiger Schriftsteller. Von den Anfängen bis zur Gegenwart. Gesamtredaktion: Kurt Böttcher. Mitarbeiter: Günter Albrecht; Herbert Greiner-Mai; Paul Günter Krohn. Bd. 1 (A–K): 2. überarb. Aufl. Leipzig
1972. Bd. 2 (L–Z). Leipzig 1974.

178 Lüth, Paul Egon Heinrich: Literatur als Geschichte. Deutsche Dichtung von
1885 bis 1947. 2 Bde. Wiesbaden 1947.

179 Martini, Fritz: Deutsche Literaturgeschichte von den Anfängen bis zur Gegenwart. Stuttgart 1949.

180 Meyer, Richard Moritz: Die deutsche Literatur des 19. und 20. Jahrhunderts.
Hrsg. und fortgeführt von Hugo Bieber. Berlin 1921.

181 Muschg, Walter: Tragische Literaturgeschichte. Bern 1948.

182 Muschg, Walter: Die Zerstörung der deutschen Literatur. 3. erw. Aufl. Bern
1958.

183 Petriconi, Hellmuth: Das Reich des Untergangs. Hamburg 1958.

184 Pfoser, Alfred: Literatur und Austromarxismus. Wien 1980. (Überarb. Diss.
Salzburg 1978).

185 Sengle, Friedrich: Biedermeierzeit. Deutsche Literatur im Spannungsfeld
zwischen Restauration und Revolution. (1815–1848). Stuttgart 1971.

186 Soergel, Wilhelm Albert: Dichter aus deutschem Volkstum. Dichtung und
Dichter der Zeit, eine Schilderung der deutschen Literatur der letzten Jahrzehnte. Leipzig 1934.

187 Soergel, Wilhelm Albert: Dichtung und Dichter der Zeit. Eine Schilderung
der deutschen Literatur der letzten Jahrzehnte. Leipzig 1911.

188 Soergel, Wilhelm Albert; Hohoff, Curt: Dichtung und Dichter der Zeit. Vom
Naturalismus bis zur Gegenwart. Bd. 1. Düsseldorf 1961.

189 Sozialgeschichte der deutschen Literatur von 1918 bis zur Gegenwart. Mit
Beiträgen von Jan Berg u. a. Frankfurt (Main) 1981.

190 Stieg, Gerald; Witte, Bernd: Abriß einer Geschichte der deutschen Arbeiterliteratur. Stuttgart 1973.

191 Trommler, Frank: Sozialistische Literatur in Deutschland. Ein historischer
Überblick. Stuttgart 1976.

192 Walzel, Oskar: Deutsche Dichtung von Gottsched bis zur Gegenwart. Potsdam 1930.

4. Zur Literaturgeschichte (Epochenproblematik)

193 Aley, Peter: Jugendliteratur im Dritten Reich. Dokumente und Kommentare.
Mit einem Vorwort von Klaus Doderer. Hamburg 1967. (Schriften zur Buch-
marktforschung. Bd. 12).

194 Anonym: Die besten Deutschland-Frankreich-Romane 1938. In: Bücherkunde. Bayreuth 6 (1939) S. 27–28.

195 Bartels, Adolf: Die deutsche Dichtung der Gegenwart. (10. Aufl.) Teilausg.
(T. 3.): Die Jüngsten. Leipzig 1921.

196 Berendsohn, Walter Arthur: Emigrantenliteratur 1933–1947. In: Reallexikon der Deutschen Literaturgeschichte. Begründet von Paul Merker; Wolfgang Stammler. Hrsg. von Werner Kohlschmidt; Wolfgang Mohr. Berlin 1958. S. 336–343.

197 Bertaux, Félix: Panorama de la littérature allemande contemporaine. Paris 1928.

198 Biographisches Handbuch der deutschsprachigen Emigration nach 1933. International biographical dictionary of central European émigrés (1933–1945). Hrsg. vom Institut für Zeitgeschichte München und von der Research Foundation for Jewish Immigration New York unter der Gesamtleitung von Werner Röder und Herbert A. Strauss. München, New York u. a. Bd. 1. Polititik, Wirtschaft, öffentliches Leben. Leitung u. Bearb. Werner Röder; Herbert A. Strauss unter Mitwirkung von Dieter Marc Schneider, Louise Forsyth. 1980.

199 Bormann, Alexander von: Vom Traum zur Tat. Über völkische Literatur. In: Die deutsche Literatur in der Weimarer Republik. Hrsg. von Wolfgang Rothe. Stuttgart 1974. S. 304–333.

200 Brenner, Hildegard: Deutsche Literatur im Exil (1933–1947). In: Handbuch der deutschen Gegenwartsliteratur. Hrsg. von Hermann Kunisch. München 1965. S. 677–694.

200a Bronnen, Arnolt: arnolt bronnen gibt zu Protokoll. Hamburg 1954. (beiträge zur geschichte des modernen schriftstellers).

201 Das war Dada. Dichtungen und Dokumente. Hrsg. von Peter Schifferli. (Zusammengest. aus d. Dada-Publikationen d. Verl. d. Arche. Autoren: Hans Arp u. a.) München 1963.

202 Denkler, Horst: Sache und Stil. Die Theorie der ‹Neuen Sachlichkeit› und ihre Auswirkungen auf Kunst und Dichtung. In: Wirkendes Wort. Deutsches Sprachschaffen in Lehre und Leben. Düsseldorf 18 (1968) S. 167–185.

203 Die deutsche Exilliteratur (1933–1945). Hrsg. von Manfred Durzak mit Beiträgen von André Banuls, Jörg B. Bilke, Marianna O. de Bopp u. a. Stuttgart 1973.

204 Die deutsche Literatur im Dritten Reich. Themen, Traditionen, Wirkungen. Hrsg. von Horst Denkler; Karl Prümm. Stuttgart 1976.

205 Die deutsche Literatur in der Weimarer Republik. Hrsg. von Wolfgang Rothe. Beiträge von Alexander von Bormann, Horst Denkler, Hans Norbert Fügen u. a. Stuttgart 1974.

206 Emrich, Wilhelm: Die Erzählkunst des 20. Jahrhunderts und ihr geschichtlicher Sinn. In: Emrich, Wilhelm: Protest und Verheißung. Studien zur klassischen und modernen Dichtung. Frankfurt (Main), Bonn 1960. S. 176–192.

207 Emrich, Wilhelm: Die Literaturrevolution und die moderne Gesellschaft. In: Emrich, Wilhelm: Protest und Verheißung. Studien zur klassischen und modernen Dichtung. Frankfurt (Main), Bonn 1960. S. 135–147.

208 Ermen, Reinhard: Amerikanismus und Exotismus – Flucht aus der Realität. In: Weimarer Republik. Hrsg. vom Kunstamt Kreuzberg, Berlin und dem Institut für Theaterwissenschaft der Universität Köln. 3. verb. Aufl. Berlin (West), Hamburg 1977. S. 825–834.

208a Exil. Literarische und politische Texte aus dem deutschen Exil (1933–1945). Hrsg. von Ernst Loewy unter Mitarbeit von Brigitte Grimm, Helga Nagel, Felix Schneider. Stuttgart 1979.

209 Exil und innere Emigration. 2. Internationale Tagung in St. Louis. Hrsg. von Peter Uwe Hohendahl; Egon Schwarz. Frankfurt (Main) 1973. (Wissenschaftliche Paperbacks Literaturwissenschaft. Bd. 18).

210 Exil und innere Emigration. Third Wisconsin Workshop. Hrsg. von Reinhold Grimm; Jost Hermand. Frankfurt (Main) 1972. (Wissenschaftliche Paperbacks Literaturwissenschaft. Bd. 17).

211 Expressionismus. Der Kampf um eine literarische Bewegung. Hrsg. von Paul Raabe. München 1965.

212 Fechter, Paul: Deutsche Dichtung der Gegenwart. Versuch einer Übersicht. Leipzig 1929.

213 Feuchtwanger, Lion: Die Arbeitsprobleme des Schriftstellers im Exil. In: Sinn und Form. Potsdam. 6 (1954) H. 3, S. 348–353.

214 Feuchtwanger, Lion: Größe und Erbärmlichkeit des Exils. In: Exil. Literarische und politische Texte aus dem deutschen Exil (1933–1945). Hrsg. von Ernst Loewy. Stuttgart 1979. S. 592–595. (Zunächst in: Das Wort 3 [1938] H. 6, S. 3–6).

215 Fischer, Jens Malte: Deutschsprachige Phantastik zwischen Décadence und Faschismus. In: Phaïcon. Almanach der phantastischen Literatur. Frankfurt (Main) 3 (1978), S. 93–130.

216 Giesing, Michaela; Girshausen, Theo; Walther, Horst: Fetisch «Technik» – Die Gesellschaft auf dem Theater der «Neusachlichkeit». Max Brands «Maschinist Hopkins» als Beispiel. In: Weimarer Republik. Hrsg. vom Kunstamt Kreuzberg, Berlin und dem Institut für Theaterwissenschaft der Universität Köln. 3. verb. Aufl. Berlin (West), Hamburg 1977. S. 783–822.

216a Handbuch der deutschen Gegenwartsliteratur. Hrsg. von Hermann Kunisch. Redaktion Herbert Wiesner in Zusammenarbeit mit Christoph Stoll und Irene Živsa. 3 Bde. 2., verb. und erw. Aufl. München 1970.

217 Hartung, Günter: Über die deutsche faschistische Literatur. In: Weimarer Beiträge. Zeitschrift für Literaturwissenschaft. 14 (1968), S. 474–542 und S. 677–707; Sonderheft 2 (1968), S. 121–159.

218 Hermand, Jost: Gralsmotive um die Jahrhundertwende. In: Deutsche Vierteljahrsschrift für Literaturwissenschaft und Geistesgeschichte. Stuttgart 36 (1962) H. 4, S. 521–543.

219 Hermand, Jost: Der ‹neuromantische› Seelenvagabund. In: Das Nachleben der Romantik in der modernen deutschen Literatur. Die Vorträge des Zweiten Kolloquiums in Amherst/Massachusetts. Hrsg. von Wolfgang Paulsen. Heidelberg 1969. S. 95–115.

220 Hermand, Jost: Weltenwende. Zukunftsvisionen aus der Frühzeit des Dritten Reiches. In: Sammlung. Jahrbuch für antifaschistische Literatur und Kunst. Frankfurt (Main) 4 (1981), S. 109–118.

221 Hess, Günter: Siegfrieds Wiederkehr. Zur Geschichte einer deutschen Mythologie in der Weimarer Republik. In: Internationales Archiv für Sozialgeschichte der deutschen Literatur. Tübingen 6 (1981), S. 112–144.

222 Hier schreibt Berlin. Ein Dokument der Zwanziger Jahre. Neu hrsg. von Herbert Günther. München 1963.

223 i 10, de internationale avantgarde tussen de twee wereldoorlogen. Hrsg. von Bert Bakker. Den Haag 1963.

224 Jarmatz, Klaus: Literatur im Exil. Berlin (Ost) 1966.
225 Jaroslawski, Renate; Steinlein, Rüdiger: Die ‹politische Jugendschrift›. Zur Theorie und Praxis faschistischer deutscher Jugendliteratur. In: Die deutsche Literatur im Dritten Reich. Themen, Traditionen, Wirkungen. Hrsg. von Horst Denkler; Karl Prümm. Stuttgart 1976. S. 305–329.
226 Junge deutsche Dichtung. Hrsg. von Kurt Virneburg; Helmut Hurst. Berlin 1930.
227 Kerr, Alfred: Exil. In: Exil. Literarische und politische Texte aus dem deutschen Exil (1933–1945). Hrsg. von Ernst Loewy. Stuttgart 1979. S. 588–592. (Zuerst in: Die neue Weltbühne. Wien 33 [1937] H. 45, S. 1422–1424).
228 Ketelsen, Uwe-Karsten: Völkisch-nationale und nationalsozialistische Literatur in Deutschland (1890–1945). Stuttgart 1976.
229 Klarmann, Adolf D.: Der expressionistische Dichter und die politische Sendung. In: Der Dichter und seine Zeit – Politik im Spiegel der Literatur. Drittes Amherster Kolloquium zur modernen deutschen Literatur 1969. Hrsg. von Wolfgang Paulsen. Heidelberg 1970. S. 158–180.
230 Kunst und Kultur im deutschen Faschismus. Hrsg. von Ralf Schnell. Stuttgart 1978. (Literaturwissenschaft und Sozialwissenschaften. Bd. 10).
231 Leser, Norbert: Austromarxismus und Literatur. In: Aufbruch und Untergang. Österreichische Kultur zwischen 1918 und 1938. Hrsg. von Franz Kadrnoska. Wien, München, Zürich 1981. S. 43–68.
232 Lethen, Helmut: Neue Sachlichkeit (1924–1932). Studien zur Literatur des «Weißen Sozialismus». 2., durchges. Aufl. Stuttgart 1975.
233 Das literarische Leben in der Weimarer Republik. Hrsg. von Keith Bullivant. Königstein (Taunus) 1978.
234 Loewy, Ernst: Literatur unterm Hakenkreuz. Das Dritte Reich und seine Dichtung. Eine Dokumentation. 3. überarb. Aufl. Frankfurt (Main) 1977.
235 Lyrik des expressionistischen Jahrzehnts. Von den Wegbereitern bis zum Dada. Eingel. von Gottfried Benn. Wiesbaden 1955.
236 Mahrholz, Werner: Deutsche Literatur der Gegenwart. Probleme, Ergebnisse, Gestalten. Durchges. und erw. von Max Wieser. Berlin 1930.
237 Martens, Kurt: Die Deutsche Literatur unserer Zeit. In Charakteristiken und Proben. München, Berlin 1921.
238 Mayer, Hans: Konfrontation der inneren und äußeren Emigration: Erinnerung und Deutung. In: Exil und Innere Emigration. Third Wisconsin Workshop. Hrsg. von Reinhold Grimm; Jost Hermand. Frankfurt (Main) 1972. S. 75–87.
239 Mosse, George L.: Tod, Zeit und Geschichte. Die völkische Utopie der Überwindung. In: Deutsches utopisches Denken im 20. Jahrhundert. Hrsg. von Reinhold Grimm; Jost Hermand. S. 50–69.
240 24 neue deutsche Erzähler. Hrsg. von Hermann Kesten. Berlin 1929.
241 Pike, David: Deutsche Schriftsteller im sowjetischen Exil (1933–1945). (Aus d. Amerik. von Lore Brüggemann). Frankfurt (Main) 1981.
242 Pinthus, Kurt: Männliche Literatur. In: Das Tage-Buch. Berlin 10 (1. 6. 1929) S. 903–911.
243 Pinthus, Kurt: Menschheitsdämmerung. Ein Dokument des Expressionismus. Mit Biographien und Bibliographien neu hrsg. Hamburg 1959.

244 Pörtner, Paul: Literatur-Revolution 1910–1925. Dokumente, Manifeste, Programme. Darmstadt, Neuwied, Berlin (West) 1960.

245 Prümm, Karl: Die Literatur des Soldatischen Nationalismus der 20er Jahre (1918–1933). Gruppenideologie und Epochenproblematik. 2. Bde. Kronberg (Taunus) 1974. (Theorie, Kritik, Geschichte. Bde. 3/1 und 3/2).

246 Reif, Wolfgang: Zivilisationsflucht und literarische Wunschträume. Der exotistische Roman im ersten Viertel des 20. Jahrhunderts. Diss. Stuttgart 1975.

247 Rohrwasser, Michael: Saubere Mädel – Starke Genossen: proletarische Massenliteratur? Frankfurt (Main) 1975.

248 Rülcker, Christoph: Ideologie der Arbeiterdichtung (1914–1933). Eine wissenssoziologische Untersuchung. Stuttgart 1970. (Zugl. Diss. Marburg).

249 Schiffels, Walter: Formen historischen Erzählens in den zwanziger Jahren. In: Die deutsche Literatur in der Weimarer Republik. Hrsg. von Wolfgang Rothe. Stuttgart 1974. S. 195–211.

250 Schnell, Ralf: Literarische innere Emigration (1933–1945). Stuttgart 1976.

251 Schonauer, Franz: Deutsche Literatur im Dritten Reich. Versuch einer Darstellung in polemisch-didaktischer Absicht. Olten, Freiburg (im Breisgau) 1961.

252 Seitz, Robert; Zucker, Heinz: Um uns die Stadt. Anthologie neuer Großstadtdichtung. Berlin, Hamburg 1931.

253 Soergel, Albert: Im Banne des Expressionismus. Leipzig 1925.

254 Steins, Martin: Das Bild des Schwarzen in der europäischen Kolonialliteratur (1870–1918). Ein Beitrag zur literarischen Imagologie. Frankfurt (Main) 1972. (Diss. Aachen 1971).

255 Stephan, Alexander: Die deutsche Exilliteratur (1933–1945). Eine Einführung. München 1979.

256 Stern, Guy: Präfaschismus und die respektable Literatur. Deutsche Romanschriftsteller in ihren Selbstzeugnissen und Briefen. In: Der deutsche Roman und seine historischen und politischen Bedingungen. Hrsg. von Wolfgang Paulsen. Bern, München 1977. S. 107–123. (Neuntes Amherster Kolloquium zur deutschen Literatur).

257 Sternfeld, Wilhelm; Tiedemann, Eva: Deutsche Exil-Literatur 1933–1945. Eine Bio-Bibliographie. Heidelberg, Darmstadt 1962.

258 Studien zur Trivialliteratur. Hrsg. von Heinz Otto Burger. Frankfurt (Main) 1968. (Studien zur Philosophie und Literatur des neunzehnten Jahrhunderts. Bd. 1).

259 Texte der proletarisch-revolutionären Literatur Deutschlands (1919–1933). Hrsg. von Günter Heintz. Stuttgart 1974.

260 Trommler, Frank: Emigration und Nachkriegsliteratur. Zum Problem der geschichtlichen Kontinuität. In: Exil und innere Emigration. Third Wisconsin Workshop. Hrsg. von Reinhold Grimm; Jost Hermand. Frankfurt (Main) 1972. S. 173–197.

261 Verbannung. Aufzeichnungen deutscher Schriftsteller im Exil. Hrsg. von Egon Schwarz; Matthias Wegner. Hamburg 1964.

262 Walter, Hans-Albert: Deutsche Exilliteratur (1933–1950). Bd. 2: Asylpraxis und Lebensbedingungen in Europa. Darmstadt, Neuwied 1972.

263 Walter, Hans-Albert: Deutsche Exilliteratur (1933–1950). Bd. 4: Exilpresse. Stuttgart 1978.

264 Wegner, Matthias: Exil und Literatur. Deutsche Schriftsteller im Ausland (1933–1945). Frankfurt (Main) 1967.

265 Weiskopf, Franz, C.: Unter fremden Himmeln. Ein Abriß der deutschen Literatur im Exil (1933–1947) mit einem Anhang von Textproben aus Werken exilierter Schriftsteller. Mit einem Nachwort von Irmfried Hiebel und einem kommentierten Autorenverz. von Wulf Kirsten. Berlin (Ost), Weimar 1981.

265a Williams, Cedric Ellis: The broken eagle. The politics of Austrian literature from Empire to Anschluss. London 1974.

266 Wulf, Joseph: Literatur und Dichtung im Dritten Reich. Eine Dokumentation. Gütersloh 1963. (Kunst und Kultur im Dritten Reich. Bd. 3).

267 Zimmermann, Peter: Kampf um den Lebensraum. Ein Mythos der Kolonial- und der Blut-und-Boden-Literatur. In: Die deutsche Literatur im Dritten Reich. Themen – Traditionen – Wirkungen. Hrsg. von Horst Denkler; Karl Prümm. Stuttgart 1976. S. 165–182.

5. Zu den Gattungen

268 Adorno, Theodor W.: Der Essay als Form. In: Adorno, Theodor W.: Noten zur Literatur I. Frankfurt (Main) 1958. S. 9–49.

269 Adorno, Theodor W.: Reflexionen über das Volksstück. In: Hochwälder, Fritz: Der Befehl. Mit Anmerkungen von Franz Theodor Csokor, Fritz Hochwälder und Theodor W. Adorno. Graz 1967. S. 108–110.

270 Anonym: Der politische Bauernroman. In: Bücherkunde. Bayreuth. Ausg. A 2 (1935), S. 289–290.

271 Backhaus, Dieter: Essay und Essayismus. Stuttgart, Berlin, Köln, Mainz 1969.

272 Bärnthaler, Monika: Der gegenwärtige Forschungsstand zum österreichischen Volksstück seit Anzengruber. Diss. (Maschinenschr.) Graz 1977.

273 Berenberg-Gossler, Heinrich; Müller, Hans-Harald; Stosch, Joachim: Das Lehrstück. Rekonstruktion einer Theorie oder Fortsetzung eines Lernprozesses? Eine Auseinandersetzung mit Reiner Steinweg: «Das Lehrstück. Brechts Theorie einer politisch-ästhetischen Erziehung». Stuttgart 1972. In: Brechtdiskussion. Von Joachim Dyck u. a. Kronberg (Taunus) 1974.

274 Berger, Bruno: Der Essay. Form und Geschichte. Bern 1964.

275 von Bormann, Alexander: Weimarer Republik. In: Geschichte der politischen Lyrik in Deutschland. Hrsg. von Walter Hinderer. Stuttgart 1978. S. 261–290.

276 Breßlein, Erwin: Völkisch-faschistoides und nationalsozialistisches Drama. Kontinuitäten und Differenzen. Frankfurt (Main) 1980. (Diss. Köln 1978).

277 Der deutsche Roman im zwanzigsten Jahrhundert. Analysen und Materialien zur Theorie und Soziologie des Romans. Hrsg. von Manfred Brauneck. 2 Bde. Bamberg 1976.

278 Deutsche Romantheorien. Beiträge zu einer historischen Poetik des Romans in Deutschland. Hrsg. u. eingel. von Reinhold Grimm. Frankfurt (Main), Bonn 1968.

279 Deutsches Exildrama und Exiltheater. Akten des Exilliteratur-Symposiums
    der University of South Carolina 1976. Hrsg. von Wolfgang Elfe; James Har-
    din; Günther Holst. Bern u. a. 1977. (Jahrbuch für internationale Germani-
    stik. Reihe A, Kongreßberichte. Bd. 3).
280 Döblin, Alfred: Der historische Roman und wir. In: Döblin, Alfred: Aufsätze
    zur Literatur. Hrsg. von Walter Muschg. Olten; Freiburg (im Breisgau) 1963.
    S. 163–186.
281 Dreißig neue deutsche Erzähler des neuen Deutschland. Junge deutsche
    Prosa. Hrsg. und eingel. von Wieland Herzfelde. Berlin 1932.
282 Geißler, Rolf: Dekadenz und Heroismus. Zeitroman und völkisch-nationalso-
    zialistische Literaturkritik. Stuttgart 1964. (Schriftenreihe der Vierteljahres-
    hefte für Zeitgeschichte. Nr. 9).
283 Gollbach, Michael: Die Wiederkehr des Weltkrieges in der Literatur: Zu den
    Frontromanen der späten zwanziger Jahre. Kronberg (Taunus) 1978.
284 Greiner, Martin: Die Entstehung der modernen Unterhaltungsliteratur. Stu-
    dien zum Trivialroman des 18. Jahrhunderts. Hrsg. und bearb. von Therese
    Poser. Reinbek (bei Hamburg) 1964.
285 Grimm, Reinhold: Nach dem Naturalismus. Essays zur modernen Dramatik.
    Kronberg (Taunus) 1978.
286 Grimm, Reinhold: Neuer Humor? Die Komödienproduktion zwischen 1918
    und 1932. In: Studi Germanici. Rom. 38 (1976), S. 41–70.
287 Grimm, Reinhold: Zwischen Expressionismus und Faschismus. Bemerkun-
    gen zum Drama der Zwanziger Jahre. In: Die sogenannten Zwanziger Jahre.
    First Wisconsin Workshop. Hrsg. von Reinhold Grimm; Jost Hermand. Bad
    Homburg V.D.H.; Berlin; Zürich 1970. S. 15–45. (Schriften zur Literatur.
    Bd. 13).
288 Guthke, Karl Siegfried: Geschichte und Poetik der deutschen Tragikomödie.
    Göttingen 1961.
289 Hasubek, Peter: Der Zeitroman. Ein Romantypus des neunzehnten Jahrhun-
    derts. In: Zeitschrift für deutsche Philologie. Berlin (West) 87 (1968) H. 2,
    S. 218–245.
290 Hinck, Walter: Das moderne Drama in Deutschland. Vom expressionisti-
    schen zum dokumentarischen Theater. Göttingen 1973.
291 Hintze, Joachim: Volkstümliche Elemente im modernen deutschen Drama.
    Ein Beitrag zur Theorie und Praxis des Volksstücks im 20. Jahrhundert. In:
    Hessische Blätter für Volkskunde. Gießen. 61 (1970) S. 11–43.
292 Höllerer, Walter: Die Epiphanie als Held des Romans (I) + (II). In: Akzente.
    Zeitschrift für Dichtung. München 8 (1961), S. 125–136 und S. 275–285.
293 Hoffmann, Ludwig: Nachwort zu einer Auswahl «Volksstücke». Berlin (Ost)
    1967. S. 389–395.
293a Joachim, Hans A.: Romane aus Amerika. In: Die Neue Rundschau Berlin,
    Leipzig 1930. Bd. 2, S. 396–409.
294 Just, Klaus Günther: Essay. In: Deutsche Philologie im Aufriß. 2. überarb.
    Aufl. Unveränderter Nachdr. Unter Mitarbeit zahlreicher Fachgelehrter hrsg.
    von Wolfgang Stammler. Bd. 2. 2. Aufl. Berlin (West) 1960. Sp. 1897–1948.
295 Kerr, Alfred: Die Welt im Drama. Hrsg. von Gerhard Friedrich Hering.
    2. Aufl. Köln, Berlin 1964.

296 Ketelsen, Uwe-K.: Nationalsozialismus und Drittes Reich. In: Geschichte der politischen Lyrik in Deutschland. Hrsg. von Walter Hinderer. Stuttgart 1978. S. 291–314.

297 Klotz, Volker: Bürgerliches Lachtheater. Komödie. Posse. Schwank. Operette. München 1980.

298 Krieg, Walter: Unser Weg ging hinauf. Hedwig Courths-Maler und ihre Töchter als literarisches Phänomen. Ein Beitrag zur Theorie über den Erfolgsroman und zur Geschichte und Bibliographie des modernen Volkslesestoffes. Privatdruck. Bad Bocklet, Wien, Zürich 1953.

299 Lukács, Georg: Die Theorie des Romans. Ein geschichtsphilosophischer Versuch über die Formen der großen Epik. 2., um e. Vorw. verm. Aufl. Neuwied (am Rhein), Berlin (West) 1963.

300 Massenspiele: NS-Thingspiel, Arbeiterweihespiel und olympisches Zeremoniell. Von Henning Eichberg u. a. Stuttgart, Bad Cannstatt 1977. (Problemata. Bd. 58).

301 Mennemeier, Franz Norbert: Das Drama der Nazi-Zeit. In: Mennemeier, Franz Norbert: Modernes Deutsches Drama. Kritiken und Charakteristiken. Bd. 2: 1933 bis zur Gegenwart. München 1975. S. 95–139.

302 Mennemeier, Franz Norbert: Modernes Deutsches Drama. Kritiken und Charakteristiken. 2 Bde. München 1973 und 1975.

303 Mennemeier, Franz Norbert; Trapp, Frithjof: Deutsche Exildramatik 1933 bis 1950. München 1980.

304 Mennemeier, Franz Norbert; Trapp, Frithjof: Zur deutschsprachigen Exildramatik. In: Handbuch des deutschen Dramas. Hrsg. von Walter Hinck. Düsseldorf 1980. S. 431–439.

305 Menz, Egon: Sprechchor und Aufmarsch. Zur Entstehung des Thingspiels. In: Die deutsche Literatur im Dritten Reich. Themen, Traditionen, Wirkungen. Hrsg. von Horst Denkler; Karl Prümm. Stuttgart 1976. S. 330–346.

306 Möbius, Hanno: Der Rote Eine-Mark-Roman. In: Archiv für Sozialgeschichte. Hannover 14 (1974), S. 157–211.

307 Müller, Gerd: Das Volksstück von Raimund bis Kroetz. Die Gattung in Einzelanalysen. München 1979.

308 Müller, Hans-Harald: Kriegsroman und Republik. Historische Skizze mit einer Interpretation von Adam Scharrers proletarischem Antikriegsroman «Vaterlandslose Gesellen». In: Der deutsche Roman im zwanzigsten Jahrhundert. Bd. 2: Analysen und Materialien zur Theorie und Soziologie des Romans. Hrsg. von Manfred Brauneck. Bamberg 1976. S. 222–252.

309 Nagl, Manfred: Science Fiction in Deutschland. Untersuchungen zur Genese, Soziographie und Ideologie der phantastischen Massenliteratur. Tübingen 1972. (Untersuchungen des Ludwig-Uhland-Instituts der Universität Tübingen im Auftrag der Tübinger Vereinigung für Volkskunde hrsg. von Hermann Bausinger; Utz Jeggle u. a. Bd. 30).

310 Nutz, Walter: Der Trivialroman. Seine Formen und seine Hersteller. Ein Beitrag zur Literatursoziologie. 2. Aufl. Köln, Opladen 1966. (Kunst und Kommunikation. Bd. 4).

311 Reich, Bernhard: Zur Methodik der deutschen antifaschistischen Dramatik. In: Das Wort. Moskau (1937) H. 1, S. 63–72. (Neudruck Bd. 3. Zürich 1969).

312 Riha, Karl: Moritat, Bänkelsong, Protestballade: Kabarett-Lyrik und enga-
giertes Lied in Deutschland. 2., durchges., erg. u. erw. Neuaufl. Königstein
(Taunus) 1979.

313 Rohner, Ludwig: Der deutsche Essay. Materialien zur Geschichte und Ästhetik einer literarischen Gattung. Neuwied, Berlin (West), 1966.

314 Rotermund, Erwin: Zur Erneuerung des Volksstückes in der Weimarer Repu-
blik. Zuckmayer und Horváth. In: Volkskultur und Geschichte. Festgabe für
Josef Dünninger zum fünfundsechzigsten Geburtstag. Berlin (West) 1970.
S. 612–633.

315 Ruttkowski, Wolfgang Victor: Das literarische Chanson in Deutschland.
Bern, München 1966.

315a Schilling, Jürgen: Aktionskunst. Identität von Kunst und Leben? Eine Dokumentation. Luzern, Frankfurt (Main) 1978.

316 Schlenstedt, Silvia: Wegscheiden: deutsche Lyrik im Entscheidungsfeld der
Revolutionen von 1917 und 1918. Berlin (Ost) 1976.

317 Schwarz, Peter Paul: Lyrik und Zeitgeschichte. Brecht, Gedichte über das
Exil und späte Lyrik. Heidelberg 1978.

318 Szondi, Peter: Theorie des modernen Dramas (1880–1950). 10. Aufl. Frankfurt (Main) 1974.

319 Vallery, Helmut: Führer, Volk und Charisma. Der nationalsozialistische historische Roman. Köln 1980. (Pahl-Rugenstein Hochschulschriften. Gesellschaft
und Naturwissenschaft. Bd. 55).

320 Wendler, Wolfgang: Die Einschätzung der Gegenwart im deutschen Zeitroman. In: Die deutsche Literatur in der Weimarer Republik. Hrsg. von Wolfgang Rothe. Stuttgart 1974. S. 169–194.

321 Wilms, Bernd: Der Schwank. Dramaturgie und Theatereffekt. Deutsches Tri-
vialtheater (1880–1930). Diss. Freie Universität Berlin. 1969.

322 Wuthenow, Ralph-Rainer: Literaturkritik, Tradition und Politik. Zum deutschen Essay in der Zeit der Weimarer Republik. In: Die deutsche Literatur in
der Weimarer Republik. Hrsg. von Wolfgang Rothe. Stuttgart 1974. S. 434–
457.

323 Zimmermann, Peter: Der Bauernroman. Antifeudalismus, Konservatismus,
Faschismus. Stuttgart 1975.

324 Ziolkowski, Theodore: Strukturen des modernen Romans. Deutsches Beispiel und europäische Zusammenhänge. München 1972. (Aus d. Amerik. von
Beatrice Steiner; Wilhelm Höck).

6. Zu einzelnen Autoren

325 Arntzen, Helmut: Ödön von Horváth. Geschichten aus dem Wiener Wald. In:
Die Deutsche Komödie. Hrsg. von Walter Hinck. Düsseldorf 1977. S. 246–268.

326 Beck, Johannes; Bergmann Klaus und Boehncke, Heiner (Hrsg.): Das B. Tra-
ven-Buch. Lesestücke – Unterrichtsmaterialien. Reinbek (bei Hamburg)
1976.

327 Becker, Hans J.: Mit geballter Faust. Kurt Tucholskys «Deutschland,
Deutschland über alles». Bonn 1978. (Abhandlungen zur Kunst-, Musik- und
Literaturwissenschaft. Bd. 240).

328 Benjamin, Walter: Über einige Motive bei Baudelaire. Zentralpark. In: Benjamin, Walter: Illuminationen. Ausgewählte Schriften. 2. Aufl. Frankfurt (Main) 1980. S. 185–229; 230–250.

329 Benjamin, Walter: Versuche über Brecht. Hrsg. u. mit e. Nachw. vers. von Rolf Tiedemann. 3. Aufl. Frankfurt (Main) 1971.

330 Berger, Willy R.: Die mythologischen Motive in Thomas Manns Roman ‹Joseph und seine Brüder›. Köln, Wien, 1971.

331 Bertolt Brechts «Hauspostille». Text und kollektives Lesen. Hrsg. von Hans-Thies Lehmann; Helmut Lethen. Mit Beiträgen von Wolfgang Hagen, Hans-Thies Lehmann, Helmut Lethen, Hans-Martin Ritter u. a. Stuttgart 1978.

331a Besichtigung des Zauberbergs. Hrsg. von Heinz Sauereßig. Biberach (an der Riss) 1974.

332 Blanchot, Maurice: Rilke et l'exigence de la mort. In: Blanchot, Maurice: L'espace littéraire. Paris 1968. S. 151–211.

333 Curtius, Ernst Robert: James Joyce und sein Ulysses. In: Curtius, Ernst Robert: Kritische Essays zur europäischen Literatur. 3. Aufl. Bern, München 1963. S. 290–314.

334 Dittberner, Hugo: Heinrich Mann. Eine kritische Einführung in die Forschung. Frankfurt (Main) 1974.

335 Düsing, Wolfgang: Das Epos der Weimarer Republik. Döblins Romanzyklus «November 1918». In: Schriftsteller und Politik in Deutschland. Hrsg. von Werner Link. Düsseldorf 1979. S. 49–61.

336 Emrich, Wilhelm: Das Problem der Form in Hans Henny Jahnns Dichtungen. Mainz, Wiesbaden 1968. (Adademie der Wissenschaft und der Literatur. Abhandlungen der Klassiker der Literatur. Jg. 1968. Nr. 1).

337 Expressionismus – Aktivismus – Exotismus. Studien zum literarischen Werk Robert Müllers (1887–1924). Mit zeitgenössischen Rezeptionsdokumenten und einer Bibliographie. Hrsg. von Helmut Kreuzer; Günter Helmes. Göttingen 1981.

338 Franke, Manfred: Albert Leo Schlageter: der erste Soldat des 3. Reiches. Die Entmythologisierung eines Helden. Köln 1980.

339 Fülleborn, Ulrich: Form und Sinn der ‹Aufzeichnungen des Malte Laurids Brigge›. Rilkes Prosabuch und der moderne Roman. In: Deutsche Romantheorien. Hrsg. von Reinhold Grimm. Bearb. Neuaufl. Frankfurt (Main) 1974. S. 295–317. (Zuerst in: Unterscheidung und Bewahrung. Festschrift für Hermann Kunisch zum 60. Geburtstag. Berlin 1961. S. 147–169).

340 Grimm, Reinhold: Bertolt Brecht. 3., völlig neu bearb. Aufl. Stuttgart 1971.

341 Hall, Murray G.: Der Fall Bettauer. Wien 1978.

342 Hans Henny Jahnn. Text und Kritik. Zeitschrift für Literatur. Hrsg. von Heinz Ludwig Arnold. H. 2/3, 3. revidierte u. erw. Aufl. München (Januar 1980). (Bibliographie S. 139–158).

343 Hein, Jürgen: Ödön von Horváth: Kasimir und Karoline. In: Deutsche Dramen. Interpretationen zu Werken von der Aufklärung bis zur Gegenwart. Hrsg. von Harro Müller-Michaels. Bd. 2. Königstein (Taunus) 1981. S. 42–67.

344 Hermand, Jost: Bertolt Brecht. Herr Puntila und sein Knecht Matti. In: Die Deutsche Komödie. Hrsg. von Walter Hinck. Düsseldorf 1977. S. 287–304.

344a Hermann Broch und seine Zeit. Akten des Internationalen Broch-Symposiums, Nice 1979. Im Auftrag des Österreichischen Kulturinstituts in Paris und der Université de Nice hrsg. von Richard Thieberger. Bern, Frankfurt (am Main) u. a. 1980. (Jahrbuch für Internationale Germanistik. Reihe A. Kongreßberichte. Bd. 6).

345 James Joyces ‹Ulysses›. Neuere deutsche Aufsätze. Hrsg. von Therese Fischer-Seidel. Frankfurt (Main) 1977. (Literaturverzeichnis S. 345–374).

346 Jarka, Horst: Einleitung. In: Soyfer, Jura: Das Gesamtwerk. Hrsg. von Horst Jarka. Wien, München, Zürich 1980. S. 13–27.

347 Kaempfer, Wolfgang: Ernst Jünger. Stuttgart 1981.

348 Kerker, Armin: Ernst Jünger, Klaus Mann. Gemeinsamkeit und Gegensatz in Literatur und Politik; zur Typologie des literarischen Intellektuellen. Bonn 1974. (Abhandlungen zur Kunst-, Musik- und Literaturwissenschaft. Bd. 146).

349 Knopf, Jan: Brecht-Handbuch. Theater. Eine Ästhetik der Widersprüche. Stuttgart 1980.

350 Köhn, Lothar: «Montage höherer Ordnung». Zur Struktur des Epochenbildes bei Bloch, Tucholsky und Broch. In: Literaturwissenschaft und Geistesgeschichte. Festschrift für Richard Brinkmann. Red.kollegium: Jürgen Brummack u. a. Tübingen 1981. S. 585–615.

351 Krockow, Christian Graf von: Die Entscheidung. Eine Untersuchung über Ernst Jünger, Carl Schmitt, Martin Heidegger. Stuttgart 1958. (Göttinger Abhandlungen zur Soziologie unter Einschluß ihrer Grenzgebiete. Bd. 3).

352 Krohne, Helmut: Fritz Steuben – ein preußisches Denkmal. Portrait einer Begegnung. In: Magazin für Abenteuer-, Reise- und Unterhaltungsliteratur. Braunschweig 7 (1980) H. 25/1. Quartal, S. 19–25.

353 Lehmann, Hans-Thies: Das Subjekt der «Hauspostille». Eine neue Lektüre des Gedichts «Vom armen B. B.». In: Brecht-Jahrbuch 1980. Hrsg. von Reinhold Grimm; Jost Hermand. Frankfurt (Main) 1981. S. 22–42.

354 Lehmann, Hans-Thies; Lethen, Helmut: Verworfenes Denken. Zu Reinhold Grimms Essay «Brecht und Nietzsche oder Geständnisse eines Dichters». In: Brecht-Jahrbuch 1980. Hrsg. von Reinhold Grimm; Jost Hermand. Frankfurt (Main) 1981. S. 149–171.

355 Lehnert, Herbert: Bert Brecht und Thomas Mann im Streit über Deutschland. In: Deutsche Exilliteratur seit 1933. Bd. 1: Kalifornien. T. 1. Hrsg. von John M. Spalek; Joseph Strelka. Bern, München 1976. S. 62–88.   •

356 Lübbe, Peter: Das Revolutionserlebnis im Werk von B. Traven. Diss. Rostock 1965. (Maschinenschr.)

357 Lutz, Günther: Die Stellung Marieluise Fleißers in der bayerischen Literatur des 20. Jahrhunderts. Frankfurt (Main), Bern, Cirencester (U.K.) 1979. (Europäische Hochschulschriften. Reihe I Deutsche Literatur und Germanistik. Bd. 312).

358 Lyon, James K.: Bertolt Brecht in Amerika. Princeton, N. J. 1980.

358a Mandelkow, Karl Robert: Hermann Brochs Romantrilogie «Die Schlafwandler». Gestaltung und Reflexion im modernen deutschen Roman. Mit e. Nachw. «Bemerkungen zur ‹Schlafwandler›-Rezeption und zur Forschung von 1964–1974». 2., durchges. Aufl. Heidelberg 1975 (Probleme der Dichtung. H. 6).

359 Marchand, Wolf Richard: Joseph Roth und völkisch-nationalistische Wertbe-

griffe. Untersuchungen zur politisch-weltanschaulichen Entwicklung Roths und ihrer Auswirkung auf sein Werk. Diss. Bonn 1974.

360 Materialien zu Hermann Hesses «Siddhartha». 1. Band: Texte von Hermann Hesse. Hrsg. von Volker Michels. Frankfurt (Main) 1975.

361 Materialien zu Hermann Hesses «Siddhartha». 2. Band: Texte über Siddharta. Hrsg. von Volker Michels. Frankfurt (Main) 1974.

362 Materialien zu Rainer Maria Rilkes ‹Die Aufzeichnungen des Malte Laurids Brigge›. Hrsg. und mit e. Nachw. von Hartmut Engelhardt. Frankfurt (Main) 1974. (Bibliographie R. M. Rilke. S. 318–321).

363 Mörchen, Helmut: Schriftsteller in der Massengesellschaft: zur politischen Essayistik und Publizistik Heinrich und Thomas Manns, Kurt Tucholskys und Ernst Jüngers während der Zwanziger Jahre. Stuttgart 1973. (Diss. Saarbrücken 1972).

364 Multhaupt, Uwe: James Joyce. Darmstadt 1980. (Erträge der Forschung. Bd. 142).

365 Ossietzky, Carl von: Ludwig Renn. In: Die Weltbühne. Berlin 25 (5. 3. 1929) Nr. 10, S. 381–383. (Nachdruck 1978)

366 Rasch, Wolfdietrich: ‹Der Mann ohne Eigenschaften›. Eine Interpretation des Romans. (1963) In: Robert Musil. Hrsg. von Renate von Heydebrand. Darmstadt 1982. S. 54–119. (Wege der Forschung. Bd. 588).

367 Robert Musil. Hrsg. von Renate von Heydebrand. Darmstadt 1982. (Wege der Forschung. Bd. 588).

368 Robert Musil. Studien zu seinem Werk. Im Auftrag der Vereinigung Robert Musil-Archiv Klagenfurt hrsg. von Karl Dinklage u. a. Reinbek (bei Hamburg) 1970.

369 Roseberry, Robert L.: Robert Musil. Ein Forschungsbericht. Frankfurt (Main) 1974.

370 Rühle, Günther: Materialien zum Leben und Schreiben der Marieluise Fleisser. Frankfurt (Main) 1973.

371 Rüter, Hubert: Erich Maria Remarque, ‹Im Westen nichts Neues›. Ein Bestseller der Kriegsliteratur im Kontext. Entstehung, Struktur, Rezeption, Didaktik. Paderborn, München u. a. 1980. (Modellanalysen Literatur. Bd. 4).

372 Schmidt, Jochen: Ohne Eigenschaften. Eine Erläuterung zu Musils Grundbegriff. Tübingen 1975. (Untersuchungen zur deutschen Literaturgeschichte. Bd. 13).

373 Schneede, Uwe M.: George Grosz. Der Künstler in seiner Gesellschaft. 2. Aufl. Köln 1977.

374 Schöne, Albrecht: Döblin. Berlin Alexanderplatz. In: Der deutsche Roman. Vom Barock bis zur Gegenwart. Struktur und Geschichte. Hrsg. von Benno von Wiese. Düsseldorf 1963. Bd. 2, S. 291–325.

375 Scholvin, Ulrike: Döblins Metropolen. Diss. Marburg 1983.

376 Schürer, Ernst: Nachwort zu Georg Kaiser: Nebeneinander. Volksstück 1923. Stuttgart 1978.

377 Schuhmann, Klaus: Der Lyriker Bertolt Brecht (1913–1933), Berlin (Ost) 1964. (Neue Beiträge zur Literaturwissenschaft. Bd. 20).

378 Schwarz, Egon: Das verschluckte Schluchzen. Poesie und Politik bei Rainer

Maria Rilke. Frankfurt (Main) 1972.

378a Schwarz, Egon: Hofmannsthal und Calderón. Cambridge (Massachusetts) 1962.

379 Völker, Klaus: Bertolt Brecht. Eine Biographie. München 1976.

379a Weiss, Walter: Salzburger Mythos? Hofmannsthals und Reinhardts Welttheater. In: Staat und Gesellschaft in der modernen österreichischen Literatur. Hrsg. von Friedbert Aspetsberger. Wien 1977. S. 5–19.

380 Wuthenow, Ralph-Rainer: Hugo von Hofmannsthal und die Konservative Revolution. In: Goethe-Jahrbuch, Frankfurt (Main) 3 (1961), S. 8–26.

381 Wuthenow, Ralph-Rainer: Josef Hofmiller als Kritiker und Essayist. Diss. Heidelberg 1953.

382 Wyatt, Will: B. Traven. Nachforschungen über einen ‹Unsichtbaren›. (Aus d. Engl. von Peter Hubschmid) Hamburg 1982.

383 Žmegač, Viktor: Alfred Döblins Poetik des Romans. In: Deutsche Romantheorien. Beiträge zu einer historischen Poetik in Deutschland. Hrsg. und eingel. von Reinhold Grimm. Frankfurt (Main), Bonn 1968. S. 297–320.

7. Zur Philosophie, Ästhetik und Literaturtheorie

384 Adorno, Theodor Wiesengrund: Gesammelte Schriften. Bd. 7: Ästhetische Theorie. Hrsg. von Gretel Adorno; Rolf Tiedemann. Frankfurt (Main) 1970.

384a Adorno, Theodor Wiesengrund: Rückblickend auf den Surrealismus. In: Adorno, Theodor Wiesengrund: Noten zur Literatur I. Frankfurt (Main) 1973. S. 155–162.

384b Aragno, Piero: Futurismus und Faschismus. Die italienische Avantgarde und die Revolution. In: Faschismus und Avantgarde. Hrsg. von Reinhold Grimm; Jost Hermand. Königstein (Taunus) 1980. S. 83–91.

385 Baumgart, Reinhard: Unmenschlichkeit beschreiben. In: Baumgart, Reinhard: Literatur für Zeitgenossen. Essays. Frankfurt (Main) 1966. S. 12–36.

386 Bechterev, Vladimir Michailovič: Allgemeine Grundlagen der Reflexologie des Menschen. Leitfaden für das objektive Studium der Persönlichkeit. Mit einem Vorwort von Ad. Czerny. Nach d. 3. Aufl. hrsg. von Martin Pappenheim. Wien 1926.

387 Bechterev, Vladimir Michailovič: Die kollektive Reflexologie. Mit einem Vorwort von Paul Plaut. Halle 1928.

387a Benjamin, Walter: Der Surrealismus. Die letzte Momentaufnahme der europäischen Intelligenz. In: Benjamin, Walter: Ausgewählte Schriften Bd. 2: Angelus Novus. Frankfurt (Main) 1966. S. 200–215.

388 Benjamin, Walter: Einbahnstraße. Berlin 1928.

389 Benjamin, Walter: Erfahrung und Armut. In: Benjamin, Walter: Illuminationen. Ausgewählte Schriften. 2. Aufl. Frankfurt (Main) 1980. S. 291–296.

390 Benjamin, Walter: Gesammelte Schriften. Unter Mitwirkung von Theodor W. Adorno und Gerschom Scholem hrsg. von Rolf Tiedemann; Hermann Schweppenhäuser. Bd. 4,2: Illustrierte Aufsätze. Hrsg. von Tillman Rexroth. Frankfurt (Main) 1972.

391 Bloch, Ernst: Erbschaft dieser Zeit. Erw. Ausg. Frankfurt (Main) 1962.

392 Bloch, Ernst: Literarische Aufsätze. Frankfurt (Main) 1965.

393 Bohrer, Karl Heinz: Die Ästhetik des Schreckens. Die pessimistische Romantik und Ernst Jüngers Frühwerk. München, Wien 1978.

394 Bürger, Peter: Theorie der Avantgarde. Frankfurt (Main) 1974.

394a Calvesi, Maurizio: Futurismus. München 1975.

395 Die Expressionismusdebatte. Materialien zu einer marxistischen Realismuskonzeption. Hrsg. von Hans-Jürgen Schmitt. Frankfurt (Main) 1973.

396 Gallas, Helga: Marxistische Literaturtheorie. Kontroversen im Bund proletarisch-revolutionärer Schriftsteller. Neuwied, Berlin (West) 1971. (collection alternative. Bd. 1).

397 Hermand, Jost: Orte. Irgendwo. Formen utopischen Denkens. Königstein (Taunus) 1981.

398 Hirdina, Karin: Pathos der Sachlichkeit. Tendenzen materialistischer Ästhetik in den zwanziger Jahren. Berlin (Ost) 1981.

399 Jünger, Ernst: Der Arbeiter. Herrschaft und Gestalt. Hamburg 1932.

400 Ketelsen, Uwe-Karsten: Heroisches Theater. Untersuchungen zur Dramentheorie des Dritten Reichs. Bonn 1968. (Literatur und Wirklichkeit. Bd. 2).

401 Killy, Walther: Deutscher Kitsch. Ein Versuch mit Beispielen. 6. Aufl. Göttingen 1970.

402 Kittsteiner, Heinz-Dieter; Lethen, Helmut: «Jetzt zieht Leutnant Jünger seinen Mantel aus». Überlegungen zur «Ästhetik des Schreckens». In: Berliner Hefte. Zeitschrift für Kultur und Politik. Berlin (West) (1979) H. 11, S. 20–50.

403 Kracauer, Siegfried: Das Ornament der Masse. Essays. Mit e. Nachw. von Karsten Witte. Frankfurt (Main) 1977.

404 Lukács, Georg: Es geht um den Realismus. In: Die Expressionismusdebatte. Materialien zu einer marxistischen Realismuskonzeption. Hrsg. von Hans-Jürgen Schmitt. Frankfurt (Main) 1973. S. 192–230.

405 Lukács, Georg: Die Seele und die Formen. Essays von Georg Lukács. Neuwied, Berlin 1971.

406 Regius, Heinrich: Dämmerung. Notizen in Deutschland. Zürich 1934.

407 Sozialistische Realismuskonzeptionen. Dokumente zum 1. Allunionskongreß der Sowjetschriftsteller. Hrsg. von Hans-Jürgen Schmitt; Godehard Schramm. (Aus d. Russ. übers. von Wenzel M. Götte u. a. Aus d. Engl. übers. von Rudolf Hermstein. Aus d. Franz. übers. von Ines Bauer). Frankfurt (Main) 1974.

408 Stollmann, Rainer: Ästhetisierung der Politik. Literaturstudien zum subjektiven Faschismus. Stuttgart 1978.

409 Theorie der Avantgarde. Antworten auf Peter Bürgers Bestimmung von Kunst und bürgerliche Gesellschaft. Hrsg. von W. Martin Lüdke. Frankfurt (Main) 1976.

410 Vondung, Klaus: Völkisch-nationale und nationalsozialistische Literaturtheorie. München 1973.

411 Watson, John B.: Der Behaviorismus. (Aus d. Amerik. von Emmy Giese-Lang.) In deutscher Ausg. hrsg. von Fritz Giese. Stuttgart 1930.

Zeittafeln

K. Pinthus (Hrsg.): *Menschheitsdämmerung. Symphonie jüngster Dichtung*
F. Thieß: *Der Tod von Falern*
E. Toller: *Masse Mensch*
Zeitschrift: *Der Querschnitt* (O. Starke, A. Flechtheim)

K. Schwitters: «Das Sternbild» (Assemblage aus Altmaterial)
«Neue Sachlichkeit» in der Malerei
R. Wiene: «Das Kabinett des Dr. Caligari» (Film mit Lil Dagover, W. Krauss)
K. Binding, A. Hoche: *Die Freigabe der Vernichtung lebensunwerten Lebens*

1921   J. R. Becher: *Arbeiter, Bauern, Soldaten*
M. Brod: *Heidentum, Christentum, Judentum*
G. Engelke: *Rhythmus des neuen Europa*
St. George: *Drei Gesänge*
H. von Hofmannsthal: *Der Schwierige*
Th. Mann: *Wälsungenblut*
R. Musil: *Die Schwärmer*
F. Werfel: *Bocksgesang*
J. Winckler: *Der tolle Bomberg*

J. Dos Passos: *Drei Soldaten*
J. Hašek: *Die Abenteuer des braven Soldaten Schwejk während des Weltkrieges*
G. B. Shaw: *Zurück zu Methusalem*
C. D. Carrà: «Pinie am Meer»
E. Munch: «Der Kuß»
O. Schlemmer: «Triadisches Ballett»
S. Prokoviev: «Die Liebe zu den drei Orangen»
C. G. Jung: *Psychologische Typen*
E. Kretschmer: *Körperbau und Charakter*
A. Tairov: *Das entfesselte Theater*

1922   H. Carossa: *Eine Kindheit*
H. Hesse: *Siddharta*
H. von Hofmannsthal: *Das Salzburger große Welttheater*
E. Jünger: *Der Kampf als inneres Erlebnis*
Th. Mann: *Die Bekenntnisse des Hochstaplers Felix Krull. Buch der Kindheit* (erw. Fassg. 1936 und 1954)
Th. Mann: *Von deutscher Republik*
E. Toller: *Die Maschinenstürmer*
L. Wittgenstein: *Tractatus logico-philosophicus*

T. S. Eliot: *Das wüste Land*
J. Giraudoux: *Siegfried und das Limousin*
J. Joyce: *Ulysses*
H. de Montherlant: *Der Traum*
P. Klee: «Die Zwitschermaschine»
H. Prinzhorn: *Bildnerei der Geisteskranken*
A. Schönberg entwickelt Zwölftontechnik
R. W. Boyle: Ultraschall-Forschungen
G. Radbruch: *Kulturlehre des Sozialismus*
E. Troeltsch: *Der Historismus und seine Probleme*

1923   E. Barthel: *Lebensphilosophie*
R. Huch: *Michael Bakunin*
M. Mell: *Das Apostelspiel*
R. M. Rilke: *Duineser Elegien*
R. M. Rilke: *Sonette an Orpheus*
F. Salten: *Bambi*
Zeitschriften: *Die schöne Literatur* (W. Vesper);
Deutsche Vierteljahrsschrift für Literatur- und Geistesgeschichte

R. Radiguet: *Den Teufel im Leib*
G. B. Shaw: *Die heilige Johanna*
I. Svevo: *Das Gewissen des Zeno*
R. Dufy: «An den Ufern der Marne»
B. Bartók: «Tanzsuite für Orchester»
Allg. Anthroposophische Gesellschaft gegründet
Dt. Kartellverordnung gegen Mißbrauch wirtschaftl. Macht
Rundfunk in Deutschland
S. Freud: *Das Ich und das Es*
G. Lukács: *Geschichte und Klassenbewußtsein*
A. Moeller van den Bruck: *Das dritte Reich*

1924   B. Brecht: *Leben König Eduards II. von England*
H. Carossa: *Rumänisches Tagebuch*
A. Döblin: *Berge, Meere und Giganten*
G. Hauptmann: *Die Insel der großen Mutter*
A. Holitscher: *Narrenbaedeker*
E. E. Kisch: *Der rasende Reporter*

A. Breton: *Manifest des Surrealismus*
E. F. T. Marinetti: *Futurismus und Faschismus*
S. O'Casey: *Juno und der Pfau*
G. de Chirico: «Der große Metaphysiker»
L. Moholy-Nagy: «Theater der Totalität»

G. von Le Fort: *Hymnen an die Kirche*
Th. Mann: *Der Zauberberg*
E. Piscator: *Revue Roter Rummel*
E. Toller: *Das Schwalbenbuch*

G. Puccini: «Turandot» (UA 1926)
O. Schoeck: «Penthesilea»
Massenmörder Haarmann verhaftet
S. Freud: *Gesammelte Schriften*
(12 Bde. bis 1939)
H. Vaihinger: *Pessimismus und Optimismus vom Kantschen Standpunkt aus*

1925	W. Benjamin: *Der Ursprung des deutschen Trauerspiels* L. Feuchtwanger: *Jud Süß* (dramat. Fassg. 1917) H. von Hofmannsthal: *Der Turm* (1. Fassg. Dr. 1923 bis 1925, UA 1948; 2. Fassg. Dr. 1927, UA 1928) A. Holz: *Das Werk* (10 Bde.) F. Kafka: *Der Prozeß* (beg. 1914) E. G. Kolbenheyer: *Paracelsus* (Trilogie, seit 1917) Th. Mann: *Unordnung und frühes Leid* J. Wittig: *Leben Jesu in Palästina, Schlesien und anderswo* C. Zuckmayer: *Der fröhliche Weinberg* St. Zweig: *Die Augen des ewigen Bruders* Zeitschrift: *Die literarische Welt* (W. Haas)	J. Dos Passos: *Manhattan Transfer* Th. Dreiser: *Eine amerikanische Tragödie* F. S. Fitzgerald: *Der große Gatsby* A. Gide: *Die Falschmünzer* E. Pound: *Cantos* V. Woolf: *Mrs. Dalloway* O. Dix: «Tänzerin Anita Berber» J. Miró: «Der Katalane» A. Berg: «Wozzeck» Ausstellung «Die Neue Sachlichkeit» in Mannheim Film: «Wege zu Kraft und Schönheit» Ch. Chaplin: «Goldrausch» (Film) W. Heisenberg, M. Born und P. Jordan entwickeln die Quantenmechanik für Atome Mumie des ägypt. Pharaos Tut-enchamun gefunden A. Hitler: *Mein Kampf* (1925/26)
1926	E. Barlach: *Der blaue Boll* B. Brecht: *Mann ist Mann* M. Fleißer: *Fegefeuer in Ingolstadt* H. Grimm: *Volk ohne Raum* G. Hauptmann: *Dorothea Angermann* F. Kafka: *Das Schloß* (entst. 1920/22) A. Schnitzler: *Traumnovelle* B. Traven (H. O. Feige): *Das Totenschiff* B. Traven: *Die Baumwollpflücker* St. Zweig: *Verwirrung der Gefühle*	L. Aragon: *Der Bauer von Paris* J. Cocteau: *Orpheus* (Dr. 1927) E. Hemingway: *Fiesta* W. Gropius: «Bauhaus Dessau» A. Honegger: «Judith» F. Lang: «Metropolis» (Film; Drehbuch: Th. von Harbou) F. W. Murnau: «Faust» (Film mit E. Jannings) S. M. Eisenstein: «Panzerkreuzer Potemkin» (Film) Gesetz zur Bewahrung der Jugend vor Schmutz- und Schundschriften F. Tönnies: *Fortschritt und soziale Entwicklung*
1927	B. Brecht: *Die Hauspostille* B. Brecht: *Im Dickicht der Städte* F. von Gagern: *Das Grenzerbuch* M. Heidegger: *Sein und Zeit* H. Hesse: *Der Steppenwolf* F. Kafka: *Amerika* (1912 unter dem Titel: *Der Verschollene* beg.; Teildr. 1913: *Der Heizer*) E. E. Kisch: *Zaren, Popen, Bolschewiken* A. Schnitzler: *Spiel im Morgengrauen* B. Traven: *Der Schatz der Sierra Madre* A. Zweig: *Der Streit um den Sergeanten Grischa* St. Zweig: *Sternstunden der Menschheit*	S. Lewis: *Elmer Gantry* F. Mauriac: *Thérèse Desqueyroux* M. Proust: *Auf der Suche nach der verlorenen Zeit* (Romanzyklus, seit 1913) E. Hopper: «An der Manhattan-Brücke» H. Zille: «Das große Zille-Album» Erfolge der Josephine Baker in Paris Ch. A. Lindbergh überfliegt Nordatlantik in West-Ost-Richtung S. Freud: *Die Zukunft einer Illusion*

1928   W. Benjamin: *Einbahnstraße*
        B. Brecht, K. Weill: *Die Dreigro-*
        schenoper (Dr. 1931)
        St. George: *Das neue Reich*
        E. Glaeser: *Jahrgang 1902*
        B. Groethuysen: *Philosophische*
        Anthropologie
        G. von Le Fort: *Der römische Brunnen*
        (1. Teil von: *Das Schweißtuch der Ve-*
        ronika)
        H. Mann: *Eugenie oder die Bürgerzeit*
        A. Seghers: *Aufstand der Fischer von*
        St. Barbara
        J. Wassermann: *Der Fall Maurizius*

        A. Breton: *Nadja*
        D. H. Lawrence: *Lady Chatterleys*
        Liebhaber
        R. Vitrac: *Victor oder die Kinder an*
        der Macht
        V. Woolf: *Orlando*
        O. Dix: «Großstadt» (Triptychon)
        G. Gershwin: «Ein Amerikaner in
        Paris»
        M. Ravel: «Bolero»
        W. Disney: Erste Mickey-Mouse-
        Stummfilme
        Erfindung des Fernschreibers
        Th. H. Morgan: *Die Theorie des Gens*
        Th. H. van de Velde: *Die vollkom-*
        mene Ehe

1929   V. Baum: *Menschen im Hotel*
        R. Borchardt: *Der unwürdige Liebha-*
        ber
        B. Brecht: *Aufstieg und Fall der Stadt*
        Mahagonny (UA 1930)
        A. Döblin: *Berlin Alexanderplatz. Die*
        Geschichte vom Franz Biberkopf
        H. Heyck: *Deutschland ohne Deutsche*
        H. H. Jahnn: *Perrudja*
        E. Jünger: *Das abenteuerliche Herz*
        (Neufassung 1938: *Figuren und*
        Capriccios)
        H. J. Rehfisch, W. Herzog: *Die Affäre*
        Dreyfus
        F. Wolf: *Cyancali – § 218*
        Literaturnobelpreis an Th. Mann
        Zeitschrift: *Die Linkskurve* (J. R.
        Becher)

        P. Claudel: *Der seidene Schuh* (UA
        1943)
        J. Cocteau: *Die schrecklichen Kinder*
        J. Giraudoux: *Amphitryon 38*
        E. Hemingway: *In einem anderen*
        Land
        Th. Wolfe: *Schau heimwärts, Engel!*
        L. Moholy-Nagy: «Dekorationen für
        abstrakte Filme in Berlin»
        Museum of Modern Art, New York,
        gegründet
        L. Buñuel, S. Dalí: «Ein andalusischer
        Hund» (surr. Film)
        K. Mannheim: *Ideologie und Utopie*

1930   W. Beumelburg: *Die Gruppe Bose-*
        müller
        L. Feuchtwanger: *Der Wartesaal* (Ro-
        mantrilogie 1930, 1933, 1940)
        H. Hesse: *Narziß und Goldmund*
        H. Mann: *Die große Sache*
        Th. Mann: *Mario und der Zauberer*
        R. Musil: *Der Mann ohne Eigenschaf-*
        ten (2. Bd. 1933, 3. Bd. 1943)
        E. Penzoldt: *Die Powenzbande*
        J. Roth: *Hiob*
        J. M. Wehner: *Die Wallfahrt nach Pa-*
        ris (bis 1933)
        F. Wolf: *Die Matrosen von Cattaro*
        Zeitschrift: *Corona* (M. Bodmer)

        A. Breton: *Zweites Surrealistisches*
        Manifest
        T. S. Eliot: *Aschermittwoch*
        E. Waugh: *... aber das Fleisch ist*
        schwach
        L. Buñuel, S. Dalí: «Das goldene Zeit-
        alter» (surr. Film)
        J. von Sternberg: «Der blaue Engel»
        (Film mit E. Jannings und M. Dietrich
        nach *Professor Unrat* von H. Mann)
        M. Horkheimer und Th. W. Adorno
        u. a. begründen an der Universität
        Frankfurt (M.) Schule der «Kritischen
        Theorie» (Institut f. Sozialforschung)
        S. Freud: *Das Unbehagen in der Kultur*
        J. Ortega y Gasset: *Der Aufstand der*
        Massen
        A. Rosenberg: *Der Mythus des*
        20. Jahrhunderts

1931   H. Broch: *Die Schlafwandler* (1931/32)
        H. Carossa: *Der Arzt Gion*
        H. Fallada (R. Ditzen): *Bauern, Bon-*
        zen und Bomben
        K. Jaspers: *Die geistige Situation der*
        Zeit
        E. Jünger: *Die totale Mobilmachung*
        F. Kafka: *Beim Bau der Chinesischen*

        W. Faulkner: *Die Freistatt*
        J. Giraudoux: *Judith*
        Ö. von Horváth: *Geschichten aus dem*
        Wiener Wald
        E. O'Neill: *Trauer muß Elektra tragen*
        A. de Saint-Exupéry: *Nachtflug*
        S. Dalí: «Die Beständigkeit der Erin-
        nerung» (auch unter dem Titel: «Die

Mauer (entst. nach 1917)
E. Kästner: *Fabian*
H. Mann: *Geist und Tat. Franzosen 1780–1930*
G. von Le Fort: *Die Letzte am Schafott*
E. Reger: *Union der festen Hand*
K. Tucholsky: *Schloß Gripsholm*
C. Zuckmayer: *Der Hauptmann von Köpenick*

weichen Uhren» bekannt)
G. F. Malipiero: «Triumph der Liebe» (ital. atonale Oper)
Empire-State-Building, New York (381 m Höhe)
R. Ingarden: *Das literarische Kunstwerk*

1932
B. Brecht: *Die heilige Johanna der Schlachthöfe* (UA 1959)
G. Britting: *Lebenslauf eines dicken Mannes, der Hamlet hieß*
H. Fallada: *Kleiner Mann, was nun?*
G. Hauptmann: *Vor Sonnenuntergang*
H. von Hofmannsthal: *Andreas oder die Vereinigten* (entst. 1912/13)
E. Jünger: *Der Arbeiter. Herrschaft und Gestalt*
L. Klages: *Der Geist als Widersacher der Seele* (3 Bde. seit 1929)
J. Roth: *Radetzky-Marsch*
K. A. Schenzinger: *Der Hitlerjunge Quex*

L.-F. Céline: *Reise ans Ende der Nacht*
W. Faulkner: *Licht im August*
E. Hemingway: *Tod am Nachmittag*
A. Huxley: *Schöne neue Welt*
O. Schlemmer: «Bauhaustreppe»
A. Schönberg: «Moses und Aaron»
S. Th. Dudow: «Kuhle Wampe» (Film nach B. Brecht und K. Weill, wird verboten)
F. Lang: «M» (Film mit P. Lorre)
Höhepunkt der Wirtschaftskrise
Physiknobelpreis an W. Heisenberg für Quantenmechanik
K. R. Popper: *Logik der Forschung*

1933
F. Bruckner: *Die Rassen*
Th. Haecker: *Was ist der Mensch?*
H. Johst: *Schlageter*
Th. Mann: *Die Geschichten Jaakobs* (1. Teil von: *Joseph und seine Brüder;* 2. Teil 1934, 3. Teil 1936, 4. Teil 1943)
E. von Salomon: *Die Kadetten*
H. Spoerl: *Die Feuerzangenbowle*
E. Wiechert: *Die Majorin* (1933/34)
Zeitschriften: *Die Sammlung* (K. Mann), *Neue deutsche Blätter* (O. M. Graf, W. Herzfelde)

S.-G. Colette: *Die Katze*
F. García Lorca: *Die Bluthochzeit*
K. Hamsun: *Nach Jahr und Tag*
Ö. von Horváth: *Glaube, Liebe, Hoffnung* (UA 1936)
F. Lang: «Das Testament des Dr. Mabuse» (Film, in Deutschland verboten)
«Hitlerjunge Quex» (Film)
Öffentl. Bücherverbrennungen in Deutschland

1934
J. Berens-Totenohl: *Der Femhof*
W. Bredel: *Die Prüfung*
H. Fallada: *Wer einmal aus dem Blechnapf frißt*
H. Rehberg: *Der Große Kurfürst*
J. Weinheber: *Adel und Untergang*
F. Wolf: *Professor Mamlock*

L. Aragon: *Die Glocken von Basel*
H. Miller: *Wendekreis des Krebses*
H. de Montherlant: *Die Junggesellen*
D. Thomas: *18 Gedichte*
S. Dalí: «Das Rätsel Wilhelm Tells»
A. Berg: «Requiem für Manon»
A. Baeumler: *Männerbund und Wissenschaft*
H. Knaus: *Die Physiologie der Zeugung des Menschen* (Erkenntnis der empfängnisfreien Tage der Frau zugl. mit dem Japaner K. Ogino)

1935
W. Bergengruen: *Der Großtyrann und das Gericht*
E. Bloch: *Erbschaft dieser Zeit*
Der Große Brockhaus. Handbuch des Wissens (21 Bde. seit 1928)
K. Jaspers: *Vernunft und Existenz*
H. Mann: *Die Jugend des Königs Henri Quatre* (Forts.: *Die Vollendung des Königs Henri Quatre*, 1938)
E. Wiechert: *Hirtennovelle*
H. Johst wird Präsident der Reichsschrifttumskammer

G. Bernanos: *Ein Verbrechen*
T. S. Eliot: *Mord im Dom*
J. Giraudoux: *Der trojanische Krieg findet nicht statt*
J. Steinbeck: *Tortilla Flat*
A. Berg hinterläßt unvollendete Oper «Lulu» nach F. Wedekind
G. Gershwin: «Porgy und Bess»
Erste öffentl. Fernsehstelle in Berlin
M. Mead: *Geschlecht und Temperament in drei primitiven Gesellschaften*

1936 W. Benjamin: *Das Kunstwerk im Zeitalter seiner technischen Reproduzierbarkeit*
B. Brecht: *Die Rundköpfe und die Spitzköpfe* (Dr. 1938)
E. Jünger: *Afrikanische Spiele*
O. Loerke: *Der Wald der Welt*
H. Kesten: *Ferdinand und Isabella*
Th. Mann: *Leiden und Größe der Meister*. Aufsätze
Zeitschrift: *Das Wort* (B. Brecht, L. Feuchtwanger)

J. Anouilh: *Der Reisende ohne Gepäck*
L.-F. Céline: *Tod auf Kredit*
J. Dos Passos: *Hochfinanz* (3. Teil der *USA*-Trilogie, seit 1930)
F. García Lorca: *Bernarda Albas Haus*
M. Mitchell: *Vom Winde verweht* (Verfilmung 1939)
M. Beckmann: «Selbstbildnis mit Glaskugel»
Dt. Künstlerbund verboten
Ch. Chaplin: «Moderne Zeiten» (Film)
Olympische Spiele in Berlin
E. Fromm: *Autorität und Familie*

1937 W. Bergengruen: *Die drei Falken*
R. Billinger: *Der Gigant*
B. Brecht: *Die Gewehre der Frau Carrar*
H. Fallada: *Wolf unter Wölfen*
J. Klepper: *Der Vater*
R. A. Schröder: *Die Ballade vom Wandersmann*
E. Spranger: *Probleme der Kulturphilosophie*
Zeitschrift: *Maß und Wert* (Th. Mann, K. Falke)

J. Giraudoux: *Elektra*
E. Hemingway: *Haben und Nichthaben*
J. Steinbeck: *Von Mäusen und Menschen*
P. Klee: «Aufstand des Viaduktes»
P. Picasso: «Guernica»
Ausstellung «Entartete Kunst» in München
C. Orff: «Carmina Burana»
G. Gründgens Generalintendant der Preuß. Staatstheater in Berlin
K. Horney: *Die neurotische Persönlichkeit unserer Zeit*

1938 B. Brecht: *Furcht und Elend des Dritten Reiches* (UA unter dem Titel 99 %)
G. Kaiser: *Der Gärtner von Toulouse*
G. Kolmar: *Die Frau und die Tiere* (Gedichte)
G. Lukács: *Essays über Realismus*
I. Seidel: *Lennacker*
R. Schneider: *Las Casas vor Karl V.*
J. von Uexküll: *Der unsterbliche Geist in der Natur*

A. Artaud: *Das Theater und sein Double*
S. Beckett: *Murphy*
J.-P. Sartre: *Der Ekel*
M. A. Šolochov: *Der stille Don* (4 Bde. seit 1928)
Th. Wilder: *Unsere kleine Stadt*
R. Dufy: «Regatta»
W. Egk: «Peer Gynt»
L. Riefenstahl: «Fest der Völker», «Fest der Schönheit» (Film über die Olympiade in Berlin)
Höhepunkt des Swingstils (Benny Goodman)
O. Hahn und F. Straßmann entdecken die Spaltbarkeit des Urankerns durch Neutronen (die darauf beruhende Kettenreaktion führt zur technischen Ausnutzung der Atomenergie)

1939 B. Brecht: *Das Verhör des Lukullus* (1951 als Oper, Musik: P. Dessau)
E. Jünger: *Auf den Marmorklippen*
H. Kesten: *Die Kinder von Guernica*
Th. Mann: *Lotte in Weimar* (Teildruck 1937)
G. von Wangenheim: *Die Friedensstörer*
J. Weinheber: *Kammermusik* (Gedichte)
F. Werfel: *Der veruntreute Himmel*
E. Wiechert: *Das einfache Leben*

R. Chandler: *Der große Schlaf*
J. Joyce: *Finnegans Wake* (Zs.-druck 1927–1938)
H. Miller: *Wendekreis des Steinbocks*
J.-P. Sartre: *Die Mauer*
J. Steinbeck: *Früchte des Zorns*
A. Breker: «Bereitschaft» (Monumentalplastik)
D. Šostakovič: «6. Symphonie»
B. Malinowski: *Die Gruppe und das Individuum in funktionaler Analyse*

1940 W. Bergengruen: *Am Himmel wie auf Erden*

G. Green: *Die Kraft und die Herrlichkeit*

N. Hartmann: *Der Aufbau der realen Welt*

G. Kaiser: *Der Soldat Tanaka* (dt. UA: 1946)

H. Lange: *Ulanenpatrouille*

H. Leip: *Das Muschelhorn*

E. Schaper: *Der Henker*

A. Wolfenstein: *Der Gefangene*

1941 J. R. Becher: *Abschied*

B. Brecht: *Mutter Courage und ihre Kinder* (dt. UA 1946)

G. Hauptmann: *Iphigenie in Delphi* (Dr. 1942) (4. Teil der *Atriden-Tetralogie*, 1941–1947)

H. Marcuse: *Vernunft und Revolution*

F. Thiess: *Das Reich der Dämonen*

F. Werfel: *Das Lied der Bernadette*

Zeitschrift: *Freies Deutschland*

1942 St. Andres: *Wir sind Utopia*

E. Jünger: *Gärten und Straßen*

F. Lüdtke: *König aller Deutschen*

Th. Mann: *Deutsche Hörer!*

A. Seghers: *Das siebte Kreuz*

1943 B. Brecht: *Galileo Galilei* (2. Fassg. 1947, 3. Fassg. 1955)

B. Brecht: *Der gute Mensch von Sezuan* (Dr. 1953)

W. Bredel: *Die Väter*

H. Hesse: *Das Glasperlenspiel* (Vorabdruck 1934–1942)

H. Mann: *Lidice*

A. Neumann: *Es waren ihrer sechs*

A. Seghers: *Das Obdach*

F. Werfel: *Jacobowsky und der Oberst*

St. Zweig: *Schachnovelle*

1944 V. Baum: *Hotel in Berlin*

B. Brecht: *Schweyk im zweiten Weltkrieg*

R. Huch: *Herbstfeuer*

E. Jünger: *Über den Frieden*

A. Seghers: *Transit*

1945 F. Bruckner: *Die Befreiten*

M. Frisch: *Nun singen sie wieder*

E. Fromm: *Die Furcht vor der Freiheit*

R. Hagelstange: *Venezianisches Credo*

H. Mann: *Ein Zeitalter wird besichtigt*

Th. Mann: *Adel des Geistes*

E. Hemingway: *Wem die Stunde schlägt*

A. Koestler: *Sonnenfinsternis*

C. McCullers: *Das Herz ist ein einsamer Jäger*

V. Harlan: «Jud Süß» (Film mit W. Krauss)

Ch. Chaplin: «Der Diktator» (Film)

A. Camus (Hrsg.): *Le Combat* (Zeitschrift d. Widerstands)

M. Beckmann: «Perseus» (Triptychon)

H. Moore: «Schlafende Menschen in den Londoner U-Bahnschächten während der Luftangriffe (Zeichnungen)

Deutscher Soldatensender in Belgrad macht Platte «Lili Marleen» bekannt (ges. von Lale Andersen, Text: H. Leip)

O. Welles: «Citizen Kane» (Film)

J. Anouilh: *Eurydike*

A. Camus: *Der Fremde*

A. Camus: *Der Mythos von Sisyphos*

Th. Wilder: *Wir sind noch einmal davongekommen*

P. Picasso: «Stilleben mit Stierschädel»

B. Britten: «1. Streichquartett»

«Manhattan»-Projekt in den USA zur Entwicklung der Atombombe

S. de Beauvoir: *Der Gast*

A. de Saint-Exupéry: *Der kleine Prinz*

J.-P. Sartre: *Die Fliegen*

J.-P. Sartre: *Das Sein und das Nichts*

B. Russell: *Philosophie des Abendlandes. Ihr Zusammenhang mit der politischen und sozialen Entwicklung*

J. Anouilh: *Antigone*

S.-G. Colette: *Gigi*

J. Genet: *Notre-Dame-des-fleurs*

J.-P. Sartre: *Bei geschlossenen Türen*

T. Williams: *Die Glasmenagerie*

Ausstellung «Konkrete Kunst» in Basel (mit Werken von H. Arp, W. Baumeister, W. Kandinsky, P. Klee, L. Moholy-Nagy, P. Mondrian, H. Moore)

S. A. Waksman und A. Schatz entdecken Streptomycin als hochwirksames antibiotisches Heilmittel

J. Giraudoux: *Die Irre von Chaillot*

C. Levi: *Christus kam bis Eboli*

G. Orwell: *Die Farm der Tiere*

J.-P. Sartre: *Die Wege der Freiheit* (unvoll. Romantetralogie, 1945–1949)

E. Waugh: *Wiedersehen mit*

Th. Mann: *Deutschland und die Deutschen* (Rede)
E. Wiechert: *Die Jerominkinder* (2. Bd. 1947)
Zeitschriften: *Die Gegenwart* (E. Benkard), *Die Wandlung* (D. Sternberger, K. Jaspers)

Brideshead
E. W. Nay: «Komposition»
S. Prokoviev: «Aschenbrödel»
M. Carné: «Die Kinder des Olymp» (Film mit J.-L. Barrault)
K. R. Popper: *Die offene Gesellschaft und ihre Feinde*

(zusammengestellt von Rita Becker)

Über die Verfasser

Dr. Friedrich Achberger, Professor für deutsche Sprache und Literatur an der University of Minnesota, Minneapolis (USA)

Dr. Ehrhard Bahr, Professor für deutsche Sprache und Literatur an der University of California, Los Angeles (USA)

Dr. Russell A. Berman, Professor für deutsche Sprache und Literatur an der Stanford University, Stanford, California (USA)

Dr. Jean Paul Bier, Professor für deutsche Sprache und Literatur an der Universität Antwerpen (Belgien)

Dr. Alexander von Bormann, Professor für deutsche Sprache und Literatur an der Universität Amsterdam (Niederlande)

Herbert Bornebusch, M.A., Konstanz/Kreuzlingen

Dr. Jürgen Hein, Professor für deutsche Sprache und Literatur und ihre Didaktik an der Universität Münster

Dr. Jost Hermand, Professor für deutsche Sprache und Literatur an der University of Wisconsin, Madison (USA)

Dr. Peter Horn, Professor für deutsche Sprache und Literatur an der University of Cape Town (Südafrika)

Dr. Wolfgang Kaempfer, Triest (Italien)

Dr. Hans-Thies Lehmann, Berlin

Dr. Helmut Lethen, Dozent für Neuere deutsche Literatur an der Universität Utrecht (Niederlande)

Dr. Gert Mattenklott, Professor für Neuere deutsche Literatur und Allgemeine Literaturwissenschaft an der Universität Marburg

Dr. Ulrich Meier, Bochum

Dr. Franz Norbert Mennemeier, Professor für Allgemeine und vergleichende Literaturwissenschaft an der Universität Mainz

Dr. Horst Möller, Professor am Institut für Geschichte der Universität Erlangen/Nürnberg

Dr. Helmut Mörchen, Privatdozent für deutsche Sprache und Literatur sowie ihre Didaktik an der Universität Bonn

Dr. Walter Nutz, Leiter der Abteilung Programmbeobachtung/Hörerforschung bei der Deutschen Welle (Köln) und Lehrbeauftragter an der Universität Köln

Dr. Joachim Paech, Professor für Kulturanalyse und vergleichende Medienwissenschaft an der Universität Osnabrück

Dr. Carl Paschek, Bibliotheksoberrat an der Universitätsbibliothek Frankfurt/Main

Dr. Wolfgang Reif, Lehrer am Sophie-Scholl-Gymnasium in Oberhausen

Dr. Karl Riha, Professor für Germanistik/Allgemeine Literaturwissenschaft und Texttheorie an der Universität Siegen/Gesamthochschule

Dr. Egon Schwarz, Professor für deutsche Sprache und Literatur an der Washington University, St. Louis, Missouri (USA)

Brigitte Selzer, M. A., Dozentin an der University of Cape Town (Südafrika)

Dr. Helmut Vallery, Mönchengladbach

Klaus Völker, Dramaturg am Schiller-Theater Berlin

Dr. Wolfgang Wippermann, Privatdozent für Neuere Geschichte an der Freien Universität Berlin

Dr. Ralph-Rainer Wuthenow, Professor für Neuere deutsche und vergleichende Literaturwissenschaft an der Universität Frankfurt/Main

Personenregister

Werkregister

(Zusammengestellt von Monique Schmidt-Rossel)

Deutsche Literatur
Eine Sozialgeschichte

**Von den Anfängen bis zur Gegenwart
in 10 Bänden
Herausgegeben von Horst Albert Glaser**

Handlexikon zur Literaturwissenschaft

Herausgegeben von Diether Krywalski

Dieses Handlexikon orientiert über Methoden der modernen Literaturwissenschaft, bietet einführende Beiträge in die Sprachwissenschaft und gibt mit einer großen Zahl literarhistorischer Artikel eine Einführung in die deutsche Literaturgeschichte. Es wendet sich an Studierende der Sprach- und Literaturwissenschaft, besonders der Germanistik, an Philologen und Pädagogen sowie an alle an Literatur und Sprache interessierten Leser. Band 1: **Äs**thetik – **Lit**eraturwissenschaft, materialistische, 6221. Band 2: **Lit**urgie – **Zeit**ung, 6222.

Literatur-wissenschaft

Ein Grundkurs
Helmut Brackert / Jörn Stückrath (Hg.)

Der „Grundkurs" führt die Aufgabenstellungen der Literatur- und Medienwissenschaften in über 40 Artikeln in zwei aufeinander bezogenen Bänden exemplarisch vor. Dabei reicht das Spektrum von der Interpretation einzelner Werke über die Theorie der Literatur bis hin zu der Geschichte der Literaturwissenschaft. Insofern bietet dieses Werk eine gut verständliche Einführung in das Fachgebiet, wie einen Querschnitt seiner Methoden und Tendenzen.

Band 1: 6267
Band 2: 6277

Theater

Manfred Brauneck

im 20. Jahrhundert

Programmschriften, Stilperioden, Reformmodelle

rororo handbuch 6290

Dokumentiert, analysiert und kommentiert werden die
wichtigsten theaterästhetischen Programmschriften,
Stilperioden und Reformmodelle von der Jahrhundertwende bis zu den 80er Jahren – von Max Reinhardt
bis Jerzy Grotowski, von den Theaterexperimenten
des Bauhauses bis zur amerikanischen Theater-
subkultur. Der einleitenden Skizze einer Theorie des
Theaters folgen die fünf Kapitel:

O «Theater der Zukunft»: Stilbühne und Theaterreform
  um 1900
O Revolte – Erneuerung – Experiment
O Politisches Theater – Episches Theater – Dokumen-
  tartheater
O Das Schauspieler-Theater
O Theater der Erfahrung – Freies Theater

Der Band schließt mit einer

O Chronik des Theaters im 20. Jahrhundert:
  Daten und Ereignisse.

Damit liegt für jeden Theaterinteressen-
ten ein unentbehrliches Handbuch vor,
das über die Entwicklung der Theater-
moderne umfassend informiert.

handbuch rororo

Weltliteratur im 20. Jahrhundert

Herausgegeben von Manfred Brauneck
rororo handbuch in 5 Bänden

Die «**Weltliteratur im 20. Jahrhundert**» dokumentiert in vier
Lexikonbänden die wichtigsten Autoren mit ihren Werken seit der
Jahrhundertwende und repräsentiert die Hauptströmungen der
modernen Literatur in einem umfangreichen Essayband.
Eine stärkere Berücksichtigung finden dabei jene Literaturen,
die aus eurozentrischer Sicht häufig vernachlässigt worden sind –
etwa die Literaturen Südamerikas, Afrikas, Chinas, der slavischen
und nordischen Sprachräume. Im deutschsprachigen Bereich
werden neben den bereits arrivierten «schöngeistigen» Schrift-
stellern auch die wichtigsten Essayisten, die Autoren der populären
Unterhaltungsliteratur (zum Beispiel des Kriminalromans), der
Arbeiter- und Frauenliteratur vorgestellt. Ein Schwerpunkt
liegt in der Repräsentanz der Gegenwartsliteratur.
Insofern ist dieses von einem internationalen Team namhafter
Literaturwissenschaftler erarbeitete, von dem Literaturprofessor
Manfred Brauneck (Universität Hamburg) herausgegebene
Werk eine unverzichtbare Hilfe für alle, die sich informieren und
orientieren wollen über die Weltliteratur im
20. Jahrhundert.

Band 1-4
Autorenlexikon: Über
2500 Einzeldarstellungen
der wichtigsten Autoren der Weltliteratur mit
ihren Werken und deutschen Ausgaben
6265–68

Band 5
Essays: 37 Essays über
literarische Gattungen und
die Entwicklungen der Literatur einzelner
Sprachräume
Daten: Die wichtigsten Ereignisse der Weltliteratur, Politik, Technik und Wissenschaft auf
Zeittafeln
Bibliographien: Die wichtigsten Nach-
schlagewerke und Einzeldarstellungen zur
weiteren Information über Entwicklungen und
Tendenzen der Weltliteratur im
20. Jahrhundert
6269

handbuch rororo

Band 1-5 in Kassette 6283